Rudolf Stöber ist Privatdozent für Publizistik- und Kommunikationswissenschaft an der Freien Universität Berlin.

1990 Promotion, 1991 Heinz-Maier-Leibnitz-Preis, 1996 Habilitation. Im Studienjahr 1996/97 Vertretungsprofessur an der Technischen Universität Dresden, 1999 dort Gastprofessur. Dozent an der Universität Leipzig. Mitherausgeber des „Jahrbuchs für Kommunikationsgeschichte“.

Rudolf Stöber

Deutsche Pressegeschichte

Einführung, Systematik, Glossar

UVK
Medien

8

REIHE UNI-PAPERS
Band 8

Die Deutsche Bibliothek – CIP-Einheitsaufnahme

Stöber, Rudolf:
Deutsche Pressegeschichte : Einführung,
Systematik, Glossar / Rudolf Stöber. -
Konstanz : UVK Medien, 2000
(Reihe Uni-Papers ; Bd. 8)
ISBN 3-89669-249-6

ISSN 1433-7657
ISBN 3-89669-249-6

Umschlag: Barbara Simon, München
Druck: Legoprint, Lavis

UVK Medien Verlagsgesellschaft mbH
Schützenstr. 24 · D-78462 Konstanz
Tel.: 07531-9053-0 · Fax: 07531-9053-98
www.uvk.de

1 Inhaltsverzeichnis

2 Verzeichnis der Tabellen

3 Verzeichnis der Abbildungen

4 Abkürzungen

ADN	Allgemeiner Deutscher Nachrichtendienst
AfKG	Archiv für Kulturgeschichte
AGB	Archiv für Geschichte des deutschen Buchwesens
AIZ	Arbeiter-Illustrierte Zeitung
Ala	Auslands-Anzeigen GmbH
AP	Associated Press
AZ	Allgemeine Zeitung (Augsburg)
BAB	Bundesarchiv Berlin
BGB	Bürgerliches Gesetzbuch
BIZ	Berliner Illustrirte Zeitung
BLA	Berliner Lokal-Anzeiger
BT	Berliner Tageblatt
BVP	Bayrischen Volkspartei
BZ	BZ am Mittag
CCC	Constitutio Criminalis Carolina
ChefR	Chefredakteur
CTC	Continental-Telegraphen-Compagnie
CvD	Chef vom Dienst
DDP	Deutsche Demokratische Partei
DNB	Deutsches Nachrichten-Büro
DVP	Deutsche Volkspartei
DZ	Deutsche Zeitung
FAZ	Frankfurter Allgemeine Zeitung
fl.	Florin/ Gulden
FZ	Frankfurter Zeitung
GG	Grundgesetz
Gr.	Groschen
GStA	Geheimes Staatsarchiv (Dahlem)
HUC	Stats- und Gelehrte Zeitung des Hamburgischen unpartheyischen Correspondenten
HZ	Historische Zeitschrift
IASL	Internationales Archiv für Sozialgeschichte der deutschen Literatur
JbKG	Jahrbuch für Kommunikationsgeschichte

KPD	Kommunistische Partei Deutschlands
KZtg	Kölnische Zeitung
MGG	Musik in Geschichte und Gegenwart
MNN	Münchner Neueste Nachrichten
MSPD	Mehrheits-SPD
NAZ	Norddeutsche Allgemeine Zeitung
NPZ	Neue Preußische Zeitung
NSDAP	Nationalsozialistische deutsche Arbeiterpartei
RBK	Reichsbeschwerdekommission
RDP	Reichsverbands der Deutschen Presse
RGBl	Reichsgesetzblatt
RPat	Reichspatent
RPG	Reichspressegesetz (von 1874)
Rth./Th.	Reichsthaler/ Thaler
RuG	Rundfunk und Geschichte
SBZ	Sowjetische Besatzungszone
SK	Schwarzes Korps
SLG	Schriftleitergesetz
SPD	Sozialdemokratische Partei Deutschlands
StenBer RT	Stenografische Berichte des Reichstags
StGB	Strafgesetzbuch
StPO	Strafprozessordnung
TB	Tage-Buch
TR	Tägliche Rundschau
TU	Telegraphen-Union
USPD	Unabhängige SPD
VB	Völkischer Beobachter
VD	Verzeichnis der Druckschriften
VDZV	Verein deutscher Zeitungs-Verleger
VJhZG	Vierteljahrshefte für Zeitgeschichte
VZ	Vossische Zeitung (Königlich-priviligirte Berlinische Zeitung von stats- und gelehrten Sachen)
WB	Weltbühne
Wipro	Wirtschaftsstelle der Provinzpresse
WTB	Wolffsches Telegraphisches Bureau
ZPO	Zivilprozessordnung
ZV	Zeitungs-Verlag
ZW	Zeitungswissenschaft

Vorwort

Pressegeschichte, das ist zugleich die Geschichte der Entstehung der Moderne. Wenig in der Gegenwart ließe sich verstehen, wenn nicht um die Mitte des 15. Jahrhunderts eine bahnbrechende Erfindung gemacht worden und diese in den folgenden Jahrhunderten zu einem ausgeklügelten System von Medien ausgebaut worden wäre. Es wird Gegenstand dieser systematischen Einführung in die deutsche Pressegeschichte sein, das herauszuarbeiten.

Pressegeschichte ist ein weites Feld. Sie darf nicht das Medium allein betrachten. Nur durch die Rezeption der Flugblätter, Flugschriften, Relationen, Zeitungen und Zeitschriften entfaltete die Presse ihre Wirkung. Nur in der Öffentlichkeit, die sich diese Medien zugleich selbst schufen, wurde Presse zu einem Faktor, der viele Bereiche des kulturellen Lebens ergriff: Religion und Wissenschaft, sozialer und gesellschaftlicher Wandel, politische und wirtschaftliche Veränderungen wurden in den 500 Jahren seit Gutenberg von der Presse beeinflusst, begleitet und wirkten andererseits auf sie zurück.

Deutsche Pressegeschichte ist ein irreführender Titel – zumindest in einer Hinsicht. Schon Gutenbergs Erfindung lässt sich nur im gesamteuropäischen Kontext verstehen. Es war zwar kein Zufall, dass ein Goldschmied aus einer Weinbaugegend die Presse erfand, vielerorts in Europa wäre die Erfindung denkbar gewesen. Und ganz Europa war Gutenberg dankbar, die schnelle Verbreitung und weltweite Akzeptanz zeigen es. Das US-amerikanische Magazin „Time" hat Gutenberg unlängst sogar zum Mann des 2. Jahrtausends gekürt. Seit der Mitte des 15. Jahrhunderts hat die Internationalität immer wieder die Presse befruchtet, wie auch die Presse die internationale Öffentlichkeit. Neue Medienformen, die im Ausland erfunden wurden, fanden in Deutschland rasch Nachahmung und umgekehrt. Alle wesentlichen geistesgeschichtlichen und sozialen Prozesse seit 1500, Reformation, Aufklärung, Französische und industrielle Revolution sind internationale Bewegungen gewesen. Der Blick über den Tellerrand ist also nötig, und wird, wenngleich das in dem wünschenswerten Umfang aus Platzgründen nicht möglich ist, immer wieder geworfen werden.

Pressegeschichte ist auch Wissenschaftsgeschichte, der Publizistik- und Kommunikationswissenschaft zumal, denn diese begann als Zeitungskunde, wurde dann zur Zeitungswissenschaft und hat über die Entgrenzung zur Publizistik- und Kommunikationswissenschaft allzu fahrlässig ihr historisches Erbe schleifen lassen. Diese Pressegeschichte wird nicht auf die wissenschaftsgeschichtlichen Entwicklungen eingehen, im Vorwort sei aber erlaubt, darauf hinzuweisen, dass die historischen Nachbarwissenschaften – insbesondere Geschichte und Germanistik – im Moment dabei sind, der Publizistik- und

Kommunikationswissenschaft den Rang abzulaufen. Sollte sich dieser Prozess verstärken, wird ihr das nicht bekommen. Das gegenwärtige Mediensystem ist ohne fundierte Kenntnis seiner Geschichte nicht verständlich. Ohne Kommunikationsgeschichte, derer Pressegeschichte ein Teil ist, verlöre die Publizistik- und Kommunikationswissenschaft an wissenschaftlicher Qualität und Ausbildungskompetenz. Kommunikationsgeschichte light ist da kein Ersatz.

Eine Pressegeschichte kann niemand alleine schreiben. Immer ist der Autor auf vielfältige Tipps und Anregungen und Vorarbeiten angewiesen. Darum schulde ich an dieser Stelle einer großen Zahl von Personen Dank. An erster Stelle möchte ich Markus Behmer, Christiane Goldschmitt-Behmer, Holger Böning und Elke Ehlers nennen. Sie gaben mir bei Recherchen wiederholt Unterkunft und haben das entstehende Manuskript mit engagierter Kritik und vielfältigen Hinweisen begleitet. Ohne ihre Hinweise wäre diese Pressegeschichte sicherlich an Abwegen reicher und an Facetten ärmer.

Weiteren Dank schulde ich Berliner, Bremer, Dortmunder, Leipziger, Münchener, Salzburger und Wiener Kollegen. Sie haben Auskünfte gegeben, wenn ich Fragen hatte, kritisch und anregend kürzere und längere Passagen gelesen und mich auf Wichtiges aufmerksam gemacht, das sie vermissten. In gedanklichem Austausch, der keineswegs immer explizit auf die Pressegeschichte Bezug nahm, gaben sie vielfältige Anregungen. Hierfür schulde ich Gunda Behrens, Astrid Blome, Hans Bohrmann, Wolfgang Duchkowitsch, Hartwig Gebhardt, Reinhild Hannemann, Fritz Hausjell, Walter Hömberg, Susanne Kinnebrock, Esther-Beate Körber, Arnulf Kutsch, Johannes Ludwig, Gabriele Melischek, Michael Meyen, Bernd Meyer, Michael Nagel, Joachim Pöhls, Karl Friedrich Reimers, Josef Seethaler, Michael Schmolke, Jürgen Michael Schulz, Bernd Sösemann, Wilbert Ubbens, Andreas Vogel, Johannes Weber und Jürgen Wilke vielfältigen Dank.

Einem großen Gelehrten gilt er besonders. Kurt Koszyk hat in einem mehrere Jahrzehnte währenden Forscherleben viele Grundlagen gelegt, auf die noch heute pressehistorisch und publizistikwissenschaftlich nicht verzichtet werden kann. Ich habe viel von ihm gelernt und schätze ihn als Kollegen sehr. Ihm sei dieses Buch darum zugeeignet.

Rudolf Stöber, Borgsdorf bei Berlin, den 28. Februar 2000

Teil 1: Das 15. bis 18. Jahrhundert

1 Grundlagen: Eine neue Kulturtechnik

1.1 Nachrichten über eine Welt im Wandel

Eine Pressegeschichte kann nicht mit dem Auftauchen der periodischen Publizistik beginnen. Die Zeitungen erschienen um 1600 auf der Bühne der Geschichte. Der erste große in der Öffentlichkeit ausgetragene Streit, die Reformation, lag da schon ein dreiviertel Jahrhundert zurück. Flugschriften und Flugblätter waren schon ein Jahrhundert alt. Und Johannes Gensfleisch Gutenberg hatte den Druck mit beweglichen Lettern vor 150 Jahren erfunden. Die Pressegeschichte beginnt darum um die Mitte des 15. Jahrhunderts.

Uns wäre die damalige Welt fremdartig erschienen. Von den alltäglichen bis zu den musischen Erfahrungen unterschied sie sich von unsrigen: Die Leute aßen anderes, manche unserer Grundnahrungsmittel – z.B. die Kartoffel, Reis oder Mais – waren unbekannt. Gewürze kosteten exorbitante Summen. Man muss nur einmal die Musik der Renaissance hören, oder die Bilder unbekannter Meister betrachten, die Welt sah anders aus, schmeckte und klang anders. Die Mehrzahl der Menschen lebte auf dem Lande, die meisten *Städte* in Mitteleuropa waren nach unserem Empfinden kleine Landgemeinden, nur die 15 größten besaßen mehr als 10.000 Einwohner. Die Macht der römisch-katholischen Kirche war ungebrochen, die Menschen kennzeichnete eine tiefe Frömmigkeit.

Dennoch verbindet unsere Zeit viel mit der damaligen. Städte waren Zentren der Modernität und des Fortschritts. Die Wirtschaft lebte von und bewegte sich in Geldströmen. Doch vor allem verbindet die Ausweitung des Horizonts. Am Beginn des 15. Jahrhunderts lebten die meisten Europäer noch in der Vorstellung, auf einer Scheibe zu wohnen; am Ende war Amerika entdeckt. Das 15. und 16. Jahrhundert erinnert in manchem an unsere „Zeit der Globalisierung". Zumindest ist von einer Verknüpfung und Verdichtung des Handels, von Erschließung und Eroberung fremder Märkte und Länder, von Verbindung und Verstetigung der Nachrichtenwege und -kanäle zu sprechen. Technik, Entdeckungen, Erfindungen, Unternehmensgeist und wissenschaftliche Erkenntnisse bestimmten die Epoche und setzten den Anfang der Neuzeit und das Ende des Mittelalters. Die Entdeckungsfahrten verdichteten den Handel und verlagerten zugleich das politische und ökonomische Gewicht von Süd- und Mittel- nach Westeuropa. Aus Übersee wurden exotische Gewürze eingeführt und so lange die Venezianer ihr Monopol auf den Handel mit Gewürzen hielten, besaß Norditalien ein ökonomisches Übergewicht, von dem auch die oberdeutschen Städte bis ins 15./16. Jahrhundert profitierten. Edelmetall aus der neuen Welt überschwemmte Europa und führte zu einem kräftigen Inflationsschub. Überseeische Nachrichten, so klischeehaft auch immer sie waren, regten die Neugier an. Die Menschen wurden in wachsendem Maß mit „mediatisierten" Informationen konfrontiert. Sie haben die einströmenden Neuigkeiten, die Eroberung Konstantinopels (Istanbuls) durch die Türken 1453, die Seefahrten der Portugiesen, die vorgebliche Entdeckung indischer Küsten durch einen gewissen Kolumbus 1492 mit Erstaunen, mit Interesse und z.T. wohl auch mit Angst und Furcht vernommen, das bringen solche Zeiten mit sich. Doch etliche Menschen und die Kaufleute der Handelszentren zumal begriffen die Chancen, die ihnen die sich ändernden Zeiten boten.[1]

Das hatte nicht von heute auf morgen begonnen. Die Verdichtung des Handels setzte schon im Mittelalter ein. Verkehrswege und Handelsrouten, die teilweise schon in römischer Zeit bestanden hatten, wurden reaktiviert und der Austausch von Waren, Menschen und Nachrichten intensivierte sich. An Knotenpunkten, Flussübergängen, Flussmündungen und anderen geeigneten Orten wurden Märkte abgehalten und Städte gegründet. Diese Knotenpunkte von Fernhandelsstraßen waren immer zugleich Nachrichtenzentren.

Mit der Verdichtung des Handels einerseits und der Zunahme politischer Ereignisse von weitreichenden Konsequenzen andererseits wuchs das Informationsbedürfnis. Handelszentren waren automatisch Zentren der Kommunikation und des Austauschs. In den Nachrichtenzentren liefen Informationen aus den ihnen am nächsten liegenden Territorien zusammen. Augsburg sammelte Nachrichten aus Italien, aber auch aus der Neuen Welt, weil portugiesische und spanische Flotten von Augsburger Kaufleuten finanziert wurden. Wien war der Umschlagplatz für Nachrichten vom Balkan, Köln für Westeuropa, Flandern, Frankreich, England und Spanien, die Seestädte Hamburg, Lübeck und Danzig für Skandinavien etc. Bedeutende außerdeutsche Nachrichtenzentren der Frühen Neuzeit waren Paris, Antwerpen und andere flandrische Städte, London sowie die norditalienischen Zentren.

Die Mehrzahl der wichtigen Städte im Reich waren „Reichsstädte", d.h. politisch und wirtschaftlich selbständige Einheiten, die sich Macht, Einfluss und Selbständigkeit zum Teil bis zum Untergang des alten Reiches bewahrten. Andere Nachrichtenzentren, z.B. Wien, Königsberg oder Wittenberg und später Dresden, besaßen als Residenzstädte Gewicht. Nur wenige unselbständige Territorialstädte konnten wie Leipzig eine große Bedeutung als Nachrichtenzentrum erlangen. Die Nachrichtenzentren waren also politisch oder wirt-

---

[1] Braudel, F.: Aufbruch, S. 122-167, 223-239, 390-428. Pieper, R.: Informationszentren, in: North, M. (Hg.): Kommunikationsrevolution, S. 51-60. Brednich, R.W.: Amerika, in: Mesenhöller, P. (Hg.): Mundus Novus, S. 19-34. Boockmann, H.: Deutschland 1125-1517, S. 355-374.

schaftlich bedeutende Orte, sie deckten nachrichtlich bestimmte regionale Schwerpunkte ab und sie wurden zu Orten der Nachrichtenproduktion, des Nachrichtenumschlags und der Nachrichtennachfrage gleichermaßen.

Die Verstetigung des Nachrichtenflusses durch die Post

Ein kontinuierliches Nachrichtenangebot bedurfte vor allem regelmäßiger Handels-, Verkehrs- und Nachrichtenverbindungen. Das galt in den älteren Zeiten, als Nachrichten noch persönlich überbracht werden mussten, genauso wie in der Gegenwart, in der längst Datenströme die reale Person des Nachrichtenüberbringers abgelöst haben: Verbindungen müssen bestehen. Das gegebene Mittel, um permanente Verbindungen aufrecht zu erhalten, war vor der Entdeckung der elektrischen Telegrafie die Einrichtung von Relaisstationen. Diese, lateinisch „posita (statio equorum)“ (aufgestellte Pferdewechselstation), in der verkürzten Eindeutschung posta oder Posten, sind als „Post“ zur Gattungsbezeichnung geworden. Schon die antiken und außereuropäischen Hochkulturen hatten Posten gekannt.[2]

In Europa gab es an der Wende zur Neuzeit mehrere Arten der Nachrichtenbeförderung: einerseits den Einzelkurierdienst, dann die Ordinari-Posten der Stadtbehörden und schließlich die Post von Staaten und Herrschern. Nur die letzten beiden Formen sind für die Entwicklung des regelmäßigen Nachrichtenverkehrs und der Presse bedeutsam geworden. Die Reichspost bot mehrere Vorteile gegenüber den Stadtposten, zuerst einmal war sie schneller: Die Tagesleistung der Reichspost lag bei mehr als 160 km, in Einzelfällen sogar bei mehr als 200 km. Noch schneller erreichten in Italien einzelne besonders wichtige Nachrichten ihre Adressaten. In der Stunde wurden im Gebirge durchschnittlich 6 km und in der Ebene 8-10 km erreicht, im Sommer waren die Laufzeiten kürzer als im Winter. Die Reichspost war von lokalen Streitereien unabhängiger und verfügte über durchgängige Streckennetze, deren Relaisstationen immer dichter geknüpft wurden: 1490 standen sie knapp alle 40 km, 1800 alle 15 km. Den städtischen Posten fehlten die dichten Wechselstationen, so konnten sie mit den reichsweiten nicht konkurrieren. Die städtischen Machtbereiche waren zu klein, zu viele Organisationen besorgten den Transport einer Nachricht, eines Briefes oder anderer Sendungen. Gleichbedeutend mit Post war lange Jahrhunderte die Taxische Reichspost, später Thurn und Taxis. Die ursprünglich aus Norditalien stammende Familie der Tassis, eingedeutscht Taxis, hatte schon im 15. und frühen 16. Jahrhundert Erfahrungen mit Kurier-

2 Behringer, W.: Post, S. 13-15.

diensten gemacht. Die Thurn- und Taxische Post organisierte anfangs das kaiserliche Botensystem, löste sich allerdings im 17. Jahrhundert aus dieser kaiserlichen Abhängigkeit, spannte ein immer engmaschigeres Netz über Deutschland, öffnete sich Privatleuten und stellte die Infrastruktur bereit, welche für die Entstehung eines Nachrichtenmarktes unabdingbar war.[3]

Tabelle 1.1.1: Die Entwicklung der Thurn- und Taxisschen Post[4]

	Ereignis
1490	Einrichtung einer Linie zwischen den Niederlanden und den Höfen der Könige von Spanien und Frankreich sowie des deutschen Kaisers.
1516	Kaiser Maximilian ernennt Franz von Taxis zu seinem Generalpostmeister. Der neue Postvertrag wird zum Vorbild aller späteren.
1597	Reichsregal für die Beförderung von Nachrichten und Briefen.
1615	Erhebung Lamorals von Taxis in den Grafenstand, Generalpostmeisteramt wird erbliches Lehen.
seit 1648	Nach dem Westfälischen Frieden bauen Brandenburg, Kur-Sachsen, Hessen-Kassel und Braunschweig-Lüneburg eigene Postanstalten auf.
1867	Art. X der Bundesverfassung beseitigt im Norddeutschen Bund, dem Vorgänger des Deutschen Reichs, die Thurn- und Taxissche Post.

Nun bedeutete die Einrichtung regelmäßigen Nachrichtenverkehrs noch nicht, dass alle Orte an alle Welt gut und sicher angeschlossen waren. Insbesondere in unsicheren Kriegszeiten war der Nachrichtentransport stets gefährdet. 1622 stellte die Hamburger „Wöchentliche Zeitung auß mehrerlei Örther“ fest: „Aus Hamburg vom 10. Januario. Die wöchentliche Ordinari reitende Post/ ist wieder männiglich verhoffen diese Woche abermahl nicht ankommen/ selbige wird ohne Zweifel durch das Kriegßvolk verhindert.“[5] 1631 stand in den „Wochentlichen Avisen“ aus Oettingen: „Praag / vom 4. Jenner [...] Mittwochs Nacht haben abermal 2. Strassenrauber den Ordinaribotten / so nach Dreßden

[3] Antike und außereuropäische Posten waren im wesentlichen auf Staatszwecke beschränkt geblieben. Zu den antiken Posten: Riepel, W.: Nachrichtenwesen, S. 188-196, 241-244. Behringer, W.: Post, S. 17, 19, 22f. Vgl. Glaser, H./ Werner, T.: Post, S. 31.

[4] Behringer, W.: Post, S. 26, 39, 60-62, 75-77, 83f., 95-98, 101, 183-188. Crole, B.E.: Post, S. 181-270. Anonym: Post, in: Meyers Großes Konversations-Lexikon, 6., neubearb. Aufl., Bd. 16, S. 210. Postler, F.: Post- und Fernmeldewesen, S. 20-23.

[5] Wöchentliche Zeitung auß mehrerlei Örther 1622, Nr. 2.

vnd Leipzig gelauffen / jämmerlich zerschlagen / alle Brief darinn vil Wechselbrieff [...] hinwegk genommen."[6]

Und in sichereren Zeiten krankte der Brief- und Nachrichtenverkehr noch lange an den großen zeitlichen Abständen, mit denen auf Nebenstrecken die Post befördert wurde, wenn die Korrespondenzpartner sich nicht sogar selbst um die letzte Wegstrecke kümmern mussten. Der Leipziger Professor Otto Mencke, Herausgeber der ersten deutschen Gelehrtenzeitschrift, schrieb 1684 an den Philosophen Gottfried Wilhelm von Leibniz: „Jetzo habe zur schuldigen nachricht berichten sollen, wie ich endlichen einen weg gefunden, dadurch unsere correspondence in Zukunft, auch auf Osterode [am Harz], in beßeren Stand gesetzet werden könne [...]. Nemlich es fähret fast alle 10 tage eine Kutsche von hier [in Leipzig] auf Goßlar, welche allerhand wahre und packete mitnimt. In Goßlar sol, wie mich H.Frid.Ben.Carpzov berichtet, einer seyn nahmens Schlüter, welcher in Factorien viel thut, undt activ, auch im gantzen lande herum bekant seyn sol. Durch den könten wir also, da es m.h. Herrn Patron [Leibniz] beliebig, die correspondence am besten undt ohne große Unkosten fortsetzen."[7]

Gerade die regelmäßige Belieferung entlegener Gegenden war ein entscheidender Fortschritt. Und wenn noch gegen Ende des 17. Jahrhunderts Daniel Hartnack, Redakteur der „Relation aus dem Parnasso" betonte, es scheine unvorstellbar, dass jede Woche relevante Informationen geliefert werden konnten, so wollte er damit seine Form der Nachrichtenaufbereitung anpreisen, denn in seiner Zeit liefen überall, in allen größeren Städten zumal, genügend Neuigkeiten ein.[8] Die Entwicklung des Nachrichtenwesens reichte jedoch nicht, um den beschriebenen wirtschaftlichen, politischen, kulturellen und geistigen Bedürfnissen Verbreitung und Gehör zu verschaffen. Sie bedurften vor allem einer neuen Kultur- und Industrietechnik. Die stand zugleich am Beginn massenindustrieller Fertigung und intensivierte den geistigen Austausch, war revolutionär und hatte in der Luft gelegen – die Erfindung Gutenbergs.

---

6 Wochentliche Avisen 1631, Nr. 1.

7 Zit.n. Kirchner, J.: Geschichte der Acta Eruditorum, in: Archiv für Buchgewerbe und Gebrauchsgrafik, 65/ 1928, Nr. 4, S. 86.

8 Daniel Hartnack schrieb 1688: „Wer solt es verlangen / daß alle Wochen grosse Haupt-Schlachten gehalten würden / oder Bestürmungen der Städte geschehen möchten / damit mancher neugieriger von Victorien und Eröberungen satt werden könte. Gnung daß der Nouvellist dermassen vigilant / daß nichts wichtiges vorgehet / wovon er nicht dem nechsten Nachricht zu erstaten wisse / und der Correspondenten eine solche Anzahl hat / daß er alle Posttage seine bestimte vier Blätter erfüllen kan." Zit.n. Lindemann, M.: Deutsche Presse I, S. 86. Lindemann übergeht aber Hartnacks eigentliche Intention, er wolle „alle Wochen das vornehmste und wichtigste [an Nachrichten] was einkommen/ in gute Ordnung [...] versetze[n]". Zit.n. Weber, J.: Daniel Hartnack, in: Gutenberg-Jahrbuch, 1993, 68. Jg., S. 153..

1.2 Die technische Leistung und ökonomische Grundlage der Erfindung des Drucks mit beweglichen Lettern

Johannes Gensfleisch gen. Gutenberg

Gutenberg entstammte einer angesehenen Mainzer Patrizierfamilie. Vor 1400 geboren, starb er am 2. März 1468 in Mainz. Während schwerer innerstädtischer Auseinandersetzungen zwischen Patriziern und Zünften verließ er 1428 die Vaterstadt. Seit 1434 hielt er sich in Straßburg auf, wo er als „Zugeselle“ der Goldschmiedezunft geführt wurde. Aus Prozessakten aus dem Jahr 1439 geht hervor, dass Gutenberg sich mit der Metallurgie befasste und auch andere in diesen handwerklichen Techniken unterrichtete. Er stellte Wallfahrtszeichen zur Aachener Heiligtumsfahrt her und andeutungsweise wird von „anderen Künsten“ gesprochen. Nach 1444, als er noch einmal die städtische Weinsteuer entrichtete, muss er Straßburg verlassen haben, erneute Nachricht gibt es erst aus dem Jahr 1448 aus Mainz, als er ein Darlehen erhielt. Gutenberg nahm geschäftliche Beziehungen zu dem Makler Johannes Fust auf, um Anfang der 1450er Jahre ein Gemeinschaftsunternehmen zu gründen, das „Werk der Bücher“, bei dem die berühmte 42zeilige Bibel gedruckt wurde. Fust und Gutenberg zerstritten sich 1454/1455 vor Gericht. Vermutlich war Gutenberg von der Ausweisung aus Mainz nach der „Stiftsfehde“ von 1462 betroffen, durfte aber wohl bald wieder zurückkehren.[9]

Um Gutenbergs Leistung zu würdigen, muss sie zunächst einmal relativiert werden: Denn er erfand nicht den Druck, sondern „nur“ den mit beweglichen Lettern. Abgesehen von dieser Leistung griff er auf Techniken zurück, die schon bekannt waren. Dabei ist es kein Zufall, dass Gutenberg von Beruf Goldschmied war. Dieses Handwerk verfügte über die notwendigen metallurgischen Fähigkeiten, die für die Herstellung von Drucktypen nötig waren. Bei den Goldschmieden hatte sich wohl gegen Ende des 14. Jahrhunderts eingebürgert, von ihren gepunzten oder geschnittenen Arbeiten vor deren Vollendung einen Probedruck abzuziehen. So konnten sie kontrollieren, ob die bildlichen Darstellungen ihrer Kunsthandwerke den eigenen Vorstellungen entsprachen.

Punzen und Stempel können als primitive Vorformen des Drucks gesehen werden. In Mesopotamien wurden schon im 3. Jahrtausend v.Chr. Ziegel gestempelt. Das Siegel ist eine weitere Vorform, und selbst der Druck auf Papy-

---

[9] Corsten, S: Gutenberg, in: Corsten, S./ Füssel, S./ Pflug, G. et al. (Hg.): LdGB, 2. Aufl., Bd. 3, S. 308-312. Schorbach K.: Gutenberg, in: Hartwig, O. (Hg.): Gutenberg, S. 133-256. Taf. 5-24; Ruppel, A.: J. G. Sein Leben und sein Werk. 3. Aufl. Nieuwkoop 1967; ders. in: NDB Bd. 7. S. 339-342; Friederichs, H. F.: Gutenbergs Herkunft, in: Widmann, H.(Hg.): Gutenberg-Forschung, S. 68-78. Estermann, M.: Druckerkunst, S. 12-16.

rus, Papier und Pergament war schon länger in Gebrauch. Auch Bücher wurden schon vor Gutenberg gedruckt. Die ältesten in Europa gedruckten Bücher nennt man Blockbücher, denn sie wurden mühselig „xylografisch“ vervielfältigt, d.h. ein „Formschneider“ schnitt aus einem Holzblock die gesamte Seite samt Abbildung und Text. Blockbücher wurden einseitig bedruckt, Textlänge und damit Aussagefähigkeit waren begrenzt: Bei den meisten der seit 1350 hergestellten Blockbücher handelt es sich um Andachtstexte von geringem Seitenumfang. Sie verbanden den Text mit Abbildungen. Im Buchdruck nach Gutenbergs Verfahren wurden Text und Abbildungen erst 1460 kombiniert.[10]

Die älteren Blockbücher wurden nicht auf Pressen gedruckt, sondern als Bürstenabzüge hergestellt. Erst Gutenberg führte die Druckerpresse ein, die er von den Weinpressen der rheinischen Winzer abgeschaut und dann verbessert haben dürfte. Seine hölzerne Handpresse war zwar noch nicht ganz so leistungsfähig, wie eine Generation später, blieb aber seit dem späten 15. Jahrhundert für beinahe 350 Jahre nahezu unverändert. Auch die Druckerfarbe musste er verbessern. Gutenbergs Leistung bestand daher in Transferleistungen, der Verbindung von Bekanntem und der Verbesserung des Bewährten. Selten aber hat die Formel, dass das Ganze mehr ist als die Summe seiner Teile, mehr Gültigkeit beanspruchen können und eindrucksvollere Folgen gezeitigt. Eine zentrale Erfindung war jedoch nötig, um die Einzelteile zusammenzuführen.

Zur Technik und Ökonomie des Buchdrucks

Gutenbergs eigentliche Erfindung bestand aus einem Gießinstrument, das die gleichförmige Reproduktion von Druckbuchstaben erlaubte. Um einzelne Buchstaben zu gießen, benötigte Gutenberg ein Material mit zwei Eigenschaften: Es musste einen niedrigen Schmelzpunkt haben, damit es leicht gegossen werden konnte. Zugleich sollte es hart genug sein, um sich nicht zu schnell abzunutzen. Nach längerem Experimentieren fand Gutenberg eine Legierung aus Blei, Zinn, Wismut und Antimon. Da keine Drucktypen aus Gutenbergs Werkstatt bzw. aus seiner Zeit erhalten sind, ist das genaue Mischungsverhältnis unbekannt. Blei und Wismut senkten den Schmelzpunkt, Zinn und Antimon dienten der Härtung der Legierung. Die Mischung härtete schnell aus und ermöglichte damit den schnellen Guss vieler gleichförmiger Typen. Die Herstellung ging in fünf Schritten vonstatten: Zunächst musste eine Patrize des Druckbuchstabens, d.h. der erhabene, aber seitenverkehrte Druckbuchstabe, in

10 Stümpel, R.: Buchdruck, in: Boehm, L./ Schönbeck, C. (Hg.): Technik und Bildung, S. 298-301. Füssel, S.: Gutenberg, S. 7-12.

einen sehr harten Stahl geschnitten werden. Dann wurde die Patrize in Messing geschlagen. Beide Arbeitsschritte vollzog der Goldschmied beim sogenannten Punzen. Damit erhielt man eine Matrize aus Messing, d.h. eine Messingscheibe, die den Druckbuchstaben seitenrichtig in einer Vertiefung abbildete.

Die Matrize bildete den unteren Abschluss des ansonsten oben und unten offenen Typenstengels. Der Typenstengel war viereckig, hatte stets die gleiche Länge und war aufklappbar. Die Matrize war am unteren Ende des Stengels mit einer Feder fixiert, so dass sie ihre Position auch nach Auswurf des fertigen Druckbuchstabens behielt. Auf einer der vier Seiten war der Typenstengel mit einer Kerbe versehen, damit der Setzer später ertasten konnte, ob er den Buchstaben richtig herum gesetzt hatte. Es ist nicht bekannt, ob schon Gutenberg diese Kerbe, die „Signatur", benutzt hat. Die so hergestellte Gießform wurde mit der Legierung ausgegossen. Zuletzt konnte der ausgehärtete, erhabene, aber seitenverkehrte Druckbuchstabe aus der Form entfernt werden. Gutenberg hatte damit, wahrscheinlich war ihm das nicht bewusst, die erste Massenproduktion vollständig identischer Kopien eingeführt.[11]

Abbildung 1.1.1: Gutenbergs Handgießinstrument

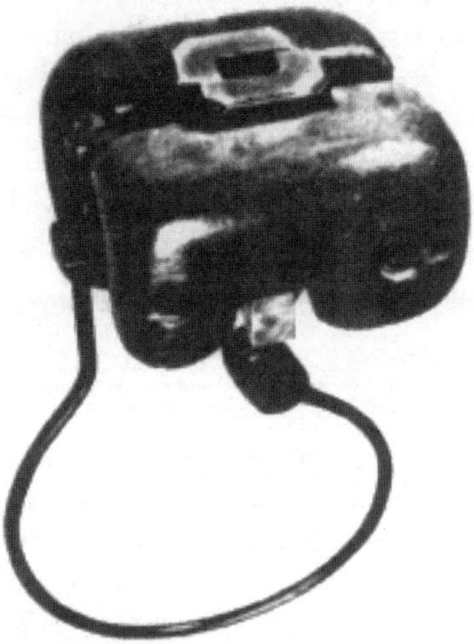

Doch um die Revolutionierung der Industrieproduktion ist es ihm wohl kaum gegangen, vielleicht nicht einmal um die Erfindung eines „Kopierapparats", sondern – so wird von einem Teil der Literatur behauptet – um ästhetische Perfektion. Im Kolophon eines berühmten Wiegendrucks,[12] des „Catholicon" von 1460, ist zu lesen: „Unter dem Schutze des Höchsten [...] ist im Jahre [...] des Herrn 1460 in Mainz [...] dieses vortreffliche Buch Catholicon, nicht mit Hilfe von Schreibrohr, Griffel und Feder, sondern mit der wunderbaren Harmonie und dem Maß der Typen und Formen gedruckt und vollendet worden. Darum sei Dir [...] Gott, Lob und Ehre dargebracht."[13] Ein Kolophon ist eine Art Impressum, ausgerechnet in dem des „Catholicon" fehlt allerdings die Angabe des Herstellers. Dennoch ist kaum

11 Schmidtchen, V.: Technik im Übergang, in: König, W. (Hg.): Metalle und Macht, (Propyläen Technikgeschichte, Bd. 2), S. 573-587. Werfel, S.: Druckerei in der Handpressenzeit, in: Gier, H./ Jonata, J. (Hg.): Augsburger Buchdruck und Verlagswesen, S. 97-124.

12 Wiegendrucke sind Drucke vor 1500, vgl. Glossar.

13 Zit.n. Giesecke, M.: Buchdruck, S. 142.

strittig, dass Gutenberg der Drucker war. Aus dem Text wurde gefolgert, Gutenberg habe nicht primär die Reproduktion beschleunigen und verbilligen wollen, sondern es sei ihm darum gegangen, die Ebenmäßigkeit der Schrift zu einem bis dahin nicht gekannten und schwerlich zu übertreffenden Grad zu perfektionieren.[14]

Dieser Gedanke ist, betrachtet man die Perfektion der 42zeiligen Bibel, bestechend, unterschätzt allerdings Gutenbergs ökonomisches Kalkül. Gutenberg entwickelte seine Druckbuchstaben aus der damals gebräuchlichen Handschrift für sakrale Texte. Die gotische Schreibschrift der Gutenbergzeit hatte sich in Deutschland seit etwa 1400 kaum noch verändert, so dass Gutenberg auf ein kanonisiertes Schriftbild setzen konnte. Daher gleichen viele Wiegendrucke noch Handschriften, zumal die Drucke wie Prachtschriften ausgemalt und verziert wurden. Bald arbeiteten Schriftschneider eng mit Kalligrafen (Schönschreibern) zusammen, um neue Schriften zu entwerfen. Um den Druck klassischer Autoren ästhetisch auszudrücken, griffen sie auf Schriften zurück, die sie für antik hielten.[15] Eine Eigentümlichkeit der mittelalterlichen Schreibkunst war die große Variantenvielfalt von Abkürzungen gewesen, etwa vergleichbar der Stenografie. An dieser Variantenvielfalt hat sich Gutenberg orientiert. Außerdem wollte er ein möglichst gleichförmiges Schriftbild erreichen, ohne das heute übliche Blocksatzverfahren verwenden zu müssen, das die unterschiedlichen Zeilenlängen durch verschieden große Spatien (Wortzwischenräume) erzielt.[16] Wollte Gutenberg aber statt dessen einen bündigen Satz ohne diesen Trick erreichen, so musste er eine große Vielzahl von Drucktypen mit Abkürzungen, Unterschneidungen und Ligaturen (Buchstabenkombinationen auf einem Stempel: *ba*, *be*, *st*, etc.) herstellen. Daher waren zum Druck der Gutenbergschen 42zeiligen Bibel insgesamt 290 verschiedenen Lettervarianten nötig. Da die ganze heilige Schrift in nur einer Schriftgröße gesetzt war, ist das eine erstaunliche Zahl. Diese Bibel war das erste große Gutenbergsche Druckprojekt, zuvor hatte er wohl an kleineren Projekten die Technik vervollkommnet. Über den Druck ist die Forschung inzwischen recht gut im Bilde, insbesondere lassen sich recht präzise Überlegungen zu Kosten, Zeitbedarf und ökonomischem Nutzen anstellen.[17]

---

14 Giesecke, M.: Buchdruck, S. 142-144. Das Catholicon ist ein Wörterbuch mit Grammatik zur Bibel. Hellinga, L.: Catholicon, in: AGB 40/1998, S. 395-416. Füssel, S.: Gutenberg, S. 29-31.

15 Italienische Schriftschneider griffen auf römische Inschriften (für Großbuchstaben) und frühmittelalterliche Handschriften (die karolingische Minuskel für Kleinbuchstaben) zurück. Für die abgeleiteten Schriften hat sich Antiqua = die Alte eingebürgert. Aus ihr haben sich die modernen Schriften entwickelt. Vgl. Füssel, S.: Gutenberg, S. 49-58. Janzin, M./ Güntner, J.: Buch, S. 143-146, 180-187.

16 Am Computer hergestellte Blocksätze veranschaulichen die Unruhe, wenn die Silbentrennung nicht sorgfältig durchgeführt wird.

17 Janota, J.: Handschrift zum Druck, in: Gier, H./ Jonata, J. (Hg.): Augsburger Buchdruck und

Tabelle 1.1.2: Zeitbedarf bei Gutenbergs Bibelprojekt[18]

	Zeitbedarf	*Erläuterung*
mittelalterlicher Kopist	12-36 Monate	für eine Bibel je nach Aufwand
Setzer Gutenbergs	1 Seite je Tag	Maximalleistung
minimaler Zeitbedarf für den Satz	210 Tage	bei 1.282 Seiten Umfang bewältigt von 4-6 Setzern
2 Drucker Gutenbergs	360 Folioseiten / Tag	
minimaler Zeitbedarf für den Druck	214 Tage	bei drei Pressen, bedient von sechs Druckern, die etwas mehr als 230.000 Seiten insgesamt zu bedrucken hatten
realer Zeitbedarf	13,5 Monate	Druck von 180 Bibeln (45 auf Pergament, 135 auf Papier)

Gutenberg dürfte das Bibelprojekt 1452 begonnen haben, im Herbst 1454 war es fertiggestellt. Im November des folgenden Jahres prozessierte sein Geldgeber, Johannes Fust, gegen ihn. Er forderte für 1452 und 1453 je 300 Gulden (Florin, fl.), und für Januar bis Ende September 1454 200 fl. plus 140 fl. Zinsen zurück. Damals sei, so Fust in dem Prozess, der Druck schon ein Jahr abgeschlossen gewesen. Für die Vollverpflegung einer Arbeitskraft mussten damals zwischen 19 und 22,5 Gulden aufgewendet werden, so dass von den 300 fl. 14-16 Personen „standesgemäß verpflegt und hauswirtschaftlich versorgt" werden konnten. Wie aus einem norditalienischen Arbeitsvertrag von 1475 bekannt, konnte ein Setzer Anfang des letzten Viertels des 15. Jahrhunderts am Tag zwei Seiten á zwei Spalten zu je 66 Zeilen setzen. Angesichts der Neuartigkeit des Verfahrens dürfte ein Gutenbergscher Setzer an einem Tag nur eine Seite der 42-zeiligen Bibel bewältigt haben. Diese Seite wurde am folgenden Tag von zwei Druckern gedruckt, anschließend wurde die gesetzte Seite gereinigt und die Buchstaben in den Setzkasten zurücksortiert, um am dritten Tag erneut Verwendung zu finden.[19]

Der Setzer hatte vor sich einen Setzkasten mit den Typenfächern stehen. In der einen Hand hielt er den Winkelhaken, in den er Buchstabe für Buchstabe

Verlagswesen, S. 138f.

18 Weyrauch, E.: Buch, in: North, M. (Hg.): Kommunikationsrevolution, S. 3f. Geldner, F.: Erfindung des Buchdrucks, in: AGB 1/ 1958, S. 372. Hoffmann, L.: Gutenbergbibel, in: AGB 38/ 1992, S. 279, 288, 302. Füssel, S.: Gutenberg, S. 15.

19 Hoffmann, L.: Gutenbergbibel, in: AGB 38/ 1992, S. 264f., 269-271.

fügte. War eine Zeile fertig, so musste er sie mit gekonntem Schwung auf das Satzschiff befördern. Das Satzschiff war eine Metallplatte, die an den vier Seiten mit einem Metallrahmen umgeben war, der etwas niedriger als die Drucktypen ausfiel. Der Rahmen verhinderte das Auseinanderfallen der Seite. Das Satzschiff entsprach einer ganzen Druckseite. Von dem gefüllten Satzschiff zog man einen Bürstenabzug, um den gesetzten Text auf Fehler zu kontrollieren. Ob schon in Gutenbergs Druckerei in exakt dieser Weise verfahren wurde, weiß man allerdings nicht.

Gedruckt wurde auf angefeuchtetem Papier. Das Satzschiff wurde mit Druckerschwärze, einer Mischung aus Ruß und Fett, bestrichen. Der Papierbogen wurde mit einer Spindelpresse gegen die bestrichene Vorlage gepresst. Um Register zu halten, d.h. damit der Zeilenfall von Vorder- (Schön-) und Rückseite (Widerdruck) eines Bogens nicht differierte, mussten die Bögen mit Nadeln im Rahmen genau fixiert werden. Die Gutenbergschen Drucker gingen sehr sorgfältig zu Werke. Die ersten Lagen der Bibel wurden noch mit jeweils zehn Nadeln fixiert, später mit sechs. Auch wurden zunächst die Seiten einzeln gedruckt, d.h. auf jeden vierseitigen Bogen entfielen vier Druckvorgänge.[20]

Dank naturwissenschaftlicher Methoden wie der Untersuchung von Papierqualität und Druckfarbenrezeptur sowie aufgrund von stilistischen Vergleichen der Satzbesonderheiten und der Gestalt der Wasserzeichen konnten verschiedene Lagen der Bibel isoliert werden. Die Forschung geht heute davon aus, dass zunächst vier Setzer begannen, später sechs das Werk vollendeten. Nach Abzug der damaligen Sonn- und Feiertage dürften die Arbeitskräfte in Mainz Mitte des 15. Jahrhunderts ca. 290 Tage im Jahr gearbeitet haben bei einer täglichen Netto-Arbeitszeit von 13-14 Stunden – Sommers wie Winters, da auch bei künstlichem Licht gearbeitet wurde. Wenn man berücksichtigt, dass einerseits die Gutenbergsche Druckpresse noch unvollkommen und daher nicht so leistungsfähig wie Anfang des 16. Jahrhunderts war, wenn zudem bedacht wird, dass die ersten Druckvorgänge jeweils nur eine einzige Seite bedruckten, und wenn drittens in Rechnung gestellt wird, dass die Bibel in der vergleichsweise geringen Auflage von ca. 180 Exemplaren vervielfältigt wurde, so konnten zwei Drucker an einer Presse wohl den Arbeitsausstoß von zwei Setzern bewältigen, so dass man von ebenfalls sechs Druckern ausgehen darf. Eine weitere Hilfskraft und drei Haushaltskräfte, welche die Arbeitskräfte versorgten und verpflegten, gehörten ebenfalls zum Gesinde. Gutenbergs Aufgabe war die Koordination der spezialisierten Arbeitsabläufe, die Anlernung der Drucker und

---

20 Schmidtchen, V.: Technik im Übergang, in: König, W. (Hg.): Metalle und Macht, (Propyläen Technikgeschichte, Bd. 2), S. 573-587. Werfel, S.: Druckerei in der Handpressenzeit, in: Gier, H./ Jonata, J. (Hg.): Augsburger Buchdruck und Verlagswesen, S. 97-124.

Setzer. Er erstellte weitere Drucktypen-Sätze, denn anfangs dürften nur zwei komplette Sätze vorhanden gewesen sein.[21] Die auf diesen Deduktionen beruhende Schätzung der Lohnkosten ist sehr kompliziert. Einerseits waren Setzer hochqualifiziert. Sie mussten des Lateinischen mächtig sein. So mancher hatte vorher als Berufsschreiber sein Geld verdient. Etliche Setzer des 15. Jahrhunderts hatten studiert, manche sogar den Magister. Zugleich aber war ihre Tätigkeit neu, Gutenbergs Setzer und Drucker mussten von ihm angelernt werden. Daher konnte er vermutlich ein erkleckliches Lehrgeld abziehen. Hätte sich ein Lohnschreiber ca. 30-32 Gulden Lohn erarbeitet, zu denen noch freie Kost und Logis kamen, so kalkuliert Leonhard Hoffmann den Setzerlohn bei Gutenberg nur mit knapp der Hälfte: anderthalb Gulden für den Setzer und einen Gulden für den Drucker je Monat.[22] Zum Finanzbedarf kamen aber noch Druckkosten, Papier, Heizung, Miete etc.:

Tabelle 1.1.3: Finanzierungsbedarf für Gutenbergs Bibelprojekt[23]

	Finanzbedarf	*Erläuterung*
Lohnkosten	232 fl.	ein Korrektor 13,5 Monate = 67,5 fl. 6 Setzer 56,5 Monate = 84,75 fl. 6 Drucker 56,5 Monate = 56,5 fl. 1 Hilfskraft 13,5 Monate = 11,5 fl. 3 Mägde 40,5 Monate = 12 fl.
Verpflegung	340 fl.	für Drucker, Setzer, Hilfskräfte
Druckmaterial	1.140 fl.	Papier, Pergament, Druckvorlage und Druckfarbe
Sonstiges	125 fl.	Miete, Heizung, Beleuchtung
Zinsen	109 fl.	6% für ca. 1.800 fl.
Summe	*1.932 fl.*	*Gesamtherstellungskosten*

Die Gewinnspannen der Buchdrucker und -händler der Frühzeit waren enorm. Schon Luther beklagte sich nicht nur über die Ruhmsucht der Autoren, sondern auch über die Gewinnsucht der Drucker und Verleger, die eine Schwemme an Büchern produzierten, in der die wenigen guten untergehen müssten:

---

21 Hoffmann, L.: Gutenbergbibel, in: AGB 38/ 1992, S. 272-291. Wittmann, R.: Geschichte des Buchhandels, S. 22-26.

22 Hoffmann, L.: Gutenbergbibel, in: AGB 38/ 1992, S. 292-295.

23 Geldner, F.: Erfindung des Buchdrucks, in: AGB 1/ 1958, S. 372. Hoffmann, L.: Gutenbergbibel, in: AGB 38/ 1992, S. 299, 317. Zu dieser Berechnung muss einschränkend gesagt werden, dass sie zwar die wenigen Zahlenangaben der Zeitgenossen widerspruchsfrei miteinander verbindet, gleichwohl sind die Angaben Deduktionen, bei denen bewusst auf die Nachkommastellen des Autors verzichtet wurde.

„Dr. Luth. klagte einmal vber die menge der Bücher/ das des schreibens kein ende noch mas were/ vnd ein jglicher wolte Bücher machen/ vnd sprach/ eins teils theten aus Ehrgeitzigkeit/ das sie auch wolten gerhümet sein/ vnd einen Namen dauon bekomen. Etlich aber theten vmbs geniesses vnd gewinstes willen/ vnd förderten also solch vbel."[24]

An Gutenbergs Bibel lässt sich eine erste Gewinnspannenrechnung vornehmen. Der Verkaufspreis lag bei 100 Gulden für die Pergament- und 46 für die Papierausgabe. Davon müssen noch Binde-, Illustrations- und Vertriebskosten abgezogen werden. Bücher wurden in der Regel ungebunden verkauft, dies blieb dem Zwischenhändler oder dem Endverbraucher überlassen. Gleiches galt für die Illustration. Darum dürfte Gutenberg für eine Pergamentbibel 90 und für die Papierbibel ca. 40 Gulden erzielt haben. So lässt sich ein Verkaufserlös von 9.450 fl., von dem die 1.932 fl. Herstellungskosten abzuziehen sind, errechnen. Das entspricht einer Gewinnspanne von fast 500 Prozent.[25] Zieht man allerdings die Kosten für die erstmalige Einrichtung der Druckerei und sonstige Vorlaufkosten ab, die sich den Quellen nach auf weitere ca. 2.000 Gulden belaufen haben dürften, so reduziert sich der Gewinn auf 236 Prozent.

Wie auch später noch waren bei der Einführung einer neuen Technik die Gewinnmöglichkeiten, aber auch die Einstiegskosten und mithin Risiken exorbitant. Für die 4.000 Gulden hätte Gutenberg 40 mittelgroße Bürgerhäuser oder mehrere große Bauerngehöfte erwerben können. Die Risikobereitschaft beleuchtet noch ein weiterer Umstand. Bücher waren Luxusgegenstände, dementsprechend häufig wurden sie auf Raten gekauft. Gewinne konnten daher nicht sofort, sondern erst nach einer Reihe von Jahren realisiert werden. Jedenfalls dürften Fust und Gutenberg, als sie in Streit miteinander gerieten, den Gewinn noch nicht realisiert haben.[26] Der Drucker der „Schedelschen Weltchronik", die sehr aufwendig gestaltet war, machte deshalb um 1500 sogar über 1.200 Gulden Verlust. Allerdings musste er sich mit der Konkurrenz billigerer Ausgaben auseinandersetzen, so dass der Markt wohl ziemlich gesättigt war.[27] Im Schnitt kalkulierten die Buchdrucker und -händler mit 50% Reingewinn vom Umsatz, in Einzelfällen konnte er noch Anfang des 17. Jahrhunderts 75% betragen, aber auch bei gerade einmal 25% liegen. Daher akkumulierten die Drucker recht schnell ansehnliche Vermögen, wie die Häuserlisten verschiede-

---

24 Gaubisch, U. (Hg.): Tischreden, Bl. 22. Das Motiv der Gewinnsucht wurde im Verlauf der Zeit zu einem Topos, der in der Gegenwart immer noch genauso wirkungsmächtig ist wie im 16. Jahrhundert – nicht zuletzt deshalb, weil Medien ökonomische Relevanz besaßen und besitzen und die Ansiedlung von eine Frage der Standortpolitik ist.

25 Hoffmann, L.: Gutenbergbibel, in: AGB 38/ 1992, S. 302f.

26 Hoffmann, L.: Gutenbergbibel, in: AGB 38/ 1992, S. 307-309.

27 Zahn, P.: Endabrechnung, in: GJB 66/ 1991, S. 203-211.

ner Reichsstädte im 16. und 17. Jahrhundert ausweisen. Besonders wohlhabende Drucker firmierten sogar als Geldverleiher. Selbst Druckergesellen verdienten genug, um sich Häuser kaufen zu können.[28]

Wie teuer waren nun die Produkte der frühen Buchdruckerkunst? Die Preise frühneuzeitlicher Produkte lassen sich mit ihren heutigen Äquivalenten nur schwer vergleichen. Preisindizes sind für die Frühe Neuzeit an sich nicht zu berechnen, da viele Güter (z.B. je nach Ernteausfall) innerhalb kurzer zeitlicher Fristen und von Ort zu Ort stark schwankten. Darum ist bei der nächsten Tabelle und weiteren vergleichbaren Vorsicht geboten! Die meisten Wirtschaftshistoriker lehnen deshalb mit guten Gründen jeden Vergleich früher mit heutigen Preisniveaus ab. Wenn dennoch bisweilen Angaben in gegenwärtiger Währung gemacht werden, so nur, um eine allgemeine Orientierung über die preisliche Variationsbreite zu geben.[29] Und erläuternd sei hinzugefügt: Die Reallöhne sanken in Europa seit Mitte des 15. Jahrhunderts kontinuierlich. Mieten waren recht gering, Heizung und Beleuchtung teuer, Edelmetall wurde aufgrund des ununterbrochenen Zuflusses aus der neuen Welt im Verlauf des 16. Jahrhunderts billiger. Luthers „Septembertestament", die deutsche Übersetzung des Neuen Testaments, die der Reformator im September 1522 fertig stellte, war binnen weniger Wochen ausverkauft. Die Kirchenordnung von 1533 verkaufte sich in der hier zugrunde gelegten besseren Ausgabe in einer Woche 700 Mal.[30] Aus der subjektiven Sicht der Käufer können die Bücher damals also nicht überteuert gewesen sein. Das wird auch deutlich, wenn anhand des Edelmetallpreises eine Gegenrechnung vorgenommen wird. Zur Gutenbergschen Bibel errechnet sich dabei immer noch der stolze Verkaufspreis von 6.655 DM, das Septembertestament würde 33 DM, die Kirchenordnung 11 DM und die luxuriöse Medianbibel 200 DM kosten.[31]

---

28 Gramlich, J.: Rechtsordnungen, in: AGB 41/1994, S. 19. Körber, E.B. Öffentlichkeiten, S. 217.

29 Als Basis der Berechnung des Äquivalents von Verpflegung und Unterkunft wurde das Pro-Kopf-Haushaltseinkommen von 1995 genommen und die Verwendung für Miete, Möblement und Verpflegung anteilig errechnet. Vgl. Datenreport 1997, S. 331 und 506f. Die Schätzung des „Bürgerhauses" orientiert sich an dem mittleren Preis eines Einfamilienhauses in Deutschland nach Angaben des „Rings deutscher Makler" für 1998.

30 Keunecke, H.-O.: Drucklegung, in: AGB 21/ 1980, Sp. 771-778.

31 Die Umrechnung bezieht sich auf den Goldpreis vom August 1996. Vgl. Glossar: Währungen/ Münzen.

Tabelle 1.1.4: Verkaufspreise für religiöse Literatur im 15./16. Jahrhundert[32]

	damaliger Preis/ Äquivalent	*Übersetzung in DM*
handgeschriebene Prachtbibel im 15. Jh.	500 fl. Äquivalent s. nächste Zeile	300.000-2.500.000 DM
Gutenbergs Bibel 1455 (Pergament)	100 fl.= „angemessene" Unterbringung und Verpflegung einer Person auf fünf Jahre oder der Wert eines mittelgroßen städtischen Bürgerhauses	60.000-485.000 DM
Gutenbergs Bibel 1455 (Papier)	46 fl.	27.000-220.000 DM
Gutenbergs Catholicon 1460	41-47 fl.= 4 Jahreslöhne eines Schreibers, 13 Ochsen	
Johann Mentelins Bibel 1461 (Straßburg)	12 fl.= Jahreslohn eines Schreibers	
Peter Drachs Bibel 1484 (Speyer)	5 fl.	
„Septembertestament" Luthers von 1522	1-1,5 fl. gebunden, 0,5 fl. ungebunden. 0,5 fl.= Wochenlohn eines Zimmergesellen; 1 fl.= ein schlachtreifes Schwein; 1,5 fl.= Jahreslohn einer Magd, 4,5 Monate Schulmeister-Lohn	3.000-30.000 DM
Brandenburgisch-Nürnbergische Kirchenordnung von 1533	1/6 fl.= 2 Paar gute Herrenschuh, 4 Tage Arbeit eines „ungelernten Erdarbeiters"	300-600 DM
hochdeutsche Foliobibel von 1534	2 fl., 8 Groschen	
Medianbibel von 1541/1545	3 fl.= 4 geschlachtete Kälber, 6 Pflüge, 2 Jahreslöhne einer Magd, 80% Jahreslohn eines Schulmeisters	5.600-64.000 DM

32 Schilling, H.: Aufbruch, S. 127. Geldner, F.: Erfindung des Buchdrucks, in: AGB 1/ 1958, S. 372. Koszyk, K.: Vorläufer, S. 15. Ludwig, J.: Buchdruck, in: RuF 1999/3, S. 346f. Wittmann, R.: Geschichte des Buchhandels, S. 26, 51.

Eine Tendenz zur Verbilligung ist damit unverkennbar. Eine Ursache waren sinkende Materialpreise. Der Papierpreis sank bis zum Ende des 16. Jahrhunderts auf ein Siebtel bis ein Neuntel des Preises von 1450.[33] Papier war zudem erheblich billiger als die alternativen Beschreibstoffe Papyrus und Pergament. Papyrus, daher das Wort Papier, wird mit dem Mark der Papyrusstaude hergestellt, das in einzelne Streifen geschnitten längs nebeneinander und quer übereinander gelegt wird. Eine dritte Schicht liegt wieder parallel zur ersten. Eingeweicht, verklebt und anschließend getrocknet ist das Papyrus ein idealer Beschreibstoff, allerdings feuchtigkeitsempfindlich und nicht so lange haltbar wie das Pergament. Nachdem das Imperium Romanum in der Spätantike zerbrochen und damit der Mittelmeerraum nicht mehr eine Handelseinheit darstellte, stockte der Papyrusnachschub. Die Erfindung des „Pergaments" stammt aus dem kleinasiatischen Pergamon, dem heutigen Bergama. Pergament ist aus enthaarten, geglätteten, getrockneten und gegerbten, dünnen Fellen von Kalb, Schaf oder Ziege hergestellt. Es wurde im 2. oder 3. Jh. v.Chr. erfunden. Seine Herstellung ist recht langwierig, aufwendig, teuer und konnte sich nur langsam durchsetzen. Wegen der langen Haltbarkeit und leichten Beschaffbarkeit wurde Pergament der dominierende Beschreibstoff des Mittelalters. Noch in der Frühen Neuzeit wurden besonders aufwendige Bücher auf Pergament gedruckt.

Papyrus war schwer erhältlich, Pergament zu teuer in der Herstellung. Papier hingegen war billiger und überall herstellbar. Die grundlegende Erfindung stammt von den Chinesen: Aus einem zerstampften Faserbrei wird eine Masse geschöpft, zu Blättern gepresst und getrocknet. Die Chinesen hielten die zu Beginn des 2. Jahrhunderts n.Chr. gemachte Erfindung lange geheim. Vermutlich durch die Araber im 8. Jahrhundert nach Europa gebracht, konnte sich Papier hier aber erst ab dem 12. Jahrhundert durchsetzen. Da den Europäern die chinesischen Grundstoffe, insbesondere Baumwollgewebe fehlten, kam man bei der Suche nach Ersatzstoffen auf die Idee, Kleiderlumpen zu nehmen. Papiermühlen verarbeiteten Lumpen, die zerkleinert, mehrfach eingeweicht und nach einem Faulprozess weiter zerstampft wurden.[34] Der gewonnene Faserbrei wurde mit einem flachen Sieb, der „Bütte" geschöpft. Das Büttenblatt musste abgetupft werden, wurde zwischen Filzen gepresst, dann hängend getrocknet und schließlich in Leim getaucht. Eine Papiermühle produzierte ca. 100 kg Papier je Tag. Die Mühlen sind für 1144 in Valencia, für Fabriano in Italien seit 1276, zu Beginn des 14. Jahrhunderts in Frankreich und Böhmen und gegen Ende des 14. Jahrhunderts in Nürnberg belegt, um 1600 gab es in

33 Hoffmann, L.: Gutenbergbibel, in: AGB 38/ 1992, S. 302.

34 Schmidtchen, V.: Technik im Übergang, in: König, W. (Hg.): Metalle und Macht, (Propyläen Technikgeschichte, Bd. 2), S. 575.

Deutschland ca. 190. Papiermühlen standen in Gewässernähe, weil der Wasserverbrauch bei der Herstellung sehr hoch war, aber auch weil Wasserkraft die ideale vorindustrielle Kraftquelle darstellte. Zum Zerkleinern der Lumpen, den sog. „Hadern", wurden mit Wasserkraft betriebene Schneidewerkzeuge eingesetzt. Der günstige Standort einer Papiermühle lag in der Nachbarschaft der Textilgewerbe. Diese lieferte mit ihren Abfällen billige Rohstoffe. Auch bei den Arbeitsvorgängen orientierten sich die Papierhersteller an der Textilfabrikation: Waschen, Kochen und Bleichen. Die Mühlen selbst ähnelten den Öl- und Pulvermühlen, die schon seit längerer Zeit im Montanbereich in Betrieb waren. Wie schon bei der Verbindung von Goldschmiedehandwerk und Erfindung des Drucks mit beweglichen Lettern so auch hier: Die Buchdruckerkunst war „High Tech" des ausgehenden Mittelalters, die in der Tradition anderer Handwerke und Künste stand, sich aus ihnen entwickelte und deren Techniken nutzte. Darum konnte sie sich auch so schnell ausbreiten.[35]

Die Ausweitung der Produktion und Produktionsstätten hatte ebenfalls die Verbilligung der Printprodukte zur Folge. Die „schwarze Kunst" – einerseits Apostrophierung des Geheimwissens, andererseits wortwörtlich von der Druckerschwärze abgeleitet – breitete sich dank der hohen Mobilität, die das Handwerk im späten Mittelalter und in der frühen Neuzeit kennzeichnete, rasch aus. Die Wanderungen der ersten Buchdrucker führten nicht in technologisch „rückständige" Gegenden, sondern vor allem in ökonomisch unerschlossene Absatzgebiete. Insbesondere das kapitalreiche Norditalien importierte im späten 15. Jahrhundert etliche deutsche Drucker und Setzer. Da die Buchdruckerkunst als neues Handwerk zunächst eine „freie Kunst" – von zünftischen Regelungen frei – war, konnten sich anfangs auch wandernde Gesellen niederlassen, wohin es sie verschlug. Die mittelalterliche Ausbildung, zu der die Gesellenwanderung gehörte, unterstützte mithin die Diffusion der neuen Technik.

Schon vor 1462, als Gutenberg Mainz verlassen musste, hatten dort drei Buchdruckerwerkstätten bestanden. Durch die städtischen Wirren vertrieben, flüchteten die Gesellen und eröffneten in Deutschland und im Ausland Druckereien. Ein Mainzer Konkurrent von Gutenberg war schon zuvor nach Bamberg übergesiedelt und hatte dort seit 1461, u.U. schon seit 1456, selbständig gedruckt. In Straßburg wurde ebenfalls seit 1456 (wieder) gedruckt, in Rom seit 1464, in Augsburg und Basel seit 1468. Als Gutenberg im Februar 1468 starb, existierten in Europa mindestens neun, höchsten zwölf Druckereien. In den 1470er Jahren wurden in Paris, in Holland, Flandern, Spanien und England Druckereien eröffnet, nicht wenige von deutschen Druckern. In Dänemark und Schweden wurden die ersten Druckereien in den 1480er Jahren errichtet.

[35] Lindemann, M.: Deutsche Presse I, S. 26.

Um 1500 gab es in sechzig deutschen Städten bereits insgesamt 300 Druckereien, in Italien schon 150. Zunächst konnten die deutschen Drucker im Ausland ihre Vorherrschaft behaupten, in Rom sogar bis Anfang des 16. Jahrhunderts.[36]

Abbildung 1.1.2: Druckorte im alten Reich bis 1500

Dank der großen Nachfrage versprach die neue Technik ein gutes Geschäft. Zugleich garantierte sie hohe Löhne. Daher waren Setzer die bestbezahlten Handwerker des späten 15. Jahrhunderts. Erst im 16. Jahrhundert war die Buchdruckerkunst weit genug verbreitet, so dass die Wanderung der Buchdruckergesellen dem Ausbildungskanon der übrigen Handwerke vergleichbar wurde. Die Gesellen gingen in der Regel auf eine drei- bis vierjährige Wanderschaft. Ihre Verträge wurden zumeist von Messe zu Messe auf sechs Monate geschlossen. Doch nicht nur die Gesellen wanderten, mit transportablen Dru-

---

36 Eisenstein, E.L.: Druckerpresse, S. 12-17; Giesecke, M.: Buchdruck, S. 212f. Füssel, S. Gutenberg, S. 46f. In Venedig, das nicht dem Reich angehörte und nur der Orientierung wegen in der Karte verzeichnet ist, ging die Dominanz deutscher Drucker rasch an Einheimische verloren.

ckereien gingen selbst Drucker im 16. Jahrhundert auf Wanderschaft und trugen somit einen weiteren Teil zur Ausbreitung der Druckerkunst über ganz Europa bei. [37]

Da das Gewerbe eine freie Kunst war, kam es unter Buchdruckern selten zu Preisabsprachen. Die Obrigkeit musste darum ebenfalls nur gelegentlich daran erinnern, die Buchhändler mögen den „gerechten Preis“ für ihre Ware beachten. Seit dem 16. Jahrhundert lässt sich trotzdem im Druckergewerbe die Tendenz zur Verzunftung ausmachen, die sich zum Teil über Jahrhunderte hinzog. In Augsburg endete die Zeit der freien Kunst des Buchdrucks erst Anfang des 18. Jahrhunderts. Verzunftung sollte das Auskommen sichern: Die etablierten Drucker hatten die Beschränkungen beim Rat der Stadt durchgesetzt.[38]

Weil das Buchdruckergewerbe sehr kapitalintensiv war, dürften die frühen Drucker in der Regel schon vermögend gewesen sein, wenn sie sich dem Druckerhandwerk zuwandten. Doch neben den großen gab es im Verlauf des 16. Jahrhunderts immer mehr mittlere und kleinere Drucker, sogenannte „Habnit-Handwerker“, deren Einkommen bescheiden blieb und die sich oftmals im Lohndruck verdingen mussten. Damit blieb ihnen der besonders lukrative Buchhandel verwehrt. Andererseits engagierten gerade sie sich stark für den Druck von Flugschriften und anderer Massenliteratur.[39] Und hier haben wir den Schlüssel für die Entstehung der Presse aus der Handschriften- und Buchkultur: Zuerst gab es geschriebene Bücher, dann gedruckte. Sodann breitete sich der Buchdruck über Deutschland und Europa aus und erschloss sich neue Märkte. Marktsättigung führte zur Suche nach Nischenprodukten: Neue Medien entstanden.

---

37 Hoffmann, L.: Gutenbergbibel, in: AGB 38/ 1992, S. 292. Gramlich, J.: Rechtsordnungen, in: AGB 41/1994, S. 46f.

38 Gramlich, J.: Rechtsordnungen, in: AGB 41/1994, S. 87f. Künast, H.-G.: Entwicklungslinien des Augsburger Buchdrucks, in: Gier, H./ Jonata, J. (Hg.): Augsburger Buchdruck und Verlagswesen, S. 7.

39 Gramlich, J.: Rechtsordnungen, in: AGB 41/1994, S. 20-23, 131. Künast, H.-G.: Entwicklungslinien des Augsburger Buchdrucks, in: Gier, H./ Jonata, J. (Hg.): Augsburger Buchdruck und Verlagswesen, S. 10.

2 Typologie und Strukturen: Die neuen Medien der Frühen Neuzeit

2.1 Die neuen Medien des 15./16. Jahrhunderts: Inhalte, Ökonomie und Publizisten

2.1.1 Flugblätter, Flugschriften und „Neue Zeitungen"

Schon im 15. Jahrhundert wurde eine Vielzahl von Druckwerken hergestellt: Bücher, Kalender, offizielle Drucke für Kirchen und staatliche Behörden, Flugblätter etc. Für die Vielzahl der Drucke haben sich mehrere Sammelbezeichnungen eingebürgert. Die Wissenschaft spricht von Akzidenzdrucken, Wiegendrucken und Frühdrucken. Mit dem ökonomischen Begriff „Akzidenzdruck" (Gelegenheitsdruck) werden nichtperiodische Druckwerke von beschränktem Umfang bezeichnet, mit denen die Drucker schon frühzeitig begannen, sich ein Zubrot zu verdienen und ihre Kapazitäten besser auszulasten. Gutenbergs „Türkenkalender" (1455), der die erste Ente der Geschichte enthielt, ist der erste Akzidenzdruck. „Wiegendruck" und „Frühdruck" sind chronologisch begründete Bezeichnungen. „Wiegendrucke" werden die vor 1500 gedruckten Exemplare genannt, „Frühdrucke" die zwischen 1500 und 1550.[40]

Im Unterschied zu diesen relativ trennscharfen, wenngleich durchaus auch willkürlichen Einteilungen – 1500 ist ebenso wenig eine signifikante Grenze wie 1550 – wird mit anderen einschlägigen Begriffen ein diffuses Ganzes umschrieben: Die Wissenschaft benutzt so unterschiedliche Begriffe wie Einblattdrucke, Flugblätter, Flugschriften, „neue Zeitungen", die mit ihren unscharfen Rändern, z.B. zwischen Flugblatt und Flugschrift, nicht immer exakt von benachbarten Gruppen abzugrenzen sind und die sich sehr verschiedener Themata, Gestaltungsformen und Funktionen annahmen. Einblattdruck ist ein drucktechnischer Begriff, der sich auf den Umfang bezieht. Plakate sind einblättrige Drucke, aber keine Flugblätter. Diese gab es schon vor Gutenberg, abgezogen von seitenverkehrt in Holz geschnittenen Blöcken.[41]

Flugblätter gehören zur größeren Gruppe der Einblattdrucke. Sie berichteten in knapper, gedrängter Form über „Tagesereignisse" und waren dementsprechend am einflussreichsten in ereignisreichen Zeiten. Sie erschienen diskontinuierlich, wurden im ambulanten, fliegenden Einzelverkauf vertrieben und

---

40 Der Türkenkalender berichtete über die Eroberung von drei osmanischen Städten auf dem Balkan durch den Fürsten von Caramanien. Dabei wurde das ungarische Konyar mit dem anatolische Konya verwechselt, dessen Fürst zum Zeitpunkt der Nachricht schon Frieden mit dem türkischen Sultan geschlossen hatte. Vgl. Hubay, I.: Türkenkalender, in: Gutenberg-Jahrbuch 44/1969, S. 64-67. Wiegendruck, in: Grimm, J./ Grimm, W. (Hg.): Deutsches Wörterbuch, Bd. 29, Sp. 1548-1549.

41 Schottenloher, K.: Flugblatt, S. 21-25.

waren zumeist einseitig auf folio- oder großfolioformatigen Blättern, d.h. auf einem halben Bogen, gedruckt. (Folio ist etwas größer als DIN A 4, Großfolio entspricht in etwa DIN A 3.)[42] Michael Schilling definiert in seiner Untersuchung der Bildpublizistik der Frühen Neuzeit die illustrierten Flugblätter als „eine Gruppe von Einblattdrucken [...], die in der Regel ein ausgewogenes Verhältnis von Bild und Text aufweisen, im Hochformat einen halben oder ganzen Druckbogen füllen, und außer Graphik auch Typendruck enthalten." Flugblätter bezogen sich auf ein spezielles Ereignis, konnten verschiedenen Funktionen dienen und waren gebrauchsorientiert. Thematisch behandelten Flugblätter ein recht weites Spektrum, das sich jedoch auf eine Gemeinsamkeit bringen lässt: Die Themen mussten sich auf einen bildlichen Höhepunkt verdichten lassen. Deshalb waren Himmelserscheinungen, wilde Tiere oder Missgeburten geeignete Themen, ein Friedensschluss ließ sich hingegen schlechter in einem Holzschnitt oder Kupferstich darstellen.[43]

Im Unterschied zum Flugblatt ist die Flugschrift länger und ausführlicher. Sie umfasste mehr als ein Blatt, war nicht gebunden, erschien ebenfalls nicht periodisch, sondern selbständig, und wurde zum Zwecke der Agitation (Beeinflussung des Handelns) oder der Propaganda (Beeinflussung der Überzeugung) verfasst. Durch den größeren Umfang eigneten sich Flugschriften auch zur diskursiven Behandlung abstrakter politischer Themen. Politische und religiöse Flugschriften zeichneten sich durch ihren kontroversen Charakter aus. Wie das Flugblatt wurde auch die Flugschrift im ambulanten Einzelverkauf von fliegenden Händlern vertrieben. Flugschriften besaßen ein kleineres Format, wurden zumeist in Quart oder Oktavformaten gedruckt und waren selten bebildert. Quart ist ein Viertel, Oktav ein Achtel Bogen, leicht kleiner als die heutigen Normpapierwerten DIN A 4 und DIN A 5.[44]

Während die Begriffe Einblattdrucke, Flugblätter und Flugschriften die neuen Medien formal beschreiben, zielte der zeitgenössische Begriff der „Neuen Zeitungen" auf den Inhalt. Die Bezeichnung taucht erstmalig 1502 in der „Newen Zeitung von Orient und Auffgange" auf und bezeichnet dort eine einzelne Meldung.[45] *Neu* und *Zeitung* ist redundant, denn im älteren Sprachgebrauch bedeutet Zeitung „Nachricht", neue Zeitung also „neue Nachricht". Auch das Englische kennt diese synonyme Verwendung von „news" und „ti-

---

42 Der Papierbogen maß in der Regel zwischen 33*42 cm und 47*78cm. Schilling, M.: Bildpublizistik, S. 104-106. Lindemann, M.: Deutsche Presse I, S. 281.

43 Zit. Schilling, M.: Bildpublizistik, S. 3, vgl. S. 110.

44 Schilling, M.: Bildpublizistik, S. 105-110. Mörke O.: Pamphlet, in: North, M. (Hg.): Kommunikationsrevolution, S. 16f. Lindemann, M.: Deutsche Presse I, S. 281. Zur weiteren Geschichte von Flugblatt und Flugschrift: Hagelweide, G.: Flugblatt und Flugschrift, in: Dovifat, E. (Hg.): Handbuch der Publizistik, S. 39-48.

45 Lindemann, M.: Deutsche Presse I, S. 65. Schottenloher, K.: Flugblatt, S. 157.

dings“. Da eine Nachricht ohne Neuigkeitswert aber keine Nachricht ist, war eine *Zeitung* des 15. und 16. Jahrhunderts ebenfalls notwendigerweise ***neu***. Luther benutzte die „neue Zeitung“ als Analogon zur Nachricht oder Botschaft: „das Euangelium bringet gute Newezeitung“ bemerkte er in seinen Tischgesprächen. Und noch Theodor Fontane benutzt, vermutlich bewusst archiisierend, in der Novelle „Vor dem Sturm“ und andernorts „Zeitung“ als Synonym für Nachricht. „Zeitung“ war also kein formaler, sondern ein inhaltlicher Begriff. Neuigkeiten waren aber lange vor ihrer gedruckten Vervielfältigung handschriftlich verbreitet worden.[46]

Fuggerzeitungen und andere geschriebene Zeitungen

Briefe dienten seit alter Zeit der Übermittlung von Neuigkeiten. Schon im ausgehenden Mittelalter existierte eine intensive Briefkultur zwischen Fürsten, Städten und Kaufleuten. Die Teilnehmer am Briefverkehr waren dabei gleichermaßen Abnehmer und Korrespondenten. Größere Handelshäuser wie die der Fugger oder Welser in Augsburg bezogen aus den Handelszentren der damaligen Welt Nachrichten. Die handschriftlichen Fuggerzeitungen des 16. Jahrhunderts sammelten Nachrichten über politische, militärische und wirtschaftliche Vorgänge in aller Welt. Die Thematik der gesammelten Neuigkeiten beschränkte sich anfangs auf wirtschaftliche Themen, erweiterte sich aber rasch auf die gesamte Universalität der Nachrichten im 16. und 17. Jahrhundert. Auch Wundererscheinungen, Berichte über Teufelsaustreibungen, Hexenverbrennungen und Verbrechen wurden berichtet. Da die Nachrichten den kompletten Briefumfang ausmachten oder den persönlichen, nur für den Empfänger bestimmten Mitteilungen als Beilagen angehängt waren, konnten sie bedenkenlos anderen Personen weitergegeben werden. Sie wurden vervielfältigt und gesammelt, obwohl sie zunächst für den Gebrauch des Handelskontors und nicht für weitere Veröffentlichung bestimmt waren. Die Auflage dürfte 20 Exemplare selten überschritten haben. Manche Fuggerzeitungen dienten allerdings als Grundlage für Flugblätter. Die Überlieferung der Fuggerbriefe in den Archiven des sächsischen Kurfürsten (Briefe von 1520-1525), der Habsburger (1568-1604) und anderen zeigt, dass die Fugger die bei ihnen eingegangenen Neuigkeiten vor allem an politisch Einflussreiche und an Freunde weiterleiteten. Zum Teil versprachen sie sich davon ein Geschäft auf Gegenseitigkeit und

46 Gaubisch, U. (Hg.): Tischreden, Bl. 21. Vgl. Schöne, W.: Was ist Zeitung? in: Publizistik, 1. Jg., 1956, S. 323-325. Vgl. Zeitung, in: Grimm, J. und W. (Hg.): Deutsches Wörterbuch, Bd. 15, Sp. 591-593; Kluge. Etymologisches Wörterbuch, S. 906.

erhofften sich, ebenfalls Nachrichten von den Empfängern zugeschickt zu bekommen, zum Teil wollten sie sich damit Wohlverhalten erkaufen. Ob auch die Beeinflussung und Steuerung der Fürsten durch bewusste Nachrichtenpolitik zu ihren Zielen gehört haben kann, ist zwar nicht auszuschließen, aber eher unwahrscheinlich. Im Kern ähnelten die Fuggerzeitungen den heutigen Informationsdiensten als Formen der Massenpublizistik.[47]

Andere geschriebene Zeitungen waren von vornherein als Geschäft mit der Nachricht gedacht. Einer der ersten, die sich professionell mit dem Sammeln und Weiterleiten von Nachrichten befassten, war der Nürnberger Humanist, Jurist und Politiker Christoph Scheurl. Zwischen 1512 und 1537 schrieb er als Korrespondent für eine Reihe von Fürsten und reichen Privatleuten „Neue Zeitungen", in denen er die einlaufenden Nachrichten zusammenfasste oder aus anderen Sprachen übersetzte. Seine Zeitungen waren überwiegend handschriftlich, einzelne wurden jedoch gedruckt und fanden damit größere Verbreitung.[48]

Geschriebene Zeitungen lebten noch nach dem Aufkommen der periodischen Presse weiter. Wegen der Unmöglichkeit, die geschriebenen Zeitungen zu kontrollieren, waren sie insbesondere in Zeiten einer strengen Kommunikationskontrolle sehr verbreitet und wurden darum ihrerseits wiederholt und vergeblich verboten. Beispielsweise hielt ein Dekret des Danziger Senats vom Beginn des 18. Jahrhunderts die Cafés der Stadt an, nur gedruckte Zeitungen zu führen. Dass die geschriebenen Nachrichten um so höher im Kurs standen, je schärfer das gedruckte Wort kontrolliert wurde, versteht sich von selbst. Deshalb fanden geschriebene Zeitungen noch unter den scharfen Zensurbestimmungen des preußischen Ministers Wöllner weite Verbreitung. Das gleiche gilt für Frankreich und Österreich im späten 18. Jahrhundert. Strenge Verbote konnten die geschriebenen Zeitungen nicht unterdrücken. Die Auflage betrug zumeist nicht mehr als 20-25 Exemplare. Wie viele Leser mit ihnen erreicht wurden, lässt sich allenfalls schätzen und dürfte vom Inhalt der geschriebenen Zeitungen abhängig gewesen sein. Die Fuggerzeitungen dürften wohl nur von wenigen gelesen worden sein, da sie den Charakter vertraulicher Informationen trugen. Die von der Obrigkeit gefürchteten geschriebenen Zeitungen hingegen dürften wegen ihres subversiven Inhalts durch viele Hände gegangen sein.

---

47 Stieler, C.: Zeitungs Lust, Nachdruck 1969, S. 15. Weber, J.: Presse, in: Jäger, H.-W. (Hg.): Öffentlichkeit, S. 138. Schilling, M.: Bildpublizistik, S. 93 u. 99-101. Kleinpaul, J.: Fuggerzeitungen, S. 33, 58, 74, 106-122. D'Ester, Karl: Fuggerzeitungen, in: Handbuch Zeitungswissenschaft, Bd. 1, Sp. 1187-1198. Koszyk, K.: Vorläufer, S. 35-43. Schöne, W.: Was ist Zeitung? in: Publizistik, 1. Jg., 1956, S. 327.

48 Schottenloher, K.: Flugblatt, S. 172-178. Steinhausen, G.: Entstehung der Zeitung, in: ABG, 1928, 65. Jg., Nr. 4, S. 51-64.

Noch im Zweiten Weltkrieg waren in Deutschland handgeschriebene Kettenbriefe ein Mittel der Regimegegner, Informationen zu verbreiten.[49]

Die Inhalte der neuen Medien

Flugblätter waren die neuen Medien des 15. Jahrhunderts. Ihr Äußeres orientierte sich noch nicht an der Gesamtwirkung des Flugblatts, sondern an der Lesegewohnheit. Bebildert waren illustrierte Flugblätter zumeist am Beginn des Textes. Vermutlich ist diese Unbeholfenheit der frühen Drucke aus der Orientierung an älteren publizistischen Formen zu erklären. Sie orientierten sich an der Tafelmalerei und Buchillustrationen, diese aber gehorchten anderen ästhetischen Gesetzen als die Flugblätter, die sich verkaufen und daher in inhaltlicher und formaler Hinsicht marktgängig sein mussten.[50]

Abbildung 1.2.1: Sebastian Brants Donnerstein von Ensishein (1492)

Die Bilder sollten zum Kauf anreizen. Beliebte Blickfänger waren Bilder mit Monstrositäten, schrecklichen, wilden Tieren, die in Europa nicht vorkamen, und andere Bilder sensationellen Inhalts. Das älteste bislang bekannte illustrierte politische Flugblatt, Sebastian Brants „Donnerstein von Ensishein" von 1492, verband die Sensation des Einschlags eines Meteoriten im elsässischen Ensishein mit einer politischen Interpretation. Der „Donnerstein" sei göttliche

[49] Opel, J.O.: Anfänge, S. 28f. Houben, H.H.: Zensur, S. 116. Lindemann, M.: Deutsche Presse I, S. 20. D'Ester, Karl: Geschriebene Zeitung, in: Handbuch Zeitungswissenschaft, Bd. 1, Sp. 1271-1287. Vgl. Friedländer, E. (Hg.) : Berliner geschriebene Zeitungen.

[50] Schilling, M.: Bildpublizistik, S. 70f.

Mahnung an den Kaiser, die Schweizer Eidgenossen und den französischen König: Der Kaiser möge sich gegen die Eroberung Burgunds durch die Franzosen erwehren, die Eidgenossen sich nicht einmischen und der französische König die Eroberung wieder freigeben.[51]

Die Ikonografie begann sich rasch auszubilden und zu erweitern. Beliebt waren bei religiös-politischen Flugblättern die allegorischen Verbindungen von Mensch mit Tier: Lucas Cranach d.Ä. schuf z.B. 1523 Papstesel und Mönchskalb. Seither kehrten beide Mischwesen in abgewandelter Form als stereotyper Angriff auf die katholische Kirche stetig wieder. Mit Heiligenscheinen aus Pfauenfedern wurde auf die Scheinheiligkeit der gezeichneten Figuren angespielt. Die karikierenden Holzschnitte der Flugblätter des 15.-17. Jahrhunderts zeichneten sich zwar noch relativ selten durch eine persönliche Physiognomie der Angegriffenen aus, ansonsten aber entwickelten die illustrierten Flugblätter erste Formen der Karikatur. Die von den illustrierten Flugblättern entwickelte Bildersprache resultierte z.T. auch aus der Wiederverwendung von Motiven. Manchem älteren Flugblatt wurde einfach ein neuer Text beigegeben, oder es wurde eine geschnittene Form durch Einsetzung eines kleinen nachträglich geschnittenen Bildes ergänzt. Zu der Ikonografie gehörte die Entwicklung von „Serienhelden". Diese in den Bilderbogen wiederkehrenden Figuren standen jeweils für eine ganz bestimmte Handlungsweise oder Personengruppe. Z.B. verkörperte die Figur des Niemand einen angerichteten Schaden, zu dem sich keiner bekennen wollte. „Wer hat den Topf zerbrochen? 'Niemand' hat's getan." Die Figur des Niemand hat sich bis auf den heutigen Tag in Witzform gehalten.[52]

Nur wenige Flugblattpublizisten erreichen mit ihren Exponaten schon eine ästhetische Balance zwischen Text und Bild. Hierzu gehören z.B. die Flugblätter Sebastian Brants, dem Dichter des „Narrenschiffs", Nikolaus Meldemanns, dem Nürnberger Formschneider, der einen aufsehenerregenden Druck über die vergebliche Belagerung Wiens 1529 verfasste, Albrecht Dürers, der Reime von Hans Sachs illustrierte, oder des Johannes Fischart und seines Buchdruckers Bernhard Jobin. Diese herausragenden Künstler und Poeten waren die Ausnahme in dem Gewerbe und ihre Blätter zeichneten sich dadurch aus, dass Texte und Bilder aufeinander abgestimmt waren. Entsprechend teuer werden sie heute antiquarisch gehandelt.

---

51 Sack, V.: Sebastian Brant, S. 40-42, 60.

52 Schilling, M.: Bildpublizistik, S. 62-65, 74f.

Doch viele Bilderbogen waren sehr anspruchslos gehalten und nur mit einem groben Titelholzschnitt versehen. Die Einfachheit deutet auf eine möglichst weite Verbreitung; die Bilderbogen sollten billig sein. Die gleichen Holzschnitte wurden dabei auch für verschiedene Bilderbogen verwendet. Die Schedelsche Weltchronik bspw., 1493 in Nürnberg gedruckt, kam bei 1.800 Abbildungen mit erheblich weniger Druckstöcken aus, so dass die Abbildungen vieler Städte oder Personen identisch waren. Schon manchem damaligen Betrachter muss bewusst gewesen sein, dass die Darstellung fremder Gegenden nicht einer „fotografischen" Realität entsprechen konnte, sondern nur in übertragendem Sinne realistisch zu nehmen war. So zeigt die „Warhafftige Newe Zeitung des kayserlichen Sigs zu Galetta vnd Tunis geschehen" aus dem Jahre 1535 Karthagos Ruinen, die im wesentlichen aus einer Art römischem Kolosseum bestehen. Daneben steht Tunis, das verblüffend einer mittelalterlich-deutschen Stadt gleicht. Ein nord- und mitteleuropäisches Schiff, Landsknechthaufen und europäische Reiterei vervollständigen das Bild. Solche Abbildungen fremder Gegenden und Geschehnisse, die nicht durch eigene Anschauung des Formschneiders gewonnen waren, dürfen also nicht als realistische Wiedergaben gesehen werden und waren vermutlich weder von den Illustratoren als solche gedacht noch vom Publikum als solche verstanden. Sie hatten vielmehr den veranschaulichenden Charakter einer Skizze, sollten die gezeigten Handlungen in eine Beziehung zueinander setzen und dem Betrachter Gelegenheit geben, den schriftlichen Bericht sich selbst zu veranschaulichen.[53]

Abbildung 1.2.2: Neue Zeitung von der Seeschlacht bei Galetta (1535)

---

53 Schottenloher, K.: Flugblatt, Abb. 21, S. 163. Janzin, M./ Güntner, J.: Buch, S. 141.

Soweit der Aufwand vertretbar war, ist jedoch schon im frühen 16. Jahrhundert das Bemühen um Authentizität erkennbar. Der Nürnberger Formschneider Meldemann begab sich 1530, ein Jahr nach der ersten erfolglosen Belagerung Wiens durch die Türken, dorthin, um den Ort wirklichkeitsgetreu abzubilden. In seiner Widmung an den Nürnberger Rat berichtet er: „In solchem hab ich erfahren, daß ein berühmter Maler zu Wien, der für sich selbst, als der Türk noch vor der Stadt gelegen, auf dem hohen St. Stefansthurm die ganz Belagerung ringsumb zu Land und Wasser, herwiederumb auch des Kriegsvolks Gegenwehr in der Stadt wider die Türken, alles, wie es an ihm selbst ergangen und augenscheinlich gewest, aufgenommen habe, also daß hienach kein gründlicher Visierung derogleich hat mögen gestellt werden." Anfangs habe der Maler Schwierigkeiten gemacht, dann aber doch sein Gemälde ihm verkauft. Der große Bilderbogen erschien auf sechs Blättern als vereinfachtes Rundbild der Stadt mit dem Stefansturm in der Mitte. Häuser und Gassen seien nicht verzeichnet, damit man besser sehen könne, wie sich das Kriegsvolk in der Stadt zur Gegenwehr gestellt habe. Man hätte sonst noch einmal soviel Papier benötigt „und wäre also nit jedermanns Kauf und für den gemeinen Mann gewesen".[54]

Wenn also der Drucker von Hause aus Formschneider, oder wenn ein Ereignis unerhörter Aktualität zu berichten war, wurde mehr Mühe auf die Herstellung der Abbildungen verwandt. Gegen Ende des 16. Jahrhunderts verdrängte zunehmend der feinere Kupferstich den gröberen Holzschnitt. Dabei war der Kupferstich in druckökonomischer Hinsicht kein Vorteil, nur in abbildungstechnischer. Denn der Vorteil detailreicher Abbildungen wurde durch den Nachteil schneller Abnutzung erkauft: Kupferstichvorlagen waren spätestens nach 2.000 Druckvorgängen im wahrsten Wortsinn plattgequetscht. Aus Hartholz geschnittene Bilderformen verkrafteten hingegen schadlos Auflagen von mehrerern tausend Exemplaren. Wenn dennoch die bessere die billigere und ökonomischere Variante verdrängte, so kann das nur heißen, dass der Kunde anspruchsvoller geworden war. Wollte ein Drucker seine Abnehmer erreichen, musste er sie statt mit kruden Holzschnitten mit aufwendigen Stichen ködern.[55]

Hinzu kommt, dass, obwohl viele Flugblätter sensationellen Inhalts waren, etliche durchaus „wissenschaftlichen" Anspruch besaßen. Die Abbildung von siamesischen Zwillingen und anderen Missgeburten oder die Wiedergabe von Kometen wie dem Halleyschen von 1531 zeichnete sich durch eine erstaunliche

---

54 Zit.n. Schottenloher, K.: Flugblatt, S. 170-172.

55 Die durchschnittliche Auflage eines Holzschnitts betrug 2.000-2.500, die eines Kupferstichs lag mit 1.000 deutlich niedriger. Schilling, M.: Bildpublizistik, S. 25.

Genauigkeit aus. In Bezug auf die Qualität der Abbildungen gab es also keinen gemeinsamen Nenner, allenfalls bei der Beachtung des Marktes. Zur Marktgängigkeit gehörte auch die Glaubwürdigkeit. Darum gehörte regelmäßig zur Illustration eines sensationellen Flugblatts die Abbildung von Beobachtern. Diese standen im Bildvordergrund mit dem Rücken zum Betrachter des Flugblattes und betrachteten ihrerseits das abgebildete Naturschauspiel, den Kometen oder eine andere dargestellte Erscheinung. Damit wurde dem Betrachter des Flugblatts suggeriert, er stehe direkt hinter den Augenzeugen. Das sollte sowohl für die Authentizität bürgen als auch den Flugblattbetrachter zu einem mittelbaren – verhinderten – Augenzeugen machen.[56]

Die Nachrichten stammten aus Poststationen, kamen durch Kaufleute oder Reisende ein oder wurden Briefen entnommen: „Wie man von [...] am [...] schreibt“. Auch den Titeln lässt sich die Verwandtschaft mit brieflich übermittelten Nachrichten entnehmen. Viele Flugblätter führen „Copia“ oder „Abschrift“ bzw. „Abdruck“, „Brief“, „Missive“ oder in deutscher Form „Sendbrief“ im Titel. Dabei wurde es im 16. Jahrhundert Sitte, die „Neue Zeitung“ nach ihrer Herkunft zu bezeichnen, z.B. eine „Neue Zeitung aus Niederland“ oder „Persische, Türckische und Moscovitische Zeitung“.[57]

Der Ausbildung der Ikonografie in den Bildern entsprach eine formelhafte Sprache, die bewusst Redensarten und Sprichwörter einbaute. Flugblätter religiösen oder fiktiven Inhalts waren sowohl gereimt – dann ließen sie sich von den Wanderhändlern vorsingen – als auch in Prosa verfasst. Die neue Drucktechnik erschloss sich schon im 15. Jahrhundert alle Formen der alltäglichen Kommunikation, gerade weltliche und geistliche Lieder wurden viel gedruckt. Einen Höhepunkt erreichte der Druck geistlichen Liedguts in der Reformation, profane Lieder wurden als Liebes-, Trink-, oder Volkslieder (Dietrich von Bern, Siegfried) gedruckt. Gebrauchstexte und „newe Zeitungen“ als Nachrichtenblätter benutzten hingegen zumindest im 16. Jahrhundert noch ausschließlich die Prosa. Erst im 17. Jahrhundert finden sich auch Nachrichten in Reimform.[58]

Über die Texte der Flugblätter lässt sich naturgemäß Ähnliches wie über deren Bilder sagen. Auch sie setzten sowohl auf Komik, Unterhaltung, Spannung und Sensation wie auch auf Glaubwürdigkeit. Zum Kauf sollten Reizwörter wie „new“, „erschröcklich“, „unerhört“, „wunderbar“, „Wunderzeichen“ oder „Prophezeiung“ anreizen. Trotz der Themenvielfalt, die auch Platz für politische und religionspolitische Blätter ließ, war die eindeutige Mehrzahl unpoliti-

56 Schilling, M.: Bildpublizistik, S. 53-66, 88f.

57 Schilling, M.: Bildpublizistik, S. 96f. Schottenloher, K.: Flugblatt, S. 158-160.

58 Schilling, M.: Bildpublizistik, S. 75-86.

schen und sensationellen Inhalten gewidmet. Noch im späten 15. Jahrhundert verkündeten Einblattdrucke nur sehr selten tagesaktuelle „Neue Zeitungen". Eine der seltenen Ausnahmen ist eine Nachricht aus dem Jahr 1492: „Wie die kaiserliche Majestät Herrschaft sich auf dem Lechfeld gelagert hat und wie viel die Fürsten, Herren und Städte Leut zu Roß und Fuß, auch Wagen, Büchsen und Zelt gehabt haben."[59] Doch an der Wende vom 15. zum 16. Jahrhundert, verstärkt durch Reformation, Entdeckungen und kriegerische Ereignisse, wandelten sich auch die Sujets. Schlachten und politische Ereignisse drangen in den Vordergrund, die Türkenkriege des 16. und 17. Jahrhunderts gaben reichlich Stoff für Darstellungen. So wurden allmählich die aktuelleren Nachrichten auch für bildliche Darstellungen wichtiger, blieben gleichwohl gegenüber den – zumindest vordergründig – unpolitischen „Neuen Zeitungen" weniger wichtig.

Regelmäßig wurde die Berichterstattung über astronomische Ereignisse aufgegriffen. Kometen galten noch bis ins 20. Jahrhundert hinein als Zeichen für kommendes Unglück. So schrieb ein Flugblatt 1579: „Achterlei Unglück ein Comet/ Bedeut, wann er am Himmel steht:/ Groß Wind, Gewässer, Unfruchtbarkeit,/ Pestilenz Seuch und großen Neid,/ Erdbeben und eines Fürsten End/ dazu Änderung im Regiment."[60] Die Erscheinungen gaben also Anlass zu vorausschauenden Warnungen. Damit sie die Glaubwürdigkeit der „Neuen Zeitungen" nicht gefährdeten – jedes angekündigte aber ausgebliebene Ereignis fiel ja auf den Verbreiter zurück –, wurde dem drohenden Vertrauensverlust vorgebaut, indem der Drucker abschließend Zeilen beigab, mit denen er einschränkend bemerkte, es müsse nicht alles wie beschrieben kommen, denn Gott in seiner Gnade könne das Unglück auch abwenden. Damit war die Glaubwürdigkeit gerettet, der Kometenglaube nicht grundsätzlich diskreditiert und obendrein das Ganze noch gottesfürchtig verbrämt. Der hohe Anteil von „Wetterberichten" und astronomischen Erscheinungen war, wie auch das zitierte Flugblatt zeigt, keineswegs unpolitisch. Vielmehr galten die Naturerscheinungen als Ankündigung kommender Ereignisse, Unglücke oder sogar des kommenden Weltuntergangs. Darin zeigt sich die Unsicherheit der Menschen in den Zeiten des Umbruchs, die zugleich Antrieb für Erneuerungsbewegungen wie die Reformation waren.

59 Zit.n. Schottenloher, K.: Flugblatt, S. 27.
60 Zit.n. Schottenloher, K.: Flugblatt, S. 186f.

Tabelle 1.2.1: Themen von Holzschnitt-Flugblättern im 16. Jahrhundert[61]

	Anzahl	*Prozent*		*Anzahl*	*Prozent*
Wetter/ Astronomie	98	26,6	Reformation	21	5,7
Missgeburten	84	22,8	Sitte und Moral	12	3,3
Politik	37	10,0	Teufel und Hexen	10	2,7
wilde Menschen/ Tiere	29	7,7	Erdbeben	7	1,9
Verbrechen	28	7,6	Wunder	7	1,9
Türkenkriege	22	6,0	Sonstiges	14	3,8

Die Wunder- und Erscheinungsberichte waren schon in der frühen Neuzeit suspekt. Um der Kritik vorzubeugen, wurde die Glaubwürdigkeit der Flugblätter durch Worte wie „warhaffter Bericht ueber etc.pp.“, „warhafftig“, „eigentlich“ oder „Gewiß“ unterstrichen. Die Betonung der Wahrhaftigkeit der Berichte bezeichnete nicht nur den Anspruch auf Ehrlichkeit der Berichterstattung, sondern sollte auch die Worttreue und Vollständigkeit der Neuigkeit andeuten und reagierte auf die rasch einsetzende Kritik an dem Übermaß sensationeller Berichterstattung. Der französische Mönchs Putherbeus oder Puyherbault, der 1549 in Paris eine Kritik an der Sensationsberichterstattung veröffentlichte, die in deutscher Übersetzung unter dem Namen Gabriel Putherbeien 1581 in München herausgegeben wurde, schrieb: „Was scheutzlich / närrisch vnnd visierlich ist, das begreifen sie von stundan / was züchtig vnnd erbar ist / darüber rimpffen sie die nasen / vnnd springen daruon / als hetten sie auff ein Natter getretten [...] aber auff das kot vnd Schelmen Fleisch fallen sie ein / wie die Raben.“ Noch im späten 17. Jahrhundert hielt man die Sensationsberichterstattung für eine angebliche Vorliebe der Deutschen: „Ich weiß nicht woher Ihr Teutsche so sehr nach den Neuen Zeitungen fraget; Ihr könnet so bald einer den andern nicht begegnen / so ist das erste Wort: Was hat man Neues? Wir Engelländer sind weit anders gesinnet / wir hekümmern uns umb kein ander Neues / als was unserm König und Vaterland [...] angehet“ äußerte ein (vorgeschobener?) Engländer in einer der frühen moralischen Wochenschriften.[62]

Die Drucker machten sich über Ihresgleichen selbst lustig, sei es um die Konkurrenz herunterzuziehen und sich selbst damit in ein besseres Licht zu stellen, sei es um der erwarteten Kritik den Wind von vornherein aus den Segeln zu nehmen. Der bekannte Nürnberger Drucker Paul Fürst spottete nach

61 Strauss, W.L.: Single-leaf Woodcut, S. 6.

62 Zit.n. Lindemann, M.: Deutsche Presse I, S. 135 und 91.

dem Ende des 30jährigen Kriegs über die Kriegsgewinnler seiner Branche, die „von dem Kriegen/ auch aus der Druckerey Avisen lassen fLügen [!] / Die trugen wacker Geld/ ob[wohl] sie nit waren wahr". Im späten 17. Jahrhundert war schon der ganze Berufsstand suspekt: „Hierher gehören auch die Newen-Zeitungs-Singer auff öffentlichen Jahr- und Wochenmärckten/ die singen eines her von der oder jener Miß-Geburt [...] Solche Land- und Stadt-Lügner lügen und [be]trügen auch mit Gottes Namen." kritisierte ein Hallenser Geistlicher die Zeitungskolporteure und damit auch die Drucker und Verleger der gesungenen Nachrichten.[63]

Der Kritik der Zeitgenossen an der Sensationslust und mangelhaften Glaubwürdigkeit der Flugblätter entsprach aber auf der anderen Seite eine weidliche Ausschlachtung durch die Drucker von Wunderzeichen- (sog. Prodigienliteratur) und Chroniken wie dem „Theatrum Europaeum" (1635-1738) oder dem „Diarium Europaeum" (1659-1683), die sich auf Messrelationen, Flugblätter und -schriften und Zeitungen gestützt hatten. Dennoch könnte die bekrittelte Unglaubwürdigkeit mit zum Niedergang der Flugblätter im späten 17. Jahrhundert beigetragen haben, wenngleich auch die Zensurpolitik des erstarkenden Absolutismus die meinungsfreudigen Flugblätter weniger tolerieren konnte als die referierenden und weithin kommentarlosen Tages- und Wochenzeitungen jener Zeit.[64]

Die Vermittlung komplexerer Botschaften

Manche Flugschriften sammelten eine größere Anzahl neuer Zeitungen, andere vermittelten teils sehr eingängige Botschaften politischer und religiös-politischer Propaganda, wieder andere führten theologische Auseinandersetzungen, die sich dem Laienpublikum nicht mehr erschlossen.[65] Ein Höhepunkt der Reformationspublizistik war die von Luther authorisierte Abfolge von Gegenüberstellungen im „Passional Christi und Antichristi" vom Frühjahr 1521 – eine Druckschrift zwischen Flugblatt und Flugschriften. Lucas Cranach d.Ä. schnitt die Abbildungen der zwölf Folgen von Doppelbildern, auf denen jeweils eine Episode der päpstlichen Geschichte einer Szene des Evangeliums Christi gegenübergestellt wurde. Philipp Melanchthon und Johann Schwertfeger schrieben die Erläuterungen. Melanchthon war in den Anfängen der Re-

63 Zit.n. Schilling, M.: Bildpublizistik, S. 134 und 128.

64 Schilling führt den Mangel an Glaubwürdigkeit als wichtigen Grund für den Niedergang an. Schilling, M.: Bildpublizistik, S. 120-123, 140. Vgl. zur Selbstverständlichkeit des Wahrheitsanspruchs: Körber, E.B.: Öffentlichkeiten, S. 338-340.

65 Beispiele in: Weller, E. (Hg.): Zeitungen, S. 5-85.

formationszeit so etwas wie Luthers Sekretär und unterhielt eine ausgedehnte Korrespondenz, die man als „ein allgemeines kirchlich-politisches Redaktionsbüreau für Wittenberg und einen nicht unbeträchtlichen Teil der reformierten Welt" bezeichnet hat.[66]

In den Auseinandersetzungen mit der römischen Kirche spielt das „Passional" eine zentrale Rolle, weil es eine der ersten Flugschriftenfolgen darstellt, die in popularisierender und propagandistisch zugespitzter Form die komplexe Botschaft der Reformation verbreitete. Auf der Abbildung ist die Amtseinführung des Papstes zu sehen. Er ist durch Mantel und Tiara als Papst gekennzeichnet. Um ihn herum stehen die inthronisierenden Kardinäle. Im Hintergrund ist vermutlich das Volk von Rom zu sehen, im Fenster Landsknechte.[67] Die Bildunterschrift lautet „Antichristus. Der Keyser Constantinus hat uns die keyserlich krone / getzirde allen andern geschmuck in massen wie yhn 8 keyser tregt / purpur cleyt alle andere cleyder vn[d] scepter zutragen vn[d] tzubrauchen geben". In der Übertragung heißt das: Der Kaiser Konstantin hat uns die kaiserliche Krone, andere Zierde und Schmuck in der Art, wie der Kaiser sie trägt, Purpurkleider und andere Kleider und Szepter zu tragen und zum Gebrauch gegeben. Die Quellenangabe „c. Constantinus cxvi.dis." besagt: conferrre =

Abbildung 1.2.3: Passional Antichrist (1521)

Antichriſt.

Antichriſtus.
Der Keyſer Conſtantinus hat vns die keyſerlich krone/getzirde allen andern geſchmuck in maſſen wie yhn d keyſer tregt / pur-
per cleyt alle andere cleyder vñ ſcepter zutragen vñ tzubrauchen geben c.Conſtantinus.cxvi.diſ. Solche lügen haben ſie yre ty-
ranney tzu erhalten ertichtwyder alle hiſtorien vñ kuntſchafft/ dan es iſt nit brauchlich geweßen den Romiſchen Keyſern ein ſolche krone tzutragen.
A iij

66 Lindemann, M.: Deutsche Presse I, S. 16. Das Passional kurz behandelnd, aber die Sonderstellung angemessen würdigend: Heintzel, A.: Propaganda, S. 118-120.

67 Schottenloher, K.: Flugblatt, S. 80f., 486. Grisar, H./ Hege, F.: Luthers Kampfbilder, Bd. 1. Luther, M.: Ges. Werke, Bd. 9, S. 677-715. Cranach, L.d.Ä./ Melanchthon, P./ Schwertfeger, J.: Passional, hg.v. Scherer, W.

vergleiche Konstantinus Dis[tinctus] = Abschnitt 116. Es folgt ein Abschnitt, der als Kommentar oder Erläuterung zu dem Zitat zu lesen ist: „Solche lügen haben sie yre tyranney tzu erhalten ertticht wyder alle historien vn[d] kuntschafft/ dan es ist nit brauchlich geweßen den Romischen Keysern ein solche krone tzutragen." Das heißt: Solche Lügen haben sie gegen alle Geschichte und Kenntnis erdichtet, um ihre Tyrannei zu erhalten. Denn es ist bei den römischen Kaisern nicht Brauch gewesen, eine solche Krone zu tragen. „Aiii" bezeichnet die Foliierung. Durch die Einführung wird die erste Äußerung dem „Antichrist" zugeordnet und zugleich die gesamte Schrift als Angriff auf das Papsttum ausgezeichnet. Das dem Papst in den Mund gelegte Zitat, welches auf die konstantinische Schenkung Bezug nimmt, wird zuletzt als Lüge entlarvt. Diese sogenannte Schenkung ist eine Urkunde, mit welcher Kaiser Konstantin dem Bischof von Rom den Kirchenstaat schenkte und dem Papst seine Insignien der Macht, z.B. ein Diadem verlieh. Konstantin, der 313 das Toleranzedikt von Mailand erlassen hatte, mit dem die Christenverfolgungen endeten, steht in der christlichen Tradition für den ersten christlichen Kaiser. Die Urkunde ist eine zwischen 752 und 850 entstandene Fälschung. Schon im Mittelalter war sie nicht unumstritten, aber dennoch zumeist als echt, wenngleich nicht unbedingt als rechtsverbindlich anerkannt.[68]

Erst die Humanisten des 15. Jahrhunderts (Nikolaus von Kues und Laurentius Valla) nahmen sich der sogenannten Schenkung unter textkritischen Aspekten an. Valla hatte in seiner Schrift „De falso credita et ementia Constanini donatione declamatio" die Schenkung 1440 als Fälschung entlarvt. Ulrich von Hutten veröffentlichte diese Schrift 1517 in Basel in deutscher Übersetzung. In dem „Passional" liegt also eine Popularisierung wissenschaftlicher Erkenntnisse vor, allerdings in einer für den politischen Tageskampf schlagwortartig verkürzten Form. Daran bedürfen vier Punkte besonderer Hervorhebung:

- Zwischen Huttens Ausgabe und dem „Passional" lagen nur vier Jahre. Die Diffussion wissenschaftlicher Erkenntnisse nahm also schon in der Frühen Neuzeit beachtliche Geschwindigkeit an.
- Die Popularisierung wissenschaftlicher Erkenntnisse bediente sich einer für die damaligen Zeitgenossen höchst eingängigen Vereinfachung. Es wurde nicht in die komplizierte staatsrechtliche Materie der konstantinischen Schenkung eingeführt, sondern die Macht wurde auf ihre Symbole Purpurmantel und Krone, im Bild mit Tiara gleichgesetzt, reduziert.
- Die verkürzende Symbolik verfälschte die Botschaft: Die Krone wurde im Bild mit der Tiara übersetzt. Die Schenkungsurkunde hatte dagegen von einem Diadem gesprochen. Die simplifizierte Botschaft lautet also: Kein Kaiser hat je

[68] Klinkenberg, H.M.: Konstantinische Schenkung, in: LThK, Bd. 6, Sp. 483f.

eine Tiara getragen. Das ist genauso richtig, wie die Behauptung, die Schenkungsurkunde spreche von der Tiara, falsch ist.

- Schließlich: Die Kritik am Papsttum war unabhängig von der Reformation virulent, erhielt aber durch reformatorische antipäpstliche Schriften eine neue Breitenqualität.[69]

Exemplarisch war das „Passional" nur bedingt, die Regel bildeten vielmehr mehr oder minder differenzierte Auseinandersetzungen mit dem religiösen und politischen Gegner. Wer als die eigentlichen Adressaten der Flugschriften zu gelten haben, lässt sich nicht leicht entscheiden. Denn formal richteten sie sich zumeist an den politisch-religiösen Gegner, wegen der Schärfe ihres Tones dürfte aber kaum eine protestantische Flugschrift geeignet gewesen sein, einen Katholiken zu überzeugen und umgekehrt. Daher können die Flugschriften auch so gelesen werden, dass sie vor allem die eigenen Reihen schließen und den Anhängern der eigenen Lehre Argumentationsmuster an die Hand geben sollten.

Die Verbreitung der neuen Medien

Da Flugblätter und „neue Zeitungen" die wichtigsten massenmedialen Nachrichtenmedien ihrer Zeit waren, liegt es nahe, dass sie überwiegend in den wichtigen Handels-, Verkehrs- und damit Nachrichtenzentren ihrer Zeit gedruckt wurden. An der folgenden Tabelle fällt auf, dass die deutschen Druckorte allesamt in Oberdeutschland lagen – Straßburg gehörte bis 1681 zum deutsch-römischen Kaiserreich. Leipzig oder Hamburg, Vorreiter der Medienentwicklung im späteren 17. und im 18. Jahrhundert spielten noch eine geringere Rolle. Die ersten vier Städte waren selbständige Reichsstädte, Hamburg allerdings auch, nur Leipzig war der Oberhoheit des sächsischen Kurfürsten unterworfen. Vielleicht, darüber liegen aber bislang keine Erkenntnis vor, ist die ökonomische und drucktechnische Vorreiterrolle der süddeutschen Städte für die Dominanz bei den Flugblättern ausschlaggebend gewesen.

---

69 Auch die Quelle ist falsch angegeben. Die Passage steht in Abschnitt 16. Vgl. die Textedition der MGH: Fuhrmann, H.: Konstantinische Schenkung, S. 91-93. Zu Entstehung und Funktion des „Passionals" jetzt ausführlicher: Stöber, R.: Passional Christi und Antichristi, in: Publizistik, 45/2000, Nr. 1, S. 1-19.

Tabelle 1.2.2: Druckorte der Flugblätter des 15.-17. Jahrhunderts[70]

Herkunft	*16. Jahrhundert*	*15.-17. Jahrhundert*
Nürnberg	34,2	32,2
Augsburg	20,5	27,1
Straßburg	7,9	7,9
Frankfurt a.M.	k.A.	4,6
andere Städte	37,4	28,2

Etwas anders stellt sich die Statistik dar, wenn nicht die Zahl der Flugblätter, sondern die Verleger gezählt werden. Da jedoch ca. jedes zweite Flugblatt keinen Verleger oder Drucker ausweist und umgekehrt etwa jeder zweite Verleger ohne Verlagswerk genannt ist, müssen die Ergebnisse der vorherigen und nächsten Tabellen leicht divergieren. Die unter der Rubrik Zeitungsverleger zusammengefasste Gruppe umschließt all jene, die aufgrund ihrer Berufsbezeichnung als Drucker, Formschneider, Briefmaler, Verleger, Kupferstecher etc. oder aufgrund der erwähnten Druckwerke „neuer Zeitungen", Avisen oder Relationen (s.u.) oder – ganz vereinzelt – Zeitschriften, erkennbar sind. Straßburg taucht unter den fünf wichtigsten „Zeitungs"-Verlagsorten nicht auf, sondern liegt erst an 10. Stelle.

Dabei ist eine Differenz in den Prozentzahlen auffällig: Z.B. können Augsburg 27 Prozent aller Verleger, aber nur 21 Prozent der Flugblätter zugewiesen werden, während Nürnberg 19 zu 34 Prozent aufweist. Das lässt verschiedene Interpretationsmöglichkeiten zu. Man könnte mutmaßen, die Nürnberger Drucker und Verleger neuer Zeitungen seien effektiver gewesen oder hätten in größerem Maßstab die fliegenden Blätter hergestellt. Dies ist zwar nicht auszuschließen, aber es gibt angesichts der weitgehenden Vergleichbarkeit der beiden Reichsstädte in Bezug auf ihre Sozialstruktur keinen Anhaltspunkt für diese Annahme. Näher liegt eine andere Interpretation: Augsburg hat stärker darauf geachtet, dass die Drucker und Verleger bei ihren Flugblättern auf Herkunftsangaben verzichteten. In der Tat erließ Augsburgs Stadtregiment verschiedene Ratsverlasse (Anordnungen), in denen die Drucker hierzu angehalten wurden. Die Städte hatten allgemein kein Interesse, wegen „frecher" Flugschriften oder -blätter in Konflikt mit anderen Ländern und Ständen des Kaiserreichs zu geraten. Augsburgs Position mag in dieser Hinsicht noch prekärer als Nürnbergs Stellung gewesen sein, weil die Stadt mit ihrer konfessionell gemischten Bevölkerung noch vorsichtiger zwischen den Fronten lavieren musste als das protes-

70 Strauss, W.L.: Single-leaf woodcut, S. 6. Schilling, M.: Bildpublizistik, S. 170.

tantische Nürnberg. Doch letztlich ist dies eine Interpretation auf den wackeligen Füßen der unsicheren und unvollständigen Quellenlage. Daher kann der Unterschied auch zufällig entstanden sein und müsste dann als Mahnung verstanden werden, sehr vorsichtig mit Statistiken umzugehen, die *ex post* den Verhältnissen der Frühen Neuzeit aufgepfropft werden.

Abbildung 1.2.4: Anzahl der Einblattdrucke und der in ihnen berichteten Ereignisse im 16. Jahrhundert und Anzahl der Flugblätter im 17. Jahrhundert[71]

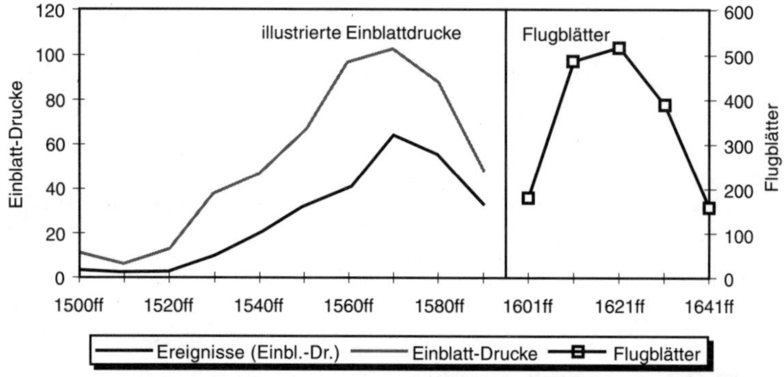

Tabelle 1.2.3: Die wichtigsten Verlagsstädte in der Frühen Neuzeit[72]

Verlagsort	*„Zeitungs"-Verleger*	*%*	*sonstige Verleger*	*%*	*Summe*	*%*
Augsburg	81	27	51	4	132	9
Frankfurt a.M.	31	10	107	9	138	9
Köln	25	8	74	6	99	6
Leipzig	8	3	114	9	122	8
Nürnberg	56	19	51	4	107	7
Rest	100	33	843	68	943	61
Gesamt	*301*	*100*	*1.240*	*100*	*1.541*	*100*

71 Schilling, M.: Bildpublizistik, S. 178. Strauss, W.L.: Single-leaf woodcuts, S. 7.

72 Benzing, J.: Verleger, in: AGB 18/1977, Sp. 1077-1322. Soweit sich aus der Auflistung von Benzing nicht die Tätigkeit als „Zeitungs"-Verleger ergab, wurde sie an Schottenloher, Lindemann und Bender überprüft.

Die Publizisten der Flugblätter und Flugschriften

An der Herstellung der produktionstechnisch komplexeren Flugblätter waren bis zu acht verschiedene Berufe beteiligt: der Verleger, Autor, Drucker, Bildentwerfer, Zeichner, Stecher bzw. Formschneider, Schablonierer und Briefmaler. Häufig waren etliche von ihnen in einer Person vereinigt. Die Schablonierer wurden nie und die Zeichner und Bildentwerfer äußerst selten genannt. Nur die Berühmtesten, Albrecht Dürer, Lucas Cranach und wenige andere, nutzten die Drucktechnik bewusst, um berühmt zu werden. Von den Autoren sind ca. 20 Prozent mit Namen bekannt. Für die Anonymität der restlichen vier Fünftel sprachen die Furcht vor der Zensur, die Furcht renommierter Autoren vor Prestigeverlust, das Bemühen der Autoren, durch das Verschweigen des eigenen Namens die Aussagen als allgemeingültig hinzustellen, bzw. ihre Furcht, die Nennung des eigenen – unbedeutenden – Namens könnte den Vertriebserfolg behindern. Ob jedoch die genannten Autoren auch immer die tatsächlichen Verfasser waren, ist zweifelhaft, denn renommierte Namen, wie der des Hans Sachs, sind sicherlich von weniger begabten Textern (oder den Druckern) missbraucht worden.[73]

Der ökonomische Antrieb zur Herausgabe von Flugblättern dürfte wohl bei all diesen Beteiligten darin zu suchen sein, sich ein Zubrot zu verdienen. Denn schon um 1500 befand sich der Absatz repräsentativer Druckwerke in einer tiefen, durch Überproduktion ausgelösten Krise, der Nürnberger Verleger Antonius Koberger klagte über eine illustrierte Bibel: „Es ist warlich ein unkewlich werk. [...] der Handel der bucher ist so gancz nichtz mer [...] die pleyben do liegen".[74] So waren die Bedürfnisse bekannter und vergessener Druckermeister, ihre Offizinen besser auszulasten und die Anstrengungen der „Habnit-Handwerker", mit Flugblättern ihr kümmerliches Dasein zu verbessern, Motoren der Ausdifferenzierung der Medien.[75]

Einen Hinweis auf die Kosten der Einblattdrucke im 15. Jahrhundert gibt eine vom Mainzer Erzbischof bei dem Buchdrucker Peter Schöffer, Gutenbergs erstem Gehilfen, in Auftrag gegebene amtliche Bekanntmachung. Bei diesen waren die Auflagen genau umrissen, da die Auslage- und Anschlagorte abgezählt werden konnten. Peter Schöffer berechnete dem Erzbischof für drei Druckwerke mit einer Gesamtauflage von 249 Stück 18 Gulden, 9 Albus. Nach derzeitigem Goldpreis wären das in etwa DM 1250. D.h. ein Einblattdruck konnte ungefähr für 5 DM verkauft werden. Das wäre ein recht moderater

---

73 Schilling, M.: Bildpublizistik, S. 13f. Schottenloher, K.: Flugblatt, S. 135-143.

74 Zit.n. Wittmann, R.: Geschichte des Buchhandels, S. 48.

75 Schottenloher, K.: Flugblatt, S. 161.

Preis. Aber, die Preise, die eine Behörde wie die des Mainzer Bischofs bezahlte, dürfen nicht mit den Preisen „auf der Straße" verwechselt werden. Großabnehmer erhielten schon damals Rabatt. Außerdem, wird der Goldpreis in Arbeitszeit umgerechnet, so hieße dieses 1/15 Gulden zweieinhalb Wochen harte Arbeit einer Magd. Doch selbst hier wird man sagen können: Schon in der Frühzeit der Druckgeschichte waren Drucke nicht unerschwinglich teuer, billig aber waren sie auch nicht. Im 16. und 17. Jahrhundert lag der durchschnittliche Einzelverkaufspreis eines illustrierten Flugblattes je nach Größe und Ausführung konstant zwischen 2-4 Kreuzer.

Tabelle 1.2.4: Preise der Flugblätter im 15.-17. Jahrhundert[76]

	damaliger Preis/Äquivalent	*heutiger (Schätz-)Preis*
Einblattdrucke Ende des 15./ Anfang des 16. Jahrhundert	9 Kreuzer (=1/15 fl.)= zweieinhalb Wochen Arbeit einer Magd	zwischen 5 DM auf Edelmetallbasis; 1.125 DM auf Lohnbasis
illustrierte Flugblätter des 16. und 17. Jahrhunderts	(2)-4 Kreuzer= 2 Stunden Arbeit eines Maurergesellen oder 500g Wildbret, 250g Butter, 8 Brötchen a 150g, 2 Heringe, 2 Maß helles Bier, 500g Reis, 40 Äpfel	4 Kreuzer je nach Äquivalent zwischen 2 DM und 35 DM

2.1.2 Die ersten Periodika: Messrelationen und die „Rorschacher Monatsschrift"

Die Messrelationen

„Messrelationen" waren Chroniken, die zumeist halbjährlich erschienen und auf Verkaufsmessen feilgeboten wurden. Der Herausgeber der ersten Messrelation, Michael von Aitzing, hatte seine Schöpfung als „Relatio historica", die deutschsprachige zweite Ausgabe ein halbes Jahr später als „Historische Beschreibung" bezeichnet. Die meisten Messrelationen verwendeten Aitzingers zuerst gewählten Titel und hießen „relationis historicae" oder ähnlich. Der häufig verwendete Zusatz „continuatio" signalisierte, dass das entsprechende Exemplar eine ältere Ausgabe fortsetzte. Eindeutschungen der Titel waren relativ selten, einige machten jedoch deutlich, auf welche Quelle sich die Messrelationen bezogen: „Kurtze warhaffte und eigentliche Beschreibung gewisser

76 Schottenloher, K.: Flugblatt, S. 47. Schilling, M.: Bildpublizistik, S. 39-41. Wittmann, R.: Geschichte des Buchhandels, S. 76.

newen Zeitungen" o.ä. Erstmals sprach Michael Kaspar Lundorp 1620 von „messentliche[n] Relation[en]". Er mag zu der Bezeichnung wohl gegriffen haben, weil der ursprüngliche Name nicht mehr eindeutig erschien, da es inzwischen die aktuelleren Wochenzeitungen gab, die ebenfalls „Relationen" genannt wurden (vgl. S. 58ff.). Das Layout-Merkmal des Titelblatts war die „xylografische Doppelzeile", d.h. der Titel selbst wurde nicht mit beweglichen Lettern gesetzt, sondern bestand aus zwei in Holz geschnittenen großen Zeilen, deren Schriftgrad ein Mehrfaches der Schriftgröße des übrigen Textes betrug. Die Nachrichten der Messrelationen stammten von Korrespondenzpartnern, wurden „Neuen Zeitungen" entnommen, oder von Postmeistern, Kaufleuten und Reisenden berichtet. Die Messrelationen waren durchschnittlich 100 Seiten stark.[77]

Michael von Aitzing, Jurist und Historiker, zwischen 1563 und 1576 „Kaiserlicher Hofdiener", war Katholik. Seit 1581 lebte er in Köln. Dort veröffentlichte er zur Frankfurter Herbstmesse 1583 eine erste Chronik, die ein hochpolitisches Ereignis, den geplanten Übertritt des Kölner Erzbischofs zum Protestantismus, dokumentierte. Vorher hatte Aitzinger eine gelehrte Abhandlung über den spanisch-niederländischen Krieg unter dem Titel „Leo Belgicus" verfasst, die er in der Einleitung zur zweiten Relation so schlecht macht – sie sei Lateinisch und weniger aus Faktenkenntnis als aus Kommentarfreudigkeit geschrieben worden –, dass man Eyzinger (also ihn selbst) kaum als Verfasser der Messrelation annehmen mag.[78] Weil „die Relation zuvor so wol abgangen", folgten alsbald Fortsetzungen, bis zu seinem Tod 1598 weitere 18. Die Entstehung der ersten periodischen Pressegattung war also Folge einer glücklichen Marktspekulation. Zu Beginn des 17. Jahrhunderts nahm der Sohn, Michael von Aitzing d.J., in Köln die Geschäfte des Vaters wieder auf.[79]

An dem Geschäft beteiligten sich relativ wenige Verfasser, Verleger und Drucker. Der nach Aitzing wichtigste Herausgeber nannte sich Jacobus Francus. Erst dieser Francus popularisierte die Messrelationen. Aitzings frühe Relationen hatten noch aus der Dokumentation von juristischen und staatspoliti-

---

77 Bender, K.: Relationes, S. VII-IX. Vgl. Bender, K.: Meßrelationen, in: Presse und Geschichte II, S. 61-70.

78 „Vnnd obschon in seiner Leonis Belgici description / der 28. Jar / Eyzinger auch diser Achischen vnd Coellnischensachen allenthalben vermmelt / und supplicirt was Schleidanus nit hat. So geschicht doch solches nicht in Hochteutscht / wie gegenwertig / sonder Lateinisch: nit biß auffs endt jetziges monats Semptembirs / sonder allein auf Martii negstverschinen: auch nit ex professo / wie in diser Relation beschehen / dan datzumal sein meinung vnd Intention." Aitzing, M.: Relatio Historica, September 1583, Vorrede.

79 Zit. Vorrede zur 3. Messrelation 1584 vom 13.4.1584. Bender, K.: Relationes, S. VIII. Weber, J.: Rezension zu Bender, in: JbKG 1/1999, S. 251f. Zur Person von Aitzings: Stieve, F.: Michael von Aitzing.

schen Texten bestanden, z.T. ohne Übersetzung und allenfalls von kurzen Zwischenbemerkungen und Überleitungen eingeleitet. Auch griffen die ersten Fortsetzungen in chronistischer Manier auf altes Material zurück. Francus schrieb kürzer und verständlicher, dokumentierte weniger und ordnete die Nachrichten chronologisch und nach Ländern.[80] Das Konkurrenzprodukt des Francus und dessen Angriffe auf „Michael Eytzinger / welcher [...] seine Relationes mit offentlicher lügen vnnd augenscheinlicher Partheiligkeit [ein konfessioneller Vorwurf] spicket",[81] überzeugten auch Aitzing davon, dass er für sich und sein Produkt bessere Werbung machen musste als in der ersten Vorrede.[82] Hinter dem Pseudonym Jacobus Francus stand ein protestantischer Geistlicher, der mit bürgerlichem Namen Conrad Lautenbach hieß. Dieser Jacobus Francus schrieb in der Vorrede zu einer Messrelation: „Dann wir vns [...] befliessen [befleißigen], daß [...] der nachkomlichen gleichsam ein Cronicke erhalten würde."[83] Nach dessen Tod existierten die „Relationis Jacobi Franci" jedoch bis 1750 weiter: Auf den zugkräftigen, für Qualität bürgenden Namen wollten Drucker und Verleger nicht verzichten. Danach wurde die Relation in „Frankfurter Meß-Relation" umbenannt und bestand bis Anfang des 19. Jahrhunderts.

Eine Sekundäranalyse des Benderschen Verzeichnisses nennt 50 verschiedene Verfasser. Einige von ihnen verwendeten offensichtliche Pseudonyme, so der Gregorius Wintermonat und sein Pendant Gregorius Sommermonat. Andere Pseudonyme verbargen ihre Verfasser geschickter. Weitere, wie die Relationen des Sigismund Latomus, wurden von seiner Witwe und dann Erben fortgesetzt. Im Titel wurde das jedermann angezeigt, damit auch hier die Werbewirksamkeit nicht verschenkt wurde. Ob der Sigismund Latomus mit Theodor Meurer identisch ist, ist weiterhin ungeklärt: griechisch „Latomos" heißt auf deutsch Maurer (= Meurer), spätere Messrelationen sind als Relationen des Sigismund Latomus, alias Meurer, Francus gezeichnet. Theodor Meurer ließ bei Latomus drucken, warum aber bezeichnete das Alias einen Meurer mit Vornamen Francus?[84]

Messrelationen herauszugeben versprach ein gutes Geschäft, doch die Verfassertätigkeit war wohl komplizierter als von vielen gedacht. Vierzig der fünfzig verschiedenen Verfasser stellten nur bis zu zehn, 19 gar nur eine einzige zusammen. Von den dreißig Druckern fertigte ein Viertel nur maximal zwei Messrelationen. 13 verschiedene Verleger sind zu identifizieren. Die folgende Tabelle verzeichnet die zwischen 1583 und 1648 häufigsten Verfasser.

80 Vgl. Francus, J.: Historische Relationen, Teil I-IV (V), 1590-1592.
81 Francus, J.: Historicae Relatio, Herbst 1592, Vorrede.
82 Vgl. Aitzing, M.v.: Continuirte Beschreybung, April 1593, Vorrede.
83 Bender, K.: Relationes, S. X.
84 Lindemann, M.: Deutsche Presse I, S. 81-84.

Tabelle 1.2.5: Verfasser der Messrelationen (1583-1648)

	1580er	*1590er*	*1600er*	*1610er*	*1620er*	*1630er*	*1640er*	*Summe*
Aitzing, Michael von[85]	10	24		5				39
Caspars, Caspar				5	18			23
Ens, Kaspar					2	9	3	14
Frame, Jacobus		1	20	17	5	6		49
Francus, Jacobus		51	30	32	3			116
Latomus, Sigismund[86]				19	46	10		75
Lundorp, Michael K.					11			11
Meurer, Theodorus		1	22	12				35
Schleder, Johann Georg						11	18	29
Wintermonat, Gregorius[87]			3	16	22	30	23	94
Sonstige	1	35	34	7	13			90
Summe	*11*	*112*	*109*	*113*	*120*	*66*	*44*	*575*

Die Messrelationen hatten mit wenigen Ausnahmen einen regionalen Schwerpunkt. Von Aitzing verfasste und druckte in Köln, Latomus in Frankfurt; nur die Relationen des Jacobus Francus (und seiner Nachfolger) erschienen in verschiedenen Städten, weil sich offensichtlich auch Nachahmer mit dem Markennamen „Francus" schmückten. Trotzdem konzentrierte sich das Geschäft mit den Messrelationen nur auf wenige Orte. Dabei lässt sich eine interessante Verschiebung der geografischen Gewichte feststellen: Michael von Aitzing hatte seine ersten Relationen in Köln verlegt. Dort erschienen auch die ersten Konkurrenzblätter. Doch schon in den 1590ern lief Frankfurt a.M. Köln den Rang ab und konnte seine Spitzenstellung bis in die 1620er Jahre behaupten, um sie dann an Leipzig, die andere große Messestadt abzugeben. Dank Jacobus

85 Zusammen mit seinem Sohn erfasst.

86 Zusammen mit seinen Erben erfasst.

87 Zusammen mit Gregorius Sommermonat erfasst.

Frame und Jacobus Francus erlebte auch Magdeburg in den ersten beiden Jahrzehnten des 17. Jahrhunderts eine Blüte als Verlagsort, doch schon in den zwanziger Jahren spielte die Stadt an der Elbe kaum noch eine Rolle und seit der Zerstörung durch den kaiserlichen Feldherrn Tilly im Jahr 1631 lag Magdeburg auf mehrere Jahrzehnte danieder.

Tabelle 1.2.6: Messrelationen nach Verlagsorten (1583-1648)

	1580er	*1590er*	*1600er*	*1610er*	*1620er*	*1630er*	*1640er*	*Summe*
Frankfurt a.M.		51	45	52	70	27	18	263
Köln	11	45	28	18	20	9	3	134
Leipzig			12	16	21	30	23	102
Magdeburg		1	20	22	2			45
sonstige		10	14	8	7			39
Summe	*11*	*107*	*119*	*116*	*120*	*66*	*44*	*583*

Abbildung 1.2.5: Messrelationen (1583-1648)

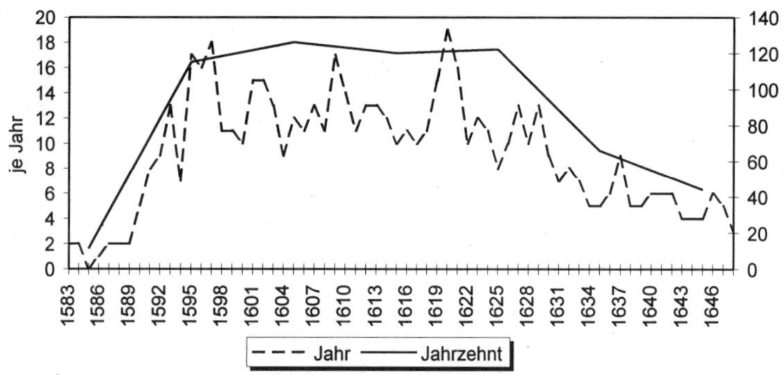

Das bisherige macht deutlich: Messrelationen setzten sich rasch durch. Schon um die Jahrhundertwende vom 16. auf das 17. Jahrhundert war das Maximum der Titel erreicht. Seither stagnierte die Entwicklung auf hohem Niveau. Zwischen 1595 und 1629 erschienen in Deutschland – mit Ausnahme zweier Jahre – jedes Jahr mindestens zehn Messrelationen. Unmittelbar nach Ausbruch des Dreißigjährigen Krieges erschienen sogar kurzfristig nochmals mehr Messrelationen als zwei Jahrzehnte zuvor. Daher ist anzunehmen, dass nach Kriegsausbruch das Bedürfnis, den Gang der Ereignisse nachträglich zu verfolgen, Verfasser und Verleger bewog, mehr Relationen als früher herauszugeben.

Seit 1630 dürfte sich der Krieg negativ bemerkbar gemacht haben, denn die Zahl der Titel ging zurück. Zunächst einmal wegen des Kriegsalltags selbst: Die Verheerungen nahmen in den dreißiger und vierziger Jahren erschreckende Ausmaße an, die sich auf Produktion und Absatz der Messrelationen auswirken mussten. Im Rhein-Main-Gebiet, im pfälzischen und schwäbischen, in thüringischen, schlesischen und mecklenburgisch-pommerschen Ländereien – um nur die am schlimmsten betroffenen Gebiete zu nennen – waren Verluste von mehr als zwei Dritteln der Bevölkerung zu beklagen. Daneben aber ist der Faktor des intermediären Wettbewerbs als Ursache dafür anzusehen, dass die hohe Zeit der halbjährlich oder dreimal jährlich erscheinenden Messrelationen abgelaufen war. Sie erlagen der Konkurrenz der wöchentlich erscheinenden Avisen und Relationen. Den Krieg, den immer mehr Menschen in Deutschland am eigenen Leib erfahren hatten, mussten sie nicht in Chroniken noch einmal nachvollziehen. Vielmehr bedurften sie der aktuellen Informationen, um sich auf kommende Schrecken einstellen und – sofern möglich – um Gegenmaßnahmen treffen zu können. Die Messrelationen konnten ihnen da nicht mehr helfen, wohl aber neue Medien mit kürzerer Periodik.

„Historische Erzöhlung" – die sogenannte „Rorschacher Monatsschrift"

Zwischen dem halb- oder dritteljährlichen Erscheinungsrhythmus der Messrelationen und dem wöchentlichen bis täglichen der im nächsten Abschnitt zu behandelnden „Avisen" und „Relationen" steht eine Monatsschrift. Doch was sich aus unserer nachträglichen Perspektive wie eine folgerichtige Fortentwicklung ausnimmt, war in ihrer Zeit eine einsame Erscheinung, denn sie hatte weder direkte Vorläufer noch Nachfolger und bezog sich weder auf die Messrelationen noch beriefen sich spätere „Zeitunger" auf die Monatsschrift. Sie findet unter verschiedenen Namen in der Literatur Erwähnung: Entweder heißt sie, nach ihrem Druckort Rorschach am Bodensee, die „Rorschacher Monatsschrift", oder, nach der Datierung des Titelblatts des ersten gebundenen Jahrgangs in der Augsburger Staats- und Stadtbibliothek, sehr unglücklich „Annus Christi".[88] Der eigentliche Titel lautete jedoch auf „Historische Relatio" bzw. „Historische Erzöhlung" und soll hier Verwendung finden, weil „Annus Christi 1597" nur den Jahrgang vermerkte, die einzelnen Monatshefte dementsprechend mit „Januarius Anni 1597", „Februarius Anni 1597" etc. datiert wurden.

---

[88] So z.B. Margot Lindemann: Deutsche Presse I, S. 84f.

Es ist eine Auflage von 150 Stück und ein Verkaufspreis von einem Pfennig vermutet worden.[89]

Die „Historische Erzöhlung" war das Gemeinschaftsprodukt des Augsburger Autoren, Verleger und Lateinlehrer Samuel Dilbaum und des St. Gallener Druckers Leonhard Straub d.Ä. Samuel Dilbaum wurde 1530 in Augsburg geboren. Er war protestantischer Konfession, studierte 1553-1555 an der Universität Wittenberg und unterrichtete anschließend bis 1561 an einer Augsburger Lateinschule. Über die Tätigkeiten in den nächsten 20 Jahren ist nichts bekannt, er findet erst wieder 1583/84 wegen finanzieller Schwierigkeiten in den Ratsprotokollen der Stadt Erwähnung und musste damals für zwei Wochen in den Schuldturm. 1584 veröffentlichte er ein „Wein-Buechlein". In den 1590er Jahren gab er mehrere gereimte Kalender heraus, die als poetische Vorstufe zu der von ihm redigierten „Historischen Erzöhlung" gelten können. Noch im zweiten Jahrzehnt des 17. Jahrhunderts gab Dilbaum „Neue Zeitungen" heraus. 1618 starb er in Augsburg.[90]

Abbildung 1.2.6: Historische Erzöhlung

ANNVS CHRISTI; 1597.
Historische erzöhlung/
der fürnembsten Geschichten vnd handlungen/ so in diesem 1597. Jahr/ vast in gantzem Europa, denckwürdig abgelauffen.
Durch Samuelem Dilbaum/ Burgern zu Augspurg/ auff das trewlichest/ Monatweiß der gestalt beschriben/ daß jeder Monat vnder seinem eignem Titul/ besonder Getruckt worden/ vnnd außgangen ist.

Getruckt in deß F. Gottshaus Sanct Gallen Reichshoff Rorschach am Bodensee/ bey Leonhart Straub/ Im Jar/ 1597.

Leonhard Straub d.Ä. wurde als Sohn eines reichen Goldschmieds im Schweizerischen St. Gallen 1550 geboren. Sein vermutlich erster Druck, ein Wandkalender des Jahres 1579 brachte ihn wegen unerlaubter Verwendung des Wappens des Kantons Appenzell in

89 Als Anhaltspunkt bezieht Dresler sich auf neue Zeitungen Samuel Dilbaums aus den Jahren 1596 und 1599. Dresler, A.: Rorschacher Monatsschrift, S. 12; vgl. Barth, G.: Annus Christi, S. 84-125.

90 Dresler, A.: Rorschacher Monatsschrift, 17f. Schilling, M.: Einblattdruck, in: Gier, H./ Jonata, J. (Hg.): Augsburger Buchdruck und Verlagswesen, S. 384f. Künast, H.-J.: Dokumentation, in: Ebd., S. 1231. Barth, G.: Annus Christi, S. 41-51.

Konflikt mit den städtischen Behörden. In den nächsten Jahren bemühte er sich wiederholt und vergeblich um die Genehmigung für die Errichtung einer Papiermühle und kam mehrfach mit den Zensurbehörden in Konflikt. Während er dreimal mit Abmahnungen davon kam, wurde er nach dem vierten Konflikt aus seiner Vaterstadt verwiesen und errichtete in der Nähe von Rorschach eine Druckerei mit Papier- und Buchhandel. Rorschach gehörte damals zum Gebiet des Fürstabtes von St. Gallen, dessen Behörden kein Zensurkollegium eingerichtet hatten. Dass bei Rorschach eine Quelle des Konfliktes mit den Obrigkeiten ausfiel, mag ihn bewogen haben, dorthin zu übersiedeln. Doch war der Ort für einträgliche Geschäfte zu abgelegen, außerdem bot er ihm keine sichere Zuflucht vor seinen Gläubigern, die er in St. Gallen zurückgelassen hatte. Aus beiden Gründen muss er sich nach neuen Verdienstmöglichkeiten umgesehen haben. Leonhard Straub fand sie zum einen beim Fürstbischof von Chur, für den er einige Druckaufträge übernahm und um derentwillen er wohl auch zum katholischen Glauben übertrat. Eine andere Frucht seiner geschäftlichen Bemühungen waren Kontakte nach Augsburg, die ihn mit Samuel Dilbaum zusammenführten. Wohl 1607 – bisweilen finden sich andere Angaben – ist Leonhard Straub in Konstanz gestorben.[91]

Da sich nicht mehr als ein Jahrgang erhalten hat, ist nicht sicher, wie lange das Blatt erschienen ist. Sein Inhalt bestand in der Zusammenstellung von „neuen Zeitungen". Damit ähnelt die Monatsschrift den Messrelationen, die sowohl Dilbaum als auch Straub bekannt gewesen sein dürften. Der Umfang der Hefte schwankte zwischen sechs und zwölf Blatt. Zur besseren Orientierung der Leser dienten Marginalien. Die Nachrichten waren nach ihrem geografischen Bezug geordnet, es gab Abschnitte zu den „Niderländische[n] Zeitungen", „Franckreichische[n] Historien" oder Kurznachrichten unter der Rubrik „Italiänische, Spanische, Frantzösische vnd Niderländische Sachen". Innerhalb der Abschnitte ist keine Ordnung zu erkennen: Auf eine Nachricht über Kriegsrüstungen in Flandern folgte im Juliheft 1597 eine Notiz über die Hinrichtung einer Frau in Brüssel und auf diese wiederum eine Nachricht über ein Reitergefecht bei Löwen. Während über die Schweiz kaum berichtet wurde – angesichts der Probleme Straubs mit seiner Heimatstadt nicht verwunderlich – berichtete die „Historische Erzöhlung" seit Februar 1597 bis zu dessen grausamer Niederschlagung im Oktober in Fortsetzungen über einen Bauernaufstand in Österreich: „Oesterreich berührend [...] Den 27. tag diß Monats / seind zu Wienn 4. Rädelsführer / von Jüngster Bawren Auffruhr / als naemblich der Binder Machgrabner genannt / vnnd der Schneider / sampt

91 Dresler, A.: Rorschacher Monatsschrift. 13-17. Barth, G.: Annus Christi, S. 54-71. Fiebing, H.: Konstanzer Verlagswesen, S. 16f., 66f.

zweien Beuelchshabeern / auff einem hohen Wagen / auf die fuernembsten Plaetz herumbgeführt / volgendes auff dem Hof ein Bine auffgemacht / die drey auff solcher gekoepfft / der Binder lebendig / vnd der Schneider todter geviertheilt / auch die theil auf die Landtstrassen gehenckt worden. Die vbrige verhaffte Rebellen / werden eines theils in ihren gerichten Justiciert vnnd hingericht / etliche in dem Stattgraben zu Wienn zuarbeiten / Condemniert vnd verurtheilt."[92] Ob die „Historische Erzöhlung", die zwischen Zeitung und Zeitschrift zu stehen scheint, in die eine oder andere Richtung fortgewirkt hat, ist bislang nicht nachzuweisen.

2.2 Die neuen Medien des 17./18. Jahrhundert: Inhalte, Ökonomie und Publizisten

2.2.1 Avisen, Relationen und Intelligenzblätter

Die begriffliche Ebene

Moderne Zeitungen zeichnen sich durch Aktualität, Periodizität, Publizität und Universalität aus. Die Aktualität der Informationen ist so groß wie möglich, die Periodizität heute in der Regel der tägliche Erscheinungsabstand. Es wird ein breites Publikum angestrebt, und die Inhalte sind universal, d.h. alles, was beim Publikum Interesse findet oder finden mag, wird in der Zeitung behandelt. Die Aktualität und Periodizität hängen ebenso eng zusammen wie eine umfassende Publizität nur bei umfassender, universaler Berichterstattung erreicht werden kann. Mit diesen vier Kriterien lässt sich die Tagespresse trennscharf von anderen Medien wie den Zeitschriften abgrenzen. Die ersten Blätter, die als direkte Vorformen der Tageszeitungen betrachtet werden können und die diesen vier Kriterien unter Berücksichtigung der damaligen Möglichkeiten gerecht zu werden versuchten, wurden von ihren Zeitgenossen „Avisen" oder „Relationen" genannt. Statt der Bezeichnung „Zeitung", in der Frühen Neuzeit gleichbedeutend mit „Nachricht", betonen die Fremdwörter die Tätigkeit: „Avis" war eine briefliche Meldung, avisieren bedeutet etwas ankündigen, „relatio" ist die Berichterstattung und leitet sich von referieren = „wiedergeben" ab. Der Titel „Relation" erinnert an Aitzings Messrelation. Daher haben viele Historiker die Avisen als logische Folge der Relationen angesehen, als konsequent die Periodizität der Relation verkürzende Form.[93] Doch „Relationen" waren Halbjahreschroniken, die weniger dem aktuellen Informationsbedürfnis als der Informati-

92 Historische Erzöhlung, Oktober 1597. Vgl. Dilbaum, S. (Hg.): Historische Erzöhlung, Reprint 1977.

93 So schon Mitte des 18. Jahrhunderts. Vgl. Zeitungen, in: Zedlers Universal-Lexikon, Bd. 61, Sp. 908f.

onsbewahrung dienten. Die Verkürzung der Periodizität wandelte also die Funktion. Damit musste der Name der weiterhin existierenden älteren halbjährlichen „Relationen“ zu „Messrelationen“ geändert werden (s.o.).

Die illustrierten Flugblätter waren stark – nicht ausschließlich – auf die Sensation gerichtet, „Avisen“ oder „Relationen“ hingegen befleißigten sich der Nüchternheit und gaben ihre Korrespondenzen unkommentiert wieder – selbst wenn diese widersprüchlich waren. Caspar David Stieler erklärte Ende des 17. Jahrhunderts die Ethymologie folgendermaßen: „Das Wort: Zeitungen: kommet von der Zeit / darinnen man lebet / her / und kan beschrieben werden / daß sie Benachrichtigungen seyn / von den Händeln / welche zu unserer gegenwärtigen Zeit in der Welt vorgehen / dahero sie auch Avisen / als gleichsam Anweisungen genennet werden: Denn das Wort Avisen bedeutet anweisen / anzeigen / oder berichten / was bey uns oder anderswo sich begibt.“ Und: „Zu förderst muß dasjenige / was in die Zeitungen kommt / Neue seyn.“[94] Avisen, Relationen, oder auch Zeitungen = Nachrichten wurden daher in der Frühen Neuzeit synonym gebraucht. Von den drei Gattungsbezeichnungen, die auf dem Titelblatt des Wolfenbütteler „Aviso“ nebeneinander auftauchten, verwendete schon Zedlers Universal-Lexikon Mitte des 18. Jahrhunderts die Bezeichnung „Zeitung“ als Haupteintrag.[95]

Abbildung 1.2.7: Aviso Wolfenbüttel (1609)

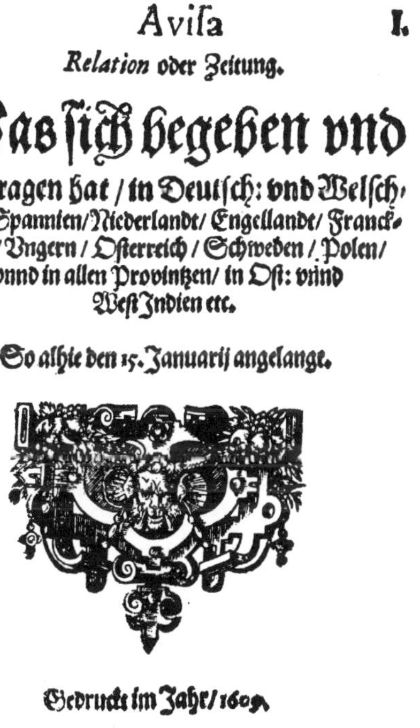
Aviſa I.
Relation oder Zeitung.
Was ſich begeben vnd zugetragen hat / in Deutſch: vnd Welſchland / Spannien / Niederlandt / Engellandt / Franckreich / Vngern / Oſterreich / Schweden / Polen / vnnd in allen Provintzen / in Oſt: vnnd Weſt Indien etc.
So alhie den 15. Januarij angelangt.
Gedruckt im Jahr / 1609.

Die Namensgebung der Avisen war vielfältig. Titel hießen „Aviso oder wöchentliche einkommende Zeitung“, „‘Aviso’ Relation oder Zeitung, was sich

94 Stieler, C.: Zeitungs Lust, Nachdruck 1969, S. 25, 29. Vgl. Weber, J.: Krieg, in: JbKG 1/1999, S. 23.
95 Zeitungen, in: Zedlers Universal-Lexikon, Bd. 61, Sp. 899-917.

begeben und zugetragen hat", „Wöchentliche Relation", „Wöchentliche Avisen". In der Regel erschien auf dem Titelblatt ein umständlicher Name, der einer Inhaltsbeschreibung gleichkam. Titel wie: „'Zeitung aus Deutschland, Welschland' Frankreich, Böhmen, Hungarn, Niederlande und andern Orten wöchentlich zusammengetragen" sollten für das Produkt werben. Häufig signalisierten die Titel wie „Postzeitung", „Ordinari Postzeitung" oder „Extraordinari Postzeitung" die Übermittlungsart der Nachrichten. Andere Avisen hießen „Ordentliche Postzeitung" oder „Wöchentliche Zeitungen". „Ordinari-Avisa", schrieb Walter Schöne, „waren im damaligen Sprachgebrauch zunächst die im Zusammenhang mit den ordinari Verkehrseinrichtungen zustande gekommenen geschriebenen Meldungen und dann auch die sie enthaltenden geschriebenen Zeitungsblätter selbst."[96] „Bote", „Kurier" oder „Post" sind noch in der Gegenwart als Zeitungstitel gebräuchlich.

Johann Carolus, der erste „Zeitunger"

Die handschriftlich vervielfältigten *Zeitungen* waren die Quelle der „neuen Zeitungen" und der ersten Vorformen der Tages- und Wochenzeitungen. Bei längeren Kampagnen oder kriegerischen Ereignissen schrieben die Korrespondenten regelmäßig neue Nachrichtenbriefe. Auch in gedruckter Form bot sich die Fortsetzung schon frühzeitig an: Die „Sechste", „Siebte" oder „Achte Zeitung aus der Kaiserlichen Majestät Feldlager in Ungarn" über die Kämpfe gegen die Türken im Jahre 1566 und andere Beispiele aus dem 16. Jahrhundert belegen, dass letztlich von den „Neuen Zeitungen" zu den regelmäßig erscheinenden Vorformen unserer heutigen Wochen- und Tagespresse nur ein recht kleiner Schritt zu nehmen war.[97]

Johann Carolus aus Straßburg war der erste, von dem bislang bekannt ist, dass er auf die Idee kam, die handschriftlichen „Zeitungen" zu sammeln und durch Druck vervielfältigt in wöchentlichem Abstand zu veröffentlichen. Er gründete schon 1605 seine „Relation". Von Beruf war Carolus ursprünglich Kopist gewesen, der handschriftliche Korrespondenzen vervielfältigt hatte. Er erwarb eine Druckerei und konnte so das eine mit dem anderen verbinden. Jede Woche erschien eine Nummer, der Umfang betrug zwei, manchmal drei Blatt in Quart, der damals gängigen Flugschriftengröße.[98]

---

96 Schöne, W. (Hg.): Relation, S. 2.

97 Schottenloher, K.: Flugblatt, S. 166. Vgl. Dresler, A.: Rorschacher Monatsschrift, S. 9f. Hagemann, W.: Nachrichtendrucke, in: Publizistik, 1959, 4. Jg., S. 69. Rosenfeld, H.: Flugschriftenserie, in: Publizistik, 10/1965, S. 556-580.

98 Weber, J.: Supplication, in: AGB 39/ 1993, S. 257-265. Vgl. Opel, J.O.: Anfänge, S. 44-64.

In seiner Supplikation an den Straßburger Rat aus dem Jahr 1605 nahm Johann Carolus ausdrücklichen Bezug auf seine Tätigkeit als Avisenschreiber und Kopist von Nachrichten. „Nach dem Ich vor dißem die Wochentlichen gewissen Avisen An mich gebracht“, leitet er seine Supplikation ein: d.h. nachdem er im letzten Jahr das Privileg erhalten habe, Avisen schreiben zu dürfen. Diese Avisen verkaufte er „ettlichen herren / umb ein gewisß Jahrgelt“ und lieferte sie „Alle wochen“. Er besaß aber noch eine zweite Qualifikation, die er sich zugekauft hatte: Er habe „vor der Zeit weylandt Thobiae Jobins seligen Truckerey hoch unnd theuer [...] erkaufft“ – also von dem Drucker Thobias Jobin dessen Druckeinrichtung für viel Geld erworben hatte – und „dieselbige mit nicht geringem uncosten / Inn mein hauß gerichtet unnd Angestelt“. Johann Carolus war also Avisenschreiber und Drucker. Da lag eine Verbindung beider Geschäfte nahe. Darum argumentierte Carolus in der Supplikation zunächst: „Dieweil es aber mit dem Abschreiben langsam Zugangen / unnd vil Zeit darmit Zugebracht werden müßen“, d.h. er begründete den Antrag mit Rationalisierung der Schreibarbeit. Die Verknüpfung beider Geschäfte ermöglichte die Kostendegression in beiden Segmenten: Indem er die Druckerei besser auslastete, konnte er die „Abschreibung“ leichter aufbringen, indem er die „Avisen“ druckte statt abschrieb, sparte er nicht nur Zeit, sondern hätte auch mehr Abonnenten als die „ettlichen heren“ bedienen können. Die Eingabe an den Straßburger Rat lässt sich nicht direkt zu den ökonomischen Argumenten des Carolus aus. Doch steht zu vermuten, dass es ihm um Amortisation ging, denn er beantragte ein Privileg, das es der Konkurrenz auf zehn Jahre verbieten sollte, ein vergleichbares Projekt in Angriff zu nehmen. Carolus forderte: „Das die Andere Buchtrucker / Buchführer unnd Buchverkäuffer / bey einer nammhafften gelttstraff / so zu E. Gd. ermäßigung steht / die wochendischen Ordinari Avisen / weder für sich selbsten / noch Inn Anderem nammen / Inn Zehen Jahren nicht uffzulegen / Zutrucken / oder von andern Anzunemmen macht haben.“ Die weitere Argumentation spielte auf seine bekannte Zuverlässigkeit und setzte die möglicher zukünftiger Konkurrenten herab. Zudem muss er seit ca. drei Monaten die Avisen gedruckt haben: „Als hab Ich nun ettliche wochen her / unnd jetzt das zwölffte mahl / gleichwol nicht ohne sondere mühe / Inn dem Ich Jedes mahl die formen von den Presßen Außsetzen muß / Aber allein Zur befürderung unnd gewinnung der Zeit / Inn meiner Truckerey dieselbigen setzen / ufflegen unnd trucken laßen.“ Der Straßburger Rat lehnte das wohlbegründete Begehren aber rundweg ab: „Ist Ime sein begeren rundt abgeschlagen worden“, hieß es. Vermutlich standen dahinter zwei Überlegungen: Der Rat hatte ihm erst 1604 ein Privileg zugestanden. Was würde Carolus als nächstes fordern? Zudem hätte der Rat mit der Privileggestattung auf zehn Jahre ein Monopol gebilligt. Aber obwohl das Privileg verweigert wurde, konnte Carolus seine „Relation" weiter herausbringen – allerdings ohne den Schutz eines Privilegs.[99]

Aus dem Jahr 1609, das fälschlich selbst in neuesten Publikationen noch als Ersterscheinungsdatum der Wochenzeitungen angegeben wird, sind gleich zwei Zeitungen vollständig überliefert: Die „Relation" des Carolus und der „Aviso" aus Wolfenbüttel. Der „Aviso" ist mit ziemlicher Sicherheit von Julius Adolph von Söhne, nach 1616 von Elias Holwein gedruckt worden. Man geht davon aus, dass die geschriebene Nachrichtenvorlage für den Aviso aus Nürnberg nach Wolfenbüttel gesandt wurde. Ob auch hier, wie im Falle der Straßburger „Relation" naheliegt, Rentabilitätsüberlegungen, Mehrfachverwertung und bessere Auslastung der vorhandenen Kapazitäten und Fähigkeiten zur Gründung Anlass gab oder ob bewusst das Straßburger Blatt nachgeahmt wurde, entzieht sich unserer Kenntnis. Caspar Stielers Behauptung, Zeitungen hätten „ihren Ursprung zuförderst aus den Postheusern", gilt jedoch für die allerersten Zeitungen nicht.[100]

Der Inhalt der Avisen und Relationen

Die frühen Exemplare waren von einfacher Machart, ein viertel bis ein halber Bogen Quartformat in Fraktur gedruckt. Ihr Äußeres war schlicht, ihr Inhalt nutzwertorientiert. Die Herkunft der Nachrichten dienten als Überschrift. Die mangelnde inhaltliche Ordnung stellte an die Herstellung keine gehobenen Anforderungen. Heute geltende Nachrichtenwerte spielten für die Avisen zunächst keine Rolle. Sie druckten die Nachrichten in der Reihenfolge des Posteingangs. So stand das „Aktuellste" immer am Schluss. Das war nicht Folge einer rhetorischen Form der Spannungssteigerung, sondern durch den umständlichen und langwierigen Satz bedingt. Avisen und Relationen glichen in dieser Hinsicht noch den handschriftlichen Vorläufern und gedruckten Sammelzeitungen, auch jene hatten auf Ordnungskriterien verzichtet.[101]

„Aviso" und „Relation" druckten am häufigsten Nachrichten aus Antorff (Antwerpen), Köln, Prag, Rom, Venedig und Wien. Prag nahm mit 46 Prozent beim „Aviso" und 31 Prozent bei der „Relation" jeweils die Spitzenstellung ein,

---

99 Weber, J.: Supplication, in: AGB 39/ 1993, S. 257-265.

100 Stieler, C.: Zeitungs Lust, Nachdruck 1969, S. 17. Schöne, W. (Hg.): Aviso, S. 21-30; Schröder, T.: Erste Zeitungen, S. 26-28. Hartmann, W.: Aviso, in: Gazette, 7/1961, Nr. 2, S. 177-187. Zur „Relation" nicht mehr aktuell: Straßner, E./ Fritz, G. (Hg.): Sprache, S. 22-26.

101 Weber, J.: Presse, in: Jäger, H.-W. (Hg.): Öffentlichkeit, S. 139. Weller, E. (Hg.): Zeitungen, S. 9-15. Ästhetische Gesichtspunkte wie bei den handgeschriebenen und gedruckten frühen Büchern, spielten bei den Avisen keine Rolle. Illich, I.: Schriftbild der Moderne.

Wien folgte mit 16 bzw. 20 Prozent an zweiter Stelle. Antwerpen war im „Aviso" mit 12 Prozent vertreten, in der Straßburger „Relation" gar nicht. Aus diesen Orten gingen in der Regel zweimal wöchentlich Korrespondenzen ein.[102]

Die politische Berichterstattung machte in beiden Blättern ungefähr die Hälfte der Beiträge aus. Es dominierten die Hofnachrichten unter besonderer Berücksichtigung der höchsten Würdenträgern. So kann schon für die frühen periodischen Medien festgehalten werden, dass ihre Korrespondenten sich bei dem Berichtenswerten an dem Faktor der Prominenz orientierten. Die Zeitunger hingegen druckten, was seit der letzten Ausgabe an Briefen und Nachrichten eingegangen war. D.h., die Periodizität bestimmte die Aktualität, zugleich präsentierten die frühen Wochenzeitungen eine fragmentierte Nachrichtenlage. Allerdings stand hinter den Zeitungen der Frühen Neuzeit nicht nur der Neuigkeitsgedanke, sondern auch die Chronistenpflicht, Berichtenswertes zu bewahren. Darum dürfte sich für die Leser die einzelne Nachricht nie als isoliertes Ereignis präsentiert haben, da der Vergleich mit älteren Exemplaren den Zusammenhang herstellte und die Berichterstattung explizit an frühere anknüpfte. Der „großgünstige Leser" ward von Johannes Carolus gar aufgefordert, Fehler der Berichterstattung „vnbeschwert selbsten [zu] corrigiren".[103] Auch mit ihren konkreten Inhalten ähnelten sich die Blätter sehr. Insgesamt enthielt der „Aviso" zu 67% Nachrichten, die auch in der „Relation", diese zu 55% solche, die in dem anderen Blatt ebenfalls standen:

Tabelle 1.2.7: Nachrichtenidentität in Aviso und Relation (1609)[104]

Zeitung	*identische Passagen*	*starke Ähnlichkeit*	*Themengleichheit*
Aviso	21%	34%	12%
Relation	17%	28%	10%

Die Drucker scheuten sich häufig nicht zu erwähnen, diese oder jene Postnachricht sei noch nicht eingetroffen. Schon Carolus klagte, er müsse wegen spät eintreffender Nachrichten „bey der Nacht eyland" arbeiten.[105] Und ein Lukas Schultes aus Öttingen, der in den 1620er und 1630er Jahren druckte, betonte ausdrücklich, er habe alle Nachrichten über die im Titel genannten Orten wortgetreu aus den ihm zur Hand kommenden geschriebenen Exemplaren veröf-

102 Schöne, W. (Hg.): Aviso, S. 13. Ders. (Hg.): Relation, S. 28. Schröder, T.: Erste Zeitungen, S. 62, 68, 99, 105.

103 Schöne, W. (Hg.): Relation, Vorrede 1609. Ders.: Was ist Zeitung? in: Publizistik, 1. Jg., 1956, S. 329f. Schröder, T.: Erste Zeitungen, S. 145-147, 189-195, 228-230.

104 Schröder, T.: Erste Zeitungen, S. 84-87.

105 Vorrede zum Jahrgang 1609, in: Schöne, W. (Hg.): Relation.

fentlicht.[106] Für die Hektik in der Zeitungssetzerei spricht auch die sparsame Endredaktion. Im Januar 1667 entschuldigte sich der „Nordische Mercurius" für unterlassene Korrekturen: „Die einschleichenden Druckfehler / so in diesem / als andern Jahren / wird der geneigte Leser nicht so gar scheel besehen / wann er bedencket / daß solche Arbeit allezeit schleunig beschehen müsse / und die Neubegierige offtmals / sonderlich in den kurtzen Tagen / so vieler Zeit nicht erwarten / um die andere Correctur zu thun."[107] Doch da in der Überschrift jeweils Absendeort und -datum genannt waren und zudem die Nachrichten aus bestimmten Korrespondenzorten Mitteilungen über entsprechende Berichtsregionen enthielten, konnte sich der Leser auch in diesen unstrukturiert wirkenden ersten Nachrichtenblättern rasch orientieren. Zwischen weniger Wichtigem und dem Relevanten konnte hingegen erst unterschieden werden, als genügend Nachrichten zur Auswahl standen. In den Zeiten Stielers, im späten 17. Jahrhundert, war das schon der Fall.[108]

Die Orientierung an dem Nachrichtenwert der geografischen Nähe war schon im 17. Jahrhundert Allgemeingut. Mit seinem Titel gab der Drucker das Nachrichtenprogramm an, dem er gerecht werden wollte. Das Blatt des Carolus hieß beispielsweise: „Relation aller fürnehmen und gedenkwürdigen Historien, so sich hin und wieder in Hoch- und Nieder-Deutschland, auch in Frankreich, Italien, Schott- und Engelland, Hispanien, Hungern [Ungarn], Polen, Siebenbürgen, Wallachei, Moldau, Türkei etc. in diesem 1609. Jahr verlaufen und zugetragen möchte. Alles auf das treulichst, wie ich solche bekommen und zuwege bringen mag, in Druck verfertigen will." Dabei machte er einschränkend geltend, dass er nur bedingt für die Richtigkeit bürgen konnte, da er selbst auf Zuträger angewiesen war. Zum zweiten zeigte die Reihenfolge des Berichtenswerten eine Abstufung nach Wichtigkeit. Dass Nachrichten aus Hoch- und Nieder-Deutschland an erster Stelle standen – damals waren die Karten gesüdet – wäre bei jeder anderen deutschen Zeitung ähnlich gewesen. Sodann folgten westeuropäische Staaten, der unmittelbare Nachbar Frankreich, dann der wichtige Handelspartner Italien. Osteuropa lag für Straßburg sehr fern. Die Türkengefahr war Anfang des 17. Jahrhunderts etwas in den Hintergrund getreten und für Straßburg viel unwichtiger als bspw. für Wien.

Auch die frühe zeitungskundliche Literatur hatte das Problem schon erkannt. Christian Weise erklärte 1685 seinen Studenten: „Freilich könnte ich nach meinem Wunsche vorgehen, möchte ich wenigstens hier [in Leipzig] die Ereignisse in Polen und zum Teil die in Österreich von den Breslauer Zeitun-

[106] Schottenloher, K.: Flugblatt, S. 243. Vgl. Lindemann, M.: Deutsche Presse I, S. 94.

[107] Nordischer Mercurius, Januar 1667, Nr. 1, S. 3.

[108] Stieler, C.: Zeitungs Lust, Nachdruck 1969, S. 48.

gen, die Ereignisse im Norden von den Lübecker, die in England von den Hamburger, die in Frankreich von den Frankfurter Zeitungen kennen lernen.“[109] Obwohl er damit andeuten wollte, dass jene Zeitungen für die größte Authentizität bürgten, die am nächsten am Geschehen positioniert waren, sagte Weise damit zugleich auch, dass sich die Zeitungen schon im 17. Jahrhundert um so mehr und um so genauer für Ereignisse aus den Regionen interessierten, die ihnen geografisch, aber auch politisch, wirtschaftlich und kulturell am nächsten lagen. Das galt für die Zeitungen seit dem 17. Jahrhundert im Prinzip unverändert – lokale Berichterstattung spielte in der Frühen Neuzeit allerdings noch keine Rolle.[110]

In der Konzentration auf die kommentarlose Wiedergabe der Korrespondenzen lag ein wichtiger Unterschied zwischen den Avisen auf der einen und vielen Flugblättern und -schriften auf der anderen. Hatten schon die kürzeren Flugblätter die berichteten Ereignisse zumindest knapp bewertet, so war der Sinn der längeren Flugschriften ja gerade die Stellungnahme. Darum wurden beide nichtperiodischen Formen auch durch die periodischen Avisen zunächst nicht abgelöst. Denn die „Zeitunger“ enthielten sich einer redaktionellen Linie. Das bedeutet aber nicht, dass ihre Blätter keine Meinungen enthalten hätten. Eine Paralleluntersuchung der ersten komplett erhaltenen Jahrgänge von „Aviso“ und „Relation“ hat ergeben, dass 1609 die Mehrzahl der Beiträge keine Kommentierung enthielten, bei ersterem Blatt waren es 61 Prozent, bei letzterem 73. Ein Drittel bis ein Viertel aller Beiträge enthielt also durchaus Wertungen. Diese konnten allerdings durchaus gegensätzlich ausfallen (z.B. mal für, mal gegen die katholische oder protestantische Seite), da die Zeitunger von „Aviso“ und „Relation“ die Wertungen ihrer Korrespondenten übernahmen. So schließt der Aviso eine nicht untypische Meldung aus Antwerpen vom 16. Januar 1609 über die Bestrafung eines Mörders mit der Kritik „das gedünckt jederman ein frembder Sententz [ein befremdender Richterspruch] sin / weil der Theter seinem Befehlig nachkommen / und sich auch der Nothwehr gebrauchen müssen.“ Doch lag der Schwerpunkt ohne Zweifel bei den ereignisbezogenen Faktendarstellungen, Meldungen ohne aktuellen Bezug fehlten fast ganz und manche Nachrichten lassen vermuten, dass sie von außergewöhnlich gut unterrichteten Quellen ausgingen.[111]

---

109 Weise, Ch.: Lesen von Zeitungen (1685), in: Kurth, K. (Hg.): Schriften, S. 50.

110 Wilke, J.: Nachrichtenauswahl, S. 147-159.

111 Schöne, W. (Hg.): Aviso, S. 18f. Weber, J.: Krieg und Zeitung, in: JbKG 1/1999, 25-28. Neuere Inhaltsanalysen behaupten hingegen, die Zeitungen seien stark meinungslastig gewesen. Dabei wird nicht hinreichend zwischen identifizierbarer Meinung, die vorhanden war, und redaktioneller Ausrichtung, die fehlte, unterschieden. Schröder, T.: Erste Zeitungen, S. 153-163, 215f. Gieseler, J./ Schröder, T.: Bestandsaufnahme, in: Straßner, E./ Fritz, G. (Hg.): Sprache, S. 33-41. Bei Adrians sind zudem ganz seltene Ausnahmen generalisiert. Adrians, F.: Journalismus, S. 41-188.

Mehrere Gründe mögen zur relativen Meinungslosigkeit der Avisen des 17. und Zeitungen des 18. Jahrhunderts beigetragen haben: Erstens war der Raum für eine einzelne Nachricht weitaus knapper bemessen als in einem Flugblatt oder einer mehrseitigen Flugschrift. Zweitens machte die periodische Erscheinungsform die Blätter für die Obrigkeit leichter kontrollierbar als die unregelmäßig erscheinenden anderen Schriften. Daher befleißigten sich die „Zeitunger", schon um ihr Gewerbe nicht zu gefährden, größerer Zurückhaltung. Erst Ende des 17. Jahrhunderts häuften sich die Klagen über die Unbotmäßigkeit der Zeitungen. Drittens berichteten die Quellen der Avisen, die Korrespondenten, für Ihresgleichen. Die Zeitung war ein „Herrenmedium" (Johannes Weber) und die Herren hatten Interesse an Nachrichten, nicht an Polemik oder Interpretation. Gerade für kleinere Höfe dienten die Zeitungen als Ersatz für ein teures eigenes Korrespondentennetz. Viertens verkauften sich die Zeitungen noch im 18. Jahrhundert gut, obwohl (vielleicht sogar weil) sie ausgewogen berichteten. Fünftens übernahmen sie viele Berichte unredigiert, eine redaktionelle Linie musste also fehlen. Der Philosoph Georg Christoph Lichtenberg klagte noch Ende des 18. Jahrhunderts, politische Zeitungen berichteten „wie es sich gehört mit unterthänigst devotester Trockenheit."[112]

Die Wohlvertrautheit des Publikums mit den verschiedenen staatlichen Gepflogenheiten ergibt sich selbst aus einem unscheinbaren Detail. So datierten noch die „Einkommenden Zeitungen" (1650) wechselweise nach altem und neuem Kalender, überwiegend wurde allerdings nur ein Datum angegeben. Lässt die Doppeldatierung vermuten, dass die Zeitung an Protestanten und Katholiken gleichermaßen gerichtet war, so kann die nicht weiter erklärte Mehrzahl der Datierungen nur heißen, dass die Korrespondenten ein ziemlich sachkundiges Publikum voraussetzten, das genau wusste, welcher Staat nach welchem Kalender datierte.[113]

---

112 Lichtenberg, G.C.: SuB, Bd. 1, (Sudelbücher D 256), S. 272. Schilling, M.: Bildpublizistik, S. 112-115. Ukena, P.: Tagesschrifttum, in: Presse und Geschichte I, S. 46f. Weber, J.: Avisen. Blühm, E.: Deutscher Fürstenstaat und Presse, in: Blühm, E./ Garber, J../ Garber, K. (Hg.): Hof, Staat und Gesellschaft, S. 287-313. Blühm, E.: Bezieher des „Aviso", in: Publizistik, 16/1971, Nr. 1, S. 64-67. Tolkemitt, B.: HUC, S. 44-46. Gestrich, A.: Öffentlichkeit, S. 83-85.

113 Vgl. Einkommende Zeitungen 1650, Nr. 11: London 1.7., Neu-Castell [Neufchâtel] 6.7., Italien 2./12.7., Schweiz 2./12.7., Stettin 1./11.7., Antorff [Antwerpen] 5./15.7., Hamburg 6./16.7., Nürnberg 9./19.7.; Ebd. Nr. 12: Riga 21.6., Danzig 9.7., Stettin 7.7., Niederrhein 7.7., Mainz 9./19.7., Paris 6.7., Schweiz 6.7., Nürnberg 9.7., [Nürnberg] 12.7.

Die Verbreitung der Avisen

Die neuen Blätter setzten sich rasch durch. Schon 1610 und 1614 erschienen die nächsten – allerdings nichtverortbaren – Avisen, im folgenden Jahr kam in Frankfurt die sogenannte „Frankfurter Postzeitung“, in Berlin die erste Zeitung 1617, in Hamburg 1618, in Hildesheim, Danzig, Stuttgart und Halberstadt 1619 heraus. Mit Beginn des Dreißigjährigen Krieges vermehrten sich die Zeitungen enorm. In den 1630er Jahren gingen die Titelzahlen dann deutlich zurück, um seit Kriegsende wieder anzusteigen.[114] Auch im Ausland tauchten die ersten gedruckten Wochenblätter auf, so die „Nieuwe tidinghen“ in Antwerpen (1618), die „Weekely Nevves from ltaly etc.“ 1622 in London, der „Courant“ 1623 in Amsterdam, 1631 die „Gazette“ in Paris, 1641 die „Gazeta“ in Lissabon.

Abbildung 1.2.8: Avisen und Zeitungen des 17. und 18. Jahrhunderts[115]

Die Straßburger Zeitung den Johann Carolus bestand von 1605 bis 1665, die Braunschweiger von 1620 bis 1659. Neben den langlebigen existierten auch

[114] Grundlegend: Bogel, E./ Blühm, E. (Hg.): Zeitungen. Zu ergänzen durch: Weber, J.: Funde aus der Frühgeschichte, in: AGB, 38/1992, S. 321-358. Überholt: Lindemann, M.: Deutsche Presse I, S. 100. Schottenloher, K.: Flugblatt, S. 243. Groth, O.: Zeitung, Bd. 1, S. 209-211.

[115] 17. Jahrhundert: Sekundäranalyse nach Bogel, Blühm und Weber, vgl. Anm. 114. 18. Jahrhundert: Wilke, J.: Zeitung, in: Fischer, E./ Haefs, W./ Mix, Y. (Hg.): Almanach bis Zeitung, S. 394.

etliche kurzlebige Exemplare unter den ältesten Wochenzeitungen. Die Grafik, die allerdings nur überlieferte Zeitungen zählt, gibt grobe Hinweise zu ihrer Ausbreitung: Da davon ausgegangen werden muss, dass Ende des 17. Jahrhunderts im deutschen Sprachraum etwa 60-80 Avisen gleichzeitig erschienen, sind bis zu 50% aller Zeitungen nicht mehr nachzuweisen. Die Gesamtzahl aller Blätter hat sich auf etwa 200 belaufen. Für das 18. Jahrhundert sind dann die gleichzeitig existenten Zeitungen je Jahrfünft angegeben. Daher sind die Zahlen leicht höher, die Zunahme setzte sich aber weiter fort.

Die frühen Zeitungsstandorte waren wichtige Handelszentren und Verkehrsknotenpunkte, auch Residenzstädte, die im 18. Jahrhundert noch weiter an Bedeutung gewannen, spielten eine Rolle. Universitätsstädte hingegen waren von nachgeordnetem Rang. Erstaunlich ist der Bedeutungsverlust der oberdeutschen Städte Augsburg und Nürnberg – letztere nur mit zwei Zeitungen vertreten. Die norddeutschen Städte hatten ihnen den Rang abgelaufen, allen voran Hamburg. Dass Zürich und andere Schweizer Städte eine große Rolle für die Entstehung der deutschsprachigen Zeitungspublizistik besaßen, kann ebensowenig verwundern, wie die wichtige Rolle Kopenhagens oder des Baltikums, wo überall genügend deutschsprachige Leser lebten.

Tabelle 1.2.8: Wichtigste Verlagsorte deutscher Zeitungen im 17. Jahrhundert[116]

	Zeitungen		*Zeitungen*		*Zeitungen*
Hamburg	11	Kopenhagen	5	Stettin	4
Danzig	9	Prag	5	Altona	3
Frankfurt a.M.	6	Zürich	5	Augsburg	3
Leipzig	6	München	4	Köln	3

Die Auflagen waren nur verglichen mit dem 19. und 20. Jahrhundert bescheiden. Die Frankfurter Zeitung des kaiserlichen Postmeisters Johann von den Birghden erreichte schon in den 1620er Jahren eine Auflage von 450 Exemplaren. Die Hamburger „Wöchentliche Zeitung" erzielte Spitzenauflagen von 1.500.[117] Im 18. Jahrhundert erzielte die „Augsburgische Ordinari Post-Zeitung" 10.000, der Altonaer „Postreuter" schon Spitzenauflagen bis 14.000, der „Erfurter Geschichts-Courier" bis 18.000, die Erlanger „Real-Zeitung" ebenfalls 18.000. Diese Zahlen wurden zumeist gegen Ende des Jahrhunderts erreicht.[118] Auch die äußere Entwicklung verweist auf die rasche Durchsetzung

116 Sekundäranalyse aufgrund der Angaben von Bogel, Blühm und Weber, vgl. Anm. 114.

117 Weber, J.: Presse, in: Jäger, H.-W. (Hg.): Öffentlichkeit, S. 141f.

118 Böning, H.: Aufklärung, in: Jäger, H.-W. (Hg.): Öffentlichkeit, S. 152. Welke, M.: Zeitung, in: Presse und Geschichte I, S. 78f.

des Phänomens. Multipliziert man die Auflagen mit mehr als zehn Lesern[119] – viele Zeitungen lagen in Wachstuben, Kaffeehäusern, Gaststätten und Avisenbuden aus und wurden vorgelesen –, kann geschätzt werden, dass im 17. Jahrhundert schon ein Fünftel bis ein Viertel der Bevölkerung mehr oder weniger regelmäßig von der aktuellen Tagespublizistik erreicht wurde, in der Zeit der Französischen Revolution schon mehr als jeder zweite Erwachsene. Vor allem aber war Zeitungslektüre ein städtisches und ländliches Phänomen und betraf alle Schichten gleichermaßen.[120]

Tabelle 1.2.9: Zeitungen und Auflagen im 17. und 18. Jahrhundert[121]

	Zeitungen	*durchschn. Auflage*	*Gesamtauflage*
Ende des. 17. Jh.	60-80	350-400	20.-25.000
2. Hälfte des 18. Jh.	200-250	600-700	> 300.000

Und noch ein weiterer Indikator spricht für die Attraktivität des neuen Mediums: Die Periodizität verkürzte sich zügig. Zugleich wurden die Nachrichten immer aktueller. Lagen Anfang des 17. Jahrhunderts in drei von vier Fällen noch zwei bis vier Wochen zwischen Ereignis und Bericht, so berichteten die Medien Ende des 18. Jahrhunderts schon in einem Viertel nach maximal einer Woche. Nachrichten, die einen Monat alt waren, machten hingegen nur noch zehn Prozent aus.[122]

Tabelle 1.2.10: Zeitungsperiodizität im 17. Jahrhundert[123]

	Erscheinen je Woche
Straßburger „Relation" 1605	1mal
Dienstags/ Freitags Aviso oder Zeitung 1623	2mal
Titellose Zeitung [ohne Ort] 1634	[verm.] 3mal
Leipziger „Einkommende Zeitungen" 1650	6mal
Leipziger „Einkommende Zeitungen" 1660	7mal

119 In Lesegesellschaften (s.u.) erreichten die Zeitungen sogar Quoten von bis zu 1:100. Jentsch, I.: Zeitunglesen, S. 121-123.

120 Jentsch, I.: Zeitunglesen, S. 107-118. Ukena, P.: Tagesschrifttum, in: Presse und Geschichte I, S. 45. Welke, M.: Zeitung, in: Ebd. S. 82. Instruktive Beispiele zur lauten Lektüre der Nachrichtenblätter in: Weber, J.: Mercurius, S. 56f.

121 Welke, M.: Rußland, in: Forschungen zur osteuropäischen Geschichte, 23/1976, S. 154-165. Ders.: Zeitung, in: Presse und Geschichte I, S. 77-82; Wehler, H.-U.: Gesellschaftsgeschichte I, S. 306.

122 Wilke, J.: Nachrichtenauswahl, S. 119.

123 Bogel, E./ Blühm, E. (Hg.): Zeitungen, Bd. 1, S. 58, 116, 140. Hauff, E.: Einkommenden Zeitungen, in: Gazette, 9/1963, Nr. 3, S. 227-235. Bogel-Hauff, E.: Leipziger Zeitung, in: Gazette, 13/1967, Nr. 3, S. 275-279. Vgl. auf älterem Stand: Lindemann, M.: Deutsche Presse I, S. 81.

Daran schließen sich zwei Fragen an: Für wen war die Herausgabe einer Zeitung interessant und was förderte ihre Durchsetzung am Markt? Wegen ihrer einfachen Machart dürfte die Herausgabe ein lukratives Geschäft gewesen sein. Martin Welke schätzt enorme Profite, welche an die Gewinne aus den frühesten Tagen des Buchdrucks erinnern (vgl. S. 25). So hoch dürften sie aber selbst Anfang des 17. Jahrhundert nicht gelegen haben. Doch riefen lukrative Geschäfte zu allen Zeiten alsbald Nachahmer auf den Plan, für die drei Berufsgruppen in Frage kommen, die sich alle durch ihre Nähe zum publizistischen Gewerbe auszeichneten: einerseits Drucker, andererseits Postmeister und drittens Briefschreiber. Bei jeder der drei Gruppen dürfte das entscheidende Moment die Suche nach einem lukrativen Zubrot gewesen sein. Für einen Drucker lohnte sich die Herausgabe der Avisen, weil damit die Druckmaschinen besser und vor allem regelmäßig ausgelastet werden konnten. Für Zeitungsschreiber wie Johannes Carolus aus Straßburg waren die Avisen interessant, weil die Vervielfältigung durch den Druck rationeller war als durch Abschreiben. Für Postmeister schließlich lohnte sich das Geschäft, weil bei ihnen einerseits regelmäßig Nachrichten einliefen und sie andererseits ökonomische Vorteile bei der Verbreitung der Avisen besaßen. Für Drucker und Zeitungsschreiber fußte die Herausgabe also auf einer betriebswirtschaftlichen Überlegung. Postmeister mochten sie als Zubrot betrachtet haben. Der – allerdings abgewehrte – Versuch derer von Taxis, 1628 die Zeitungen durch kaiserliches Dekret zum Annex der Post erklären zu lassen und sich dadurch ein Monopol zu verschaffen, deutet ebenfalls die Gewinnmöglichkeiten an.[124]

Der Nachahmungstrieb verschärfte schon im späteren 17. Jahrhundert den Wettbewerb. Imitationen gingen soweit, dass sogar zwei Zeitungen eines Ortes sich um den gleichen Titel stritten, so gab es in Augsburg eine „Wochentlich=Ordinari-Post=Zeitung“ und eine „Wochentliche Ordinari-Post-Zeitung“, deren erste 1675 gegründet und deren zweite 1686 als Gegengründung auf den Markt gebracht worden war. Der Herausgeber des Vorbilds strengte sofort gegen seinen missliebigen Konkurrenten ein Gerichtsverfahren an, doch der Rat der Stadt verbot zunächst einmal beide Blätter. Bei offensichtlichen Plagiaten liegen gerichtliche Auseinandersetzungen auch nach den Maßstäben unserer Gegenwart nahe, im Unterschied zum 20. Jahrhundert vertrauten die Zei-

124 Weber, J.: Presse, in: Jäger, H.-W. (Hg.): Öffentlichkeit, S. 138f. Behringer, W.: Post, Zeitung, in: Beyrer, K./ Dallmeier, M. (Hg.): Post, S. 40-42. Bogel, E./ Blühm, E. (Hg.): Zeitungen, Bd. 1, S. 205. Welke schätzt bis zu 500% Gewinnspanne, Fischer errechnet knappe 100%. Die erste Schätzung erscheint erheblich zu hoch, Fischers Berechnungen enthalten Rechenfehler und basieren auf falschen Annahmen und Zuordnungen. So werden die Portokosten für den Nachrichtendienst nicht auf die Anzahl der Druckexemplare umgerechnet. Welke, M.: Geschichte der Zeitung, in: Daphnis 3/1974, Nr. 1, S. 97. Fischer, H.: Älteste Zeitungen, S. 26-28. Groth, O.: Zeitung, Bd. 1, S. 14.

tungsherausgeber jedoch kaum auf die Kräfte des freien Marktes, sondern nutzten in der Regel den Weg der gerichtlichen Auseinandersetzung, um unliebsame Konkurrenten zu bekämpfen.[125]

So blieben die Avisen zunächst eher schlicht und setzten sich – aus mehreren Gründen – dennoch durch: Wegen des schlichten Inhalts wurden die Blätter von der Obrigkeit geduldet. Ohne Kommentar und ohne die Ereignisse der näheren Umgebung zu berücksichtigen, stellten sie keine Gefährdung des staatlichen Machtanspruchs dar. Räsonnement fand nicht statt, schon gar nicht über Staatsangelegenheiten. Zudem boten die neuen Medien trotz der Beschränkung ihrer Inhalte Orientierungshilfen. Es ist augenfällig, dass sich die Zeitungen im Dreißigjährigen Krieg durchzusetzen begannen. Schon Zeitgenossen hatten dies, wenngleich kritisch, bemerkt. Ahasver Fritsch schrieb in einer frühen „zeitungskundlichen" Abhandlung 1676: „Diese Torheit der Gegenwart [die 'Zeitungsssucht'] scheint noch durch die vergangene Zeit des 30jährigen deutschen Krieges eine Zunahme erfahren zu haben, wo täglich über Durchzüge von Soldaten, über Belagerungen und Eroberungen von Städten, über Niederlagen und Siege Neuigkeiten gebracht wurden. Gerüchte wurden ausgestreut und durch andere noch vergrößert."[126] Johannes Weber spricht von dem Bedürfnis nach „defensiver Orientierung". Der Krieg bedrohte die unmittelbare Existenz, da war es nicht nur wichtig zu wissen, wo die Soldateska gerade tobte, sondern auch, was sich in den Europäischen Machtzentren, in Paris und Prag bzw. Wien und Madrid, in Stockholm und Kopenhagen tat. Wenn z.B. Kriegsnachrichten aus der „hinteren Türkei" berichtet wurden, so bedeutete dies für Wiener etwas Gutes, denn das Osmanische Reich reduzierte seinen Druck auf den Balkan, zugleich aber hatten die Habsburgischen Kaiser mehr Möglichkeit, sich in Mitteleuropa zu engagieren. Das wiederum war schlecht für Protestanten in Deutschland.[127]

Der Nachrichtenhunger, den die konfessionellen Auseinandersetzungen entfachte, musste aber auch befriedigt werden können. Eine weitere Voraussetzung für den publizistischen Erfolg war daher die fortgeschrittene Entwicklung des regelmäßigen Post- und Nachrichtenverkehrs. Die Posten waren nicht nur Nachrichtenlieferant sondern auch – teurer – Distributionsapparat. Der Bürgermeister von Salzwedel bezog beispielsweise schon seit 1609 über mehrere

125 Mancal, J.: Augsburger Zeitungen, in: Gier, H./ Jonata, J. (Hg.): Augsburger Buchdruck und Verlagswesen, S. 693-697. Faber, A.: Faber'sche Buchdruckerei, S. 25-30, 41-46, 81f. Privilegien für Fabers Druckerei in: StA Magdeburg, Rep. 30, Nr. 265f. Zum verschärften Wettbewerb: Bogel, E./ Blühm, E. (Hg.): Zeitungen, Bd. 1, S. 189f., 222. Vgl. Lindemann, M.: Deutsche Presse I, S. 151f.

126 Fritsch, A.: Diskurs (1676), in: Kurth, K. (Hg.): Schriften, S. 38. Vgl. Stieler, C.: Zeitungs Lust, Nachdruck 1969, S. 12.

127 Weber, J.: Presse, in: Jäger, H.-W. (Hg.): Öffentlichkeit, S. 143f. Vgl. Gieseler, J.: Nutzen, in: Straßner, E./ Fritz, G. (Hg.): Sprache, S. 263-265.

Jahre hinweg regelmäßig eine Wochenzeitung, wenngleich sie bisweilen unregelmäßig, manchmal nicht, manchmal mehrere Nummern auf einmal, einlief.[128]

Die Preise waren beträchtlich, zumal die Postzustellung für auswärtige Blätter noch extra kostete und im 18. Jahrhundert zwischen 0,5 und 4 fl. betrug. Preisangaben für Avisen und Zeitungen sind für das 17. Jahrhundert selten, für das 18. Jahrhundert reichlich vorhanden. Im frühen 17. Jahrhundert waren noch individuelle Absprachen möglich, im späteren setzten sich feste Abonnementsgebühren durch. Die Abonnements erhöhten sich im Verlauf des 18. Jahrhunderts, verglichen mit dem stärker steigenden Leistungsangebot der Blätter sanken sie jedoch. Mit heutigen Gegenwerten lassen sie sich nur schwer vergleichen, da das Preisniveau der Frühen Neuzeit regional, zeitlich und in Abhängigkeit von Ernteausfall und Wirtschaftssituation enormen Schwankungen unterworfen war. Überschlagsweise dürften einzelne Nummern den Gegenwert von ein bis zwei Maß Bier oder ein Pfund Brot gekostet haben. Das ergäbe die große Schwankungsbreite von zwei bis 20 DM nach heutigen Preisen. Im späteren 18. Jahrhundert spreizten sich die Abonnementskosten so weit wie das inhaltlich-publizistische Angebot. Die billigste Zeitung, die „Karlsruher Zeitung", die 1758 einen Thaler kostete, hätte sich zur Not auch ein Berliner Textilarbeiter leisten können; das mit 24 fl. 1789 teuerste Blatt, der sechsmal die Woche erscheinende „Wiener Bothe", wäre auch für einen hohen Beamten ein extrem teures Blatt gewesen. (Vgl. Teil 3)

Tabelle 1.2.11: Verkaufspreise für Zeitungen im 17. und 18. Jahrhundert[129]

individuelle und feste Abonnements	*Kosten*	*Erscheinen/ Woche*
indiv. Jahresabo 1619	1 Gulden (fl.), 5 Schillinge*	1
Aviso 1620	verm. 2 Rth., viell. 1 Rth. (52 oder 26 Gr.)	1
Einzelverkauf Frankfurter Zeitung	1 Kreuzer	
indiv. Jahresabo 1629	1 Rth. (=0,66 fl.)	1
Leipziger Einkommende Zeitungen (Jahresabo 1665)	10 T. (=7,5 Rth. = 5 fl.)	6

128 Engelsing, R.: Lesergeschichte, in: AGB 10/1970, Sp. 976.

129 Jentsch, I.: Zeitunglesen, S. 119f. Groth, O.: Zeitung, Bd. 3, S. 108-115. Fischer, H.: Älteste Zeitungen, S. 94. Etliche Einzelnachweise: Böning, H./ Moepps, E.: Deutsche Presse, Bd. 2, Sp. 25, 75, 86, 107, 111, 132-134, 173f., 231, 519f., 583, 589, 615, 655, 674. Neumann, H.-G.: Zeitungsjahrgang 1694, in: Presse und Geschichte II, S. 145. Böning, H.: Aufklärung, in: Jäger, H.-W. (Hg.): Öffentlichkeit, S. 158f. Jacobeit, S. u. W.: Alltagsgeschichte, Bd. 1, S. 209. Dallmeier, M.: Reichspost, in: Presse und Geschichte II, S. 235-240.
Siehe Glossar: Währungen/ Münzfuß.

individuelle und feste Abonnements	*Kosten*	*Erscheinen/ Woche*
Frankfurter Journal (Jahresabo 1665)	2 fl. (= 3 Rth.)	2
Breslauer einkommende Zeitungen (Jahresabo 1669)	14 Rth.	2
Einzelverkauf Ende des 17. Jahrhunderts	4-9 Pf.	
Jahresabos 1. Hälfte 18. Jh.	1,5-13,5 Rth. (2 Th.-9 fl.)	2-4
Jahresabos 2. Hälfte 18. Jh.	1-36 Rth. (1 Th.-24 fl.)	1-7
einzelne Ausgabe 2. Hälfte 18. Jh.	1-2 Groschen	

Die Binnenstrukturen der frühen Presseunternehmen sollen zum Schluss dieses Abschnitts näher betrachtet werden. Zunächst hatte eine Einheit der Funktionen von Herausgeber, Verleger, Redakteur, Drucker, Händler und Transporteur bestanden. Im „Hauptberuf" waren etliche Herausgeber der Avisen Buchdrucker, andere Postmeister. Solange die Zeitunger ihre Exponate nicht oder kaum bearbeiteten, fielen auch nur geringe „Redaktionskosten" an. Teuer war der Bezug zuverlässiger Korrespondenzen und anderer Nachrichtenblätter, die schamlos ausgeschlachtet wurden. Erst Ende des Jahrhunderts leisteten sich größere Zeitungen Redakteure im eigentlichen Wortsinn: Georg Greflinger ordnete im „Nordischen Mercurius" die einlaufenden Nachrichten nach geografischen Gesichtspunkten, Daniel Hartnack von der „Relation aus dem Parnasso" erfand den Leitartikel, um sein neues Blatt gegenüber der eingeführten Hamburger Konkurrenz am Markt zu etablieren. In dieser Zeitung tauchte auch das erste „Feuilleton" auf. Doch, wie Johannes Weber feststellt: „Für die meisten Blätter dürfte es zu teuer gewesen sein, einen qualifizierten Redakteur zu beschäftigen."[130] Um die gleiche Zeit ist erstmalig die behördliche Registrierung von Zeitungsschreibern aktenkundig. Und die „Stats- und Gelehrte Zeitung des Hamburgischen unpartheyischen Correspondenten" (HUC) war die erste Zeitung, die eine Redaktion mit Berufsjournalisten aufbaute. Doch in der Regel schrieben die „Journalisten" bis weit ins 19. Jahrhundert nebenberuflich. Erst in der zweiten Hälfte des 18. Jahrhunderts begannen sich Redaktion und Verlag häufiger funktionell zu trennen. Verstärkt wurde die Trennung durch die Politisierung der Presse. Gruppen mit politischen Interessen, die ihre Meinung

[130] Kieslich, G.: Berufsbilder 1609 und 1650, in: Publizistik, 11/1966, S. 253-263. Weber, J.: Presse, in: Jäger, H.-W. (Hg.): Öffentlichkeit, S. 146. Weber, J.: Daniel Hartnack, in: Gutenberg-Jahrbuch, 1993, 68. Jg., S. 140-158.

verbreiten wollten, mussten nicht notwendigerweise an dem ökonomischen Profit interessiert sein, sondern konnten sich für das Geschäftliche einen Verlagskaufmann und Drucker suchen.[131]

Tabelle 1.2.12: Zeitungsgestehungskosten im 17. und 18. Jahrhundert[132]

	Leipziger Zeitung 1668	*Basler Zeitung 1697*	*HUC 1730*
Korrespondentenhonorar und -porto	25%	15%	25%
Druck und Papier	32%	50%	29%
„Zeitungskanon" (red. Kosten, Gebühren etc.)	43%	35%	46%

Intelligenzblätter

Alle Zeitungen der Frühen Neuzeit waren primär Erwerbsunternehmen, vor allem galt das für die Intelligenzblätter. „Intelligenz" hatte nichts mit „Geist" oder „Intellekt" zu tun, sondern bezeichnete die Einsichtnahme in Anzeigenblätter. In Deutschland kam die Gattung erst relativ spät auf. In Frankreich hatte Théophraste Renaudot schon 1633 mit den „Feuilles du bureau d'adresse" ein erstes Intelligenzblatt – als Stellenanzeiger – geschaffen. Nachdem schon seit dem späten 17. Jahrhundert in Deutschland über das ausländische Intelligenzblattwesen diskutiert worden war, erschienen am 5.1.1722 in Frankfurt die „Wochentliche Frag- und Anzeigungs-Nachrichten", das erste deutsche Intelligenzblatt, das zudem als erste zwei Drittel der Einnahmen aus Anzeigen erzielt haben soll. Zur Jahrhundertmitte gab es schon in 44 deutschen Städten Intelligenzblätter, insgesamt dürfte es im 18. Jahrhundert über 200 gegeben haben. Im 19. Jahrhundert verloren die Intelligenzblätter dann aus verschiedenen, zum Teil gegenläufigen Gründen an Bedeutung: Napoleon beschränkte 1810/11 in dem von ihm beherrschten Europa die inhaltliche Vielfalt der Intelligenzpresse. Die gegnerischen Staaten hingegen lockerten ihre

131 Groth, O.: Zeitung, Bd. 4, S. 4-8. Vgl. Fischer, H.-D.: Handbuch, S. 399-401. Koszyk, K.: Vorläufer, S. 80-85. Kieslich, G.: Berufsbilder, in: Publizistik, 1966, 11. Jg., Nr. 3-4, S. 253-263. Böning, H./ Moepps, E.: Deutsche Presse, Bd. 1.1, Sp. 178f, 185f. Eine neue regionalgeschichtliche Untersuchung hat für die Zeit zwischen 1770 und 1819 unter den Mitarbeitern 48% Beamte, Professoren, Militärs, 33% Geistliche und 17% freie Berufe ausgemacht. Kurzweg, M.: Zeitungslandschaft in Rheinland-Westfalen, S. 77f.

132 Groth, O.: Zeitung, Bd. 3, S. 400. Hadorn, Werner/ Cortesi, Mario: Mensch und Medien. Die Geschichte der Massenkommunikation, Bd. 2, Aarau/ Stuttgart 1986, 37-42. Tolkemitt, B.: HUC, S. 28f.

Bestimmungen. Im ersten Fall wurden die schon inhaltlich weiterentwickelten Intelligenzblätter wieder degradiert, im zweiten erhielten sie die Chance zur inhaltlichen Entfaltung. So verschwamm die Intelligenzpresse allmählich zu einer diffusen Gattung. Von den Kreisblättern über die Generalanzeiger des späten 19. Jahrhunderts bis zu den Anzeigenblättern der Gegenwart haben sehr unterschiedliche Pressetypen Charakteristika der Intelligenzpresse bewahrt.

Unter dem Aspekt des staatlichen Einflusses lassen sich zwei Grundtypen unterscheiden: Im ersten Fall reglementierte der Staat die Inhalte, garantierte die Abonnenten und war wesentlich am Gewinn beteiligt. Beispielhaft war dieser Typ im preußischen Intelligenzblattwesen ausgeprägt. Der zweite Typus war erheblich weiter verbreitet, er war weniger scharf reglementiert, garantierte Abnehmer gab es sowenig wie Gewinnabführungen jenseits der üblichen Besteuerung. Viele dieser Blätter entwickelten sich zu regulären Zeitungen. Vorbildfunktionen besaßen Leipziger, Hamburger und Altonaer Intelligenzblätter.[133]

Tabelle 1.2.13: Intelligenzblätter im 18. Jahrhundert: Gründungen, Bestand, Auflage, Leserschaft [134]

Zeit	*Neugründungen*	*Bestand*	*Auflage*	*Rezipienten (Faktor 20)*
1722-1729	9	9	2.700	54.000
1730-1739	11	20	6.000	120.000
1740-1749	22	41	12.300	246.000
1750-1759	20	61	18.300	366.000
1760-1769	36	97	29.100	582.000
1770-1779	25	122	36.600	732.000
1780-1789	19	141	42.300	846.000
1790-1799	23	164	49.200	984.000

133 Petrat, G.: Intelligenzblatt, in: Presse und Geschichte II, S. 207-231. Ders.: Intelligenzblatt, in: Leonhard, J.-F./ Ludwig, H./ Schwarze, D./ Straßner, E. (Hg.): Medienwissenschaft, S. 923-931. Böning, H.: Aufklärung, in: Jäger, H.-W. (Hg.): Öffentlichkeit, S. 158. Ders.: Intelligenzblatt, in: Fischer, E./ Haefs, W./ Mix, Y. (Hg.): Almanach bis Zeitung, S. 89-104. Ders./ Moepps, E.: Deutsche Presse, Bd. 1.2, Sp. 796-815. Ebd. Bd. 2, Sp. 165-173, 528-535, 796-811. Groth, O.: Zeitung, Bd. 1, S. 196, 649. Koszyk, K.: Vorläufer, S. 74f. Pruys, K.H.: Darstellungsformen, in: Koszyk, K./ Pruys, K.H. (Hg.): Handbuch der Massenkommunikation, S. 43. Koßmann, E: Anzeigenwesen, in: ZW 13/1938, Nr. 3, S. 201-205. Prutz, R.E.: Journalismus, S. 241f. Schöne, W.: Zeitungswesen, S. 75-84. Dietz, A.: Frankfurter Nachrichten. Kurzweg, M.: Zeitungslandschaft in Rheinland-Westfalen, S. 49-52. Heinzl, P.: Literaturverhältnisse, S. 166-169.

134 Huneke, F.: Lippischen Intelligenzblätter, S. 47-51, 196. Huneke wertete nur die nicht ganz vollständigen Online-erfassten Blätter aus. Auch ist sein Deutschland zu eng. Die Leserschaft ist sicherlich nicht zu hoch geschätzt, da Intelligenzblätter auch in Schulen und von der Kanzel verlesen wurden. Böning, H.: Aufklärung, in: Jäger, H.-W. (Hg.): Öffentlichkeit, S. 160.

Die preußischen Intelligenzblätter mussten von bestimmten Personengruppen, z.B. Pfarrern, Amtmännern und Lehrern, gehalten und bezahlt werden. Sie waren Zeitungen, die ein Monopol auf Anzeigen und Inserate besaßen. Erst nachdem in den jeweiligen Intelligenzblättern die Anzeigen und amtlichen Bekanntmachungen publiziert waren, durften andere Zeitungen diese nachdrucken. So waren die Intelligenzblätter für die Regierung wohlfeile Einnahmequellen. Der preußische Staat hatte am 6. Januar 1727 den „Intelligenzzwang" eingeführt. Doch schon um 1740 konnten in anderen Blättern Anzeigen wieder publiziert werden. Der Pflichtbezug wurde 1810, der Insertionszwang 1850 aufgehoben. Die ersten Intelligenzpatente dienten dazu, das Militärwaisenhaus Potsdam zu finanzieren. Der Befehl zur Einrichtung des Intelligenzblattwesens verfügte, die Zeitungsschreiber hätten sich „hinführo bey ohnfehlbar zu erwartendem verlust ihrer privilegien und dem befinden nach einer härteren Ahndung aller und jeder die Zeitungen nicht angehenden, sondern zum Intelligenz Werk gehörigen articul [...] zu enthalten", d.h. Anzeigen sollten den Intelligenzblättern vorbehalten bleiben.[135]

Die reglementierten Intelligenzblätter boten dem Staat manifeste materielle Vorteile. So kostete 1724 die Verpachtung des „Wiener Diariums" den Verleger jährlich 4.000 fl., bis zum Ende des Jahrhunderts stieg die Pachtsumme auf 18.000 fl. an, um sich bis zur Mitte des 19. Jahrhunderts noch einmal mehr als zu verdoppeln.[136] Über den materiellen Nutzen hinaus muss man das staatliche Intelligenzblattwesen jedoch als Ausdruck der im Absolutismus allwaltenden Tendenz interpretieren, Aufgaben im Dienste der fürsorglichen Polizei für die Untertanen von staatswegen zu monopolisieren. Das Hauptkennzeichen des absolutistischen Staates war die Zentralisierung der Entscheidungsbefugnisse und die Ausweitung der staatlichen Macht. Das lässt sich an vielen Details veranschaulichen. In der Handelspolitik wurde die Kameralistik oder, wie es heute heißt, der Merkantilismus zum Leitmotiv: Der Nutzen von Handel und Gewerbe für den Gesamtstaat stand im Vordergrund. Der Fürst gewann an Macht, indem er die Macht der anderen Stände, insbesondere des Adels und des Klerus einschränkte, bzw. beide enger an sich band. Zum Zwecke der Machtsteigerung baute der absolutistische Staat seine Bürokratie aus. Stehende Heere verstaatlichten die Kriegsführung. Das Intelligenzblattwesen bedeutet analog hierzu die Verstaatlichung eines Teils der Presse.

Doch über die staatsnahen sollten die nichtreglementierten Intelligenzblätter nicht vergessen werden. Sie betonten den Nutzen für den Leser und entwi-

---

135 Zit.n. Lindemann, M.: Deutsche Presse I, S. 251. Vgl. Fischer, H.-D.: Handbuch, S. 396. Wolter, H.-W.: Generalanzeiger, S. 111f.

136 Groth, O.: Zeitung, Bd. 3, S. 401f.

ckelten sich damit zu Vorreitern der Strukturierung des inhaltlichen Angebots. Um den Lesern mehr Orientierung zu bieten, gliederte beispielsweise der „Augsburgische Intelligenz-Zettel“ seine Informationen nach Anzeigen und „Allerhand vermischten Nachrichten“. Der Anzeigenteil wiederum war nach Angebot und Nachfrage unterteilt. Um die Leserschaft zu orientieren, gingen viele Intelligenzblätter dazu über, mit Registern die abgelaufenen Jahrgänge zu ordnen und zu erschließen.[137]

Die Intelligenzblätter bedienten sich verschiedener publizistischer Formen, um das breite Publikum anzusprechen; manche Bemühung ist den modernen Versuchen der Leser-Blatt-Bindung durchaus vergleichbar. Dabei modifizierten die Herausgeber ursprüngliche Konzepte, wenn sich diese verbesserungsbedürftig zeigten. So kündigten die „Addreß-Comtoir-Nachrichten“ ein Vierteljahr nach ihrem ersten Erscheinen 1767 an, zukünftig dem Kaufmann besonders zu dienen: „In [das Blatt] werden wir hauptsächlich solche gemischte Aufsätze, als bisher dieses Blatt zu Anfang enthalten hat, die aber künftig vorzüglich das Commerz interessiren werden, und Nachrichten eintragen, welche durch den Aufschub eines einzigen Tages nichts verlieren. [...] Der Abdruck und Vertheilung der beyden übrigen halben Bogen wird von dem Zweck derselben abhängen, welcher dieser ist, die am Dienstage und Freytage mit den Englischen, Holländischen, Dänischen und andern Posten einlaufende Schiffs- und Handlungs-Nachrichten mit aller ersinnlichen Eilfertigkeit und zugleich Richtigkeit, alsbald nach Ankunft der Posten abdrucken und im Publico vertheilen zu lassen. [...] Diese beyden Blätter werden alsdenn vorzüglich enthalten: die Sundische Liste; Schiffs-Nachrichten aus Holland, nicht etwa aus der Amsterdammer Courant, sondern so weit sie bis zu Abgang der Post gehen, aus den Englischen Blättern alles, was die Schiffahrt dieser Gegenden interessiren kann.“ Die Zeitung veröffentlichte obrigkeitliche Verordnungen und Proklamationen, gerichtliche Bekanntmachungen, Schiffs- und Handelsnachrichten, Anzeigen, Stellenangebote und -gesuche, Theaternachrichten, Verzeichnisse angekommener Fremder, Buchhandelsanzeigen, Gesuche, Vermietungen, Wechselkurse, Warenpreise, Witterungsanzeigen, Preisfragen gemeinnütziger Gesellschaften und Akademien, Gedichte, Abhandlungen zu allen wirtschaftlichen Themen, Vorstellungen und Rezensionen neuer gemeinnützig-ökonomischer Literatur, Informationen und Ratschläge zu Ökonomie und Medizin, Erzählungen und Anekdoten.[138]

---

137 Petrat, G.: Intelligenzblatt, in: Presse und Geschichte II, S. 210-213, 217-219. Böning, H./ Moepps, E.: Deutsche Presse, Bd. 1.1, Sp. 429-437. Mancal, J.: Augsburger Zeitungen, in: Gier, H./ Jonata, J. (Hg.): Augsburger Buchdruck und Verlagswesen, S. 708f. Wolter, H.-W.: Generalanzeiger, S. 114. Groth, O.: Zeitung, Bd. 1, S. 626-639.

138 Böning, H./ Moepps, E.: Deutsche Presse, Bd. 1.2, Sp. 802f.

Die Blätter orientierten sich an ausländischen Vorbildern. Erhaltene Konzessionsanträge und vor allem Probe- und Einführungsnummern geben zur Programmatik detailliert Auskunft. Lokalberichterstattung machte sie zur ersten Vorform lokaler Zeitungen. Viele Herausgeber zeichnete ein „volksaufklärerisches Engagement“ aus, besonders im letzten Drittel des 18. Jahrhunderts. Obwohl lange abschätzig beurteilt, förderten die Intelligenzblätter damit auch die intellektuelle Einsicht. Die Blätter brachten Fabeln, Erzählungen und Belehrungen in Gestalt von Dialogen, Liedern und Beispielen. Selbst theologischen Debatten und Diskursen über die gesellschaftliche Entwicklung öffneten sich etliche Blätter. Vor allem aber erörterten sie nützliche wirtschaftliche Fragen. Sie diskutierten Probleme der Landbevölkerung, gaben Ratschläge für Ackerbau und Viehzucht und hofften darauf, dass ihre Leser – nicht unbedingt Bauern, sondern eher Landpfarrer und Lehrer – die Informationen weitervermittelten. So waren die Intelligenzblätter die Medien, mit denen noch bis in die Mitte des 19. Jahrhunderts der „gemeine Mann“ am ehesten zu erreichen war.[139]

Die Intelligenzblätter dürften zumeist ein Geschäft gewesen sein. So konnte ein Duisburger Intelligenzblattverleger in den 1770ern bis zu 2.000 Reichsthaler Reingewinn im Jahr erwirtschaften. Er besaß das Anzeigenmonopol; zugleich mussten die Behörden bei ihm inserieren und das Blatt abonnieren.[140] Wesentlich bescheidener nimmt sich das in Kleinstaaten aus. Das „Lippische Intelligenzblatt“ sicherte das verlegerische Auskommen, war aber keine Goldgrube. Im 18. Jahrhundert kostete das Jahresabonnement 18 Mariengroschen (= ½ Rth.). Hatte die Zeitung 1772 gerade 91 Bezieher, so waren es 1806 317 und 1842 656. Die Auflagensteigerung erzwang die Regierung durch verschiedene Erlasse, die Kirchen, Schulen, Bauernschaften und Zünfte zum Abonnement verpflichteten. Jedoch zahlten immer nur wenig mehr als ein Drittel der Bezieher. Der Rest wurde unentgeltlich beliefert: 1842 bezogen von der Auflage die Privatleute 350 Stück, die Kirchen 100, die Innungen der Städte 17 und sonstige Behörden 171. Der Reinertrag belief sich für 1773 auf 80 Rth., für 1777 auf 130 und für 1806 auf 231 Rth. Der Gewinn erhöhte sich später nur noch unwesentlich.[141]

---

139 Petrat, G.: Intelligenzblatt, in: Presse und Geschichte II, S. 211-219. Jentsch, I.: Zeitunglesen, S. 139. Böning, H.: Aufklärung, in: Jäger, H.-W. (Hg.): Öffentlichkeit, S. 159. Ders.: Intelligenzblatt, in: IASL 12/1987, S. 125-131. Böning, H./ Moepps, E.: Deutsche Presse, Bd. 2, Sp. 528-535.

140 Böning, H.: Aufklärung, in: Jäger, H.-W. (Hg.): Öffentlichkeit, S. 161.

141 Petri: Rückblick auf die Geschichte des fürstlich Lippischen, in: VBl 20.5.1843, 1. Jg. Nr. 8, Sp. 116. LLA, Reg.Reg. Fach 105, Nr. 1.II.18 u. 1.II.92. [= L 77a 3066, Bll. 18 u. 92]. Schröder, A.: Zeitungswesen in Lippe, S. 36-38. DBA, Nr. 974. Stöber, R.: Presse in Lippe, in: Wiersing, E. (Hg.): Lippe im Vormärz, S. 59-61. Huneke, F.: Lippischen Intelligenzblätter, S. 156-165, 195. So ähnlich in Sachsen-Meiningen: Heinzl, P.: Literaturverhältnisse, S. 175f.

Ein „Weltblatt" an der Wende vom 18. zum 19. Jahrhundert

Ein ob seiner Größe und Bedeutung für die deutsche Presse des 18. Jahrhunderts untypisches Blatt, in mancherlei Hinsicht aber prototypischer Vorläufer späterer Entwicklungen, war die „Stats- und Gelehrte Zeitung des Hamburgischen Unpartheyischen Correspondenten", die 1712 als „Aviso. Der Hollsteinische unpartheyische Correspondente" von dem Buchhändler Hermann Heinrich Holle in Schiffbek bei Hamburg gegründet, siedelte die Zeitung 1731 nach Hamburg um und nahm den neuen Titel an. 1767 erhielt die Zeitung ein kaiserliches Privileg. Die Bedeutung des Blattes lag in der zum Programm erhobenen unparteiischen politischen Berichterstattung, die den „Correspondenten" zur wohl meistzitierten – oder besser abgeschriebenen – Nachrichtenquelle im 18. Jahrhundert machte. Weil die Zeitung besonderen Wert auf eigenes Korrespondenzmaterial – mit Korrespondenten in London, Paris, Rom, Berlin u.a. Orts – legte, wurde sie zum Vorbild für selbstrecherchierte Nachrichtenblätter, ohne dass die Nachahmungen an den HUC herangereicht hätten. Zugleich überspielte sie lokale Konkurrenten wie den „Relations-Courier". In ihrer besten Zeit, in der zweiten Hälfte des 18. Jahrhunderts, wurde die Zeitung inhaltlich von Berufsjournalisten wie Barthold Joachim Zinck, Joachim Friedrich Leister und Dietrich Heinrich Stöver geprägt.[142]

Tabelle 1.2.14: Hamburgischer unpartheyischer Correspondent (Auflage)[143]

	Auflage		*Auflage*
1731	2.000	1801	51.000
1739	13.000	1802	36.000
1780er	21.000	1805	27.000
1798	25.000-27.000	1808	48.000-56.000
1800	28.000-30.000	1810	30.000

Der HUC war seinerzeit die verbreitetste Zeitung in Europa. Höhepunkt von Auflage und Reichweite war die Zeit der Französischen Revolution. Die napoleonische Ära, die in Hamburg mit der Besetzung der Stadt 1806 begann, brachte das Ende der Glanzzeit, an die die Zeitung nach 1815 nicht mehr anknüpfen konnte. In der Überparteilichkeit, die in der Zeit der Aufklärung als Anleitung zum „Selbstdenken" vom Publikum goutiert wurde, lag zugleich der Grund für den Niedergang der Zeitung im 19. Jahrhundert, da die Zeitgenos-

142 Böning, H./ Moepps, E.: Deutsche Presse, Bd. 1, Sp. 39f., 177-220. Tolkemitt, B.: HUC, S. 25-36.

143 Böning, H./ Moepps, E.: Deutsche Presse, Bd. 1, Sp. 193f. Vgl. Wilke, J.: Nachrichtenauswahl, S. 87. Tolkemitt, B.: HUC, S. 30f.

sen des Vormärz statt dessen Parteiblätter forderten. Der „Correspondent“ mutierte im Verlauf des Jahrhunderts zu einer Lokalzeitung und bestand bis 1934. Sein ideeller Nachfolger, insbesondere hinsichtlich des nachrichtlichen Aufwands und des Bemühens, „wie ein treuer Spiegel“ zu berichten, wurde eine Zeitung namens „Neueste Weltkunde“, bekannter unter ihrem endgültigen Titel: die Augsburger „Allgemeine Zeitung“ (AZ).[144]

2.2.2 Von „Streitschriften“ zu Zeitschriften
Die Klärung des Begriffs und Genese der Form

Die begriffsgeschichtlichen Annäherungen haben die „Zeitschrift“ als „Schrift der Zeit“ gedeutet. Belegt ist die Verbindung der Hauptworte „Schrift“ und „Zeit“ erstmalig Ende des 17. Jahrhunderts. Sie bezeichnet hier aber noch chronikgleiche Periodika, mithin etwas anderes, als die Zeitschrift zwei Generationen später ist. Die Chroniken standen in der Tradition der Messrelationen. Folglich wurden Jahreschronisten im 17. Jahrhundert bisweilen als „Zeitschreiber“ bezeichnet. Noch Zedlers Universallexikon behandelte Mitte des 18. Jahrhunderts Zeitschriften unter dem Stichwort „Zeitung“ und bezeichnete sie dabei wechselweise als „gelehrte Zeitungen“ oder „Monats-Schriften“. Der erste, der von „Zeitschriften“ sprach, war offensichtlich Peter Freiherr von Hohenthal, der Herausgeber der „Oeconomischen Nachrichten“ (1749-1763), einer cameralwissenschaftlichen (wirtschaftswissenschaftlichen) Zeitschrift. Hohenthal hatte im Vorwort seiner Nachrichten zunächst von „Zeit Schriften“, einige Seiten darauf von „einer besonderen periodischen Zeit=Schrift“ und im folgenden Jahr von periodischen „Zeitschriften“ gesprochen. 1788 tauchte die Bezeichnung dann erstmals im Titel eines Blattes, der „Bibliothek der besten deutschen Zeitschriften“, auf.[145]

„Zeitschrift“ übersetzte das französische und englische „journal“. In Deutschland fand die Bezeichnung „Journal“ noch bis ins 19. Jahrhundert für so verschiedenartige Periodika wie Chronik, Zeitung und Zeitschrift Verwendung. Da sich mittels der Kriterien Aktualität, Periodizität, Universalität und Publizität zwar die Zeitung genau bestimmen und von der Zeitschrift trennen lässt, umgekehrt die Zeitschrift aber nicht klar zu definieren ist, hat sich die

---

144 Zit.n. Breil, M.: AZ, in: Gier, H./ Jonata, J. (Hg.): Augsburger Buchdruck, S. 1119. Rintelen, M.v.: AZ, S. 29, 34f. Müchler, G.: Spiegel, S. 7-39. Wilke, J.: Nachrichtenauswahl, S. 86-90. Lindemann, M.: Deutsche Presse I, S. 162-165.

145 Zu Hohenthal: Koschwitz, H.: Zeitschrift, in: Publizistik, 13/1968, S. 41-43. Ders.: Wirtschaftspublizistik, in: AGB 11/1970, Sp. 857-872. Haacke, W.: Zeitschrift, Bd. 1, S. 85f. und 90. Vgl. Zeitungen, in: Zedlers Universal-Lexikon, Bd. 61, Sp. 911f.

Zeitschrift selbst allen Definitionsversuchen erfolgreich widersetzt. Der Begriff ist darum – nicht unwidersprochen – als „Verlegenheitswort oder Hilfsbegriff" bezeichnet worden, deren „Wortbedeutung [...] die Vielfalt der Erscheinung, die sie umgreifen soll", nicht mehr erfassen könne.[146]

Die Genese der Form erinnert an eine Sanduhr: Am Hals, als um 1750 der Begriff geprägt wurde, hatte „Zeitschrift" die reinste und engste Bedeutung. Zuvor existierte in Flug- und Streitschriften, Relationen, Messrelationen und Chroniken eine Vielfalt von Vorläufern, hernach eine Unzahl von ausdifferenzierten Formen. Existierten zunächst nur politische Zeitschriften, „moralische Wochenschriften" und „Gelehrtenzeitschriften", so entstanden schon im frühen 18. Jahrhundert Fachzeitschriften von der Theologie über die Geschichte bis zur Jurisprudenz, kulturelle, philosophische und pädagogische Zeitschriften ebenso wie Jugend- und Frauenpresse. Im 19. Jahrhundert kamen Illustrierte und „Rundschauzeitschriften" hinzu und seither entstanden alle möglichen Formen bis hin zu Special-Interest-Magazinen.

Ein Vorläufer der Zeitschriften sind die Flugschriften. Im 16. Jahrhundert wurden theologische und wissenschaftliche Streitschriften zum eigentlichen Mittel geistiger Auseinandersetzung. Streitschriften, Antworten auf Streitschriften und erneute Erwiderungen auf die ersten Antworten bedingten einander. Je intensiver die Auseinandersetzungen geführt wurden, desto kürzer wurden die Perioden zwischen These und Antithese. Die Abstände blieben dicht, aber zunächst unregelmäßig. Aus der Verkürzung der Fristen zwischen dem Erscheinen der ersten und der folgenden Streitschriften ergab sich bei langwierigen Auseinandersetzungen zwangsläufig eine Verstetigung.[147]

Widerpart und Vorläufer zugleich waren die Avisen und Relationen. Sie wurden von den Zeitschriftenherausgebern mehrfach als Negativbeispiele bemüht: Hohenthal wollte ökonomische Fakten und Zusammenhänge in „Anmuth und Gründlichkeit" schildern, die den Zeitungen bisher nicht gegeben gewesen sei.[148] Caspar Stieler verfügte Ende des 17. Jahrhunderts noch nicht über den Begriff und charakterisierte daher eine „sonderbare Art der Zeitungen", als „Kinder und Früchte der Zeitungen", die er „Reflexiones" oder „Rück-gedanken" nannte.[149] Die Hauptbedeutung der frühneuzeitlichen Zei-

---

146 Kieslich, G.: Definition, in: Publizistik 10/ 1965, S. 317. Anders: Haacke, W.: Zeitschrift, Bd. 1, S. 87. Vermittelnd: Kirchner, J.: Definition der Zeitschrift, in: Publizistik, 5/1960, S. 14-20.

147 Das Spiel von Antwort und Gegenantwort war die literarisch-publizistische Variante des Streites Mann gegen Mann, man nennt die Abfolge der Streitschriften „Refutationsverzahnung". Zumeist wurde sie schon im Titel deutlich. Während die Titel der Streitschriften, die den Ausgang bilden, den Gegenstand ihres Themas nannten, machten die Antworten deutlich, dass sie die Widerlegung der Ausgangsschrift versuchten. Gierl, M.: Pietismus, S. 122f., 396f., 541-566.

148 Zit.n. Haacke, W.: Zeitschrift, Bd. 1, S. 88.

149 Stieler, C.: Zeitungs Lust, Nachdruck 1969, S. 54.

tungen für die Herausbildung der Zeitschrift dürfte also in der Entwicklung des Bedürfnisses nach tieferer Reflexion gelegen haben. Johannes Weber pointiert: „Politische Zeitschrift = (monatlicher) Zeitungsextrakt + Räsonnement.“[150]

Eine im Vergleich zu den Wochen- und Tageszeitungen größere Gründlichkeit könnte theoretisch auch von den Messrelationen sowie der Zwischenform zwischen Messrelationen und Avisen, der „Rorschacher Monatsschrift“ vermutet werden. In der Tat enthielten die halbjährlichen und monatlichen Relationen bisweilen längere Artikel. Die wichtigste inhaltliche Bedeutung für die späteren Zeitschriften dürfte aber in dem Chronikcharakter der Relationen liegen, den auch viele frühe Zeitschriften zunächst bewusst pflegten. Allerdings fehlt ein Katalysator, der die inhaltlichen und formalen Vorformen zu Zeitschriften umformte: Die älteren deutschen Zeitschriftenhistoriker, Wilmont Haacke und Joachim Kirchner, leiteten die Zeitschriften aus den geistesgeschichtlichen Entwicklungen des 17. und 18. Jahrhunderts her. Doch merkwürdigerweise tauchen in ihren Darstellungen die ersten Formen aus dem Nichts auf. Trotzdem hat sich lange Zeit die Einschätzung gehalten, erst nachdem Gelehrten- und Rezensionszeitschriften das Räsonnement eingeübt hätten, seien politische Zeitschriften auf den Plan getreten. In Deutschland aber war es umgekehrt: Politische Zeitschriften existierten zuerst und waren weder Adaption noch Import.

Frühe Zeitschriften

Als bisher älteste deutsche Zeitschrift muss der im fingierten Verlagsort „Wahrburg“ verlegte „Götter-Both Mercurius“ gelten. Er erschien unter leicht wechselnden Titeln 1674/75 bei Wolff Eberhard Felsecker in Nürnberg und ergänzte dessen Zeitung „Teutscher Kriegs-Curier“. Einzelne „nackte“ Zeitungsnachrichten dienten als Aufhänger für umfangreiche Erörterungen. Die Zeitschrift war kaisertreu. Ihr Ende fand sie, weil Felsecker sich vermutlich nicht imstande sah, die nötige journalistische Leistung kontinuierlich zu wiederholen. Sie regte jedoch in den folgenden Jahren etliche Nachahmungen an, auch der französisch-niederländische „Mercure“ (1686), der als Reimport die politischen Zeitschriften in Deutschland beeinflusste, könnte durch den „Mercurius“ Anregungen empfangen haben. Und wenn Sinold von Schütz ein Vierteljahrhundert nach Felseckers Zeitschrift in der Vorrede zur „Europäischen Fama“ schrieb, es vergehe „fast kein Monat, da nicht eine neue Art von der-

150 Weber, J.: Mercurius, S. 109, vgl. 148-153.

gleichen Schrifften an das Tages-Licht" komme, so war das sicherlich nicht nur als Kritik an den Zeitungen, sondern auch an anderen Zeitschriften gemeint.[151]

Ähnlich könnte es sich mit der Unterhaltungspresse verhalten: Auch hier gibt es Beispiele, die erst mit Verspätung ihre große Wirkung entfalteten. Eine der ältesten deutschsprachigen Zeitschriften, die in Hamburg herausgegebenen „Erbaulichen Ruh-Stunden" von 1676, kann als Vorläufer sowohl ausländischer als auch deutscher „Moralischer Wochenschriften" (s.u.) angesehen werden. Der Herausgeber Johann Frisch warb im 1. Stück: „Die Einrichtung dieser Gespräche betreffend/ so findet man in einer jeden Unterredung/ eine kurtze Fürstellung derer Begebenheiten/ die Wochentlich von anderern Ohrten einlauffen/ weil einem Menschen/ der in der Welt lebet viel daran gelegen/ daß er wisse was in der Welt paßire". Um allgemein verständlich zu sein, werde die Zeitschrift in Deutsch geschrieben, sie solle der Jugend Nützlichkeiten beibringen und dabei insbesondere Kenntnisse vermitteln, die in den freien Berufen gewinnbringend anwendbar seien. Lange Zeit war unklar, ob die Ruhstunden schon eine selbständige Zeitschrift oder nur eine Beilage einer Zeitung, der „Altonaischen Relation" waren.[152]

Abbildung 1.2.9: Götter-Both Mercurius (1674)

Der Verkleidete Götter-Both/
MERCURIUS,
Welcher durch Europa wandernd / einige wichtige Discoursen / Muthmassungen und Meynungen / so bey denen Teutschen / als Benachbarten dieses Welt-Theils begriffenen / und in jetzigem Krieg mit interessirenden Höffen und Ständen / unter vornehmen und geringen Standes-Persohnen vernommen / warhafftig der Welt zum Nachricht entdecket / und verfässet.

Gedruckt im 1674sten Christ-Jahr.

Andere frühe Zeitschriften kamen in der camouflierenden Form von Gesprächen einher. Bisweilen werden diese Zeitschriften daher auch als Gesprächspresse bezeichnet, da sie in fiktiven Dialogen die Probleme der Zeit erörterte. Diese Zeitschriften antizipierten die Reflexionen des Publikums und

151 [Schütz, S.v.]: Vorrede, in: Europäische Fama 1702 [7. Aufl. 1704], 1. St., S. 1. Weber, J.: Mercurius, S. 39, 62, 65, 78, 87 passim, 117-124, 148-153; vgl. Bogel, E./ Blühm, E. (Hg.): Zeitungen, Bd. 1, S. 213-222.

152 Zit.n. Böning, H./ Moepps, E.: Deutsche Presse, Bd. 1, Sp. 63-68. Überholt: Lindemann, M.: Deutsche Presse I, S. 187f.

schützten sich selbst durch ihren fiktiven Charakter vor den Eingriffen der Zensur. Formal waren sie ein Rückgriff auf antike Formen wie Platos Gespräche des Sokrates und Flugschriften der Reformationszeit, die z.T. ebenfalls in Gesprächsform ihre Botschaften verbreitet hatten. Die „Monats-Gespräche" (1688-1690), die lange als älteste deutschsprachige Zeitschrift angesehen worden waren, trieben das Schreiben zwischen den Zeilen auf die Spitze und galten noch dem politischen Liberalismus im 19. Jahrhundert als „völlig subversiv" (Robert E. Prutz). Ihr Herausgeber war Christian Thomasius (1655-1728), Philosoph, Jurist und eine der wichtigsten Persönlichkeiten der deutschen Frühaufklärung. Hinter den anonymisierten „müßigen" Gesprächspartnern vermuteten Thomasius' Leipziger Professorenkollegen wohl zu recht Karikaturen ihrer selbst und klagten daher vehement gegen die Zeitschrift. Als sich auch noch eine ausländische Macht, Dänemark, über die Zeitschrift beschwerte, musste Thomasius aufgeben und floh 1690 nach Berlin.[153] In einer anderen berühmten Zeitschrift dieser Kategorie, David Fassmanns „Gespräche in dem Reiche derer Todten" (1718-1739), tauschten sich in der Regel ein unlängst Verstorbener mit einem Toten aus der Antike aus. Zumindest der Titel könnte einem „Bestseller" des späten 17. und frühen 18. Jahrhunderts entlehnt worden sein: Bernard le Bovyer de Fontenelles „Dialogues de morts" (1683). Fassmanns „Gespräche" haben unterschiedliche Reaktionen der Pressehistoriker hervorgerufen. Während Karl Schottenloher die Zeitschrift geringschätzte, hat Joachim Kirchner den Publizisten Fassmann einen der interessantesten und erfolgreichsten Journalisten seiner Zeit genannt. Nach Aussagen von Christian Schubart wurde das Blatt von hoch und niedrig gelesen, von Fürsten, Generälen, Geistlichen bis hinunter zum Dorflehrer und „Nähmädel". Die „Gespräche" pflegten mit ihrer Verbindung von Politik und Unterhaltung – modern gesprochen – „Infotainment".[154] Fassmanns Hoffnung, dass seine Zeitschrift „wohl aufgenommen [...] und ihre Leser zu conteniren" vermöchte, hatte sich voll erfüllt.[155]

Zur beherrschenden Form der Unterhaltungspresse wurden zwischen Anfang und Mitte des 18. Jahrhunderts die „moralischen Wochenschriften". Das Wort „Moral" hatte sich im späten 17. Jahrhundert in Deutschland eingebürgert und hieß schon im damaligen Wortverständnis einerseits „die Moral von der Geschichte", also der Sinn, der aus einer Begebenheit gezogen werden konnte, und andererseits Ethik und vor allem Sittenlehre. Die Zeitschriften

153 Prutz, R.E.: Journalismus, 296-333. Vgl. Hensing, U.: Acta eruditorum (1682-1782), in: Fischer, H.-D. (Hg.): Deutsche Zeitschriften, S. 44f.

154 Zit.n. Kirchner, J.: Zeitschriftenwesen, Bd. 1, S. 31. Vgl. Schmidt, U.: Gespräche (1718-1739), in: Fischer, H.-D. (Hg.): Deutsche Zeitschriften, S. 54.

155 [Fassmann, D.]: Vorbericht, in: Gespräche aus dem Reich derer Todten, 1/1720, H. 1, S. 1f.

appellierten an die Vernunft der Leserschaft, deren Streben nach Glück und hatten sich programmatisch der Erziehung zu Moral, Sittlichkeit und ethisch geläuterter Lebensführung verschrieben. Viele standen in Verbindung mit aufklärerischen Vereinigungen. Moralische Wochenschriften verbanden das Angenehme mit dem Nützlichen. Aktualität im heutigen Sinne spielte trotz des wöchentlichen Erscheinens eine untergeordnete Rolle. Die Zeitschriften zählten ganz vereinzelt sogar Handwerker zu ihren Lesern. Um mit einer Stimme sprechen zu können, gaben sie sich personalisierte Titel wie „Der Trotzkopf", „Der Greis", „Der Mann", „Die Frau" oder „Der Zerstreuer", „Der Patriot" und „Der Vernünfftler". Die damalige Leserschaft sah in den Zeitschriften Individuen – das lassen Repliken und Leserbriefe „An den Herren Patrioten" und vergleichbare Anreden deutlich werden. [156]

Als paradigmatische Vorbilder der Moralischen Wochenschriften gelten der französische „Mercure Galant" (1672-1724) – unter wechselnden Titeln fortgeführt –, die von Richard Steele herausgegebenen „The Tatler" (1709-1711), „The Spectator" (1711-1712 und 1714) und „The Guardian" (1713). „The Spectator" wurde von dem Dichter und Gelehrten Josef Addison, der auch für die beiden anderen Zeitschriften viele Artikel schrieb, fast im Alleingang verfasst. Viele Blätter bezogen sich auf diese Vorbilder. Die Hamburger moralische Wochenschrift „Der Vernünfftler" bezog sich auf den „Spectatoris und Guardian", die große Billigung „aller gescheuter Kenner" gefunden und das Bedürfnis „unserer Teutschen Landes-Leute" geweckt hätten, deren Aufsätze „in ihrer Mutter-Sprache zu lesen". „The Tatler" wurde sogar im Titel durch eine der frühesten Wochenschriften für Frauen kopiert, „Die vernünftigen Tadlerinnen" (1725-1726) – mit fingierter weiblicher Redaktion von Johann Christoph Gottsched herausgegeben und 1738 und 1748 neu aufgelegt. Die Vielzahl der Adaptionen und wörtlichen Übernahmen suggeriert dabei, dass den deutschen moralischen Wochenschriften jede Eigenständigkeit fehlte und verschleiert, dass die Zeitschriften insgesamt als Ausdruck der europäischen Aufklärung gelesen werden müssen.[157]

---

156 Grundlegend: Martens, W.: Botschaft der Tugend, S. 15-33, 141-161, 544-550. Maar, E.: Bildung, S. 13-19 und passim. Vgl. zur sprachlichen Ebene: Moral, in: Grimm, J. und W. (Hg.): Deutsches Wörterbuch, Bd. 6, Sp. 2526f. Manheim, E.: Aufklärung, S. 99-107.

157 Zit.n. Böning, H./ Moepps, E.: Deutsche Presse, Bd. 1, Sp. 237. Vgl. Ebd., Sp. 462-465, 469f., 555f. Vgl. auch Haacke, W.: Zeitschrift, Bd. 1, S. 113f. Kieslich, G.: Poetische Zeitungen, in: Publizistik, 8/1963, S. 510-516. Weckel, U.: Frauenzeitschriften, S. 20-27. Mattauch, H.: französische Zeitschriftenpresse, in: Publizistik, 10/ 1965, S. 538-551. Hatin, E.: Histoire de la Presse en France, Bd. 1, S. 378-413. Moebus, J.: Spectator, in: AfKG, 71/1989, S. 129-136. Kirchner, J.: Zeitschriften, Bd. 1, S. 59f., 103. Lindemann, M.: Deutsche Presse I, S. 128. Anonym: Addison, Joseph, in: Meyers Großes Konversations-Lexikon, 6., neubearb. Aufl., Bd. 1, S. 99f. Schultz, H.: Mythos und Aufklärung, in: HZ 263 (1996), S. 46f. Scheibe, J.: Patriot, S. 175-181.

Keine Übersetzungen, sondern eine eigenständige Themenmischung bot der 1724 in Hamburg gegründete „Patriot“. Er war wohl die bedeutendste deutsche moralische Wochenschrift. Seine Bedeutung lässt sich an den vielen Neuauflagen und Übersetzungen ablesen. Zudem fand der „Patriot“ viele Nachahmer. Es gab einen „Österreichischen Patriot“, einen „Patriot in Bayern“, einen „am Bodensee“, den „Helvetischen Patriot“ u.a.m. Aber die Zeitschrift provozierte auch Gegengründungen, Leserbriefe und Einwendungen aller Art, die deutlich machen, dass der Anspruch, über das Wichtige und Nützliche statt über Belanglosigkeiten zu informieren, bei einem Teil des Publikums gut ankam, bei anderen aber als Anmaßung empfunden wurde. Die Anonymität der Verfasser wurde erst drei Jahre nach seiner Einstellung gelüftet.[158]

Die deutschen moralischen Wochenschriften übertrafen ihre englischen Vorbilder bald an Zahl: Für die britischen Inseln sind 200, für das deutsche Reich bis zu 500 geschätzt worden. Der profundeste Kenner der Materie, Wolfgang Martens, zählte jedoch nur 110 moralische Wochenschriften im engeren Sinn und 120 weitere, die den Typus nicht rein verkörperten. Schon die Zeitgenossen machten sich über die Flut belangloser Zeitschriften lustig, denn so gut geschrieben und so hoch das Niveau einzelner Zeitschriften war, so monoton war die große Menge. Bei allen Vorformen publikumsorientierter Zeitschriften zog jede vermarktungsfähige publizistische Idee eine Vielzahl von Nachahmern nach sich, so dass Gotthold Ephraim Lessing klagte: „Jeder junge Mensch, der nur ungefähr der deutschen Sprache gewachsen ist und hier und da etwas gelesen hat, gibt jetzt eine Wochenschrift heraus.“ Und 1775 hieß es in einer Frauenzeitschrift: „Es war, wie wir wissen, seit mehr als einem Jahr,/ Mit lauter Wochenblättern beinahe gar/ Der Satan los; fast alle Wochen/ Sind ein oder ein paar aus den Eiern gekrochen./ Um jener kritisch gelehrten Zeit/ Mit der allerrichtigsten Wahrheit/ Für die Zukunft ein Denkmal zu stiften,/ Könnt ich sagen: Der Herr schlug sie mit Wochenschriften!“ Das mochte im konkreten Fall dem Konkurrenzdenken geschuldet sein, war aber dennoch genau beobachtet.[159]

---

158 Böning, H./ Moepps, E.: Deutsche Presse, Bd. 1, Sp. 298-317. Martens, W. (Hg.): Patriot, Bd. IV, S. 332-342.

159 Zit.n. Schottenloher, K.: Flugblatt, S. 311f, 314. Zu den Zahlen: Martens, W.: Botschaft der Tugend, S. 162f., 408-418. Vgl. mit höheren Angaben: Kirchner, J.: Zeitschriften, Bd. 1, S. 100. Die Zeitschriften der zweiten Hälfte des 18. und ersten Dekade des 19. Jahrhunderts sind erschlossen auf Mikrofiche: Schmidt, K. (Hg.): Index (1750-1815).

Tabelle 1.2.15: Wichtige Zeitschriften des 17. und 18. Jahrhunderts[160]

Zeitschrift/ Erscheinungszeit und –orte/ 1. Herausgeber	*Erscheinungsrhy./ Umfang/ Preis (Jahr)/ Auflage/ Neudrucke*
Götter-Both Mercurius (1674-1675) in Nürnberg; Wolff Eberhard Felsecker (1626-1680)	4 Stück, quartalsweise
Erbauliche Ruh-Stunden (1676-1680) in Hamburg; Johann Frisch (1636-1692)	wöchentl., insg. 219 St., Quart
Acta Eruditorum (1682-1754); Otto Mencke; (1644-1707) *Nova Acta Eruditorum* (1754-1782) Leipzig	monatl. 3 Bogen, anfangs 2 Bogen Quartformat; 24 Groschen = 1 Rth.
Monats-Gespräche (1688-1690) Leipzig; Christian Thomasius (1655-1728)	monatl., insg. 3.000 Drucks.
Europäische Fama (1702-1734); Sinold von Schütz (1657-1742); *Neue Europäische Fama*; (1735-1756); *Neueste Europäische Fama* (1760-1765) Leipzig	insgesamt: 46 Bände, 660 Hefte; 80 S. je H. im Kleinoktav; bis zu 3.000 Aufl.; schon 1704 7 Nachdrucke des 1. Jahrgangs.
Der Vernünfftler (1713-1714) Hamburg; Johann Mattheson (1681-1764)	2/wöchentl., insg. 100 (101) St.; 6 Pfg./ St.; insg. 2 M. für Abverkauf bei Einstellung; Buchausgabe 1721
Gespräche aus dem Reiche derer Todten (1718-1739) Leipzig, David Fassmann (1683-1744)	unregelmäßiges Ersch., 7-16 H./ Jahr; insges. 240 H.; 70-80 S. je H. im Quartformat; 3.000 Aufl.; Einzelhefte mit bis zu 6 Neuaufl. und bis zu 15.000 im Nachdruck
Patriot (1724-1726) Hamburg, Hamburger „Patriotische Gesellschaft“	wöchentl. ½ Bogen; insg. 156 St. im Quartformat; 1 Schilling je Stück = 1 Rth., 2 Gr. im Jahr; 1.400-5.500 Nachdruck bis 6.000; bis 1765 4 Neuaufl.; Übersetz. ins Franz. u. Holländ.

[160] Haacke, W.: Zeitschrift, Bd. 1, S. C 1-C 78. Lindemann, M.: Deutsche Presse I, S. 200, 237. Kirchner, J.: Zeitschriften. Deutsche Zeitschriften, (Olms) Microfiche-Volltext Verfilmung. Fischer, H.-D.: Zeitschriften, S. 36, 50, 56, 88f, 107-113, 122. Patriot, in: Zedlers Universal-Lexikon, Bd. 26, Sp. 1393f. Böning, H./ Moepps, E.: Deutsche Presse, Bd. 1, Sp. 63-68, 235-241, 2020, 2096. Salomon, L.: Geschichte des Zeitungswesens, Bd. 2, S. 19-22. Kirchner, J.: Patriot, in: Publizistik, 1./1956, S. 143-156. Becker, P.J./ Brandis, T./ Stolzenburg, I.: Nicolai, S. 36-54. Wittmann, R.: Geschichte des Buchhandels, S. 148. Volz, G.: Licht, S. 24-28. Körber, E.: Görres, S. 18f. Einen Anhaltspunkt zur Einschätzung der Abonnementskosten mögen Einkommensvergleiche liefern: Drei Reichsthaler waren im späten 18. Jahrhundert mehr Geld, als ein Berliner Textilarbeiter an frei verfügbarem Jahreseinkommen ausgeben konnte (vgl. Teil 3). Siehe Glossar: Währungen/ Münzfuß.

Zeitschrift/ Erscheinungszeit und –orte/ 1. Herausgeber	*Erscheinungsrhy./ Umfang/ Preis (Jahr)/ Auflage/ Neudrucke*
Teutsche Merkur (1773-1789), Christoph Martin Wieland (1733-1813); *Neuer Teutscher Merkur* (1790-1810) Weimar	monatl./ quartalsweises Erscheinen mit 96 S. bzw. 288-320 S.; Kleinoktav (100*175, bzw. 90*165 mm); 3 Rth., 6 Gr. = 4 Gulden (fl.), 48 Kreuzer; Anfangs 2.500, davon 1.870 Subskribenten, bis 1810 auf 1.200 sinkend
Allgemeine Deutsche Bibliothek (1765-1806) ab 1795: *Neue ADB* Berlin/ Kiel, Friedrich Nicolai (1733-1811)	246 Bde.; späte 1770er: 2.500, 1781: 1.800 Aufl. mindestens 2 Auflagen
Briefwechsel meist statistischen Inhalts (1774-1775) *Briefwechsel meist historischen und politischen Inhalts* (1776-1782) *Stats-Anzeigen* (1782-1795) / Göttingen, August Ludwig (von) Schlözer (1735-1809)	Briefw. hist.-pol. Inh.: 10 Bde.; Stats-Anz.: 72 H., 18 Bde., bis zu 4.400 Aufl.
Deutsche Chronik (1774-1776); *Teutsche Chronik* (1776-1778); *Vaterländische Chronik* (1787); *Vaterlandschronik* (1788-1789); *Chronik* (1790-1793) Augsburg, Christian Friedrich Daniel Schubart (1739-1791)	zweimal wöchentlich 8 Seiten im Oktavformat; 3 fl. = 2 Rth.; D.Chr.: 1.600-4.000 Aufl. (600 währ. Schubart 1777-1787 in Haft sitzt.) Vat.Chr.: 750-2.400; Chr.: 1.000 Aufl.
Deutsches Museum (1776-1788); *Neues Deutsches Museum* (1789-1791) Leipzig, Heinrich Christian Boie (1744-1806) Christian Wilhelm Konrad von Dohm (1751-1820)	DM: monatlich 80-130 S., 26 Bde.; 4 Rth. = 6 fl.; ca. 1.000 Aufl.; NDM: 4 Bde.
Chronologon (1779-1781); *Das graue Ungeheuer* (1784-1787); *Hyperboräische Briefe* (1788-1790); *Paragrafen* (1791-1792) Frankfurt a.M., Wilhelm Ludwig Wekhrlin (1739-1792)	Chronologon: monatl. Ersch., mind. 6 Bogen je Heft in 8° ; Ungeheuer: 36 St. (= 12 Bde.), je ca. 125 S./St.; 4 fl, 48 Kreuzer = 3 Rth., 6 Gr.; Paragrafen: 2 Bde.
Das rothe Blatt (1798); *Rübezahl* (1798-1799) Koblenz, Josef Görres (1776-1848)	zunächst alle 10 Tage[161] später monatl. im Kleinoktav; 3 H.=18 Albus (ca. 1 Gr.)= 1 fl., 30 Kr.

161 Der Erscheinungsrhythmus war eine programmatische Umsetzung des Revolutionskalenders, der die Siebentagewoche abgeschafft und die Zehntagewoche eingeführt hatte.

Wechselseitige internationale Befruchtung, die sich schon an „Mercurius“ und „Ruh-Stunden“ aufzeigen ließen, bestimmte auch Entstehung und Entwicklung der Gelehrtenzeitschriften. Aufklärung war ein gesamteuropäisches geistesgeschichtliches Phänomen. Die internationale Bildungs- und Aufklärungsgesellschaft stand in engem Kontakt, Gelehrte schrieben für ein internationales Publikum und lasen die Werke der europäischen Kollegen. Das Pariser „Journal des Sçavans“ und die Londoner „Philosophical Transactions“, beide erscheinen – mit Unterbrechungen – seit 1665, wurden von akademischen Gesellschaften gegründet und können als die ältesten Gelehrtenzeitschriften gelten. Da sie aber nicht Latein, sondern die jeweilige Landessprache schrieben, waren sie von vornherein nationaler als ihr frühestes deutsches Pendant.[162] Dies, die „Acta Eruditorum“ (1682-1782), wörtlich „Blatt der Gebildeten“, enthielt Aufsätze und Rezensionen aus allen Fachgebieten und richtete sich an: „Literatis Orbis Academiam ingredi, omniumque Facultatum viros, Theologos, Ictos, Medicos, Physicos, Mathematicos, Criticos, Historicos, Politicos.“[163] Die lateinische Sprache, *lingua franca* der damaligen Gelehrtenwelt, wurde gewählt, weil mit der Zeitschrift ein internationales Gelehrtenpublikum angesprochen werden sollte. Und in der Tat fanden die „Acta Eruditorum“ in ganz Europa Abonnenten, 50 gingen allein jeden Monat nach London. Ihr Initiator war der Leipziger Professor der Moral Otto Mencke. Ihm schwebten zwei Dinge vor: Er wollte die ausländischen Vorbilder auf Deutschland übertragen und zugleich ein schriftliches Forum analog zu den Leipziger Gelehrtenkollegien schaffen, in denen Vorträge gehalten und Bücher besprochen wurden. Bevor die Zeitschrift gegründet wurde, reiste Mencke durch Deutschland, nach England und in die Niederlande, um sein Konzept zu besprechen und Mitarbeiter zu gewinnen. Deren Beiträge erschienen anonym. Die Redaktionstätigkeit, Korrespondenz, Beschaffung und Weiterleitung von Büchern, Information über Neuerscheinungen, die Mencke ausländischen Zeitschriften entnahm, die Lektüre der zu besprechenden Bücher und die anschließenden Hinweise an die Rezensenten etc. war mühselig und teuer. Die Mitarbeiter, aber auch sich selbst lobend, schrieb Mencke an Gottfried Wilhelm von Leibniz 1682: „Die meisten [der Mitarbeiter] appliciren sich bloß auß curiosität zu einer arbeit, die nichts einträgt.“ Doch regt sich auch Kritik. Christian Thomasius, einer der wichtigsten Mitarbeiter der frühen Jahre, bemängelte den Gebrauch der lateinischen Sprache, welche die „Abgeschlossenheit der Gelehrten“ fördere. Das hatte auch ökonomisch Konsequenzen: Damit die Zeitschrift überhaupt existieren konn-

162 Die Pariser Zeitschrift wurde zwei Jahre später in Deutschland unter dem Titel „Ephimerides Editorum“ auf Latein herausgegeben. Haacke, W.: Zeitschrift, Bd. 1, S. 113 und 120.

163 D.h. an alle, „die in den Kreis der akademischen Literatur eintreten und an Männer aller Fakultäten“, die dann aufgezählt werden. Acta Eruditorum 1682, Vorrede.

te, musste der sächsische Kurfürst sie mit einem Zuschuss von jährlich 200 Thalern unterstützen.[164]

Die Funktion der „Acta Eruditorum", allein in den ersten acht Jahren erschienen mehr als 1.300 Rezensionen, und anderer Rezensionszeitschriften war damals wie später eine doppelte: Zum einen über Neuerscheinungen zu unterrichten, so dass Wertvolles von Wertlosem getrennt und nur das Interessante beschafft werden musste. Zum anderen die Inhalte auch für jene zu referieren, die aus Geld- oder sonstigen Gründen, sich das besprochene Buch nicht würden besorgen können. Schon die frühesten Rezensionsjournale spiegelten die breiten Bedürfnisse ihrer Leser, spätere kamen auf stattliche Zahlen. Die „Allgemeine Literaturzeitung" aus Jena besprach 1808 über 1.000 und zwischen 1804 und 1813 über 9.500 Bücher. Die „Göttingischen Gelehrten Anzeigen" besprachen zwischen 1801 und 1830 14.000 Bücher.[165]

Die Bedeutung des neuen Mediums

Die wahre Größe des Zeitschriftenmarktes ist schwer zu beurteilen. Einerseits existierten viele Zeitschriften nur wenige Monate, andererseits verschwanden sie häufig gar nicht vom Markt, sondern wurden nur unter anderem Namen fortgesetzt. Viele literarische Zeitschriften gingen schnell ein, politisch-gemeinnützige lebten recht lange. Die Fülle der Neugründungen – auch der nicht lebensfähigen – kann daher sowohl als Zeichen unattraktiver Konzepte im Einzelfall, als auch als Beleg für Bedeutung und Attraktivität der Zeitschriften insgesamt gedeutet werden. Kirchner nimmt an, dass im Durchschnitt von den Blättern Auflagen um die 1.000 Stück mit einem durchschnittlichen Absatz von 600-700 Exemplaren gedruckt worden seien. Bei einer gesicherten Auflage von 500 habe die Gewinnzone begonnen. Globalaussagen dieser Art lassen sich kaum verifizieren. Bedeutende Zentren der Zeitschriftenproduktion waren Leipzig, Hamburg, Frankfurt a.M., auch Halle/ Saale. Im späteren 18. Jahrhundert kamen München, Straßburg und Breslau hinzu.[166]

---

164 Kirchner, J.: Zeitschriften, Bd. 1, S. 19-21. Ders.: Geschichte der Acta Eruditorum, in: Archiv für Buchgewerbe und Gebrauchsgrafik, 65/ 1928, Nr. 4, S. 75-88. Kirchner, H.-M.: Zeitschriftenwesen und technische Bildung, in: Boehm, L./ Schönbeck, C. (Hg.): Technik und Bildung, S. 319f.

165 Engelsing, R.: Lesergeschichte, in: AGB 10/1970, Sp. 955.

166 Kirchner, J.: Zeitschriften, Bd. 1, S. 13, 37, 54-60, 193-199. Wehler, H.-U.: Gesellschaftsgeschichte I, S. 309f. Kurzweg, M.: Zeitungslandschaft in Rheinland-Westfalen, S. 58, 63f., 66. Böning, H./ Moepps, E.: Deutsche Presse, Bd. 2, Sp. 75.

Abbildung 1.2.10: Zeitschriften nach Journalgattungen (1770-1819)[167]

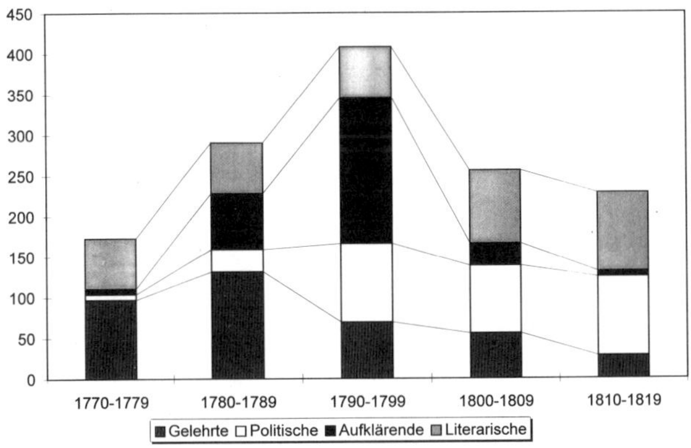

Tabelle 1.2.16: Zeitschriftengründungen im 18. Jahrhundert[168]

	Gründungen		*Gründungen*
vor 1700	58	1741-1750	260
1701-1710	64	1751-1760	331
1711-1720	119	1761-1770	411
1721-1730	178	1771-1780	718
1731-1740	176	1781-1790	1.225

Eingestellte oder verbotene Zeitschriften, die alsbald unter leicht geändertem Namen erneut erschienen, machen Unterschiede zur Zeitschriftenkultur der Gegenwart deutlich. Heute werden Zeitschriften nur dann neu aufgelegt, wenn es gilt, runde Jubiläen zu feiern (Reprints der Erstausgaben), wenn Zeitschriften mit dem Abstand einiger Jahrzehnte betrachtet zu paradigmatischen Exemplaren ihrer Zeit geronnen sind (z.B. die verschiedenen Reprints kultur-politischer Zeitschriften aus der Weimarer Republik und der Lizenzzeit nach 1945), oder

167 Schultz, H.: Mythos und Aufklärung, in: HZ 263 (1996), S. 36.

168 Kirchner, J.: Zeitschriften, Bd. 1, S. 37, 60f., 72, 115. Die Angabe zum 3. Jahrzehnt des 18. Jahrhunderts erschließt sich bei Kirchner nur indirekt. Vielleicht hatte Kirchner die Angabe bewusst unterdrückt, weil sie den Eindruck ununterbrochener Zunahme stört. Von Martin Welke sind die Kirchnerschen Zahlen in Zweifel gezogen worden. Eine Zählung zu Stichdaten ergebe erheblich niedrigere Zahlen von gleichzeitig erschienen Zeitschriften. Welke, M.: Zeitung, in: Presse und Geschichte I, S. 73f. Doch diese Angaben sind aus dem Bemühen entstanden, die Zeitung als Medium auf- und die Zeitschrift abzuwerten. Regionalgeschichtliche Untersuchungen ergeben hingegen, dass Kirchners Zahlen vermutlich um ca. 50% zu niedrig gegriffen sind. Vgl. Böning, H./ Moepps, E.: Deutsche Presse. Kurzweg, M.: Zeitungslandschaft in Rheinland-Westfalen.

wenn archivalische Interessen die Bestandssicherung nahelegen (Sicherheitsverfilmungen). Im 18. Jahrhundert wurden Zeitschriften hingegen – analog zu Buchauflagen – immer dann neu gedruckt, wenn sie vergriffen waren und weiterhin eine so hohe Nachfrage bestand, dass sich Nachdruck und Neuauflage lohnten. Die Aktualität der Zeitschriften spielte also eine untergeordnete Rolle, zumindest wenn man das Verständnis des 20. Jahrhunderts zugrunde legt; die behandelten Themen waren von länger dauernder Relevanz. Zeitschriften waren weniger aktuell als die Avisen, aber kürzer, billiger und universaler als Bücher; sie boten den Lesern bei geringerem Geld- und Zeitaufwand ein größeres Themenbukett.[169]

Die Zeitschriften des 18. Jahrhunderts trugen zur Herausbildung der Nationalkultur bei, unterstützten „Nationaltheater" und nationale Literatur. Sie schufen Öffentlichkeit, förderten und vereinheitlichten den deutschen Sprachgebrauch. Der Hamburger „Patriot" bekannte in seiner Einführung, er wolle „den Geschmack meiner Landes-Leute in der Sprache und Schreib-Art [...] verbessern."[170] Diese langfristigen Folgen müssen nicht in der Absicht der Publizisten gelegen haben. Im Gegenteil, die heterogene Gestalt der Zeitschriften verbietet es geradezu, von *den* Absichten der Publizisten zu sprechen. Gleichwohl lassen sich doch bei allen individuellen Unterschieden Gemeinsamkeiten herausarbeiten, welche die Zeitschriften des 17. und 18. Jahrhunderts bestimmten. Neben den schon beleuchteten ökonomischen Antrieben wollten die Publizisten

- einerseits aufklären, räsonieren und gründlich informieren,
- andererseits unterhalten und gleichzeitig Nützliches verbreiten.

„Aufklärung" war das geistesgeschichtliche Kennzeichen des späten 17. bis 18. Jahrhunderts, Zeitschriften ihr zentrales Medium und „Aufklärung" folglich das Kernanliegen der Zeitschriften. Die historisch-politische Zeitschrift „Europäische Fama" Schützens machte es sich zum Anliegen, die „Art der Leichtgläubigkeit" zu bekämpfen. Sinn und Ziel der Aufklärung wurde in den Zeitschriften Gegenstand heftiger Diskussionen. Auf die Preisfrage der Berliner Akademie, „Leben wir jetzt in einem aufgeklärten Zeitalter?", antwortete Immanuel Kant 1784 in der „Berlinischen Monatsschrift" mit dem berühmten Satz: „Aufklärung ist der Ausgang des Menschen aus seiner selbstverschuldeten Unmündigkeit." Als Ausweg empfahl er den „öffentlichen Gebrauch" der Vernunft vor dem Lesepublikum.[171] Kant sah Aufklärung als Prozess, Aufklärung

---

169 Haacke, W.: Zeitschrift, Bd. 1, S. 95-99, 144, C 2, C 9. Zum „Digestcharakter" vieler Zeitschriften, Volz, G.: Licht, S. 342f.

170 Echternkamp, J.: Aufstieg des Nationalismus, S. 110-117. Stöber, R. Geschichte, S. 96-98. Groth, O.: Zeitung, Bd. 1, S. 1009.

171 Kant, I.: Aufklärung?, in: Berlinische Monatsschrift 1784, 12. St., S. 481-494.

sei nicht, sondern werde. Friedrich Schiller vertrat die entgegengesetzte Auffassung: „Das Zeitalter ist aufgeklärt, das heißt, die Kenntnisse sind gefunden und öffentlich preisgegeben, welche hinreichen würden, wenigstens unsre praktischen Grundsätze zu berichtigen.“[172] Während Schiller an die Existenz aufgeklärter Kenntnisse und Prinzipien glaubte, bezog sich Kant auf die Durchsetzung aufgeklärter Denkansätze und Methoden. Gegen Ende des 18. Jahrhunderts überlagerten zunehmend politische Erwägungen die Aufklärung. Die Französische Revolution zwang, Positionen zu beziehen; ein aufklärerisches Journal, das nach 1789 auf einen stramm gegenrevolutionären Kurs umschwenkte, war Gottlob Benedict von Schirachs „Politisches Journal“ (1781-1839).[173]

Die Aufklärung bedurfte des „Räsonnements“. Als Defizit der herkömmlichen Avisen und Relationen kritisierte Sinold von Schütz in der „Europäischen Fama“ Anfang des 18. Jahrhunderts die Meinungslosigkeit der Avisen: „Indessen kanst du alsofort anmercken, daß mein Absehen [Absicht] seye, die merckwürdigen Händel, so sich von Zeit zu Zeit an den vornehmsten Höfen begeben, auf eine belustigende Art zu erzehlen, und selbige iedesmahl mit einem unpaßionierten Urtheil zu begleiten, indem mir nicht unbewust ist, wie unangenehm eine Erzehlung sey, wenn der Referente sein Votum hinzuzufügen unterlassen hat.“ Er selber wolle das anders machen und wenn dem Leser sein Urteil zu „einfältig“ vorkomme, so werde es ihm dennoch „Anlaß geben, den [über die] ietzigen Staats Begebenheiten desto scharffsinniger nachzudencken.“[174] Dabei war die „Europäische Fama“, entkleidet man die Texte ihrer barocken Umständlichkeit, ein hochpolitisches und immer wieder klar Stellung beziehendes Blatt. An der Parteilichkeit für den Kaiser, gegen Papst und den mächtigsten europäischen Herrscher, Ludwig XIV. von Frankreich, bestand kein Zweifel. So konnte sich Schütz auch deutliche Stellungnahmen im Spanischen Erbfolgekrieg leisten, wenngleich er diese erst einmal mit einem umständlichen Gleichnis einleitete. Dann aber ging er in medias res, nannte die Dinge beim Namen und zieh die Kaiserlichen der Unentschlossenheit: „Ich nenne diesen jungen Potentaten [den französischen Thronprätendenten Philipp von Anjou] immerfort einen König/ wiewohl ich weiß/ daß er in dem Kayserlichen Lager nicht anders als der Herzog von Anjou heisset. Ich weiß aber auch/ daß er durch die Titulatur/ die ihm von mir wiederfähret/ weder mehr oder weniger Recht zu der Spanischen Monarchie erlanget/ als er zuvor gehabt hat“, entschuldigte er seine Stellungnahme mit der Konsequenzlosigkeit einer

172 Schiller, F.: SW, Bd. 5, S. 591.
173 Böning, H.: Schirach, in: Weiß, C./ (Hg.): Obscuranten, S. 403-444.
174 [Schütz, S.v.]: Vorrede, in: Europäische Fama [7. Aufl. 1704], 1. St., S. 1f.

publizistischen Meinung. Zugleich aber schien er auf die Wirkung seines Kommentars zu setzen, denn wenig später forderte er energischeren Widerstand gegen Ludwig XIV.: „Ich wundere mich aber über die Gedancken dieser [kaiserlichen] Staats-Leute. Wer kan sie denn versichern/ daß der König in Frankreich das Glücke immerfort nach seinem Willen an Ketten mit sich herumschleppen werde“.[175] Doch nicht überall und zu jeder Zeit konnte man im 18. Jahrhundert so offen schreiben. Der freimütigen Kritik waren Grenzen gesetzt, die zumeist auf die eine oder andere Form der Selbstzensur hinausliefen. Christoph Martin Wieland, der Herausgeber des „Teutschen Merkur“, befand: „Möchte der Verfasser des politischen Artikel Machiavell selbst sein, sobald er in Teutschland in einem 'Teutschen Merkur' schreibt, muß er die Hörner einziehen und bloßer Annalist sein.“[176] Darum mussten Vorsichtsmaßnahmen ergriffen werden. August Ludwig Schlözer versprach seinen Autoren strikte Wahrung ihrer Anonymität: „Welcher Verfasser oder Einsender eines Aufsatzes, mir die Verschweigung seines Namens ausdrücklich auferlegt: den nenne ich nie im Drucke und eben so wenig auch mündlich, oder in meiner Privatcorrespondenz. [...] Wegen der Originalhandschriften [...] sind solche Masregeln genommen, daß [...] solche dennoch nie in verräterische Hände kommen können“.[177]

Doch auch Unterhaltung war Mittel und Ziel. „Freymüthige, lustige und ernsthaffte, jedoch Vernunfft- und Gesetz-Mäßige Gedanken oder Monats-Gespräche [...]“ des Christian Thomasius verdeutlichten schon im Titel, dass mancherlei Gedanke unterhaltend verkleidet werden musste, um „zu[r] Divertierung des Lesers beizutragen. Auch Sinold von Schütz wollte darum „auf belustigende Art“ erzählen.[178] Unterhaltung war nützlich, „Nützlichkeit“ war der überragende Zweck der Zeitschriften. Hierzu gehörte die Herstellung von Öffentlichkeit, sei es, um dem Gelehrten aus seiner Isolation zu verhelfen, sei es, um zu Diskussionen anzuregen und in Rede und Gegenrede die Wissenschaft im besonderen und die Gesellschaft im allgemeinen voranzubringen. Selbst die Blätter, die mangels Klasse in den Augen der Zeitgenossen nicht „nützlich“ waren und sich nicht am Markt hielten, behaupteten zumindest ihren Nutzen. Nutzen und sein Gegenteil, Schaden, waren darum die zwei zentralen Kategorien, welche die kommunikationspolitischen Reaktionen der Staaten, Kirchen und anderen Obrigkeiten bestimmten: „Ich kan auch das

---

175 [Ders.] in: Europäische Fama, 1702, 3. St., S. 216-218.

176 Zit.n. Haacke, W.: Zeitschrift, Bd. 1, S. 144f. Vgl. Kirchner, J.: Zeitschriften, Bd. 1, S. 12.

177 Schlözer, A.L.: Allgemeiner Vorbericht [III.], in: Stats-Anzeigen, 1/1782, H. 1, S. 2, Ursprünglich im „Briefwechsel“ vom November 1779.

178 [Thomasius, C.]: Vorspruch, in: Monatsgespräche 1/1688, Nr. 1, Bl. 6R. Vgl. Maar, E.: Bildung, S. 104-114. Vgl. Fußnote 174.

bücherschreiben nit verwerffen/ sonder lob und preise das/ doch daß man darmit nutzen schaff/ und keinen schaden zufüg", hatte es schon in der frühesten deutschsprachigen publizistiktheoretischen Abhandlung geheißen.[179]

3 Reaktionen: Kommunikationspolitische Antworten auf die neuen Medien

3.1 Zensur und zensurähnliche Bestimmungen

Um Nutzen zu erzielen und Schaden abzuwenden bedienten sich Kirchen, Staaten und Obrigkeiten der Kontrolle und der Propaganda. Der propagandistische Appell an die Bevölkerung wurde in der Frühen Neuzeit abgesehen von bestimmten Ausnahmesituationen in Reformation, Dreißigjährigem Krieg und dann vermehrt im 18. Jahrhundert nur selten geübt, negative Pressepolitik zur Schadensabwehr stand im Vordergrund. Und hier war Zensur das älteste und wichtigste Mittel, um unliebsame Presseerzeugnisse zu verhindern, weiter gefasst als Vor- und Nachzensur. Doch schon im 15. und 16. Jahrhundert war Zensur im engeren nur das, was im Juristendeutsch des 20. Jahrhunderts als „allgemeines Verbot mit Erlaubnisvorbehalt" bezeichnet worden ist: *Vor* Drucklegung des endgültigen Exemplars muss ein Zensor den zu druckenden Text prüfen und zur Veröffentlichung freigeben.[180]

Kirchliche Bestimmungen

Die frühesten Zensurbestimmungen waren kirchlicher Provenienz.[181] 1486, mehr als vierzig Jahre nach Gutenbergs Erfindung, befahl Erzbischof Berthold von Mainz die Zensur eines Drucks. Dies gilt als älteste Zensuranordnung. Doch wurde etwas ähnliches wie Zensur seit alters ausgeübt, denn neue Abschriften liturgischer Texte mussten dem Ursprungstext entsprechen und wurden genau kontrolliert. Bei solch einer Kontrolle stellten die Regensburger Domgeistlichen schon ein Jahr vor der Anordnung Bertholds fest, dass ihr neues Messbuch „wie durch ein Wunder Gottes in den Buchstaben, Silben, [...] und anderem was dazu gehört, der Druck bei allen Exemplaren und in jeder

---

179 Zit. n. Schneider, F.: Schrift Gabriel Putherbeiens 1549/ 1581, in: Publizistik, 1963, 8. Jg., Nr. 4, S. 359.

180 Kanzog, K.: Zensur, literarische, in: RLG, 2. Aufl., Bd. 3, S. 998-1049.

181 Hemels, J.: Pressezensur, in: Fischer, H.-D. (Hg.): Deutsche Kommunikationskontrolle, S. 13-35. Wilke, J.: Pressefreiheit, S. 3-5.

Hinsicht mit den Vorlagen [...] unseres Domes übereinstimmte." Eine ähnlich Episode ist zwei Jahre später für Freising überliefert. Offensichtlich waren die Kontrolleure noch nicht mit der fundamentalen Konsequenz des Buchdrucks, identische Kopien herzustellen, vertraut, sondern nahmen stillschweigend an, jedes einzelne Exemplar sei nur besonders gleichmäßig geschrieben und könne sich daher in den Inhalten durchaus von einem anderen unterscheiden.[182]

Die frühen kirchlichen Zensurerlasse waren ohne den päpstlichen Anspruch auf oberste Autorität in Fragen der Glaubenseinheit undenkbar. Da die Druckerkunst die Verbreitung geistiger und *geistlicher* Inhalte ermöglichte, musste die römische Kirche den Buchdruck ihrer Aufsicht zu unterwerfen suchen. Dazu erließ Papst Innozenz VIII. 1487 eine päpstliche Bulle, welche die Vorzensur bestimmte, die aber zugleich den Wert des Buchdrucks betonte. Die Nachfolger wiederholten mehrfach und zum Teil wortwörtlich diese Anordnung. Papst Pius VI. verkündete 1564 zehn Regeln zur Buchdruckerkunst, von denen die letzte die Präventivzensur wieder aufnahm. Zum beherrschenden Element der päpstlichen Medienkontrolle entwickelte sich gleichwohl die Nachzensur. Zentrales Instrument waren die kirchlichen Indizes. Der erste *„Index librorum prohibitorum"* – wörtlich: Verzeichnis der verbotenen Bücher – erschien 1559. Grundlegend aber wurde der fünf Jahre später, nach dem Ende des Konzils von Trient erschienene. Der letzte wurde 1966 außer Kraft gesetzt.[183] Alle kirchlichen Regelungen sollten die Einheit des Glaubens bewahren, gleiches gilt (mit Einschränkung) für die protestantischen Konfessionen – z.B. in den Auseinandersetzungen zwischen Orthodoxen und Pietisten im 17. und 18. Jahrhundert. Doch gerade dies war mit kirchlicher Zensur nicht zu erreichen; zudem verlor die kirchliche Zensur in der Frühen Neuzeit gegenüber der staatlichen sukzessive an Bedeutung.

Die Rechtsgrundlagen der kaiserlichen Aufsicht

Der erste Hinweis einer kaiserlichen Aufsicht datiert von 1496, als Maximilian I. einen Dr. jur. Oeßler in Straßburg zum „Generalsuperintendenten des Bücherwesens in ganz Teutschland" ernannte. Das erste kaiserliche Bücherverbot von 1512 richtete sich gegen eine Schrift des Humanisten Johannes Reuchlins zur Verteidigung der Juden. Die kaiserliche Gewalt beruhte auf dem „Bücherregal". Ein Regal (lat. rex, regis, König) ist ein Hoheitsrecht. Es gab Regale für

[182] Allerdings glichen Wiegendrucke durch die Ausmalungen den früheren Handschriften noch sehr. Zum Regensburger Beispiel Estermann, M.: Druckerkunst, S. 19. Giesecke, M.: Buchdruck, S. 145.

[183] Heggelbacher, O.: Index, in: Hofer, J./ Rahner, K. (Hg.): LThK, Bd. 5, Sp. 644-645. Vgl. Eisenhardt, U.: Kaiserliche Aufsicht, S. 133f.

Münze, Zoll, öffentliche Straßen, Brücken, Häfen, Mühlen, Bergbau, Steuern etc. Das „Bücherregal" musste sich der Kaiser mit den Landesherren teilen, dem Kaiser aber oblag die Oberaufsicht der landesherrlichen Aktivitäten. Das System, das sich im 16. Jahrhundert herausgebildet hatte, blieb bis zum Ende des Kaiserreichs 1806 bestehen.[184]

Die wesentlichen reichsrechtlichen Bestimmungen wurden auf den Reichstagen verabschiedet. Hier trafen sich die Gesandten der Reichsstände, der Teilstaaten des alten Kaiserreichs, zunächst in unregelmäßiger Folge und an wechselnden Orten, seit Mitte des 17. Jahrhunderts tagte er „immerwährend" (permanent) in Regensburg. Das Wormser Edikt, auf dem Reichstag von 1521 erlassen, war das erste gegen Druckschriften erlassene Reichsgesetz. Es forderte die Vorzensur, verbot Luthers Schriften in Druck und anderen Vervielfältigungsarten sowie die Schriften seiner Anhänger, es stellte alle denkbaren Verbreitungsarten unter Strafe und befahl die Einziehung und Vernichtung aller Luther-Schriften. Die protestantischen Reichsstände konnten die Durchsetzung zwar verhindern, doch erst der Augsburger Religionsfriede von 1555 und der Westfälische Friede von 1648 setzten das Prinzip religiöser Toleranz an die Stelle des katholischen Monopolanspruchs. Seither wurde auch in kaiserlichen Erlassen nicht mehr auf das Wormser Edikt Bezug genommen.[185]

Eine besondere Form von Beschlüssen der Reichstage waren die „Abschiede". Sie wurden vom Kaiser nicht in autokratischer Selbstherrlichkeit verabschiedet, sondern nach ausführlicher Debatte niedergeschrieben. Obwohl sie eher an Ergebnisprotokolle denn an Gesetze erinnern, hatten sie rechtsähnlichen Charakter. Verbindlichkeit erlangten sie jedoch nur, wenn die Reichsstände sie auch anwandten. Der letzte Abschied datiert von 1654, „immerwährende Reichstage" machten Ergebnisprotokolle von abgeschlossenen Tagungen hinfällig. Der erste zu Pressefragen, der „Abschied des Reichstags zu Nürrenberg" von 1524, verfügte die Nachzensur und Kontrolle der Buchhändler und Druckereien, der nächste (Speyer 1529) verfügte die Vorzensur. Auf den Augsburger Reichstagen von 1530 und 1548 wurde eine Polizeiordnung verabschiedet, die die Suche nach verbotenen Schriften verschärfte. Die letzte Polizeiordnung stammt von 1577.[186]

Das Reich regelte aber nicht nur die verschiedenen Zensurverfahren, sondern stellte auch erste strafrechtliche Schutzvorschriften gegen Beleidigung auf. Die „Peinliche Gerichtsordnung", die nach Kaiser Karl V. benannte „Constitutio Criminalis Carolina" (CCC), wurde 1532 auf dem Reichstag in Regenburg in

184 Eisenhardt, U.: Kaiserliche Aufsicht, S. 4f., 7-9, 63. Vgl. Collmann, J.A.: Quellen.
185 Eisenhardt, U.: Kaiserliche Aufsicht, S. 27.
186 Lindemann, M.: Deutsche Presse I, S. 49-56. Eisenhardt, U.: Kaiserliche Aufsicht, S. 31-33.

deutscher Sprache erlassen. Die CCC war das maßgebliche Reichsstrafgesetzbuch und regelte in 219 Paragrafen alle denkbaren Formen von Vergehen – darunter auch ein Ehrenschutzparagraf – und zudem das Strafverfahren. An der Verbindung von Strafgesetzbuch mit Strafprozessordnung wird deutlich, dass eine Scheidung zwischen materiellem und formellem Recht in der Frühen Neuzeit unmöglich ist. Die meisten Reichsterritorien entwickelten bis zum 18. Jahrhundert eigene Strafgesetzbücher und Verfahrensrechte, in den beiden Mecklenburgs galt die CCC sogar bis zum Reichsstrafgesetzbuch von 1871.

In der Frühen Neuzeit hatten Gesetze und Verordnungen ein langes Leben. Sie wurden zum Zweck der Gültigkeitsverlängerung wiederholt aktualisiert, und offensichtlich befolgten die Untertanen die Gesetze und Verordnungen nicht in dem Maße, wie nach Maßstäben der Gegenwart erwartet werden dürfte. Auf sämtlichen materiellen Rechtsgebieten war „Nicht-Anwendung der Regel [...] normal [oder sogar] notwendig", um die Funktionsfähigkeit der Gesellschaft zu garantieren. Der Staat zeigte mit seinen Anordnungen seine „gute Polizei" und seine Machtmittel, auch ohne sie anzuwenden. Wenn die Gesetzgeber der Frühen Neuzeit häufig ältere Bestimmungen aufgriffen, hieß das also nicht, dass die Kommunikationskontrolle besonders scharf gewesen wäre, sondern eher im Gegenteil, dass sie sehr viel weniger stringent umzusetzen war, als dies die streng formulierten Gesetzestexte vermuten lassen. Die mangelnde Durchsetzungsfähigkeit der Staaten lag neben den genannten Ursachen auch daran, dass sie sich erst noch verfestigen und insbesondere eine effektivere Verwaltung herausbilden mussten.[187]

Die mangelnde Durchsetzungsfähigkeit wurde immer wieder beanstandet. So beklagte der Reichstagsabschied zu Speyer von 1570, dass trotz schwerer Strafandrohung früherer Gesetze immer noch Schmähschriften gedruckt würden. Eine ähnliche Klage formuliert die „Reformierte Polizeiordnung" von 1577, welche die früheren Ordnungen zusammenfasste. Gerade der kurze zeitliche Abstand zwischen dem Speyerer Abschied und der Polizeiordnung macht die schwache Durchsetzungsgewalt noch deutlicher. Das lag auch an der schwachen Reichsgewalt, zu deren Lasten die Landesgesetzgebung bis ins 18. Jahrhundert an Bedeutung gewann.[188]

Wichtige Bestimmungen zur Reglementierung der Presse waren darum in den Wahlkapitulationen enthalten. Diese hielten Vereinbarungen zwischen dem gerade gewählten Kaiser und den Kurfürsten fest, in denen der Kaiser verbindliche Zusagen machte. Die erste Wahlkapitulation, die Pressebestimmungen

187 Schlumbohm, J.: Gesetze, die nicht durchgesetzt wurden, in: GuG, 1997, 23. Jg., Nr. 4, S. 649f., 655f.

188 Eine bibliografische Übersicht zur Landesgeschichte der Zensur in: Breuer, D.: Aufgaben der Zensurforschung, in: Göpfert, H.G./ Weyrauch, E. (Hg.): Zensur, S. 50-54.

enthielt, unterzeichnete Ferdinand IV. 1653. Er verpflichtete sich, die Bestimmungen des Westfälischen Friedens von Münster und Osnabrück 1648, den Religionsfrieden von Augsburg 1555 und die anderen Reichsordnungen zu beachten und ihnen Geltung zu verschaffen, so dass „Unruhe, Mißtrauen und Zank im Reich“ wirksam unterdrückt werden könnten. Seither waren Pressebestimmungen regelmäßiger Bestandteil. Die nächste bedeutsame Erweiterung der Bestimmungen enthielt Josephs I. Kapitulation von 1690, mit welcher festgeschrieben wurde, dass weder die Bücherkommission zu Frankfurt a.M., noch der Reichshofrat oder die kaiserlichen Fiskale „in Censir- und Confiscirung der Bücher einen Theil mehr als den anderen favorisire“. Gemeint war damit die Bevorzugung der Katholiken vor den Protestanten. Die letzte Wahlkapitulation vor Untergang des Reichs brachte auch die letzte bedeutsame Änderung der Kapitulationsbestandteile. Leopold II. erweiterte 1790 den Text um die Bestimmung, dass „überhaupt keine Schrift geduldet werde, die mit den symbolischen Büchern beiderlei Religionen, und mit den guten Sitten nicht vereinbarlich ist, oder wodurch der Umsturz der gegenwärtigen Verfassung, oder die Störung der öffentlichen Ruhe befördert wird.“ Die symbolischen Bücher (librorum symbolicorum) bezeichneten alle Schriften, welche die Dogmen und Glaubensgrundsätze beider Konfessionen enthielten. Doch nicht diese dem Religionsfrieden dienende Bestimmung, die sinngemäß schon Bestandteil älterer Kapitulationen und anderer Texte gewesen war, sondern die von der Französischen Revolution angeregte politische Umsturzklausel war die entscheidende Erweiterung.[189]

Edikte und Patente enthielten weitere wichtige Bestimmungen. Ein Edikt vom 16. März 1608 bestätigte die Autorität der Frankfurter Bücherkommission (s.u.). Ein anderes vom 18. Juli 1715, das in sämtlichen Territorien des Reichs publiziert wurde, griff die Formulierungen und Inhalte früherer Reichsgesetze auf, „modernisierte“ sie und schärfte sie zugleich ein. Auch das Patent vom 10. Februar 1746 wiederholte und bekräftigte die früheren Bestimmungen. Joseph II. ließ 1775 den ganzen Wortlaut des Patents von 1746 nochmals im Reich verkünden, um seiner obersten Bücher- und Presseaufsicht wieder mehr Geltung zu verschaffen, speziell um eine Konkurrenzmesse zu Frankfurt, im benachbarten Hanau, zu unterdrücken. Eine Unzahl weiterer Patente richtete sich an alle Untertanen und forderte sie auf, die bestehenden Bestimmungen zu achten, verbot bestimmte Schriften oder forderte Respekt gegenüber der Bücherkommission.[190]

---

[189] Eisenhardt, U.: Kaiserliche Aufsicht, S. 34-39, 56f., 112

[190] Eisenhardt, U.: Kaiserliche Aufsicht, S. 39-44, 122, 137f. Wittmann, R.: Geschichte des Buchhandels, S. 67f.

Die kaiserlichen Institutionen

Der Kaiser hatte zur Durchsetzung seiner Regalrechte verschiedene Instrumente: Die wichtigsten waren die Bücherkommission in Frankfurt a.M. – seit Mitte des 16. Jahrhunderts bedeutendes Zentrum des Buchdrucks – und der Reichshofrat zu Wien. Die Bücherkommission zu Frankfurt a.M. entstand im späten 16. Jahrhundert. Schon 1567 ist ein Bücherkommissar namens Erhardt Walther nachweisbar, zwei Jahre später beauftragte Kaiser Maximilian II. den Rat der Stadt Frankfurt, zu Messezeiten darauf zu achten, dass die Drucker und Verleger die kaiserlichen Rechte beachteten und insbesondere ihre Pflichtexemplare ablieferten. Zunächst sollte dies rückwirkend durchgesetzt werden, doch da der Rat protestierte, präzisierte der Kaiser die Aufgabe für zukünftig erscheinende Bücher. Der Rat der Stadt hatte den Kaiser zudem aufgefordert, kaiserliche Fachleute mit dieser Aufgabe zu betrauen. Doch erst 1579 entsprach der Kaiser diesem Wunsch und installierte in Person des Fiskals am Reichskammergericht, Johannes Vest, die Kommission. Pikanterweise hatte also der Rat der Stadt Frankfurt dafür gesorgt, dass eine kaiserliche Kommission gegründet wurde, die während der gesamten Zeit ihres Bestehens zu Konflikten mit den städtischen Autoritäten Anlass geben sollte. Bis zum Ende des 16. Jahrhunderts scheint der kaiserliche Bücherkommissar jedoch nur während der Messezeiten tätig gewesen zu sein. Erst 1596 wurde Johannes Vest beauftragt, auch außerhalb der Messen der Bücherkontrolle nachzugehen. Und ein Jahr später wurde ihm ein zweiter Kommissar, Valentin Leucht, an die Seite gestellt. Aufgaben und Autorität Leuchts wurden mit dem kaiserlichen Patent vom 15. März 1608 erneut bekräftigt. Erst jetzt war die Kommission zu einer permanenten Institution geworden.[191]

Die Aufgaben der Kommission sind nie zweifelsfrei und fest umrissen worden. Vielmehr kämpfte die Kommission ständig um ihre Zuständigkeit, insbesondere mit dem Rat der protestantischen Reichsstadt Frankfurt a.M. und den anderen protestantischen Reichsständen. Zu den – teilweise heftig umstrittenen – Aufgaben gehörte die Visitation der Bücherstände zu Messezeiten, die Kontrolle, ob die Händler ein Verzeichnis und die Druckerlaubnis für ihre Bücher nachweisen konnten, sodann die Mitwirkung an der Erstellung von Messekatalogen, die Durchsetzung der kaiserlichen Druckprivilegien, die Konfiszierung verbotener Schriften und die Nachkontrolle der erschienenen Schriften, nicht jedoch die Vorzensur. Auch in Sachen politischer Publizistik besaß die Bücherkommission nur geringe Kompetenzen. Hier lag der Schwerpunkt eindeutig in

---

191 Eisenhardt, U.: Kaiserliche Aufsicht, S.7, 64-69. Brückner, W.: Bücherkommissar Valentin Leucht, in: AGB 3/1961, Sp. 97-180.

Wien bei dem Reichshofrat. Die Bücherkommission konzentrierte sich auf die Kontrolle des religiösen Schrifttums und, im 18. Jahrhundert, auf die „gefährlichen" Schriften der Aufklärung. Die doppelte Kontrolle von Bücherkommission und städtischem Rat führte zu einem allmählichen Rückgang der Bedeutung der Frankfurter Messe und bedingte den Aufstieg von Leipzig.[192]

Die Wirksamkeit der Kommission erstreckte sich im wesentlichen auf den Frankfurter Raum, die mangelnde Kooperation der Behörden anderer Reichsstädte und -stände wurde wiederholt beklagt. Daran waren die Bücherkommissare zu wesentlichen Teilen selbst Schuld. Denn abgesehen von dem letzten Kommissar Johann Konrad Deinet, den Joseph II. 1780 einsetzte, waren alle Amtsvorgänger katholischer Konfession gewesen und hatten ihre Aufgabe zumeist im Dienste der katholischen Kirche ausgefüllt. Die offensichtliche Bevorzugung der katholischen Seite führte 1685, unter der Regierungszeit von Leopold I., erstmalig zur Absetzung eines Kommissars, Georg Friedrich Sperlings, der durch seine Unduldsamkeit wesentlich zum Niedergang der Frankfurter und zum Aufstieg der Leipziger Messe beitrug. Die meisten der Kommissare, angefangen mit Valentin Leucht (seit 1604), waren nicht nur mehr oder minder militante Katholiken, sondern zudem in Personalunion auch apostolische (päpstliche) Bücherkommissare. Manche Kommissare bemühten sich selbst, zum päpstlichen Bücherkommissar ernannt zu werden und damit eine weitere Pfründe zu erhalten, an andere trat der Vatikan heran. Die römische Kirche hatte es mit ihrem Ansinnen leicht, weil die Kommissare zumeist hohe Geistliche waren und somit der kirchlichen Amtsgewalt schon in ihrem Erstberuf unterstanden. Der Wiener Reichshofrat erfuhr erst 1695 von dieser gepflegten Praxis.

Aus der Ämterkumulation mussten sich zwangsläufig Pflichtkollisionen ergeben. Wenn der Kommissar Caspar Vollmar, Nachfolger des abgesetzten Georg Friedrich Sperling, 1701 dem päpstlichen Nuntius (Gesandten) zu Köln schrieb, er achte darauf, dass alle im Reich gedruckten Bücher den vatikanischen Vorschriften entsprächen, so implizierte dies einen ständigen Konflikt mit seiner Aufgabe als kaiserlicher Kommissar, der zu Unparteilichkeit verpflichtet war. Die anderen Verfahrensgrundsätze, erstens darauf zu achten, dass katholische Schriften den Bestimmungen des Trienter Konzils entsprächen, zweitens „libelli famosi et scandalosi" und blasphemische Schriften gegen den Glauben und den Papst zu verhindern, und drittens nach jeder Messe einen Katalog an den Nuntius zu schicken, kollidierten mit seinen reichlichen Pflichten jedoch nicht, und dem zweiten Grundsatz hätte sogar ein protestantischer

192 Eisenhardt, U.: Kaiserliche Aufsicht, S. 69-76, 123f. Brückner, W.: Bücherkommission, in: AGB 3/1961, Sp. 1648.

Kommissar folgen können, da der Religionsfriede ein ganz zentrales Anliegen der frühneuzeitlichen Kommunikationskontrolle war.[193]

Noch wichtiger war der Reichshofrat zu Wien, das zentrale kaiserliche Regierungs- und Gerichtsinstrument. 1559 eingerichtet, wachte der Reichshofrat in seiner Eigenschaft als Regierungsorgan über die Beachtung der Reichsbestimmungen durch die Landesherren, als Gericht verhandelte er Verletzungen des Reichsrechts. In dieser doppelten Funktion beaufsichtigte und beurteilte der Reichshofrat auch die Kommunikationskontrolle im Reich – insbesondere der politischen Publizistik, die im 18. Jahrhundert immer wichtiger wurde. Eine letzte Verschärfung der Aufsicht erfolgte gegen Ende des Jahrhunderts unter dem Eindruck der französischen Revolution. Auch die Frankfurter Bücherkommission unterstand den Weisungen und der Aufsicht des Reichshofrats. Die Räte fällten ihre Entscheidungen nach dem Mehrheitsprinzip im Plenum. Da die protestantischen Stände insbesondere nach dem Westfälischen Frieden auf eine paritätische Besetzung des Reichshofrats drängten und mehr oder minder auch erreichten, agierte dieser in konfessionellen Streitfragen wesentlich neutraler als die Bücherkommission. Dennoch tolerierte er deren parteiische Praxis.[194]

Die Reichstage als weitere Institutionen, die sich mit der Kommunikationskontrolle im alten Reich beschäftigten, sind schon behandelt worden. Der Erzkanzler des Reichs, der Kurfürst und Erzbischof von Mainz, war ebenfalls eine wichtige Instanz. Sein Einfluss ergab sich aus den engen Kontakten zu der kaiserlichen Bücherkommission. Von großem Einfluss war zudem der Reichskammergerichtsfiskal, weil vor dem Reichskammergericht zu Wetzlar Personen, die die Presserechte verletzt hatten, angeklagt wurden.[195] Um die Durchsetzungsgewalt war es, wie deutlich geworden sein sollte, nicht zum besten bestellt. Erst in Folge der Ereignisse der Französischen Revolution wurde die Zensur perfektioniert. Die wichtigsten Schranken der kaiserlichen Gewalt ergaben sich jedoch aus der landesherrlichen. Der Augsburger Rat klagte 1670, dass unter Ausnutzung der Vielzahl der Territorien „die von dem gesambten reich so offtmahls allen hochen vndt nideren obrigkeiten anbefohlene censur ein zimbliches loch gemacht werden könte."[196]

---

193 Eisenhardt, U.: Kaiserliche Aufsicht, S. 76-92, 120f.

194 Eisenhardt, U.: Kaiserliche Aufsicht, S. 92-95, 114f., 125-131. Vgl. Koppitz, H.-J.: Kaiserliche Privilegien, in: Gier, H./ Jonata, J. (Hg.): Augsburger Buchdruck und Verlagswesen, S. 42f.

195 Eisenhardt, U.: Kaiserliche Aufsicht, S. 95-101.

196 Zit.n. Wüst, W.: Censur und Censurkollegien, in: Gier, H./ Jonata, J. (Hg.): Augsburger Buchdruck und Verlagswesen, S. 582. Seit 1709 bestand sogar für die Publizisten eine Möglichkeit, die mit Unterstützung von Gesandten des Regensburger Reichstags Zensur offiziell zu umgehen. Eisenhardt, U.: Kaiserliche Aufsicht, S. 51f. Auch in Frankreich war die Zensur vor 1789 weniger durchsetzungsstark als unter Napoleon und später. Schroeder-Angermund, C.: Zensur, S. 170-187.

Die Zensurbestimmungen und -praxis des Landesrechts

Das Landesrecht ähnelte in vielerlei Hinsicht dem kaiserlichen. Obwohl die Autonomie der Territorialherren während der Frühen Neuzeit zu- und die kaiserliche Autorität abnahm, waren die Landesherren in der Regel bemüht, keinen Konflikt mit den kaiserlichen Aufsichtsbehörden zu provozieren. Denn die kaiserliche Gewalt war zwar einerseits in den Gebieten außerhalb der Habsburger Monarchie nur mittelbar, d.h. mit Hilfe der Landesbehörden und nicht gegen diese durchzusetzen. Andererseits aber gingen die meisten der kaiserlichen kommunikationspolitischen Ziele mit denen der Landesherren konform. Die hatten wie der Kaiser ein Interesse daran, nicht durch Veröffentlichungen in außenpolitische Händel hineingezogen zu werden, beide hatten ein gemeinsames Interesse an der Aufrechterhaltung der öffentlichen Sicherheit und Ordnung, Kaiser und Reichsstände waren an der Bewahrung des religiösen Friedens interessiert und hatten keinen Sinn für umstürzlerische Pamphlete. Allerdings hielten die protestantischen Stände ihre schützende Hand über Drucker und Publizisten, wenn sie den Eindruck hatten, diese würden von den kaiserlichen Institutionen, insbesondere der Bücherkommission, benachteiligt.[197]

Die kleineren Territorien und insbesondere die städtischen Zensurbehörden hatten mindestens fünf verschiedene Motive, gegen zu grobe, sensationelle und falsche Berichterstattung der frühneuzeitlichen Medien einzuschreiten. Erstens waren sie um das Ansehen von Staat und Stadt besorgt. Zweitens waren sie an der äußeren Sicherheit interessiert: Sie konnten von auswärtigen Mächten bedroht werden, wenn jene sich durch die Medien in ihren Interessen betroffen sahen. Doch da die Publizistik bisweilen zu Zusammenrottungen und Bürgerkrieg aufrief, oder bei mangelnder Befolgung einer bestimmten Politik einen Aufstand als Konsequenz androhte, befolgte die Pressepolitik der Städte und Staaten drittens die Bewahrung des inneren Friedens. Ein viertes Interesse der Behörden richtete sich auf die soziale Disziplinierung eines suspekten Gewerbes. Den Wanderhändlern begegnete man mit dem generellen Misstrauen aller Sesshaften gegenüber jenen, die bald hier, bald da und ohne rechte Loyalität zu der sie beherbergenden Stadt sein mussten. Fünftens dürfte auch ein Fürsorgeinteresse die Behörden bewogen haben, das ambulante Gewerbe zu kontrollieren. Denn jedes Flugblatt mit falschen und irreführenden Informationen war in ihren Augen Betrug am gutgläubigen Käufer: „Das Verbrechen, das Fabrikanten falscher Nachrichten begehen, kann Betrug genannt werden." Die Gesetz-

[197] Eisenhardt, U.: Kaiserliche Aufsicht, S. 103-109, 116.

gebung und Praxis der Territorien war durch mehrere Momente gekennzeichnet:[198]

- Vom Beginn der frühen Neuzeit an steht die Landes- neben der Reichsgesetzgebung. Sie erlangt, da die Reichsgesetze nur maßgebend waren, wo die des Landes fehlten, durch jede landesherrliche Regelung mehr an Bedeutung.
- Wie im Reich dominierte zunächst die Zensur religiösen Schrifttums, die politische Zensur wurde erst seit dem späten 17. Jahrhundert allmählich wichtiger. Die religiöse Zensur hingegen wurde zunehmend missachtet, die religiösen Streitfragen ließen sich nicht mehr unterdrücken.
- Die Ausweitung der Kompetenz der Landesgesetzgebung bedeutet nicht, dass damit automatisch die Zensur verschärft wurde. Im Gegenteil, zwischenzeitlich wurde die Zensur milde gehandhabt oder ruhte ganz.
- Bisweilen, aber nicht in jedem Fall, bedeutete der Thronwechsel eine Milderung der Zensur: Z.B. bei den Wechseln von Friedrich Wilhelm I. zu Friedrich II. 1740, bei dem Wechsel von Friedrich Wilhelm II. zu Friedrich Wilhelm III. 1797, bei dem Wechsel von Friedrich Wilhelm III. zu Friedrich Wilhelm IV. 1840. Oder in Österreich, als Joseph II. seiner Mutter Maria Theresia folgte (1780).
- Die Zensorenämter waren nicht einheitlich besetzt. Neben vielen mediokren Gestalten haben auch Geistesgrößen das Amt des Zensors ausgeübt. In vielen Ländern, so in Sachsen, den österreichischen Erblanden und Brandenburg-Preußen, war die Bemühung unverkennbar, die Zensur in die Hände von Sachverständigen zu legen. Die zeichneten sich dadurch aus, dass sie, solange sie im „Nebenberuf“ tätig waren, aus dem Fach des zensierten Buchs kamen. Geistliche zensierten geistliches Schrifttum, juristische Universitätsprofessoren juristische Literatur etc.
- Mit Zensur wurden zunächst bestehende Einrichtungen betraut. In Universitätsstädten übten Professoren die Zensur aus, in protestantischen Reichsstädten waren es häufig Superintendenten, bisweilen nahmen Postsekretäre die Aufgabe wahr. Universitäten und Akademien waren zumeist bis ins späte 18. von fremder Zensur ausgeschlossen, Universitätseinrichtungen und Professoren zensierten die Universitätsschriften selbst. Die Universitäten handhabten die Zensur zumeist vergleichsweise locker, um nicht die besten und kompetentesten Gelehrten zu vertreiben.
- In etlichen Ländern gab es Bücher-Zensur-Kommissionen, die mehr oder minder selbständige Positionen gegenüber den Oberbehörden vertraten. Die Einrichtung von ständigen Zensurkommissionen war Ausdruck der Professio-

198 Fritsch, A.: Diskurs (1676), in: Kurth, K. (Hg.): Schriften, S. 43. Vgl. Schilling, M.: Bildpublizistik, S. 129f. Gestrich, A.: Öffentlichkeit, S. 85-91.

nalisierung des Zensorenamtes, die hier Tätigen übten ihr Amt im Hauptberuf aus.

- Die Frontlinien zwischen Zensurgegnern und -befürwortern liefen keineswegs nur zwischen Publizisten und Staatsbediensteten, sondern innerhalb der Administration der verschiedenen Staaten wurde sehr intensiv mit wechselnden Argumenten um Für und Wider gestritten.
- Strafen gegen den Übertritt der Gesetze bestanden in der Verhinderung der Beförderung, in Konfiskation und Vernichtung ungesetzlicher Schriften, Berufsverboten für Drucker, Händler und Verleger, Vermögensbeschlagnahmungen, Geldstrafen und bei besonders groben Verstößen wurde bisweilen sogar die Todesstrafe verhängt.[199]

Sachsen, Brandenburg-Preußen und die österreichischen Lande

Exemplarisch sei zum Schluss dieses Kapitels die Kommunikationskontrolle in drei Staaten betrachtet: in Sachsen, Brandenburg-Preußen und den habsburgischen Landen. Sachsen war in der frühen Neuzeit einer der modernsten deutschen Staaten und neben den österreichischen Landen der mächtigste im alten Reich. Zu Beginn der Reformationszeit in zwei Linien gespalten, deren eine, die albertinische, zunächst die katholische Kirche verteidigte, während die andere, die ernestinische, unter Kurfürst Friedrich dem Weisen (1468-1525) zu den vehementen Anhängern Luthers gehörte. Zum albertinischen Sachsen gehörten Dresden und Leipzig, und zunächst, bis zum Religionswechsel des Landes, wurden in Leipzig protestantische Drucker scharf reglementiert. Die religiös motivierte Zensurpolitik des albertinischen Sachsen änderte sich aber 1539. In der Folgezeit präzisierten verschiedene Mandate von 1539, 1546 und 1549 die Kommunikationskontrolle. Gesetze, die sich inhaltlich eng an das Reichsrecht anlehnten, wurden 1558, 1560 und 1562 erlassen. Jeder Ort mit Druckerei besaß jetzt eine Zensur, zumeist von dem höchsten ortsansässigen Geistlichen geleitet.[200]

Die sich verdichtende Abfolge von Mandaten und Gesetzen im 16. Jahrhundert spiegelte sowohl die staatlichen Bemühungen, das Pressewesen zu ordnen, als auch ihr Unvermögen, den staatlichen Willen durchzusetzen. Danach unternahm der sächsische Staat zwischen den 1590er und den 1640er Jahren kaum noch Zensuranstrengungen. Erst nach 1652 wurden die Bemü-

---

199 Eisenhardt, U.: Kaiserliche Aufsicht, S. 15-19, 51-54, 108f. Fritsch, A.: Diskurs (1676), in: Kurth, K. (Hg.): Schriften, S. 44. Maar, E.: Bildung, S. 78-83. Widdecke, E.: Haude- und Spenersche, S. 22-24. Rafetseder, H.: Buchhinrichtungen, in: Göpfert, H.G./ Weyrauch, E. (Hg.): Zensur, S. 89-103.

200 Kapp, F.: Geschichte des Buchhandels I, S. 591-596.

hungen wieder intensiviert und auch die Leipziger Bücher-Kommission auf eine feste Grundlage gestellt. Die ersten Anfänge – damals hieß die Einrichtung noch nicht Bücher-Kommission – datierten von 1569. Die kaiserlichen Bemühungen, in Frankfurt eine Kommission einzurichten, mögen auch den sächsischen Kurfürsten[201] bewogen haben, eine ähnliche Einrichtung für seine Messestadt zu schaffen. Wie das kaiserliche Pendant in Frankfurt a.M. unterstand sie einer Zentralbehörde, dort dem Hofrat, in Sachsen dem Dresdner Oberkonsistorium. Wie in Frankfurt besaß auch in Leipzig die Stadt Einfluss auf die Zensur. In der Leipziger Kommission saßen Professoren der Universität, eigenes Personal gab es nicht.[202]

Seit dem späten 17. Jahrhundert verschoben sich in Sachsen die Gewichte von der theologischen zur politischen Zensur. Am Anfang stand ein erneuter Konfessionswechsel. August der Starke, der sich um die polnische Königskrone bemühte, war zur Stützung seiner Ansprüche zum katholischen Glauben übergetreten. Die Avancen der protestantisch-orthodoxen Theologen zur Zensur nichtkonformer Literatur wurden seither (1697) verhindert. Der Zurückdrängung der theologisch motivierten Zensur entsprach die wachsende Bedeutung der politischen. Die Zensur von politischen Schriften oblag nun der juristischen Fakultät der Leipziger Universität. 1733 wurde die politische Zensur dem Geheimen Konsilium des Kurfürsten in Dresden unterstellt, was die wachsende Bedeutung der politischen Zensur unterstreicht. Indirekt sorgte die Französische Revolution in Sachsen, wie auch in Österreich und Preußen, für eine Verschärfung der politischen Zensur.[203]

Im Herzogtum Preußen übten im 16. Jahrhundert die Königsberger Universität und das Konsistorium der Landeskirche eine insgesamt milde, formlose Zensur. Im rückständigen Brandenburg wurde die Zensur erst spät (1654) eingeführt, zunächst aber nur für theologische Schriften. Während des Spanischen Erbfolgekrieges wurde sie Anfang des 18. Jahrhunderts auf Bücher, „so den Statum politicum und die in Krieg verwickelten Potentaten betreffen“, ausgedehnt. D.h., neben der Zensur politischer Bücher zu öffentlichen Angelegenheiten war die außenpolitische Rücksichtnahme ebenfalls zentrales Motiv. 1708 wurde die Vorläuferin der Akademie der Wissenschaften, die „Berliner Sozietät der Wissenschaften“, zur obersten brandenburgischen Zensurbehörde bestimmt. Diese späte Einführung der Zensur in weltlich-politischen Dingen hing mit zwei Dingen zusammen: Einerseits mit der geringen Anzahl von politisch

201 Nach dem Schmalkaldischen Krieg war 1547 die sächsische Kurfürstenwürde auf die albertinische Linie übergegangen.

202 Kapp, F.: Geschichte des Buchhandels I, S. 597-601. Goldfriedrich, J.: Geschichte des Buchhandels II, S. 182-189.

203 Goldfriedrich, J.: Geschichte des Buchhandels II, S. 197, 463-465., Bd. III, S. 420-424.

relevanter Literatur, andererseits mit der erst allmählich zunehmenden Sensibilität des Staates für politische Diskussionen.

Noch weit bis ins 18. Jh. wurde von der Zensur sparsam Gebrauch gemacht. Zwischen 1716 und 1731 verbot sie in Preußen neun Bücher, bis 1763 ganze 26. Die Zahl der jährlichen Verbote hatte sich also noch verringert, nur etwa alle zwei Jahre erging ein Verbot. Als 1737 aus Anlass einer Satire ein erstes allgemeines Zensuredikt in Preußen erlassen wurde, verhinderte die damalige zentrale Verwaltung, das Generaldirektorium, die Einführung einer generellen Zensur mit dem Argument, der Staat müsse Wissenschaft und Handel fördern, Philosophie, Theologie, Jura und Medizin seien daher wenig zensurtauglich. Nun standen Zeitungen und Zeitschriften in der Frühen Neuzeit unter dem Generalverdacht, mit Billigung der Obrigkeit erschienen zu sein. In dieser Beziehung wirkte die Zensur kontraproduktiv. Weil zensiert wurde, nahmen auswärtige Mächte grundsätzlich und a priori an, dass das, was sie in den Blättern fremder Herrschaften lasen, dort nicht deshalb stand, weil es zufällig die Zensur hatte passieren können, sondern deshalb, weil es mit Billigung der Zensur hatte gedruckt werden dürfen. Nur so ist der Ausspruch Friedrichs II. zu verstehen, dass „Gazetten, wenn sie interessant seyn sollten, nicht geniret werden müsten". Die Lockerung der Zensur sollte weniger Angriffsfläche für Verwicklungen mit auswärtigen Mächten schaffen. Doch schon wenige Jahre später wurde diese Freiheit wieder zurückgenommen: „Diejenige[n] Bücher und Schrifften, welche den Statum publicum des Teutschen Reichs, wie auch unseres Hauses, und [...] wobey auswärtige Puissancen und Reichs-Stände interessiret sind", sollten dem „Departement derer auswärtigen Sachen" vorgelegt werden. Eine weitere Neuordnung folgte 1772.[204] Mit dem Tode Friedrichs II. (1786) kehrte in Preußen eine erheblich strengere Zensur ein. Unter der Ägide des Justiz- und Kulturministers Wöllner wurden 1788 ein scharfes Religions- und ein Zensuredikt erlassen, mit dem die „Pressfrechheit" bekämpft werden sollte. Wegen des Gleichklangs von Pressefreiheit und *Pressfrechheit* hat es Berühmtheit erlangt. Infolge der strengen Aufsicht ging die Zahl der Druckereien und die Zahl der im Druckgewerbe Beschäftigten in Berlin bis 1795 deutlich zurück. Hatten in Berlin 1788 noch 81 Druckpressen gestanden und 600 bis 700 Drucker gearbeitet, so waren es 1795 nur noch 67 und ca. 150 Druckereiarbeiter. Der Philosoph Georg Christoph Lichtenberg urteilte über das Edikt: „Alle schwache Regierungen gründen sich darauf, daß sie dem klügeren Teil der Nation ein Schloß oder Klebpflaster auf den Mund werfen."[205]

---

204 Körber, E.B. Öffentlichkeiten, S. 261-273, 355f. Houben, H.H.: Zensur, S. 8f., 19. Bauer, W.: Öffentliche Meinung, S. 264f. Dort auch das Zensuredikt vom 2.5.1749 im Facsimile.

205 Lichtenberg, G.C.: SuB, Bd. 1, (Sudelbücher J 51), S. 660. Houben, H.H.: Zensur, S. 10, 27, 51f., 69. Goldfriedrich, J.: Geschichte des Buchhandels II, S. 197, 469f., Bd. III, S. 409-420.

Mit der Französischen Revolution geriet auch die Zeitungszensur der inländischen Blätter stärker ins Blickfeld, die Ereignisse in Frankreich politisierten allmählich die Zeitungsberichterstattung: „Anspielungen und Seitenblicke", wie es hieß, wurden häufiger. Zur gleichen Zeit wurden aber durch den Thronwechsel von Friedrich-Wilhelm II. zu Friedrich Wilhelm III. die Grundbedingungen wieder pressefreundlicher, da in Folge des Thronwechsels Minister Wöllner im Frühjahr 1798 entlassen worden war. Die Niederlage Preußens 1806 machte deutlich, dass die gesamte friderizianisch-preußische Staatsordnung renovierungsbedürftig war. Die Umgestaltung der Verwaltung und die Einführung einer anderen, strafferen Ministerialordnung veränderte auch die Organisation des Zensurwesens. Vor allem wurde 1808 die geistliche Zensur rigoros beschnitten. Jetzt beaufsichtigte das Außenministerium die politische Literatur und das Innenministerium die nichtpolitische.[206]

Auch in Österreich machten sich die negativen Seiten der Zensur bemerkbar. Schon Karl VI. milderte 1730 die Zensur, da auch die „Hereinsendung guter und nützlicher Bücher gar nicht eingeschränket, sondern vielmehr befördert werden" solle. Neben offenkundigen ökonomischen Nachteilen störte vor allem der Empfehlungscharakter der Verbotslisten. Über erotische, politisch gefährliche oder aus anderen Gründen unterdrückte Literatur konnte sich ein Interessent am schnellsten in einem „Index Librorum prohibitorum" informieren. Friedrich Nicolai spottete darüber, aus ihm bezögen nicht nur die guten Leute ihre Kenntnis über gute Literatur, sondern auch die schlechten ihre Kenntnisse über schlechte. Die Wiener Zensurhofkommission zog 1777 aus diesen Beobachtungen die einzig sinnvolle Konsequenz und setzte den Katalog verbotener Bücher selbst auf den Index.[207]

Wie in Berlin fand auch in Wien mit Beginn der französischen Revolution die Phase relativer Liberalisierung ihr Ende. Besonders die Theater wurden einer scharfen Kontrolle unterworfen. Die Liste der anstößigen Stellen war lang – ähnliches galt nicht nur in Wien, sondern auch in Berlin, Weimar und anderen deutschen Hauptstädten: Unwörter waren „Freiheit", „Gleichheit", „Brüderlichkeit", „Konstitution", „Verfassung" und andere Wörter der Französischen Revolution, sowie für Habsburg ungünstig verlaufene historische Ereignisse. D.h., die Unterdrückung der Diskussion erstreckte sich auf politische Kampfbegriffe, Religiöses, Angriffe auf sittliche Empfindungen, die Erwähnung historischer Ereignisse, die mit der Gegenwart parallelisiert werden konnten. Erst unter dem Eindruck des französischen Zensuredikts von 1810, das

[206] Houben, H.H.: Zensur, S. 111, 169f.

[207] Houben, H.H.: Zensur, S. 26, 39. Goldfriedrich, J.: Geschichte des Buchhandels II, S. 473f., Bd. III, S. 343-357.

eine zentrale Zeitung je Departement vorsah, erließ Wien eine mildere Zensurverordnung. Gentz und Metternich, Wiens führende Staatsmänner, versprachen sich von ihr die Gewinnung der öffentlichen Meinung gegen Napoleon. Ab 1811 schränkte Napoleon in seinem Herrschaftsbereich die Presse noch weiter ein: Jetzt mussten alle politischen Nachrichten dem Pariser „Moniteur“ nachgedruckt werden.[208]

3.2 Gewerbe- und Presseordnungsrecht

Gewerbeordnung war ein im Mittelalter wurzelndes Recht. Das Druckgewerbe unterschied sich in handwerklicher und kaufmännischer Hinsicht kaum von anderen Gewerben. Zudem hatte es sich aus der Goldschmiedekunst und anderen mittelalterlichen Künsten – Briefschreiber, Formschneider etc. – entwickelt. Die mittelalterlichen und frühneuzeitlichen Handwerke waren städtischer Herkunft und zünftischen Charakters. Das Druckgewerbe, anfangs eine freie Kunst ohne Regelung der Gewerbeeröffnung, wurde im Verlauf des 16. Jahrhunderts dem Gewerbeordnungsrecht der Zeit unterworfen. Die Vorschriften dürfen nicht rundweg als einschränkende Maßnahmen begriffen werden, selbst die Zunftordnungen nicht. Die Zünfte stellten Standessatzungen auf und wachten damit über Qualität, Ausbildung, quantitative Entwicklungen und weiteres. Der scharf reglementierende Charakter der Zunftordnungen entwickelte sich erst im 17. und 18. Jahrhundert. Die Regulierung des Wettbewerbs war damit ein Zeichen der Krise.

Eine besondere Form der Gewerberegulierung war die Ausstellung von Privilegien. Das Druckprivileg (privilegium impressorium) beinhaltete den Schutz vor Nachdruck und sicherte so das Geschäft ab. Es regulierte den Wettbewerb, war eine Vorform von Urheberschutz und verschaffte den Ausstellern Einnahmen. Wirtschaftsförderung durch Privilegienvergabe hieß in Sachsen, wo viele Verlage residierten, konsequenter Schutz vor Nachdruck. In Österreich, wo die heimischen Verlage den Binnenbedarf nicht decken konnten, wurden hingegen im späten 18. und frühen 19. Jahrhundert Nachdrucke besonders gefördert.[209]

Das Privileg war nicht mit Zensur identisch, sondern setzte sie vielmehr voraus. Privilegien wurden häufig auf zehn Jahre oder auf Lebenszeit verliehen,

---

[208] Houben, H.H.: Biedermeier, S. 126, 276-278. Goldfriedrich, J.: Geschichte des Buchhandels IV, S. 45f. Salomon, L.: Geschichte des Zeitungswesens, Bd. 2, S. 89-92.

[209] Vogel, M.: Urheber- und Verlagsrechtsgeschichte, in: AGB, 19/1978, Sp. 77-82. Goldfriedrich, J.: Geschichte des Buchhandels III, S. 75. Ders.: Geschichte des Buchhandels IV, S. 167f.

konnten jedoch verlängert bzw. den Erben übertragen werden. Sie mussten beantragt werden und seit dem 17. Jahrhundert wurden immer häufiger Anträge für Zeitungen, „Journale“ und „Novellen“ gestellt. Vereinzelt wurden Privilegien zu hohen Summen versteigert. Zudem war die Privilegienbeantragung, -anfechtung und -ignorierung (letzteres nur durch auswärtige Drucker) in der Frühen Neuzeit ein gegebenes Mittel der wirtschaftlichen Auseinandersetzung, wie auch die vielen Zeitungen, die „privilegirt“ im Titel führten, zeigen. Mutmaßlich gingen sogar mehr Zeitungsverbote auf die Intervention der ökonomischen Konkurrenten als auf die Zensur zurück. Dies dürfte zumindest für das 17. und wohl auch noch für das 18. Jahrhundert gegolten haben. Erst die Französische Revolution verschärfte die Zensur und marginalisierte damit die Privilegienauseinandersetzungen.[210]

Mit dem kaiserlichen Privileg war die Verpflichtung verbunden, Pflichtexemplare beim Reichshofrat oder der Bücherkommission in Frankfurt abzuliefern. Zunächst musste ein Buch eingereicht werden, später drei und schließlich fünf. Von Zeitungen waren 18 Exemplare abzugeben, weil der Reichshofrat regulär aus 18 Mitgliedern bestand. Die Bedeutung eines Privilegs hing direkt von der Wichtigkeit des Ausstellers und der Größe und Wirtschaftskraft seines Territoriums ab. Das kaiserliche Privileg war daher besonders begehrt, weil es im ganzen Reich Gültigkeit besaß. Auch die Landesherren verliehen Druckprivilegien. Besonders die brandenburg-preußischen und die sächsischen Privilegien waren für die Drucker interessant, letzteres, weil nur derjenige, der eines vorweisen konnte, auf der Leipziger Messe ausstellen konnte. Auch hier waren analog zum kaiserlichen Recht Pflichtexemplare an die sächsische Bücherkommission in Leipzig zu liefern.[211]

Von „Presseordnungsrecht“ ist im Rahmen der Frühen Neuzeit kaum zu sprechen. Eine Rechtssystematik mit Presspolizei-, Pressordnungs-, Pressstraf- und Pressgewerberecht existierte damals in der heutigen Form nicht. Dennoch lassen sich verschiedene Elemente dem Presseordnungsrecht der Gegenwart zurechnen, denn auch in der Frühen Neuzeit wurden den Druckern und Verlegern Vorschriften auferlegt, mit denen die innere Ordnung der Presse gewährleistet werden sollte. Die Frühe Neuzeit entwickelte drei Ordnungselemente:

---

[210] Mancal, J.: Augsburger Zeitungen, in: Gier, H./ Jonata, J. (Hg.): Augsburger Buchdruck und Verlagswesen, S. 693-697. Vgl. Lindemann, M.: Deutsche Presse I, S. 151f. Vogel, M.: Urheber- und Verlagsrechtsgeschichte, in: AGB, 19/1978, Sp. 16f. Faber, A.: Faber'sche Buchdruckerei, S. 25-94. Vgl. die Privilegien der „Magdeburgischen Zeitung“ in: StA Magdeburg, Rep. 30, Nrr. 265f. Die Versteigerung des Zeitungsprivilegs der „Vossischen Zeitung“ erbrachte 1801 59.000 Thaler. Goldfriedrich, J.: Geschichte des Buchhandels III, S. 315.

[211] Eisenhardt, U.: Kaiserliche Aufsicht, S. 10-15, 135, 142. Vgl. Koppitz, H.-J.: Kaiserliche Privilegien, in: Gier, H./ Jonata, J. (Hg.): Augsburger Buchdruck und Verlagswesen, S. 42-45.

Erstens, das Imprimatur, die Druckerlaubnis: Das Wormser Edikt von 1521 forderte von den Druckern, ihre Druckerzeugnisse einer fachkundigen Obrigkeit, den Fakultäten der vor Ort befindlichen Universität, vorzulegen und von ihr eine Erlaubnis zum Druck einzuholen. Das Imprimatur – wörtlich „es möge in Druck gegeben werden" – war also das verfahrensrechtliche „Gütesiegel" des Zensors. Die Druckerlaubnis wurde in der Regel auf dem letzten Druckbogen vermerkt. Verbote und Erlaubnisse sollten die schlimmsten Auswüchse des reformatorischen Streits mildern, unzüchtige und abstoßende Darstellungen verhindern, ausländischen Mächten keinen Anlass zur Beschwerde geben, Beleidigungen und Hetze gegen die Obrigkeit verhindern, die Eigenwerbung der Drucker regeln.[212]

Zweitens, das Impressum, die formalisierten Herstellerangaben: In den Anfängen der Reformationszeit erschienen die meisten Druckschriften ohne Herkunftsangaben. 1523 führten beispielsweise nur 22 von 189 Flugschriften den Drucker an. Bereits der Reichstagsabschied von Augsburg schrieb 1530 eine Art Impressum vor, der Drucker müsse Name und Adresse angeben, weil „durch die vnordenliche Truckerey bißanher viel vbels entstanden". Der Abschied von Speyer 1570 schrieb überdies vor, fortan dürfe nur in Universitäts-, Residenz- und Reichsstädten gedruckt werden. Doch viele Drucker hielten sich nicht an das Impressumsgebot, auch Winkeldruckereien außerhalb der genannten Orte waren nicht zu verhindern. Deshalb verlangte Kaiser Rudolfs II. „Constitution wegen der Bücher Visitation" von 1608, dass „auf jedes Buch der Autor, Drucker und Ort / ohne Betrug und ohne falsche List gesetzet" werde.[213]

Diese Vorschrift war eine von vielen, die die Ohnmacht des frühneuzeitlichen Staates deutlich werden lassen, Gebote und Verbote lückenlos durchzusetzen. Mehr als hundert Jahre später schärfte Karl VI. die Impressumspflicht erneut ein. Zugleich wurde aber die nicht erzwingbare Beschränkung auf Reichs-, Residenz- und Universitätsstädte aufgehoben. Solange der ambulante Vertrieb vorherrschte, also bis sich gegen Ende des 16. Jahrhunderts feste Vertriebsformen und -orte durchsetzten, nützten die Impressumsangaben den Strafverfolgungsbehörden zudem wenig. Nur der Verbreiter, bei dem Druckschriften ohne Impressum gefunden wurden, konnte belangt werden. Der Drucker selbst blieb im Dunkeln. Insofern war die Impressumsangabe ein Zeichen für die Verdichtung der frühneuzeitlichen Herrschaft, denn sie erforderte zwingend die Sanktionsgewalt auch gegenüber den sogenannten Winkeldruckern, d.h. den Druckern, die im Verborgenen ihre Schriften vervielfältigten. Doch

212 Lindemann, M.: Deutsche Presse I, S. 54.
213 Zit.n. Lindemann, M.: Deutsche Presse I, S. 55 und 64.

bisweilen wurde bewusst auf die Impressumsangabe verzichtet. So untersagten Augsburger Behörden im 16. Jahrhundert, ein Impressum anzugeben, um zu verhindern, dass sich ausländische Mächte beim Rat der Stadt über diese Schriften beschweren konnten.[214]

Zuletzt, die Ablieferungspflicht und Zustellungsbestimmungen: Ablieferungspflichten dienen in der Gegenwart der bibliothekarischen Sammlung von Druckschriften. In der Frühen Neuzeit lag der Sinn des Pflichtexemplars in der polizeilichen Nachkontrolle. Ablieferung war also Verfahrensbestandteil der Nachzensur. Etliche, speziell an Drucker und Verleger gerichtete kaiserliche und landesherrliche Patente forderten zur Abgabe von Pflichtexemplaren auf. Da Zeitungen nach auswärts über die Post vertrieben wurden, benötigten die Verleger zudem eine behördliche Zustellerlaubnis, das „Postdebit“: Die Post zog die Gebühren ein und stellte die Zeitungen zu. Das Postdebit war anfänglich Gewohnheitsrecht. Im 18. und 19. Jahrhundert entwickelte sich aus ihm aber eine empfindliche Eingriffsmöglichkeit, welche sowohl die Thurn- und Taxis als auch die Länderposten nutzten. Der Entzug des Debits bedeutete für die Zeitungen eine Beschränkung auf die Region, für die der Verleger die Expedition organisieren konnte, beschränkte den Vertrieb also in der Regel auf den Druckort oder, wie im Siebenjährigen Krieg, als Österreich und Preußen ihren Blättern wechselseitig das Debit entzogen, auf das fremde Territorium.[215]

214 Schneider, F.: Pressefreiheit, S. 42f.

215 Eisenhardt, U.: Kaiserliche Aufsicht, S. 39-44, 122; 137f. Dallmeier, M.: Reichspost, in: Presse und Geschichte II, S. 240-252.

Teil 2: Das 19. und 20. Jahrhundert

1 Die Rahmenbedingungen der Presse

1.1 Technische Verbesserungen und Erfindungen

Seit Gutenbergs Erfindung waren mehr als 350 Jahre vergangen. Die technischen Grundlagen der Presse hatten sich seitdem nur geringfügig verändert. Gedruckt wurde um 1800 noch immer auf der Handpresse, gesetzt wurde im Handsatz, die Nachrichten überbrachten wie seit alter Zeit persönliche Boten. Nur die Abbildungstechnik hatte sich fortentwickelt. War zu Gutenbergs Zeit bis ins späte 16. Jahrhundert der Holzschnitt die bevorzugte Technik, trat seither der Kupferstich den Siegeszug an.

An der Wende des 18. zum 19. Jahrhundert begann nun eine Phase stürmischer Entwicklungen. Die Veränderungen, von denen nun im Überblick berichtet wird, betrafen alle technischen Bereiche. Die Druckkapazität wurde ebenso verbessert wie die Druckqualität, Abbildungen, zunächst schwarz-weiß, später farbig, wurden möglich. Das Papier wurde billiger, die Übertragungstechniken schneller. Im 19. und 20. Jahrhundert ersannen zahlreiche Bastler, Tüftler und Ingenieure revolutionäre Neuerungen, mäßige Verbesserungen und kleine Fortschritte, die in ihrer Summe Konsequenzen hatten für die Arbeitsorganisation in Verlagen und Redaktionen, für den Grad der Verbreitung der Presse, für die Schnelligkeit und Reichhaltigkeit der übermittelten Inhalte und damit nicht zuletzt auch für den Einfluss der Presse auf das alltägliche Leben der Menschen und das gesellschaftliche Miteinander.

Die Ausgangslage am Ende des 18. Jahrhunderts nimmt sich allerdings nur aus der Rückschau bescheiden aus. Hätten Zeitgenossen der Wende vom 15. auf das 16. Jahrhundert vergleichend vorausschauen können, wären sie ebenso erstaunt über die massenhafte Verbreitung von Zeitungen und Zeitschriften gewesen, wie Zeitgenossen Napoleons fassungslos vor dem Stand der Massenmedien an der Wende zum 21. Jahrhundert stehen würden. Um nur einen Vergleich aus dem vorausgehenden Kapitel zu ziehen: Der „Hamburgische Unpartheiische Correspondent" wurde um 1800 mit mehr als 50.000 Exemplaren an die Leserschaft gebracht. Zwei Tage hätten ausgereicht, um die Anzahl der Frühdrucke des gesamten 15. Jahrhunderts aufzuwiegen. Um allerdings der damals auflagenstärksten Zeitung der Welt diese erstaunliche Zahl zu ermöglichen, war ein logistischer und technischer Aufwand sondergleichen erforderlich. Der HUC wurde auf bis zu zwölf Handpressen gleichzeitig gedruckt.[1]

---

1 Goldfriedrich, J.: Geschichte des Buchhandels III, S. 315.

Im folgenden sollen technische Entwicklungen näher betrachtet werden:

- auf dem Feld der Druckmaschinentechnik,
- auf dem der Satztechnik,
- auf dem der Druckverfahren,
- auf dem der Nachrichtentechnik.

Die Entwicklung der Druckmaschinen

Wenn soeben behauptet wurde, dass die Druckmaschinen des beginnenden 19. Jahrhunderts noch denen der Gutenberg-Zeit entsprachen, so ist das nur bedingt richtig. Erstens hat sich keine Presse Gutenbergs erhalten, zweitens wurden an der Handpresse des Gutenbergschen Typs namenlose Veränderungen vorgenommen. Doch das Grundprinzip der Gutenbergschen Presse veränderte sich in den 350 Jahren kaum. Es hatte seine Vor- wie Nachteile. Wichtigster Vorteil war das ausgereifte Konstruktionsprinzip. Nachteilig an den Holzpressen war, dass Holz das Wasser der Druckerfarbe aufnahm, sich verzog oder die Abmaße geringfügig änderte, somit die Exaktheit des Drucks nicht ganz gleichbleibend sein konnte und das Holz den mechanischen Beanspruchungen auf die Dauer nicht standhielt. Darum wurden nach und nach immer mehr Einzelteile aus Metall hergestellt, bis Anfang des 19. Jahrhunderts Ganzmetallpressen gebaut wurden. Ein weiterer Nachteil war die Kurzlebigkeit der Drucktypen. Da das Papier mit großer Gewalt auf die Satzform gepresst werden musste, wurden die Typen in wenigen Monaten breitgequetscht. Zudem wurden die Typen umständlich eingefärbt und hinterher wieder gesäubert, worunter die Qualität weiter litt. Da diese Tiegeldruckpressen nach dem Prinzip Fläche gegen Fläche druckten, war die Bogengröße nicht beliebig zu steigern, denn der erforderliche hohe Anpressdruck ließ sich nur bei mäßig großen Formaten erzielen. So war Drucken körperlich extrem anstrengend und die Druckgeschwindigkeit ließ zu wünschen übrig.

Aus diesen Gründen waren weitere Verbesserungen nicht mehr durch schrittweise Überführung der hölzernen in eine metallene Konstruktion zu erreichen, sondern nur durch ein radikal neues Druckprinzip. Friedrich Gottlob Koenig (1774-1833) und Andreas Friedrich Bauer (1783-1860) überwanden die jahrhundertealte Technik, indem sie von dem Prinzip Fläche gegen Fläche zu dem Prinzip Fläche gegen Zylinder übergingen. 1806 nach England gekommen, erhielt Koenig erste grundlegende Patente in den Jahren 1810 und 1811. Im folgenden Jahr war die erste Schnellpresse nach dem neuen Prinzip fertig. Die folgende Abbildung einer Schnellpresse verdeutlicht die Funktionsprinzipien. Auf einem Anlagetisch wurde der zu bedruckende Bogen angelegt, über verschiedene Walzen eingezogen und schließlich von der Druckwalze gegen den Bleisatz gedrückt. Dabei blieb die Druckrolle in der Horizontalen fixiert, der sogenannte „Karren" mit der Satzform bewegte sich horizontal unter der Druckrolle durch, hier von links nach rechts. Bevor der Karren unter der Druckwalze durchlief, wurde der Satz über andere Rollen eingefärbt.

Die Koenig-Bauersche Konstruktion bot große Vorteile. Die Druckwalze drückte immer nur auf einen Bruchteil des Satzes. Darum war ein erheblich niedrigerer Andruck vonnöten, das schonte die Drucktypen, die jetzt erheblich länger hielten. Zudem konnten die Druckformate deutlich gesteigert werden. Insbesondere aber beschleunigte sich der Druckvorgang. 1814 wurde die erste Zeitungsausgabe auf einer Schnellpresse gedruckt.

Abbildung 2.1.1: Schnellpresse (19. Jahrhundert)[2]

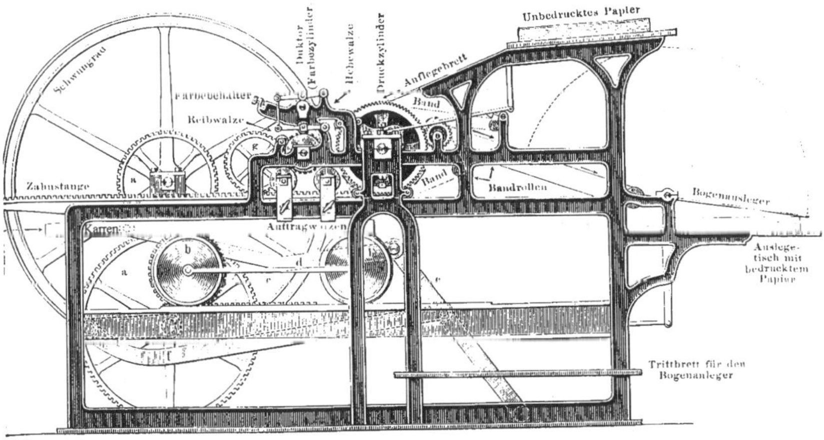

Stolz vermeldete die „Times": „Der Leser dieses Satzes hält einen von vielen tausend Abdrücken in der Hand, die in der verflossenen Nacht mittels eines mechanischen Apparates hergestellt worden sind. Ein Maschinensystem, von dem man fast glauben könnte, es besitze eigene Lebenskraft, ist erfunden und eingeführt worden, das nicht nur den Menschen von aller schweren Arbeit beim Drucken befreit, sondern alle menschlichen Fähigkeiten hinsichtlich einer raschen und zuverlässigen Arbeitsweise bei weitem übertrifft."[3] Neben dem Nutzen waren damit zugleich die potenziellen Verlierer angedeutet. In der Tat waren den ersten Nachrichten von der epochalen Entwicklung heftige Proteste

2 Meyers Conversationslexikon, Bd. 17, S. 929.

3 Leitartikel der Times vom 29.11.1814, zit. n.: Wolf, H.J.: Geschichte der Druckverfahren, S. 314.

der Buchdrucker gefolgt. In der „Times" hieß es dazu: „Eine andere Klasse Menschen gefällt sich, finstere und anonyme Drohungen von Rache gegen uns auszustoßen, falls wir fortfahren in der Anwendung unserer Maschinen. Es sind die Drucker."[4]

Der Appell, Widerstand sei zwecklos und könne die „neue Erfindung in ihrem Lauf" nicht aufhalten, erwies sich als vorausschauend, doch sollte es in der ersten Jahrhunderthälfte wiederholt in Europa zu Maschinenstürmereien gegen die Schnellpressen kommen. In Deutschland kaufte Johann Cotta 1822 die erste Schnellpresse für die „Allgemeine Zeitung", ein Jahr später folgte die Berliner „Haude und Spenersche Zeitung". In größerer Zahl wurden sie seit den 1840er Jahren angeschafft. Der nächste entscheidende Schritt musste der Fläche endgültig den Rücken kehren. Rotationspressen kamen seit den 1870er Jahren vermehrt zum Einsatz.[5] Zunächst hatte es große Mühen bedeutet, den Satz auf die Walze zu zwingen. Herkömmliche Drucktypen wären der Fliehkraft folgend von der Rolle geflogen, darum experimentierten verschiedene Drucker mit keilförmigen Drucktypen. Doch all ihre Versuche erwiesen sich als wenig praktikabel. Erst die Einführung galvanoplastischer Verfahren, bei der die gesetzten Vorlagen elektrolytisch abgegossen und diese Abgüsse dann auf die Rotationswalzen gespannt wurden, ermöglichten den Verzicht auf den planen Karren und den Übergang zum Druckprinzip Zylinder gegen Zylinder. Zu Beginn des 20. Jahrhunderts hatte sich hierzu die Technik der Stereotypie eingebürgert. Dabei wurde von dem fertig gesetzten Seitenumbruch in einer Maschine ein Gipskartonabdruck, eine sogenannte „Mater" genommen. Diese Mater konnte in eine weitere Maschine halbkreisförmig eingespannt und mit einer Blei-Wismut-Antimon-Mischung – das hatte sich seit Gutenberg noch nicht verändert – ausgegossen werden. Die fertige Halbtrommel enthielt im Negativ eine ganze Zeitungsseite, wurde auf den Rotationszylinder der Druckmaschine gespannt, eine zweite Halbtrommel umschloss den Rotationszylinder zur Gänze und die Rotationsmaschine konnte anlaufen. Die verbesserten Drucktechniken ermöglichten immer höhere Auflagen. Mit der Einführung der neuen Druckmaschinen vergrößerten die überregionalen Zeitungen seit den 1830er Jahren, die lokalen seit den 1840er und 1850er Jahren allmählich ihre Satzspiegel. Um 1900 waren in etwa die heute üblichen Formate erreicht. Nur neue Pressetypen wie die Boulevardpresse kehrten zu kleineren Formaten zurück, um auf dem Weg der Leserschaft zur Arbeit die Lektüre zu erleichtern.[6]

---

4 Zit. n.: Wolf, H.J.: Geschichte der Druckverfahren, S. 315.

5 Neugebauer-Wölk, M.: Cotta, S. 627. Meyer, H.-F.: Zeitungspreise, S. 262. Goldfriedrich, J.: Geschichte des Buchhandels IV, S. 58.

6 Meyer, H.-F.: Zeitungspreise, S. 227.

Tabelle 2.1.1: Entwicklung der Drucktechnik (1800-1928)[7]

Jahr	*Exempl./Stunde*	*Seiten*	*Jahr*	*Exempl./Stunde*	*Seiten*
1800	125	4	1876	12.000	8
1814	950	4	1895	12.000	32
1840	2.400	4	1928	54.000	32

Die Satztechnik

Eine weitere Schwachstelle war der Satz. Der Handsatz benötigte viel Zeit. Ein Setzer konnte je Stunde maximal ca. 2.500 Zeichen setzen – etwa eine Manuskriptseite. Die Zahl war niedrig, weil der Setzer nur ein Drittel seiner Zeit auf das Setzen selbst verwenden konnte. Ein weiteres Drittel benötigte man für das Ausschließen der Zeilen, d.h. für die Herstellung des Randausgleichs. Damit die Drucktypen nach erfolgtem Druck wiederverwendet werden konnten, mussten sie abschließend in den Setzkasten Fach für Fach abgelegt werden. Damit verging das letzte Drittel.

Die ersten Verbesserungen richteten sich daher auf die Vereinfachung des Handsatzes. Schon seit dem 17. Jahrhundert hatten sich Schriftsetzer an sogenannten Logotypensystemen versucht. Bei dieser Technik wurden die gebräuchlichsten Buchstabenkombinationen zusammengegossen. Doch was die Logotypensysteme an Satzzeit einsparten, das verbrauchten sie bei der wesentlich komplizierteren Ablage wieder, so dass der Zeitgewinn unter dem Strich marginal blieb. Ein nahezu perfektes Logotypensystem ersann der Wiener Schriftsetzer Leopold Weiß in den 1880er Jahren. Es bedurfte eines Setzkastens mit beinahe 700 Fächern, gegenüber ca. 100 eines normalen Handsatzkastens. Mehr als 3.500 Zeichen waren auch mit dem Weißschen System in der Stunde nicht zu setzen. Zudem stellte sich bei jedem Logotypensystem das Sprachproblem, denn jede Sprache hat andere gebräuchliche Buchstabenkombinationen. Trotz dieser Hemmnisse wurde bis in die 1920er Jahre an Logotypen getüftelt.

Um den personal- und zeitintensiven Prozess preiswerter zu gestalten, hatten die Zeitungsverleger verschiedener Nationen im 19. Jahrhundert Erfinderwettbewerbe ausgelobt. Etliche Tüftler ruinierten sich bei dem Versuch. Ein prominentes Beispiel ist Mark Twain, der bei der Unterstützung eines erfolglosen Erfinders praktisch sein gesamtes Vermögen verlor und in den 1890er Jahren mit Vorträgen beginnen musste, seine Schulden abzutragen. Die von

7 Heenemann, H.: Auflagenhöhen, S. 132.

ihm unterstützte Erfindung eines James W. Paige, die aus beinahe 20.000 Einzelteilen zusammengesetzt war, hatte die ungeheure Summe von acht Millionen Dollar verschlungen.

Erst dem Deutsch-Amerikaner Ottmar Mergenthaler (1854-1899) gelang, woran ca. 200 Erfinder vor ihm gescheitert waren. Mergenthaler beschritt einen anderen Weg als die Erfolglosen vor ihm, die zumeist eine Typensetzmaschine hatten konstruieren wollen. Er verband 1885/6 Setzen und Gießen.[8] Da bei dieser Konstruktion keine Buchstaben aus den Magazinen geholt und dort wieder abgelegt werden mussten, sondern nur Gussvorlagen für die Buchstaben, kam die Linotype mit einer geringen Magazingröße aus. Hatte der Setzer die Buchstaben auf einer schreibmaschinen-ähnlichen Tastatur geschrieben, wurde die Zeile mit Blei ausgegossen und im Satzschiff abgelegt. Die nicht mehr benötigten Gussformen wanderten nach jeder Zeile sofort ins Magazin zurück. Jede Buchstabengussvorlage hatte einen anderen Stempel, so dass sie nur in den für sie bestimmten Ablagekanal fallen konnte. Ottmar Mergenthaler nannte die Erfindung „Linotype" – line of types.

Auf die Dauer konnte sich neben der Linotype nur noch eine andere Satzmaschine behaupten, die Monotype des Erfinders Tolbert Lanston (1844-1913). Lanston beließ Setzen und Gießen getrennt. Auf seiner 1887 patentierten Monotype beschrieb der Setzer einen Lochstreifen. Die perforierten Streifen wurden nach dem Setzen und Ausschließen in die Gießmaschine gespannt und gossen dort automatisch die gesetzten Texte. Die Lochstreifentechnik sollte wenige Jahre später auf ganz anderem Gebiet ihren Siegeszug antreten. Hermann Hollerith stattete das statistische Büro der USA mit seinen Maschinen aus und beschleunigte damit die Volkszählung von 1890 erheblich. Aus der von Hollerith gegründeten Firma ging IBM hervor.

Die Satzmaschinen konnten große Mengen Text erfassen. Der Sieger eines Satzwettbewerbs kurz vor Ausbruch des Ersten Weltkriegs bewältigte in einer guten Stunde 10.000 Zeichen. Die Stundenleistung auf der Linotype wurde 1912 tariflich mit 6.400 Zeichen festgelegt.[9] Ein weiterer Vorteil war, dass sich die Buchstaben, da immer neu gegossen, nicht abnutzten. Das gewährleistete eine Gleichmäßigkeit des Satzes, dank der die Rotationsmaschinen mechanisch erheblich weniger beansprucht wurden. Nachteilig schlug allerdings die beschränkte typografische Vielfalt zu Buche. Die ersten Baumuster konnten nur eine einzige Schriftart und Größe bewältigen. Erst 1907 erschien eine Doppelmagazin-Linotype auf dem Markt, 1911 eine mit dreifachem Magazin. Sie ermöglichte dementsprechend drei Schriften miteinander zu kombinieren, ohne

---

8 RPat 32586 und 40857.

9 Groth, O.: Zeitung, Bd. 3, S. 10f.

die Satztätigkeit durch einen Magazinwechsel zu unterbrechen. Wegen der Vor- und Nachteile waren Setz-Gießmaschinen nicht für jede Druckerei und für jede Aufgabe sinnvoll. Sie eigneten sich besonders gut für einfache Satzaufgaben, für sogenannten „glatten Satz", wie er bei Standardtexten anfällt. Überschriften, variabel gestaltete Zeitungsseiten oder Anzeigen mit größerer Layout-Variation standen der Benutzung der Linotype im Weg, erzwangen gemischten Maschinen- und Handsatz oder die Verwendung der Monotype, die sich für komplexe Satzaufgaben gut eignete. Doch die Maschinen waren teuer. Eine Linotype kostete 1910 in Deutschland 12.000 bis 13.000 Mark – ein mittleres Bürgerhaus. Das erlaubte nur großen Verlagen die Anschaffung und verschlechterte wiederum die Wettbewerbsfähigkeit der kleinen. So mussten diese nach anderen Wegen suchen, an Satzkosten zu sparen – damit initiierte die Technisierung einen Konzentrationsprozess. Insgesamt dürften trotz Linotype und Monotype vor dem Ersten Weltkrieg noch zwei Drittel aller Texte von Hand gesetzt worden sein.

Die Druckverfahren

Schon in der Frühen Neuzeit hatten verschiedene Druckverfahren nebeneinander existiert. Man unterscheidet den Hochdruck, den Tiefdruck und den Flachdruck. Bei dem Hochdruck wird die Druckfarbe auf die erhabenen Teile der Druckplatte aufgebracht. Typische Hochdruckanwendungen sind der Druck von Holzschnitten und vor allem der Druck mit beweglichen Lettern. Beim Tiefdruck wird hingegen die Farbe in die Vertiefungen der Druckplatte eingerieben, die Zwischenflächen und -stege werden von der Farbe gereinigt. Typische Anwendungen sind Radierungen und Kupferstiche. Beim Flachdruck existiert zwischen den farbtragenden und den farbfreien Schichten kein Niveauunterschied. Die Effekte der Farbannahme und -abstoßung werden durch wechselseitige Abstoßung von Fett und Wasser erzielt. Typische Anwendungen sind Lithografie und Offset-Druck.[10]

Früheste Vorläufer des Kupferstichs sind schon im 15. Jahrhundert nachweisbar, im 16. begann er sich allmählich durchzusetzen und ab der Wende vom 16. zum 17. stellte er die vorherrschende Abbildungstechnik dar. Sprichwörtlich ist die Kupferstichtechnik in den Ausdruck „abkupfern" eingegangen. Ursprünglich eine Bezeichnung der Abbildungstechnik wurde es schon bald

---

10 Grundlegend: Koschatzky, W.: Kunst der Graphik. Knapp: Macias, J.: Bildjournalismus, S. 21-42. Vgl. Kogler, K.: Technikgeschichte, in: Medien & Zeit, 12/1997, Nr. 4, S. 15-20. Hirner, R. (Hg.): Geschichte der Bildmedien, S. 37-97, 122-139.

zum Synonym für plagiierende Übernahme fremder Leistungen und Gedanken. Im Unterschied zu den Holzstichen können mit Kupferstichen echte Halbtöne dargestellt werden. Hochdruckverfahren ermöglichen hingegen nur unechte Halbtöne: D.h. statt einer Abstufung von Schwarz über Grau bis Weiß vermögen Hochdruckverfahren nur Schwarz und Weiß zu drucken. Erst aus einem größeren Betrachtungsabstand ergeben sich Grauschattierungen dadurch, dass an helleren Stellen weniger und dünnere, an dunkleren mehr und dickere Punkte oder Striche in schwarzer Farbe aufgetragen sind. Der Spott Friedrich Nicolais über dies und jenes „Küpferchen", das den Zeitschriften beigelegt wurde, um die Attraktivität für das Publikum zu erhöhen, macht indessen schon ein Motiv deutlich, das hinter allen abbildungstechnischen Verbesserungen stand: Die Verbesserung der Ausstattung der Druckschriften sollte neue Leser gewinnen.[11] In modifizierter Form dem Rotationsmechanismus angepasst, kam der Kupfertiefdruck seit Beginn des 20. Jahrhunderts im Zeitungsdruck zu einiger Bedeutung. Die „Freiburger Zeitung" druckte erstmalig zu Ostern 1910 eine Tiefdruckbeilage, die als Sensation ihrer Branche galt. Auch andere Zeitungen wie das „Hamburger Fremdenblatt", die „Frankfurter Zeitung" und die Zeitungshäuser Mosse, Ullstein und Scherl folgten bald. Für qualitativ besonders herausgehobene Beilagen findet der Kupfertiefdruck noch heute Verwendung, z.B. in der Wochenendbeilage „Bilder und Zeiten" der FAZ.

Auch der Flachdruck verdankte seine Entstehung dem Verlangen der Drucker nach Verbesserung der Abbildungen und Verbilligung des Druckverfahrens. Erste Steindruckverfahren waren schon im 16. Jahrhundert bekannt, doch erst die Erfindung der Lithografie Ende des 18. Jahrhunderts durch Aloys Senefelder (1771-1834) machte aus dem Steindruck im Hochdruckverfahren ein Flachdruckverfahren, das ohne Ätzungen auskam und daher verschiedene Vorteile bot: Die Kalksteinplatten, auf denen die Lithografien verfertigt wurden, waren nach erfolgtem Druck wiederzuverwenden. Mit geätzten Steinen konnte nur ein und dasselbe Motiv wieder und wieder reproduziert werden. Lithografien erlaubten beinahe dreimal so schnelle Druckvorgänge wie der Kupfertiefdruck. Zudem waren die Abbildungen leichter zu korrigieren. Als nachteilig erwies sich allerdings, dass die Steine sehr bruchempfindlich waren. Während sich die Lithografie im Karten-, Kunst- und Notendruck rasch durchsetzte, konnte sie sich für die Presse nur bei den Nachrichtenkorrespondenzen und den Bilderbogen für eine gewisse Zeit um die Mitte des 19. Jahrhunderts die beherrschende Stellung sichern.[12] Erst die Weiterentwicklung zum Rollen-

---

11 Aus Kostengründen konnte aber auch bewusst auf Kupferbeilagen verzichtet werden. So in den „Monatsgesprächen". Vgl. [Thomasius, C.:] Vorrede, in: Monatsgespräche 1/1688, Bl. 3R.

12 Goldfriedrich, J.: Geschichte des Buchhandels IV, S. 209.

offset-Druck, der Anfang des 20. Jahrhunderts in den USA erfunden wurde, setzte sich im Zeitungsdruck durch. Der Offset-Druck basierte auf dem gleichen chemischen Grundprinzip, Farbträger waren allerdings gummierte Walzen. Eine erste deutsche Tageszeitung erschien mit Offset-Druck-Bildern Ende der 1920er Jahre. Erst nach dem Zweiten Weltkrieg wurde das Druckprinzip in Deutschland zur beherrschenden Zeitungsdrucktechnik.

Kein Druckverfahren, sondern eine besondere Form der Abbildungsreproduktion muss in diesem Zusammenhang noch genannt werden, die 1881 von Georg Meisenbach (1841-1912) erfundene Autotypie. Er entdeckte, dass eine beliebige Abbildungsvorlage, die mittels eines Rasters auf eine Platte belichtet wurde, ein aus verschieden dicken Punkten zusammengesetztes Abbild ergibt, das sich hervorragend zur Druckplattenätzung eignet. Bald belieferten große Klischeeanstalten wie Georg Büxenstein, Meisenbach oder Riffarth & Co. die Verlage mit Abbildungsrepros. Da bei der Autotypie die manuelle Schraffur der Druckplatte entfällt, bietet sie ideale Voraussetzungen für die schnelle Übertragung von Fotonegativen auf Bildvorlagen: Damit schloss sich die „Aktualitätslücke“ zum Wort. War der Text zunächst aktueller als das Bild, so ergänzten sich seit Beginn des 20. Jahrhunderts immer öfter Bild und Text. Waren Zeitungsfotos zunächst den Beilagen vorbehalten, so setzten sich seit den 1920er Jahren die Fotos auch in den gewöhnlichen Produkten durch, doch – drucktechnisch bedingt und um besser zu wirken – noch immer zumeist auf gesonderten Seiten.[13]

Und noch eine Erfindung half die Aktualitatslücke zu schließen. Der amerikanische Erfinder George Eastman (1854-1932) hatte 1884 die erste Rollfilmkamera, die „Kodak“ präsentiert, mit dem auch Laien Fotografien knipsen konnten. Die Kameras brauchten nur eingeschickt zu werden, der Kunde erhielt sie anschließend mit neuem Film und den entwickelten Bildern zurück. Die Erfindung ebnete der Fotoberichterstattung den Weg.

Das Zeitungspapier

Und noch ein letztes war für den Erfolg der Massenpresse notwendig: eine große Menge billigen Papiers. Zu Beginn des 19. Jahrhunderts hatten Hadern zur Deckung des Papierbedarfs völlig ausgereicht. Doch die steigende Nachfrage führte seit der Jahrhunderthälfte zur Rohstoffverknappung und -verteuerung. Die Papierherstellung mittels der Beimischung von Holzschliff (seit 1843), eine Erfindung des sächsischen Webers Friedrich Gottlob Keller (1816-

13 Jäger, K.: Bebilderung, in: Ders.: Mitteilung statt Medium, S. 195-203.

1895), verbilligte die Kosten so weit, dass große Auflagen preiswert genug an ihr Publikum gebracht werden konnten.[14] Um 1800 wurden in Deutschland zwischen 15.000 und 20.000 t, 1872 40.000 t Papier, 1880 80.000 t und 1900 674.000 t produziert.[15] Entsprechend sanken die Preise für das neue Holzschliffpapier.

Tabelle 2.1.2: Entwicklung der Papierpreise im 19. Jahrhundert (in Mark)[16]

	Mark/100 kg Hadernpapier		*Mark/100 kg Holzschliffpapier*
1801	62,70	1860	60,00
1823	52,35	1870	67,00
1844	62,90	1875	62,00
1860	69,00	1880	45,00
1881	65,90	1890	26,00
1892	67,10	1900	22,50

Das erste industriell hergestellte Holzschliffpapier stellt inzwischen die Bibliotheken und Archive vor enorme Probleme, da die enthaltene Säure beginnt, das Papier zu zersetzen. So sind heute gerade die Zeitungs- und Zeitschriftenbände aus der 2. Hälfte des 19. Jahrhunderts vom Zerfall bedroht. Das Problem, das die mangelnde Reißfestigkeit des Holzschliffpapiers anfangs für die Rollenrotationsmaschinen bedeutete, ist hingegen schon lange gelöst.

Die Nachrichtentechnik

Die Frühe Neuzeit hatte mit der Schaffung des regulären Postwesens die Grundlagen für die Entstehung des Nachrichtengewerbes gelegt. Doch waren Nachrichten weiterhin nur persönlich oder „materiell" – in Brief- und Korrespondenzform – überbracht worden. Insbesondere seit dem 19. Jahrhundert führten kontinuierliche Verbesserungen der Verkehrsmittel zu fortlaufender Beschleunigung der Nachrichtenübermittlung. Der Chausseebau verkürzte die zeitlichen Distanzen. An die Stelle der Segelschiffe traten allmählich Dampf-

---

14 Keller war durch die Beobachtung von Wespen, die ihre papiernen Nester aus geraspeltem Holz herstellen, angeregt worden. Die erste auf Holzschliffpapier gedruckte Zeitung war das „Intelligenz- und Wochenblatt für Frankenberg mit Sachsenburg und Umgebung" vom 11.10.1845. Friebel, A.: Holzschliffpapier, S. 19-68.

15 Zu diesem Abschnitt: Weber, W.: Verkürzung von Zeit und Raum, in: Ders./ König, W.: Netzwerke, S. 214-229. Wolf, H.-J.: Geschichte der Druckverfahren. Goldfriedrich, J.: Geschichte des Buchhandels IV, S. 488.

16 Die Preise sind auch vor 1875 in Mark angegeben. Meyer, H.-F.: Zeitungspreise, S. 257f. Geringfügig variierende Zahlen in: Groth, O.: Zeitung, Bd. 3, S. 430.

schiffe, an die Stelle der Postkutsche die Eisenbahn – in Deutschland seit 1835. Noch die Nachrichten von der französischen Revolution 1848 verbreiteten sich im Tagesrhythmus der Postkutsche von West nach Ost. Die Nachrichten von den Pariser Unruhen seit dem 24. Februar führten in Mannheim am 27. Februar, in Nassau am 1., in Köln am 3. und in Berlin am 6. März zu ersten Aufläufen. Die revolutionären Ereignisse gaben in Deutschland den politischen Anstoß zum Bau von elektrischen Telegrafenstrecken – 1848 erfolgte die Inbetriebnahme der ersten deutschen Linie von Berlin nach Frankfurt a.M., dem Sitz des Bundesrats und Reichstags.

Zuvor hatten „Telegrafen"-Anlagen aus Relaisstationen mit optischer Signalübermittlung bestanden. Die überwiegend unter militärischen Gesichtspunkten geplanten Telegrafenlinien funktionierten nur bei Sichtkontakt, konnten nur Landstrecken überbrücken, bedurften eines großen Personalaufwands und benötigten Zeit – je größer die zu überbrückende Strecke, desto mehr Relaisstationen, Personal und Zeit. Solch ein optischer Telegraf vermochte, bei einer Distanz von 400 km, ca. 20 Worte in einer Stunde zu übertragen. Mit der Nutzung elektrischen Stroms wurde das anders und der Aufbau eines weltumspannenden Informationssystems mit angemessen kurzen Übertragungszeiten möglich. Benötigte ein Brief zwischen Nordamerika und London per Schiffspost im 19. Jahrhundert noch 14-17 Tage, zwischen Indien und London sogar 30-40 Tage, so verkürzte sich nach Verlegung der Unterwasserkabel die Zeit auf 2-3 Tage, bis die Nachrichten in den Zeitungen erschienen.[17]

Tabelle 2.1.3: Leistungssteigerung der Telegrafie (1835-1935)[18]

	Zeichen/ Minute
Morse	60
Klopfertelegraf	100
Schnelltelegraf	1.000
Lochstreifenempfänger	2.400

Im Unterschied zu den optischen Telegrafensystemen, die nur der Verwaltung und den Militärs offengestanden hatten, durften auch Privatleute über die elektrischen Systeme Telegramme und Nachrichten versenden lassen – in Preußen seit 1849. Deshalb wurden nicht nur die technischen Gerätschaften planmäßig

17 Kittler, F.: Telegraphie, in: Felderer, B. (Hg.): Technikvisionen seit dem 18. Jahrhundert, S. 286-295. Ahvenainen, J.: Role of telegraphs, in: North, M. (Hg.): Kommunikationsrevolutionen, S. 75f.; vgl. North, M. (Hg.): Kommunikationsrevolution, S. XII. Wengenroth, U.: Informationsübermittlung, in: Hermann, A./ Dettmering, W./ i.A. der Agricola-Gesellschaft (Hg.): Technik und Kultur, Bd. 8, S. 458-463. Dovifat, E.: Zeitungslehre (1937), Bd. 1, S. 95.

18 Dovifat, E.: Zeitungslehre (1937), Bd. 1, S. 95.

verbessert, sondern auch das Geld für eine immense Infrastruktur bereitgestellt. Interesse an der Innovation hatten neben Verwaltung und Militär zwei private Kunden: Zum einen die Eisenbahnen, denn im Takt mit dem Ausbau des deutschen und europäischen Bahnnetzes mussten Telegrafenlinien installiert werden, um den Verkehr zu koordinieren. Zum anderen die Börsen- und Nachrichtenhändler – mit Nachrichten war Geld zu verdienen. Das Publikum, bereit für Neugier zu zahlen, lockte vor allem der Kenntnisvorsprung und damit die gewonnenen strategischen Handlungs- (und Handels-) Vorteile. Das Börsenpublikum war zahlungskräftig genug und darum willig, die zu Beginn der Innovationsphase beträchtlichen Preise zu tragen.[19]

Technisch gab es verschiedene Systeme: Zeigertelegrafen, Morseapparate, Drucktelegrafen und weitere. Die ersten beiden Varianten beruhten auf der buchstabenweise übertragenen Botschaft, die im ersten Schritt kodiert, dann übertragen und im letzten wieder dekodiert wurde. Samuel Morses Alphabet mit ihrer Abfolge kurzer und langer Signale setzte sich zunächst durch. Der Drucktelegraf übertrug im Klartext, weitere Verbesserungen ermöglichten die Bildübertragung. Der technische Fortschritt war rasant. Die Einführung von Duplex- und Multiplexverfahren seit den 1870er Jahren, mit denen mehrere Nachrichten zur gleichen Zeit über ein Kabel zu schicken waren, vervielfältigte die Leistung. Die nötige technische Infrastruktur entstand in Deutschland bis zum Ersten Weltkrieg.

Tabelle 2.1.4: Ausbau der Nachrichteninfrastruktur vor dem 1. Weltkrieg[20]

	Stationen	*Leitungskilometer*
1866	691	56.053
1881/82	8.475	177.371
1913	38.509	1.863.600

Schon in den 1850er und 1860er Jahren war es gelungen, akustische Signale elektrisch zu übertragen, doch erst mit Graham Bells US-Patent von 1876 begann die Geschichte des Telefons. Die Vorteile – direkter Kontakt mit unmittelbarer Reaktionsmöglichkeit – machten das Telefon alsbald zum unentbehrlichen Requisit für die Zeitungsredaktionen. Seit Beginn der zwanziger Jahre ging man dazu über, die Dienste der Nachrichtenagenturen über Funktelefonie zu beziehen. Das bot billigere Gebühren, ungelernte Telefonistinnen drückten die Lohnkosten und bei Übertragungsschwierigkeiten konnte zurück-

19 Weber, W.: Techniken 1840-1880, in: Ders./König, W: Netzwerke, S. 214-223. Basse, D.: WTB, S. 24f.

20 Postler, F.: Post- und Fernmeldewesen, S. 54f.

gefragt werden. Damit eignete sich das Telefon besonders gut für die Provinzpresse.[21]

1.2 Nachrichten und Nachrichtenagenturen

Seit ihren Anfängen hatten Korrespondenten die Presse mit Nachrichten versorgt (vgl. Teil 1). Noch in unserer Gegenwart ist die Dichte des Korrespondentennetzes ein wichtiges Qualitätskriterium für den Informationswert einer Zeitung oder Zeitschrift. Korrespondenten sind allerdings in der Regel teuer. Blätter wie der HUC im 18. und frühen 19. oder die AZ in der ersten Hälfte des 19. Jahrhunderts ließen sich die eingesandten Beiträge teures Geld kosten. Andere Blätter, z.B. die „Schlesischen Provinzialblätter" (1785-1849) oder die „Provinzial-Correspondenz" (1863-1884) und deren Nachfolger setzten auf unentgeltliche Mitarbeit. Telegrafen und Nachrichtenagenturen stellten die Nachrichtenbeschaffung auf eine neue, rationellere, aber weniger exklusive Grundlage.[22]

Vier „Gründeragenturen" leisteten Pionierarbeit: „Agence Havas" (Frankreich 1835) puschte die „kollektive Zeitungsberichterstattung", das „Wolffsche Telegraphische Bureau" (WTB) – der Eigentümer war die „Continental-Telegraphen-Compagnie" (CTC) – (Deutschland 1849) nutzte als erstes die elektrische Telegrafie, „Reuters" (GB 1851) erschloss fremde Erdteile und „Associated Press" (AP, USA 1848) verwirklichte die genossenschaftliche Nachrichtenagentur. Die vier einigten sich 1870 auf ein Kartell zur Aufteilung des Marktes, vorausgegangen war 1859 ein erstes Abkommen. Die Kartellverträge wurden geschlossen und wiederholt verlängert, weil alle Beteiligten einsahen, dass sie ihren Konkurrenten in deren jeweiligen Kerngebieten unterlegen waren. Gemeinsam beherrschten sie den Welt-Nachrichtenmarkt bis 1914; für die vier war das Kartell so lukrativ, dass Kernelemente sogar den Krieg überdauerten.[23]

Das WTB wurde zur offiziösen preußisch-deutschen Nachrichtenagentur. 1869 schloss sie mit der preußischen Regierung einen Vertrag auf zehn Jahre, der dieser weitgehende Kontrollmöglichkeiten einräumte: Politische Artikel mussten vorher von Beamten des Staatsministeriums genehmigt werden.[24] Bis 1879 entwickelte sich eine Zusammenarbeit, mit der die preußischen Mini-

---

21 Wessel, H.A.: Rolle des Telefons, in: North, M. (Hg.): Kommunikationsrevolution, S. 102-104. Neitemeier, M.: Telegraphen-Union, in: Wilke, J. (Hg.): Telegraphenbüros, S. 107.

22 Rintelen, M.v.: AZ, S. 34f. Gerber, M.R.: Provinzialblätter, S. 41-50. Prutz, R.E.: Journalismus.

23 Basse, D.: WTB, S. 26, 48-53.

24 Vertrag zwischen PrMPräs und CTC vom 11.6.1869, in: GStA I. HA, Rep 77, Tit 945, Nr. 51, Bd. 1, Bl. 90-93.

sterien insgesamt zufrieden waren. Nun standen Vertragsverlängerungen an, zu dessen Zweck eine Kommission aus dem Direktor des WTB und Beamten des Innen- und Staatsministeriums gebildet wurde. Für die Verlängerung sprachen die positiven Erfahrungen mit der Agentur: Die wesentlichen Veränderungen gegenüber dem früheren Vertrag waren: Die Laufzeit wurde auf fünf Jahre festgesetzt bei jeweiliger stillschweigender Verlängerung, wenn der Vertrag nicht ein Jahr vorher gekündigt wurde (Art. 17). Anstelle des Staatsministeriums trat der Reichskanzler als Vertragspartner: Ihm stand jetzt die Kontrolle der politischen Nachrichten zu (Art. 5), er hatte den verantwortlichen Redakteur und die Wahl neuer Vorstands- und Aufsichtsratsmitglieder zu bestätigen (Art. 8).

Den Nutzen des WTB für die Reichs- und preußische Staatsregierung machten noch zwei weitere Umstände deutlich. Erstens, einer Reihe von Zeitungen stellte das WTB unentgeltlich sein Material zur Verfügung. Die preußische Regierung übernahm die Kosten. Damit sollte ausländisches Agenturmaterial durch das WTB ersetzt werden. Obwohl auch nach 1879 weiterhin die preußische Regierung in dieser vertraglichen Verpflichtung stand, sollten die Kosten aus „Reichsfonds" entrichtet werden. Zweitens, Telegrafie war im 19. Jahrhundert das schnellste Mittel, Nachrichten zu übertragen. Darum benutzte die preußische Regierung das WTB zeitweise als „Rundfunk". Im Krieg gegen Frankreich 1870/71 verbreitete sie über das WTB ihre offiziellen Nachrichten. Diese sollten sofort in ortsansässigen Druckereien als Plakate gedruckt und von den Behörden an öffentlichen Plätzen und Gebäuden angeschlagen werden. Ausdrücklich waren diese Stellungnahmen als Korrektiv zu „den in solchen [Kriegs]-Zeiten erfahrungsgemäß in großer Zahl umlaufenden, irrthümlichen oder übertriebenen Gerüchten" gedacht. Noch während des Ersten Weltkriegs nutzten preußische und Reichsbehörden unentgeltlich die Dienste des WTB. In Weimarer Zeit glitt das Büro allmählich aus der offiziösen in die Stellung einer offiziellen Agentur. 1920 half die Regierung dem WTB aus seinen Finanznöten und erhielt dafür die direkte Kontrolle über den Auslandsnachrichtendienst, das WTB wurde zur „Abteilung der [Reichs-] Pressestelle", entsprechend wuchs die Kritik.[25]

Eine erste scharfe Kritik hatte bezeichnenderweise ein „Journalist" vorgebracht, der hauptberuflich Politiker war, Eugen Richter. In der Haushaltsdebatte 1891 zwang er die Regierung zur Stellungnahme zu dem Vorwurf, dass dem WTB bevorzugte Beförderung und Finanzvorteile gegenüber Konkurrenten eingeräumt worden seien. Fast nebenbei benannte Richter aber auch einen anderen Umstand: „Jede Agitation, jede Kundgebung im Sinne der Regierung

25 Basse, D.: WTB, S. 202, 219, 230, 238-247. Stöber, R.: Erfolgverführte Nation, S. 93-95.

wurde aufgebauscht und mitgetheilt, und jede Kundgebung, die anders lautete, wurde unterdrückt und nicht mitgetheilt. Auf diese Weise hat dieses Telegraphenbüreau in gewissen Situationen einen ganz falschen Eindruck der öffentlichen Meinung hervorgebracht."[26] Aber da Richter mit der Hauptkritik an den ungesunden Konkurrenzverhältnissen auch in eigener Sache sprach (Richter war Herausgeber der „Freisinnigen Zeitung" und einer liberalen Korrespondenz), ging der letzte, wichtigste Kritikpunkt unter.

Nach 1900 verschärfte sich die Kritik am WTB. Im Mittelpunkt standen wachsende Schwerfälligkeit und die Kritik an den Kartellverträgen. Diese verhindere, so die nationalistische Presse als Reflex auf die „Einkreisung", dass Deutschlands Stimme in der Welt angemessen verbreitet würden. Schwerfälligkeit, Langsamkeit, Fehler in der Berichterstattung und journalistische Unfähigkeit blieben in Weimarer Zeit die wichtigsten Monita, die zu dem Bedeutungsverlust des WTB maßgeblich beitrugen. Das gängige Journalistenwort „Den Mantler nach dem Winde hängen"[27] (Heinrich Mantler war bis 1929 Direktor des WTB) kritisierte zwar die Offiziosität der wichtigsten Nachrichtenagentur, jedoch nicht so sehr Nachrichtenpolitik durch Nachrichtenauswahl, als vielmehr durch Kommentierung und Formulierung. Damit zielte das Bonmot auf die Tendenz der verbreiteten Meinung. Nachteiliger als die Kritik, zugleich aber ihre Folge, war die Tatsache, dass dem WTB mächtige Konkurrenz erwuchs. Darum erreichte das WTB 1932 nur noch 1.300 Zeitungen direkt und weitere 900 über sogenannte Materndienste (s.u.). 300 der Zeitungen erhielten damals die Mitteilungen telegrafisch.[28]

Die Konkurrenz des WTB

1913 schlossen sich kleinere Nachrichtenagenturen, die wichtigste war „Louis Hirsch's Telegraphisches Büro", zur „Telegraphen Union" (TU) zusammen.[29] Zunächst änderte das wenig: Im Ersten Weltkrieg musste auch sie sich den Kontrollansprüchen der Regierung unterordnen. Doch nach dem Krieg führten Finanzschwierigkeiten die TU unter Hugenbergs Kontrolle. Schon 1919 besaß seine Holding die Mehrheit der Anteile.

In Weimarer Zeit gab die TU rund 30 verschiedene Dienste und Korrespondenzen heraus. 1926 hatten 48% aller Tageszeitungen die TU abonniert,

---

[26] StenBer RT, 29.1.1891, 54. Sitzung, Bd. 115, S. 1227. Vgl. Basse, D.: WTB, S. 94f.

[27] Zechlin, W.: Pressechef, S. 11. Vgl. Tucholsky, K.: Gesammelte Werke, Bd. 4, S. 38.

[28] Basse, D.: WTB, S. 98., S. 150f., 206, 22-238, 246.

[29] Zur Geschichte der anderen deutschen Nachrichtenagenturen: Wilke, J. (Hg.): Telegraphenbüros. Zur TU insb. Neitemeier, M.: TU, in: Ebd., S. 87-134. Vgl. auch Basse, D.: WTB, S. 154.

1928 bezogen ca. 1.600 Zeitungen die TU, nicht wenige ausschließlich. Vor allem die kleinen Heimatzeitungen leisteten sich nur eine einzige Nachrichtenagentur. 600 Zeitungen bezogen die Parlamentskorrespondenz der TU. So lief sie dem traditionsreichen Konkurrenten den Rang ab. Die TU war moderner und brachte mehr Sport- und Gesellschaftsnachrichten. Hinter den leichten Nachrichten der TU ließ sich die Beeinflussung durch politisch motivierte Nachrichtenauswahl gut verbergen. Als im Herbst 1924 einige Redakteure aus der Union ausschieden, kritisierten sie deren Rechtslastigkeit und Nachrichtenselektion.[30]

Die Gefährdung der Meinungsvielfalt durch Hugenberg hing auch mit der marktbeherrschenden Stellung seines Imperiums auf dem Gebiet der Materngesellschaften zusammen. Mit Text- und Bildbeiträgen in Gipskartons, die ausgegossen und in die Druckmaschinen eingespannt wurden, erweckten vor allem kleine Provinzzeitungen den Eindruck, man habe in Berlin oder im Ausland Korrespondenten, und sparte so an Setzern und Journalisten. Die scheinbare publizistische Vielfalt begünstigte die tatsächliche Meinungskonformität weiter Teile der deutschen Presse. Diese publizistische Konzentration hatte sich schon im Ersten Weltkrieg verstärkt. Gegen Kriegsende bezogen reichsweit 905 Zeitungen ihren Mantel als vorgeprägte Matern. Die wichtigste Materngesellschaft der Weimarer Zeit, die „Wirtschaftsstelle der Provinzpresse" (Wipro) des Hugenbergschen Scherl-Verlags, belieferte 1925 ca. 300 Zeitungen. Durch den Ankauf der Maternagentur „Central-Bureau für die deutsche Presse" kamen weitere hinzu, so dass die Wipro insgesamt 530 Abonnenten bediente. Ende der Republik wurden schätzungsweise 1.500 Zeitungen von TU und WTB mit Matern beliefert.[31]

Nach der „Machtergreifung" erzwangen die Nationalsozialisten den Zusammenschluss von TU und WTB zum „Deutschen Nachrichten-Büro". Mit Jahresbeginn 1934 nahm die neue Agentur die Arbeit auf. 1935 zählten 1.700 Zeitungen zu den direkten, 1.300 Blätter zu den mittelbaren Abnehmern der DNB-Dienste. Gegen Ende des Zweiten Weltkriegs waren von den übriggebliebenen ca. 980 Zeitungen 700 an die Funktelegrafie des DNB angeschlossen. Doch Hauptabnehmer der Dienste waren nicht Zeitungen, bis 1939 wurden 67% aller Meldungen des DNB ausschließlich an amtliche und an Parteistellen

---

30 Holzbach, H: System Hugenberg, S. 282; Neitemeier, M.: TU, in: Wilke, J. (Hg.): Telegraphenbüros, S. 130.

31 Gottlieb, M.: Konzentrationsvorgänge, neu abgedruckt in: Fischer, H.-D.: Pressekonzentration und Zensurpraxis, S. 51-73. Holzbach, H: System Hugenberg, S. 278f. Guratzsch, D.: Macht durch Organisation, S. 23. Bernhard, L.: Hugenberg-Konzern, S. 15-17 und 82f. Stöber, R.: Erfolgverführte Nation, S. 95-97. Wernecke, K.: Provinzpresse, in: Presse und Geschichte II, S. 366.

weitergeleitet, nach Kriegsbeginn sogar 82% und mehr.[32] Rasch wurde das „DNB“ mit „Darf nichts bringen“ übersetzt; Journalisten und Leser wussten, dass vom Regime die Nachrichtenlage gesteuert wurde. Offiziell besaßen zwei Tarnfirmen die Agentur: zunächst die „Cautio Treuhandgesellschaft“, ab 1942 die ebenfalls reichseigene „Telos Verwaltungsgesellschaft“.[33]

1.3 Kommunikationspolitische Regelungen

1.3.1 Verfassungsrecht

Das alte „heilige römische Reich deutscher Nation“ war 1806 untergegangen, 1815 entstand es in der Gestalt des „Deutschen Bundes“ in veränderter Form und ohne Kaiser erneut. Die nächsten fünfzig Jahre existierte dieser Bund und ging erst 1866 in dem preußisch-deutschen Krieg, der mittelbar zur Reichseinigung führte, unter. In verfassungsrechtlicher Hinsicht bilden die fünfzig Jahre zwischen 1815 und 1866 eine Zeit des Übergangs. In der Schlussakte des Wiener Kongresses 1815, mit der unter internationaler Beteiligung Deutschland neu geordnet wurde, versprachen die Fürsten zwar Verfassungen, das Versprechen wurde jedoch von Preußen und Österreich, den Vormächten des Bundes, nicht eingelöst. Und die Verfassungen der kleineren Staaten schützten deren Bürger kaum vor Bundeseingriffen, so dass die deutsche Öffentlichkeit – wenngleich von Staat zu Staat verschieden – gegängelt wurde. In der Revolution von 1848 wurde dann zwar eine Reichsverfassung verabschiedet, die sich als Negation der vorherigen Unfreiheit lesen ließ: „Jeder Deutsche hat das Recht, durch Wort, Schrift, Druck und bildliche Darstellung seine Meinung frei zu äußern“, verkündete der Katalog der Grundrechte. Allerdings scheitere mit der Revolution auch die Konstitution. Gleichwohl hatten nach 1848 die meisten deutschen Staaten eine Verfassung, in denen den Staatsbürgern Grundrechte gewährt wurden.[34]

Ein Musterbeispiel für den Schutz und seine Grenzen gibt die preußische Verfassung von 1849/50. In ihrer Fassung von 1850 war festgehalten: Jeder Preuße besaß das Grundrecht auf Presse- und Meinungsfreiheit (Art. 27 PrV), Versammlungsfreiheit (Art. 29 PrV), Vereinigungsfreiheit (Art. 30 PrV), Briefgeheimnis (Art. 33 PrV) und andere kommunikationsrechtlich relevante Grundrechte. Aber alle Rechte galten nur bedingt: „Zensur darf nicht einge-

---

32 Reitz, J.: DNB, in: Wilke, J. (Hg.): Telegraphenbüros, S. 229 und 241.

33 Gamm, H.-J.: Flüsterwitz, S. 109. Neitemeier, M.: TU, in: Wilke, J. (Hg.): Telegraphenbüros, S. 132-134; Reitz, J.: DNB, in: Ebd., S. 214, 223 und 235.

34 Vgl. Boldt, H.: Verfassungsgeschichte. Huber, E.R.: Verfassungsgeschichte, Bd. 2.

führt werden; [aber] jede andere Beschränkung der Pressefreiheit nur im Wege der Gesetzgebung." Versammlungen unter freiem Himmel bedurften behördlicher Genehmigung, für politische Vereine konnten „Beschränkungen und vorübergehende Verbote" erlassen werden. Frauen besaßen weder das Vereinsnoch das Versammlungsrecht. Das Briefgeheimnis galt weder im Kriegsfall noch bei Strafprozessen.

In den Jahren des Verfassungskonfliktes von 1863 bis 1866 wurden die gewährten Rechte ernsthaft eingeschränkt. In dem weniger pressehistorisch als verfassungsgeschichtlich bedeutsamen Konflikt ging es um das Budgetrecht des Parlaments. Die Details müssen hier nicht interessieren.[35] Nur soviel: Der Staatshaushalt der meisten europäischen Staaten bestand bis ins zwanzigste Jahrhundert zu überwiegenden Teilen aus Militärausgaben. Jede Heeresreform kostet(e) Geld. Zu den zentralen, eben erst erstrittenen Rechten der jungen Parlamente gehörte das Recht auf Budgetbewilligung. Nun wollte der preußische Landtag unter liberaler Führung den kostenintensiven Reformen nur zustimmen, wenn als Gegenleistung seine Rechte erweitert würden. Dazu wiederum waren der preußische König Wilhelm I. und Ministerpräsident Otto von Bismarck nicht bereit. Weil das Parlament nun ebenfalls seinen Widerstand verstärkte, das Heeresbudget nicht bewilligte und damit der Reform im Wege stand, beschloss Bismarck, den Schwebezustand als Staatsnotstand zu interpretieren und ohne Parlament das Budget zu verabschieden.

In der Öffentlichkeit, insbesondere in den liberalen Zeitungen, erhob sich ein Sturm der Entrüstung. Dieser Kritik begegnete die Regierung mit der Presseordonanz vom 1. Juni 1863, die Verbote „bei fortdauernder, die öffentliche Wohlfahrt gefährdender Haltung" ermöglichte. Die Redaktionen von sechs Berliner Zeitungen, darunter die der „Volks-Zeitung" und der „Vossischen Zeitung" kritisierten die Oktroyierung (die unparlamentarische Verabschiedung) und monierten: „Der letztere [der begründende Bericht des Staatsministeriums] spricht nur von der leidenschaftlichen und unnatürlichen Aufregung, welche während der letzten Jahre in Folge des Parteitreibens die Gemüther ergriffen habe. Eine solche Aufregung, selbst wenn sie vorhanden wäre, bedroht aber weder die öffentliche Sicherheit, noch begründet sie einen Nothstand, solange sie nicht in Handlungen übergeht. [...] Die Verfassungs-Urkunde gewährleistet die Preßfreiheit, und wenn sie Beschränkungen derselben nur im Wege der Gesetzgebung zuläßt, so folgt daraus sicherlich, daß derartige Beschränkungen nicht im Wege der Oktroyierung eingeführt werden dürfen. [...] Angesichts dieses Schrittes der Staatsregierung [...] verwahren wir hierdurch feierlich unser Recht. [...] Möge ein Jeder, indem er fest und beharr-

[35] Sie sind konzise zusammengefasst in: Huber, E.R.: Verfassungsgeschichte, Bd. 3, S. 305-369.

lich für seine Ueberzeugung eintritt, Zeugniß dafür ablegen, daß die Presse die herrschende Stimmung nicht hervorgerufen, sondern ihr nur den getreuen Ausdruck gegeben hat." Es folgen die Unterschriften. An dieser Erklärung ist das Selbstverständnis der Presse bemerkenswert: die „Spiegeltheorie", d.h. die Anschauung, die Presse spiegele die öffentliche Meinung, statt sie zu evozieren. Ob die Redaktionen tatsächlich diesen bescheidenen Ansatz vertraten oder ob – was hier nahe liegt – sie ihre eigene Rolle zurücknahmen, um den Vorwurf der Unruhestiftung abzuwehren, lässt sich nicht mit Bestimmtheit entscheiden. Zudem ist die Erklärung ein Beweis für die Interpretation, selbst die schwammigen und in vielerlei Hinsicht mit Mängeln behafteten Verfassungen der nachrevolutionären Epoche hätten einen Fortschritt bedeutet. Denn immerhin musste die Bevölkerung nicht mehr jede Maßnahme der Exekutive als Untertanen hinnehmen, sondern konnte sich als Staatsbürger auf verbriefte Rechte berufen. Allerdings bedeutete das hier für die protestierenden Zeitungen nur einen theoretischen Vorteil, denn sie wurden umgehend vom Berliner Polizeipräsidenten verwarnt.[36]

Den Ausweg aus diesen innen- und pressepolitischen Konflikten wies der Stimmungsumschwung, den die Einigungskriege bewirkten. Der „Norddeutsche Bund" und das „Deutsche Reich", das aus ihm hervorging, waren ausgeprägte Bundesstaaten mit schwach entwickelter Zentrale. Die Verfassung unterstrich dies, auch in kommunikationsrechtlicher Hinsicht. Geregelt wurde nur die Zuständigkeit des Reichs für die Erlassung eines Pressegesetzes (Art. 4.16 RV) und die Verhängung des Ausnahme- und Kriegszustands (Art. 68 RV). Wichtig war darum vor allem das, was fehlte. Beide Verfassungen, die des Reichs hatte die des Norddeutschen Bundes nur unwesentlich abgewandelt, kannten keine Grundrechte – indirekt ein Reflex der Debatten von 1848/49. Endlos lang hatten diese die Handlungsfähigkeit des Paulskirchenparlaments gelähmt. Mit den Grundrechten fehlten wichtige individuelle Freiheiten wie die Meinungs-, die Presse-, die Versammlungsfreiheit u.a.m. Damit blieben die persönlichen Freiheiten den höchst unterschiedlich ausformulierten Regelungen der Mitgliedsstaaten überlassen. Zudem existierte kein Reichsverfassungsgericht, vor dem Kommunikationsfreiheiten hätten eingeklagt werden können. Vor allem aber war die Verfassung Ausdruck eines Kompromisses zwischen den Wünschen der Liberalen und denen Bismarcks.[37]

Die Weimarer Reichsverfassung zog aus der Verfassungswirklichkeit im Kaiserreichs und den Einschränkungen der Kriegszeit Lehren. Diesmal wurden

---

[36] Erklärung, in: Volks-Zeitung, 5.6.1863, Nr. 128, S. 1. [Verwarnung], in: Ebd., 6.6.1863, Nr. 129, S. 1. Vgl. Widdecke, E.: Haude- und Spenersche, S. 310-312. Koszyk, K.: Deutsche Presse II, S. 231f.

[37] Huber, E.R.: Deutsche Verfassungsgeschichte, Bd. 3, S. 641-1074.

dem deutschen Staatsvolk „Grundrechte“ gewährt, Menschenrechte aber nicht. Zwei Dinge charakterisierten die Grundrechte: Sie waren, zweiter Teil der Verfassung, den Bestimmungen zum Staatsaufbau nachgeordnet und sie wurden als Individualrechte interpretiert. Die relative Geringschätzung, die in der Nachordnung zum Ausdruck kam, fand ihre Ergänzung in Artikel 48 WRV, die dem Reichspräsidenten Diktaturgewalt mit vorübergehender Aufhebung der Grundrechte einräumte. Allerdings waren dem Notstandsparagraf einige Sicherungen beigegeben worden, nur hatten die späteren Reichstage versäumt, die wichtigste Sicherung zu verabschieden: ein Ausführungsgesetz. So konnte in der Spätzeit der Republik gegen die Absicht der Nationalversammlung mit perpetuierten Präsidialerlassen regiert werden. Die Rechte wurden immer wieder außer Kraft gesetzt. Um der politisch-publizistischen Krise Herr zu werden, verbot die Reichsregierung nicht nur Zeitungen, mit der Notverordnung vom 17. Juli 1931 nötigte sie beispielsweise den Zeitungen den Abdruck von „Auflagenachrichten“ ab: Die Regierung Brüning versuchte damit über ihr unfreiwilliges Sprachrohr, die Zeitungen, die öffentliche Meinung zu beeinflussen. Insgesamt, so könnte zusammengefasst werden, besaßen die Grundrechte einen höheren Stellenwert als in der Kaiserzeit, aber einen geringeren als zu wünschen gewesen wäre.[38]

Beispielhaft kann das für die Garantie der Meinungsfreiheit (Art. 118 WRV) gezeigt werden. Der Artikel gewährte nur dem Einzelnen Meinungsfreiheit, er garantierte nicht die formale Pressefreiheit. Die Pressevertreter bemerkten diese Unterlassung nicht. Die Unterdrückung der Pressefreiheit im Weltkrieg vor Augen und nach der Erfahrung, dass das konstitutionelle Kaiserreich die Pressefreiheit weitgehend respektiert hatte, gingen Parlamentarier, Journalisten und Verleger stillschweigend davon aus, dass die neue Demokratie erst recht die Pressefreiheit schützen werde. Überdies fürchteten Verleger und Journalisten vor allem die Eingriffe der Arbeiter- und Soldatenräte. So kam recht zufällig ein Gemengsel alter und neuer Formulierungen zustande. Den weitesten Schutz hatte noch der endgültige Entwurf der verfassungsgebenden Nationalversammlung gewährt. Nach ihm hatte jeder „Deutsche das Recht, sich durch Wort, Schrift, Druck oder Bild frei zu äußern“. Das erwähnte zwar nicht ausdrücklich die Pressefreiheit, war aber weiter gefasst als der Schutz der reinen Meinungsäußerung. Das Fehlen interpretierten die Gerichte später als bewusste Auslassung. In den Beratungen waren solche juristischen Feinheiten nicht erörtert worden, stattdessen hatte der Schutz der Jugend vor „Schund- und Schmutz“ und die Furcht vor dem neuen Medium Film im Mittelpunkt gestan-

38 Zu diesem und den folgenden Abschnitten vgl. Stöber, R.: Pressefreiheit. Vgl. Wilke, J. (Hg.): Pressefreiheit, S. 32-36.

den. So war das Institut der freien Presse nicht garantiert, objektiv hatte sich die Garantie der Pressefreiheit sogar noch verschlechtert. Von Reformansätzen abgesehen veränderte sich in der Weimarer Zeit das Presserecht nur unwesentlich. Aber das neue politische Strafrecht der Republikschutzgesetze von 1922 und 1929 und die rigiden Verwaltungsakte, die durch Notverordnungen des Reichspräsidenten abgesichert waren, ermöglichten massive Eingriffe.

Die Nationalsozialisten schufen keine eigene Verfassung. NS-Juristen wie Hans Frank und Franz Gürtner arbeiteten vergeblich daraufhin. Dennoch spiegelte sich die terroristische Natur der Diktatur auch in ihrem „Verfassungsrecht“: Grundlegend war das „Gesetz zur Behebung der Not von Volk und Staat“, das sogenannte „Ermächtigungsgesetz“ vom 24. März 1933. Es ging erheblich weiter als seine Weimarer Vorgänger und befreite Hitler aus der Abhängigkeit von den Erlassen des Reichspräsidenten. Das Ermächtigungsgesetz sollte vier Jahre gelten, es wurde bis 1943 wiederholt befristet und dann durch „Führererlass“ unbefristet verlängert.[39] Zudem waren schon alle wichtigen Grundrechte der Weimarer Verfassung durch die Verordnung vom 28. Februar aufgehoben worden: Meinungsfreiheit, Briefgeheimnis, Versammlungs- und Vereinsfreiheit.

1.3.2 Vom Bundespressegesetz 1819 zum Schriftleitergesetz 1933

Die Wiener Bundesverfassung von 1815 hatte „gleichförmige Verfügungen über die Pressefreiheit“ versprochen. Trotzdem entwickelten sich die Pressezustände zunächst auseinander – während in Preußen und Österreich die Bestimmungen verschärft wurden, lockerten Weimar, Württemberg und Bayern ihr Presserecht. Alsbald aber sollte sich zeigen, dass *gleichförmig* nicht nur Verbesserung heißen konnte, sondern auch gleichmäßig schlecht. Ludwig Börne hatte hellsichtig schon 1818 davor gewarnt.[40] Bevor eine vom Bundestag eingesetzte Pressekommission, die klären sollte, wie „gleichförmige“ Verfügungen erreicht werden könnten, Ergebnisse vorlegte, fassten Preußens und Österreichs Gesandte im Sommer 1819 im böhmischen Karlsbad die „Karlsbader Beschlüsse“, mit denen die Vormächte des Bundes die anderen Mitgliedstaaten überrumpelten und Österreichs führender Politiker, der spätere Staatskanzler Klemens Fürst von Metternich, seine kommunikationspolitischen Vorstellungen weitgehend durchsetzte.

[39] Münch, I.v.: Gesetze des NS-Staates, S. 14.

[40] Börne, L.: Freiheit der Presse in Baiern, in: Ders.: Gesammelte Schriften, Bd. 1, S. 177f.

Auf den Karlsbader Beschlüssen fußte das Bundespressegesetz vom September 1819, es galt bis 1848. Die zentrale Bestimmung unterwarf alle Schriften unter 20 Bogen der vorherigen Prüfung, die umfangreicheren blieben der Nachzensur unterworfen. Ein Bogen umfasst 16 Seiten, d.h. jedes Buch, jede Zeitung und Zeitschrift mit weniger als 320 Seiten musste vor der endgültigen Drucklegung von einem Zensor geprüft werden. Die Beschlüsse waren als Maßgabe gedacht, die liberale Pressepolitik der süddeutschen Staaten Württemberg, Baden und insbesondere Bayern zu hintertreiben. Sie sind zudem im Zusammenhang mit weiteren Maßnahmen zu sehen: In den Demagogenverfolgungen wurden liberale Dozenten aus dem Universitätsbetrieb entlassen, die Universitäten überwacht, die Burschenschaften verboten und für die Überwachung der öffentlichen Sicherheit eine Zentraluntersuchungskommission in Mainz eingesetzt. Überdies gaben sie nur das Mindestmaß vor; jedes Land durfte schärfere Bestimmungen erlassen.[42]

Abbildung 2.1.2: Zensurlücke in Heines Reisebildern[41]

Capitel XII.

Die deutschen Censoren — — — —
— — — — — — — — — —
— — — — — — — — — —
— — — — — — — — — —
— — — — — — — — — —
— — — — — — — — — —
— — — — — Dummköpfe — —
— — — — — — — — — —
— — — — — — — — — —
— — — — — — — — — —
— — — — —

Mit dem Bundespressegesetz von 1819 begann eine Phase scharfer Unterdrückung der Pressefreiheit. Es dauerte in einigen Ländern – z.B. in Bayern – aber mehrere Jahre, bis sich die Landesregierungen den scharfen Bundesbestimmungen fügten. Und schon nach der europäischen Revolution von 1830 versuchten einige Staaten unter Berufung auf ihre Verfassungen erneut, sich dem rigiden Zugriff des Bundes zu entziehen. Große Hoffnungen setzte das liberale Deutschland in das badische Pressegesetz, doch der Bundestag zwang Baden zur Rücknahme des Gesetzes und verschärfte die Gesetzgebung weiter, die Karlsbader Beschlüsse galten ab 1832 auch für die lithografischen Korrespondenzen und 1834 wurde die Kennzeichnung von Zensurlücken verboten. Die oppositionelle Publizistik reagierte hierauf, indem sie Sammlungen von Zensurstellen oder Briefwechsel mit Zensurkollegien

41 Heine, H.: Reisebilder, 2. T., Hoffmann und Campe: Hamburg 1827, S. 228.

42 Huber, E.R. (Hg.): Dokumente, Bd. 1, S. 91f. Zur Verfassungswirklichkeit unter den Karlsbader Bedingungen: Siemann, W.: Ideenschmuggel., in: HZ 245/1987, S. 71-106. Houben, H.H.: Zensur, S. 339-358. Ziegler, E.: Zensur. Struckmann, J.C.: Staatsdiener, S. 82-88.

veröffentlichte, die, das war die paradoxe Pointe, in der Regel über 20 Bogen stark nicht unter die Präventivzensur fielen. Die Obrigkeit wiederum schuf neue Institutionen der politischen Polizei, wie das geheime Mainzer Informationsbüro Metternichs und die Frankfurter Bundeszentralbehörde, um die renitente Öffentlichkeit zu überwachen.[43]

Der Kampf der Liberalen und Demokraten – z.B. in Johann Georg August Wirths „Press- und Vaterlandsverein" (1832/33) – hatte die Pressefreiheit nicht durchsetzen können. Erst in der Revolution von 1848 fiel das Karlsbader Pressegesetz. Der Bundesbeschluss vom 3. März 1848 verkündete die Freiheit der Presse. Zeitungen und Zeitschriften, Broschüren, Maueranschläge und Karikaturen wurden nicht mehr zensiert. Nach der gescheiterten Revolution beriet der Bundestag Anfang der 1850er Jahre erneut über ein Bundespressegesetz. Zentrale Bestandteile des Pressegesetzes von 1854 waren: die Verpflichtung für Verleger und Pressegewerbetreibende, eine Konzession zu beantragen, die Hinterlegung einer Kaution, die Regelung von Impressum, verantwortlichem Redakteur und Pflichtexemplar, sowie eine Aufforderung an die Staaten des Bundes, entsprechende Bestimmungen zu erlassen. Die wichtigsten Unterschiede zum Karlsbader waren: Das neuere Bundespressegesetz war nur nach der Umsetzung durch Landesrecht gültig, statt unmittelbar wirkendes Bundesrecht zu sein. Darum waren jetzt auch Lockerungen auf dem Wege der Landespressegesetzgebung möglich. Im Vormärz hatte der Bund (vgl. das Beispiel des Badischen Pressegesetzes) dies wirksam zu verhindern gewusst. So beruhte das 1854er Gesetz auf einer Politik des kleinsten gemeinsamen Nenners der Bundesstaaten, statt auf einer preußisch-österreichischen Hegemonialpolitik gegenüber den anderen Bundesmitgliedern. Das Gesetz erlaubte keine direkte oder indirekte Einmischung in die inneren Angelegenheiten der Bundesstaaten. Vor allem aber: Es beruhte auf dem Justiz- statt auf dem Polizeisystem. Die Zeitgenossen sahen dies jedoch zunächst als Nachteil, denn das Ausmaß der Freiheit hing von der Qualität der Presse- und Strafgesetze ab und die waren in der Reaktionszeit scharf.[44]

---

43 Zensurlücken gab es schon vor 1819: Vgl. Berliner Abendblätter, 1.11.1810, Nr. 33, S. 131-133. Arnold Ruge, Herausgeber der „Hallischen Jahrbücher", schrieb in seiner Vorbemerkung: „Es handelt sich hier um anschauliche Darstellung einer principiell höchst wichtigen Frage. Mit dem allgemeinen Grundsatz der Preßfreiheit kommt man nicht weit; es ist für die Entwicklung des Bewußtseins nöthig, daß der Kampf der Principien in Personen und faßliche Verhältnisse beispielsweise verkörpert werde. Dazu sollen die mitgetheilten Aktenstücke dienen, und dazu werden sie dienen." Ruge, A.: Aktenstücke zur Censur, S. 4. Hömberg, W.: Verhinderte Liberalisierung, in: Fischer, H.-D. (Hg.): Kommunikationskontrolle, S. 97-113. Ders.: Zeitgeist. Fischer, H.-D./ Schöttle, R. (Hg.): Welcker. Goldfriedrich, J.: Geschichte des Buchhandels IV, S. 232-236, 259f. Hoefer, F.Th.: Pressepolitik Metternichs, S. 72-93.

44 Der „Press- und Vaterlandsverein" war mit bis zu 5.000 Mitgliedern eine Massenbewegung. Vgl. Foerster, C.: Preß- und Vaterlandsverein. Zur Vorgeschichte und der Entwicklung des Bundespres-

Die Vielzahl der Landespressegesetze unterwarf die Presse sehr verschiedenen Einschränkungen. Die gravierendste des preußischen Pressegesetzes von 1851 war der Konzessionszwang. Wer eine Zeitung gründen wollte, musste sich die behördliche Erlaubnis einholen, die nicht selten versagt wurde. Daneben verlangte das Gesetz, abgestuft nach Größe der Gemeinden, von den Herausgebern eine Kaution. Bei der Ortspolizeibehörde war ein Pflichtexemplar zu hinterlegen. Die Beförderung mit der Post bedurfte des Postdebits, eine Stempelsteuer (in Preußen 1822-1848 und 1852-1862/1874) verteuerte die Zeitungen enorm, erschwerte größere Auflagen und verhinderte den Einzelverkauf.[45]

Vor dem Hintergrund solcher Repressionsmöglichkeiten interessierte sich die liberale Öffentlichkeit für eine Reform des Presserechts. Dabei spielten neben den klassischen politischen auch wirtschaftsliberale Argumente eine Rolle, die auf Deregulierung und damit Erleichterung der Pressewirtschaft abzielten. Entsprechend umkämpft war 1871 die Pressegesetzgebungskompetenz des Reichs. Der Journalistentag von 1872 legte einen Gesetzentwurf vor, die Fortschrittspartei erarbeitete ebenfalls einen eigenen Vorschlag. Grundlage wurden aber nicht diese Entwürfe, sondern der restriktivere des Bundesrats von 1874. In einer Beziehung allerdings war er wesentlich entschärft: „Die Angriffe, welche von sehr verschiedenen Standpunkten mit steigender Heftigkeit gegen die Grundlagen der staatlichen Ordnung gerichtet werden," hatte es in der Begründung des Bundesrats geheißen, „lassen die durch den vorliegenden Entwurf beabsichtigte Aufhebung der in den einzelnen Landesgesetzen gegen den Mißbrauch der Presse enthaltenen Vorkehrungen nur dann zu, wenn durch eine Strafbestimmung Ersatz geschaffen wird." Doch die scharfen politischen Paragrafen wurden bei letzter Gelegenheit gestrichen.[46]

Darum konnte das Reichspressegesetz (RPG) von 1874 als „symptomatischer Kompromiß der Bismarckzeit gelten".[47] Der vermittelnde Charakter kam in den unterschiedlichsten Bestimmungen zum Ausdruck. Mit ihm endeten Zeitungskaution, Zeitungsstempel und Vorzensur, damit legte das RPG die entscheidende Voraussetzung für den langanhaltenden wirtschaftlichen Aufschwung der Presse. Einerseits garantierte das RPG die Freiheit der Presse (§ 1

---

segesetzes von 1854: Kohnen, R.: Pressepolitik. Siemann beurteilt das Pressegesetz zu negativ. Siemann, W.: Preßgesetzgebung, in: Göpfert, H.G./ Weyrauch, E. (Hg.): Zensur, S. 293-308.

45 Die Stempelsteuer wurde 1862 gemildert und fiel mit dem RPG von 1874 fort. Meyer, H.-F.: Zeitungspreise, S. 31. Naujoks, E.: Reaktionszeit, in: Fischer, H.-D. (Hg.): Kommunikationskontrolle, S. 114-130.

46 Gesetz über die Presse [Entwurf des Bundesrats], in: StenBer RT, II. Legislaturperiode, 1. Session, Bd. 33, Anl. Nr. 23, S. 141.

47 Naujoks, E.: parlamentarische Entstehung, S. 9. Vgl. Sösemann, B.: Von der Pressefreiheit zur Gleichschaltung, in: Erbring, L./ Ruß-Mohl, S./ Seewald, B./ Sösemann, B. (Hg.): Medien ohne Moral, S. 37-63.

RPG), formulierte eine sehr kurze Verjährungsfrist von nur sechs Monaten (§ 22 RPG) und beschränkte die Möglichkeiten der nichtrichterlichen Beschlagnahme auf wenige Ausnahmen (§ 23 RPG). Andererseits schrieb es die Ablieferung eines polizeilichen Pflichtexemplars vor (§ 9 RPG) und mit der Konstruktion des „Verantwortlichen Redakteurs“ (§§ 20f. RPG) sollte eine juristische Handhabe für alle Eventualfälle geschaffen werden. Wegen seines Doppelcharakters, einerseits freiheitliches Gesetz, andererseits „Preßpolizeigesetz“, waren beide an dem Prozess beteiligten Seiten mit dem Kompromiss nicht glücklich. Wilhelm I. soll es sehr widerstrebend unterschrieben haben, der liberalen Reichstagsmehrheit war es nur mit der Drohung abzuringen, ansonsten gänzlich auf ein Pressegesetz verzichten zu müssen.[48] Letztlich erwiesen sich aber die Befürchtungen der Reichstagsmehrheit als wenig begründet. Wie die Studie von Wetzel herausgearbeitet hat, waren mit Verabschiedung des RPG zwar noch Drangsalierung, aber nicht mehr die Unterdrückung der Zeitungen möglich, die behördliche Ablieferungspflicht konnte nur noch ansatzweise zu nachträglicher Zensur missbraucht werden. Mit dem RPG endete überdies die duale Zersplitterung des Medienrechts in Reichs- und Landesrecht.[49] In seiner formalrechtlichen Struktur erwies sich das Gesetz als so dauerhaft, dass es in Teilen bis 1966 Gültigkeit haben sollte. Die Regelungen des strafrechtlich verantwortlichen Redakteurs wurden zum Vorbild für alle bundesrepublikanischen Landespressegesetze. Die Verantwortlichkeitsregelung hatte allerdings eine Lücke: Im Kulturkampf benutzte die Zentrumspresse sogenannte „Sitzredakteure“, die nominal verantwortlich zeichneten, ohne de facto für die Zeitung zu arbeiten. Statt dessen saßen die Sitzredakteure, zumeist Kriegsinvalide mit geringem Einkommen, gegen Entgelt Strafen für die tatsächlichen Verfasser die verhängten Gefängnisstrafen ab. Nach Ablauf der Verjährungsfrist – sechs Monate – wurden sie wieder auf freien Fuß gesetzt. Bei dem „Westfälischen Merkur“/ Münster waren 1875 vier Sitzredakteure gleichzeitig in Haft. So bot das RPG der Opposition sogar Schlupflöcher.

Der größte Nachteil des RPG steckte darum nicht in dem Gesetz selbst, sondern in dem fehlenden verfassungsrechtlichen Schutz. Als „einfaches Reichsgesetz“ konnte es nämlich mit einfacher Reichstagsmehrheit abgeändert oder partiell außer Kraft gesetzt werden. Das gelang im Kaiserreich aber nur einmal, als die Regierung 1878 mit demagogischem Geschick die Attentate auf Wilhelm I. auszunutzen verstand und im zweiten Anlauf das Sozialistengesetz durchbrachte. Bis 1890 wurde das Gesetz mehrfach verlängert.

---

48 Naujoks, E.: parlamentarische Entstehung, S. 194.

49 Wetzel, H.-W.: Presseinnenpolitik.

Abbildung 2.1.3: Sozialistengesetz (1878-1890)[50]

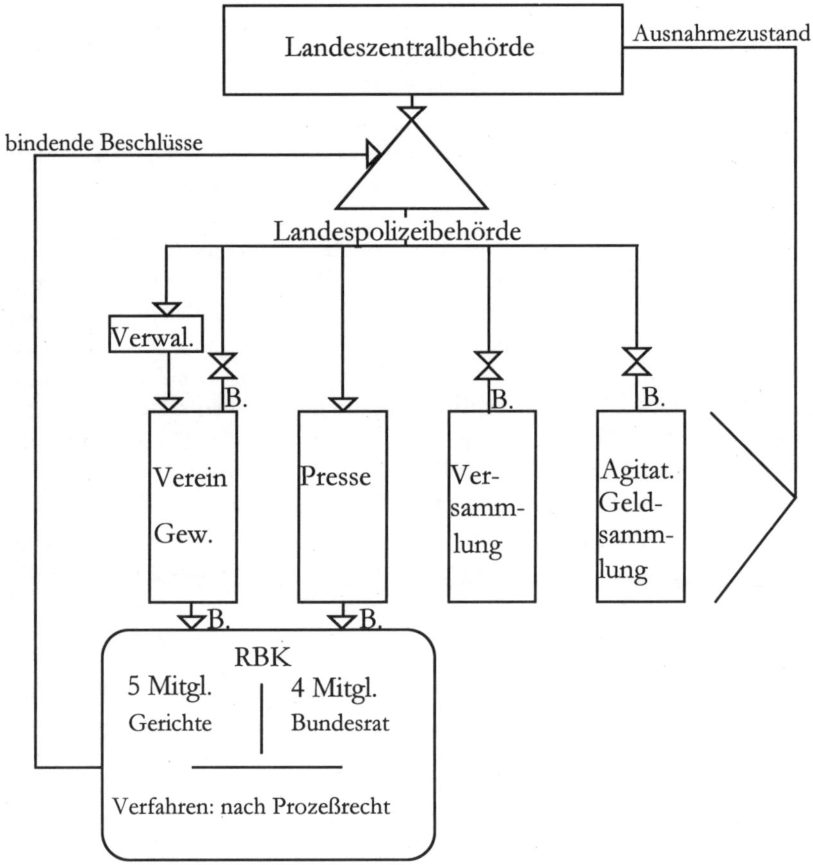

Der Staatsrechtler Rudolf Gneist urteilte über das Sozialistengesetz: „Was hier beabsichtigt wird, ist eine Polizeiordnung gegen die jetzige Organisation der Sozialdemokratie, und jede Maßregel zur Unterdrückung von Druckschriften und Vereinen wegen ihrer Gemeingefährlichkeit kann diesen Charakter nicht verleugnen." Das Ausnahmegesetz richtete sich primär gegen das sozialistische Vereinswesen und verbot in § 11 auch die sozialistische Presse. Das Gesetz hob damit für die Sozialisten die Pressefreiheit des Artikels 1 RPG wieder auf.[51]

50 B.= Beschwerdemöglichkeit, RBK= Reichsbeschwerdekomission.

51 Gneist, R.: Reichsgesetz gegen die Sozialdemokratie, S. 10. Zit. n. Fischer, H.-D.: Handbuch, S. 78-

Zuständig für die Verbote von Vereinen, Gewerkschaften, der Presse, den Versammlungen sowie Agitation und Geldsammlung waren die Landespolizeibehörden, das waren die den Innenministerien nachgeordneten Polizeipräsidien – im Falle der Vereine und Gewerkschaften konnten Verbote nur auf dem Verwaltungswege ausgesprochen werden. Mit Ausnahme der Presse konnte gegen jede Maßnahme der Polizei unmittelbar Beschwerde eingelegt werden, die Presse musste ihre Beschwerde an die Reichsbeschwerdekommission (RBK) richten, welche die Beschlüsse der Polizei kontrollierte. Die RBK revidierte nur ganz selten die verhängten Verbote. Ein Jahr nach Inkrafttreten gab es im Reich keine sozialistische Presse mehr, obwohl die Kriterien der Behörden keineswegs einheitlich waren. Die Verbote der Nachfolgeblätter mussten jedes mal erneut mit dem Beweis „gemeingefährlicher Bestrebungen" begründet werden. Weitere Verbotsmöglichkeiten eröffnete der „kleine Belagerungszustand", der wiederholt über die Zentren der Arbeiterbewegung verhängt wurde. Hinzu kam die Möglichkeit, den Ausnahme- und Kriegszustand zu verkünden. Doch abgesehen von der Zeit des Sozialistengesetzes wurde die Pressefreiheit in der Friedenszeit des Kaiserreichs weitgehend beachtet.

Erst im Ersten Weltkrieg verschlechterten Zensur und Presseanweisungen die Arbeitsbedingungen der Presse grundlegend. Gesetzliche Grundlage bildete das Gesetz über die Ausrufung des Kriegszustands von 1914. Die Verhängung des Kriegszustands am 31. Juli 1914 schärfte die Strafgesetze und die Verbote der Preisgabe militärischer Geheimnisse ein. Jetzt trat das preußische Gesetz über den Belagerungszustand vom 4. Juni 1851 im ganzen Reich in Kraft – mit Ausnahme Bayerns, wo aber ähnliche Bestimmungen erlassen wurden. Das preußische Gesetz gestattete die Aufhebung des Rechtes, „durch Wort, Schrift, Druck und bildliche Darstellung seine Meinung frei zu äußern" (Art. 5). Das Reichsgericht billigte überdies am 22. Oktober 1915 die gängige Praxis der Militärbehörden, Zeitungen wegen der Gefährdung der öffentlichen Sicherheit und Ordnung zu verbieten, obwohl weder das Reichspressegesetz noch die einschlägigen Artikel der preußischen Verfassung suspendiert worden waren.[52]

Das Reichsgesetz gegen den Verrat militärischer Geheimnisse vom 3. Juni 1914, am 31. Juli präzisiert durch einen 26-Punkte-Katalog, deutete schon die Detailbesessenheit an, derer sich die Zensur im Krieg befleißigen wollte. Offen war eine Frage, die sich folgerichtig zum Brennpunkt der Auseinandersetzung entwickelte: Wo endete der Bereich des Politischen, der außer Reichweite der

81. Gesetz gegen die gemeingefährlichen Bestrebungen der Sozialdemokratie vom 21.10.1878, RGBl. 1878, Nr. 1271, S. 351-358. Vgl. Huber, E.R.: Verfassungsgeschichte, Bd. 4, S. 1157-1165. Bartel, H./ Schröder, W./ Seeber, G.: Sozialistengesetz.

52 Schon während der gesamten Kaiserzeit war strengstens auf den Schutz der militärischen Geheimnisse geachtet worden. Koszyk, K.: Entwicklung, in: Fischer, H.D.: Pressekonzentration, S. 152f.

Zensur bleiben sollte, wo begann der des Militärischen, in dem die Zensur nach übereinstimmender Auffassung von Politik, Militär und auch Journalisten ungehindert eingreifen konnte?

Grundsätzlich galt nur die militärische Zensur, diejenige politischer Inhalte sollte von den „Interessen der Kriegsführung" definiert werden. Das aber hieß, dass je nach Instanz die Grenzen der militärischen Belange unterschiedlich weit gezogen wurden. Insbesondere die 3. OHL unter Hindenburg und Ludendorff verstand es, die Generalklausel extensiv auszulegen und damit nicht genehme Meinungsäußerungen zu unterdrücken. Auch den Reichstag, das letzte intakt verbliebene Forum potenziell oppositioneller Öffentlichkeit, zwang die Militärführung dank des juristischen Beistandes von Reichsgericht, Reichsjustizamt und preußischem Justizministerium in das Korsett der Beaufsichtigung. Auch deshalb konnten die langen Debatten im Reichstag an der Zensurpraxis des Militärs wenig ändern.[53]

An Reformversuchen des RPG hat es seither nicht gefehlt, in der Weimarer Zeit waren sie sogar weit gediehen. Die ideologisch uneinigen Pressevertreter entwickelten Gemeinsamkeiten und drängten auf ein formalrechtliches RPG: Gerade weil sowohl Gegner als auch Befürworter der Demokratie eine Reform wünschten, konnten sich die Beteiligten nicht auf ein materielles, die Demokratie schützendes Recht verständigen, sondern mussten nach „überparteilichen" und formalistischen Verbesserungen suchen. Dahinter stand noch ein weiteres Argument: Selbst rechte Gegner der Demokratie wussten, dass pressewirtschaftliche Geschäfte nur zu machen waren, wenn ein Mindeststandard an Pressefreiheit galt. Doch die „Machtübernahme" durch die Nationalsozialisten ließ jedoch alle Entwürfe Makulatur werden.

Der wichtigste Anlauf zur Umgestaltung des Presserechts wurde auf einem neuen Gebiet unternommen. Zum ersten Mal geriet die öffentliche Meinungsbildung in den Blickwinkel der Gesetzgebung. Schon das Börsengesetz von 1908 hatte Strafen gegen den Missbrauch der Presse zu Zwecken der Börsenspekulation vorgesehen. Es schrieb indirekt zum ersten Mal eine „öffentliche Aufgabe" der Presse fest. Seit dem Ersten Weltkrieg forderten Journalisten, ihnen die Vertretung der „öffentlichen Interessen" gesetzlich zuzubilligen. Verleger und Journalisten rangen fortan um ein Journalistengesetz und stritten um die soziale Sicherung, die Abgrenzung des Verhältnisses von Redakteur und Verleger – heute als „innere Pressefreiheit" bezeichnet – und das , was damals ebenfalls unter „innerer Pressefreiheit" verstanden wurde: die Freiheit von wirtschaftlicher Einflussnahme.[54]

---

53 Vgl. Koszyk, K.: Entwicklung, in: Fischer, H.D.: Pressekonzentration, S. 178-193.

54 Hierzu und zum folgenden: Stöber, R.: Pressefreiheit.

Durch das Betriebsrätegesetz von 1920 und die Presse- und Journalistengesetzgebung in Österreich erhielten die Bemühungen neuen Auftrieb, in die entscheidende Phase traten sie 1923/24. Der „Verein deutscher Zeitungs-Verleger" (VDZV) konnte letztlich in der hartnäckig geführten Auseinandersetzung das Journalistengesetz verhindern, die Verleger mussten aber einen Preis in Form sozialer Zugeständnisse zahlen: Ein Sozialpakt zwischen Verlegern und Journalisten, als Ersatz des Journalistengesetzes in die Debatte geworfen, mündete 1926 in ein Vertragswerk mit Reichstarif, Normaldienstvertrag und Versicherungswerk. So hatten die Journalisten die öffentliche Aufgabe für ihre Partikularinteressen eingespannt. Obwohl die Einigung Mitte der 1920er Jahre zeigte, dass die Verleger den Redakteuren an Macht und Einfluss überlegen waren, so machte sie doch deutlich, wie effizient die Journalisten mittlerweile ihre Interessen vertreten konnten. Wenn jedoch die Journalisten gekonnt hätten, wie manche von ihnen gewollt haben, wären noch in der Weimarer Demokratie Presseregelungsmechanismen eingeführt worden, welche die äußere Freiheit der Presse ernsthaft bedroht hätten. Planspiele über Pressekammern und sogar eine Berufsliste existierten. Denn nur so dachten einige Journalisten des „Reichsverbands der Deutschen Presse" (RDP), die „öffentlichen Interessen" garantieren zu können. Gleichwohl setzten sich die überlegt handelnden Kräfte in beiden Verbänden durch und arbeiteten bis in die letzten Tage der Republik an einem neuen Pressegesetz. Denn, obwohl sich das RPG insgesamt bewährt hatte, bot es den verfassungsfeindlichen Parteien einige Schlupflöcher. In der Weimarer Zeit bestellten die nationalsozialistische und in geringerem Umfang die kommunistische Presse Abgeordnete für das Amt des verantwortlichen Redakteurs. Geschützt durch ihre Immunität waren sie nicht zu belangen, es sei denn, das Parlament hob die Immunität auf. Bis 1931 hatten die Kommunisten 141, die Nationalsozialisten 274mal zu diesem Mittel der Strafvereitelung gegriffen. Noch gegen Ende der Republik wurde der § 8 RPG novelliert, um künftigen Missbrauch zu verhindern.[55]

Zwischen 1933 und 1945 behielt das RPG formal seine Gültigkeit, de facto war es durch das Schriftleitergesetz (SLG) überlagert.[56] Das Schriftleitergesetz nahm in vielen seiner Bestimmungen auf den Propagandaminister Bezug. Jetzt wurde zum ersten Mal in Deutschland die öffentliche Aufgabe explizit definiert: „Die im Hauptberuf oder auf Grund der Bestellung zum Hauptschriftleiter ausgeübte Mitwirkung an der Gestaltung des geistigen Inhalts der im Reichsgebiet herausgegebenen Zeitungen und politischen Zeitschriften durch

---

55 Vgl. Petersen, K.: Zensur in der Weimarer Republik.

56 Schriftleitergesetz vom 4.10.1933, in: RGBl 1933 I, S. 713. Als verbindlicher Kommentar galt: Schmidt-Leonhardt, H./Gast, P.: Schriftleitergesetz. Eine sehr umfangreiche Sammlung nationalsozialistischer Pressegesetze und -anordnungen: Pressehandbuch 1938.

Wort, Nachricht, Schrift oder Bild ist eine in ihren beruflichen Pflichten und Rechten vom Staat durch dieses Gesetz geregelte öffentliche Aufgabe.“ (§ 1 SLG) Die Nationalsozialisten schlossen mit dem Schriftleitergesetz die letzten Lücken. „Unverantwortliche Schriftleiter“, hieß es in der Begründung zum SLG, dürfe es nicht mehr geben.[57]

Mit dem Schriftleitergesetz gelang den Nationalsozialisten ein doppelt geschickter Schachzug. Zum einen tasteten sie wie bei dem Verfassungsrecht auch hier formal das bestehende Recht nicht an. Das Schriftleitergesetz war nicht Ersatz, sondern Ergänzung zum weiterhin gültigen Reichspressegesetz. Zum zweiten griffen sie die Wünsche der Journalisten, die sich in Weimarer Zeit artikuliert hatten, auf: Endlich erhielten die Journalisten, so mochte es scheinen, den Schutz der „Öffentlichen Aufgabe“ zugesprochen. Doch das war ein zweifelhaftes Geschenk. Die Eintragung in die Schriftleiterliste erzeugte journalistisches Wohlverhalten (§§ 8f. SLG). Zwischen 1934 und 1944 disziplinierten Berufsgerichte in schätzungsweise 1.200-1.300 Verfahren die Journalisten. Staatliche Kontrolle ersetzte die Aufsicht der Verleger. Weil die Verleger in ihrem Hausrecht geschwächt schienen – zumindest theoretisch, denn praktisch waren viele Verleger der kleinen Presse zugleich ihre eigenen Schriftleiter – postulierte Rolf Rienhardt, 1934-1943 Verwaltungsleiter der nationalsozialistischen Presse, die Theorie von der „Totalität der Zeitung“, womit die Gesamtheit der Presse als wirtschaftliche und geistige Macht gemeint war und verlangte, jede Zeitung müsse den ihr eigenen und gemäßen Teil zur Lösung der Gesamtaufgabe beitragen. In der Praxis waren aber Presseanweisungen und Tagesparolen die Mittel, mit denen die Presse bis ins Detail gelenkt wurde bzw. zumindest werden sollte.[58]

1.3.3 Straf- und Zivilrecht

Presserecht im engeren Sinne ist nur das wegen der geistigen Wirksamkeit der Presse erlassene Recht, in weiterem Verständnis gehören alle Bestimmungen dazu, die für die Presse relevante Bestimmungen enthalten. Seit dem Badischen Pressegesetz von 1831, dem Bundespressegesetz von 1854 und dem RPG von 1874, welches Vorbild der heutigen Gesetze ist, basieren die Pressegesetze auf dem Prinzip des strafrechtlich verantwortlichen Redakteurs: Dieser innere

57 Hoche, W. (Hg.): Gesetzgebung des Kabinetts Hitler, S. 543.

58 Abel, K.W.: Presselenkung, S. 15f. Vgl. ZV 1935, Nr. 30 S. 523ff. Frei, N.: Provinzpresse, 245f. Ders.: Berufsgerichte, in: VJhZG, 32/1984, S. 125f. Toepser-Ziegert, G. (Bearb.)/ Bohrmann, Hans (Hg.): NS-Presseanweisungen, Bde. 1-(8). Hagemann, W.: Publizistik, S. 316-328.

Zensor hatte dafür zu sorgen, dass strafrechtlich relevante Inhalte nicht verbreitet werden. Indirekt waren daher alle einschlägigen Bestimmungen aus den Strafgesetzbüchern maßgebend: Das waren Beleidigungen, Majestätsbeleidigungen, Religionsschmähungen, Hoch- und Landesverrat, Aufforderungen zu Straftaten und andere, in den Landesgesetzen unterschiedlich streng unter Strafe gestellte Vergehen. Mit dem StGB von 1871 wurden die Bedingungen angeglichen und seither wiederholt liberalisiert. Hinzu kamen einschlägige Bestimmungen der Straf- und Zivilprozessordnung (StPO und ZPO) von 1877 und des Bürgerlichen Gesetzbuchs (BGB) von 1896/1900. Die Erfahrungen der strafverfolgenden Behörden aus Kulturkampf und den ersten Prozessen gegen die sozialistischen Zeitungen „Volksstaat", „Berliner Freie Presse" und „Chemnitzer Freie Presse" verdeutlichten die Lücken der Strafverfolgung. Mit den bestehenden Strafbestimmungen war die Presse zwar zu drangsalieren, aber nicht mehr zu unterdrücken. Darum wurde 1878 das Sozialistengesetz erlassen (s. S. 138f.). Nach dessen Aufhebung 1890 wurde in dem „Entwurf eines Gesetzes zum Schutz der Staats- und Gesellschaftsordnung" die Verschärfung des Reichsstrafgesetzbuches erwogen.

Eine für die föderalistische Struktur des Kaiserreichs charakteristische Schwäche hieß der „fliegende Gerichtsstand". Nach der StPO konnte bis 1902 ein Redakteur an jedem Ort des Reichs, an dem seine Zeitung zu erhalten war – also nicht nur am Wohnsitz des Beleidigten bzw. dem Erscheinungsort der Zeitung –, angeklagt und verurteilt werden. Bismarck brauchte demnach nur vor notorisch „scharfen" Gerichten zu klagen – der Erfolg war garantiert. Dabei wurde häufig mit zweierlei Maß gemessen. Als im Kulturkampf Zentrumsblätter die päpstliche Enzyklika „Quod numquam" wiedergaben, wurden sie 1875 in 44 Prozessen zu 17 Gefängnis- und ebenso vielen Geldstrafen bei zehn Freisprüchen verurteilt. Die offiziöse „Norddeutsche Allgemeine Zeitung" (NAZ) hingegen blieb straffrei, obwohl auch sie Enzyklika gedruckt hatte.[59] Weitere Fälle ungleicher gerichtlicher Ahndung des gleichen publizistischen Sachverhalts gab es noch zu Zeiten der Weimarer Republik, als beispielsweise Redakteure der „Roten Fahne" wegen einer Satire auf Hindenburg zu mehrmonatigen Haftstrafen verurteilt wurden, während der „Völkische Beobachter" trotz Abdruck des gleichen Gedichts straffrei blieb.[60]

Von zentraler Bedeutung war die StGB-Bestimmung des § 193 StGB, die in späterer Zeit als „Magna Charta" des Presserechts bezeichnet werden sollte (Martin Löffler).[61] Der Paragraf bedrohte nicht mit Strafe, sondern bot unter

59 Wetzel, H.-W.: Kulturkampf und Sozialistengesetz, in: Fischer, H.-D. (Hg.): Kommunikationskontrolle, S. 140-149.

60 Petersen, K.: Zensur in der Weimarer Republik, S. 104-144.

61 Löffler, M./ Ricker, R.: Handbuch, 3. Aufl., S. 390.

gewissen Umständen Schutz. „Tadelnde Urteile über wissenschaftliche, künstlerische oder gewerbliche Leistungen, ingleichen Äußerungen, welche zur Ausführung oder Verteidigung von Rechten oder zur Wahrnehmung berechtigter Interessen gemacht werden, sowie Vorhaltungen und Rügen, der Vorgesetzten gegen ihre Untergebenen, dienstliche Anzeigen oder Urteile von Seiten eines Beamten und ähnliche Fälle sind nur insofern strafbar, als das Vorhandensein einer Beleidigung aus der Form der Äußerung oder aus den Umständen, unter welchen sie geschah, hervorgeht."[62] Die Diskussion über Inhalt und Grenzen des Schutzes beruhte auf Urteilen aus der Zeit des Kaiserreichs. Bis Anfang der 1880er Jahre unterschieden die Gerichte nicht zwischen eigenen und fremden Anliegen. Erst seither sprach das Reichsgericht den Journalisten die Berechtigung ab, „Belange der Allgemeinheit, des Staats, des Volkstums, der politischen Partei zu vertreten." Nach 1919 stellte sich ein grundsätzlich neues Problem: Hatte die sogenannte „Staatsumwälzung" dem Staatsbürger eine Ausweitung seiner berechtigten Interessen gebracht oder nicht? Während niedere Gerichte zunächst die Erweiterung bejahten, sprachen spätere Entscheidungen der Strafsenate des Reichsgerichts dies der Presse wieder ab. Damit bekam die Anwendung des § 193 einen eminent politischen Charakter.[63]

Hatten die Pressevertreter schon allen Grund, darauf zu drängen endlich als Anwalt der Öffentlichkeit anerkannt zu werden, so war der einzelne Journalist bei den Zeugniszwangsverfahren noch unmittelbarer betroffen. Durch die Verantwortlichkeitsregelung des RPG war für die strafverfolgenden Behörden immer ein Täter greifbar. Der verantwortliche Redakteur konnte also inhaftiert werden, um auf ihn Druck auszuüben, den Informanten oder wahren Verfasser zu nennen. Das galt, bis 1926 eine Novelle der StPO auch Redakteuren, Verlegern und Druckern das beruflich bedingte Zeugnisverweigerungsrecht zugestand. Die entsprechende Ergänzung der ZPO erfolgte vor 1933 nicht mehr. Immerhin entwickelte sich das Presserecht der Weimarer Republik mit der StPO-Novelle in eine Richtung, die in eine Anerkennung des Instituts der freien Presse und damit auch der Informanten aus Behörden und Militär hätte münden können. Weil aber die innenpolitische Atmosphäre von Beginn an äußerst gespannt war, gab es auch gegenläufige Entwicklungen. Nach dem Mord an Walther Rathenau (1922), führte die allgemeine Empörung zu einem neuen politischen Strafrecht. Die verfassungsändernde Mehrheit im Reichstag verabschiedete ein erstes Republikschutzgesetz, das massives Vorgehen gegen Zeitungen und Vereinigungen, die gegen die Republik, ihre Persönlichkeiten und Symbole hetzten, erlaubte. Nach einmaliger Verlängerung von 1927, ver-

---

62 In seinem Wortlaut gilt der Artikel noch heute.

63 Wrobel, Ignaz [i.e. Kurt Tucholsky]: Die Leberwurst, in: WB 1922, 2. Hj., Nr. 29, S. 65f.

abschiedete der Reichstag ohne verfassungsändernde Mehrheit 1929 ein neues Republikschutzgesetz.[64]

2 Die Strukturen der Presse

2.1 Makro- und Mikrostrukturen der Presse

2.1.1 Die Verbreitung der Presse im 19. und 20. Jahrhundert

Die pressestatistischen Basisdaten zur Zeit des 19. und 20. Jahrhunderts sind erheblich leichter zu erheben, wesentlich vollständiger und insgesamt deutlich verlässlicher als für die Pressefrühzeit. Dennoch sind die Angaben zur Zahl der Titel, zur Erscheinungsweise, zu der Auflagenentwicklung, zur Redaktionsgröße und zur Zahl der Publizisten, also zu den pressestatistischen Kerngrößen, zumeist nur grobe Schätzungen, wenn man sie mit Angaben und Erhebungsgrundlagen der Gegenwart vergleicht. Die Zahlen zweifelsfrei abzusichern ist angesichts der Quellenlage nicht möglich. Nur zwischen 1914 und 1918 sowie 1933 bis 1945 wurden amtliche Statistiken geführt.[65]

Die Zahlen schwanken, weil die verschiedenen Statistiken an das Medium „Zeitung" jeweils unterschiedliche Maßstäbe anlegten. Da vor 1945 zumeist funktionell definiert wurde, zählten in allen Statistiken auch jene zu den „Tages"-Zeitungen, die keineswegs täglich erschienen, solange sie nur umfassend und mit aktuellem Anspruch über universale Inhalte berichteten. Manche der Statistiken rechneten mit Blättern, die wöchentlich oder öfter erschienen, während andere nur jene einbezogen, die mindestens zweimal die Woche erschienen. Manche Statistiken zählten mit, andere ohne Kopfblätter. Die folgenden Zusammenstellungen der Eckdaten sollen daher auf die Trends und auf die Spannbreite der Angaben aufmerksam machen.

Schon vor 1850 wuchs die Zahl der Pressetitel kontinuierlich. 1824 kamen in Preußen 96 Zeitungen mit einer Gesamtauflage von 35.000, 1847 118 mit einer Auflage von insgesamt 76.000 heraus, 1850 erschienen 182 Zeitungen. In den 1850er Jahren scheint trotz widersprechender Angaben die Zahl der Zeitungen einigermaßen stabil geblieben zu sein – Neugründungen und Einstellungen hielten sich in etwa die Waage. Danach aber, das zeigt die Grafik, nahm die Zahl der Titel bis zur Jahrhundertwende dramatisch zu. Um die Diskrepanzen der Pressestatistik zu verdeutlichen, sind jeweils die Minima und Maxima angegeben: Von den zu Kriegsbeginn erhobenen 3.900 bis 4.200 Zeitungen

[64] Gesetz zum Schutz der Republik vom 21.7.1922, in: RGBl 1922 I, S. 585.

[65] Bohrmann, H.: Pressestatistik, in: Klaue, S./ Knoche, M./ Zerdick, A. (Hg.): Pressekonzentrationsforschung, S. 33.

gingen im Kriegsverlauf 500 bis 700 ein. Da das Zeitungssterben sich auch in der Inflation fortsetzte, dürften zwischen 1914 und 1924 insgesamt mehr als 1.000 Zeitungen eingestellt worden sein.[66]

Abbildung 2.2.1: Zeitungen in Deutschland (1845-1944)[67]

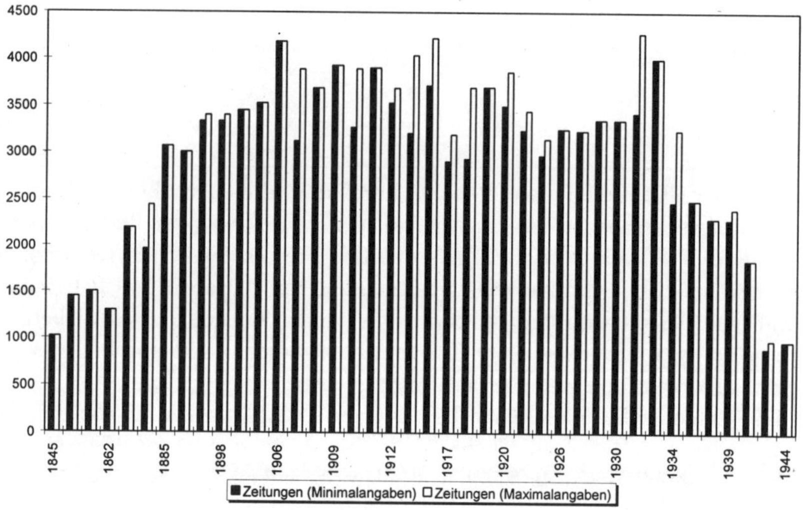

Die Weltwirtschaftskrise hatte keine größere Zahl von Zeitungseinstellungen zur Folge. Erst nach 1933 reduzierte sich die Zahl der Pressetitel in nennenswertem Umfang. Die Nationalsozialisten beschränkten sich in den ersten Jahren darauf, die Blätter der politischen und wirtschaftlichen Konkurrenz zu verbieten oder sie mit mehr oder minder großem Zwang dem nationalsozialistischen Eher-Konzern einzugliedern – erst 60 KPD- und 135 SPD-Zeitungen, dann die „bürgerliche" und konfessionelle Presse. Nach Kriegsbeginn reduzierten drei Einstellungswellen die Zahl der Titel drastisch: Die erste Stilllegungsaktion im Sommer 1941 betraf 550, die zweite im Frühjahr 1943 weitere 950, die dritte folgte im August 1944. Daher erschienen zwischen 1939 und 1945 auch im Unterschied zum Ersten Weltkrieg keine neuen Zeitungen. Die Ausnahme von der Regel war die Wochenzeitung „Das Reich", als Qualitätsblatt mit intellektuellem Anspruch 1940 gegründet.[68]

---

66 Groth, O.: Zeitung, Bd. 1, S. 206. Vgl. Gottlieb, M: Konzentrationsvorgänge, neu abgedruckt in: Fischer, H.-D.: Pressekonzentration.

67 Stöber, R.: Erfolgverführte Nation, S. 77f.

68 In den Monaten unmittelbar nach der „Machtergreifung" wurden etliche Verleger, die direkter

Die Gesamtauflage der Zeitungen wuchs ebenso kontinuierlich wie rasant. Gesichert sind dabei allerdings nur die Angaben aus den Postzeitungslisten, die wenigsten Verlage ließen ihre Auflagen notariell beglaubigen. Relativ genau lässt sich die Gesamtauflage der Kreisblätter einschätzen. Legt man für den Beginn der 1870er Jahre eine durchschnittliche Auflage von 400 zugrunde, errechnet sich eine Gesamtauflage von zirka 200.000; bis in die späten 1880er Jahren dürfte sich deren Gesamtauflage verdreifacht haben. Die Maximalschätzung aller Tageszeitungen, die sich vor dem Ersten Weltkrieg findet (1906), ging von einer Gesamtauflage von 25,5 Millionen aus. Der Löwenanteil der Auflage entfiel schon hier auf die Großstadtpresse. Dabei wurden fehlende Angaben interpoliert. Eine Statistik von 1910 rechnete dagegen nur mit jenen 84,1% der Zeitungen, die Angaben machten. Unabhängig davon, welchen Zahlen mehr Vertrauen geschenkt werden soll – den geringeren, die sich um die 18 Millionen einpendelten oder den höheren – die um 25 Millionen schwankten, in der Tendenz signalisieren beide Zeitreihen das gleiche: Bis zum Ersten Weltkrieg wuchs die Gesamtauflage rasant, seither stagnierte sie oder war sogar rückläufig.

Im Ersten Weltkrieg brachte der Nachrichtenhunger des Publikums den Zeitungen insgesamt eine Auflagensteigerung um 15 bis 20%. Das Wachstum kam allerdings der Presse nicht gleichmäßig zugute. Größere gewannen, kleinere stagnierten oder wurden eingestellt. Prononciert nationalistische Zeitungen profitierten mehr als auf Ausgleich bedachte. Die im Krieg sehr nationale „Vossische Zeitung“ konnte ihre Auflage von anfangs 43.000 nahezu verdoppeln, das „Berliner Tageblatt“ (BT) seine in wesentlich geringerem Umfang steigern (230.000 auf 245.000). Der „Vorwärts“ der MSPD schrumpfte, durch die Parteispaltung geschwächt, von 154.000 auf 100.000, die „Leipziger Volkszeitung“, 1916 zur USPD übergegangen, stagnierte bei 55.000, die bürgerlich-nationalen „Leipziger Neuesten Nachrichten“ steigerten sich von 181.000 auf 215.000. Das ungleich verteilte Wachstum glich die genannten negativen wirtschaftlichen Entwicklungen nicht aus. Der Trend, schon vor dem Ersten Weltkrieg beobachtbar, beschleunigte sich. Im Zweiten Weltkrieg brachten es die Zeitungen mit mehr als 60.000 Auflage 1944 sogar auf mehr als 60% der Gesamtauflage. Nicht ganz im gleichen Ausmaß wuchs der Anteil der großen

Enteignung entgingen, zum Verkauf unter Wert gezwungen. Ullstein verkaufte den Verlag für 6 Mio. RM. Mendelssohn, P. Zeitungsstadt Berlin, S. 436-448. Vgl. als atmosphärische Schilderung zum Verkauf der „Literarischen Welt“: Haas, W.: Erinnerungen, S. 181-183. Eine weitere Einstellungswelle folgte 1935. Vgl. die „Amann-Verordnungen“, in: ZV 1935, Nr. 17, S. 280-282. Die Verordnungen führten zur Einstellung von 500-600 Zeitungen. Insbesondere in den ersten Jahren wurden zudem etliche temporäre Verbote ausgesprochen, z.B. in Bayern 1933: 48 Zeitungen, 1934: 16, 1935 und 1936 je 1 Zeitung. Frei, N.: Provinzpresse, S. 57, 116-122.

Presse, wenn man statt der Auflage die Zahl der Titel kumuliert. Aber auch aus diesem Blickwinkel war der Rückgang der kleinen Presse deutlich: Machten die Blätter mit weniger als 8.000-10.000 Auflage 1885 noch 96% aller Titel aus, so wuchs der Anteil der größeren bis 1944 auf beinahe die Hälfte – allerdings war das relative Wachstum der großen Presse vor allem kriegsbedingt.[69]

Abbildung 2.2.2: Zeitungen nach Auflageklassen (1885-1944)

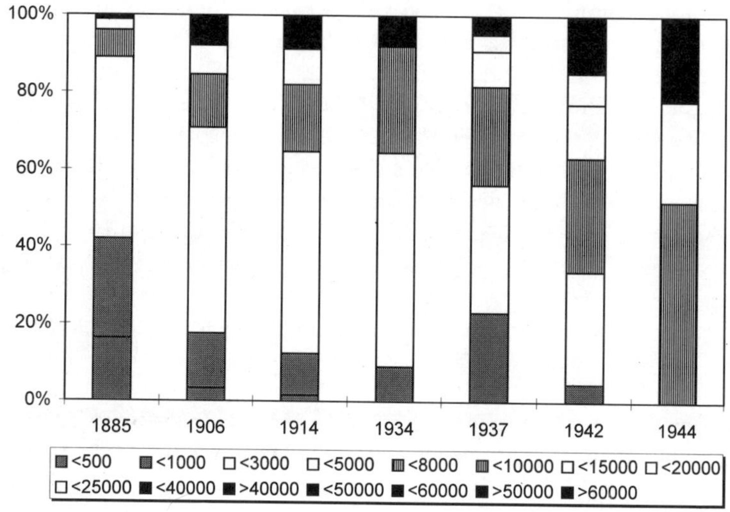

In der Weltwirtschaftskrise führte die Massenarbeitslosigkeit zu einem starken Auflagerückgang: Viele Blätter verzeichneten einen Schwund von mehr als 20%, besonders deutlich unter der Woche. Wer sich die Zeitung nicht mehr Tag für Tag leisten konnte, kaufte sich „sein Blatt" nur noch zum Wochenende. 1933 brachte weiteren Schwund. Um schätzungsweise zwei Millionen dürfte die Gesamtauflage geschrumpft sein, weil viele Anhänger der verbotenen Parteien nicht auf NS-Zeitungen umstellen wollten. Dabei gingen die NS-Werber mit Listen verbotener Zeitungen von Haus zu Haus, um neue Abonnenten für die NS-Blätter zu pressen.[70]

Seit der Weltwirtschaftskrise und der Zeit unmittelbar nach der sogenannten „Machtergreifung" erholte sich die Auflage, im Zweiten Weltkrieg sogar

69 Stöber, R.: Erfolgverführte Nation, S. 79-81. Dovifat, E.: Brandenburg, in: Heide, W./ Lehmann, E. (Hg.): Handbuch ZW, Sp. 661. Heuer, G.F.: Auflage, in: Ebd.: Sp. 277. Hale, O.J.: Zwangsjacke, S. 305. Koszyk, K./ Eisfeld, G.: Presse der Sozialdemokratie, S. 72. Klein, M.: Bernhard, 17-22.

70 DB-Sopade Juli/August 1934, S. 318; vgl. Frei, N./ Schmitz, J.: Journalismus, S. 17.

deutlich. Wieder wird ein gesteigertes Nachrichteninteresse den Zuwachs bewirkt haben. Dies kam den Lenkungsintentionen der Propaganda entgegen, doch war der deutliche Auflagenanstieg nur ein vordergründiger Erfolg: In Teilen ließ er sich auf die gewaltsame Vergrößerung Deutschlands zum „Großdeutschen Reich" zurückführen. Von 1937 mit ungefähr 60 Millionen war die Bevölkerung bis 1940 in dem erheblich größeren Territorium auf ca. 80 Millionen angestiegen. Lassen sich bei Titel- und Auflagezahlen keine ungebrochenen Trends konstatieren, so verhält sich das bei der Erscheinungshäufigkeit anders.

Abbildung 2.2.3: Zeitungs-Periodizität (1805-1942)[71]

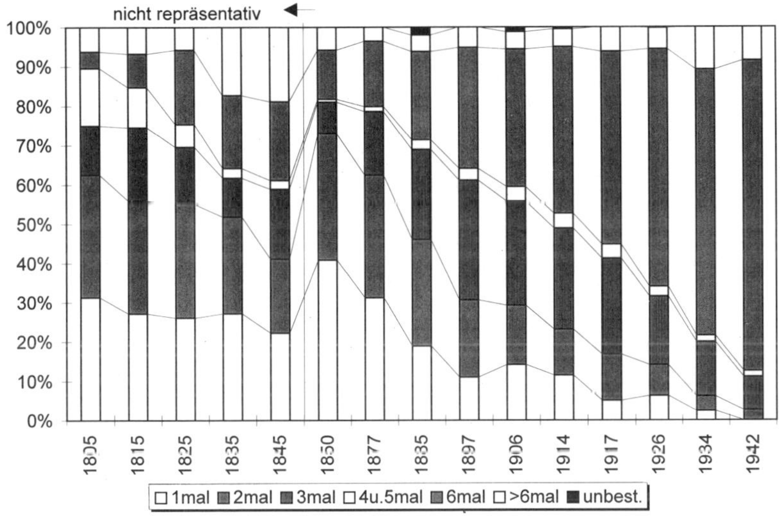

Die werktäglich erscheinenden Zeitungen nahmen im 19. und 20. Jahrhundert auffällig zu und die nur einmal wöchentlich erscheinenden Zeitungen ab. Dabei ist die Grafik für die erste Hälfte des 19. Jahrhunderts nur bedingt repräsentativ, deutet aber schon den Trend an, der sich seit der Jahrhundertmitte fortsetzte. Die Verteilung nach Erscheinungshäufigkeiten entwickelte sich analog zu den Auflageklassen: Weg von den nicht leistungsfähigen Zwergzeitungen, hin zu der größeren, in kurzem Rhythmus erscheinenden Presse. Solange der

[71] Vor 1845 beruht die Grafik auf der Untersuchung von Hans-Friedrich Meyer, der die verschiedenen Pressetypen ungleichgewichtig berücksichtigt. Zeitungen mit kurzer Periodizität sind über-, die mit langer unterrepräsentiert. Meyer, H.-F.: Zeitungspreise, S. 461-507. Nach 1854: Stöber, R.: Erfolgverführte Nation, S. 84. Zudem: Krumbhaar, H.: Häufigkeit des Erscheinens, S. 61; DP 1934, Nr. 30, S. 2.

Rundfunk als potenziell aktuelleres Medium noch nicht mit ihr konkurrierte, wuchs in den Großstädten der Bedarf an mehrfach täglich erscheinenden Zeitungen, diese waren das schnellste Medium. Dabei spielten sicherlich auch betriebswirtschaftliche Überlegungen eine Rolle, denn mit zwei- oder gar dreimal täglich erscheinenden Zeitungen ließen sich die Rotationsmaschinen besser auslasten. Diese „Halb-" oder „Dritteltageszeitungen" boten das, was heute Rundfunk- und Fernsehnachrichten leisten. Die Einführung des Rundfunks bedeutete daher nur langfristig, nicht sofort, das Ende für die mehrfach tägliche Erscheinungsweise. Das Radio der Weimarer Republik brachte noch nicht stündlich, sondern nur drei- bis viermal täglich Nachrichten, war also nur unwesentlich aktueller als die mehrmals täglich erscheinenden Zeitungen – vermutlich auch, um nicht in Konkurrenz zu den Zeitungen zu treten. Außerdem wurde es erst in den 1930er Jahren zu einem Massenmedium. Die rohstoffbedingten Einschränkungen der NS-Zeit beendeten die Tradition der Morgen-, Abend- und eventuell auch Mittagsausgaben. Auch politischer Druck spielte eine Rolle – so stellte die „Vossische Zeitung" im November 1933 ihre zweite Tagesausgabe ein. Grundsätzlich dürfte für den gesamten Untersuchungszeitraum gegolten haben, was vereinzelt nur vor dem Ersten Weltkrieg nachzuweisen ist: Zeitungen größerer Städte erschienen häufiger als die in kleineren Orten. In Gemeinden der Größe bis 5.000 Einwohner erschien keine Zeitung öfter als sechsmal die Woche, in den Großstädten immerhin 20%.[72]

Zum Schluss zu den Zeitschriften: Folgt man einer Untersuchung aus der NS-Zeit, entwickelte sich im 19. Jahrhundert die Zahl der Zeitschriften in Deutschland stürmisch. Zu Beginn des Kaiserreichs hatte sie die Spitzenzahl des 18. Jahrhunderts, des „Jahrhunderts der Zeitschriften", überholt: Bis zum Ersten Weltkrieg hielt der Aufwärtstrend ungebrochen an (1914: 6.421 Zeitschriften), in Krieg und Inflationszeit halbierte sich die Titelzahl, in den „guten Jahren" der Weimarer Republik stellte sich das Vorkriegsniveau wieder ein (1929: 7.303), Weltwirtschaftskrise und NS-Zeit brachten einen erneuten Rückgang.[73] In den 1850er bis 1880er Jahren dominierten die Familienzeitschriften. Die „Gartenlaube" erreichte Auflagen von knapp 400.000 Exemplaren Mitte der 1870er Jahre. Der Erfolg rief Nachahmer wie „Daheim" auf den Plan. Spitzenreiter der illustrierten Wochenpresse war Ullsteins „Berliner Illustrirte Zeitung". Die BIZ hatte 1908 800.000, 1914 eine Million, 1932 fast zwei Millionen. Scherls zu teures Konkurrenzprodukt „Die Woche" kam nur auf 250.000 bis 300.000, zeitweise sogar 600.000, die „Frankfurter Illustrierte", die mit den genannten Blättern konkurrierte, bis maximal 300.000. Auf dem Gebiet der

72 Krumbhaar, H.: Häufigkeit des Erscheinens, S. 101-112. Groth, O.: Zeitung, Bd. 1, S. 282.

73 Lorenz, E.: Zeitschriftenwesen, S. 28.

kulturpolitischen Zeitschriften war die Konkurrenz größer und die Auflagen kleiner. Die vielbeachteten Rundschauzeitschriften der Weimarer Republik, „Weltbühne“ und „Tage-Buch“, erreichten auch in ihren besten Zeiten weniger als 30.000 Abonnenten. Zu nennen wären weiterhin das katholische „Hochland“ (1903-1944), die sozialliberale „Hilfe“ (1894-1944), die rechtskonservative „Tat“ (1909-1943). Doch die parteipolitische Zuordnung macht es problematisch, zwischen den genannten Blättern eine Konkurrenz und daher einen Markt von nationaler Bedeutung anzunehmen.[74] Man könnte also von einem gespaltenen Markt sprechen: Einerseits einem, der von wenigen großen Massenblättern beherrscht wurde, daneben existierte eine große Zahl von kleinen Blättern. Doch was konstituierte die Märkte?

2.1.2 Die Ökonomie der Presse

Die Makroökonomie der Presse

Die Medienökonomie unterscheidet zwischen der Mikro- und Makroperspektive, um (betriebswirtschaftliche) Einzelfälle und das (volkswirtschaftliche) Ganze zu unterscheiden. Dabei lassen sich – analog zu dem Vorgehen bei der Beschreibung des frühneuzeitlichen Medienrechts – die heutigen ökonomischen Fragestellungen zur Strukturierung der Entwicklung seit 1800 nutzen, selbst wenn zentrale Begriffe wie (mikroökonomisch) „Fixkostendegression“ oder (makroökonomisch) „relevante Märkte“ damals begrifflich noch nicht existierten, denn grundsätzlich standen Presseunternehmen schon im 19. Jahrhundert vor ähnlichen Problemen wie in der Gegenwart.

Die Medienökonomie definiert relevante Märkte über Produktkonkurrenz. Um in einem Wettbewerb miteinander zu stehen, müssen die Medien in etwa von gleicher Produktbeschaffenheit sein, für den Kunden ähnliche Qualitäten bieten und mithin austauschbar sein. Die Presse konkurrierte also nicht mit Lebensmitteln oder Kleidung, sondern nur untereinander.[75] Relevante Märkte können horizontal und vertikal gegeneinander abgegrenzt werden. Horizontal konkurrieren heutzutage Zeitschriften nicht mit Tages- und jene nicht mit Wochenzeitungen. Vertikal sind drei Märkte, die transnationalen, nationalen und überregionalen, sowie die regionalen und lokalen zu unterscheiden. Es ist offenkundig, dass die Ausdifferenzierung der Medien erst die trennscharfen Märkte entstehen ließ. Von Konkurrenzausschluss zwischen Zeitschriften und Zeitungen konnte in Zeiten fließender Übergänge nur bedingt die Rede sein.

---

74 Ferber, Ch.: BIZ, S. 6; Frei N./Schmitz, J.: Journalismus, S. 75f.

75 Heinrich, J.: Medienökonomie, S. 34f.

Doch was bestimmte die Produktähnlichkeit, wovon hing die Substituierbarkeit ab? Zum einen ist sicherlich die Sprache ein ganz wichtiges Kriterium. Der deutsche Sprachraum konstituierte für die meisten Pressemedien des 19. und 20. Jahrhunderts den größten anzunehmenden Markt. Nur bei den Gelehrtenzeitschriften dürften hier andere Gesetze gegolten haben. An den „Acta eruditorum" wurde dies schon für die Frühe Neuzeit demonstriert. Da die Wissenschaften in Deutschland im 19. Jahrhundert Weltgeltung erlangten, besaßen ihre wichtigsten Zeitschriften internationale Ausstrahlung. Zu nennen wären u.a. das „Journal der Physik" (1790-1794), Vorläufer der „Annalen der Physik" (seit 1824), das „Journal für die reine und angewandte Mathematik" (seit 1827) oder die 1859 gegründete „Historische Zeitschrift". Jenseits dieses Sonderfalls gelangten aber nur wenige Zeitschriften in nennenswerter Zahl ins Ausland. So wurden Blätter wie die „Gartenlaube" oder die „Deutsche Rundschau" selbst jenseits des Atlantiks gelesen – von deutschstämmigen Auswanderern, die auf diese Weise den Kontakt zur Heimat hielten. Doch ein transnationaler Markt, auf dem diese Blätter mit vergleichbaren Zeitschriften des Auslands konkurrierten, konstituierte sich dadurch im Unterschied zu den Gelehrtenzeitschriften nicht.[76]

Auch der nationale und überregionale Markt existierte nur bedingt. Letztlich hing seine Entwicklung von zwei sehr verschiedenen Faktoren ab. Einerseits von den Verkehrsbedingungen, andererseits von der Erscheinungsweise. Trotz ihrer Verschiedenheit sind beide in engem Konnex zu sehen. Nichtperiodische Druckschriften, insbesondere Bücher konkurrierten seit der Frühen Neuzeit auf einem Markt, der über die deutsche Sprache definiert und von den Messen in Frankfurt a.M. und Leipzig geschaffen wurde. Ähnliches galt, wie die obigen Zahlen nahe legen, für die Zeitschriften.

Bei den Zeitungen, die in kurzem periodischen Abstand erschienen, Tageszeitungen zumal, existierte eine nationale Konkurrenz, obwohl bis zur Mitte des 19. Jahrhunderts, bevor die Eisenbahn die Voraussetzung schuf, Zeitungen nicht innerhalb weniger Stunden an die weit gestreute Leserschaft gelangen konnten. Obgleich das nationale Publikum tagesaktuelle Informationen also nicht erhielt, bezog es Tageszeitungen. So hieß vor dem Eisenbahnbau „Tagesaktualität" noch nicht Aktuelles vom Tage, sondern nur so frisch, wie es die (Verkehrs-)Umstände eben zuließen. Allerdings war dieser nationale Markt klein und gestattete auch den überregionalen Zeitungen nur geringe Auflagen. Der HUC und der Nachrichtenhunger der Revolutionszeit waren die absolute Ausnahme gewesen. Selbst die renommierte Augsburger „Allgemeine Zeitung" erreichte im Vormärz nie mehr als knapp 10.000 Auflage. Bei der wichtigen

[76] Hollmann, W.: Zeitschriften, S. 10-61.

„Deutschen Zeitung" (DZ) verteilten sich 1847 bis 1850 die maximal 4.000 Abonnenten zu einem Drittel auf Süddeutschland und einem Viertel auf Preußen, der Rest war in Nord- und Mitteldeutschland zu finden.[77]

Erst die zeitungs- und verkehrstechnischen Entwicklungen seit der Mitte des 19. Jahrhunderts schufen die Voraussetzungen für größere nationale Konkurrenz. Der Postversand gibt Hinweise auf die Interessen der Leserschaft. Geschäftsinteressen waren ein sehr wichtiger Grund, eine fremde Zeitung zu beziehen, politische Motive standen an nächster Stelle. Von den politischen Zeitungen wurde die „Börsen-Zeitung" im 3. Quartal 1866 mit 628 Exemplare in andere deutsche Staaten exportiert. Es folgten die „Nationalzeitung" mit 489, die „Volkszeitung" mit 468, die „Preußische Handelszeitung" mit 337, die „Kreuzzeitung" mit 328, die „Bank- und Handelszeitung" mit 159 Exemplaren. Die preußisch-offiziöse NAZ, aus der man im außerpreußischen Deutschland die offizielle Meinung der Wilhelmstraße hätte erfahren können, fand hingegen nur 96 Abnehmer. Der relativen Bedeutungslosigkeit für außerpreußische Lande angemessen, kam die „Vossische" nur auf 63 Exemplare. D.h., ein staatenübergreifender Zeitungsmarkt existierte kaum.[78]

In Preußen selbst sah das jedoch anders aus. Ein Beobachter im preußischen Staatsministerium notierte schon in den 1850er Jahren verschiedene überregionale Märkte: „Es ergibt sich aus [...] detaillierten Nachweisungen als Resultat, daß [...] der Preußische Staat im Allgemeinen in sechs Zeitungsgebiete zerfällt: 1. vom Rhein bis zur Weser, 2. von der Weser bis zu Elbe, 3. von der Elbe bis zur Weichsel, 4. Schlesien, 5. von der Weichsel bis zur russischen Grenze, 6. Vorpommern, welche auf die eigenthümlichen Verhältnisse, besondere Interessen und Anschauungen begründet sind, wovon die kirchliche und politische Partheistellung nur sehr unerhebliche Ausnahmen bewirkt."[79] Offenkundig dachte der preußische Beamte in geografischen und administrativen Einteilungen. In jeder Region zählte er eine Zeitung mit einer politischen Ausrichtung. Konkurrenz der Sympathisanten der gleichen Partei fand kaum statt.

So traten von den „liberalen" Zeitungen, soweit in den 1850er Jahren davon zu sprechen ist, die „Vossische" und die „Kölnische Zeitung" nirgends in Konkurrenz. Nimmt man also Parteigebundenheit als Produktmerkmal, so ließe sich zuspitzen, dass in jeder Region um die Mitte des 19. Jahrhunderts noch ein Monopol herrschte. In der zweiten Jahrhunderthälfte änderte sich dies, weil erstens unabhängige und „farblose" Zeitungen wie die Generalanzeiger in Berichterstattungskonkurrenz zu den Parteizeitungen traten; weil zweitens jede

77 Hirschhausen, U.: Deutsche Zeitung, S. 290-301.

78 Stöber, R.: Erfolgverführte Nation, S. 79.

79 Bericht über die statistischen Verhältnisse der politischen Presse in Preußen im ersten Quartal des Jahres 1854, in: GStA I.HA, 2.3.35 (Lit Büro), Nr. 135, Bll. 108-119, hier 115.

lokale Parteizeitung durch eine überregionale substituiert werden konnte. Von den Blättern der liberalen Presse besaßen die „Frankfurter Zeitung", das BT und die „Kölnische Zeitung" überregionale Ausstrahlung, bei der Zentrumspresse konkurrierten „Germania" und „Kölnische Volkszeitung", konservative Blätter, die überregional substituierbar waren, die „Post", die NAZ, in Weimarer Zeit die „Deutsche allgemeine Zeitung" und die „Kreuzzeitung". Bei der SPD-Presse von überregionaler Ausstrahlung gab es hingegen keine Konkurrenz, da nur der „Vorwärts" überregional verbreitet war.

Doch im wesentlichen gilt: Statt nationaler und überregionaler Märkte dominierten vor 1945 die lokalen und regionalen. Das lässt sich am Erscheinen ablesen: Dort, wo die Konkurrenz besonders groß war, verlegten Zeitungen ihren Verkaufsstart immer weiter nach vorne, so dass in den 1920er Jahren die „Welt am Montag" schließlich am Sonntagabend, das „12-Uhr-Blatt" um 11.00 Uhr, das „Acht-Uhr-Abendblatt" um 17.00 Uhr usw. erschien – einzig um der unmittelbaren Konkurrenz, den anderen Montagsblättern, der „BZ am Mittag", den Abendblättern ein Schnippchen zu schlagen.[80] Lokale Wettbewerber orientierten sich auch im Erscheinungsrhythmus aneinander. Die „Berlinische Privilegierte Zeitung [Vossische]" und die „Berlinischen Nachrichten" wechselten beide am 1.1.1824 vom dreimaligen zum sechsmaligen Erscheinen je Woche. Die Augsburger „Allgemeine Zeitung", die seit ihrer Gründung 1798 täglich erschien, zwang auch andere Augsburger Zeitungen zum Erscheinen von Montag bis Sonntag. Die „Frankfurter Oberpostamts-Zeitung" erschien seit 1830 zweimal täglich, 1831 folgte ihr das „Frankfurter Journal". Nachdem die „Hamburger Nachrichten" seit 1815 sechsmal die Woche erschienen, folgten 1819 die „Hamburgische Börsenhalle" und 1830 der HUC.[81] 1854 erschienen alle Kreisblätter des Regierungsbezirks Potsdam ein bis zweimal wöchentlich, Ende des Ersten Weltkriegs werktäglich. Anfang der 1850er Jahre kamen in der Stadt Köln alle sechsmal wöchentlichen Zeitungen von Dienstag bis Sonntag heraus. Im Regierungsbezirk Arnsberg erschienen zur gleichen Zeit sämtliche Zeitungen eines Kreises in der jeweils gleichen Häufigkeit. Gleiches galt für Danzig, auch dort publizierten die Zeitungen, die in lokaler Konkurrenz zueinander standen, jeweils an den gleichen Wochentagen. Die örtliche Konkurrenzsituation prägte also die Periodizität, auch als Bezugsgröße lokaler Informationsvielfalt erschien die Stadt: In der Provinz Schlesien waren Anfang des 20. Jahrhunderts 61% der Zeitungsstandorte Einzeitungsstädte, in 19% erschienen zwei, in 13% drei und in immerhin 7% vier Zeitungen.[82]

---

80 Mendelssohn, P.: Zeitungsstadt Berlin, S. 332-334. Schulte, F.G.: Gerlach, S. 161f.

81 Meyer, H.-F.: Zeitungspreise, S. 499-507.

82 Stöber, R.: Erfolgverführte Nation, S. 85. Groth, O.: Zeitung, Bd. 1, S. 217f. Vgl. Schütz, W.J.: Zeitungsstandorte, in: BDZV (Hg.): Zeitungen '99, S. 287.

Tabelle 2.2.1: Publizistische Konkurrenz und Gemeindegröße (1927)

Gemeindegröße	*1 Zeitung*	*2 Zeitungen*	*3 Zeitungen*	*≥ 4 Zeitungen*
bis 2.000	197	13		
bis 4.000	532	67	4	2
bis 20.000	578	266	57	20
bis 50.000	41	55	41	25
über 50.000	10	16	16	66

Abbildung 2.2.4: Abonnementskosten im 19. Jahrhundert[83]

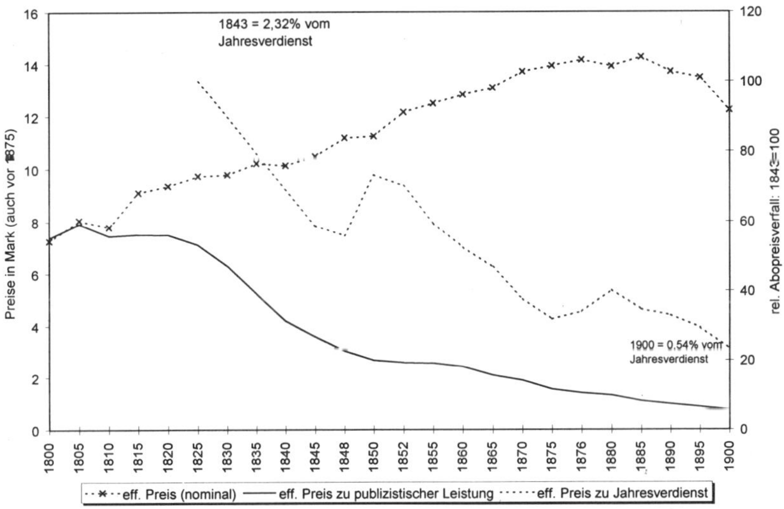

Doch trotz der Fragmentierung der Märkte gab es einen Trend, der die Zeitungsexpansion insgesamt begünstigte und seinerseits technisch induziert war. Mit den technischen Entwicklungen verbesserten sich die Produktionsbedingungen der Presse seit Mitte des 19. Jahrhunderts dramatisch. Das Sinken der Papierpreise auf weniger als ein Drittel binnen dreier Jahrzehnte war für die Expansion der Tagespresse sicherlich von zentraler Bedeutung. Zwar stiegen bis in die 1880er Jahre die effektiven Abonnementspreise nominal, doch verbil-

83 Ungewichtete Durchschnittsberechnungen nach: Meyer, H.-F.: Zeitungspreise, S. 113, 132, 163. Meyer bezeichnet das Verhältnis von Abopreis zur publizistischen Leistung als derivaten Preis. Von effektiven Preisen spricht man, wenn alle Preise addiert werden, bspw. Abopreise und Zustellgebühren. Nominale Preise rechnen Mark = Mark, reale dagegen berücksichtigen den Inflationsausgleich.

ligten sich die Zeitungen, wenn die Qualitätsverbesserungen der Zeitungen und Zeitschriften bedacht werden: Umfangsteigerungen, bessere Abbildungen, kürzeres Erscheinen. Berücksichtigt man die Jahresverdienste von Industriearbeitern, wurde der Zeitungsbezug sogar spürbar billiger. Erst im Ersten Weltkrieg und in der von ihm ausgelösten Inflation verschlechterten sich die Rahmenbedingungen deutlich: Rohstoff wurde knapp und teuer, Arbeitskräfte waren eingezogen und das Anzeigengeschäft brach ein. Die Rohstoffverknappung und die allgemeine Teuerung vervierfachte die Papierkosten, vervier- bis versechsfachte die Kosten verschiedener Druck- und Fixierchemikalien, verdreifachte die Transport- und Expeditionskosten. Bei kleineren Zeitungen schlugen diese Kostensteigerungen wesentlich stärker zu Buche als bei den großen.[84] Auch die Rekrutierung von Soldaten traf erstere härter als die Massenpresse. Zeitungen, deren Arbeit auf den Schultern eines einzigen „Zeitungsfachmanns" ruhte, mussten ihr Erscheinen einstellen. Das Anzeigenaufkommen sank wegen der rigiden Eingriffe der Zensurbehörden in die Anzeigenteile, der schlechten wirtschaftlichen Gesamtlage und der behördlichen Zurückhaltung bei der Schaltung von Anzeigen auf die Hälfte des Vorkriegsstandes. Nach dem Ersten Weltkrieg starben dann selbst große und angesehene Zeitungen wie die „Tägliche Rundschau", in der Weltwirtschaftskrise gingen sogar Konzerne wie der Mosse-Verlag in Konkurs.[85]

War im Ersten Weltkrieg die Einstellung, vorübergehend oder auf Dauer, die Entscheidung des einzelnen Verlegers, so strichen im Zweiten Weltkrieg die Zeitungen nach zentralen Erlassen ihre Segel. Einstellungen wurden nun mit Bewirtschaftungsmaßnahmen begründet. Die Konzentration der Presse auf immer weniger Titel setzte Leute und Ressourcen frei, die an anderer Stelle für Wehrmacht und Kriegswirtschaft dringend benötigt wurden.

Die Mikroökonomie der Presse

Die Deregulierung des Pressewesens besaß makro- wie mikroökonomisch große Bedeutung. Seit Aufhebung des Insertionszwangs von 1850 hatten sich in Preußen die Anzeigenumfänge enorm gesteigert. Die „Vossische Zeitung" bestand z.B. in den 1860er Jahren zu ca. zwei Dritteln aus Anzeigen. Das absolute Anzeigenaufkommen hatte sich gegenüber 1850 fast verdreifacht, bei der

84 Vgl. Buschmann, H.: Lokalpresse, S. 24-29.

85 Hatte Mosses Annoncen-Expedition 1913 noch über 2 Mio. M Gewinn gemacht, waren es 1930 nur noch etwas mehr als 300.000 RM, für das BT hießen die Vergleichszahlen 1,55 Mio. M Gewinn 1913 und 320.000 RM Verlust 1930. Im September 1932 meldete Mosse Konkurs an. Kraus, E.: Mosse, S. 492-529.

1855 gegründeten „Börsen-Zeitung" bis in die Gründerzeit sogar verzwanzigfacht. Andere Berliner Zeitungen – wie die „Spenersche" – profitierten hingegen in weitaus geringerem Maße. Die Einführung der Gewerbefreiheit von 1868/69 und das RPG 1874, welche die Befreiung von verschiedenen Zwängen wie Postdebit, Konzession und Stempelsteuer brachten, verbesserten die politischen Rahmenbedingungen im Deutschen Reich weiter, doch in der Wirtschaftskrise seit 1873 ging das Anzeigenvolumen zunächst wieder zurück.[86]

Schon seit dem 18. Jahrhundert hatte sich die wachsende Bedeutung der Anzeigenfinanzierung abgezeichnet. Die ersten Anzeigen im späten 17. und frühen 18. Jahrhundert waren Eigenanzeigen der Zeitungsverleger gewesen, zumeist für Bücher. Schon bald zeigte das Publikum Verluste und Fundsachen, Kauf- und Verkaufgesuche, Stellenangebote und -wünsche an. Intelligenzblätter, die ersten Zeitungen, die massiv von Anzeigen abhingen, weckten mit diesen werblichen Botschaften und Kleinanzeigen das Interesse der Leser und wurden zu Vorreitern einer Entwicklung, die in den Generalanzeigern des späten 19. Jahrhunderts den ersten Höhepunkt erreichte. In den Prototypen der Massenpresse wurde erstmalig die „Querfinanzierung" (Johannes Ludwig) der Zeitung in großem Stil eingeführt, d.h. die Einnahmen aus dem Anzeigenverkauf wurden genutzt, den Abopreis der Zeitungen herabzusetzen. Die Massenpresse der USA, Frankreichs und Englands hatte die Subventionierung vorexerziert. Überspitzt formulierte der Zeitungswissenschaftler Karl Bücher 1912, die Generalanzeiger seien Unternehmen, welche „Anzeigenraum als Ware produziert[en], die nur durch einen redaktionellen Teil absetzbar wird". Die Generalanzeiger lebten von Geschäfts- und Kleinanzeigen.[87]

Generalanzeiger tauchten in Deutschland auf, als die Wirtschaft in einer Krise steckte. Diese antizyklische Erscheinung kann vielleicht als bewusste Flucht der Geschäftswelt aus der Krise durch eine Intensivierung der werblichen Anstrengungen interpretiert werden.[88] Werbung war im letzten Drittel des 19. Jahrhunderts zwar noch mit dem Odium behaftet, Anpreisung ansonsten schwer verkäuflicher Ware zu sein: Qualität bräuchte keine andere Werbung als sich selbst. Doch seit der Einführung der Gewerbefreiheit wuchs wegen zunehmender Konkurrenz die Einsicht, dass sich die Anbieter ihren Markt erst selbst suchen müssten. Auch die Kleinanzeigen nahmen mit den Generalanzeigern einen enormen Aufschwung. Für Abonnenten wurden sie z.T. umsonst

---

[86] Pantenburg, J.: Anzeigenwesen, S. 13, 44-49. Wolter, H.-W.: Generalanzeiger, S. 137.

[87] Bücher, K.: Die Presse, in: Laband, P./ Wach, A./ Wagner, A. et al. (Hg.): Handbuch der Politik, Bd. 1, S. 262-268. Ludwig, J.: Querfinanzierung, S. 224-228.

[88] U.U. war die ökonomische Krise aber nicht so tief, wie lange Zeit von der Wirtschaftsgeschichte angenommen worden ist. Für die klassische Sicht: Wehler, H-U.: Gesellschaftsgeschichte III, S. 579-607. Anders: Ullmann, H.-P.: Kaiserreich, S. 61f.

zur Verfügung gestellt und verstärkten so einerseits die Leser-Blatt-Bindung, andererseits machten sie die Generalanzeiger krisenfester, denn Kleinanzeigen waren (und sind) ein Ausweis für die Qualität der Zeitung als Werbeträger und hingen (und hängen) wenig von der allgemeinen wirtschaftlichen Entwicklung ab.

Abbildung 2.2.5: Inseratenpreise im 19. Jahrhundert[89]

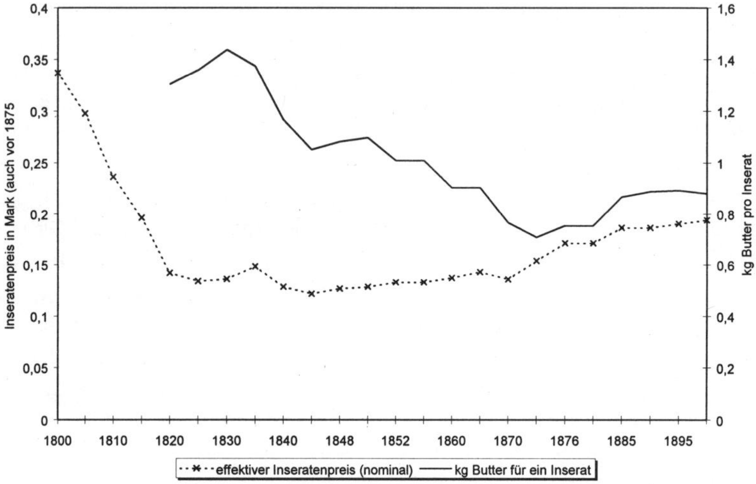

Die Preise folgten der wachsenden Bedeutung der Anzeigen. Dabei waren noch unter den Bedingungen der Intelligenzpresse mancherorts die Anzeigenpreise festgeschrieben – z.B. in Berlin zwischen 1775 und 1849 – in den meisten deutschen Ländern ging jedoch schon die Deregulierung der ersten Jahrhunderthälfte mit einem massiven Preisverfall einher. Auflagenwachstum und Steigerung der Annonceneinnahmen bedingten sich wechselseitig.[90] Heutzutage wird das Phänomen „Auflage-Anzeigen-Spirale" genannt. Eine Rolle spielt dabei auch der Preisvorteil, den die Inserenten aus den höheren Auflagen zogen. Je höher die Auflage, desto höher war und ist zwar der absolute, desto niedriger jedoch der relative Anzeigenpreis. Auf die heute benutzte „Währung",

89 Ungewichtete Durchschnittsberechnungen nach: Meyer, H.-F.: Zeitungspreise, S. 182, 188. Der Preis in kg Butter ist dabei ein Indikator für den realen Preis.

90 Pantenburg, J.: Anzeigenwesen, S. 17, 25f., 32f. Widdecke, E.: Haude- und Spenersche, S. 168. Schmidt, G.: Gründung, S. 43. Bachem, J.P.: Reklame, S. 49-58. Wolter, H.-W.: Generalanzeiger, S. 138-141.

den Anzeigen-Tausender-Preis berechnet, lässt sich feststellen, dass dies schon im letzten Drittel des 19. Jahrhunderts mehr oder minder galt:[91]

Tabelle 2.2.2: Anzeigentausenderpreis (nominal) 1873/ 1939 (in Mark)

1873/1939	*Auflage*	*Seitenpreis*	*Tausenderpreis*
(Leipziger) Illustrirte Zeitung (1873 ⇓)	10.000	390	39,00
Fliegende Blätter	14.000	210	15,00
Kladderadatsch	50.000	510	10,20
Daheim	70.000	300	4,29
Gartenlaube	300.000	630	2,10
Sauerländer Zeitung Brilon (1939 ⇓)	980	129	131,63
Bremer Nachrichten und Weserzeitung	64.966	1.344	20,69
Frankfurter Zeitung	70.000	2.862	40,89
Kölnische Zeitung	91.000	2.485	27,31
Berliner Lokal-Anzeiger (BLA)	200.000	2.490	12,45
Westfälische Landeszeitung Rote Erde	215.000	2.481	11,55
Westdeutscher Beobachter	227.000	4.410	19,43
Völkischer Beobachter (Norddt. Ausg.)	410.000	5.712	13,93
Berliner Morgenpost	440.000	2.739	6,23

Der Erfolg, den die Massenpresse mit der Querfinanzierung hatte, machte neidisch. Den Generalanzeigern wurde die Subventionierung des Verkaufspreises als Annoncenabhängigkeit vorgeworfen, die zum Einfluss der Inserenten auf den redaktionellen Text führe. „Amerikanisierung" hieß das Stichwort. Dabei dürfte diese Bedrohung der redaktionellen Unabhängigkeit, die unter dem Stichwort innere Pressefreiheit noch abzuhandeln sein wird, kleinere Zeitungen viel stärker betroffen haben, als wirtschaftlich gesunde. So beschied der Generalanzeiger-Verleger Wilhelm Girardet einem unzufriedenen Kunden: „Daß Sie Ihre Annoncen-Aufträge anderen Zeitungen zuwenden wollen, nehme ich nicht ernst. Denn ein kluger Kaufmann gibt nur den Zeitungen seine Aufträge, in welchen er die meiste Aussicht auf Erfolg seiner Inserate erwarten kann."[92] Andererseits schrieb Kurt Tucholsky, die Furcht der Verleger vor den Inserenten und der an die Journalisten weitergegebene Druck sei „ins Groteske" gegangen: „S.J. [Siegfried Jacobsohn] warf einst einem berliner Redakteur

---

91 Die Auflagen für 1873 sind Schätzungen, die sich an den überlieferten Auflagen orientieren (weitere s.u.). Roscher, K.: Zeitungen. Wuttke, H.: Öffentliche Meinung, S. 418f. Ala Katalog 64. Jg. 1939. Die Angaben sind für 1873 in Mark umgerechnet.

92 Wilhelm Girardet an B. Hartmann, Schreiben vom 28.1.1915, zit.n. Wolter, H.-W.: Generalanzeiger, S. 255.

vor: 'Aber bei euch genügen doch schon vier Beschwerdebriefe, und jeder von euch kann herausfliegen!' Der Redakteur erwiderte tiefernst: 'Herr Jacobsohn, Sie irren sich. Es genügt schon einer.'"[93]

Abbildung 2.2.6: Anzeigeneinnahmen (1780-1945)[94]

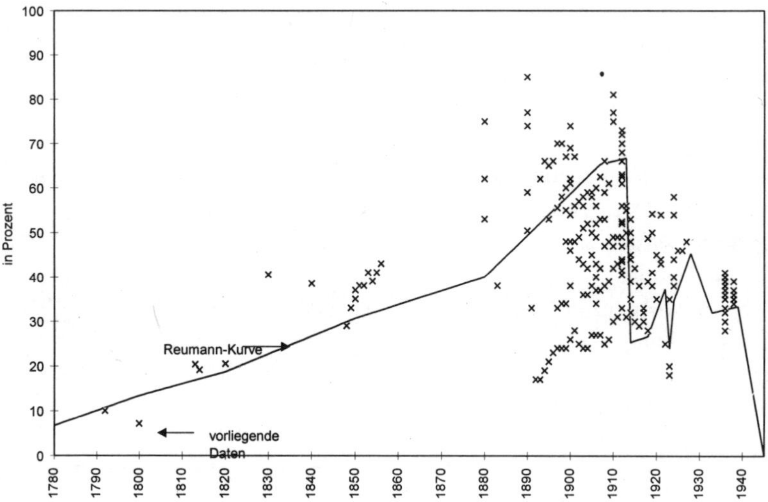

Da stellt sich die Frage nach der Bedeutung der Anzeigenfinanzierung. Obwohl sie im 19. und 20. Jahrhundert zulasten der Abonnentenfinanzierung zunahm, sind pauschale Urteile nicht angebracht. Die Bedeutung der Inserate nahm nicht unidirektional zu, vielmehr schwankte schon im 19. Jahrhundert mit der Konjunktur auch das Anzeigenaufkommen. Der Erste Weltkrieg brachte ebenso wie die Weltwirtschaftskrise einen deutlichen Rückgang. Werberegulierung von dem „Gesetz über Wirtschaftswerbung" vom 12.9.1933 bis zu den Werbeverboten für Mangelwaren im 2. Weltkrieg reduzierten den Anteil der Anzei-

93 Wrobel, Ignaz: Redakteure, in: WB 1932, 1. Hj., Nr. 22, (31.5.1932), S. 813-816, hier S. 815. Als Beispiel für undifferenzierte Kritik: Hammer, Walter: Die Generalanzeiger-Presse kritisch beurteilt als ein Herd der Korruption, Leipzig 1911. Zur katholischen Kritik: Schmolke, M.: Schlechte Presse, S. 194-201. Die wissenschaftliche Kritik: Dovifat, E.: Amerikanische Journalismus, S. 201-214. Vgl. Filk, C.: Medienkritik Kästners, in: RuG, 25/1999, Nr. 4, S. 205-217.

94 Reumann, K.: Entwicklung, in: Publizistik 13/1968, H. 4, S. 226-271. Wolter, H.-W.: Generalanzeiger, S. 200, 315. Buschmann, H.: Lokalpresse, S. 25-27. Schneider, O.: Mittel- und Kleinpresse. Zum 18. Jh. eigene Berechnung. Salomon, L.: Geschichte des Zeitungswesens, Bd. 2, S. 15. Pantenburg, J.: Anzeigenwesen, S. 21f., 167. Traub, H.: Grundbegriffe, S. 122. Dovifat, E.: Zeitungslehre (1937), Bd. 2, S.126. Vgl. Schmidt, G.: Gründung, S. 43-48. Schneider, C.: Anzeigenwesen, in: Heide, W./ Lehmann, E. (Hg.): Handbuch ZW, Sp. 209-214.

genfinanzierung. Aber selbst Durchschnittsberechnungen wie die „Reumann-Kurve", die diese Konjunkturschwankungen einbeziehen, haben ihre Tücken. Erstens streute der Grad der Anzeigenfinanzierung äußerst breit. Dabei konnte es durchaus sein, dass kleinere Zeitungen erheblich stärker auf einem gesunden Anzeigenmarkt gründeten, als zeitgleich existierende Blätter der Massenpresse. Zweitens häufen sich erst um die Jahrhundertwende die Angaben. Für frühere Zeiten, insbesondere für das 18. Jahrhundert, sind die Daten so dünn gesät, dass sich Durchschnittsberechnungen verbieten. Die Kurve gibt daher nur den Trend an.

Neben der Querfinanzierung wurde der Effekt der Fixkostendegression zur zweiten wichtigen mikroökonomischen Entdeckung. Der Nationalökonom Karl Bücher war wiederum der erste, der sie beobachtete und als Gesetzmäßigkeit der „Nutzhöhe der Massenproduktion" bezeichnete.[95] Unter Fixkostendegression wird ein Effekt verstanden, bei dem fixe Kosten pro Exemplar um so geringer in der Kostenkalkulation zu Buche schlagen, je größer die Anzahl der produzierten Kopien ist. In der Automobilproduktion ist beispielsweise die Konstruktion eines neuen Typs ein Kostenfaktor, der die gleiche Summe kostet, unabhängig davon, ob von dem Typ anschließend 10.000 oder eine Million Exemplare abgesetzt werden. Variabel sind hingegen die Kosten der verwendeten Bleche. Bei der Presse sind Satz-, Druckmaschinen und Redaktionskosten fix, Druckpapier und -farbe hingegen variabel. Auch hier schufen erst technische Entwicklungen die nötigen Voraussetzungen. Solange weder Satz- noch Rotationsmaschinen existierten, gab es nur einen Bereich fixer Kosten, der auf große Stückzahlen umgelegt werden konnte: die Produktion der redaktionellen Inhalte. Wenn z.B. der HUC um 1800 auf einem Dutzend Druckmaschinen produziert wurde, so musste er auch entsprechend oft gesetzt sein. Satz- und Druckkosten waren also nicht fix, sondern sprungfix: Überschritt die Auflage eine Größenordnung, die mit der bisherigen Ausrüstung nicht bewältigt werden konnte, so musste ein neuer Satz angefertigt, neue Drucker eingestellt und Druckmaschinen angeschafft werden.

Ein frühes Beispiel liefert die „Rheinische Zeitung", für die 1842 kalkuliert wurde, dass bei 2.000 gedruckten Exemplaren die fixen Kosten mit 49,5%, bei Verdoppelung der Auflage nur noch mit 30,6% zu Buche schlügen. Dabei verbilligte sich der Satz von 10 auf 6,2%, die Kosten für Redaktion, Verwaltung und Sonstiges von 39,5 auf 24,5%.[96] Um die Jahrhundertwende entwickelte eine Existenzgründungsbroschüre folgende Fixkostendegressionsberechnung:[97]

---

95 Bücher, K.: Zeitungskunde, S. 246. Bücher, K.: Massenproduktion, in: Zeitschrift für die gesamte Staatswissenschaft, 66/1910, Nr. 3, S. 87-118. Ludwig, J.: Querfinanzierung, S. 54.

96 Ludwig, J.: Querfinanzierung, S. 53f.

97 Eigene Berechnungen aufgrund von: Schmidt, G.: Gründung, S. 31-37.

Tabelle 2.2.3: Fixkostendegression einer Illustrierten um 1900

Auflage	*Fixkostenanteil*
5.850	58,50
10.000	52,61
20.000	42,33

Die Größenvorteile der Medienunternehmen, die Medienökonomie spricht hier von der „economy of scale", konnten zur Gewinnmaximierung oder zur Verbesserung der publizistischen Qualität eingesetzt werden. Am Beispiel des Ullsteinkonzerns lässt sich das annähernd demonstrieren.

Abbildung 2.2.7: Redaktionsmitglieder und Papierverbrauch im Ullsteinverlag[98]

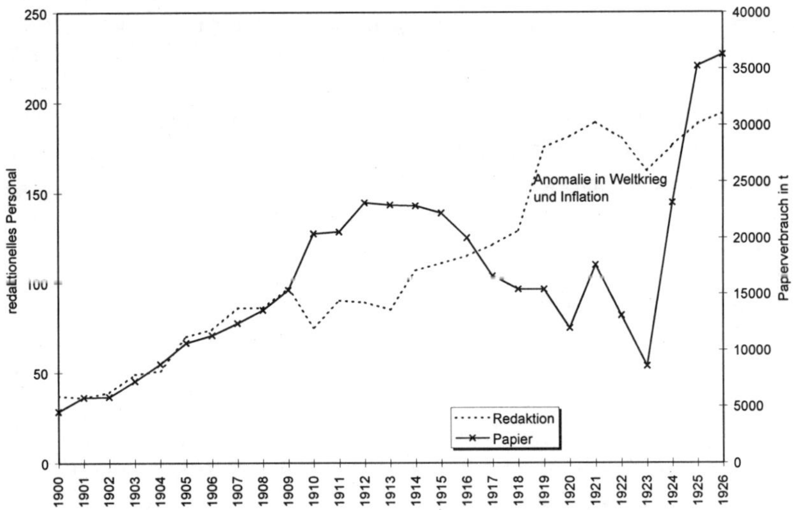

Vergleicht man nämlich die Redaktionsstärke mit dem Papierverbrauch, so zeigt sich, dass die Zahl der Redaktionsmitglieder im ersten Jahrzehnt des 20. Jahrhunderts in etwa parallel zum Papierverbrauch wuchs, Verkaufssteigerungen also zumindest zu wichtigen Teilen in die Qualität investiert wurden. In der unmittelbaren Vorkriegszeit wuchs die Redaktionsgröße erheblich geringer als der Papierverbrauch; rechnet man den Papierverbrauch ab, der auf die Steigerung der Seitenumfänge zurückzuführen ist, so verbleibt eine Diskrepanz, die

98 Willner, G.: Tagewerk, in: 50 Jahre Ullstein, S. 357.

als gesteigerte Gewinne auf fixkostendegressive Effekte zurückzuführen ist. Im Krieg und ganz besonders in der Inflationszeit ist hingegen von einer Anomalie zu sprechen. Der Markt expandierte kaum, der Wettbewerb verschärfte sich, die Einzelnummern wurden drastisch dünner, der Papierverbrauch brach bis 1923 dramatisch ein. Dennoch wuchs die Zahl der Redaktionsmitglieder, vermutlich um seine Position in dem schwieriger werdenden Markt zu verteidigen. Nach dem Ende der Inflation wurden rasch wieder normale Vorkriegsverhältnisse erreicht.

2.2 Die Entwicklung der Presseinhalte

Die frühen Blätter hatten die Inhalte in der Reihenfolge des Eintreffens gesetzt. Manche, so die „Rorschacher Monatsschrift", ordneten sie schon geografischen Gesichtspunkten unter. Die fehlende Hierarchie war jedoch kein Problem, solange der Umfang bescheiden blieb und die Leser die Zeitung nicht selektiv, sondern von vorne bis hinten lasen. Erst die mit Telegrafie und Korrespondenzwesen einhergehende Ausweitung der Berichterstattung, die drucktechnisch ermöglichte Formatvergrößerung und die durch schwankendes Anzeigenaufkommen erzeugte Beilagenflut setzte den Leser einem Selektionsdruck aus, dem der Journalismus mit Orientierungshilfen entsprach. Daher bürgerte sich im 19. Jahrhundert in den Zeitungen die Anordnung ein: Leit- oder Übersichtsartikel, deutsche, dann ausländische Nachrichten, Lokales, Handelsteil, Vermischtes.[99]

Damit änderte sich die Aufmachung der Zeitungen. Satzmaschinen wie die Linotype, die für glatten Satz ohne Variationen am besten zu gebrauchen waren, verstärkten zunächst die Monotonie der „Bleiwüsten". Schaut man sich Zeitungen der Jahrhundertwende an, so stellt man einen allmählichen Auflockerungsprozess fest. Kurt Tucholsky und Otto Groth führten die sensationellere Aufmachung auf die Abstumpfung durch die Kriegsberichterstattung zurück; Ernst Troeltsch und Emil Dovifat gaben den verschärften Konkurrenzkampf nach dem Krieg an. Immerhin war die Presse nach 1919 mittels Fettdruck, gesperrtem Druck, anderer Schriftwahl – beispielsweise Antiqua für Überschriften und Fraktur im glatten Text – besser gegliedert als zuvor. Und die Auflockerungstendenzen setzten sich in der Weimarer Zeit fort.[100]

99 Groth, O.: Zeitung, Bd. 1, S. 336-354.

100 Tucholsky, K.: Gesammelte Werke, Bd. 3, S. 335f. und 527. Groth, O.: Zeitung, Bd. 1, S. 347f. Troeltsch, E.: Spektator, Ausgabe Baron, S. 86, Ausgabe Claussen, S. 90; Dovifat, E.: Sensationsberichterstattung, S. 5f. Todorow, A.: Frankfurter Zeitung, S. 128f. Groth, O.: Kulturmacht, Bd. 2, S. 211-213. Die Mehrzahl der Blätter wandelte sich schon um 1900 schleichend, z.B. die „Leipziger

Nachdem vereinzelte Zeitungen schon im letzten Drittel des 19. Jahrhundert so etwas ähnliches wie Überschriftenkonferenzen gekannt hatten – so das „Neue Wiener Tagblatt“ –, setzten sie sich im 20. Jahrhundert bei den größeren Blättern allgemein durch. Gabriele Tergit beschrieb eine solche Ende der 1920er: „Die Seite sah gut aus, sehr gut sogar. Ein Achtel Annoncen. Oben ‘Montmatre in Berlin’. Die Überschrift Cicero sheltenham kursiv, fette Versalia, daneben zweispaltig ‘Berliner Statistik’ als Oberüberschrift. Darunter als zweite Überschrift ‘Von Geburt, Heirat und Tod’. Und darunter als dritte Überschrift ‘Ohne Zuwanderung stürbe Berlin aus’. ‘Diese drei Überschriften für einen Artikel sind herrlich abgestimmt’, sagte Miermann, ‘fette Bernhard Cicero für `Berliner Statistik´ wahre Sachlichkeit, `Von Geburt, Heirat, Tod´ führt durch Schwabacher Tertia direkt ins Kosmische, und fette König Korpus als Abgesang: `Ohne Zuwanderung stürbe Berlin aus´. Kein Mensch achtet mehr auf den Inhalt in petit 1/8.’“[101]

Die Entstehung der Nachrichten- und Korrespondenzagenturen seit Mitte des 19. Jahrhunderts beschleunigte die Übermittlung der Nachrichten und veränderte deren thematische Zusammensetzung. Vor 1850 war die Hof- und Kriegsberichterstattung Hauptgegenstand der Nachrichten gewesen. Generell hatten die Berichte über die politisch-militärischen Eliten ab-, die über andere gesellschaftliche Eliten zugenommen, besonders stark die über die „Nichtelite“. Auch die Aktualitätsdichte legte zu – waren 1856 erst elf % der Nachrichten einen Tag frisch, so 1906 schon 95%. Die Presseinhalte differenzierten sich im Laufe der Jahrhunderte aus. Zwei Formen der Ausdifferenzierung sind dabei zu unterscheiden: einmal die thematische, dann die nach Ressorts. Thematisch waren schon die frühesten Blätter universalen Zuschnitts – zumindest *in nuce* (vgl. Teil 1). Dabei nahmen im langfristigen Trend die Anteile der politischen Berichterstattung ab, während die der wirtschaftlichen und der kulturellen zunahmen. Bei anderen Themen ist die Entwicklung weniger eindeutig. Doch der schon sehr früh gegebenen thematischen Vielfalt entsprach noch nicht zwingend eine Ausdifferenzierung nach Ressorts; diese erfolgte erst im 19. und 20. Jahrhundert.[102]

Zeitung“, der „Berliner Börsen-Courier“ oder der „Tag“. Wenige „amerikanisierten“ sich auf einen Schlag, z.B. die „BZ am Mittag“. Andere wandelten sich seit 1914 beschleunigt, so das „Berliner Tageblatt“. Wieder andere wandelten ihr Überschriftenlayout nach 1919 stärker als im Ersten Weltkrieg, so die „Kölnische Volkszeitung“ oder die „Frankfurter Zeitung“.

101 Tergit, G.: Käsebier, S. 30.

102 Wilke, J.: Nachrichtenauswahl, S. 119, 125, 143. 1796, das zu dieser Entwicklung nicht passt, hängt mit dem dramatisch angestiegenen Interesse an politischen Berichten der Revolutionskriege zusammen.

Abbildung 2.2.8: Themenanteile in Zeitungen des 17.-19. Jahrhunderts

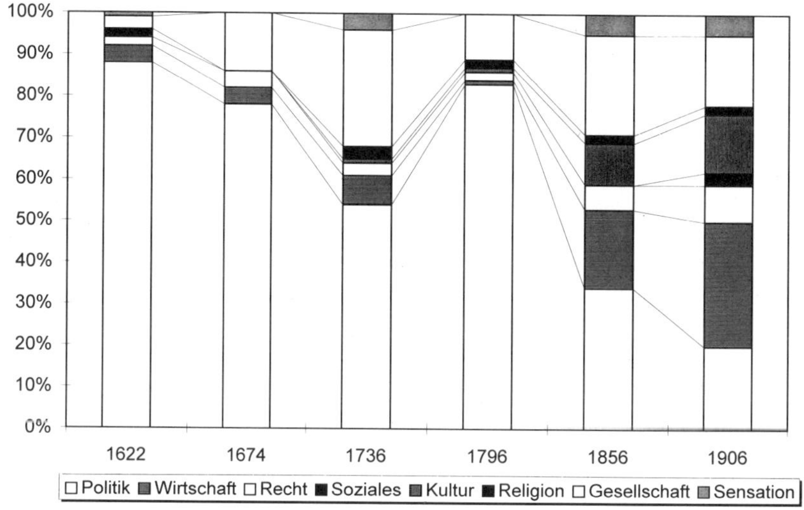

Tabelle 2.2.4: Ressortanteile ausgewählter Zeitungen (1863-1926)[103]

	Politik	*Handel*	*Feuilleton*	*Lokales*	*Sport*	*Vermischtes*
FZ 1863	69,82	29,93	0,25			
FZ 1888	41,72	42,04	16,24			
Schwäb. Ztg 1911/12	42,06	7,59	23,91	11,12	2,31	13,01
FZ 1911/12	29,70	40,36	18,50	4,56	1,35	5,53
FZ 1913	42,46	40,87	16,67			
Reichs-Ztg 1920	39,62	20,52	13,83			26,03
Essener Ztg 1926	42,70	7,51	14,85	23,25	6,85	4,20

Die Ressortdifferenzierung wiederum hatte zwei Komponenten: Einerseits ging sie einher mit einer Spezialisierung der journalistischen Berufe. In diesem Sinne wird sie weiter unten als Teilaspekt der Professionalisierung abzuhandeln sein. Andererseits verschob sie die inhaltlichen Gewichte der Berichterstattung. Dieser Aspekt soll hier zunächst interessieren. Zumindest im 19. Jahrhundert ging der Anteil des politischen Ressorts leicht zurück, im frühen 20. hingegen schwankten die Anteile nur noch marginal. Die anderen Ressorts jedoch lassen keine eindeutige Aussage zu. Insbesondere hing der Anteil der Handels- und

[103] Sekundäranalyse nach Groth, O.: Zeitung, Bd. 1, S. 750, 758, 767, 769f.

der Lokalberichterstattung von dem Charakter des Zeitung ab. Deutlich unterschieden sich auch die Anteile der Feuilletonberichterstattung. Die Gründe, die hinter diesen Unterschieden standen, waren teils ebenso allgemeingültig wie banal, teils lagen sie in pressebiografischen Besonderheiten. Zeitungen, wie die „Frankfurter Zeitung", die aus Handelsblättern hervorgegangen waren, besaßen von vornherein einen spezifischen Schwerpunkt, weil sie sich mit diesem ihre eigene Marktlücke erobert hatten. Auch die gewichtige Lokalberichterstattung in Lokal- und Regionalzeitungen hat einen vergleichbaren Grund. Ähnlich steht es um die Schwankungen des Feuilletonanteils. Manche Zeitungen spezialisierten sich darauf, sei es, weil zur Redaktion berühmte Feuilletonisten gehörten, sei es, weil das kulturelle Leben des Erscheinungsortes eine ausgeprägte Feuilletonberichterstattung erforderte. Andere, wie die „Deutsche Zeitung" von 1847, verzichteten auf diesen Schwerpunkt und schadeten damit ihrem wirtschaftlichen Gedeihen. Im Folgenden sollen die Inhalte der klassischen Ressorts näher betrachtet werden: der Politik, der Wirtschaft, des Feuilletons, des Lokalen und des Sports. Abgesehen vom letzten, das erst im späten 19. Jahrhundert entstand, hatten alle anderen weit zurückreichende Wurzeln. Selbst die häufig behauptete späte Entstehung lokaler Berichterstattung lässt sich nach heutigen Erkenntnissen nicht mehr behaupten, schon die Intelligenzblätter des 18. Jahrhunderts boten eine Fülle von lokalen und regionalen Informationen.[104]

2.2.1 Der politische Teil

Die Rahmenbedingungen

Der politische Inhalt der Presse ist so alt wie die Zeitungen selbst. Der Presseforscher Johannes Weber hat die ersten Relationen als „Herrenmedien" bezeichnet, die, von politischen Korrespondenten beliefert, die politische Klasse mit Informationen versorgte. Doch als die Zeitungen als Medien erkannt wurden, mit denen sich über die Oberschicht hinaus breitere Massen erreichen ließen, entwickelten die Regierungen aus verschiedenen Gründen ein starkes Bedürfnis, die politischen Informationen, vor allem aber das Räsonnement zu reglementieren. Es ist daher trivial, dass die politischen Inhalte nur in dem Maß unverhüllt in den Blättern präsent sein konnten, wie dies durch die Obrigkeiten geduldet wurde. Dies gilt aber vor allem für die periodische Presse: Denn Zeitungen sind quasi Serientäter. Durch das Impressum ist ihr Wohnort bekannt; solange dies noch nicht gesetzlich vorgeschrieben wurde, war der Verlagsort doch nicht zu verschleiern, da schon in der Frühen Neuzeit ein großer Apparat

104 Vgl. Böning, H./ Moepps, E.: Deutsche Presse, Bd. 1.

zur Informationsgewinnung, „redaktionellen Verarbeitung" und den Vertrieb vonnöten war. Zudem forderten die Obrigkeiten bis weit ins 19. Jahrhundert die Abgabe von Belegstücken an die Zensur; als diese abgeschafft wurde, blieb das polizeiliche Pflichtexemplar. Darum ist die Wirkung der Zeitungen an die Toleranz der Macht gekoppelt. Diese Toleranz ist je nach Zeit, Ort und Regierung unterschiedlich groß gewesen.[105]

Immer, wenn die Toleranz gering war, in Deutschland im 19. und 20. Jahrhundert zwischen 1819 und 1848, 1850 und 1859/60, 1863 bis 1866, im Ersten Weltkrieg und in der Zeit der NS-Diktatur, blieben verschiedene Möglichkeiten, politische Botschaften an die Leserschaft zu bringen: erstens die Camouflage, zweitens der Import bzw. Schmuggel von Informationen aus dem Ausland, drittens die Verbreitung über die Wege der nichtperiodischen Untergrundpresse. Die tarnende Camouflage verbarg politische Informationen in anderen Produkten – z.B. in der Griechenlandberichterstattung des Vormärz. Auch das Feuilleton besaß damals und – mit Einschränkungen – in der NS-Zeit politische Bedeutung. Doch ist im nachhinein häufig unentscheidbar, ob die Journalisten in der Absicht, Gegenarbeit zu leisten, schrieben oder ob schlichtweg Versehen passiert waren.[106]

Anders sieht es zweifelsohne bei Blättern aus, die in ihrer ganzen Anlage auf Gegenarbeit ausgerichtet waren. Doch für die NS-Zeit lässt sich nur ein einziges Blatt feststellen, für welches das Kriterium der Gegenarbeit uneingeschränkt galt: Der „Blick in die Zeit", eine von Alfred Ristow herausgegebene Zeitung. 1933 hatte sie 56.000 Auflage, 1934 sogar bis auf 113.000, um dann wieder auf knapp über 100.000 Auflage abzusinken, 1935 wurde der „Blick" verboten. Die publizistische Opposition dieser Zeitung bestand nicht in der Verkündung eigener Meinung, das hätte das Regime nicht toleriert. Vielmehr wurde aus anderen deutschen – vorzugsweise nationalsozialistischen – und ausländischen Zeitungen zitiert. Nachrichten, die schon vorveröffentlicht waren, hatten die Kontrolle ja schon einmal passiert. In der Mischung allerdings war die Nachrichten- und Kommentarauswahl des „Blick" entlarvend. Die Spannbreite dieser Opposition mit „Schere und Kleister" mögen zwei Beispiele illustrieren: Unter der Überschrift „Das Schwein, die nordischen und die semitischen Völker" druckte der „Blick" Auszüge aus der Schrift des Reichsbauernführers Walther Darré. Ein Kernsatz Darrés lautete: „Der Semite und das Schwein sind faunistische, also physiologische Antipoden." In der verkürzten Wiedergabe musste der aufmerksame Leser daraus schließen, der Arier und das

[105] Vgl. Teil 2, Kapitel 1.3.2.

[106] Einige schillernde Beispiele: Stöber, R.: Erfolgverführte Nation, S, 336f. Zur Griechenlandberichterstattung der AZ: Rintelen, M.v.: AZ, S. 360-363. Seewald, B.: Heideck, S. 186-195.

Schwein seien wesensverwandt.[107] In einer Ausgabe die um Goebbels Propagandaaktion gegen Miesmacher und Kritikaster kreiste, zitierte der „Blick“ das Branchenblatt „Welt des Kaufmanns“ mit dem Satz: Es gebe kein „Recht auf Kritik, wohl aber ein Recht auf Arbeit und Leistung“. In seiner Verknappung war auch diese Aussage entlarvend.[108] Damit schloss sich ein Kreis: Wie schon zu Beginn der Zeitungsgeschichte war die Wiedergabe von Fremdmeinungen die einzig mögliche oppositionelle Meinungsäußerung.

Information, Räsonnement und Dokumentation

Die politische Berichterstattung entwickelte sich aus der Nachrichtenmitteilung. Hinzu traten das Räsonnement und die Dokumentation. Nachrichten konnten kürzer oder – als Berichte – länger sein, schon die „Rorschacher Monatsschrift“ druckte beides. Das Räsonnement eroberte sich seinen Platz zuerst in den Zeitschriften des 17. und 18. Jahrhunderts. Die Ausdifferenzierung in verschiedene Subformen fand im wesentlichen im 19. Jahrhundert statt. Der Bedeutung nach sind zu nennen: der Leitartikel, der Wochenrückblick, die Glosse und die Dokumentation.[109]

Der deutsche Nachrichtenjournalismus hat einen schlechten Leumund. Zum einen hält sich hartnäckig die Mär, der deutsche Journalismus habe vor 1945 nicht zwischen Nachricht und Meinung unterscheiden können. In dieser Tradition stehe er noch in der Gegenwart. Im Vergleich zu den angloamerikanischen Traditionen hat das Urteil sicherlich z.T. seine Berechtigung. So werden dort stereotyp Zitate mit der Floskel „he or she said“ eingeleitet. In Deutschland regierte und regiert statt dessen das ästhetische Diktat, sich im Ausdruck nicht ständig zu wiederholen. Daher ließen und lassen sich Formulierungen finden, die schon in die Nähe einer Wertung zu rücken sind: Z.B. „er folgerte, verlangte, bestritt“ etc.[110]

Die Trennung zwischen Nachricht und Meinung war und ist sicherlich in Deutschland nie so strikt ausgeprägt gewesen, wie in England und Amerika. Dennoch sind Korrekturen an dem tradierten Bild nötig. So krass, wie es sich den Angloamerikanern nach 1945 mit Blick auf die NS-Zeit darstellte, ist es

---

107 Blick in die Zeit, 24.3.1934, Nr. 12, S. 13.

108 Blick in die Zeit, 26.5.1934, Nr. 21, S. 5.

109 Die historische Entwicklung kaum berücksichtigend, aber einen guten Überblick über die Darstellungsformen gebend: Reumann, K.: Journalistische Darstellungsformen, in: Noelle-Neumann, E./ Schulz, W./ Wilke, J. (Hg.): Fischerlexikon Publizistik, S. 91-116.

110 Vgl. Erbring, L.: Journalistische Berufsnormen, in: Erbring, L./ Ruß-Mohl, S./ Seewald, B. et al. Hg.: Medien ohne Moral, S. 73-104.

zumindest vor 1933 nicht gewesen. Zwar sprach die Zeitungswissenschaft den deutschen Zeitungen eine andere „Nachrichtentheorie“ zu, sie hätten immer Gebrauchsanweisungscharakter „zum darnachrichten“, die englischen und amerikanischen hingegen Neuigkeitscharakter gehabt.[111] Doch das war eine gekünstelte, zu keiner Zeit zutreffende Unterscheidung, denn in deutschen Blättern bestimmte ebenfalls – und zwar seit dem 17. Jahrhundert (vgl. Teil 1) – der Neuigkeitswert die Nachricht. Allerdings macht gerade die nationalsozialistische Förderung des interessengebundenen Journalismus verständlich, warum die westlichen Besatzungsmächte nach dem Zweiten Weltkrieg der Erziehung der Journalisten zur Trennung von Nachricht und Meinung so großes Gewicht zumaßen. Hieß es doch in einer zeitungswissenschaftlichen NS-Abhandlung: „Die Nachricht ist eine gesteuerte und ausrichtende Meldung.“ Und: „Willensbildend zu wirken ist der gemeinsame Auftrag jeglichen Zeitungstextes“.[112]

Die Erörterung der Rahmenbedingungen der politischen Berichterstattung hat gezeigt, dass sich politische Informationen in Deutschland über lange Zeitabschnitte hinter unverfänglichen Themen, in die absonderlichsten Formen gekleidet und an unauffälligen Stellen präsentieren mussten. Von diesen Nachrichten konnten die Leser Rückschlüsse auf die eigenen, innerdeutschen Zustände ziehen. Die Camouflage hatte notwendigerweise zur Folge, dass sich Grenzen seit dem 18. Jahrhundert verwischten. Das gilt im übrigen sowohl vertikal als auch horizontal, sowohl zwischen den journalistischen Darstellungsformen als auch zwischen den Ressorts. Weder der Handelsteil, noch das Feuilleton, selbst Lokales und Sport waren je gänzlich unpolitisch. Dazu weiter unten. Exilzeitungen, die dem Druck der Zensurbehörden nicht unterworfen waren, bildeten das nachahmenswerte Vorbild der entstehenden Parteipresse. In der „Deutschen Brüsseler Zeitung“ von 1847/48 gab es kaum eine Nachricht, an die kein Kommentar, Randbemerkung oder Glosse im ursprünglichen Wortsinn angehängt gewesen wäre. Ein Beispiel: „Die Magdeburger Zeitung und andere Blätter erzählen zur Zeit der Aufstände viel von den Pöbelscenen in Berlin u.s.w. Pöbel nennen wir diejenigen, welche das Volk aushungern lassen, die Wucherer, die Korn aufspeichern, Könige, die wie der von Württemberg in persona auf das Volk zu feuern befohlen u.s.w.“[113] Weil die deutsche Presse vor dem Reichspressegesetz von 1874 und auch später in verschiedenen

[111] Traub, H.: Grundbegriffe, S. 30-36. Diese Zuspitzung geht auf das Grimmsche Wörterbuch zurück, dort wird aber auch die Bedeutung „Neuigkeit“ angegeben. Vgl. Nachricht, in: Grimm, J./ Grimm, W. (Hg.): Deutsches Wörterbuch, Bd. 13, Sp. 103-103. Es mag paradox erscheinen, dass in jüngster Zeit gerade amerikanische Zeitungen den Gebrauchswert, die „news to use“, wieder entdecken.

[112] Kurth, K.O./ Hollmann, W.: Wirkungsgesetze, in: ZW, 15/1940, Nr. 3, Sonderheft, S. 23, 27.

[113] Deutsche-Brüsseler Zeitung, 1847, Nr. 59, (25.7.1847), S. 3. Vgl. Todorow, A.: Frankfurter Zeitung, S. 133f.

Zeitabschnitten seine Meinung nicht frei äußern konnte, war Parteilichkeit im 19. Jahrhundert eine Errungenschaft, hinter welcher das professionelle Reinheitsgebot an Wichtigkeit zurücktrat. Im 20. Jahrhundert hatte sich jedoch längst die Meinungslenkung durch Thematisierung durchgesetzt, missliebige Nachrichten wurden unterdrückt, genehme Informationen hingegen gedruckt.[114]

Ein weiteres, vorschnelles Urteil vertritt die Meinung, die Journalisten hätten in Deutschland nicht gewusst, was wichtig sei und dementsprechend die Nachrichten nicht mit einem Lead des Wichtigsten eingeführt. Dabei zeichnete schon die zeitgenössische Literatur die Nachrichten personalisiert, neuigkeits- und betroffenheitsorientiert: „Wäsche vom Boden gestohlen – Drillinge geboren – Konzert, Konzert, Vereinssitzung, Theater – Alles in Ordnung – Neuerfundene Lokomotive; die große Seeschlange gesehen. (Aufspringend) Alle Wetter, kommt der wieder mit der alten Seeschlange!", ließ Gustav Freytag seinen Journalisten Bolz in dem Erfolgsstück „Die Journalisten" sagen.[115] In Kästners Großstadtsatire „Fabian" hieß es: „'Aber in Kalkutta haben doch gar keine Unruhen stattgefunden,' entgegnete Irrgang widerstrebend. Dann senkte er den Kopf und meinte fassungslos 'Vierzehn Tote'. 'Die Unruhen haben nicht stattgefunden?' fragte Münzer entrüstet. 'Wollen Sie mir das erst mal beweisen? In Kalkutta finden immer Unruhen statt. Sollen wir vielleicht mitteilen, im Stillen Ozean sei die Seeschlange wieder aufgetaucht? Merken Sie sich folgendes: Meldungen, deren Unwahrheit nicht oder erst nach Wochen festgestellt werden kann, sind wahr.'"[116]

Vielleicht hatte Kästner mit der Seeschlange bewusst auf Freytag angespielt, vielleicht war sie seit dem Erfolgsstück „Die Journalisten" ein Stereotyp für „Sommerlochnachrichten", jedenfalls stand die Ablehnung der „Seeschlangen-Nachricht" auch für den Lerneffekt durch Wiederholung – Nachrichten wie diese waren abgestanden und damit nicht mehr wert, Lücken im Satz aufzufüllen. Und „Kalkutta" ließe sich umdrehen: Je näher und daher je besser überprüfbar eine „Nachricht" für das Publikum war, desto größere Sorgfalt musste der Redakteur walten lassen, nicht abzucheckende Nachrichten dagegen bedurften (und bedürfen) nur der Plausibilität.

Trotzdem ist das Vorurteil verbreitet, der deutsche Journalismus sei noch zu Beginn des 20. Jahrhunderts wenig professionalisiert gewesen. So zitiert eine sehr verdienstvolle „Einführung in den praktischen Journalismus" aus dem Bericht der „Vossischen Zeitung" über das Attentat auf Franz Ferdinand in

---

114 Schwedler, W.: Leitartikel, in: ZW, 2/1927, Nr. 10, S. 146f. Vgl. „*Darf Nichts Bringen*", s. S. 129.

115 Freytag, G.: Journalisten, S. 19f. [1. Akt, 2. Szene]

116 Kästner, E.: Fabian, S 30.

Sarajewo, bei dem das zentrale Ereignis, die Ermordung, erst ganz zum Schluss Erwähnung findet. Unterschlagen wird im Haupttext, dass dem Bericht ein Vorspann vorgeschaltet war, der mit den Worten begann: „Der österreichische Thronfolger und seine Gattin ermordet. Einer grauenvollen Bluttat sind der Erzherzog-Thronfolger Franz Ferdinand von Österreich-Ungarn und seine Gattin, die Herzogin von Hohenburg, zum Opfer gefallen. Durch Schüsse serbischer Fanatiker wurden sie ermordet, nachdem sie einem Bombenattentat, durch das einige Offiziere aus ihrem Gefolge und einige Personen aus dem Publikum verwundet wurden, entgangen waren. Über das furchtbare Ereignis wird telegraphiert:“ Dann erst folgte der als Negativbeispiel zitierte Bericht.[117] Auch die Fülle der Extrablätter, die bei allen wichtigeren Ereignissen von den Zeitungen vorab veröffentlicht wurden, sprechen eine andere Sprache. So leitete der „Berliner Lokal-Anzeiger“ die reguläre Berichterstattung mit den Sätzen ein: „Wie ein Blitz aus heiterem Himmel verbreitete sich am gestrigen Sonntagnachmittag von der bosnischen Hauptstadt aus die Schreckenskunde, daß der Thronfolger von Österreich-Ungarn und seine Gemahlin fanatischen Mörderhänden zum Opfer gefallen sind. Wir haben die Bevölkerung Berlins von dieser entsetzlichen Verbrechertat durch zwei auf den Straßen und Plätzen der Residenz verbreitete Extrablätter sowie durch eine gestern Abend veranstaltete Extraausgabe unseres Blattes in Kenntnis gesetzt und lassen jetzt eine genaue Schilderung der erschütternden Vorgänge folgen.“[118] Gerade die schnelle Information über kostenlos verteilte Extrablätter und -ausgaben trug dazu bei, dass sich die Nachrichtengestaltung der regulären Ausgaben nicht in jedem Detail an den beruflichen Standards unserer Gegenwart orientieren musste. Die Sonderberichterstattung ist ein Zeichen des scharfen publizistischen Wettbewerbs, darum hoher journalistischer Professionalität und zugleich Ausdruck des Informationsmonopols, dass die Zeitungen um die Jahrhundertwende besaßen, als das Radio und damit der intermediäre Wettbewerb noch nicht existierte. Man kann die Abfolge der konsekutiven Berichterstattung zudem als Relikt der Frühen Neuzeit betrachten. Die ersten Blätter setzten immer die Kenntnis der früheren Nachrichten zu dem Thema voraus (vgl. Teil 1).

Zu den Meinungsformen: Die politische Meinungsbildung spiegelt die Nachrichtenlage, insbesondere gilt das für den Leitartikel. Der „Leitartikel“ hat zwei verschiedene Konnotationen, *an*-leiten und *ein*-leiten. Legt die erstere ihr Gewicht auf die Orientierung, so die zweite auf den Aufmacher des Blattes; ist

[117] Vgl. La Roche, W.v.: Einführung, S. 62f., 77 und 235. Erst in der Fußnote wird der aufgebaute Popanz korrigiert. Der gleiche Text war zuvor als Extrablatt verteilt worden. Vgl. 50 Jahre Ullstein, S. 250 (b).

[118] Die Ermordung des Erzherzogs Franz Ferdinand und seiner Gemahlin, in: Der Montag (BLA), 29.6.1914, Nr. 323, S. 1.

die erstere meinungsorientiert, so schließt die zweite auch die Zusammenschau der Nachrichtenlage ein. In England, wo seit 1695 *cum grano salis* Pressefreiheit herrschte, entwickelten im 18. Jahrhundert (Tages-)Schriftsteller wie Jonathan Swift (sein Gulliver war eine verkappte tagespolitische Satire), der unbekannte Autor der „Junius-Briefe" und andere die journalistische Form. Mit Verspätung wurde das Wort aus dem englischen „leading article" im 19. Jahrhundert in die deutsche Sprache eingeführt, zuvor hatten im 17. und 18. Jahrhundert noch häufig „contributio" oder „tractatio", später dann „Hauptartikel" oder „leitender Artikel" oder andere Bezeichnungen das Sujet benannt. Vermutlich der Erste, der sich in Deutschland um den Leitartikel verdient gemacht hat, dürfte um die Wende zum 18. Jahrhundert Daniel Hartnack gewesen sein, der seiner „Relation aus dem Parnasso" publizistisches Profil geben wollte. Schon Joseph Görres „Rheinische Merkur", das wichtigste meinungsbildende Blatt der ausgehenden Napoleonischen Ära, bestand 1815 zu beinahe 50% aus gleichermaßen informierenden wie kommentierenden Leitartikeln – auch, weil Görres beinahe auf sich allein gestellt war.[119]

Nach der Gesetzesverschärfung durch das Karlsbader Pressegesetz konnten sich nur in wenigen Zeitungen Leitartikel behaupten. Erst seit Beginn der 1840er Jahre verstärkten einzelne Zeitungen wieder die Bemühungen. Vorreiter waren die „Kölnische Zeitung", die „Rheinische Zeitung" von Karl Marx und die „Königsberger Hartungsche Zeitung". Deren Umschau über die „inländischen Zustände" gewann paradigmatische Bedeutung für die weitere Entwicklung des Leitartikels. Die Artikelserie wurde am 18.2.1842 programmatisch angekündigt: Man wolle „das große Publikum über die vaterländischen Interessen, den Stand der allgemeinen Verhältnisse und die ganze Richtung des Zeitgeistes [...] unterrichten und aufklären". Die wichtigsten Themen der Leitartikelfolge betrafen Presseangelegenheiten, Gesetzgebung und Verwaltung, Handel und Steuerpolitik, Bildungswesen, Justizwesen, religiöse, lokale, regionale und außenpolitische Angelegenheiten. Der Anstoß zu der Serie war von einem Kreis ostpreußischer Liberaler um den Arzt Johann Jacoby gekommen. Jacoby war durch seine Broschüre „Vier Fragen, beantwortet von einem Ostpreußen" 1841 berühmt geworden, die sich kritisch mit den innerpreußischen Zuständen auseinander setzte und ihm ein Verfahren wegen Hochverrats eingetragen hatte – von dem Vorwurf wurde er 1843 freigesprochen.[120]

---

119 Weber, J.: Hartnack, in: Gutenberg-Jahrbuch, 68/1993, S. 140-158. Dovifat, E.: Artikel, in: Heide, W. (Hg.): Handbuch ZW, Sp. 251-270. Czygan, P.: Tagesliteratur, S. Bd. 1, S. 335-351. Salomon, L.: Geschichte des Zeitungswesens, Bd. 3, S. 33-54. Groth, O.: Zeitung, Bd. 1, S. 651. Pruys, K.H.: Darstellungsformen, in: Koszyk, K./ Pruys, K.H. (Hg.): Handbuch der Massenkommunikation, S. 41f. Körber, E.B.: Görres, S. 67-70.

120 Treitschke, H.: Deutsche Geschichte, Bd. 5, S. 201f. Die Flugschrift war Metternichs Agenten

Die Reputation der ehrwürdigen „Königsberger Hartungsche Zeitung", gegründet 1674, steigerte sich durch die Leitartikelserie enorm. Ein Berliner Zeitgenosse notierte in seinem Tagebuch: „Die 'Königsberger Zeitung' ist ganz freisinnig geworden und wird jetzt hier mit Begierde gelesen, die Wirthe müssen sie halten, weil alle Gäste darauf erpicht sind." Die relative Freiheit ermöglichte die tolerante Pressepolitik des Königsberger Oberpräsidenten Heinrich Theodor von Schön, doch schon nach anderthalb Monaten nahm von Schön seinen Abschied und das pressepolitische Klima verschärfte sich wieder. Zunächst konnten die Artikel nicht mehr regelmäßig jede Woche erscheinen, bekamen also offensichtlich immer öfter Probleme mit der Zensur. Schließlich wurden sie 1843 ganz eingestellt.[122] Die Königsberger Zustände illustriert ein „gezeichneter Leitartikel": Die Karikatur arbeitet mit einer Mischung aus allegorischen und personalisierenden Elementen. Im Zentrum versuchen sich fünf Männer aus einem Fass zu befreien. Einer von ihnen ist Jacoby, in der Zeichnung an einem Broschürenblatt mit vier Fragezeichen, den „Vier Fragen ...", zu erkennen. Der Böttcher (Fassmacher) ist eine Anspielung auf den Namen des Oberpräsidenten Bötticher von Ostpreußen der nach der Entlassung seines liberalen Amtsvorgängers Heinrich Theodor von Schön, die entfesselten Kräfte des freien und kritischen Diskurses – im Fass – bändigen soll. Die Anspielungen des umrahmenden Rankenwerks stellen zur Rechten den Königsberger Zensor Lucas dar. Er ist als Evangelist (Lukas) dargestellt. Die Wetterfahne auf der Figur symbolisiert die Wetterwendigkeit des Königsberger Zensors. Das Wetter kommt von links und wird von einem Eichhörnchen gemacht, mit dem auf das bestimmende Mitglied des Berliner Oberzensurgerichts Karl Friedrich Eichhorn angespielt wird. Den oberen Bild-

Abbildung 2.2.9: Der Königsberger Böttcher[121]

schon vor ihrer Veröffentlichung bekannt gewesen. Hoefer, F.T.: Pressepolitik Metternichs, S. 114.

121 Houben, H.H.: Ewige Zensor, S. 49.

122 Hagelweide, G.: Inländische Zustände, in: Presse und Geschichte II, S. 329-348. Vgl. Treitschke, H.: Deutsche Geschichte, Bd. 5, S. 153-161.

abschluss bildet eine Darstellung der früheren Zustände. Zur Linken wird die Bevölkerung wie eine geduldige Schafherde in die Kirche getrieben, in der Mitte ist eine Studentenkneipe zu sehen. Zur Rechten werden kritische Bücher verbrannt.

Die Kommunikationskontrolle der vierziger Jahre und der nachrevolutionären Zeit konnte die Entwicklung des Leitartikels nur verzögern. Beispiele aus der Revolutionszeit wie die täglichen Leitartikel der „Deutschen Zeitung" wirkten nach und in den späten 1850er Jahren konnte ein Beobachter schon notieren: „Man bringt mehr oder minder täglich seine Tagespredigt."[123] Die Formen und Funktionen der Leitartikel differenzierten sich in der Folgezeit weiter aus, vermutlich, weil die Redaktionen gerade im Leitartikel ein Instrument der Profilierung erkannten. Manche Journalisten, wie Hermann Wagener von der „Kreuzzeitung", experimentierten solange mit der Form, bis sie eine charakteristische gefunden hatten, die sie von der Konkurrenz unterschied. Neben Leitartikeln zu dem jeweils drängendsten Thema des Tages entstand die Leitglosse, in welcher ein Gegenstand, eine Person oder ein Ereignis „glossiert", d.h. mit stark pointierenden, polemischen und ironisierenden Gedanken bedacht wird. Meister der politischen Glosse waren die satirisch arbeitenden Journalisten, angefangen von Heinrich Heine bis Kurt Tucholsky. Glossen waren zumeist ungezeichnet, sie drückten die Meinung der Zeitung aus und wurden auch „Entrefilets", „zwischen den Spalten" oder „Meinungs-Streiflicht" genannt. Die BIZ kreierte mit ihrer regelmäßigen Glosse die Figur des Raffke, der nach dem Ersten Weltkrieg die Kriegsgewinnler schlechthin karikierte. Daher ist kaum zu beurteilen, ob die Presse früher aus Glaubwürdigkeitsgründen weniger ironisch als in unserer Gegenwart geschrieben hat oder nicht. Weitere Formen des Leitartikels, die Rückblicke auf die vergangene Woche, mischten ebenfalls Fakten und Meinung. Große Berühmtheit erlangten im ersten Drittel des 20. Jahrhunderts die „Lundis", die Montagsartikel des Chefredakteurs des BT, Theodor Wolff. Nicht minder berühmt waren die seines ebenfalls linksliberalen Kollegen Hellmut von Gerlach in der „Welt am Montag". Aber wenngleich diese Publizisten (angefeindete) nationale Institutionen waren, es gab in Deutschland keine Kolumnisten, die ähnlich Walter Lippmann in den USA in Dutzenden Zeitungen gleichzeitig schrieben.[124]

---

[123] Zit. n. Groth, O.: Zeitung, Bd. 1, S. 731. Hirschhausen, U.: Deutsche Zeitung, S. 105-107.

[124] Sösemann, B. (Hg.): Theodor Wolff. Leitartikel, S. 17-30. Koszyk, K.: Theodor Wolff, in: Ders.: Publizistik, S. 448-452. Fabian, W.: Hellmut von Gerlach, in: Schultz, H.J. (Hg.): Journalisten, S. 115-126. Schulte, F.G.: Gerlach, S. 111f., 157-170. Dovifat, E.: Artikel, in: Heide, W. (Hg.): Handbuch ZW, Sp. 257f. Vgl. Reumann, K.: Journalistische Darstellungsformen, in: Noelle-Neumann, E./ Schulz, W./ Wilke, J. (Hg.): Fischerlexikon Publizistik, S. 111. Todorow, A.: Ironie, in: Publizistik, 43/1999, Nr. 1, S. 55-75.

Die Funktion des Leitartikels, dem Leser eine besondere Sicht der Dinge nahe zu bringen, verführte Otto Groth in seinem Standardwerk „Die Zeitung" sogar dazu, Meinungslastigkeit als Qualitätskriterium herauszustreichen und die Behauptung aufzustellen: „Der politisch interessierte Leser begnügt sich nicht mit der bloßen Nachricht [...]. Er will auch die Presse als Instrument der Beeinflussung anderer."[125] Diese Zuspitzung war sicherlich nur zu normalen Zeiten richtig, wenn die Leserschaft in der Tat nach Orientierung verlangte. War hingegen der Informationsmangel das kardinale Problem, also in allen Zeiten, in denen Zensur und Kommunikationskontrolle den ungehinderten Informationsfluss einschränkten, so stellten die Leitartikel und Kommentare zum Teil sehr misstrauisch beäugte Propagandainstrumente dar. So ging es z.B. mit zunehmender Kriegsdauer den Kommentaren von „Lügenmaul" Joseph Goebbels in der Wochenzeitung „Das Reich". Die Ambivalenz der Meinungsführung, der die Presse in der NS-Zeit dienen sollte, machen noch aus 60jährigem Abstand Zeilen aus Emil Dovifats „Zeitungslehre" deutlich. Einerseits stellte er einleitend fest: „Die öffentliche Meinung als Einheit und Gleichrichtung der Meinungen einer ganzen Öffentlichkeit gibt es nicht." Wenige Seiten später führte er diese Feststellung selbst *ad absurdum*: „Im nationalsozialistischen Staat tritt an die Stelle der alten Vielzahl von Parteien die nationalsozialistische Grundauffassung, die aus der nationalsozialistischen Weltanschauung die Zeit gestaltet und Tagesgeschehen und Tagesmeinung von hierher sieht, führt, zur zeitgebundenen Meinung emporhebt und sie weiter zu einem unverbrüchlichen Glauben erhärtet, aus dem der entschlossene Tateinsatz des Einzelnen für die Gemeinschaft seines Volkes erwachsen soll."[126] Das „soll", wohl als ironische Distanz zum nationalsozialistischen Führungsanspruch zu lesen, unterstrich nochmals die einleitende Bemerkung. Dovifat gab damit selbst ein Beispiel für das „Schreiben zwischen den Zeilen".

Zum Schluss des Abschnitts sind noch ein paar Bemerkungen zu einer „quasijournalistischen" Form vonnöten, die meist nur wenig Beachtung findet: zur Dokumentation. Sie entstand als Instrument der Publizisten, um die Berichterstattung mit der Wiedergabe originaler Texte abzusichern. In den Zeitungen waren Dokumentationen lange Zeit nicht zu finden, eine andere Pressegattung, die Messrelationen und spätere Zeitschriften schienen lange das geeignetere Medium zu sein. Seit der Frühen Neuzeit waren und sind amtliche Bekanntmachungen für die Obrigkeiten, aber auch für die Leserschaft von großer Bedeutung. Blätter, die sich diesem „Genre" verschrieben, genießen einen notorisch schlechten Ruf. Insbesondere trifft das für die Intelligenzblät-

[125] Groth, O.: Zeitung, Bd. 1, S. 736.
[126] Dovifat, E.: Zeitungslehre (1937), Bd. 1, S. 111, 115.

ter und die Kreisblätter zu. Die Variationsbreite der Publikation amtlicher Bekanntmachungen reichte von Beschlüssen kommunaler und regionaler Behörden und Kammern, Stadtparlamenten und Kreistagen über amtliche Anzeigen, Holzauktionen, Versteigerungen bis zu Themen der großen Politik, wenn in der Kaiserzeit die Reden und Verlautbarungen des Reichskanzlers in der „Provinzial-Correspondenz" (1863-1884), den „Neuesten Mittheilungen" (1882-1894) oder der „Berliner Correspondenz" (1894-1914) veröffentlicht wurden. Parteiblätter berichteten über Parteitage, Zentrumszeitungen zudem über die Kongresse der christlichen Gewerkschaften, liberale über Versammlungen des „Hansa-Bundes", nationale über solche des „Handlungsgehilfenverbandes", sozialdemokratische Blätter in großer Ausführlichkeit über die Verhandlungen der ihnen nahestehenden Gewerkschaften, sie dokumentierten Reden und Resolutionen ihrer Parteitage.[127]

Größere Berücksichtigung in der Historiografie finden die Parlamentsberichte. Sie konnte sich erst entwickeln, als die Öffentlichkeit der Gerichts- und Parlamentsverhandlungen im 19. Jahrhundert erstritten wurde und besaß bis ins 20. Jahrhundert eine zentrale Funktion für die Politikvermittlung. Ihr Wert lässt sich noch nachträglich daran erkennen, dass die stenografischen Berichte der Zeitungen und die offiziellen der Parlamente sich bisweilen unterscheiden: Die Mitschriften der Parlamentsberichterstatter orientierten sich am gesprochenen Wort, die offiziellen stenografischen Berichte des Reichstags und der Landtage hingegen wurden (und werden) erst nach Korrektur durch den Redner gedruckt, so dass die alten Zeitungsbände in der Regel die authentische Version darbieten. Erst unter dem Zutritt der neuen elektronischen Medien Rundfunk und Fernsehen verlor die Parlamentsberichterstattung ihre zentrale Bedeutung. Schon die nationalsozialistische Propaganda vor 1933 setzte stärker auf die öffentliche Rede und ihre Wiedergabe in Radio und Wochenschau als auf den Abdruck, denn vor allem Hitlers suggestive Begabung wirkte zwar live, war aber kaum nachlesbar. Aus diesem Grund schätzte Hitler auch das gesprochene Wort sehr hoch, die schriftliche Form dagegen sehr gering ein. Allerdings besaß die Dokumentation gerade in der NS-Zeit noch eine wichtige Funktion, die der Bestätigung: Was das Publikum zuerst am Radio vernommen hatte, machte die schriftliche Wiederholung besonders eindringlich. Sehr deutlich lässt sich die bestätigende Funktion an der Berichterstattung zum sogenannten Röhm-Putsches vom 30. Juni 1934 beobachten.[128]

---

127 Ein Beispiel für die große Ausführlichkeit, in der berichtet wurde: Deutscher Gewerkschaftskongreß, in: Berliner Volksblatt/ Vorwärts, 26.6.1914, Nr. 171, 3. Beil., S. 1f.

128 Stöber, R.: Erfolgverführte Nation, S. 169-171.

2.2.2 Der Wirtschaftsteil Themen und Formen der Berichterstattung

Nachrichten, welche die Kaufleute interessierten, sind so alt wie die Zeitungen selbst. Dennoch ist die Wirtschaftsberichterstattung ein gegenüber dem politischen Teil verspätetes Ressort, das erst im 19. Jahrhundert zur Einrichtung von Handelsseiten führte. Gleichwohl gibt es etliche Übereinstimmungen mit der Politik. Wie der politische bot auch der wirtschaftliche Teil zunächst vor allem die Wiedergabe von Fakten. Wie jener differenzierte auch dieser seine inhaltlichen Formen allmählich aus, manche Grundformen – Nachrichten, Berichte, Leitartikel und kritische Betrachtungen – finden sich dort wie hier. Andere, Börsennotierungen, Kurszettel, Preisnotierungen, Renditekurse etc., sind genuine Bestandteile der wirtschaftlichen Berichterstattung. Politik und Wirtschaftsteil entwickelten sich beide in engem Zusammenhang mit der allgemeinen politischen, wirtschaftlichen und gesellschaftlichen Entwicklung.

Der Handelsteil hatte seine Ursprünge in Korn- und Viehpreisnotierungen. Schon die Intelligenzblätter des 18. Jahrhunderts druckten lokale Preisinformationen. Unter dem Stichwort der ökonomischen Aufklärung existierten Blätter, die schon mit vielen Formen und Inhalten der Wirtschaftsberichterstattung experimentierten. Ein wichtiges Beispiel der Kundenorientierung gibt das Intelligenzblatt „Hamburgische Addreß-Comtoir-Nachrichten" (1767-1828) – zuletzt unter anderem Titel –, das um die Jahrhundertwende 2.000 bis 3.000 Käufer fand. Es setzte sich zum Ziel, „Nachrichten, welche der Handlung und Schifffahrt wegen für die nordischen Gegenden wichtig sind [...], zu sammeln". Hierzu gehörten die Nachrichten der einlaufenden Schiffe aus Holland, England, Dänemark, etc., Verordnungen und Proklamationen, Getreidepreise aus Hamburg, London, Paris und Amsterdam, aber auch „Abhandlungen zum Nutzen oder Vergnügen" wie z.B. Artikel über Geldsorten und Handelsgesellschaften, Theaternachrichten, Rezensionen und Buchbesprechungen und vieles andere mehr. In der Französischen Revolution politisierten sich die „Addreß-Comtoir-Nachrichten".[129]

Von diesen und ähnlichen ökonomischen Zeitungen angeregt, entwickelten die politischen Blätter ihr Interesse an der Wirtschaftsberichterstattung, die ihnen bis dahin heikel erschienen war. Vorreiter waren die Hamburger Zeitungen, die seit dem letzten Drittel des 18. Jahrhunderts die wirtschaftlichen Informationen ausdehnten. Berliner Zeitungen und die Blätter anderer Städte folgten zu Beginn des 19. Jahrhunderts. Dabei belebte Konkurrenz das Geschäft; wenn eine Zeitung mit der Handelsberichterstattung begann, zogen die

---

[129] Böning, H./ Moepps, E.: Deutsche Presse, Bd. 1, Sp. 796-811.

Mitwettbewerber rasch nach. Seit der Jahrhundertmitte schuf der Telegraf den neuen Typus der Börsenberichterstattung. Zugleich gewann die Wirtschaftsberichterstattung in den Zeitungen zunehmend an Selbständigkeit. Die Zeitungen gingen dazu über, den Handelsteil räumlich von der anderen Berichterstattung zu trennen. Neue Blätter, die 1844 gegründete Bremer „Weserzeitung", die „Berliner Börsen-Zeitung" (1855), die „Frankfurter Handelszeitung" (1856), aus der die „Frankfurter Zeitung" hervorging und der 1868 gegründete „Berliner Börsen-Courier" trieben die Entwicklung der Wirtschaftsberichterstattung voran. Für die Aufbruchstimmung, in der diese Zeitungen gegründet wurden, mag das Programm der „Weserzeitung", die sich im Untertitel „Ein politisch-merkantilistisches Abendblatt" nannte, stehen: „Statt aller Thatsachen [des Fortschritts] nur die Eine: hat nicht, nachdem von Bremen bis zur See das Einheitsbewußtsein der Uferbewohner schon seit Jahrhunderten bestanden, die bloße Gründung der Dampfschiffahrt für die Oberweser, hervorgegangen aus dem freien und gemeinsamen Entschlusse ihrer Anwohner, das gleiche Bewußtseinjetzt wie mit einem Zauberschlag auch aufwärts bis zu Werra und Fulda geweckt?" Dem einigenden Band des Stromes vergleichbar wolle die „Weserzeitung" den unterschiedlichsten ökonomischen Interessen dienen, von jenen der seestädtischen Bevölkerung über die der Land- und Forstwirtschaft bis hin zu den Grubenbesitzern. Zudem entstanden wirtschaftliche Korrespondenzbüros und in der zweiten Jahrhunderthälfte gingen die ersten größeren Unternehmen, Handelshäuser und Banken dazu über, mittels eigener Pressestellen oder wie es damals hieß „Literarischer Büros", die Presse – in ihrem Sinne – mit Informationen zu versorgen.[130]

Im Verlauf des 19. Jahrhunderts, insbesondere in der zweiten Jahrhunderthälfte, ist die Ergänzung der dürren Zahlenangaben durch komplementäre Berichterstattung zu beobachten. Georg Bernhard, einer der wichtigsten Wirtschaftsredakteure des späten 19. Jahrhunderts und seit 1914, de jure seit 1920, Chefredakteur der „Vossischen Zeitung", spottete in Maximilian Hardens „Zukunft", noch in der Jahrhundermitte hätten in der „Kölnischen Zeitung" lokale Fischpreise die wirtschaftlichen Nachrichten über Frankreich aus dem Blatt kippen können.[131] Zu den Preisen für landwirtschaftliche Erzeugnisse traten agrarpolitische Themen, die Berichterstattung über Aktiengesellschaften ergänzte die Aktienkursnotierungen usw. Hinzu kamen Betrachtungen über die landwirtschaftliche Ertragslage und Konjunkturbeobachtungen für die Bran-

---

130 Weserzeitung, 1.1.1844, Nr. 1, S. 1. Vgl. zu Hamburg: Böning, H./ Moepps, E.: Deutsche Presse, Bd. 1, Sp. 213f. Groth, O.: Zeitung, Bd. 1, S. 672, 683f. Zum Wettbewerb der Handelsberichterstattung zwischen zwei Berliner Blättern: Widdecke, E.: Haude- und Spenersche, S.108-110.

131 Pluto [i.e. Georg Bernhard]: Unsere Handelsredakteure, in: Die Zukunft, 1. Jg. 1892, S. 428-431, hier 428.

chen des sekundären und tertiären Sektors, also für Industrie und Dienstleistungen.

Die „Frankfurter Handelszeitung" setzte sich z.B. zum Ziel, die „letzten Course" der Börse zu bringen, sowie „Berichte und Besprechungen über die meisten Unternehmungen und Projecte der Börsen-, Finanz-, Handels- und Industriewelt, über alle Generalversammlungen von Actien- und Commanditgesellschaften, über den Stand der Banken und die Betriebseinnahmen der Eisenbahnen usw." zu berichten. Schon in den späten 1850er Jahren veröffentlichte sie Emissionskritiken, seit 1877 wurden die telegrafierten Berliner Kursberichte in Antiqua statt Fraktur gedruckt, ab dem folgenden Jahr erschloss ein Monatsregister die Artikel und Meldungen, um nur drei Beispiele für die zunehmende Ausweitung zu nennen. Seit dem letzten Drittel des 19. Jahrhunderts wurde auch die Berichterstattung über die entsprechenden Wirtschaftsentwicklungen im Ausland wichtiger. Dabei orientierten die Zeitungen Hamburgs, Frankfurt a.M. und Kölns besonders über englische Entwicklungen, Kölns und Frankfurt a.M. zudem über französische, Hamburg über amerikanische. Berliner, Breslauer oder Dresdner Blätter blickten stärker in Richtung Osten und Südosten. Die Berichterstattung war somit Spiegel der wirtschaftlichen Interessenlage und Verflechtung. Der internationalen Dimension des Handels entsprechend, wurden die Handelsteile so unterschiedlicher Zeitungen wie der FZ, der „Vossischen Zeitung", des BLA und etlicher anderer nicht in der zeittypischen Fraktur, sondern in der für Ausländer besser lesbaren Antiqua gedruckt. Manche Zeitungen, wie der „Berliner Börsen-Courier", wurden ursprünglich ganz in Antiqua gesetzt und kehrten später – in den ersten Jahren des 20. Jahrhunderts – bei den meisten Ressorts zur Fraktur zurück, behielten aber die klarere Antiqua im Wirtschaftsteil bei.[132]

Für die Aktualität der Nachrichten aus Wirtschaftszweigen und Betrieben sorgten Korrespondenzbüros und eigene Berichterstatter. Die telegrafische Übermittlung der Börsenkurse erlaubte den Zeitungen beinahe eine Simultanberichterstattung; zumindest suggerierte dies die geschickte Eigenwerbung des innovativen Marktführers. Seit den 1920er Jahren versorgten Funkdienste die deutsche Presse mit den Notierungen der bedeutenden Börsenplätze.[133] Mit der wirtschaftspolitischen Berichterstattung trat die Politik von Wirtschafts- und Interessenverbänden und Gewerkschaften ins Blickfeld, letztere – abgesehen von den sozialdemokratischen Zeitungen – in der Regel sehr negativ besprochen. Der Arbeitsmarkt brauchte lange Zeit, um als journalistisches Thema akzeptiert zu werden. Noch Ende der 1920er Jahre, kurz vor Ausbruch der

---

132 Geschichte der FZ, insb. S. 15-23, 32-40, 382-384, 619-624.
133 50 Jahre Ullstein, S. 200b. Vgl. Obst, G.: Handelsteil, S. 15f., 28.

Weltwirtschaftskrise, konnte Werner Sombart in seinem Standardwerk behaupten, im „Handelsteil der Tagespresse [werde] in noch unvollkommener Weise [über den] Arbeitsmarkt" berichtet. Allerdings ist diese Feststellung in ihrer apodiktischen Verknappung nicht haltbar.[134]

Die Gründe und Konsequenzen der Veränderungen

Die Besserungen in der Wirtschaftsberichterstattung hatten verschiedene Ursachen. Sie lagen an den veränderten wirtschaftspolitischen Rahmenbedingungen, an der Wirtschaftsentwicklung, an der Entfaltung der internationalen Handelsbeziehungen, an der Konkurrenz zwischen den Blättern und an den wachsenden Bedürfnissen des Publikums.

Die seit dem frühen 19. Jahrhundert auch für politische Zeitungen zunehmende Bedeutung des Wirtschaftteils erklärt sich einerseits aus der Politik selbst: Schon die Kontinentalsperre Napoleons war Gegenstand intensiver Berichterstattung überregionaler Zeitungen wie der AZ gewesen. Zudem entwickelte die Wirtschaft eine ungeheure Dynamik: Je nach Interpretation setzt der „take off" der Industrialisierung in Deutschland zwischen 1830 und 1850 ein. Zum dritten veränderten sich die wirtschaftspolitischen Rahmenbedingungen: Die alten zünftischen Zwänge wurden gelockert, bis sie 1869 mit der Gewerbefreiheit fast ganz fielen. Und Deutschland wuchs schon vor der politischen Einigung durch die Gründung des Zollvereins, dem seit 1834 immer mehr Staaten beitraten, zu einer wirtschaftlichen Einheit zusammen. Darum entstand in der Öffentlichkeit ein erhebliches Bedürfnis an wirtschaftlichen Erörterungen, die allerdings zunächst nicht im Handelsteil angesiedelt wurden, sondern Teil der allgemeinen politischen Betrachtungen waren. Diese Veränderungen nutzten einzelne Verleger, um Handelszeitungen zu gründen (s.o.).[135]

Auch die Interessen des Publikums blieben nicht ohne Auswirkungen. Die Kurs- und Preisnotierungen hatten sich seit ihrem Aufkommen zunächst an ein hochspezialisiertes Publikum gerichtet, das die dürren Daten zur eigenen geschäftlichen Orientierung nutzte. Die Investition in Aktien war zunächst ebenfalls den Spezialisten vorbehalten. Doch Aktiengesellschaften galten im 19. Jahrhundert als fortschrittlich und ihnen wuchs politische Ausstrahlung zu.[136] So nahm die Verbreitung von Aktiengesellschaften zu, die Zahl der Zeichner

---

[134] Sombart, W.: Moderner Kapitalismus, Bd. III, 2, S. 649.

[135] Jastrow, J.: Handelsteil, in: ZV, 26/1925, Sondernummer, S. 32-34. Widdecke, E.: Handelsteil, in: ZV, 27/1926, Nr. 14, Sp. 895-898. Rintelen, M.v.: AZ, S. 116-121, 178-181. Stöber, R.: Geschichte, S. 210-215, 239-245.

[136] Actiengesellschaft, in: Meyers Conversations-Lexicon, 1. Bd. 1840, S. 285f.

wurde langsam größer. 1800 hatten die Frankfurter und die Berliner Börse zusammen gerade sechs Gesellschaften notiert, 1854 waren es im Gebiet des Deutschen Bundes schon 203, kurz vor Ausbruch des Ersten Weltkriegs 6.000. Als nach dem deutsch-französischen Krieg von 1870/71 die französischen Reparationszahlungen billiges Geld ins Land brachten, trieb eine große Spekulationsblase die Kurse nach oben. Die Jahre bis 1873 werden als sogenannte „Gründerzeit" bezeichnet, dem Boom folgte der „Gründerkrach". Mitte des Jahrzehnts wurde in Deutschland die Mark eingeführt. Gründerzeit, -krach und Währungsreform verstärkten das wirtschaftliche und wirtschaftspolitische Interesse des breiteren Publikums.[137]

In dem letzten Drittel des 19. Jahrhunderts verdichteten sich zudem die globalen Handelsbeziehungen. Zwar ging die deutsche Regierung Ende der 1870er Jahre von einer Politik des Freihandels zur Schutzzollpolitik über, doch obwohl das die Importe verteuerte, wuchs der Außenhandel weiter. Die Einführung neuer Verkehrsmittel wie Eisenbahn und Dampfschiff und die Verbesserung der Infrastruktur durch Kanalbauten und Eisenbahnlinien senkten die Transportpreise und Frachtkosten deutlich. Amerikanisches Getreide und Schlachtvieh gelangte nach Europa, damit wurden auch Informationen aus der amerikanischen Landwirtschaft und von den Schlachthöfen Chicagos wichtig. So löste z.B. die Fleischteuerung von 1905/06 erhebliche Debatten in den Blättern und hektische Aktivitäten der Regierung aus. Für die anderen Branchen gilt das Gleiche: In geringerem Umfang als die inländische Berichterstattung, aber grundsätzlich in der gleichen Themenvielfalt rückten die ausländischen wirtschaftlichen und wirtschaftspolitischen Vorgänge zum Thema für den deutschen Handelsjournalismus auf. Das wird verständlich, wenn man bedenkt, dass der Außenhandel erst um 1970 wieder die Werte von 1913 erreichte – 10% des Bruttoinlandsprodukts.[138]

So war die Wirtschaftsberichterstattung immer Gegenstand von Interessen. Schon die „Addreß-Comtoir-Nachrichten" hatten das deutlich gemacht. Um sich besser zu verkaufen, druckte das Blatt z.B. Waren-Einfuhrlisten, obwohl es dazu nicht befugt war. Preisangaben entsprachen bisweilen nicht den tatsächlichen, so dass auswärtige Händler unter falschen Voraussetzungen orderten und sich enttäuscht anderen Handelsplätzen zuwandten, wenn die angegebenen Preise falsch waren. Darum warfen Hamburger Geschäftsleute der Zeitung vor, „die Handlung zu verderben und die Fremden klug zu machen". 1827 forderten sie, alle Handelsberichte zu verbieten. Informationen waren hier im doppel-

---

137 Pluto [i.e. Georg Bernhard]: Unsere Handelsredakteure, in: Die Zukunft, 1. Jg. 1892, S. 429.

138 Stöber, R.: Erfolgverführte Nation, S. 236f. Schumann, H.: Kapital, in: Der Spiegel, 21.6.1999, Nr. 25, S. 126.

ten Sinn Geld wert. Einem Kaufmann, der behauptet hatte, er erhalte Wirtschaftsinformationen zwei Wochen früher als das „Addreß-Comtoir", machte die Zeitung den Vorschlag, ihm 1.000 Rthl. zu zahlen, wenn er diese ihr nach einer Woche zur Verfügung stelle.[139]

Die Veröffentlichung bislang nur kleinen Kreisen zugänglicher Informationen war vielen Zeitgenossen im späten 18. und frühen 19. Jahrhundert suspekt. In Preußen durften noch bis in die 1840er keine Wirtschaftsnachrichten über das nichtpreußische Ausland gedruckt werden. Werner Sombart unterschied die Periode des „Sonderkreiswissens" von der des „Gesamtwissens" und zog die Grenze vom 18. auf das 19. Jahrhundert.[140] Diese Grenzziehung ist wie das Hamburger und das preußische Beispiel zeigen keine strikte, sondern eine fließende gewesen. Doch die Grundcharakterisierung ist korrekt: Auch Wirtschaftsnachrichten waren nicht mehr das Herrschaftswissen weniger, sondern die Informationen vieler. Das galt und gilt aber nur für die weniger sensitiven Bereiche. Selbstverständlich wurde durch gedruckte Wirtschaftsinformationen der Wert geheimer Informationskanäle nicht geschmälert, sondern eher im Gegenteil noch vergrößert. Darum existierten auch die frühneuzeitlichen Informationskanäle – z.B. die Kaufmannsbriefe – weiter. Aus den frühen, handschriftlich zirkulierenden Informationen wurden Wirtschaftsinformationsdienste.

Eine andere Konsequenz betraf die Richtigkeit und Vollständigkeit. Denn, wie schon das „Addreß-Comtoir" zeigte, konnten Fehlinformationen den Handel erheblich verunsichern und schädigen. Die schnelleren Übermittlungsmöglichkeiten durch die Telegrafie verringerten das Problem nicht, sondern verschärften es noch, weil der Informationsvorsprung sich nicht mehr nach Wochen, sondern nach Stunden bemaß. Darum verschärfte das deutsche Börsengesetz von 1896 auch die Ansprüche an die Richtigkeit der Informationen und stellte Falschinformationen zum Zwecke der Kursbeeinflussung unter Strafe. Doch bis in die Weimarer Zeit ist niemand auf Grundlage dieses Gesetzes verurteilt worden. Die „Milieunähe" (Requate) der Wirtschaftsjournalisten ließ sich nicht per Dekret unterbinden. Zumal die Beziehungen zwischen Wirtschaft und Presse – wie auch die zwischen Politik und Presse – von wechselseitiger Abhängigkeit gezeichnet waren.[141]

---

139 Böning, H./ Moepps, E.: Deutsche Presse, Bd. 1.2, Sp. 807-811. Requate, J.: Journalismus, S. 339.

140 Sombart, W.: Moderner Kapitalismus, Bd. II, 1, S. 412-418.

141 Groth, O.: Zeitung, Bd. 1, S. 997. Requate, J.: Journalismus als Beruf, S. 340.

2.2.3 Das Feuilleton

Begriffe und Inhalte

Das „Feuilleton“ sei eine französische Erfindung des 19. Jahrhunderts. Diese oft reproduzierte Aussage ist ebenso richtig wie falsch. Richtig ist sie, weil die aus Frankreich importierte Bezeichnung – „Feuilleton“ heißt „Blättchen“ – auf die Anordnung auf dem unteren Seitendrittel oder Viertel, „unter dem Strich“, hinweist. Aber schon in der ersten Hälfte des 18. Jahrhunderts war ein solcher Buchbesprechungsteil „Feuilleton“ genannt worden. Und Julien Louis de Geoffroy hatte seine Theaterrubrik im „Journal des Débats“ als „Feuilleton“ bezeichnet. Mit einem Strich vom Rest des redaktionellen Teils getrennt, sollte dem Leser das Sammeln erleichtert werden: Das Feuilleton konnte einfach abgetrennt werden.[142]

So ist das Feuilleton weder ein Kind des 19. Jahrhunderts noch französischen Ursprungs, sondern seine Vorformen finden sich in allen Pressemedien beinahe seit dem es diese gibt. Hierzu gehören Buchbesprechungen und Kritiken von Theaterstücken ebenso wie wissenschaftliche Anzeigen und Erörterungen, belletristische Mitteilungen, der Abdruck von Romanauszügen und Gedichten, die sich allesamt schon im 18. Jahrhundert, teils noch früher in den Zeitungen und Zeitschriften finden lassen. Die Vielzahl der unterschiedlichen Wurzeln macht es schwierig, das Feuilleton eindeutig zu definieren. „Die Grenzen des Feuilletons zur Politik, zum Vermischten, Lokalen usw. sind flüssig, unbestimmt und so wird sich eine völlig scharfe Definition niemals finden lassen“, monierte schon Otto Groth in seiner Überblicksdarstellung. Wilmont Haacke benötigte in der überarbeiteten zweiten Auflage seiner Feuilletonkunde 266 Seiten um festzustellen: „Jede Zeit hat ihr eigenes, ihr adäquates Feuilleton.“[143]

Allenfalls ist der feuilletonistische Stil eindeutig: reich an rhetorischen Figuren, plaudernd, häufig im guten Sinn unangestrengt, dann wieder bemüht und affektiert. Die Unterhaltung durch das Feuilletons ist bisweilen bewusst eingeführt worden, den Negativismus der sonstigen Nachrichten auszugleichen.[144]

---

142 Mattauch, H.: „Feuilleton“, in: Publizistik, 9/1964, S. 273f. Jakoby, R.: Journal des Débats, S. 20. Dazu neue Darstellung der Feuilletongeschichte: Kauffmann, K./ Schütz, E. (Hg.) : Kleine Form.

143 Groth, O.: Zeitung, Bd. 1, S. 848. So auch: Meunier, E./ Jessen, H.: Feuilleton, S. 9f., 17-60. Haacke, W.: Handbuch des Feuilletons (2. Auflage), Bd. 1, S. 266. Die Fülle dessen, was unter Feuilleton verstanden wurde, reichte bei der FZ von Wasserstandsnachrichten, über Reiseberichte bis zur Wissenschaftsberichterstattung. Geschichte der FZ, S. 157-161, 424f.

144 „Sollten die Zeitungen aber wirklich nur durch öffentliches Unglück anziehend werden können?“, fragte die „Haude- und Spenersche Zeitung“ zur Einführung ihres Feuilletons 1802, und gab zur Antwort: Für „den Abgang wichtiger politischer Neuigkeiten“ wolle man mit „stehenden Artikel[n] literarischen oder artistischen Inhalts“ entschädigen. Widdecke, E.: Haude- und Spenersche, S. 124f.

Aber es gab und gibt kein formales Kriterium, dass die Zuordnung zum Feuilleton definieren würde. Selbst in der Gegenwart, in der das Feuilleton in der Regel in einem eigenen Buch oder Produkt erscheint, lassen sich immer wieder feuilletonistische Inhalte in anderen Büchern bzw. Produkten finden. So erfüllen die „Streiflichter" der „Süddeutschen Zeitung" zumeist inhaltliche Kriterien des Feuilletons, stehen aber auf der ersten Seite. Auch die Anordnung unter dem Strich war nie ganz eindeutig. Bisweilen wurden z.B. Leserbriefe dort angeordnet, auch der Anzeigenteil wurde im 19. Jahrhundert in der Regel durch einen Strich vom redaktionellen Teil getrennt.

Ein klassisches Beispiel für die Präsentation „unter dem Strich" ist der Zeitungsroman – bei ihm macht auch das Ausschneiden den größten Sinn. Er ist ebenfalls ein Kind des frühen 19. Jahrhunderts, wiederum zuerst in dem „Journal des Débats", dessen Vorbild im weiteren Verlauf des Jahrhunderts stärkere Nachahmung fand. In einer Apologie auf die Zeitung hat Karl d'Ester einmal errechnet, dass sich der Bezug von Zeitungen schon wegen der Zeitungsromane rechne. Zu Beginn des 20. Jahrhunderts wurden die Romane von Korrespondenzen so billig verkauft, dass der Fortsetzungsroman das preiswerteste Mittel darstellte, die Zeitung mit Inhalt zu füllen. Auf der anderen Seite aber waren nur wirtschaftskräftige Zeitungen in der Lage, sich den teuren Abdruck von vorher unveröffentlichten Originalmanuskripten leisten zu können, andere druckten bis in die 1870er Jahre ohne Erlaubnis. Das Material der Romankorrespondenzen bestand zum Teil aus Romanen, deren Rechteverwertung abgelaufen war, zum Teil aus Romanen, die mit Spannungsumbruch speziell für die Bedürfnisse der fortsetzenden Veröffentlichungsweise geschrieben waren. Damit machten sie immer wieder auf die Fortsetzung neugierig – besonders zu den Zeiten anstehender Abonnementsverlängerungen. Dem Abdruck älterer Werke, vom Metteur dem Platzdiktat untergeordnet, ging dieser Vorteil ab. Unter volkspädagogischen und kulturkritischen Gesichtspunkten wurde um die Jahrhundertwende scharfe Kritik am niedrigen Niveau des Zeitungsromans geübt. Dem suchten qualitätsbewusste bürgerliche und sozialdemokratische Zeitungen durch den Abdruck von Klassikern zu begegnen. Im Feuilleton der kommunistischen Presse diente der Roman nicht als Verkaufsargument, sondern sollte die Leser zum richtigen, klassenkämpferischen Bewusstsein erziehen.[145]

Zum Feuilleton gehört die subjektive Meinung des Journalisten und das kritische Räsonnement. Beides schlug sich auf vielen unterschiedlichen Feldern

---

145 Wittmann, R.: Geschichte des Buchhandels, S. 277-279. Nach Meinung von Haacke wurden Romane seit 1845/50 gedruckt: Handbuch des Feuilletons (2. Auflage), Bd. 2, S. 251. Groth, O.: Zeitung, Bd. 1, S. 848-856. Brauneck, M.: Rote Fahne, S. 33-35. Rollka, B.: Belletristik.

der Kritik, der Buchbesprechung, Theater-, Film- und Kunstkritik nieder. Die Buchbesprechung ist sowohl die älteste Vorform des Feuilletons als auch ein Übungsfeld der öffentlichen Kritik. Wie Teil 1 gezeigt hat, besaßen im 17. und 18. Jahrhundert Journale, die sich ausschließlich der Buchkritik widmeten, einen hohen Stellenwert. Sie übten damit einen großen Einfluss auf die Professionalisierung der Buchkritik aus. Doch wurde sie von Anbeginn schlecht honoriert. Die Rezensenten erhielten kein oder nur geringes Entgelt, ihre Ansprüche wurden entweder mit dem Exemplar des besprochenen Buches abgegolten oder sie mussten dieses anfangs sogar nach erfolgter Besprechung zurückschicken, bzw. konnten es nur zu einem reduzierten Kaufpreis erwerben – so verfuhr z.B. Otto Mencke in seinen „Acta Eruditorum". Das war allerdings nur unter den hohen Buchpreisen des späten 17. Jahrhunderts verständlich. An der Wende vom 19. zum 20. Jahrhundert waren Bücher längst zum Massengut geworden. Entsprechend überschwemmten die Buchverlage die wichtigen Zeitungen mit Büchern. Obwohl die „Frankfurter Zeitung" immer mehr Bücher besprach, ging gemessen an den Einsendungen der Anteil der Besprechungen zurück. Von einem geringen Stellenwert, den das Buchbesprechungswesen Anfang des 20. Jahrhunderts in Deutschland besessen haben soll und der sich mit der Kritik vorgeblicher qualitativer Minderwertigkeit des Rezensionswesens verband, kann also keine Rede sein. Berechtigt ist hingegen die Kritik an Eitelkeiten und Hahnenkämpfen.[146]

Tabelle 2.2.5: Buchbesprechungen in der FZ (1875-1913)[147]

	1875	*1895*	*1913*
eingegangene Bücher	682	2.280	5.290
besprochene Bücher	175	473	1.129
Anteil in %	25,7	20,8	21,3

Die Theaterkritik spielte analog zur großen Bedeutung des Theaters im 19. Jahrhundert und noch zu Beginn des 20. eine bedeutendere Rolle als in der Gegenwart. Sie orientierte über Inhalte und Darbietung, Dramaturgie und Schauspieler. In gewisser Hinsicht war sie darum Lokalberichterstattung. Aktualitätsbezug hatten die Theaterkritiken während des 19. Jahrhunderts lange Zeit nicht. Erst spät entwickelten sich die sogenannten „Nachtkritiken", die, direkt nach der Aufführung (in der Nacht) geschrieben, schon am nächsten Morgen in der Zeitung zu lesen waren. An dieser Praxis entzündete sich immer wieder

146 Haas, W.: Erinnerungen, S. 153-160. Zu den Anfängen in den Tageszeitungen: Carlsson, A.: Buchkritik, S. 179-181. Rollka, B.: Belletristik, S. 29-34, 65-80.

147 Geschichte der FZ, S. 1024.

heftige Kritik, bei der den Theaterkritikern vorgeworfen wurde, schon während der Aufführung an ihren Artikel zu denken, sich vom inhaltlichen Stoff statt von der Qualität der Aufführung bestimmen zu lassen oder sogar nach der Generalprobe zu urteilen.[148] Hauptamtliche Theaterkritiker beherrschten das Feld. Große Namen des beginnenden 20. Jahrhunderts waren Siegfried Jacobsohn, der die „Schaubühne" begründete, aus der 1918 die „Weltbühne" hervorging. Alfred Kerr, der Kritiker des Scherlschen „Tag" und Mosseschen BT, wäre ebenso zu nennen wie der Wiener Alfred Polgar.[149]

Die beruflichen Standards der Musikkritik entwickelten sich zuerst in den musikalischen Fachzeitschriften. Solche existierten schon im 18. Jahrhundert („Critica Musica", 1722/23 und 1725). Eine der ersten, die sich nicht nur den „Kennern", dem Fachpublikum, sondern auch den „Liebhabern", d.h. dem interessierten Laienpublikum öffnete, war die „Allgemeine musikalische Zeitung" (1798-1848). Musikkritik in der Tagespresse war Anfang des 19. Jahrhunderts, abgesehen von Ausnahmen – J.C.F. Rellstab d.Ä. in der „Vossischen Zeitung" und in Kleists „Berliner Abendblättern" – noch selten. Sie verbreitete sich vor allem über den Umweg der unpolitischen Presse, z.B. Cottas „Morgenblatt für gebildete Stände", seit den 1830er Jahren in die Tagespresse. Heinrich Heine schrieb musikalische Kritiken aus Paris, Richard Wagner in der „Dresdner Abendzeitung", Engelbert Humperdick in der „Frankfurter Zeitung". So diente die Musikkritik zumindest *auch* der Weiterentwicklung zeitgenössischer Musik. Nach einer Enquête waren noch 1920 zwei Drittel der Musikkritiker Musiker oder Musikwissenschaftler. Hingegen widmeten sich von dem Drittel der hauptberuflichen Journalisten nur ca. 30% ausschließlich der Musikkritik.[150]

Da der Film erst Ende des 19. Jahrhunderts erfunden wurde und seit Beginn des neuen Jahrhunderts das Publikum eroberte, war auch die Filmkritik jungen Datums. Die ersten Besprechungen widmeten sich den technischen Aspekten des neuen Mediums. Sobald die „Films" Handlungscharakter annahmen, wurden sie der Besprechung wert. Die Filmkritiker kamen aus der Theater- oder Filmbranche und rezensierten, da Fachzeitschriften noch fehlten, in allgemeinen kulturpolitischen und literarischen Blättern oder Artisten- und Schaustellerzeitschriften. 1907 erschien dann die erste eigenständige Filmzeit-

---

148 Vgl. Groth, O.: Zeitung, Bd. 1, S. 894-899.

149 Viele Namen und eine knappe Würdigung des Berliner Feuilletons bietet: Oschilewski, W.G.: Zeitungen. Die Entwicklung im 19. Jahrhundert zeichnet Rollka, B.: Belletristik.

150 Tadday, U.: Musikfeuilleton, S. 63-67. Groth, O.: Zeitung, Bd. 1, S. 873f. Stuckenschmidt, H. H.: Musikkritik, in: Blume, F. (Hg.): MGG, Bd. 9, Sp. 1129-1148. Fellinger, I.: Zeitschriften, in: Blume, F. (Hg.): MGG, Bd. 14, Sp. 1041-1188. Peek, S.: Morgenblatt, in: AGB 6/1966, Sp.1427-1660. Schulze, S.: „Melos", in: JbKG, 1/1999, S. 173-191. Reus, G.: Feuilleton, S. 112. Beer, A.: Musikzeitschriften, in: Fischer, E./ Haefs, W../ Mix, Y. (Hg.): Almanach bis Zeitung, S. 233-247.

schrift, der „Kinematograph". Unter den frühen Kritiken waren etliche zu finden, die eher in Artikel verpackter Reklame entsprachen, als dass sie die „Films" einer kritischen Würdigung unterzogen hätten. Erst nach dem Ersten Weltkrieg setzten sich die professionellen Besprechungen mehr und mehr durch.[151]

Kritik, Funktion und Funktionswandel

Eine Standardkritik warf dem Feuilleton vor, seine Journalisten seien käuflich. Die Käuflichkeit ist verschiedentlich zum Gegenstand von Prozessen geworden und hat sich dort nur vereinzelt bestätigt. In einem Prozess gegen Alfred Kerr, der angestrengt wurde, weil er zwei Berliner Kollegen der Korruption bezichtigt hatte, erwiesen sich zwar Kerrs Vorwürfe als berechtigt, doch die geladenen Zeugen erklärten die Korruption für Einzelfälle.[152] Die behauptete Käuflichkeit hing an unterschiedlichen, zum Teil sogar gegensätzlichen Faktoren. So galt die Theaterkritik als mächtig und einflussreich. Nur vereinzelt wurde behauptet: „Die Erfahrung lehrt, daß der mündliche Bericht, die Familien- und Gesellschaftspropaganda mehr Einfluß auf den Theaterbesuch haben, als die in den Zeitungen erschienene Wiedergabe des Eindrucks."[153] Zumeist ging die Feuilletonkritik vom Gegenteil aus. Die Abhängigkeit der Künstler von den Journalisten konnte darum seitens der Theaterkritiker erpresserisch eingesetzt werden. Umgekehrt traten die Schauspieler und Regisseure an die Theaterkritiker heran und verfassten sogar selbst manche Kritik. Gotthold Ephraim Lessing hatte schon im 18. Jahrhundert sein eigenes „Deutsches Nationaltheater" besprochen, Franz Mehring warf Paul Lindau gleiches für die 1880er Jahre vor. Bei der Filmkritik waren die Machtverhältnisse anders verteilt. Hier saßen die Kinobesitzer, da sie in den Zeitungen regelmäßig Anzeigen schalteten, am längeren Hebel. In Abwehr dieser Missstände erließ der Berliner Bezirksverband des RDP im April 1923 Richtlinien, welche alle geschäftlichen Beziehungen der Kritiker zur Filmbranche verbot. Auch den Buchbesprechungen wurde ein Verfall der Rezensionskultur vorgeworfen: Statt abgewogener Besprechungen bestünde die Mehrzahl der Rezensionen aus unkritischer Wiedergabe des Waschzettels. Veröffentlichungen von Anzeigen, in denen die Buchverlage den

---

[151] Schweinitz, J. (Hg.): Prolog, S. 5-11. Groth, O.: Zeitung, Bd. 1, S. 901-905. Haacke, W.: Handbuch des Feuilletons (2. Auflage), Bd. 2, S. 181-185. Diederichs, H.H.: Filmpublizistik, in: Publizistik, 30/1985, Nr. 1, S. 55-71.

[152] Requate, J.: Journalismus als Beruf, S. 354f.

[153] Zit. n. Groth, O.: Zeitung, Bd. 1, S. 884.

Rezensenten zusätzliche Zeilenhonorare für günstige Besprechungen in Aussicht stellten, stützten diese Vorwürfe.[154]

Die insbesondere Ende des 19. und Anfang des 20. Jahrhunderts virulente Kritik ist ursächlich auf die mangelhafte Bereitschaft der Feuilletonkritiker zurückzuführen, die Zeitung als Geschäft zu respektieren. In der Regel fand nur der geistige Aspekt Akzeptanz. Der Chefredakteur des „8-Uhr-Abendblatts", Paul Harms, brachte die Einwände auf den Punkt, wenn er 1927 schrieb: Die Zeitung „muß das Unterhaltungsbedürfnis der Massen gelten lassen, wie es ist, und kann nur darauf sehen, daß die ahnungslose Masse nicht betrogen und ihr für Kunst ausgegeben werde, was als Geschäft gemeint war."[155] Die Kritik am Feuilleton hing also mit der Verschiedenartigkeit der Vermittlungsvorstellungen zusammen. Sie changierten zwischen subjektiv gefärbter Unterhaltung und Erbauung und objektiv begründeter Kritik, Bildung und Information. Zu Beginn des 19. Jahrhunderts dominierten unter dem Eindruck des Klassizismus noch die objektiven Maßstäbe und Normen des Guten und Schönen. Schon in der Zeit des Vormärz änderten sich die Maßstäbe. Polemiken bis zur verbalen Hinrichtung diktierten den Stil. Autoren des Jungen Deutschland waren die Protagonisten des Subjektivismus. In einer umfangreichen Denkschrift rechnete Heinrich Heine später mit einem von ihnen, Ludwig Börne, ab und warf ihm vor, er habe vergleichbar übermütigen Schuljungen, welche Katzen die Schwänze abschnitten, sich an den „Komödianten versucht, [...] die seitdem ohne Schwänze herumlaufen."[156]

Nach der gescheiterten Revolution von 1848 prägte der wissenschaftliche Einfluss des Historismus die Fachkritik. Gustav Freytag exerzierte in seinen „Grenzboten" diese normativ geprägte Kritik vor. Doch wieder ließ die Gegenbewegung nicht lange auf sich warten. Seit den 1870er Jahren traten die Berliner „Feuilletonisten" auf den Plan, Paul Lindau, der uns noch in dem Abschnitt zu den Rundschauzeitschriften näher begegnen wird, war einer ihrer Protagonisten. Julius Rodenberg, sein Freund und Gegner, ein anderer. Der Naturalismus, der im folgenden Jahrzehnt aufkam, drängte die Feuilletonisten erneut in die Defensive. Ende der 1920er Jahre konnte Otto Groth erleichtert aufatmen: „Die unglückselige Torheit, das französische Vorbild nachzuäffen und über ein Nichts ein halbes Dutzend Spalten zu verplaudern, die kaum genossen auch schon vergessen sind, herrscht heute nicht mehr".[157]

Da bei aller Dominanz des einen oder anderen Vermittlungsanspruchs der jeweils andere nie ganz unterging, entwickelte sich eine Kritik an der Kritik, die

154 Groth, O.: Zeitung, Bd. 1, S. 905. DP 1921, Nr. 30.
155 Harms, P.: Zeitung, S. 72.
156 Heine, H.: WuB, Bd. 6, S. 86f.
157 Zitat: Groth, O.: Zeitung, Bd. 1, S. 860. Requate, J.: Journalismus als Beruf, S. 348-352.

zum entscheidenden Lebenselixier des Feuilletons wurde. Schon in den Rezensionsjournalen der Frühen Neuzeit hatte die Kritik das Räsonnement vorbereitet. In gleicher Weise wirkte auch das Feuilleton als Kinderstube der politischen Erörterung. Denn so wie im 19. Jahrhundert lange Jahre politische Kommentare verboten oder doch zumindest scharf reglementiert waren, so frei war das Feuilleton von solchen Einschränkungen. Aber es konnte nur eine Hälfte zur Herausbildung der politischen Diskussionskultur leisten, ein anderer Beitrag musste fehlen: das investigative Element.[158]

Dennoch war das Feuilleton nie gänzlich unpolitisch. Es musste nicht in der aufdringlichen Form politischer Gedichte daherkommen, die im 19. Jahrhundert sehr beliebt waren. Ein Beispiel sei aus der „Deutsch-Brüsseler-Zeitung" zitiert, die 1847/48 ein bedeutendes Organ der Exilpublizistik war. Am 21. März 1847 war dort unter dem Strich das „Wiegenlied einer polnischen Mutter" abgedruckt: „Dich wird erziehen einst der Zar/ Zur Sklaverei/ doch als ich dich, oh Kind, gebar/ War Polen frei." Ein anderes Beispiel wird uns noch bei der „Kreuzzeitung" begegnen: Die virtuos gehandhabte Buchkritik an Ludwig Quiddes Schrift „Caligula", mit der die Kreuzzeitung 1894 demonstrierte, wie camouflierend das Gegenteil der positiven Aussage erreicht werden konnte. Zur gleichen Zeit, um die Jahrhundertwende, behandelte das Feuilleton der FZ jedes wichtige politische Thema, von der Frauenrechtsbewegung über die Umsturzvorlage bis zur Dreyfusaffäre. Die manifeste und die latente politische Funktion des Feuilletons hatte auch Goebbels im Blick, als er Ende November 1936 die „Kritik" mit dem Argument verbot, sie stammte aus der Zeit „jüdischer Kunstüberfremdung"; stattdessen forderte er den aufbauenden „Kunstbericht". Das lag sicherlich auch daran, dass in den Feuilletons von FZ, KZtg oder anderen Blättern Mehrdeutigkeiten gepflegt wurden, die das Regime fürchtete.[159]

Und noch auf eine andere Rolle des Feuilletons sei zum Schluss hingewiesen. Die Buchkritik, das wurde schon angedeutet, ist seit den „Acta eruditorum" bis in die Gegenwart ein zentrales Feld der Popularisierung von Wissenschaft gewesen. Solange die Zeitungen sich noch an eingeschränkte Publika wandten, dienten sie auch der direkten Vermittlung von Wissenschaft. Im 19. Jahrhundert unterbreiteten berühmte Wissenschaftler wie Alexander von Humboldt oder der Chemiker Justus Liebig bisweilen in den Feuilletons ihre neuen wissenschaftlichen Ideen. Und der Mediziner Paul Ehrlich skizzierte im Feuilleton der „Frankfurter Zeitung" seine Chemotherapie. Diese Funktionen

---

158 Requate, J.: Journalismus als Beruf, S. 356-358.

159 Gillessen, G.: FZ, S. 334. Wulf, J. (Hg.): Kultur, Bd. 3, S. 127-129. Geschichte der FZ, S. 1035-1039. Oelze, K.D.: Feuilleton der Kölnischen Zeitung, S. 257-271.

erfüllt das Feuilleton in der Gegenwart kaum noch. Neue Erkenntnisse werden zuerst in spezialisierten wissenschaftlichen Fachzeitschriften unterbreitet und finden dann erst über populärwissenschaftliche Zeitschriften und wissenschaftlich-technische Beilagen ihren Weg zu dem Massenpublikum. Eine der ersten populärwissenschaftlichen Zeitschriften waren die „Technischen Monatshefte" (1910-1943), die sich an technisch interessierte Jugendliche wandten. Eine der ersten technischen Beilagen veröffentlichte das BT 1895 mit seiner „Technischen Rundschau".[160]

2.2.4 Lokales und Sport

Die Lokalberichterstattung

„Anfänglich war die Zeitung in Deutschland kein Medium lokaler Kommunikation", urteilt Jürgen Wilke.[161] Doch schon im 18. Jahrhundert begann sich das zu ändern. Nach den Intelligenzblättern, die eine Fülle von lokalen Informationen druckten, waren 1810/11 die „Berliner Abendblätter" Heinrich von Kleists eine der ersten Zeitungen, die regelmäßig Lokalnachrichten veröffentlichten. Unter den Überschriften „Polizei-Rapport" oder „Polizeiliche Tages-Mittheilungen" wurden Überfälle und Diebstähle, Unglücke oder Beinahe-Unglücke vermeldet: „Zwei Kohlenträger sind, wegen Tabackrauchens bei den Kohlen, verhaftet."[162]

Die Lokalberichterstattung stieg auf 24% an, überwiegend zu Lasten der Berichterstattung über internationales Geschehen; die nationale Berichterstattung nahm ebenfalls zu und beanspruchte 1906 knapp 50% der Nachrichten. Schon Groth hatte Ähnliches festgestellt: Seit den 1840ern habe die Lokalberichterstattung in Preußen zugenommen. Die Berichterstattung sei den politischen Reformen (Einführung der städtischen Selbstverwaltung durch die Steinschen Reformen) gefolgt. Dieser Zusammenhang mag trotz der fünfzigjährigen Verspätung stimmen. Aber zumeist waren die medialen den politischen Veränderungen schneller gefolgt: Nach Einführung des liberalen Reichspressegesetzes von 1874 begann die Presse rasant zu wachsen.[163]

Für die Ausweitung der Lokalberichterstattung dürften zwei Gründe verantwortlich gewesen sein. Einerseits die Verstädterung, andererseits Marktmechanismen und Konkurrenzverhalten der Zeitungen. Urbanisierung war der

---

160 Kirchner, H.-M.: Zeitschriftenwesen, in: Boehm, L./ Schönbeck, C. (Hg.): Technik und Bildung, Bd. 5, S. 319-339. Groth, O.: Zeitung, Bd. 1, S. 352. Kraus, E.: Mosse, S. 183.

161 Wilke, J.: Nachrichtenauswahl, S. 149.

162 Berliner Abendblätter, 6.10.1810, S. 26.

163 Wilke, J.: Nachrichtenauswahl, S. 151. Groth, O.: Zeitung, Bd. 1, S. 675.

beherrschende Zug des sozialen Wandels im 19. und 20. Jahrhunderts. Das durch die demografische Revolution – längere Lebenserwartung, kombiniert mit hohem Geburtenüberschuss und sinkender Säuglingssterblichkeit – ausgelöste hohe Bevölkerungswachstum in Stadt und Land führte zu einer wachsenden Landflucht. Die Städte boten Arbeit und Verdienst. Besonders dramatisch war das Städtewachstum in der Zeit zwischen Reichsgründung und Erstem Weltkrieg, während kleine Gemeinden ihre Bevölkerungszahl hielten und mittlere gut verdoppelten, versiebenfachte sich die Einwohnerzahl der Großstädte.[164]

Die Urbanisierung gab den wichtigsten Anlass, die lokale Berichterstattung auszuweiten: Das Publikum wollte über seine Naherfahrungswelt informiert sein. Solange die Bevölkerung noch überwiegend in Landgemeinden wohnte, konnte sie sich über informelle Kommunikationskanäle auf dem Markt, in den Gassen, der Kirche und in Kaffeehäusern und Gaststätten informieren. Je größer und vor allem komplexer die Heimatorte wurden, desto weniger war die Kommunikation über Encounter-Öffentlichkeit (Gerhards und Neidhardt) geeignet, der fundamentalen Neugier genüge zu tun – das gilt trotz Vorformen lokaler Berichterstattung, die auch in ländlicher Presse zu finden sind. Nun ist argumentiert worden, schon im 17. und 18. Jahrhundert hätten Städte wie Hamburg zwischen 50.000 und 100.000 Einwohnern besessen und trotzdem seien die Hamburgischen Blätter ohne lokale Berichterstattung ausgekommen. Daher könne die größere Komplexität des städtischen Zusammenlebens nicht Ursache der Lokalberichterstattung gewesen sein. Doch erstens enthielten Hamburger Blätter, z.B. die „Addreß-Comtoir-Nachrichten“, durchaus lokale Informationen. Zweitens argumentierten insbesondere die Generalanzeiger, die sich im späten 19. Jahrhundert um die Ausweitung der Lokalberichterstattung verdient machten, mit dem Informationsbedürfnis der großstädtischen Leser. Drittens ist die städtische Kommunikation anders strukturiert als die ländliche und die Wahrnehmung der Stadt durch das Land und umgekehrt verlaufen z.T. diametral entgegengesetzt, weshalb die Politikwissenschaft den Gegensatz von Stadt und Land als eine der fundamentalen Unterscheidungen (Cleavages) benennt, welche die Gesellschaft spalten.[165]

Mit der Nachfrage kann demnach argumentiert werden, dass die Leser in den Großstädten die Lokalberichterstattung einforderten und die Heimatpresse

---

164 Stöber, R.: Geschichte, S. 275-277.

165 Böning, H./ Moepps, E.: Deutsche Presse, Bd. 1, Sp. 799-807; Vgl. Wilke, J.: Nachrichtenauswahl, S. 150. Gerhards, J./ Neidhardt, F.: Strukturen, in: Müller-Doohm, S./ Neumann-Braun, K. (Hg.): Öffentlichkeit, S. 31-89. Gründungsprogramm des „Generalanzeigers für Leipzig und Umgebung“, in: Wolter, H.-W.: Generalanzeiger, S. 320f. Zur Kommunikation in Stadt und Land: Stöber, R.: Erfolgverführte Nation, S. 216-225. Brons, M.: Zeitung, S. 49-61.

diese Form der Berichterstattung dann für den ländlichen Raum adaptierte. Umgekehrt, mit dem Angebot, argumentiert weckten die Zeitungen die entsprechenden Bedürfnisse der Leserschaft. Schon Otto Groth hat darauf hingewiesen, dass die Lokalberichterstattung Gelegenheit bot, „angesichts der fortschreitenden Uniformierung des Nachrichten- und Unterhaltungsstoffs [...] zu individualisieren und sich im scharfen Wettbewerb hervorzutun." Deshalb sei der Lokalteil sehr „mannigfaltig und unterhaltend" bis hin zu einer „geist- und witzlosen Geschwätzigkeit". Als Gegenstände der Lokalberichterstattung nannte Groth die städtisch-politischen Angelegenheiten, Verkehrsentwicklungen, Personalien, kirchliche und schulische Angelegenheiten, Tagesereignisse und Unglücke, Vergnügungen und Kultur, das Geschäftsleben und das Wetter.[166]

Von besonderer Bedeutung für die Entwicklung der Lokalberichterstattung wurden die Generalanzeiger, prototypisch war der „Berliner Lokal-Anzeiger" (1883-1944). Der langjährige Chefredakteur Hugo von Kupffer (1853-1928) schrieb in der Anfangszeit noch manche Reportage selbst, sie erschienen als „Reporterstreifzüge". Daneben hat er über Jahrzehnte als „Berliner Beobachter" die Kleinigkeiten des Alltags aufgespießt. Der BLA unterhielt Reporterscharen, die „Geheizte" hießen, weil sie ständig „unter Dampf standen", um zu der nächsten lokalen Reportage auszurücken. Die Reportage orientierte sich an amerikanischen Vorbildern des „muckraking journalism", der investigativ neue Formen der Sozialreportage entwickelt hatte. Reporter von großem Format wie die Wiener Victor Adler (1852-1918) und Max Winter (1870-1937) oder der Prager Egon Erwin Kisch (1885-1948) literarisierten die Gattung und sprengten damit zugleich die Ressortgrenzen. So bildete der Lokalteil des späten 19. und frühen 20. Jahrhunderts – wie in der Gegenwart auch noch – die engste Umgebung in gleicher Mannigfaltigkeit ab, wie die sonstigen Zeitungsprodukte die große, weite Welt.[167]

Die Anfänge der Sportberichterstattung

Auch der Sport war anfänglich Teil der Lokalberichterstattung, auch hier galten die mehrfach genannten Gründe. Es kamen aber noch weitere hinzu. Der Sport nahm im 19. Jahrhundert allmählich an Bedeutung zu. Schon die Turnbewegung des frühen 19. Jahrhunderts argumentierte für die allgemeine körperliche Ertüchtigung. Die Leichtathletik und Mannschafts- sowie Kampfsportar-

166 Groth, O.: Zeitung, Bd. 1, S. 926-928.

167 Stöber, R.: Kupffer, in: Publizistik, 39/1994, Nr. 3, S. 314-330. Douglas, G.H.: Newspaper, S. 157-169. Haas, H.: Reportage, in: Publizistik, 32/1987, Nr. 3, S. 277-294.

ten nahmen umso stärker an Bedeutung zu, je ungesunder die städtische industrialisierte Arbeitswelt zu werden schien. Auch Wehrertüchtigung war bis in die NS-Zeit hinein ein wichtiges Argument für den Sport und bewog das Militär, den Sport finanziell zu fördern. Hinzu kam ein weiteres Argument, welches bis heute Gültigkeit besitzt und maßgeblich zur breiten Ausdifferenzierung des Sports und der Sportberichterstattung in den modernen Medien beigetragen hat. Sport ist der einzige Bereich des gesellschaftlichen Lebens, der vorhersagbare, regelmäßig und zudem – überwiegend – positive Schlagzeilen und Neuigkeiten liefert.[168]

Sport hatte im späten 19. und frühen 20. Jahrhundert allerdings eine andere Konnotation als heute. Erste Berichte liefen unter Kurios-Anekdotischem, z.B. in Kleists „Berliner Abendblättern". Jegliche Form der Liebhaberei und Vergnügen – analog zum englischen „to disport" (sich tummeln, vergnügen) – wurde als „Sport" bezeichnet, nicht nur die des körperlichen und geistigen Wettstreits. Man machte sich einen Sport aus diesem und jenem. Dementsprechend vielgestaltig war das Erscheinungsbild der Sportberichterstattung.[169]

Als erste Anfänge der „Sportberichterstattung" gelten allgemein die lokalen Nachrichten über Turnvereine. Daran schlossen sich schon vor Mitte des 19. Jahrhunderts sporadische Berichte über Turnerfeste an. Erst gegen Ende des Jahrhunderts gab es erste Sportjournalisten, 1885 stellte der „Berliner Börsen-Courier" einen hauptberuflichen Redakteur an. Jetzt bekam der Sport eigene Rubriken. Am 23.5.1886 führten die „Münchner Neuesten Nachrichten" eine „Sportzeitung" ein. „Zeitung" hieß hier noch Nachrichten, denn die *Sportzeitung* bestand aus ganzen 37 Zeilen im Lokalteil mit kurzen Nachrichten über Jagd-, Rad- und Pferdesport.[170] Erst in den 1890er Jahren wurde die Berichterstattung professioneller; so berichteten die MNN über das erste Fußballspiel zwischen deutschen und englischen Mannschaften: „Am Samstag und Sonntag spielte zum ersten Male ein deutscher Fußballklub auf englischem Boden. Es war ein

---

168 Schon im Ersten Weltkrieg: „Wir müssen aber aus dem Stadium der vielen 'wohlwollenden' Reden über nationale 'Jugendertüchtigung' – so heißt offiziell jetzt das entsetzliche Wort – endlich einmal herauskommen und zu einer zielbewußten systematischen Durchführung und Vorbereitung der allgemeinen Wehrpflicht auf der Grundlage einer solchen allgemeinen vorbildlichen, staatlichen Körperausbildung durch die Schule von der Volksschule bis zur Hochschule kommen." Grüttefien, G.: Staatliche Körperkultur, in: B.Z. 16.11.1915, Nr. 288, S. 3. „Die zielbewußte Förderung ist [...] eine hochpolitische Angelegenheit, und damit erhält auch die Tätigkeit des Sportschriftleiters eine stark politische Seite." Die Gesundheit diene der „Steigerung der Willens- und Entschlußkraft des ganzen Volkskörpers". Bollmann, H.: Die Sportpresse am Wendepunkt, in: Deutsche Presse, 24/1934, Nr. 9, S. 10-12, hier 11. Vgl. zur Sportentwicklung: Eisenberg, C.: Sports.

169 Anekdote [über „zwei berühmte englische Boxer"], in: Berliner Abendblätter, 22.11.1810, Nr. 46, S. 182. Rupprecht, W.: Sportzeitung, S. 6. Kluge, F. (Hg.)/ Seebold, E. (Bearb.): Etymologisches Wörterbuch, S. 782.

170 Rupprecht, W.: Sportzeitung, S. 29. Groth, O.: Zeitung, Bd. 1, S. 936.

Team des Frankfurter Fußballklubes, lauter stattliche, gewandte und mutige Leute, die, trotzdem sie beide Male tüchtig verklopft wurden – einmal mit 29, das anderemal mit 19 Punkten zu 0 – dem 'fatherland' alle Ehre machten. Schuld an dieser Niederlage war, daß sie keine Ahnung vom Zusammenspiel hatten."[171]

Der Sportjournalismus setzte schon früh auf Fotoberichterstattung. Da die Sportereignisse damals am Wochenende stattfanden, regte die Berichterstattung die Einführung von Montagsausgaben an. Manche Zeitung entwickelte aus der Montagsausgabe ein selbständiges, im Straßenverkauf vertriebenes Blatt. Die erste Zeitung mit einem eigenständigen Sportteil war nicht, wie häufig behauptet, die „BZ am Mittag", sondern schon 1900 der „Morgen". Allerdings setzte die Ullsteinsche BZ, die am 15.4.1905 erstmalig mit Sportbeilage erschien, mit zunächst sechs Sportreportern die Standards. Ihr erster Sportchef hieß Hans Donalies, ihm folgte 1910 Gustav Grüttefien, der noch in der NS-Zeit den Sport des Boulevardblatts leitete. 1904 und 1905 wurden auch die ersten Sportkorrespondenzen, die „Sportliche Rundschau" und die „Deutsche Sportkorrespondenz", gegründet.[172]

Sport wurde zur Verkaufsstrategie und zum Synonym für Modernität. Seit der Jahrhundertwende profilierten sich große Zeitungsverlage damit, Sportereignisse zu schaffen. Die Zeitungen erhofften sich mit ihrer Erfindung von Sportevents ähnlich den heutigen Sponsoren Imagegewinne. Darum engagierten sie sich immer in den modernsten Sportarten, zuerst Radsport, dann Automobilrennen und schließlich Luftfahrtwettbewerbe. Manche dieser Ereignisse besaßen weltweite Bedeutung. So veranstaltete Ullsteins BZ zusammen mit amerikanischen, französischen und italienischen Zeitungsverlegern ein Automobilrennen rund um die Erde, das 1908 von New York über Peking, Moskau und Berlin nach Paris führte. 1911 stiftete der Ullsteinverlag den „BZ-Preis der Lüfte". Ökonomisch konnten die Verlage aus ihrem Engagement in doppelter Hinsicht Gewinn ziehen. Besonders für Boulevardblätter wie die BZ rechneten sich die sensationellen Berichte über Flugwettbewerbe, weil sie den Straßenverkauf beflügelten: Gratis-Extra-Blätter hielten die Leser auf dem Laufenden und steigerten den Appetit des Publikums auf die ausführlichen Berichte der Kaufzeitungen. Zum anderen stand die Assoziation der „schnellsten Zeitung der Welt" mit dem modernsten technischen Gerät auch aus Gründen der Eigenwerbung der BZ gut an. Wichtiger als die einmaligen Events war die Kreation von Serienereignissen. Der amerikanische Verleger James Gordon Bennett Jr.

---

171 MNN 1894, Nr. 167, zit.n.: Rupprecht, W.: Sportzeitung, S. 33.

172 Groth, O.: Zeitung, Bd. 1, S. 936f. Bollmann, H.: Sportpresse, S. 29. Weber, P.: Sportberichterstattung, in: ZW, 11/1936, Nr. 7/8, S. 305-311.

stiftete das Gordon-Bennett-Preise für Autorennen und Flugwettbewerbe, die „Berliner Morgenpost“ einen Fußball-Pokal, auch die Avus-Rennen in Berlin gehen auf Zeitungsinitiativen zurück. Alle drei werden nicht mehr ausgetragen. Berühmteste Beispiele dieser Strategie sind die Radsportereignisse „Giro d'Italia“ und vor allem die „Tour de France“, die 1903 von der Automobilzeitschrift „L'Auto“ ins Leben gerufen wurde und seit dem Ende des Zweiten Weltkriegs von „L'Equipe“ veranstaltet wird.[173]

Die Entwicklung des Sportteils schlug sich auch in der Professionalisierung des Sportjournalismus nieder. Nachdem 1910 ein erster Berliner „Verein Deutsche Sportpresse“ von 23 Sportjournalisten gegründet worden war, folgte 1927 der Zusammenschluss der regionalen und lokalen Verbände zu einem Reichsverband unter dem Namen „Verband der deutschen Sportpresse“. 1937 gab es 800 hauptberufliche Sportberichterstatter im RDP.[174] Das leitet uns zum nächsten Abschnitt.

2.3 Die Professionalisierung der publizistischen Berufe

Berufsfeldveränderungen

Presseverlage zeichnen sich dadurch aus, dass sie ihre publizistischen Inhalte zu großen Teilen selbst produzieren. Das unterscheidet sie von Buchverlagen, die fast ausnahmslos auf dem Markt zukaufen. In der Frühen Neuzeit galt diese Unterscheidung noch nicht. Im 17. und 18. Jahrhundert ist erst ganz vereinzelt von journalistischer Eigenproduktion zu sprechen. Schon Baumert unterteilte die Journalismusgeschichte in die Präjournalismus-, die Korrespondenten-, die Schriftsteller- und die Angestelltenphase. Legt man die Eigenproduktion als Kriterium an, kann diese Einteilung nur bedingt überzeugen, denn auch die Phasen zwei und drei müssen präjournalistisch genannt werden. Zeitungen wie die „Relation aus dem Parnasso“ oder der HUC blieben im 17. und 18. Jahrhundert die Ausnahme. In nennenswertem Umfang ist von einer Eigenproduktion publizistischer Inhalte durch Redaktionen erst im 19. Jahrhundert zu sprechen. Die Professionalisierung der journalistischen Berufe hatte einen langen Vorlauf und war ein folgerichtiger, aber kaum ein zwangsläufiger Prozess. Den Nachrichtenkorrespondenten der Frühzeit folgten die Meinungsjournalisten.

---

173 50 Jahre Ullstein, S. 168-170. Newyork-Paris im Auto, in: B.Z. 27.1.1908, Nr. 22, Sport S. 1.

174 Verein Deutsche Sportpresse, in: B.Z. 27.1.1910, Nr. 22, Sport S. 2. P.G. [Günther, Paul]: 25 Jahre Grüttefien, in: B.Z. 22.5.1930, Nr. 138, S. 2. Groth, O.: Zeitung, Bd. 1, S. 940. Bollmann, H.: Sportpresse, S. 19.

Dann erst verstärkte sich der Zug zum Dienstleistungsjournalismus: Nachrichten, Informationen, Unterhaltung gegen Geld.[175]

Eine genaue quantitativ-statistische Erhebung ist schwierig, weil die Datenbasis ungleichgewichtig ist und die statistischen Kategorien wechseln. So zählte Deutschland Ende des 19. Jahrhunderts 5.500 Privatgelehrte, Schriftsteller und Journalisten. Im Ersten Weltkrieg schwankte die Bandbreite der Angaben zwischen 5.000 und 12.000 Journalisten, in der Weimarer Zeit zählte die amtliche Statistik 6.246 Redakteure, während der Reichsverband der deutschen Presse 1928 behauptete, die organisierten 3.650 Mitglieder erfassten 90% aller „arbeitsfähigen" Journalisten – darunter waren jedoch auch Gelegenheitsjournalisten. 1936 zählte der gleichgeschaltete Verband 15.000 Mitglieder, aber nur 6.000 hauptberufliche, 1944 wenig mehr, davon knapp 2.000, d.h. 13% Frauen.[176]

Weil renommierte Zeitungen viel besser dokumentiert sind als die kleinen Blätter, ist die Aufschlüsselung des Journalismus nach berufsstrukturellen Gesichtspunkten noch problematischer. Der Journalismus war beruflich bis zur Mitte des 19. Jahrhundert noch nicht eigenständig, häufig nur Durchgangsstadium zu akademischen Karrieren, insbesondere in den Geisteswissenschaften. Eine Untersuchung über den nordwestdeutschen Journalismus im 19. Jahrhundert stellte fest, dass vor der Revolution der typische Journalist promoviert aber ohne Habilitation war, während nach 1848 Studienabbrecher, die ihre Promotion nicht vollendet hatten, vorherrschten.[177] Cottas durchgehend akademisierte Augsburger „Allgemeine Zeitung", als Weltblatt des 19. Jahrhunderts nicht repräsentativ, war ein extremes Beispiel für die zahllosen Doktoren und Privatdozenten, die zur journalistischen Feder griffen. Sie war eine der ersten deutschen Zeitungen, die festangestellte Redakteure beschäftigte. Viele von ihnen schrieben nebenamtlich, andere hauptamtlich für eine gewisse Zeit, manche wurden zum Berufsjournalisten. Der Mitarbeiterstab der AZ verdeutlicht diese Dreiteilung. Die Festangestellten arbeiteten entweder nur kurze Zeit an der Zeitung oder sie blieben sehr lange: entweder war die Zeitung nur Durchgang oder die Mitarbeiter waren schon Berufsjournalisten. Knapp 40% verblieben unter fünf Jahren in der Redaktion, während 20% der Zeitung zwischen 10 und 20 Jahren und weitere 23% der Zeitung über 20 Jahre verbunden blieben. Die kurzzeitig in der AZ tätigen Journalisten wechselten in der Regel in Berufe außerhalb der Presse. Die Mitarbeiterschaft bestand zur Hälfte aus Beamten,

---

175 Prutz, R.E.: Journalismus, S. 244-260. Baumert, P.: Journalismus. Hömberg, W.: Geschichte journalistischer Berufe, in: Bobrowsky, M./Langenbucher, W.R. (Hg.): Kommunikationsgeschichte, S. 624. Vgl. Blöbaum, B.: Journalismus als soziales System.

176 Kutsch, A.: Zeitungs-Enquête, in: Publizistik 33/1988., Nr. 1, S. 5-31. Stöber, R.: Verbandsinteresse, 12f.; Engelsing, R.: Massenpublikum, S. 39f. Hausjell, F.: Journalisten, S. 237f.

177 Engelsing, R.: Massenpublikum, S. 167-175, 268-270. Vgl. Brunöhler, K.: Redakteure, S. 54f.

zur anderen aus berufsmäßigen Journalisten oder Schriftstellern. Von allen Korrespondenten, Mitarbeitern und Redakteuren der AZ im 19. Jahrhundert waren 26,2% promoviert und weitere 24,4% habilitiert. Nach Heycks Monografie über die AZ stand jeder zweite Chefredakteur der liberalen oder demokratischen Opposition nahe.[178]

Eine neue Studie bestätigt diese Einzelergebnisse: Im 19. Jahrhundert nahm der Anteil der Journalisten zu, die dem Beruf treu blieben und als „Berufsjournalisten" betrachtet werden können. Dennoch war gegen Ende des Jahrhunderts noch immer für rund ein Drittel der Journalistenberuf nur Durchgangsstadium, zu großen Teilen in akademische Berufe. Nun sind die biografisch erfassbaren „Journalisten" nicht ganz repräsentativ. Erstens sind jene überrepräsentiert, die für sogenannte Qualitätszeitungen schrieben; zweitens jene, die es in ihrem journalistischen oder in den weiteren Berufen zu einiger Prominenz brachten. Drittens ist die Presse der großen Städte überstark, die kleine dagegen nur schwach vertreten. Hier war der Anteil der Nichtakademiker wesentlich größer, der wichtigste Einstiegsberuf der des Buchdruckers.

Tabelle 2.2.6: Nach dem Journalismus ausgeübte Berufstätigkeit (vor 1900)[179]

	bis 1848	*1849-1870*	*1870-1890*	*nach 1890*
keine weitere Berufstätigk.	47%	64,5%	69,5%	71%
Schriftsteller	16,5%	13%	11,5%	11%
Verleger		5%	5%	6,5%
Professor	5,5%	2,5%	1,5%	3,5%
sonst. Staatsdienst	7%	4%	3,5%	1%
sonstige	23,5%	10,5%	8,5%	7,5%

Für die Journalisten, die aus diesem Beruf kamen, bedeutete ihre journalistische Tätigkeit den sozialen Aufstieg, später wechselten sie fast nie. Bei den kleineren Blättern der Gründungswelle ab den 1860er Jahren stellte sich die Frage nach journalistischer Abhängigkeit nur noch selten, denn viele „Journalisten" waren ihre eigenen Verleger und umgekehrt oder Journalist, Drucker und Verleger verbanden sich in einer Person. Für die akademisch gebildeten Journalisten der Qualitätsblätter ist dagegen etwas anderes festzuhalten. Sie rekrutierten sich häufig aus den Kreisen derer, die als engagierte Demokraten oder Liberale keine universitäre Anstellung zu erwarten hatten. Carl Volkhausen, einer der wichtigsten Redakteure der „Frankfurter Zeitung", war das typische Beispiel

178 Heyck, E.: AZ. Breil, M.: AZ, in: Gier, H./ Jonata, J. (Hg.): Augsburger Buchdruck, S. 1121f.

179 Requate, J.: Journalismus als Beruf, S. 178. Insgesamt wertet Requate 538 Biografien aus: Vor 1848: 110, bis 1870: 121, bis 1890: 197, danach: 110.

eines „Achtundvierzigers". Zustatten kam ihm dabei die kollegiale Redaktionsverfassung der „Frankfurter Zeitung" und der Einfluss, nicht aber Dirigismus des Verlegers Leopold Sonnemann.[180]

Tabelle 2.2.7: Lebensalter der berufstätigen Journalisten im 20. Jahrhundert[181]

Lebensalter	*1899/ 1900*	*1927*
≤ 30	10,3%	11,2%
≤ 40	29,6%	32,7%
≤ 50	36,2%	30,3%
≤ 60	13,2%	17,0%
≤ 70	8,0%	8,8%
und älter	2,8%	

Das zum Teil biblisch hohe Alter – für die damalige Lebenserwartung – ist ein deutliches Indiz für den Grad der Professionalisierung, den der Journalismus schon um 1900 zumindest in Berlin erreicht hatte. Wer noch am Lebensabend als Redakteur geführt wurde, musste arbeiten und war deshalb Berufsjournalist. Damit macht die Statistik auch die Unsicherheit der sozialen Stellung der Journalisten deutlich.

Hinzu kam, dass sich die rechtliche Stellung des Journalisten Ende des 19. Jahrhundert änderte. Mit dem Kautionswesen war der Journalist, in den Augen der Gerichte der eigentliche „Herausgeber", einerseits dem Staat gegenüber stark gebunden, andererseits seinem Verleger gegenüber unabhängiger, denn der Verleger bedurfte des Journalisten, auf den die Kaution ausgestellt war, um die Zeitung zu verlegen. Das Reichspressegesetz von 1874, das die Kaution abschaffte, schuf so eine wesentliche Voraussetzung für den vom Verleger angestellten Berufsjournalisten.

Von großer Bedeutung für die Entwicklung eines journalistischen Berufsbildes war die Entwicklung der Massenpresse, zunächst der Generalanzeiger, Ende des 19. Jahrhunderts. Die Redaktionen wurden größer; der Kampf um den Leser, auch auf dem Felde des Leistungsausbaus geführt, war Motor redaktioneller Ausweitung und Aufsplitterung. Im Zuge quantitativer Ausdehnung erfolgte eine fortschreitende Spezialisierung und Ausdifferenzierung der journalistischen Tätigkeiten. In der Weimarer Zeit hatte sich die Aufteilung der Redaktionen in das politische und lokale Ressort durchgesetzt, die größeren Zeitungen wiesen einen politischen, einen lokalen, einen Unterhaltungs- und einen Handelsteil auf. Nur kleinste Zeitungen, wo die Journalisten „mit Schere

180 Geschichte der Frankfurter Zeitung.
181 Stöber, R.: Erfolgverführte Nation, S. 117.

und Leimtopf" hantierten, bildeten die Ausnahme. Die meisten Formen der redaktionellen Ausdifferenzierung waren Konsequenz des ökonomischen Konkurrenzdenkens. Eben weil die großen Zeitungen um Anzeigenkunden konkurrierten, mussten sie auch für Leser attraktiv sein. Und deshalb wurden Serviceleistungen, Informationen aus aller Welt und aus dem lokalen und regionalen Umfeld gepflegt.

Neben den großen Blättern und ihren personell stark besetzten Redaktionen existierten viele Zeitungen mit einem Redakteur, der alleine die Redaktion besorgte. Eine Sozialenquête des RDP von 1927 wies unter insgesamt 3.200 Redakteuren 320 „Alleinredakteure" aus – bemerkenswert wenige. Noch schlechter als die Alleinredakteure waren die „Zeitungsfachleute" gestellt. Diese „Journalisten" hatten als „Mädchen für alles" von der Redaktion über Anzeigenakquisition bis zur Expedition alle denkbaren, im Zeitungsverlag anfallenden Arbeiten zu erledigen. Dabei traf die Inflation das Zeitungsgewerbe – und damit auch die Journalisten – noch härter als der Auflagenschwund der Weltwirtschaftskrise: Das journalistische Einkommen sank dramatisch. Der durchschnittliche Reallohn eines Redakteurs betrug nur noch 20-25% seines Vorkriegseinkommens, ein freier Journalist verdiente gerade noch ein Achtel. Nach der Inflation stabilisierte sich das journalistische Einkommen wieder. Im statistischen Mittel nahm das Einkommen bis zum Lebensalter von 50 Jahren zu, darüber schnell wieder ab. Neben Spitzenverdienstmöglichkeiten, welche die Großstadtpresse bot, waren auch Monatseinkünfte unter 200 RM nicht selten. 1927 verdienten knapp 30% weniger als 400 RM. Zum Vergleich: Ein Eisenbahnschaffner verdiente 277 RM, ein Postsekretär 430 RM. In der NS-Zeit schrumpften die Einkommen dann erneut, jeder zweite „Schriftleiter" verfügte 1938 über ein Einkommen von weniger als 300 RM. Hinzu kam eine Arbeitslosigkeit, die sich aber erst für die Weimarer Zeit exakter bemessen lässt. Der RDP schätzte 1925, jedes zehnte Mitglied sei arbeitslos. Doch diese Zahlen berücksichtigten weder die Berufsaussteiger der Inflationszeit, noch die Freien am Rande des Existenzminimums. So war in Krisenzeiten, wie der Weltwirtschaftskrise, infolge steigender Arbeitslosigkeit selbst ein fast vollständiger Redaktionsaustausch nur ein geringes Problem. Beispielhaft zeigt dies der Austausch von Teilen der Redaktion der „Schlesischen Zeitung" 1930. Zur gleichen Zeit wehrte sich aber beispielsweise die Redaktion der MNN geschlossen und erfolgreich gegen Pressionen der Anteilseigner. In der NS-Zeit war Arbeitslosigkeit und die Drohung mit ihr dann *das* Mittel zur politischen Disziplinierung.[182]

---

182 DP 1928, Nr. 27, S. 393-397. Hausjell, F.: Journalisten, S. 78-86. Koszyk, K.: Deutsche Presse III, S. 232. Ders.: MNN, in: VJhZG 20/1972, S. 80f. Sozialgeschichtliches Arbeitsbuch III, S. 101.

Organisationsbildung, Ethik und Ansehen

Auf materielle Sorgen reagierten die Pressevertreter, indem sie sich zu Verbänden zusammenschlossen, in der frühesten Vorform zu Journalistentagen. 1840 wurde in Leipzig ein Literatenverein gegründet, der erste allgemeine „Deutsche Journalistentag" fand 1864 in Eisenach statt. In Heidelberg gründeten Publizisten 1895 ihren „Verband deutscher Journalisten und Schriftstellervereine" als Dachverband. In den folgenden Jahren verstärkten sich die Versuche, eine reine Redakteursorganisation zu schaffen, die bessere Antwort auf berufsspezifische Fragen geben sollte. Den ersten Versuch machte 1902 der „Verein Deutscher Redakteure". Dessen Nachfolgeverband vereinigte sich 1910 mit dem „Verband deutscher Schriftsteller- und Journalistenvereine" zu dem „Reichsverband der deutschen Presse". Der Zweck des RPD war zunächst ausschließlich auf presseinterne Arbeit gerichtet – der Verband sollte weniger den „Standesinteressen" als den Berufsinteressen dienen. Die wichtigste Verlegergründung, der „Verein Deutscher Zeitungs-Verleger" von 1894, war keine Antwort auf die journalistischen Organisationsanstrengungen. Vielmehr reagierten die Verleger der älteren Meinungspresse mit ihrem Zusammenschluss auf die neuen Generalanzeiger. Sie warfen der Konkurrenz vor, die Markteinführung mit Dumping zu erzwingen und fühlten sich von den Beförderungstarifen der Post gegenüber der Massenpresse benachteiligt. Polemisch hieß es, die Generalanzeigerpresse schreibe „gesinnungslos". Der VDZV öffnete sich nach 1900 dem vorher bekämpften Feind. Drei Jahrzehnte später waren in ihm Zwergzeitungen und Massenblätter vertreten. Doch in Zeiten verschärfter Konkurrenzkämpfe brachen die alten Konflikte wieder auf. Im Ersten Weltkrieg spaltete sich 1917 die „Vereinigung großstädtischer Zeitungsverleger e.V." ab. Nach dem Krieg wurden die entstandenen Differenzen bis 1923 ausgeräumt.[183]

Bei den Journalisten war es eher umgekehrt: Die Existenzangst festigte den organisatorischen Zusammenhalt. 1918 organisierte der RDP 1.100-1.200 Mitglieder, das war jeder vierte Journalist, 1928 hatte sich die Zahl auf 3.650 verdreifacht, das war jeder zweite. Der VDZV wiederum versammelte rund 70% aller Verleger. Dies war nicht der einzige Vorteil der Verlegerorganisation gegenüber dem RDP. Der VDZV hatte sich im „Arbeitgeberverband für das deutsche Zeitungsgewerbe" eine schlagkräftige Arbeitgeberorganisation geschaffen. Außerdem organisierten sich die meisten Verleger im „Deutschen

---

183 Stegers, W.: Literatenverein, in: AGB 19/1978, Sp.225-257. Zu RDP, VDZV und deren Vorgeschichte: Stöber, R.: Verbandsinteresse. Zum RDP vgl. auch Mathies, M.: Journalisten in eigener Sache. Zum RDP in Österreich: Hausjell, F.: Journalisten.

Buchdrucker-Verein". Die Journalisten auf der anderen Seite erreichten keine Abstimmung mit den Buchdruckern und den Organisationen der Verlagsangestellten. Aber obwohl aufgrund mangelnder Streikbereitschaft und chronischer Finanzschwäche der RDP generell unfähig blieb, Arbeitskämpfe zu führen, erreichte er wichtige soziale Sicherungen. In der NS-Zeit wurden beide Verbände zu verlängerten Armen der staatlichen Gewalt umfunktioniert. Bei den Journalisten ging es schneller, hier war im Mai 1933 der „Gleichschaltungsprozess" weitgehend abgeschlossen; bei den Verlegern dauerte es länger – bis in den November. Beide Organisationen wurden der Reichskulturkammer untergeordnet.

Nachträglich erscheint die NS-Zeit als Tiefpunkt des Ansehens von Journalisten und Verlegern. In geschickter Rabulistik hatte Goebbels das Schriftleitergesetz legitimiert: „Ich hätte es einmal erleben wollen, daß irgendein Schriftleiter es gewagt hätte, eine freie Meinung gegen die seines Brotgebers (Verlegers) zu vertreten und sich dann darauf zu berufen, daß noch in Deutschland die Freiheit des Geistes herrsche. Ist es nun für einen Schriftleiter etwas Entehrendes, wenn an die Stelle des Verlegers der Staat tritt?"[184] Goebbels spielte hier mit dem alten Vorwurf der Käuflichkeit und Selbstprostitution, die sofort aufkam, als die ersten Berufsjournalisten für Geld statt Überzeugung, so der Vorwurf, schrieben. Schon in Freytags Erfolgsstück „Die Journalisten" trat ein Mitarbeiter der Zeitung „Corolian" auf: Schmock. Der Name steht seither gattungstypisch für den mittelmäßigen, käuflichen Journalisten von subalterner Beflissenheit. Doch war dies Bild korrekt? Tucholsky, der viele bitterböse und schwarzhumorige Kommentare über seine Zunft verfasste, beurteilte die „Käuflichkeit" sehr differenziert: „Verkauft er sich? – So simpel ist das nicht. Wer in die Redaktion der 'Deutschen Allgemeinen Zeitung' eintritt, weiß von vornherein, was ihn dort erwartet; er bewirbt sich erst gar nicht, wenn er nicht mit den Prinzipien der Politik, die dort gemacht wird, einverstanden ist. Es zwingt ihn ja keiner gerade da einzutreten."[185]

Das dürfte noch heute gelten. Trotz aller Journalistenschulen, nach akademischen Vorläufern wurde 1935 die erste in Deutschland gegründet, fand und findet die Journalistenausbildung hauptsächlich in Redaktionen statt. Weil diese den Nachwuchs aussuchen und ausbilden, sind sie die erste Kontrollgruppe, die Presseverbände dann die zweite, in der – selbstreferentiell – berufliche Standards des Recherchierens, Thematisierens und Schreibens gesetzt werden.[186]

---

184 Joseph Goebbels zur Einführung des Schriftleitergesetzes vom 4.10.1933, zit.n. Schmidt-Leonhardt, H./ Gast, P.: Schriftleitergesetz, S. 12.

185 Wrobel, Ignaz: Redakteure, in: WB 1932, 1. Hj., Nr. 22, (31.5.1932), S. 813-816, hier S. 814.

186 Müsse, W.: Reichspresseschule, S. 252-255. Vgl. dazu aus heutiger Sicht: Saxer, U.: Strukturelle Möglichkeiten, in: Haller, M./ Holzhey, H. (Hg.): Medienethik, S. 108f.

3 Die Typologie der Presse

3.1 Von der Partei- zur Massenpresse: Die Popularisierung der Tagespublizistik

3.1.1 Die Parteipresse

Die Geschichte der Parteizeitungen ist bestens dokumentiert und erforscht. Schon die großen Standardwerke von Otto Groth und Kurt Koszyk haben viel zusammengetragen. Zudem ist die Geschichte der Parteipresse in ihren Verästelungen so komplex, widersprüchlich und nicht auf einen Nenner zu bringen, dass hier nur grobe Linien gezeichnet werden können, bei denen auch Wert auf die eine oder andere Abweichung von allzu vereinfachenden Betrachtungen gelegt wird.

Heinz-Dietrich Fischer definiert Tendenzpresse als „spezielle Erscheinungsform von Periodika, welche dauernd oder für einen bestimmten Zeitraum durch direkte Abhängigkeit, indirekten Konnex oder bloßes Sympathisantentum die Zielsetzungen einer politischen Gruppe mehr oder weniger prononciert vertreten."[187] Diese Definition scheint auf den ersten Blick praktikabel. Insbesondere ist die zeitliche Beschränkung zu betonen, denn das politische Profil von Zeitungen und Zeitschriften war wandelbar.[188] Allerdings umgeht Fischer zwei Problemfelder. Erstens finden sich die nichtperiodischen Frühformen in der Definition nicht wieder. Damit kann die Genese der Gattung nur unzureichend erklärt werden. Zweitens werden Zeitungen sehr unterschiedlicher organisatorischer Nähe zu der Parteipresse gerechnet. Dabei werden leicht Äpfel mit Birnen verglichen. Die Parteipresse war nämlich nicht nur in fünf große, verschiedene Parteiungen gespalten, sondern es existierten in der Herausbildungsphase wie auch später sehr viele parteipolitische Zwischentöne, die sich nur daraus erklären lassen, dass funktionell zwischen mindestens drei verschiedenen Formen der Parteipresse unterschieden werden muss:

- Zeitungen, die Partei nahmen,
- Zeitungen, die Partei bildeten und
- Zeitungen, die Partei waren.

Zeitungen, die Partei nahmen, waren die Regel, seitdem politische Meinungsäußerung von den Obrigkeiten toleriert wurden. Hatte die ursprüngliche

---

187 Fischer, H.-D.: Handbuch, S. IX.

188 Insbesondere Generalanzeiger gaben sich zunächst unpolitisch, begaben sich aber bald in die Nähe von Parteien, die in ihrem Verbreitungsgebiet populär waren. Auch bei anderen Zeitungen ist ein Wandel feststellbar. Z.B. begann die „Tägliche Rundschau" 1881 als „Zeitung für Nichtpolitiker" und besaß gegen Ende der Weimarer Republik als Sprachrohr ein radikalkonservatives Profil. Vgl. TR 1.1.1881, Nr. 1., S. 1. Vgl. Pöhls, J.: Tägliche Rundschau.

Devise der Nachrichtenblätter gelautet „relata facta, refero“ – ich referiere (nur) die erhaltenen Fakten –, so ignorierten sie diese Devise, sobald die einlaufenden Nachrichten von so großer Wichtigkeit für Zeitungsschreiber und Publikum waren, dass sie auf Parteinahme nicht verzichten konnten oder wollten. Dies galt zunächst nur akzidentiell. Die Frühe Neuzeit hat jedoch gezeigt, dass schon die Reformation und der Dreißigjährige Krieg zwangen, Partei zu ergreifen. Später wiederholte sich dies in den großen kriegerischen Ereignissen wie dem Siebenjährigen Krieg. Zur Regel, wenngleich nicht ununterbrochen geduldet, wurde Parteinahme seit der Französischen Revolution. Hier liegt die Wurzel der Vorformen der Parteipresse. Zeitungen, die Partei nahmen, konnten dies dauerhaft tun oder sie konnten sich auf Wahlkampfzeiten beschränken. Der Typus der parteinehmenden Presse findet sich insbesondere bei den „liberalen“ bis „demokratischen“ Organen wie z.B. der „Frankfurter Zeitung“ oder dem BT. Aber auch unter Blättern anderer politischer Couleur findet sich Parteinahme, z.B. nahm der „Berliner Lokal-Anzeiger“ seit den 1880ern immer häufiger Partei für die Regierung. Da diese – in unterschiedlichen Schattierungen – im Kaiserreich konservativ geprägt war, wird der BLA gerne undifferenziert der konservativen Presse zugerechnet. Auch die privatwirtschaftlich verfasste Zentrumspresse müsste streng genommen diesem Typus zugeschlagen werden, denn letztlich war ihre parteinahe Stellung immer freiwillig. Allerdings dürfte der Bewegungsspielraum der Zentrumsverleger aus noch zu erörternden Gründen relativ gering gewesen sein, weshalb diese Presse am ehesten dem dritten Typus zuzurechnen ist.

Zeitungen, die Partei bildeten, so könnte ein weiterer wichtiger Teil der Parteipresse betitelt werden: Gerade solche Blätter, die in der Frühphase der Parteipresse gegründet wurden, zeichneten sich nämlich mehr dadurch aus, dass sie als Kristallisationskern einer in Gründung befindlichen politischen Bewegung wirkten. Bekanntestes Beispiel ist die „Neue Preußische Zeitung“, wegen ihres Emblems, des Eisernen Kreuzes aus den Befreiungskriegen, auch „Kreuzzeitung“ genannt. Sie bildete die Keimzelle der preußisch Konservativen. Als Konterrevolutionäre wollten ihre Gründer um die Gebrüder von Gerlach sich nicht verstanden sehen, sondern sie verträten das positive Gegenteil der Revolution. Die Integration der Parteien über ihre Presse lässt sich an dem „Social-Demokrat“ des „Allgemeinen Deutschen Arbeiter-Vereins“ zeigen. In den 1860ern konnte der Präsident des ADAV, Bernhard Becker, formulieren: „Man nehme unserem Verein die Organisation, und es bleibt nichts anderes übrig, als die Partei der Zeitungsleser, über welche der ‘Social-Demokrat’ gebietet.“[189] Auch die „Germania“ des Zentrums besaß etwas von diesem parteibil-

[189] Zit. n. Koszyk, K.: Deutsche Presse II, S. 189.

denden Charakter, denn sie war maßgeblich an der Verfestigung des parteipolitischen Konsenses in den frühen 1870er Jahren beteiligt.[190]

Zeitungen, die Partei waren, umschließen letztlich auch diesen parteibildenden Typ. Sie waren im engsten Sinn Parteipresse, denn sie lehnten sich am stärksten an eine parteipolitische Organisation an. Sie appellierten regelmäßig an die Abonnenten, die gemeinsame Sache zu unterstützen. Erste Zeitung dieser Art war die „Deutsche Zeitung" in ihrer späten Phase. Beispiele reinster Form bieten die Zeitungen der Sozialdemokratie, der Kommunisten und der Nationalsozialisten. Denn das wichtigste Kriterium, die Besitzverhältnisse, stellten die Mehrzahl dieser Blätter in engste Verbindungen zur jeweiligen Partei. Allerdings waren sowohl unter sozialdemokratischen, als auch kommunistischen und – vor 1933 – auch unter nationalsozialistischen Blättern Zeitungen zu finden, die nominell in Privatbesitz (von Strohmännern) waren. Unter den „NS-Zeitungen" fanden sich vor 1933 zudem etliche, die Partei nahmen.[191]

Ein enger Zusammenhang zwischen der Entwicklung der Presse und der Partei- und Vereinsgeschichte ist offensichtlich: Solange Parteien nicht existierten, konnte es auch keine Parteipresse im engen Wortsinn geben. Das entscheidende Kriterium für die Herausbildung von Parteien ist der Grad ihrer organisatorischen Verfestigung. Erst in der Revolution von 1848 bildeten sich erste organisatorische Ansätze. Zuvor kann nur von „Parteiung" gesprochen werden. Die frühesten Parteiungen waren die der „Liberales" und der „Serviles". Beide Bezeichnungen stammten aus der spanischen Ständeversammlung, der Cortes. „Serviles" bezeichnete die der Regierung gegenüber loyale – servile – Richtung, „Liberales" die freie Opposition.

Doch ist die Spannbreite der Blätter damit nur unzureichend erfasst. Erstens gab es Abstufungen, zweitens überformte der zwischenstaatliche Gegensatz die „servile" Parteirichtung. Es gab propreußische, proöstereichische, profranzösische Blätter etc. Die schon erwähnten, werktäglich erscheinenden „Berliner Abendblätter" Heinrich von Kleists galten als Blatt, das die Reformen des preußischen Staatskanzlers Hardenberg bekämpfte, insbesondere seine Politik für den Freihandel, die Aufhebung der Zünfte. Auch das Repräsentativsystem – das allerdings nicht von Hardenberg befürwortet wurde – lehnte Kleist ab. Doch schon nach einem Quartal hatte Kleist sein Interesse an der Zeitung weitgehend verloren, zumal er wiederholt mit der preußischen Zensur, die Rücksichten auf das napoleonische Frankreich nehmen musste, zusammengestoßen war. Eine nationale(-preußische), antifranzösische Zeitung war der

---

190 Rohleder, M./ Treude, B.: Neue Preußische (Kreuz-)Zeitung, in: Fischer, H.-D. (Hg.): Zeitungen, S. 209-224. Stiegler, K.M.: Germania, in: Ebd., S. 299-313.

191 Stein, P.: NS-Gaupresse. Koszyk, K./ Eisfeld, G.: Presse der Sozialdemokratie.

„Rheinische Merkur" von Joseph Görres. Napoleon soll, nach einem nichtverbürgten Ausspruch, die Zeitung als sechste Großmacht bezeichnet haben. Der „Merkur" war zumindest das wirkungsvollste Meinungsblatt der Zeit der Befreiungskriege. Als Napoleon besiegt war, hatte es seine Schuldigkeit für die preußische Regierung getan. Insbesondere war die Mobilisierung des Volkes, die gegen Napoleon so nützlich erschienen war, nun überflüssig und schädlich. Denn statt als „serviles" Organ der Regierung weiter zu Diensten zu sein, wie es die Zeitung nach Regierungsvorstellungen sein sollte, ohne es gewesen zu sein, beharrte Görres auf den Forderungen nach nationaler Einheit und Bürgerrechten. Nachdem Görres schon im Mai 1815 verwarnt worden war, wurde das Blatt im Januar des Folgejahres durch eine eigene Kabinettsordre verboten. Ein profranzösisches Blatt war in napoleonischer Zeit die Augsburger AZ – Chefredakteur Karl Joseph Stegmann verfasste sogar Spitzelberichte für die Geheimpolizei. Nach 1815 musste sie immer wieder Auflagenachrichten der bayerischen Regierung drucken, vor 1848 und in der Reaktionszeit galt sie als proösterreichisch, erst nach 1866 machte sie ihren Frieden mit Preußen.[192]

Begünstigt durch das liberale Pressegesetz Sachsen-Weimars schafften die dortigen Zeitungen zuerst den Übergang zu einer parteiähnlichen Presse, die sich durch den Kampf für eigene Anschauungen auszeichnete. Ludwig Wielands „Oppositions-Blatt oder Weimarische Zeitung. Mit Großherzoglich sächsischem Privilegio" galt zwischen 1817 und 1820 als bedeutendste politische Zeitung – Wieland war der Sohn des Dichters. Die Zeitung macht das Dilemma der frühen politischen Presse deutlich: zugleich „freimütig und unparteiisch" sein zu wollen und keinen klaren Begriff von Partei zu haben. So interpretierte Wieland Partei im Sinne der Gewaltenteilung, jede staatliche Gewalt sei eine Partei, dem stehe *eine* Opposition gegenüber.[193]

Die Karlsbader Beschlüsse von 1819 hemmten die weitere Entwicklung der politischen Presse. Erst nach der Europäischen Revolution von 1830, die in Deutschland nur zu Unruhen, nicht aber zu Veränderungen führte, wagten die oppositionellen Publizisten einen erneuten Anlauf. Der wichtigste ging von Johann Georg August Wirth und Philipp August Siebenpfeiffer aus, die in der Folgezeit verschiedene oppositionelle Zeitungen und Zeitschriften gründeten, die allesamt nach kurzer Zeit verboten wurden. Schließlich riefen sie 1832 den

[192] Sembdner, H.: Nachwort, in: Kleist, H.v. (Hg.): Berliner Abendblätter, S. 1*-4*. Struckmann, J.C.: Staatsdiener, S. 70-112. Fischer, H.-D.: Handbuch, S. 180f. Jessen, H.: Kleist, in: Heide, W. (Hg.): Handbuch ZW, Sp. 2358f. Körber, E.B.: Görres, S. 67-71. Padrutt, C.: AZ, in: Fischer, H.-D. (Hg.): Zeitungen, S. 131-144. Breil, M.: AZ, in: Gier, H./ Jonata, J. (Hg.): Augsburger Buchdruck, S. 1119. Rintelen, M.v.: AZ, S. 1130-1134. Neugebauer-Wölk, M.: Cotta, S. 343, 436-444.

[193] Groth, O.: Zeitung, Bd. 2, S. 374f. Koszyk, K.: Deutsche Presse II, S. 45f. Fischer, H.-D.: Handbuch, S. 182.

„Preß- und Vaterlandsvereins“ ins Leben, der mit etlichen Ortsgruppen die oppositionelle Presse finanziell unterstützte. Insgesamt sollen mehr als 100.000 Exemplare der „Deutschen Tribüne“, des „Westboten“, der „Hanauer Zeitschwingen“ und des „Eulenspiegel“ verbreitet worden sein. Geografischer Schwerpunkt des Vereins war das Rhein-Main-Gebiet. Seine Haupttätigkeit bestand darin, Geld für Zeitungen zu sammeln und Versammlungen abzuhalten. Ende Mai 1832 organisierte der Verein das Hambacher Fest, zu dem 30.000 Menschen in der Pfalz zusammenströmten und in einer Mischung aus sozialem und politischem Protest Veränderungen forderten. Kurz darauf verbot der Deutsche Bund alle Versammlungen und politischen Vereinigungen.[194]

Eine Phase neuerlicher Lockerungen begann Anfang der 1840er Jahre. Verschiedene Ursachen wirkten zusammen: der Thronwechsel in Preußen, zudem regionale Besonderheiten, zum dritten die allgemeine Einsicht, dass das System der Karlsbader Repressionen gescheitert war. Nutznießer waren zunächst Zeitungen wie die „Königsberger Hartungsche Zeitung“, auf die schon detaillierter eingegangen wurde. Die „Rheinische Zeitung für Politik, Handel und Gewerbe“ konnte als Aktiengesellschaft gegründet werden; ihre Berichte wurden von den Geheimagenten Metternichs schärfstens kontrolliert, Chefredakteur war der junge Karl Marx.[195]

Tabelle 2.3.1: Kurzlebige (partei-)politische Blätter vor 1848[196]

Titel	*Herausgeber, Initiatoren, führende Mitarbeiter, Schlüsselpersonen*	*Erscheinungszeitraum*
Berliner Abendblätter	Heinrich von Kleist	1.10.1810-30.3.1811
Rheinischer Merkur	Joseph Görres	7.2.1814-10.1.1816
Weimarische Zeitung	Ludwig Wieland	1.1.1817-1820
Deutsche Tribüne	Johann Georg August Wirth/ Philipp August Siebenpfeiffer	1.7.1831-21.3.1832
Der Freisinnige	Karl von Rotteck/ Karl Theodor Welcker	März-19.7.1832
Rheinische Zeitung	Karl Marx	1.1.1842-31.3.1843
Deutsche Zeitung	Georg Gottfried Gervinus	1.7.1847-31.12.1850

194 Groth, O.: Zeitung, Bd. 2, S. 376f. Koszyk, K.: Deutsche Presse II, S. 66-77.

195 Hoefer, F.T.: Pressepolitik Metternichs, S. 94-102.

196 Kleist, H.v. (Hg.): Berliner Abendblätter. Körber, E.-B.: Görres. Koszyk, K.: Deutsche Presse II, S. 67-77. Salomon, L.: Geschichte des Zeitungswesens, Bd. 3, S. 311-472.

Die Schrift „Deutschlands politische Zeitungen“ feierte den neuen preußischen König Friedrich Wilhelm IV. Es gebe neun Arten der Presse, einerseits die servile Presse, dann die der Hofzeitungen, zum dritten die von einzelnen Staaten abhängige. Hierzu zählte der unbekannte Verfasser die „Allgemeine Zeitung“ aus Augsburg als österreich-hörig und zugleich als „allparteilich“, den „Hamburger Unpartheiischen Correspondenten“ und die „Leipziger Allgemeine Zeitung“, welche von Hannover und Preußen abhängig seien. Bedeutungslos seien die ultramontanen Zeitungen. Desweiteren nannte er „nationale“ Zeitungen, „gemäßigt liberale“ wie die „Kölnische Zeitung“, die „Aachener Zeitung“ oder die „Düsseldorfer Zeitung“, „offen liberale“ wie die „Sächsischen Vaterlandsblätter“ aus Leipzig oder die „Hamburger Neue Zeitung“. „Entschieden freisinnig“ seien nur die „Königsberger Hartungsche“ und die „Rheinische Zeitung“.[197]

Tabelle 2.3.2: Zeitungsgründungen der Revolution von 1848/49

Titel	*Gründer, Herausgeber, führende Mitarbeiter*	*Erscheinungszeitraum*	*Tendenz*
National-Zeitung (ab 1.7.1910: *Acht-Uhr-Abendblatt*)	Friedrich Zabel, Bernhard Wolff	1.4.1848-30.9.1938	liberal
Neue Rheinische Zeitung	Karl Marx	1.6.1848-19.5.1849	frühsozialistisch
Neue Preußische Zeitung („Kreuzzeitung“)	Hermann Wagener (ChefR), Ludwig von Gerlach, Otto von Bismarck (Gründungsmitglieder)	30.6.1848-31.1.1939	preußisch-konservativ
Urwähler-Zeitung (9.4.1853 *Volkszeitung*, 1.7.1904 *Berliner Volkszeitung*)	Franz Duncker	29.3.1849-25.3.1853; 9.4.1853-30.9.1944	demokratisch

Die Heidelberger „Deutsche Zeitung“ war kurz vor der Revolution 1847 als Plattform des konstitutionellen Liberalismus gegründet worden, für die „Professorenzeitung“ engagierte sich die Creme de la Creme des vormärzlichen Liberalismus. Sie sollte als „Centralorgan der [liberalen] Partei“ firmieren und für die Provinzial- und Lokalpresse ein Leitorgan darstellen und profilierte sich

[197] Koszyk, K.: Deutsche Presse II, S. 90f.

mit regelmäßigen Leitartikeln, die täglich als Mittel der Meinungsbildung eingesetzt wurden. Die wirtschaftlichen Schwierigkeiten, in welche die Zeitung in der Revolution 1848 geriet, konnten aber nicht dauerhaft behoben werden. Zudem differenzierte sich in der Revolution der Liberalismus aus, die DZ ergriff entschieden die Partei für eine kleindeutsche Lösung[198], Gervinus zog sich zurück und die DZ wurde schließlich offizielles Organ der kleindeutschen „Gothaer Partei". Ende 1850 musste die Zeitung eingestellt werden, nachdem die Auflage von 4.000 auf unter 1.000 Abonnenten gesunken war.[199]

Bestehende Zeitungen wie die sogenannte „Vossische Zeitung", die bislang ein farbloses Dasein gefristet hatten, steigerten in der Revolution ihre Auflagen und politisierten sich. Andere, wie die „Neue Preußische Zeitung", wurden zur Keimzelle neuer Parteirichtungen. Nach der Revolution erlitt die Tagespresse, vor allem die liberale, einen Rückschlag. Erst in der liberalen „neuen Ära" (1859/60) und nach dem Verfassungskonflikt von 1863-1866 gestalteten sich die Zustände in Preußen wieder freier. Die Parteipresse löste in der Meinungsführung allmählich die Zeitschriften ab, ein angesichts der Vermassung der Öffentlichkeit folgerichtiger Prozess. Koszyk pointierte: Das „Jahrzehnt von 1850 bis 1860 stand im Zeichen der konservativen Presse, das Jahrzehnt von 1860 bis 1870 stand im Zeichen der liberalen Presse und das Jahrzehnt von 1870 bis 1880 im Zeichen der Zentrumspresse. Die folgenden Jahre brachten den Aufschwung der sozialistischen Presse, der aber schon durch die Konkurrenz der Generalanzeiger ungünstig beeinflußt wurde."[200] War das Titelwachstum bis in die ersten beiden Jahrzehnte des Kaiserreichs überwiegend der Parteipresse zugute gekommen, so gehörte sie später zu den relativen Verlierern. Da noch in den Auseinandersetzungen um das Reichspressegesetz „Presse" vor allem politisch aufgefasst worden war, hatte es nahegelegen, Leser (=Käufer) über parteipolitische Loyalitäten an ein Blatt zu binden.

Gegen Mitte der 1880er Jahre näherte sich das Rekrutierungspotential der Parteipresse seiner Sättigungsgrenze, zumindest wuchsen Titel- und Auflagenzahlen langsamer. Symptomatisch für die Grenzen, an welche die Parteipresse stieß, war die Gründung der Berliner „Täglichen Rundschau" 1881, die sich seit 1884 im Untertitel „Zeitung für unpolitische Politik" nannte: Parteibindung begann, an Attraktivität einzubüßen.[201] Nur die Aufhebung des Sozialistengesetzes brachte nochmals einen Schub. So waren die Parteizeitungen Durchgangsstadium. Um 1900 steckten sie in einer tiefen Krise, weil neue Pressefor-

---

198 Gegensatz zu „großdeutsch", „kleindeutsch" hieß Einigung Deutschlands unter Preußens Führung und ohne die habsburgischen Lande.

199 Hirschhausen, U.: Deutsche Zeitung, S. 21-52.

200 Koszyk, K.: Deutsche Presse II, S. 130.

201 Vgl. TR 1.1.1881, Nr. 1., S. 1.

men massenattraktiver waren: „Man will sie nur noch als Materialsammlung anerkennen und gelten lassen. Die Begebenheiten hat sie zu buchen. Die Folgerungen daraus aber möchte jeder am liebsten selber ziehen“, bemerkte der Publizist Jacob Julius David.[202] Die „National-Zeitung“ beispielsweise erwirtschaftete um die Jahrhundertwende einen Verlust von jährlich 200.000 Mark. 1910 wurde sie in die erste Spätausgabe einer deutschen Zeitung umgewandelt und in „8-Uhr-Abendblatt“ umbenannt. Nach dem Ersten Weltkrieg wurde die Zeitung vom Mosse-Verlag übernommen. Auch die „Freisinnige Zeitung“ Eugen Richters, die schon zu Lebzeiten Richters mit 30.000 Mark Zuschuss im Jahr leben musste, benötigte um 1900 100.000 bis 120.000 Mark.[203]

Das Auf und Ab der Parteipresse lässt auch die folgende Grafik erkennen, obwohl die Kategorien in ihr wechseln. So nahm die Zahl der parteilosen Zeitungen seit Mitte des 19. Jahrhunderts zu, besonders stark in der zweiten Jahrhunderthälfte. Hingegen schrumpfte die konservative Presse.[204] Einen Tiefpunkt hatte die Presse der rechten Parteien zu Beginn der Weimarer Republik erreicht, als sie nur auf 16% der Titel kam, obwohl die Grafik die konservative DNVP, die nationalliberale DVP und NSDAP zusammenfasst. Bis zum Ende der Republik gewann die Rechtspresse allerdings wieder mehr als 10% hinzu. Der Rechtsruck ging zulasten der parteilosen Presse und der Mitte. Noch 1923 hatte jede fünfte Zeitung Zentrum oder DDP unterstützt, am Ende der Republik bekannten sich nur noch 13% zur Mitte. Sowohl die Trends nach rechts als auch der zu Ungunsten der parteilosen Presse setzten sich nach 1933 (folgerichtig) fort: Vereinigten zu Beginn der NS-Herrschaft die Zeitungen des nationalsozialistischen Eher-Verlags 4% der Auflage, so hielten sie 1934 schon ein Viertel zu drei Viertel der Nicht-NS-Presse, 1937 hatte sich das Verhältnis umgekehrt und am Ende der NS-Zeit gehörten zum Eher-Trust 80-82,5%.[205]

202 David, J.J.: Zeitung, S. 6, vgl. 81. Vgl. Lerg, W.B.: Zeitung für alle, in: Ders./ Schmolke, M. (Hg.): Massenpresse, S. 32f.

203 Fischer, H.-D.: Handbuch, S. 192, 413-417.

204 Konservativ hieß im 19. Jahrhundert lange Zeit „regierungsfreundlich“, insbesondere zwischen 1871 und 1878 wäre eine scharfe Trennung zwischen konservativ, liberal, regierungsfreundlich und oppositionell nicht möglich gewesen, da Teile der Konservativen und der Liberalen die Bismarcksche Regierung stützten, andere Teile sie ebenso vehement bekämpften.

205 Hagemann, W.: Publizistik, S. 34-43. Hale, O.J.: Zwangsjacke, S. 66, 127, 240, 305f. In Bayern vereinigte die NS-Presse 1944 sogar 89,5% der Auflage. Frei, N.: Provinzpresse, S. 115.

Abbildung 2.3.1: Parteizeitungen (1854-1932)[206]

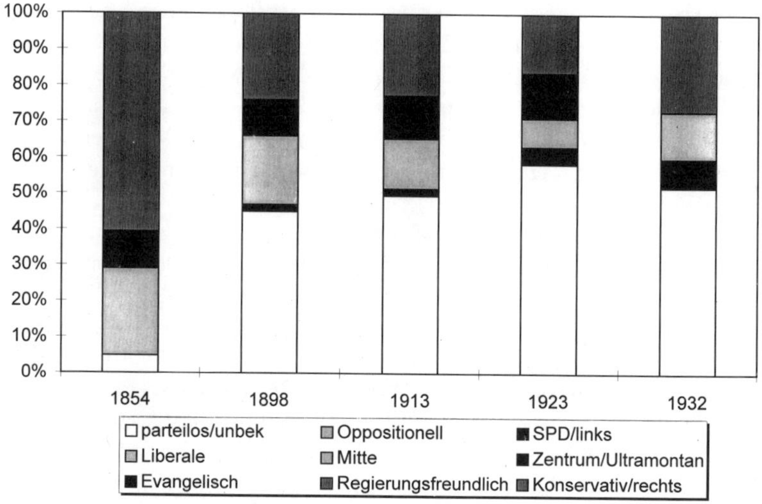

Doch obwohl die Zahlen eine Erklärung für den Zusammenbruch der Weimarer Zeit zu liefern scheinen, lässt sich das nur bedingt folgern. Die KPD-Presse wuchs zwar, wirkte aber über das Ghetto ihrer Anschauungen kaum hinaus. Der NS-Gaupresse, entgegen älteren Auffassungen lange sehr zentralisiert, fiel es besonders schwer, zugleich vollwertige Zeitung zu sein und die Funktion des Kampfblatts zu erfüllen. Eine Dissertation aus der NS-Zeit führte dies auf die Wortlastigkeit der NS-Propaganda zurück: Goebbels und Hitler sei die öffentliche Rede als Propagandainstrument wichtiger gewesen. Die Presse des konservativ-völkischen Hugenberg-Konzerns ist in diesem Zusammenhang viel ernster zu nehmen. Ihr Wachstum, die Themenkonsonanz ihrer Berichterstattung und der wirtschaftliche Einfluss der Hugenbergschen Beratungsfirmen auf die Provinzpresse unterstützten ein rechtes Meinungsklima. Andere „bürgerliche" Blätter waren dadurch in ihrer Wirksamkeit beschränkt, dass sie sich nach der Decke ihrer heterogenen Leserschaft strecken musste. Die Presse der SPD blieb zwar einigermaßen stabil, aber wie die Presse des Zentrums und der De-

[206] Bericht über die statistischen Verhältnisse der politischen Presse in Preußen im ersten Quartal des Jahres 1854, in: GStA I.HA, 2.3.35 (Lit Büro), Nr. 135, Bll. 108-119, hier 118R. Groth, O.: Zeitung, Bd. 2, S. 468; Handbuch Tagespresse 1932, Beilage. Die Angaben für 1932 dürften unter „Mitte" die liberale und die Zentrums-Presse subsumieren. Andere Zeitungen, die Ende der Weimarer Republik mit den Nationalsozialisten sympathisierten, firmierten unter „parteilos" oder „bürgerlich". Wernecke, K.: Provinzpresse, in: Presse und Geschichte II, S. 379.

mokraten konnte sie die Radikalisierung nicht aufhalten. Die Blätter wurden in unterschiedlichem Maße Opfer einer Entwicklung, die sich in „systemfeindlichen“ Stimmungen und extremistischem Wahlverhalten ausdrückte.[207]

Tabelle 2.3.3: Wähler je Zeitungstitel, Reichstagswahlen 1912, 1924 und 1932[208]

	1912	*4.5.1924*	*31.7.1932*	
			114.548	NSDAP
Konservative	4.630		4.964	national
Nationalliberale	9.364	18.955		
Linksliberale	3.765	7.455	1.403	bürgerlich
Zentrum	4.263	13.503	13.261	Zentrum
SPD	48.850	43.543	46.548	SPD
		263.807	107.808	KPD

Liberale und demokratische Blätter

Wie bei den Parteien spielten die liberalen und – später – demokratischen Zeitungen die Vorreiterrolle, daher gab es unter ihnen auch Blätter, die Partei bildeten; nur wenige dürften den Parteiblättern im engsten Sinne, die Mehrzahl hingegen der Kategorie „Parteinehmer“ zuzurechnen sein. Ganz im Sinne des Mottos der Ullsteinschen „Berliner Morgenpost“: „Parteinehmer – nicht Parteigänger“.[209] Die folgende Tabelle, in der nur wenige Titel exemplarisch aufgenommen sind, verdeutlicht, dass die „liberale“ Presse in verschiedenen Gründungswellen entstand. Einige Titel sind älter als die liberale Parteirichtung selbst, andere sind – wie die erwähnte „National-Zeitung“ (s. S. 207) – 1848 entstanden, wieder andere kurz darauf bzw. nach der Reichsgründung. Zumindest von den großen waren nur die wenigsten als Parteiblätter gegründet wor-

---

207 Zur dezentralen NS-Presse vor 1933: Stein, P.: NS-Gaupresse. Zur Zeit vor und nach 1933: Frei, N.: Provinzpresse. Einen guten Überblick der Berichterstattung der Presse in der Weimarer Republik gebend, aber das Beurteilungsvermögen der Bevölkerung falsch einschätzend: Moores, K.: Meinungsklima. Ein sehr differenziertes Bild vom Einfluss rechter Organe zeichnet: Pöhls, J.: Tägliche Rundschau. Die Gratwanderung auf dem „kleinsten gemeinsamen Nenner“, die Zeitungen mit heterogenen Leserschaften beschritten, beschreibt Meyen, M.: Leipzigs Presse, S. 267-283. Zum Wahlverhalten: Stöber, R.: Erfolgverführte Nation, S. 293-295. Ders.: Wahlen, in: Bohrmann, H./ Jarren, O./ Melischek, G./ Seethaler, J. (Hg.): Wahlen, S. 281-306.

208 Wittwer, M.: Zeitungswesen, S. 32. Fischer, H.-D.: Handbuch, S. 581. Bestler, M.: Absinken der parteipolitischen Führungsfähigkeit, S. 101-109. Bestler wählte jeweils die erste Wahl der Jahre 1924 und 1932, zum Zentrum rechnete er auch die BVP.

209 Zit.n.: Koszyk, K.: Deutsche Presse, S. 251.

den, die Mehrzahl nahm sich mehr oder weniger früh, mehr oder weniger intensiv und mal mehr dieser, mal jener Spielart des Liberalismus an.

Tabelle 2.3.4: Einzelne bürgerlich-liberale Zeitungen

Titel	*Chefredakteure, Herausgeber, Schlüsselpersonen*	*Erscheinungszeitraum*	*Auflageangaben*
Königlich-priviligirte Berlinische Zeitung (Spitzname: *Vossische Zeitung*, seit 1904 offizieller Titel)	Christian Friedrich Voß (Verleger im 18. Jh.) Georg Bernhard (ChefR (1914) 1920-1930)	1617-31.3.1934	1776: 2.000 1848: 24.000 1918: 80.000 1934: 41.000
Kölnische Zeitung (Vorläufer seit 1651, zuletzt als *Kölner Zeitung*)	Marcus DuMont (GründungsV der KZtg) Karl Heinrich Brüggemann (ChefR 1845-1855)	9.6.1802-31.8.1809 14.1.1814-11.3.1945	1802: 250 1848: 17.388 1870: 40.000 1923: 80.000
Frankfurter Zeitung (Titel ab 1866, zunächst *Frankfurter Geschäftsbericht*)	Leopold Sonnemann (GründungsV); keine Chefredakteure, sondern kollegiale Führung	27.8.1856-31.8.1943	1862: 3.500 1890: 34.800 1917: 170.000 1934: 100.000 1943: 30.000
Berliner Tageblatt	Rudolf Mosse (GründungsV) Theodor Wolff (ChefR 1906-1933)	1.1.1872-31.1.1939	1872: 5.000 1900: 68.000 1914: 230.000 1923: 250.000

Die meisten waren und blieben Parteirichtungszeitungen, dementsprechend nicht dem Programm einer Gruppierung verpflichtet, sondern nur deren Nähe und die konnte sich ändern. So stand die „Kölnische Zeitung“ in den Revolutionsjahren unter Leitung Karl Heinrich Brüggemanns, eines ehemaligen Burschenschaftlers. Mitte der 1850er Jahre verhandelte die preußische Regierung mit dem Verlag, die KZtg in ein offiziöses Organ umzuwandeln und setzte die Absetzung Brüggemanns durch. Nach 1870 hielt sie es mit den Nationalliberalen, um sich in der Weimarer Republik wieder stärker auf ihre ursprüngliche Liberalität zu besinnen. Die „Frankfurter Zeitung“ sympathisierte hingegen dauerhaft mit dem linksliberal-fortschrittlich-demokratischen Lager. Die liberalen und demokratischen Zeitungen waren Blätter der großen Städte, wobei die Nähe der liberalen Presse zu den liberalen Parteien akzidentieller Natur war. Beispielsweise publizierte die „Frankfurter Zeitung“ am 14.12.1918 das Gründungsprogramm der DDP und nahm dennoch immer wieder kritisch zur Demokratischen Partei Stellung. Ähnliches galt für das BT. Das lag an dem Chefredakteur Theodor Wolff: Obwohl Gründungsmitglied der DDP wahrte er sich seine parteipolitische Unabhängigkeit und verließ im Zuge der Auseinandersetzungen über das „Schund- und Schmutzgesetz" 1926 die Partei.[210]

Tabelle 2.3.5: Bürgerlich-(liberale) Zeitungen[211]

	Zeitungen	*geschätzte Gesamtauflage*
1867	207	
1914	367	2.500.000
1917	493	
1923	320*	
1928	345*	
1932	265*	

Der Organisationsgrad der liberalen und demokratischen Zeitungen war bescheiden. Im Januar 1913 entstand die „Freie Vereinigung der Fortschrittlichen Presse", im Juli 1919 konstituierte sich als Nachfolgeverband der „Verband der Demokratischen Presse", 1920 umbenannt in „Deutscher Demokratischer Presse-Verein", 1921 umfasste er ca. 100 Mitglieder. Als Nachfolgepartei der Nationalliberalen Partei des Kaiserreichs etablierte sich die DVP. Der DVP-nahe „Presse-Verein der Deutschen Volkspartei" wurde im Februar 1919 in Weimar gegründet. Er trat die Nachfolge des „Reichsvereins der nationalliberalen Presse" an. Um 1925 hatte der Verein ca. 150 Mitglieder. Die Verbände sollten die Beziehungen zwischen Presse und Partei pflegen und den Interessen der parteinahen Presse dienen.[212]

210 Fischer, H.-D.: Handbuch, S. 259.

211 Weitere Angaben zur VZ: 1776: 2.000; 1840: 9.820; 1847: 19.850; 1848: 24.000; 1852: 11.000; 1855: 13.150; 1860: 14.875; 1886: 24.000; 1901: 24.500; 1915: 43.000; 1918: 80.000; 1925: 36.000; 1927: 66.300; 1934: 41.000. Weitere Angaben zur FZ: 1862: 3.500; 1866: 3.100; 1867: 8.500; 1875: 20.000; 1890: 34.800; 1917: 170.000; 1934: 100.000; 1938: 75.000; 1943: 30.000. Weitere Angaben zur KZtg: 1802: 250; 1809: 326; 1815: 2.000; 1820: 1.860; 1830: 2.500; 1841: 7.100; 1847: 9.000; 1848: 17.388; 1852: 10.200; 1860: 14.900; 1865: 17.000; 1870: 40.000; 1923: 80.000; 1926: 60.000. Weitere Angaben zum BT: 1871: 5.000; 1878: 76.000; 1886: 70.000; 1900: 68.000; 1910: 190.000; 1914: 230.000; 1923: 250.000. Heenemann, H.: Auflagenhöhen. Fischer, H.-D.: Handbuch, S. 219, 258, 282. Koszyk, K.: Deutsche Presse III, S. 265. Bender, K.: Vossische Zeitung, in: Fischer, H.-D. (Hg.): Zeitungen, S. 25-39. Potschka, G.: Kölnische Zeitung, in: Ebd., S. 145-158. Paupié, K.: Frankfurter Zeitung, in: Ebd., S. 241-256. Kraus, E.: Mosse, S. 180. * = DDP/Staatspartei-nahe.

212 Koszyk, K.: Deutsche Presse III, S. 265-267. Fischer, H.-D.: Handbuch, S. 260-262, 481. Groth, O.: Zeitung, Bd. 2, S. 459f.

Die konservative Presse

Zunächst dominierten staatsorientiert-offiziöse Zeitungen wie der „Österreichische Beobachter" oder die „Allgemeine Preußische Staatszeitung". Die Spannweite reichte von offiziellen bis zu „freiwillig-gouvernementalen" Blättern. Die eigentliche Parteipresse entwickelten die Konservativen erst in Antwort auf die Liberalen nach 1848. Indem sich die Konservativen auf die parteipolitische und publizistische Auseinandersetzung einließen, erkannten sie zugleich das Wesen der politisch-gesellschaftlichen Veränderungen an. Der Gegner sollte mit den eigenen Waffen geschlagen werden.

Tabelle 2.3.6: Einzelne Konservative Zeitungen und Zeitschriften[213]

Titel	*Chefredakteure, Herausgeber*	*Erscheinungszeit*	*Auflage*	*Tendenz*
(Nord-) Deutsche Allgemeine Zeitung	Emil Pindter (ChefR 1872-1894) Karl Silex (ChefR 1933-43)	1.10.1861-24.4.1945	1861: 1.000 1933: 120.000	bis 1890: bismarck-offiziös, 1919-33: DNVP-nah
Provinzial-Correspondenz	Ludwig Hahn (Geh. Rat im Preuß. Innenministerium)	1.7.1863-30.6.1884	1864: 29.000 1874: 49.000 1882: 153.942 1884: 124.000	bismarck-offiziös
Post	Heinrich Strousberg (GründungsV)	1.8.1866-30.6.1921		freikonservativ, nach 1894: Nähe zu Alldeutschen und Schwerind.
Deutsche Tageszeitung	Georg Oertel (1. ChefR)	1.9.1894-30.4.1934	1896: 45.000 1918: 50.000 1933: 18.000	Bund der Landwirte/ in Weimar: Reichslandbund

213 Der 2. Chefredakteur der NAZ, Emil Pindter, war interessanterweise lange Jahre österreichischer Agent. Overesch, M. : Presse, S. 76 passim. Weitere Angaben zur „Deutschen Tageszeitung": 1896: 45.000; 1918: 50.000; 1923: 42.000; 1925: 30.000; 1928: 25.000; 1933: 18.000. Heenemann, H.: Auflagenhöhen. Koszyk, K.: Deutsche Presse III, S. 240. Fischer, H.-D.: Handbuch, S. 219, 266, 497, 585. Stöber, R.: Kupffer, in: Publizistik, 39/1994, Nr. 3, S. 323. Silex, K.: Sx., S. 131.

Tabelle 2.3.7: Konservative und DNVP-nahe Zeitungen[214]

	Zeitungen	*geschätzte Gesamtauflage*
1880er	>600	600.000-1.000.000
1922	600	
1928	500	
1930	400-500	3-4.000.000

Bezeichnenderweise fand sich die konservative Partei Preußens um eine neue Zeitungsgründung zusammen: die „Neue Preußische Zeitung" („Kreuzzeitung"). Später kamen die freikonservative (industrielle) „Post", die schwerindustrielle „Rheinisch-Westfälische Zeitung", die gutswirtschaftlich orientierte „Deutsche Tageszeitung" u.a. hinzu. Auch die meisten Amts- und Kreisblätter waren konservativ, manche nationalliberal. Die konservative Presse wurde von der Forschung lange Zeit unterschätzt. Das hängt zum einen damit zusammen, dass die Masse der konservativen Blätter sehr klein war. Das Rückgrat der preußisch-konservativen Presse waren die Kreisblätter. Sie hatten in den 1870er Jahren noch überwiegend eine Auflage von unter 2.000 und später selten über 5.000. Auch die teils mediokren Inhalte der Presse sind der Erforschung nicht eben förderlich gewesen. Diese Gründe haben dazu beigetragen, dass bislang weitgehend unbemerkt geblieben ist, welch wichtigen Beitrag auch die kleine, konservative Presse für den sozialen Wandel auf dem Lande geleistet hat. Exemplarisch, wenngleich immer noch erst in Umrissen, lässt sich der Einfluss an der „Provinzial Correspondenz" nachzeichnen. Sie war die größte Wochenzeitung ihrer Zeit und wurde vermutlich am meisten von allen Parteiblättern zitiert, weil sie als Stimme ihres Herrn, des preußischen Ministerpräsidenten und Reichskanzlers Otto von Bismarck, galt. Zudem war sie eine agenturähnliche Korrespondenz, amtliches Anzeige-, Publikations- und Dokumentationsorgan und wöchentliche Beilage der Kreisblätter. Als sich die PC verbraucht hatte, wurde sie in den 1880er Jahren von einer unauffälligen Korrespondenz namens „Neueste Mittheilungen" (1882-1994) abgelöst. Die, aus dem Bismarckschen Geheimfonds alimentiert, dem sogenannten „Reptilienfonds", stand im Zentrum einer konspirativen „neuen Presseorganisation", mit welcher die preußische Verwaltung und „Vertrauensmänner" – örtliche konservative Honoratioren – eine der Regierung günstige Stimmung erzeugen wollten.[215]

214 Fischer, H.-D.: Handbuch, S. 267f., 493, 500. Koszyk, K.: Deutsche Presse III, S. 240.

215 Franke, P.: Berthold Feistel, in: JbKG, 1/1999, S. 113-134. Stöber, R.: Provinzial-Correspondenz, in: Publizistik, 44/1999, Nr. 2, S. 165-184. Ders.: Presseorganisation von 1882, in: HZ 262/1996, Nr. 2, S. 423-451.

Bekannter sind die zentralen Blätter wie die schon erwähnte „Kreuzzeitung“ (s. S. 207), die im Untertitel programmatisch bekannte: „Vorwärts mit Gott für König und Vaterland“. Auch sie verkaufte bescheidene Auflagen, nie mehr als 10.000. Sie war zunächst einmal royalistisch, konservativ im parteipolitischen Sinne wurde sie erst in dem Maß, in dem sich um die Zeitung herum eine konservative Partei bildete. Gleichwohl kann die „Kreuzzeitung“ als eine der ersten Zeitungen in Parteibesitz bezeichnet werden, weil sich ihre Gründer (und Besitzer) vorgenommen hatten, die Zeitung als Kern einer royalistischen Partei zu verstehen. Bismarcks Mitarbeit sind auf „wenig beweiskräftiger Basis“ 125 Artikel zugeschrieben worden. Bis er 1851 als Preußischer Gesandter an den Frankfurter Bundestag ging, schrieb er regelmäßig in der Zeitung. Die „Kreuzzeitung“ bildete immer auch die innerparteiliche Machtbasis ihres Chefredakteurs, der erste war Hermann Wagener. Wilhelm Freiherr von Hammerstein übernahm im November 1881 (bis 1895) die Leitung der Zeitung und schuf sich so den Zugriff auf die preußisch-konservative Partei.[216]

Abbildung 2.3.2: Caligula-Artikel in der Kreuzzeitung (1894)

Caligula.

Eine Studie über römischen Cäsarenwahnsinn.

Seit kurzer Zeit wird in den Buchhandlungen für fünfzig Pfennige eine Schrift eines Herrn Quidde verkauft, welche einen so großen Absatz findet, daß der Leipziger Verleger nicht rasch genug die Exemplare schaffen kann. Selbst aus kleineren deutschen Städten kommt die Nachricht, daß das „bedeutende historische Werk" sofort in den ersten Stunden vergriffen sei und daß ein zahlreiches Publikum, doch wohl schon vorher unterrichtet, begierig auf jede neue buchhändlerische Postsendung zu stürzen pflegt, obwohl über den Inhalt der Broschüre in den öffentlichen Blättern nichts verlautete. Auf welchem Wege die Reklame diesen Erfolg erzielte, ist unbekannt geblieben. Die Broschüre ist ein Separatabdruck aus der „Gesellschaft", „Monatsschrift für Kunst, Literatur und Sozialpolitik". Ob die bekannte Gelehrsamkeit des Herrn Quidde, der der Herausgeber einer historischen Fachzeitschrift ist, oder das Bedürfniß, die sonst so vernachlässigte römische Kaisergeschichte gründlicher zu studiren, der Verbreitung des Büchleins Vorschub geleistet hat, wird indessen schon ein Blick auf die ersten Sätze der für die heutigen Tagesgesinnungen bezeichnenden Schrift zu lehren vermögen.

Es ist gerade ein halbes Jahrhundert verflossen, seit in Deutschland ein Büchlein von David Strauß von Hand zu Hand ging, das den Titel führte: „Julianus Apostata, oder der Romantiker auf dem Throne der Cäsaren." Ein gewisser, man möchte fast sagen scherzhafter Zitatenreichthum, eine ungemeine, wenn auch recht frech erborgte Gelehrsamkeit wurde aufgehäuft, um eine Satire auf den vier oder fünf Jahre zuvor zur Regierung gelangten König Friedrich Wilhelm IV. dem deutschen Volke straflos in die Hand geben zu können. Es war einer jener jesuitischen Literaturstreiche, für welche der Liberalismus zu allen Zeiten ebensoviel Talent, als Neigung besaß. Wenn indessen ein Umstand den gehässigen und in seiner Form feigen Angriff zu mildern vermochte, so war es die große Feinheit, ein gewisser Takt, und die bedeutende Auffassung, die sich in diesen historischen Analogieen bemerkbar machten. Hier war alles aus der Feder eines hochgebildeten Mannes geflossen, keinerlei Rohheit störte den Timbre einer urbanen Satire. Auch durfte man wohl entschuldigend hinzufügen, daß es für niemanden, selbst für einen König nichts Beschimpfendes haben konnte, mit Julian dem Abtrünnigen verglichen zu werden, denn er war ein Mann und Held und ein groß angelegter Geist, den man achten kann, wenn er auch gegen unser Christenthum schwer gesündigt hat.

[216] Nach Kurt Koszyk soll sie 1928 allerdings 60.000 Auflage erreicht haben. Koszyk, K.: Deutsche Presse III, S. 240. Mendelssohn, P.: Zeitungsstadt Berlin, S. 52f. Studt, B.: Bismarck, S. 11. Fischer, H.-D.: Handbuch, S. 199f., 402.

Die „Kreuzzeitung" war dabei keineswegs „regierungsfromm". Schon in den innenpolitischen Auseinandersetzungen der 1870er Jahre verfolgte sie einen gegenüber Bismarck konfrontativen Kurs. Berühmt ist die von dem Historiker Ludwig Quidde geschriebene Skizze des römischen Kaisers Caligula, die in Gestalt einer historischen Studie eine ätzende Satire auf Kaiser Wilhelm II. verbarg. Selbst die sozialdemokratische Presse hütete sich, die Broschüre als das dem Publikum vorzustellen, was sie war. Erst die „Kreuzzeitung" machte den beißenden Spott publik, nachdem von Hammerstein vergeblich versucht hatte, in dem Korrespondenten der liberalen „Frankfurter Zeitung" einen Dummen zu finden. Dabei ist die Machart dieser Ankündigung ein Lehrbeispiel dafür, wie ein publizistischer Zweck (Kritik am Kaiser) verfolgt werden kann, ohne Schaden (Verfahren wegen Majestätsbeleidigung) zu nehmen.[217]

Ein Grundproblem der Parteipresse lässt sich dabei auch an der „Kreuzzeitung" verdeutlichen: Leitet und lenkt sie ihre Leser oder muss sie mit ihren Kommentaren und Meinungen den Lesern, die ja auch Käufer sind, nach dem Munde reden? Zwischen 1873 und 1878 hatte die „Kreuzzeitung" – wie erwähnt – Bismarcks Kulturkampfpolitik heftig bekämpft. Sie hatte dies mit Auflageeinbußen erkauft. Vielleicht nahm sie deshalb nach 1878 deutlich Partei für die Antisemiten, um die verlorenen Käufer an anderer Stelle wieder zu gewinnen. Als die Zeitung Anfang des 20. Jahrhunderts kritische Kommentare zur Flottenpolitik abdruckte, provozierte sie einen Sturm der Entrüstung unter ihren Lesern. Den Abbestellungen kam sie mit der Entlassung ihres Kolumnisten, Lothar Persius, zuvor.[218] Während die konservativen Zeitungen ökonomisch zumeist relativ schwach blieben, waren die Blätter konservativer Massenorganisationen gesünder. Die „Deutsche Tageszeitung" des Bundes der Landwirte erwirtschaftete nur im ersten Jahr ihres Bestehens 1894/95 einen Verlust von 150.000, danach Überschüsse, schon fünf Jahre nach Gründung waren die Anlaufverluste ausgeglichen und bis zum Ersten Weltkrieg wiesen die Bilanzen regelmäßig Gewinne aus.[219]

Zentrumspresse

Das katholische Zentrum bildete die dritte Parteirichtung. Erste Anfänge datieren zurück bis in den „Kölner Kirchenstreit" von 1837.[220] Joseph Görres sorgte

---

217 Caligula, in: NPZ 18.5.1894, Nr. 226, S. 1f. Vgl. Quidde, L./ Wehler, H.-U. (Hg.): Caligula. Stöber, R.: Erfolgverführte Nation, S. 259f. Koszyk, K.: Deutsche Presse II, S. 256f.

218 Fischart, J.: Politiker und Publizisten XX, Lothar Persius, in: WB 1/1918, (4.7.1918), S. 9-13.

219 Fischer, H.-D.: Handbuch, S. 409.

220 Zuvor gab es beinahe ausschließlich religiöse Presse. Im Kölner Konflikt ging es um die Stellung

mit der Flugschrift „Athanasius", in der er die preußische Politik scharf kritisierte, für heftige Reaktionen im gesamten katholischen Deutschland. Im folgenden Jahr wurde mit den „Historisch-politischen Blätter für das katholische Deutschland" (1838-1922) das erste politisch-katholische Periodikum gegründet. Nachdem sich die Aufregungen gelegt hatten, kam es erst in der Revolution von 1848/49 zu einer neuerlichen katholischen Parteibildung. Doch auch diese blieb, wenngleich sie ebenfalls zur Gründung von Zeitungen führte, ohne größere Auswirkungen.[221]

Zur Initialzündung der Gründung der dritten Partei wurde erst die Reichsgründungszeit. Zum einen sammelte sich der politische Katholizismus in Deutschland, weil nach dem Krieg von 1866, als dessen Folge Österreich aus dem Deutschen Bund ausschied, die Protestanten im neuen Deutschland in der Mehrheit waren. Zum anderen bahnte sich nach 1871 ein heftiger Konflikt zwischen Staat und Katholizismus an, der unter dem von Rudolf Virchow geprägten Namen „Kulturkampf" sprichwörtlich geworden ist. Nach dem Kulturkampfkalender der „Frankfurter Zeitung" wurden bis Ende Oktober 1874 748 Strafanträge gegen Redakteure gestellt und 610 Verurteilungen ausgesprochen. 1875 erreichten die Verfolgungen mit 1004 Verfahren ihren Höhepunkt. Danach sanken sie bis 1880 auf 170. Um diesen Wert schwankten sie in dem folgenden Jahrzehnt.[222]

Die Zentrumspresse profitierte enorm von den Verfolgungen und verdoppelte zwischen 1871 und 1881 die Zahl der Blätter und der Abonnenten. Die wichtigsten Zeitungen, „Germania" und „Kölnische Volkszeitung", führten die scharfe Opposition gegen Bismarck an. Die meisten Zeitungen waren in Privatbesitz und zumeist sehr klein, Auflagen zwischen 500 und 2.000 Stück noch in der Weimarer Zeit häufig. Noch 1914 befanden sich 305 Zentrumszeitungen in Privatbesitz, 42 gehörten Aktiengesellschaften und 98 waren als GmbHs organisiert. Im südlichen Württemberg (Verbo) und in Westfalen (Zeno) schlossen sich kleinere Zentrumszeitungen zu Anzeigen-, Einkaufs- und Materngemeinschaften zusammen.[223]

Erst relativ spät wurden Anstrengungen unternommen, die Autorität der Partei zu stärken. 1920 hielt der Parteitag in Berlin das Recht fest, den „Charakter eines Parteiorgans" zu- oder aberkennen zu dürfen. Aber nur wenige Blätter

---

des kölnischen Erzbischofs Clemens von Droste-Vischering zur Mischehe und zur Bonner theologischen Fakultät. Schließlich wurde der Kölner Erzbischof von den preußischen Behörden inhaftiert. Zur Frühgeschichte der katholischen Presse: Schneider, B.: Katholiken, S. 44-94.

221 Die beste Übersicht über die Geschichte der katholischen Presse: Schmolke, M.: Schlechte Presse.

222 Geschichte der Frankfurter Zeitung, S. 215. Fischer, H.-D.: Handbuch, S. 73f. Wetzel, H.-W.: Presseinnenpolitik, S. 300.

223 Fischer, H.-D.: Handbuch, S. 254, 431.

gerieten im Lauf der Zeiten in direkte Abhängigkeit zum Zentrum, so die renommierte „Kölnische Volkszeitung", die, nach dem Ersten Weltkrieg tief in die roten Zahlen, von der Verlegerfamilie Bachem nicht mehr gehalten werden konnte. Auch die meisten der kleinen Zentrumsblätter gerieten in der Inflation in heftige Turbulenzen. Die Fuldaer Bischofskonferenz sah sich daher 1922 genötigt, einen Aufruf an die Katholiken zu verfassen, die Zeitungen zu stützen. In der Weimarer Republik eroberten rechte Zentrumsmitglieder um Franz von Papen die Aktienmehrheit der „Germania".[224]

Die inhaltlichen Schwerpunkte der Zentrumszeitungen waren solange relativ einfach zu beschreiben, wie die scharfen innenpolitischen Auseinandersetzungen die inneren Spannungen im politischen Katholizismus überdeckten. Als nach 1890 der gemeinsame Feind fortfiel, wurde die Integrationskraft der katholischen Volkspartei und ihrer Presse schwächer. Die inhaltliche Homogenität der Zentrumszeitungen ließ daher nach. Anfang des 20. Jahrhunderts bestimmte ein heftiger Streit zwischen der Kölner und der Berliner Richtung, zwischen „Kölnischer Volkszeitung" und „Germania" den innerparteilichen Streit. Die nachlassende Integrationskraft des politischen Katholizismus hatte den Kölner Verleger Julius Bachem bewogen, unter dem programmatischen Titel „Raus aus dem Turm" – gemeint war die Isolierung des Zentrums – zu fordern, die Partei auch für protestantische Wähler zu öffnen. Im Ersten Weltkrieg verfolgte die „Germania" einen gemäßigten Kurs, der sich an der Zentrumsfraktion im Reichstag orientierte. Die „Kölnische Volkszeitung" hingegen propagierte einen hemmungslosen Annexionismus. In der Revolution verhielten sich die Zentrumsblätter im wesentlichen indifferent, weder verteidigten sie über Gebühr die Monarchie, noch befürworteten sie enthusiastisch die Republik. In Bayern aber war die Ablehnung der neuen Verhältnisse erheblich stärker, das drückte sich auch in der Abspaltung der „Bayerischen Volkspartei" (BVP) und ihrer Presse vom Zentrum aus. Das Verhältnis zum aufsteigenden Nationalsozialismus in der Endphase der Republik blieb ambivalent; einerseits wurde er als „braune Gefahr" vehement bekämpft, andererseits standen noch im letzten Jahr der Republik Gedankenspiele zur Koalition mit Hitler zur Debatte. Die Zentrums- und BVP-Presse wurde ab 1935 in der Phönix GmbH zusammengefasst.[225]

---

224 Franz von Papen selbst besaß 47% der Anteile mit 2.400 Aktien, die ebenfalls rechtsstehenden Gebrüder Klöckner verfügten über 1.200 und die in Opposition zu beiden stehende kölnisch-rheinische Gruppe rund 2.000 Aktien. Fischer, H.-D.: Handbuch, S. 424, 474-480.

225 Fischer, H.-D.: Handbuch, S. 226, 250. Frei, N.: Provinzpresse, S. 251-259.

Tabelle 2.3.8: Einzelne Zentrumszeitungen und katholische Zeitungen[226]

Titel	*Chefredakteure und Herausgeber*	*Erscheinungszeit*	*Auflage*
Kölnische Volkszeitung (ab 1.1.1869, vorher *Kölnische Blätter*)	Hermann Cardauns (ChefR während des Kulturkampfes)	1.4.1860-31.5.1941	1860: 1.650 1872: 7.200 1892: 12.000 1918: 40.000
Germania	Paul Majunke (ChefR 1871-1878)	1.1.1871-31.12.1938	1871: 5.600 1874: 20.000 1928: 40.000

Tabelle 2.3.9: Katholische- und Zentrumszeitungen[227]

	Zeitungen	*geschätzte Gesamtauflage*
1865		60.000
1871	126	322.000
1881	221	626.000
1920	250	
1925	364-451	
1928	383	
1932	434-436	3.000.000

Um die Interessen dieser Blätter zu bündeln, sie durch Korrespondenzen publizistisch zu unterstützen und ihre Journalisten und Verleger zu sichern, gründete die katholische Presse 1878 den „Augustinus-Verein". 1879 wurde die „Centrums-Parlaments-Correspondenz" gegründet. Als Non-Profitunternehmen war die Korrespondenz immer auf finanzielle Unterstützung angewiesen. Doch als diese nach dem Ersten Weltkrieg zu groß wurde, musste sie 1922 eingestellt werden.[228]

[226] Weitere Angaben zur „Kölnischen Volkszeitung": 1860: 1.650; 1861: 2.500; 1862: 4.300; 1866: 5.400; 1872: 7.200; 1874: 8.600; 1892: 12.000; 1914: 30.000; 1918: 40.000. Weitere Angaben zur „Germania": 1871: 5.600; 1873: 8.000; 1874: 20.000; 1922: 40.000; 1928: 40.000; 1929: 43.000. Heenemann, H.: Auflagenhöhen. Kramer, R.: Kölnische Volkszeitung, in: Fischer, H.-D. (Hg.): Zeitungen, S. 257-267. Stiegler, K.M.: Germania, in: Ebd., S. 299-313. Albachary, J.: Markt-Zahlen 1929. Fischer, H.-D.: Handbuch, S. 210, 252, 585.

[227] Koszyk, K.: Deutsche Presse II, S. 174. Fischer, H.-D.: Handbuch, S. 75, 204, 252, 282.

[228] Fischer, H.-D.: Handbuch, S. 426-428.

Sozialdemokratische Presse

Die sozialdemokratische Presse wies mancherlei Ähnlichkeit mit der katholischen auf. Was dem Zentrum der Kulturkampf als Gründungsmythos, bedeutete der SPD das Sozialistengesetz von 1878-1890. Der „Verein Arbeiterpresse" hatte in sozialer Hinsicht ähnliche Funktion wie der Augustinusverein und die sozialistische Presse war ähnlich ökonomisch schwach wie die katholische.

Das Sozialistengesetz vernichtete die ältere sozialdemokratische Presse (s. S. 137-139). Da etliche lokale Zeitungsgründungen genossenschaftlich organisiert waren, verloren viele Parteimitglieder durch die Verbote ihre Einlagen. Nach 1878 konnten nur Blätter fortbestehen, die sich nicht offen zur Sozialdemokratie bekannten. Daneben wurden die SPD-Anhänger mit der Exilzeitung „Sozialdemokrat" aus Zürich beliefert. Das Blatt war am 5. Oktober 1879 gegründet worden und wurde über die Organisation der „Roten Feldpost" ins Reich geschmuggelt.[229] 1890 begann der Wiederaufstieg der SPD-Presse; den Höhepunkt ihrer Bedeutung erreichte sie unmittelbar vor und nach dem Ersten Weltkrieg. Obwohl die sozialdemokratische Presse sich bis 1933 durch einen recht hohen Anteil von Redakteuren auszeichnete, die zugleich politische Mandate bekleideten, muss sie zumindest in gewissem Sinne als Parteirichtungspresse gelten, denn ideologisch folgte sie selten einer einheitlichen Linie. Bis zum Gothaer Einigungsparteitag 1875 war die Arbeiterpresse – wie die sozialistische Bewegung – zwischen Eisenacher und Lassalleaner Richtung gespalten. Der „Social-Demokrat", später der „Neue Social-Demokrat", war das Sprachrohr des Lassalleanischen „Allgemeinen Deutschen Arbeiter-Vereins", der „Volksstaat" das Zentralorgan der Eisenacher „Sozialdemokratischen Arbeiterpartei". Aber auch seither beherrschten Flügelkämpfe die Partei. Daher konnte sich der Beschluss des Gothaer Parteitags, welcher der Partei das Primat gegenüber der Presse zusprach, nicht in einer einheitlichen Pressepolitik ausdrücken. Seit den 1890er Jahren stritten Partei und Presse um die Thesen von Eduard Bernstein, ob sie weiter auf Revolution setzen sollten oder ihre Programmatik im Sinne eines friedlichen Systemwandels revidieren müssten. Diese Auseinandersetzung ist als „Revisionismusstreit" in die Geschichtsbücher eingegangen. Im Ersten Weltkrieg zerbrach die SPD über die Frage der Kriegskredite. Es kam zur Abspaltung der unabhängigen von der Mehrheits-SPD (USPD und MSPD). Bis 1922 konkurrierten daher USPD- mit MSPD-Blättern, die „Leipziger Volkszeitung" war das Sprachrohr der einen, der „Vorwärts" das der anderen Richtung. Nach 1918 trennten sich die Kommunisten, zu denen 1922

[229] Saerbeck, W.: Presse der Sozialdemokratie, S. 32-165. Bartel, H./ Schröder, W./ Seeber, G./ Wolter, H.: Sozialdemokrat. Nachbemerkung, S. 3-35.

ein Teil der USPD stieß, während andere USPD-Mitglieder zur MSPD zurückfanden.[230]

Tabelle 2.3.10: Einzelne sozialistische Zeitungen[231]

Titel	*Chefredakteure und Herausgeber*	*Erscheinungszeit*	*Auflage*
Social-Democrat; Neuer Social-Demokrat	Jean Baptist von Schweitzer; Wilhelm Hasselmann/ Wilh. Hasenclever	(15.12.1864 Probenr.) 4.1.1865-30.4.1871; 2.7.1871-27.9.1876	1869: 5.000 1871: 2.800 1876: 14.000
Demokratisches Wochenblatt; Volksstaat	Wilhelm Liebknecht	4.1.1868-30.9.1869; 2.10.1869-29.9.1876	1873: 7.675
Vorwärts (Nachfolger von *Social-Demokrat* und *Volksstaat*)	Wilhelm Liebknecht (1890-1900)/ Karl Eisner (1899-1905)/ Friedrich Stampfer (1916-1933)	1.10.1876-27.10.1878 1.1.1891-28.2.1933	1877: 12.000 1912: 165.000 1917: 100.000 1918: 300.000 1922: 100.000 1928: 75.000

Tabelle 2.3.11: Sozialistische Zeitungen[232]

	Zeitungen	*geschätzte Gesamtauflage*
1874	8	
1878	42	150.000-170.000
1890	60	250.000
1914	91	1.500.000
1919	95 MSPD/ 27 USPD	1.700.000 MSPD
1924	170	1.090.000
1932	135	

230 Saerbeck, W.: Presse der Sozialdemokratie, S. 1-20.

231 Weitere Angaben zum Vorwärts: 1877: 12.000; 1878: 7.000; 1900: 52.000; 1902: 56.000; 1906: 112.000; 1912: 165.000; 1914: 154.000; 1917: 100.000; 1918: 300.000; 1922: 100.000; 1928: 75.000. Koszyk, K./ Eisfeld, G.: Presse der Sozialdemokratie, S. 69-72, 130. Saerbeck, W. Presse der Sozialdemokratie, S. 14-19.

232 Weitere Angaben: 1874: 8; 1876: 23, 100.000; 1877: 41; 1878: 42, 150.000-170.000; 1890: 60, 250.000; 1913: 90, 1.300.000; 1914: 91, 1.500.000; 1917: MSPD 74, 745.000, USPD 14, 125.000; 1919: MSPD 95, 1.700.000, USPD 27, -; 1920: MSPD 147; 1921: MSPD 133, 1.238.000; 1922: USPD 43; 1924: 170, 1.090.000; 1928: 172; 1929: 203, 1.300.000; 1930: 96; 1931: 176; 1932: 135. Koszyk, K./ Eisfeld, G.: Presse der Sozialdemokratie. Eberlein, A.: Bibliographie.

Die steigenden Mitgliederzahlen erlaubten der Partei die Subventionierung ihrer ökonomisch schwachen Presse. 1908 erhielten 19 Blätter 105.000 Mark, bis zum Ersten Weltkrieg sanken die Zahlungen leicht. Waren vor dem Ersten Weltkrieg fast alle Blätter in Besitz der Partei gewesen, so gab es nach 1919 wieder Blätter, die zumindest formal in Privatbesitz waren. In Weimarer Zeit wurde die ökonomische Situation der sozialdemokratischen Parteipresse durch die Gründung der Konzentrations-AG von 1925 erheblich verbessert; sie konnte den Parteiorganisationen bis 1930 über 4 Millionen RM überweisen, fast die Summe, welche die Partei zwischen 1890 und 1925 ihrer Presse hatte zukommen lassen. In der Weltwirtschaftskrise geriet die Konzentration allerdings ebenfalls in die Krise, weil Abonnentenzahlen zurückgingen, die Abopreise reduziert wurden, um nicht noch mehr Abonnenten zu verlieren und nicht zuletzt, weil die Inserateneinnahmen ebenfalls einbrachen.[233]

Die Schwäche der SPD-Presse lag in der langjährigen Verweigerung gegenüber dem „kapitalistischen“ Pressebetrieb. Anzeigen von „Kapitalisten“ galten als anrüchig, jene schalteten aber auch keine. Auch den modernen und unterhaltungsorientierten Stil der Massenblätter konnten oder wollten die sozialdemokratischen Blätter nicht imitieren, wenngleich führende Sozialdemokren wiederholt für eine lebhaftere Gestaltung und bessere Anpassung an den Massengeschmack plädierten. Otto Braun, der spätere Ministerpräsident Preußens, bekannte auf dem SPD-Parteitag von 1917: „Man redet in unseren Kreisen so gern verächtlich vom Sensationsbedürfnis. Aber gestehen wir uns ruhig ein: In jedem Menschen steckt ein Stück Sensationsbedürfnis“. Erst in Weimarer Zeit orientierte sich die SPD-Presse stärker in Richtung Unterhaltung und maß beispielsweise der Sportberichterstattung, die sie noch anfangs der 1920er Jahre verteufelt hatte, den nötigen Raum zu.[234]

Die kommunistische Presse

Als Abspaltung der sozialdemokratischen entstand die kommunistische Presse. Vorläufer der Kommunistischen Partei waren Linkssozialisten, die sich im Ersten Weltkrieg als „Spartakisten“ bezeichneten und seit 1915/16 „Politische Briefe“, herausgegeben von „Spartacus“, bald darauf „Spartakusbriefe“ genannt, publizierten. In der Revolution besetzten kommunistische Anhänger vorübergehend verschiedene bürgerliche Zeitungen, z.B. die „Norddeutsche

233 Koszyk, K./ Eisfeld, G.: Presse der Sozialdemokratie, S. 40-48.

234 Zit.n. Wolter, H.-W.: Generalanzeiger, S. 162. Vgl. Koszyk, K.: Deutsche Presse II, S. 200. Koszyk, K./ Eisfeld, G.: Presse der Sozialdemokratie, S. 38f.

Allgemeine Zeitung“ und den „Berliner Lokal-Anzeiger“. Die NAZ hieß für einen Tag „Die Internationale“, der BLA zwei Tage lang „Rote Fahne“. Ab dem 18. November 1918 kam dann eine selbständige „Rote Fahne“ heraus – auch deshalb, weil die Scherlschen Druckereiarbeiter die Loyalität zu ihrem Arbeitgeber über etwaige ideologische Motive stellten.[235]

Die kommunistische Presse verdankte ihre Entstehung der revolutionären Umbruchsituation des Ersten Weltkriegs in Deutschland und Russland. Der starke Zentralismus und die Orientierung auf die kommunistische Internationale prägten die KPD-Presse. So bestimmte die Satzung der KPD 1920: „§ 13. Die Anstellung der Bezirkssekretäre, Redakteure, Agitatoren und Geschäftsführer kann nur im Einvernehmen mit der Zentrale erfolgen. [...] § 14. Die gesamte politische und taktische Haltung der Parteipresse untersteht der Kontrolle der Zentrale.“ Allerdings können solche Bestimmungen nicht als Bestätigung der tatsächlichen Verhältnisse, sondern nur als deklariertes Ziel interpretiert werden. Dabei beeinflussten die sowjetischen Vorgängen die KPD zunehmend, zunächst wurden die deutschen Kommunisten bolschewisiert, in der zweiten Hälfte der 1920er stalinisierte sich die Partei.[236]

Tabelle 2.3.12: Einzelne kommunistische Zeitungen[237]

Titel	*Chefredakteure und Herausgeber*	*Erscheinungszeit*	*Auflage*
Rote Fahne	KPD; ChefR häufig wechselnd	(9.11.1918) 18.11.1918-27.2.1933	1919: 50.000 1932: 130.000 1933: 140.000
Welt am Abend	Willi Münzenberg	11.8.1922-27.2.1933	1926: 3.000 1928: 100.000 1933: 180.000

Trotz scharfer Kapitalismuskritik folgte indes selbst die kommunistische Presse wirtschaftlichen Leitgedanken. Die „Rote Fahne“ verstand es besonders geschickt, bestimmte Skandale wie den Sklarek-Skandal in den späten Zwanzigern in Berlin zu nutzen. Sie instrumentalisierte im Herbst 1929 die Berichterstat-

---

235 Koszyk, K.: Deutsche Presse III, S. 322. Fischer, H.-D.: Handbuch, S. 455f. Brauneck, M.: Rote Fahne, S. 11.

236 Zit. n. Schlimper, J. (Hg.): Arbeiterbewegung und ihre Presse, S. 15. Brauneck, M.: Rote Fahne, S. 21f. Groth, O.: Zeitung, Bd. 2, S. 425f.

237 Weitere Auflageangaben zur „Roten Fahne“: 1919: 50.000; 1920: 30.000; 1922: 50.000; 1928: 70.000; 1932: 130.000; 1933: 140.000. Fischer, H.-D.: Handbuch, S. 235, 237, 241, 464, 585. Bahne, S.: Willi Münzenberg (1889-1940), in: Fischer, H.-D. (Hg.): Presseverleger, S. 340f. Ala-Katalog 1933. Eberlein, A.: Bibliographie.

tung über den Kreditbetrug, in dem es auch um Bestechungen größeren Ausmaßes ging, um die eigene Auflage nach oben zu treiben. Vorübergehend gelang ihr eine Steigerung um 5.000, allerdings hatte sich schon nach vier Wochen die extensive Berichterstattung abgenutzt und die Auflage sank wieder auf das vorherige Normalmaß.[238]

Tabelle 2.3.13: Kommunistische Zeitungen[239]

	Zeitungen	*ohne Kopfblätter*	*geschätzte Gesamtauflage*
1921	30	13*	500.000
1926		15*	133.000
1932	49	15*; 20-25	282.000/ 658.000♠
1933	60	15*	

Die Besitzverhältnisse der KPD-Presse waren verwickelt und ständig im Fluss. 1920 befanden sich die Zeitungen noch in der Hand der Bezirksorganisationen. Im gleichen Jahr wurde die Stern-Druckerei-GmbH gegründet, die sich zur Dachgesellschaft der KPD-Druckereien entwickelte. 1924, nachdem das KPD-Verbot vom November des Vorjahrs aufgehoben worden war, wurde die Gesellschaft aufgespalten in Verlags- und Druckunternehmungen sowie Immobilienholdings. Damit wurde die Stern-Druckerei zur Dachgesellschaft sämtlicher kommunistischer Presseunternehmen umfunktioniert. Da die meisten Zeitungen nicht rentabel arbeiteten, entschloss sich die Parteiführung zu Neugründungen, bei denen Ortsfunktionäre als Strohmänner dienten. Da es bei einigen Zeitungen in der Folgezeit zu finanziellen Unregelmäßigkeiten kam, hielt ab 1926 die Sterndruckerei auch formal die Mehrheit der Anteile. Doch da sich die Rentabilität der Betriebe nicht wie gewünscht entwickelte, wurden die Stern-Unternehmen allmählich liquidiert und 1928 zunächst unter dem Dach der Zentrale für Zeitungsverlage GmbH, 1931 dann unter dem der Verlagszentrale AG, zusammengefasst.[240]

238 Stein, P.: Gaupresse, S. 246-250. Vgl. Ludwig, C.: Korruption, S. 157-161.

239 Weitere Angaben: 1920: 7, 75.000; 1921: 30, 500.000; 1922: 22; 1923: 34; 1926: 133.000; 1928: 36; 1931: 33 (22); 1932: 49 (20-25), 282.000; 1933: 60. Koszyk, K.: Deutsche Presse III, S. 324f. Fischer, H.-D.: Handbuch, S. 236, 240, 459, 465. Die niedrigeren Zahlen (*) geben das gesicherte Minimum an, Sekundäranalyse nach dem Titelverzeichnis in: Hempel-Küter, C.: Kommunistische Presse, S. 301-345. Die höhere Auflage 1932 (♠) basiert auf dem Handbuch Tagespresse von 1932 und berücksichtigt die Münzenberg-Zeitungen. Die Schwankungen der Anfangszeit ergeben sich aus der Vereinigung der KPD mit der linken USPD, in deren Folge ein nicht unerheblicher Teil der USPD-Presse unter den Einfluss der KPD kam. Hinzu kommen statistische Unsicherheiten, bisweilen wurden die unselbständigen Kopfblätter mitgezählt, dann wieder nicht.

240 Girardet, H.: Kommunistische Tagespresse, S. 36-42. Koszyk, K.: Deutsche Presse III, S. 324f. Hempel-Küter, C.: Kommunistische Presse, S. 115-122, 132-137, 259-261.

Wesentlich ertragreicher waren die Blätter des Münzenberg-Konzerns. Der zweite Kongress der kommunistischen Internationale hatte 1920 „legale Ausgaben, die ohne sich als kommunistisch zu bezeichnen und ohne von ihrer Zugehörigkeit zur Partei zu reden" für die Revolution agitieren sollten, gefordert.[241] Seit 1921 wurde als Unternehmen der „Internationalen Arbeiterhilfe" die „Kosmos-Verlag GmbH" aufgebaut. Die Zeitungen wurden von der KPD nicht kontrolliert, ihre Redakteure und Verlagsmitarbeiter bedurften nicht der Parteibestätigung. Willi Münzenberg (1889-1940), der auch als „roter Hugenberg", bezeichnet worden ist, war der Parteiführung suspekt. Im November 1931 soll Münzenberg aus Moskau eine Millionen Goldrubel zum Ausbau seines Konzerns erhalten haben. Nach dem „Reichstagsbrand" ging er Ende Februar 1933 ins Exil und versuchte von Frankreich aus eine wirkungsvolle Exilpresse aufzubauen. Zum „Münzenberg-Konzern" gehörten Blätter wie die „Welt am Abend", die als USPD-nahes Blatt bis Mitte der 1920er-Jahre beinahe in der Bedeutungslosigkeit versunken war und nach dem Erwerb durch Münzenberg wieder in bedeutende Auflagenregionen gebracht wurde. Sie galt als Nachtausgabe der „Roten Fahne" und wurde 1931 um die „Welt am Morgen", später „Berlin am Morgen", ergänzt.[242] Diese parteiinterne Konkurrenz rechnete sich vor allem wegen der vielen Verbote der „Roten Fahne". Denn im unruhigen Jahr 1919 und nachdem die KPD im Oktober 1923 in Mitteldeutschland geputscht hatte, wurden Partei und Presse Ende November 1923 verboten, daher die hohen Zahlen für 1923 und 1924. In der unruhigen Weltwirtschaftskrise häuften sich die Verbote aufs Neue.

Tabelle 2.3.14: Verbotstage der „Roten Fahne"[243]

	Verbotstage		*Verbotstage*		*Verbotstage*
1919	240	1923	130	1929	49
1920	9	1924	136	1930	10
1921	4	1925	14	1931	84
1922	26	1926	14	1932	63

Die Republik bekämpfte die KPD-Presse mit den ihr zur Verfügung stehenden Mitteln. Doch erst der Machtantritt der Nationalsozialisten, mit denen die KPD-Presse die radikale Propaganda und gelegentliche Agitationsbündnisse

241 Zit. n.: Bahne, S.: Willi Münzenberg (1889-1940), in: Fischer, H.-D. (Hg.): Presseverleger, S. 336.

242 Bahne, S.: Willi Münzenberg (1889-1940), in: Fischer, H.-D. (Hg.): Presseverleger, S. 336-347. Fischer, H.-D.: Handbuch, S. 465f. Seywald, A.: Presse der sozialen Bewegungen, S. 30, 379f. Surmann, R.: Münzenberg-Legende.

243 Rote Fahne, 1.10.1932, zit.n.: Koszyk, K.: Deutsche Presse III, S. 328.

gegen die Demokratie verband, zwang die KPD, ihre Presse und ihre Führungspersönlichkeiten in den Untergrund oder ins Exil.

Völkische und nationalsozialistische Presse

Das radikale *alter ego* der kommunistischen war die nationalsozialistische Presse. Sie blickt auf eine lange Tradition von völkischen Vorläufern zurück. Als Ausgangspunkt für das organisierte völkische Parteiwesen kann der Berliner „Antisemitismusstreit" von 1878, losgetreten von dem nationalliberalen Historiker und Politiker Heinrich von Treitschke, angesehen werden. Zwar spielte der parteipolitisch organisierte Antisemitismus in der Kaiserzeit – abgesehen von zwischenzeitlichen Wahlerfolgen – nur eine geringe Rolle. Namenlose Splittergruppen konstituierten sich als esoterisch-versponnene Kreise und gingen mit verschrobenen Schriften, Serienbroschüren und kleinen Periodika hausieren. Hitler, der aus den Schriften dieser „Thule", „Ostracha" und anders benannten Gesellschaften einen wichtigen Teil seines frühen Weltbildes geformt haben dürfte, verspottete sie später in „Mein Kampf" als „bezopfte völkische Theoretiker" und „deutschvölkische Wanderscholaren", deren „Erfolge im umgekehrten Verhältnis zu [ihrer] Weisheit" gestanden hätten.[244] Die Vielgestaltigkeit der völkisch-antisemitischen Presse, die unterschwellig in vielen Parteien gepflegten antisemitischen Ressentiments und vor allem die Existenz machtvoller Großorganisationen verdeutlichen indes, dass der Erfolg der Nationalsozialisten in Weimarer Zeit nicht aus dieser selbst heraus erklärt werden kann. Besonders zu nennen sind hier der „Alldeutsche Verband" (1891-1939) als Sammlungsbecken eines „neuen, radikalen und völkischen Nationalismus" (Ullmann) und der „Bund der Landwirte" (1893-1933), später „Reichslandbund", der sich Ende 1933 problemlos in die nationalsozialistische Bauernorganisation des „Reichsnährstands" integrierte. Der „Alldeutsche Verband" organisierte auf dem Höhepunkt seiner Ausstrahlung in Kaiserreich und Weimarer Republik zwischen 20.000 und 40.000 Mitglieder, der „Bund der Landwirte/ Reichslandbund" 330.000 vor 1914 und in Weimarer Zeit sogar bis zu 5,6 Millionen.[245]

---

[244] Hitler, A.: Mein Kampf (129.-130. Aufl.), S. 395.

[245] Ullmann, H.-P.: Interessenverbände, S. 85-94, 104-114, 144-153.

Tabelle 2.3.15: Einzelne nationalsozialistische Zeitungen und Zeitschriften[246]

Titel	*Chefredakteure und Herausgeber*	*Erscheinungszeit*	*Auflage*
Alldeutsche Blätter	Alldeutscher Verband	1.1.1894-5.3.1939	1905: 6.000
Völkischer Beobachter (hervorgegangen aus dem *Münchener Beobachter*, seit 1887)	Alfred Rosenberg (Hg./ChefR) Wilhelm Weiß (CvD)	3.1.1920-30.4.1945	1923: 30.000 1925: 4.500 1933: 310.000 1940: 982.310 1944: 1.700.000
Der Stürmer	Julius Streicher	20.4.1923-22.2.1945	1923: 2.000-3.000 1933: 20.000 1940: 600.000 1944: 398.500
Der Angriff	Joseph Goebbels; Schwarz van Berk (ab 1935)	4.7.1927-21.4.1945	1927: 2.000 1939: 146.694 1944: 306.000

So vielfältig und diffus die Wurzeln der NSDAP waren, die Anfänge ihrer Presse waren klein und bescheiden. Im Dezember 1920 kaufte sie für 120.000 Papier-Mark und die Übernahme doppelt so hoher Schulden eine Zeitung, die seit mehr als dreißig Jahren existierte und zuletzt ihr Dasein als kleines völkisches Wochenblatt in München gefristet hatte: den „Münchener Beobachter", den sie kurz darauf in „Völkischen Beobachter" umbenannte. Mit dem Hitler-Putsch Anfang November 1923 wurde die Zeitung verboten, erst nach Hitlers vorzeitiger Haftentlassung konnte sie 1925 wieder erscheinen. Der „Völkische Beobachter" brachte ab 1927 eine Bayern- und eine Reichsausgabe, ab 1930 eine Berliner Ausgabe heraus. Chefredakteur war der „Chefideologe" der Partei, Alfred Rosenberg, den sein Verleger Max Amann (1891-1957, s.u.) als „narre-

246 Weitere Angaben zum VB [Die mit * ausgezeichneten Angaben entstammen einer NS-Untersuchung]: 1922: 8.000-17.000; 1923: 30.000; 1925: 4.500; 1926: 10.000-10.700*; 1927: 15.000*; 1928: 18.000*-20.000; 1929: 44.000*; 1930: 39.300-153.000*; 1931: 115.700*-128.800; 1932: 109.200*-145.000; 1933: 115.248* -250.000/ 310.000; 1934: 313.428-336.500; 1938: 500.000; 1940: 982.310; 1941: 800.000-1.192.542; 1944: 1.700.000. Fischer, H.-D.: Handbuch, S. 270-277, 304, 585. Stein, P.: Gaupresse, S. 150-178, 191-223. Obenaus, S.: Der Angriff, in: Zentner, C./ Bedürftig, F. (Hg.): Lexikon des Dritten Reiches, S. 24f. Dies.: Stürmer, in: Ebd., S. 568. Noller, S.: VB, in: Noller, S./ Kotze, H.v. (Hg.): Facsimile Querschnitt VB, S. 6-13. Haacke, W.: Zeitschriften, Bd. 2, S. 259-262. Martens, E.: Reich, S. 29-35.

te[n], hochnasige[n], überkandidelte[n] Tropf [und] Boheme" beschimpfte. Hitler, der häufig als Schiedsinstanz zwischen Amann und Rosenberg angerufen wurde, ließ, wie auch in vielen Fällen der großen Politik, die Konflikte in der Schwebe.[247]

So wenig harmonisch die Verhältnisse im Stammhaus der NS-Presse waren, so inhomogen war die NS-Presse insgesamt. Das gilt für die Inhalte genauso wie für die noch zu betrachtenden Besitzstrukturen, besonders aber gilt dies für die Frühzeit. Da erschien seit 1923 das Hetzblatt der „Stürmer" von Julius Streicher in Nürnberg, das seit 1927 penetrant in der Unterzeile das berüchtigte Zitat Heinrich von Treitschkes „Die Juden sind unser Unglück" führte. Zunächst war es als Flugblatt verbreitet worden. 1927 gründete Joseph Goebbels den „Angriff" als Wochenblatt. Später verklärte er die Zeitung zum Kampfblatt im „Kampf um das rote Berlin". Mindestens so wichtig war das Blatt für Goebbels persönliche Auseinandersetzung mit seinem parteiinternen Widersacher Gregor Strasser. Vor allem präsentierte sich die NS-Gaupresse sehr inkonsistent. Neben den wenigen Gründungen von Gauleitern gab es viele kleine Provinzzeitungen, die sich den Nationalsozialisten schon vor 1933 unter mehr oder weniger starkem Druck andienten. Erst nachträglich ist die NS-nahe Presse zu einer homogenen „Kampfpresse"[248] stilisiert worden und die Forschung ist dieser NS-Propaganda teilweise bis heute aufgesessen. Die Presse schwankte zwischen dem Anspruch, vollständige Zeitung zu sein und der Aufgabe, Trommlerfunktionen zu übernehmen. Gregor Strasser, der über die Zeitungsle ser Wähler gewinnen wollte, präferierte die erste, Hitler, der nur im „Parteigenossen" den Leser der NS-Blätter vermutete, die zweite Variante. Die „Weltbühne" attestierte Strassers Zeitungen, sie träfen im Gegensatz zum „antiquierten" VB „den Ton" und prophezeite, dass der „Zeitungskönig Strasser eines nicht sehr fernen Tages seinen Herrn und Meister Hitler in die Ecke" stellen werde. Zwar kam es 1932 zu der vorhergesehenen Konfrontation, der Sieger hieß aber Hitler. Während der NS-Zeit traten dann so gegensätzliche Blätter wie die SS-Zeitschrift „Das Schwarze Korps", die als einzig wahre Oppositionszeitung im „Dritten Reich" bezeichnet wurde (weil ihr der offizielle antisemitische Kurs nicht scharf genug war) und das an die intellektuelle Elite gerichtete „Reich" hinzu.[249]

---

247 Zit.n. Noller, S.: VB, in: Noller, S./ Kotze, H.v. (Hg.): Facsimile Querschnitt VB, S. 10. Fischer, H.-D.: Handbuch, S. 271f., 504.

248 „Kampfpresse" ist zumindest äußerlich ernst zu nehmen, wie insbesondere die Eigenwerbung der NS-Blätter vor 1933 deutlich macht. Vgl. u.v.a. „München im Kriegszustand", in: Illustrierter Beobachter 15.10.1927, Nr. 19, S. 1. Auf der Titelseite ist ein Automobil zu sehen, das als „Werbetank" verkleidet für VB und IB Reklame fährt.

249 Pol, H.: Gregor der Große, in: WB, 1930, 26/ I. Jg., Nr. 16 (15.4.1930), S. 563-566. Für die ältere, monolithische Sicht: Hale, O.J.: Zwangsjacke. Für die gut durch Quellen belegte Sicht einer inho-

Tabelle 2.3.16: Nationalsozialistische Zeitungen[250]

	Zeitungen	*geschätzte Gesamtauflage*
1920	1	
1926	20[1]	10.700*
1930	64[1]	253.925*
1933	190[1]	1.280.000-3.197.964*

Im Zentrum des NS-Pressewesens stand der Eher-Verlag. Als Geschäftsführer firmierte seit 1922 Hitlers Vorgesetzter aus der Kriegszeit, Max Amann – schon seit 1921 Geschäftsführer des VB. In der Verbotszeit von Partei und VB 1923-1925 hielt sich der Eher-Verlag – auch Amann war einige Monate inhaftiert – mit Buchpublikationen und dann mit den Subskriptionseinnahmen für Hitlers „Mein Kampf" über Wasser. Vor 1933 bediente sich der nationalsozialistische Eher-Verlag sogar der geschäftlichen Anzeigenvermittlung durch die ansonsten so heftig bekämpfte Annoncen-Expedition Rudolf Mosse. Nach 1933 konnte der zum Trust ausgebaute Eher-Verlag seine Gewinne unermesslich steigern. Beliefen sie sich 1936 noch auf knapp 4 Millionen, steigerten sie sich – seit 1940 de facto von der Steuer befreit – bis 1942 auf deutlich über 100 Millionen Mark. Die parteieigene Presse kontrollierte Amann durch verschiedene Holdinggesellschaften. Für die Gaupresse wurde 1934 die „Standarte GmbH" gegründet, die 50% jedes Gauverlags hielt, die andere Hälfte hielten die Gauleiter als Treuhänder der NSDAP. Als ab 1935 mit Hilfe der Amann-Verordnungen die bürgerliche und konfessionelle Presse zerschlagen wurde – 500-600 Zeitungen verschwanden –, diente die von Alfred Hugenberg erworbene Vera Verlagsanstalt zur Kontrolle der Generalanzeiger- und Massenpresse. Mit der Herold GmbH wurden die nichtkonfessionellen politischen Zeitungen und in der Phönix GmbH die vormaligen Zentrumszeitungen zusammengefasst. Zwischen den drei letztgenannten Gesellschaften wurden fortlaufend Besitzrechte und Beteiligungen ausgetauscht, bis im Krieg immer mehr Zeitungen bei der

mogenen Gaupresse s. Peter Stein. Zur Strategie vor 1933 ist ein Papier von Gregor Strasser vom Juni 1932 sehr aufschlussreich, Stein, P.: Gaupresse, S. 250-260. Frei, N.: Provinzpresse, S. 51-69, 86-112. Combs, W.L.: Voice of the SS.

250 Weitere Angaben: 1920: 1; 1925: 12[1]; 1926: 20[1], 10.700*; 1927: 27[1], 17.800*; 1928: 37[1], 22.812*; 1929: 46[1], 72.590*; 1930: 64[1], 253.925*; 1931: 123[1]; 1932: 204[1], 750.000-1.000.000, 782.121*; 1933: 190[1], 1.280.000-3.197.964*; 1934: 169: 4.500.000. Fischer, H.-D.: Handbuch, S. 280-282, 293. Stein, P.: Gaupresse, S. 155-157, 169-178. Die mit [1] ausgezeichneten Angaben nach Stein, Stichtag ist hier jeweils der 1. September, Ausnahme 1933 mit dem Stichtag 1. März. Die mit * ausgezeichneten Angaben entstammen einer NS-Untersuchung, die Stein als bedingt zuverlässig einstuft, da sie nicht zwischen Wochen- und Tageszeitungen unterscheidet und auf Eigenangaben der Verlage beruht.

Herold konzentriert und 1944 schließlich Vera und Phönix aufgelöst wurden. Gegen Kriegsende verfügte der Eher-Verlag über 150 Tochtergesellschaften.[251]

3.1.2 Generalanzeiger und Massenpresse

Die Verleger der Massenpresse waren in der Regel Quereinsteiger aus verwandten Geschäftszweigen: August Scherl war Verlagsbuchhändler und Verleger von Kolportageliteratur. August Huck hatte eine Schriftgießerei besessen. August Madsack war gelernter Buchdrucker. Leopold Ullstein war Papierhändler. Rudolf Mosse begann als Annoncenvermittler. Wilhelm Girardet besaß eine Ausbildung als Textilkaufmann und eine zweite als Buchbinder.[252] Diese Gemeinsamkeit ist kein Zufall. Offensichtlich fehlte es den etablierten Journalisten und Verlegern der eingeführten parteipolitischen Presse an Antrieb und Phantasie, etwas grundsätzlich Neues zu beginnen. „Die damalige deutsche Presse sah diesen neuen Stand noch gar nicht. Sie war auf die Verhältnisse vor dem Kriege [von 1870/71] eingestellt, wo der Arbeiter als Masse, als eigentlicher Stand noch gar nicht existierte und wandte sich in ihrem Inhalt, ihren Voraussetzungen vorwiegend an die begüterten, gebildeten Kreise. Aber dieser neue Mann war nun einmal da und forderte eine Zeitung, die er verstehen konnte, die seinen Bedürfnissen entsprach und seinen schmalen Geldbeutel berücksichtigte. Das als einer der ersten erkannt, und diese Erkenntnis in die Tat umgesetzt zu haben, das ist das bleibende Verdienst Wilhelm Girardets", schrieb Girardets Schwiegersohn Justus Hendel 1918.[253]

Die Generalanzeiger tauchten in den 30er Jahren des 19. Jahrhunderts in Frankreich und den USA, in den 50er Jahren in England und eine Generation später in Deutschland auf. In den USA wurden sie als „Penny-Papers", in Frankreich als „Grande Presse", in England unter der Bezeichnung „New Journalism" geführt. Die erste Zeitung in Deutschland, die „Generalanzeiger" im Titel führte, war der „General-Anzeiger für Deutschland. Organ für allen Verkehr, Handel und Wandel", der bei C.H. Hoßfeld in Leipzig 1845 herausgegeben wurde. Die Zeitung bezeichnete sich als „billigste unter allen deutschen Intelligenzblättern". Der „Aachener Anzeiger" (1871-1944) eines Joseph La Ruelle kann in Deutschland als erstes Blatt gelten, das die typologischen Kriterien der Generalanzeiger erfüllte. Auch die nächsten Versuche dieses Verlegers,

[251] Stein, P.: Gaupresse, S. 246-250. Hale, O.J.: Zwangsjacke, S. 104f., 157, 194-205, 271f. Frei, N.: Provinzpresse, S. 146-148.

[252] Wolter, H.-W.: Generalanzeiger, S. 186-188.

[253] Händel, Justus: Nachruf zum Tode des Verlegers Wilhelm Girardet, in: Neue Hamburger Zeitung, 5.5.1918, zit.n. Wolter, H.-W.: Generalanzeiger, S. 180.

der „General-Anzeiger der Kreise Montjoie, Eupen, Schleiden, Jülich, Geilenkirchen, Düren, Heinsberg, Erkelenz und des Landkreises Aachen" von 1881 und die überregionale „Billigste Zeitung für Arm und Reich" von 1882 kamen vermutlich nicht über einige Probenummern hinaus. Mangels weiterer Unterlagen ist zu vermuten, dass im ersten Fall die Konzeption als Wochenblatt und im zweiten die für Generalanzeiger untypische Überregionalität, womit der Bezug zum lokalen Umfeld verschenkt wurde, als Ursachen des Scheiterns anzusehen sind.[254]

Doch weder waren alle Zeitungen, welche den Titel führten, in typologischem Sinne Generalanzeiger, noch führten alle Blätter, die zum Typus gehörten die Bezeichnung. Die Generalanzeiger waren Prototypen der neuen Massenpresse. Sinkende Papierpreise, explodierende Kapazitätssteigerungen der Druckmaschinen und der wachsende Reklamemarkt förderten ihre Durchsetzung. Sie setzten sich in expandierenden Mittel- bis Großstädten durch. Hier war das Publikum für die Neuerung am aufgeschlossensten. Der Marktzutritt beruhte damit nicht auf der Verdrängung anderer Zeitungen, sondern erschloss neue Leserschichten. Die „Zugänglichkeit für jedermann" wurde über den Preis angestrebt. Die ersten Ausgaben der Generalanzeiger wurden in der Regel gratis verteilt, nach einer gewissen Übergangszeit, in welcher der Preis noch subventioniert wurde und unter dem der lokalen Konkurrenz lag, glichen sich die Preise allerdings den üblichen Zeitungspreisen an. Mit aggressivem Preisdumping drückte Scherl die Zeitung in den Markt, zunächst 200.000 Exemplare wurden von 2.000 Austrägern in der ganzen Stadt verteilt; nach vier Wochen ließ er sich zumindest die Zustellung mit 10 Pfg./ Monat bezahlen.[255]

Die Zeitungen konnten billiger verkauft werden, da der Abonnementspreis das Geschäft nicht mehr alleine tragen musste, es begann die Subventionierung des redaktionellen Teils durch den Verkauf von Anzeigen. Zeitungen wie der „Berliner Lokal-Anzeiger" erreichten schon vor dem Ersten Weltkrieg ein Verhältnis vom Anzeigen- zum Verkaufs-Erlös von 70 zu 30 (s. S. 160). Daher waren Anzeigen eine zentrale Geschäftsgrundlage der Generalanzeiger. Sie lebten von Geschäfts- und Kleinanzeigen. Für Abonnenten wurden letztere bisweilen umsonst zur Verfügung gestellt, denn sie verstärkten die Leser-Blatt-Bindung.[256]

254 Wolter, H.-W.: Generalanzeiger, S. 24, 27, 118, 152-154. Huntzicker, W.E.: Press, S. 1-16.

255 Vgl. Stöber, R.: Berliner Lokal-Anzeiger, in: Publizistik 39 (1994), H. 3, S. 314-330. Wolter, H.-W.: Generalanzeiger, S. 28-40, 99f., 176. Meyer, H.-F.: Zeitungspreise, S. 124f., 267-269.

256 Wolter, H.-W.: Generalanzeiger, S. 138-141. Buschmann, H.: Lokalpresse, S. 25-27. Wilke, J.: Periodische Presse, in: AGB, 1988, 31. Jg., S. 227f.

Tabelle 2.3.17: Auflagen von General-Anzeigern[257]

Titel	*Startauflage*	*Auflage nach Ende der Gratisverteilung*	*Auflage nach einigen Jahren*
Berliner Lokal-Anzeiger	1883: 200.000	150.000	1884: 152.000 1899: 260.000 1932: 205.000 1939: 200.000[258]
General-Anzeiger für Leipzig und Umgebung	1886: 31.000	38.000	1889: 48.000 1900: 34.000
General-Anzeiger für Elberfeld-Barmen	1887: 40.000	42.000	1900: 56.000 1904: 60.000
General-Anzeiger für Hamburg-Altona	1888: 46.000		1896: 85.000 1903: 100.000
Tagesanzeiger	1893: 43.000	33.000	1900: 47.000 1902: 50.000

Der Erfolg machte neidisch, Gewinnspannen erreichten Anfang des 20. Jahrhunderts bis zu 25%. Den Generalanzeigern wurde ihre Annoncenabhängigkeit vorgeworfen, die zum Einfluss der Inserenten auf den redaktionellen Text führe. Die Vorwürfe sollten die neue Konkurrenz schlecht machen. Vor allem fürchteten die Verleger der politischen Presse die ökonomische Potenz der Massenpresse und – wie gesehen unberechtigt – den Verlust der eigenen Leser. Aus Furcht vor dem „Scherlismus" und zur Abwehr der Generalanzeiger gründeten sie 1894 den VDZV. Die behauptete Anzeigenabhängigkeit, die sich wie ein Stereotyp durch die Pressekritik des späten 19. und frühen 20. Jahrhunderts zieht, war jedoch – damals wie heute – gerade bei den großen Zeitungen und Verlagen noch am wenigsten berechtigt. „Daß Sie ihre Annoncen-Aufträge anderen Zeitungen zuwenden wollen," antwortete Wilhelm Girardet einem unzufriedenen Kunden, „nehme ich nicht ernst. Denn ein kluger Kaufmann gibt nur den Zeitungen seine Aufträge, in welchen er die meiste Aussicht auf Erfolg seiner Inserate erwarten kann." Damit wies er ihn auf ein umgekehrtes Abhängigkeitsverhältnis hin.[259]

[257] Wolter, H.-W.: Generalanzeiger, S. 263-267, 272-274, 280-283, 293-296.

[258] Weitere Auflageangaben zum BLA: 1884: 152.000; 1889: 123.500; 1896: 160.650; 1898: 209.350; 1899: 260.000; 1902: 235.000; 1910: 300.000; 1925: 230.000 ; 1929: 250.000 ; 1932: 205.000; 1939: 200.000.

[259] Wilhelm Girardet an B. Hartmann, Schreiben vom 28.1.1915, zit.n. Wolter, H.-W.: Generalanzeiger, S. 255. Groth, O.: Die Zeitung, Bd. 2, S. 539. Sehr detaillierte Beschreibung der ökonomischen Verlagsentwicklung bei Schanz, J.: Presse-Großverlag. Dort auch Gewinne der Ullstein-Scherlschen

Die Generalanzeigerpresse brachte drei Neuerungen: Sie veränderte die Vertriebsbedingungen, sie revolutionierte das Anzeigenwesen und sie bediente sich neuer Methoden der Leser-Blatt-Bindung, die bei der Parteipresse noch nahezu ausschließlich über politische Affinitäten hergestellt worden war. Die Generalanzeiger deklarierten hingegen politische Neutralität. Der Leser müsse einen emotionalen oder räumlichen Bezug zum Dargestellten haben. Die Journalisten der Massenblätter suchten das Leserinteresse zu antizipieren; sie unterwarfen sich damit nicht dem Ansinnen von Lesergruppen, sondern einem angenommenen Lesergeschmack. Großer Wert wurde auf direkte Serviceleistungen wie Rechts- oder allgemeine Lebensberatung gelegt.

Die Generalanzeiger profilierten sich bei den publizistischen Kriterien Aktualität, Universalität und Publizität. Die Aktualität wurde durch bewussten Einsatz neuester technischer Vervielfältigungsmöglichkeiten und Informationskanäle gesteigert. Angesichts des breiten Spektrums des anvisierten Publikums zeichneten sich die Generalanzeiger durch ein weites Themenspektrum aus. Die einzelnen Texteinheiten waren kürzer, die Zahl der Einzelinformation erheblich größer. Hinzu kamen verbesserte Aufmachung, stärkere Lokalberichterstattung, aktuellerer Nachrichtendienst, Belebung des Feuilletons und Zurückdrängung „parteipolitischen Gezänks".[260]

Spätere Zeitungstypen verfeinerten die entwickelten Vorgaben und setzten auf neue Vertriebsformen wie Einzel- und Straßenverkauf. Verlage wie Mosse, Ullstein und Scherl, die den Ruf Berlins als Zeitungsstadt begründeten, setzten auf unterschiedliche Zeitungstypen und deckten die Presselandschaft in der ganzen Breite ab. Rudolf Mosse begann mit einer Annoncenexpedition, die Anzeigenkunden an Zeitungen vermittelte, 1871 wurde er mit dem „Berliner Tageblatt" selbst zum Verleger. Das BT war von Anbeginn ein finanzieller Erfolg, journalistisch wurde es einer, als 1880 Arthur Levysohn die Chefredaktion übernahm. Ihm folgte 1906 Theodor Wolff. Die hohe Qualität der Zeitung hing mit Mosses Stil zusammen, seine Chefredakteure nicht zu bevormunden. Als er 1920 starb und sein Schwiegersohn Lachmann-Mosse die Verlagsleitung übernahm, gestaltete sich allmählich auch Wolffs Position schwieriger. Der eigentliche Niedergang begann aber erst, als die Annoncenexpedition in der Weltwirtschaftskrise Hugenbergs Konkurrenz erlag und das renommierte BT mit einem „rein mechanisch erdachten" Plan kaputtgespart wurde.[261]

Morgenpost-Gesellschaft, die 1903 bis1908 zwischen 15 und 25% schwankten. Ebd. S. 93f.

260 Wolter, H.-W.: Generalanzeiger, S. 99f., 176. Meyer, H.-F.: Zeitungspreise, insb. S. 267-269.

261 Sösemann, B.: Ende der Weimarer Republik, S. 41-46. Kraus, E.: Mosse, S. 492-529. Hamburger, R.: Mosse.

Tabelle 2.3.18: Wichtige Zeitungen der Massenpresse[262]

Titel	*Verlag*	*Erscheinungszeit*	*Auflage*
Münchner Neueste Nachrichten (ab 1887, zuvor: *Neueste Nachrichten aus dem Gebiete der Politik*)	Knorr & Hirth	9.4.1848-28.4.1945	1866: 24.000 1900: 95.000 1914: 127.000 1929: 135.000 1939: 90.000
Breslauer Neueste Nachrichten (ab 1918, zuvor: *Breslauer General-Anzeiger*)	F. Walz	1.10.1888-29.2.1944	1888: 25.000 1914: 140.000 1929: 155.000 1939: 94.921
Berliner Morgenpost	Ullstein	20.9.1898-24.4.1945	1899: 100.000 1914: 400.000 1928: 607.000 1939: 440.000
BZ am Mittag	Ullstein	22.10.1904-28.2.1943	1926: 180.000 1928: 208.000 1939: 200.000
Leipziger Neueste Nachrichten (1860 als *Leipziger Nachrichten* gegründet)	E. Herrfurth	1.10.1892-17.4.1945	1892: 4.000 1914: 150.000 1929: 170.000 1939: 140.000

Die Ullsteins verdienten ihr Geld mit revolutionären eigenen Gründungen. Daneben kauften sie Qualitätszeitungen wie die „Vossische Zeitung". In dieser immer noch üblichen Konzern-Mischfinanzierung – z.B. im Springer-Verlag – folgten sie älteren Vorbildern: Schon Cottas „Allgemeine Zeitung" war nur durch das „Morgenblatt für die Gebildeten Stände" zu finanzieren gewesen. Ullstein, der innovativste der Berliner Verlage, gab neben Massenblättern wie der „Berliner Morgenpost" und Zeitschriften wie der „Berliner Illustrirten", der „Koralle" oder dem „Querschnitt" auch praktisch orientierte „Zeitschriften"

262 Weitere Angaben zu den MNN: 1866: 24.000; 1890: 70.000; 1900: 95.000; 1914: 127.000; 1918: 170.000-180.000; 1929: 135.000; 1939: 90.000. Zu den Breslauer NN: 1888: 25.000; 1899: 100.000; 1902: 112.00; 1914: 140.000; 1929: 155.000; 1939: 94.921. Zu der Berliner Morgenpost: 1899: 100.000; 1900: 200.000; 1914: 400.000; 1918: 457.000; 1925: 492.000; 1928: 607.000; 1939: 440.000. Zu den LNN: 1892: 4.000; 1908: 100.000; 1914: 150.000; 1918: 215.000; 1929: 170.000; 1939: 140.000. Heenemann, H.: Auflagenhöhen, S. 78-86. Meyen, M.: Leipzigs Presse, S. 104-106. Ala-Katalog 1939. Enke, Th.: Presse Berlins, in: Theorie und Praxis, 15/1987, S. 387-396 und 16/1988, S. 34-42.

wie den „Ullstein-Schnittmusterdienst" heraus. Besonders innovativ war das Konzept der Boulevardzeitung „BZ am Mittag"; entsprechend legendenumrankt ist ihre Entstehung: Sie sei die erste Boulevardzeitung in Deutschland gewesen und gegründet worden, als die Ullsteins vor Gericht die Aufhebung des bis dahin gültigen Verbots des Straßenverkaufs erstritten hätten. Beides ist falsch, die BZ wurde einzig aus dem Grunde aus der bis dahin bestehenden „Berliner Zeitung" entwickelt, um mit einer Mittagszeitung zwischen Morgen- und Abendblättern die Druckmaschinen besser auslasten zu können.[263]

Der Scherl-Verlag war der publizistische Kern des Hugenberg-Imperiums. August Scherl, der schon in den 1880er Jahren mit fiktiven Verlagswerten als Gegenwert für Kredite erfolgreich operiert hatte, landete 1913 seinen letzten Coup, als er das Gerücht lancierte, Rudolf Mosse habe ihm für seinen konservativen Verlag 11,5 Millionen geboten. Mit Mosse und Ullstein hätten dann zwei liberale Großverlage ohne konservative Konkurrenz Berlin beherrscht. Unter Mithilfe der Ministerien fand sich eine Gruppe potenter Geldgeber, die als Deutscher Verlagsverein Scherl auszahlte, um die Übernahme zu verhindern. Als der Verein gewahr wurde, dass der Scherl-Verlag nur mit etlichen Millionen zu sanieren sein würde und sich zurückzog, betrat der spätere Pressezar Weimars, Alfred Hugenberg, die Bühne – die Grundstrukturen des Konzerns wurden 1915/16 gelegt.[264]

Alfred Hugenberg – Administrator, kein Medienmacher – besaß nicht den Konzern, wohl aber beaufsichtigte und dirigierte ihn. Daraus erwuchs seine politische Macht. Schon früh hatte er den Wert umfassender Meinungsmanipulation erkannt: „Zweifellos wird Deutschland [...] noch wiederholt in die Lage kommen, mit fremden Nationen über wertvolle Gebiete zu verhandeln. Haben wir dann nicht eine genügend starke, öffentliche Meinung, welche für unsere nationalen Interessen eintritt, so wird es uns noch oft so ergehen, wie bei dem deutsch-englischen Vertrag."[265] Diese Sätze lesen sich wie ein später umgesetztes Programm. In konsequenter Fortsetzung wollte Hugenberg schon 1919 erkannt haben: „Dieser [nationale] Gedanke ist heute nicht nur durch den

---

263 Zu Ullstein: Mendelssohn, P.: Zeitungsstadt Berlin, S. 80-88. Klein, M.: Bernhard, S. 10-17. 50 Jahre Ullstein. Schon 1848 hatte es eine kurzlebige Straßenverkaufszeitung gegeben, die „Berliner Straßenzeitung". Im gleichen Jahr war in Berlin der Straßenverkauf mit mehreren Prozessen gegen „fliegende Buchhändler" untersagt worden. Straßenverkauf war nach dem Preußischen Pressegesetz von 1851 (§ 10) nicht verboten, sondern von der Erlaubnis der Ortspolizeibehörden abhängig. Dovifat, E.: Boulevard-Presse, in: Heide, W. (Hg.): Handbuch ZW, Sp. 648. Hachtmann, R.: 1848, S. 318-321. Kauder, G.: Bezett!, in: 50 Jahre Ullstein, S. 191-222. Falsch: Marckwardt, W.: Illustrierte, S. 44-46. Kirchner, J.: Zeitschriften, Bd. 2, S. 417. Deininger, B./ Felger, U.: Querschnitt, in: Rössler, P. (Hg.): Moderne, S. 27-37.

264 Schanz, J.: Presse-Großverlag. Ermann, H.: Scherl.

265 Entwurf einer Adresse an Herrn Dr. Carl Peters, zit.n. Wernecke, K./Heller, P.: Alfred Hugenberg, S. 26.

Sozialismus und durch den bewußten Kampf gegen das Privateigentum bedroht, sondern fast noch mehr durch eine unklare Richtung und Verwirrung der öffentlichen Meinung."[266]

Der Hugenberg-Konzern vereinigte alle medialen Formen – von den Nachrichtenagenturen über Film- zu Beratungsfirmen. Besonders kleine Zeitungen waren für wirtschaftlichen Druck empfindlich und mussten sich deshalb bei der Hugenbergschen Vera Rat holen. Dieses als Beratungsfirma getarnte Ausspähungsinstrument war in Personalunion mit den Kreditanstalten Alterum und Mutuum verbunden, welche die angeschlagenen Zeitungen aufkauften. Hugenberg beherrschte außerdem die indirektere wirtschaftliche Einflussnahme über Anzeigen. Kurz vor Ausbruch des 1. Weltkriegs hatte er die Auslands-Anzeigen GmbH (seit 1923 Ala) gegründet. Mit der Zeit ruinierte die Ala den Mosse-Verlag, der 1932 Konkurs anmelden musste. Und Hugenbergs Annoncenexpedition implizierte noch weitere politische Konsequenzen: Wenn Zeitungen in ihrer Werbewirkung ähnlich waren, konnte die Ala die politisch genehmere mit Anzeigen versorgen und damit der demokratischen großen Schaden zufügen – Werbekraft setzte sich in politische Macht um.[267]

3.2 Von fliegenden, illustrierten, unterhaltenden und kulturpolitischen Blättern: Die Zeitschriften im 19. und 20. Jahrhundert

Von den unterhaltenden Familienzeitschriften zu den Illustrierten

Noch vor den Tageszeitungen erreichten Zeitschriften ein Massenpublikum. Das erste Blatt, das in Deutschland die Auflage von 100.000 Exemplaren überschritt, war ein Fremdimport. In England war von der „Society for the diffusion of useful knowledge" ein Charles Knight (1791-1873) eingestellt worden, der 1832 ein „Penny-Magazine" herausgab. Dieses reich mit Holzschnitten bebilderte Magazin hatte sich – ganz im Sinne der Gesellschaft – der Verbreitung wissenschaftlicher und technischer Erkenntnisse verschrieben. Schon 1833 exportierte Knight das Konzept nach Deutschland. Die deutsche Zweigfirma einer Pariser Buchhandlung, derer sich Knight bediente, veröffentlichte in Leipzig das „Pfennig Magazin der Gesellschaft zur Verbreitung gemeinnütziger Kenntnisse". Schon im ersten Jahr erreichte die Zeitschrift 35.000 Auflage, wenig später 100.000. Doch weil Holzschnitte und Papier von minderer Qualität waren und die Klischees zumeist über das englische Vorbild bezogen wur-

[266] Zit. n.: Bernhard, L.: Hugenberg-Konzern, S. 59.

[267] Guratzsch, D.: Macht durch Organisation, S. 183-343. Holzbach, H.: System Hugenberg, 259-313.

den, blieb ein noch größerer Erfolg aus.[268] Diesen erzielten erst die Familienblätter:

Tabelle 2.3.19: Gründung von Familienzeitschriften (1850-1939)[269]

Jahrzehnt	*Anzahl*	*Jahrzehnt*	*Anzahl*	*Jahrzehnt*	*Anzahl*
1850er	20	1880er	51	1910er	31
1860er	31	1890er	35	1920er	67
1870er	45	1900er	33	1930er	23

Familienblätter waren *das* Unterhaltungsmedium der zweiten Hälfte des 19. Jahrhunderts. Die Gründungswelle schwoll bis in die 1880er-Jahre an, danach sank die Zahl der Neugründungen. Der Erste Weltkrieg bedingte ein vorübergehendes Tief. In den „Goldenen Zwanzigern" kam es nochmals zu etlichen Neugründungen, die große Zeit der Familienblätter war da allerdings schon vorüber. Die 1930er-Jahre – vor allem die NS-Zeit – ließen die Gründungen drastisch zurückgehen. Familienblätter wollten unterhalten, nützlich sein, die guten Sitten fördern. Politik schlossen sie aus. Darin glichen sie ihren Vorläufern aus dem 18. Jahrhundert, den Moralischen Wochenschriften. Sie erschienen größtenteils wöchentlich im Quartformat, druckten Erzählungen, Romane, Berichte. Sie brachten Beiträge universalen Inhalts zur Geografie, Geschichte, Naturwissenschaft und Technik, Kunst. Sie erzählten von berühmten Personen und öffneten ihren Lesern die Spalten eines „Briefkastens". Ihre Leser fanden sie sowohl in den oberen als auch den mittleren Schichten. In all diesen Punkten gingen sie weit über die Moralischen Wochenschriften hinaus.

Nach Gründung einer ersten Zeitschrift 1850 kamen bei Brockhaus in Leipzig 1852 die „Unterhaltungen am häuslichen Herd" heraus. Redakteur war Karl Gutzkow, im Vormärz bekannter Literat des Jungen Deutschland. Ebenfalls in Leipzig wurde ein Jahr später mit der „Gartenlaube" das beispielgebende Blatt für die ganze Pressegattung gegründet. Gründer, Verleger und erster Herausgeber war Ernst Keil, auch er ein Sympathisant des Jungen Deutschland. Schon die „Unterhaltungen" wurden ein großer Publikumserfolg. Ursprünglich war jede 16seitige Zeitschriftennummer zweigeteilt, seit 1861 dreigeteilt in Hauptbeiträge, die Abteilung „Anregungen" und eine Beilage „Neues aus der Welt" mit zumeist 20 Seiten. Die überwiegende Zahl der Beiträge stammte von Karl Gutzkow selbst, Erzählungen wurden von Fremdautoren – u.a. Friedrich

268 Lerg, W.B: Die Anfänge der Zeitung für alle, in: Lerg, W.B./ Schmolke, M. (Hg.): Massenpresse und Volkszeitung, S. 10. Wolter, H.-W.: Generalanzeiger, S. 23. Goldfriedrich, J.: Geschichte des Buchhandels IV, S. 209f., 286.

269 Barth, D.: Familienblatt, in: AGB, 15/1975, Sp. 285-304.

Hebbel – beigesteuert. Der Herausgebervertrag von 1852 hielt fest: „Als Zweck und Tendenz dieser Zeitschrift wird ausschließlich Unterhaltung und Belehrung, diese aber auch in unterhaltender Form, bezeichnet. Politik, rein literarische Kritik und religiöse Polemik bleiben ausgeschlossen.“[270]

Tabelle 2.3.20: Wichtige Familienzeitschriften[271]

Titel	*Verleger, Chefredakteure, Herausgeber*	*Erscheinungszeit*	*Auflage*
Unterhaltungen am häuslichen Herd	Karl Gutzkow (ChefR)	21.9.1852- Ende Dez. 1864	1852: 3.000 1853: 5.000 1856: 6.000
Die Gartenlaube	Ernst Keil (Verleger) Ferdinand Stolle (1. ChefR)	1.1.1853- 30.9.1944	1853: 5.000 1875: 382.000 1906: 100.000 1936: 83.000
Daheim	August Klasing (Verleger) Robert Koenig (1. ChefR)	01.1865 (ausgegeben Okt. 1864) - 30.9.1944	1864: 24.000 1866: 33.000 1870: 70.000 1936: 43.000

Nach Dieter Barths Bibliografie war die „Gartenlaube“ erst die dritte oder vierte Familienzeitschrift, die nach der Revolution von 1848 gegründet wurde. Sie sollte aber die bei weitem erfolgreichste werden. Ihr Verleger, Ernst Keil, hatte schon 1845 einen Verlag gegründet und war vor und nach 1848 wegen seiner satirischen und unterhaltenden Blätter mit sprechenden Namen wie „Leuchtthurm“, „Reichsbremse“, „Spitzkugeln“ oder „Wespen“ wiederholt mit der Zensur in Konflikt geraten.

1852 saß Ernst Keil wegen Zensurvergehen eine neunmonatige Gefängnisstrafe ab. Jetzt arbeitete er den Plan einer neuen Zeitschrift aus. Nach der Entlassung ging er an die Neugründung seines Verlags. Die „Gartenlaube“ erschien zunächst als Beilage einer humoristisch-politischen Zeitschrift namens „Illustrirter Dorfbarbier“, die Keil 1851 erworben hatte. Dieses Blatt bot mit einer Auflage von bis zu 20.000 Stück ideale Startbedingungen. Schon mit dem 2. Jahrgang erschien die „Gartenlaube“ selbständig. Im Unterschied zu Gutzkows „Unterhaltungen“, die das gelehrte Publikum ansprechen wollten, zielte Keil

270 Zit. n. Barth, D.: Familienblatt, in: AGB, 15/1975, Sp. 161.

271 Weitere Angaben zur Gartenlaube: 1853: 5.000; 1854: 14.500; 1856: 60.000; 1863: 160.000; 1864: 105.000; 1866: 177.000; 1875: 382.000; 1883: 224.000; 1884: 260.000; 1885: 270.000; 1906: 100.000; 1936: 83.000. Barth, D.: Familienblatt, in: AGB, 15/1975, Sp. 121-316. Menz, G.: Familienzeitschriften, in: Heide, W. (Hg.): Handbuch ZW, Sp. 962-973.

auf „weniger Gebildete". Diese wollte er mit Gedichten, Novellen, geo- und ethnografischen Schilderungen, „Briefen aus der Natur", Artikeln zur Anatomie des menschlichen Körpers und einem literarischen Feuilleton gewinnen. In der „Gartenlaube" schrieben u.a. so bekannte Schriftsteller wie Theodor Fontane, Wilhelm Raabe oder Theodor Storm, aber auch seinerzeit sehr erfolgreiche und heute fast vergessene wie die Courts-Mahler ihrer Zeit, Eugenie Marlitt, und Peter Rosegger. Da die Redaktion über die Leserzuschriften intensiven Kontakt mit ihrem Publikum hielt, wusste sie, dass die Beliebtheit der Zeitschrift auf den Illustrationen, Lebensbeschreibungen berühmter Persönlichkeiten, Vermisstenanzeigen, die das Publikum aufgeben konnte und sogenannten „gemeinschaftsbildenden" – also familienbezogenen – Elementen der „Gartenlaube" beruhte. Bis Mitte der 1870er Jahre wuchs die Zeitschrift in Auflagendimensionen, die bis dato keine in Deutschland gekannt hatte. Erst als der Gründer 1878 starb, ging es allmählich bergab. Sie wechselte mehrfach den Verlag und landete Anfang des 20. Jahrhunderts bei August Scherl. Die „Gartenlaube" enthielt sich zwar der expliziten politischen Stellungnahme, doch ihre Grundtendenz war nationalliberal. Damit schwamm sie in den sechziger und siebziger Jahren des 19. Jahrhunderts mit dem Zeitgeist. Zugleich eröffnete sie Raum für Gegengründungen mit anderer Tendenz und als die hohe Zeit des Nationalliberalismus vorüber war – in Keils Todesjahr schieden die Nationalliberalen „aus der Regierung" –, war damit ein weiterer Grund für den langsamen Abstieg des Blattes gegeben.[272]

Bewusst als Gegengründung erschien schon seit 1864 im Bielefelder Verlag Velhagen & Klasing „Daheim", die „christliche Gartenlaube". Das Blatt war ebenfalls recht erfolgreich, wenngleich es aus der nachrangigen Marktposition zum Vorbild nie herauskam. Hieß „christlich" anfangs konfessionsoffen, so konzentrierte sich die Ansprache seit dem Kulturkampf überwiegend auf das katholische Publikum. Weitere erfolgreiche Familienzeitschriften waren die „Illustrirte Welt" (1853-1902), „Über Land und Meer" (1858-1925) und „Das Buch für Alle" (1864-1944).[273]

Die Popularität der Familienzeitschriften hatte sich zu nicht unwesentlichen Teilen aus ihren Abbildungen hergeleitet. Nahezu folgerichtig waren die Zeitschriften, die deren Platz in der Gunst des Publikums einnehmen sollten, echte Illustrierte. Als erstes Blatt der Gattung gilt die „Illustrirte Zeitung" aus Leipzig. Doch die Übergänge der Zeitschriftenformen waren fließend. Daher könnten auch die Pfennig-Zeitschriften als erste Illustrierte bezeichnet werden. Den Durchbruch zur Massenpresse erstritt aber die „Berliner Illustrirte Zeitung".

272 Einen thematischen Querschnitt der „Gartenlaube" bietet: Zimmermann, M.: Gartenlaube.

273 Barth, D.: Familienblatt, in: AGB, 15/1975, Sp. 121-316.

Tabelle 2.3.21: Wichtige Illustrierte[274]

Titel	*Verleger, Chefredakteure, Herausgeber*	*Erscheinungszeit*	*Auflage*
Illustrirte Zeitung (Leipzig)	Johann Jakob Weber (Verleger)	1.7.1843-09.1944	1843: 5.000 1892: 13.200 1906: 25.000 1915: 50.000
Berliner Illustrirte Zeitung	Kurt Korff (ChefR 1902-1932) Ullstein	14.12.1891-29.4.1945	1894: 14.000 1914: 1.000.000 1923: 450.000 1931: 1.950.000 1939: 1.250.000
Die Woche	August Scherl (Verleger) Oskar Klaussmann (1. ChefR)	18.3.1899-6.9.1944	1906: 400.000 1916: 600.000 1925: 300.000 1939: 180.000
Arbeiter-Illustrierte Zeitung (1921 gegr. als *Sowjetrußland im Bild*)	Willi Münzenberg (Hg.) Franz Höllering (ChefR)	(2.11.1921) 01.1925-5.3.1933	1921: 10.000 1925: 200.000 1931: 300.000
Das Schwarze Korps	Gunter d'Alquen (ChefR)	6.3.1935-29.3.1945	1935: 200.000 1937: 500.000 1944: 750.000

Das Geheimnis des Erfolges lag in ökonomischen Entscheidungen und im technischen Fortschritt. Doch auch Zufälle, kluge Personalauswahl und lange Tüftelei waren von eminenter Bedeutung. Die BIZ war ursprünglich bei Otto Eysler, dem Verleger der „Lustigen Blätter" (1889-1941), herausgekommen. Eysler, der die Illustrierte bei Ullstein im Lohndruck herstellen ließ, zog sich 1894 aus dem Geschäft zurück. Die BIZ erschien donnerstags und kostete im Jahresabonnement 5 Mark, zehnmal weniger als die Leipziger Konkurrenz. Auch musste der Abonnementspreis nicht im voraus entrichtet werden und das

274 Weitere Angaben zur BIZ: 1894: 14.000; 1906: 800.000; 1914: 1.000.000; 1923: 450.000; 1926: 1.750.000; 1931: 1.950.000; 1939: 1.250.000. Die 400.000-500.000 Auflage der AIZ, die Bahne für 1931 angibt, sind zu hoch. Mendelssohn, P.: Zeitungsstadt Berlin, S. 150. Ala-Katalog 1939. Bahne, S.: Willi Münzenberg (1889-1940), in: Fischer, H.-D. (Hg.): Presseverleger, S. 340f. Vgl. Surmann, R.: Münzenberg-Legende, S. 174. Lehmann, E.H.: Illustrierte, in: Heide, W. (Hg.): Handbuch ZW, Sp. 1775-1797. Combs, W.L.: Voice of the SS, S. 26, 39. Martens, E.: Reich, S. 34f. Eberlein, A.: Bibliographie.

Abo zu 50 Pfg. konnte monatlich verlängert werden. Die Einzelnummer kostete 10 Pfennig. Damit war das Blatt für die Massen erschwinglich.

Technisch hing der Erfolg eng mit den verbesserten Fotografier- und Abbildungsmöglichkeiten – Kodak und Autotypie (s. S. 120) – zusammen. Schon 1883, also sehr bald nach der Erfindung, druckte die „Illustrirte“ aus Leipzig ein erstes autotypiertes Foto. Ein Zufall beschleunigte die Verbreitung der Fotos. Ein Ingenieur namens Zander hatte 1895 zufällig mit einer Kodak ein Großfeuer fotografiert und es der BIZ angeboten. Bald darauf gründete er mit dem Kaufmann Siegmund Labisch die Fotoagentur Zander und Labisch. In Weimarer Zeit versorgte Erich Salomon die BIZ mit spontanen und Eindruck machenden Schnappschüssen berühmter Persönlichkeiten. Der Ullstein-Verlag, anfangs noch von Büxensteins Klischees abhängig, baute ab 1896 eine eigene Klischieranstalt auf, der es mühsam tüftelnd und schrittweise gelang, die Stereotypien, die lange nur auf den Schnellpressen mit Karren (s. S. 115) zu drucken waren, auf die Rotationsmaschine zu zwingen. Im Wettbewerb zwischen den Illustrierten sollte die Abbildungsqualität eine herausragende Rolle spielen. Das Know How wurde als entscheidender Wettbewerbsvorteil wie ein Augapfel gehütet. Während heute der Zug der Zeit das Outsourcing diktiert, stand damals den Branchengrößen das Umgekehrte zu Gebot.[275]

Die Mischung ergab das Erfolgsgeheimnis der BIZ. Wenn Friedrich Luft feststellt, sie habe sich in ihren ersten Jahren nur unwesentlich von anderen populären Zeitschriften wie der „Gartenlaube“ oder der Rundschau-Zeitschrift „Nord und Süd“ unterschieden, so ist ihm darin unbedingt zuzustimmen. Wenn er hingegen herausstreicht: „Das bewundernswerte an dieser frühen Leistung besteht darin, dass sich an der Konzeption der Illustrierten, wie sie in den neunziger Jahren des vorigen Jahrhunderts entworfen und dann praktiziert wurde, im Grunde kaum etwas geändert hat“, so ist diese Feststellung ebenso richtig wie falsch. Zuzustimmen ist der Bedeutung der Grundkonzeption, doch die BIZ entstand nicht am Reißbrett.[276] Es hat große Mühe gekostet, die Leichtigkeit des Seins, die ihre Seiten ausstrahlten, zu erarbeiten. Zeichner wie Willibald Krain, der im Konzentrationslager umkam und dessen Zeichnungen heute ein Geheimtip unter Sammlern darstellen, schmückten die BIZ nach dem Ersten Weltkrieg, Karikaturen vom jungen Lyonel Feininger davor. Heinrich Zille wurde durch die BIZ entdeckt. Wichtig war Kurt Szarfranski, Illustrator von Kurt Tucholskys Miniatur „Schloß Rheinsberg“. Die Witzseiten prägte lange Jahre Paul Simmel, in der NS-Zeit zeichnete E.O.Plauen mit „Vater und Sohn“

275 Korff, Kurt: BIZ, in: 50 Jahre Ullstein, S. 284f., 288. Vgl. Gebhardt, H.: Illustrierte, in: Buchhandelsgeschichte, 2/1983, Nr. 48, S. B50-B53. Macias, J.: Bildjournalismus, S. 32. Marckwardt, W.: Illustrierte, S. 13-15, 44-52.

276 Luft, F. (Hg.): BIZ, S. 5 und 11.

ein Idyll als Refugium vor den Zeitläuften. Erich Salomon, der ebenfalls im KZ verstarb, revolutionierte die Fotoberichterstattung, indem er neueste Fototechnik einsetzte, die es ihm erlaubte, ohne Blitz und sehr unauffällig Persönlichkeiten abzulichten. Doch nicht diese bekannten und weitere weniger berühmte Namen, die vordergründig das Erscheinungsbild der BIZ prägten, trugen die BIZ, sondern der Chefredakteur Kurt Karfunkel(stein), der sich – der antisemitischen Vorbehalte wegen – Kurt Korff nannte. Sein Können gestaltete die BIZ und seine Geschichte ist immer noch zu schreiben. Die BIZ war auch wegen ihrer Fortsetzungsromane erfolgreich. Anfänglich schien es unmöglich, die Leser über eine Woche unter Spannung zu halten. Die BIZ versicherte sich mit hohen Honoraren der Zulieferung durch erstklassige Autoren. Es schrieben u.a. Vicki Baum, Hans Fallada, Ricarda Huch und Arthur Schnitzler. Norbert Jacques erfand „Dr. Mabuse, der Spieler".[277]

Hinter der BIZ immer nur Zweite war eine programmatisch „Die Woche" genannte Zeitschrift des Scherl-Verlags. In Oskar Klaussmann hatte August Scherl einen geeigneten Chefredakteur gefunden, der vor allem die Personality-Story propagierte und den Porträtfotos der Celebrities zum Durchbruch verhalf – eine Leistung, der auch Kurt Korff seine Achtung nicht versagen konnte. Die erste Ausgabe, 40 Seiten stark, davon 32 auf fotogeeignetem Hochglanz, bot eine Mischung aus leichten, gesellschaftlichen Themen. Die Feuilletons schrieb Felix Holländer. Artikel über Cosima Wagner und die damals beliebte Schauspielerin Agnes Sorma packten auch Themen der Kultur von der Seite der Personalberichterstattung an. Quelle des Artikels zu der Sorma war eine damals erst allmählich in den deutschen Journalismus eindringende Berichterstattungsform: das Interview. Dargestellt wurde das Privatleben der Schauspielerin. Das Publikum sollte den Eindruck haben, in die intimsten Geheimnisse eingeweiht zu werden. Auch ein Foto, das die Sorma am Herd zeigte, durfte nicht fehlen.

In der ersten Ausgabe startete die „Woche" zugleich mit mehreren Romanen, darunter „Erdsegen" von Peter Rosegger. Gesellschaftliche Wochenübersichten präsentierten hauptsächlich den hohen Adel. Mit Fotos, vor allem Portraitfotos, wurde die Gesellschaftsberichterstattung ergänzt. Zeichnungen von topaktuellen höfischen Kleidern und Frisuren illustrierten einen Artikel „Mode bei Hofe". Ergänzend, wohl ebenfalls auf weibliches Publikum zielend, behandelte ein mit Statistiken angereicherter Artikel „Ehefragen". „Die Kindererziehung der Zukunft" mochte ebenfalls in diese Richtung zielen. Doch auch für Männer bot die Illustrierte Lesestoff. Ein Bericht über Cecil Rhodes personali-

[277] Ferber, Chr. (Hg.) BIZ, S. 5-10. Mendelssohn, P.: Zeitungsstadt Berlin, S. 139-153. Salomon, E.: Bildjournalismus, in: Wallenberg, H./ Freyburg, W.J. (Hg.): Hundert Jahre Ullstein, Bd. 1, S. 384-405. Macias, J.: Bildjournalismus, S. 11f.

sierte den damals virulenten Konflikt zwischen den Briten und den Buren in Südafrika. Eine Statistik erläuterte die Stärkeverhältnisse der Flotten der europäischen und außereuropäischen Großmächte. Deutschland lag damals laut dieser Grafik noch hinter den USA an fünfter Stelle. Die innenpolitische Richtung solcher Grafiken war auf die Unterstützung des offiziellen Flottenbauprogramms gerichtet. Damit fügte sich die „Woche" in den allgemein regierungsfreundlichen Kurs des Scherl-Verlags. Auch für Katholiken berichtete die Zeitschrift Interessantes. Die schwere Krankheit Papst Leos XIII. bot den Anlass zu einem Fotobericht über die „Residenz der Päpste". Juristische und medizinische Kolumnen, Satire und Rätsel rundeten das Bukett der Illustrierten ab. Sport fehlte zwar noch in der ersten Ausgabe, doch im Verlauf des ersten Jahrgangs wurde auch ihm zunehmend Aufmerksamkeit gewidmet. Insgesamt lässt die erste Ausgabe der „Woche" eine Mischung erkennen, der die Illustrierte während der nächsten Jahre ihres Bestehens treu blieb. Die Universalität der Inhalte sicherte eine hohe Auflage, wenngleich die Marktführerschaft Scherls „Woche" versagt blieb. Immerhin aber war sie ökonomisch erfolgreich, selbst wenn dieser Erfolg eher in negativer Hinsicht in einem Bonmot seinen Ausdruck fand: „Scherl verliere in einem 'Tag' [mit seiner verlustreichen, illustrierten Tageszeitung] mehr, als er in einer 'Woche' verdienen könne", hieß es.[278]

Nicht primär ökonomisch, sondern ideologisch motiviert, erschienen die kommunistischen und nationalsozialistischen Illustrierten. Münzenbergs AIZ verkaufte ihre politische Botschaft verpackt in Sozialreportagen – viele über die Sowjetunion – und die berühmten Kollagen John Heartfields. Der „Illustrierte Beobachter" (1926-1945) war während der „Kampfjahre" neben dem VB das wichtigste Kampfblatt der Partei. Vor allem aber ist die Wochenillustrierte der SS, das „Schwarze Korps", zu nennen, die zunächst mittwochs, seit September 1935 donnerstags erschien. Das SK war radikaler als Hitler und Goebbels selbst und erarbeitete sich mit unorthodoxen Überschriften, saloppper Sprache und radikaler Kritik bei vielen Deutschen den Ruf, das einzige Oppositionsblatt des „Dritten Reichs" zu sein. Doch diese „Opposition" war zum einen der SS-Devise „Meine Ehre heißt Treue" geschuldet, d.h. das Blatt kritisierte nur innerhalb des Systems. Zum anderen schloss das eine das andere deshalb nicht aus, weil es Chefredakteur Gunter d'Alquen auf den „reinen Nationalsozialismus" ankam. Thematische Schwerpunkte waren die Kritik an zu weichen Justizentscheidungen, nirgends wurde so aggressiv gegen Kirchen und Priester, die Juden und „Neger" gehetzt – mit Ausnahme von Streichers „Stürmer".[279]

278 Die Woche, (18.3.1899), 1. Jg., Nr.1.Vgl. Mendelssohn, P.: Zeitungsstadt Berlin, S. 150f. Korff, Kurt: BIZ, in: 50 Jahre Ullstein, S. 287f.

279 Willmann, H.: AIZ. Combs, W.L.: Voice of the SS, S. 31-35, 69-167, 254-295. Heiber, H./Kotze, H.v.: SK, S. 5-23. Interview A. Kutsch/ R. Stöber mit Gunter d'Alquen am 27.5.1997.

Satirische und humoristische Blätter

Der politische Witz braucht die Unfreiheit, um zu gedeihen. Der gedruckte politische Witz bedarf eines Mindestmaßes an Freiheit, um zu florieren. Darum hatte der politische Witz in der NS-Zeit und in der DDR seine besten Jahre, die gedruckten Ausgaben hingegen verkümmerten in der nationalsozialistischen Diktatur und auch der „Eulenspiegel" der DDR diente mit seinen Pointen „zwischen den Zeilen" dem Regime mehr als dass er ihm schadete. Doch erklärt die politische Perspektive nicht ganz, warum eine Pressegattung nahezu vollständig verschwunden ist. Oder ist sie es nicht und lebt in den klamaukigen bis kabarettistischen Fernsehsendungen fort? Zumindest sind, im Unterschied zu den bisher behandelten Pressegattungen, die satirischen und humoristischen Blätter beinahe ausgestorben. Über einen längeren Zeitraum konnten sie nur zwischen der Mitte des 19. Jahrhunderts und 1933 und da vor allem in Zeiten des Umbruchs florieren. Deshalb hatten Serien von Flugblättern während der Reformationszeit die Menschen entzückt, deshalb blühten im „tollen Jahr" 1848 Abertausende von Blättern. Auch die „Revolution" von 1918/19 animierte nochmals. Die Gattung der satirischen und humoristischen Blätter ist heterogen. Grob lassen sich satirische und humoristische Zeitschriften unterscheiden. Die ersten sind spitz, bisweilen verletzend, immer provozierend, die anderen sind unaufgeregter, gemütlicher, weniger spottend. Die satirischen Blätter differenzieren sich je nach ihrem Anteil politischer Satire. Ihre Wurzeln liegen in Groschenheften, komischen Volkskalendern und satirischen Flugschriften.

Zahlenmäßig sind die satirisch-humoristischen Zeitschriften nicht korrekt zu erfassen. Denn viele waren sehr kurzlebig, kamen nicht über die erste Nummer oder wenige Ausgaben hinaus, die beileibe nicht alle überliefert sind. Allein für das 1848er-Berlin schätzt Ursula E. Koch die Zahl der Flugschriften auf 2.000. Andere Zeitschriften stellten nach einigen Jahren ihr Erscheinen ein. Gründe für ihre Kurzlebigkeit gab es viele. Ein zündender Witz trug zwar eine einzelne Ausgabe, nicht aber eine Serie und schon gar kein Periodikum. Die bewegten Zeiten, in denen die Blüten austrieben, gingen so schnell und überraschend, wie sie gekommen waren. In der Revolution von 1848 öffneten die satirischen Blätter dem aufgestauten Unmut des Vormärz ein Ventil. Als der Dampf entwichen war, minderte das nicht nur den unmittelbaren Antrieb, solche Blätter herauszugeben und zu lesen, auch die Regierungen, die dem Überdruck hatten nachgeben müssen, schlugen zurück. Der einsetzenden Reaktion und ihrer Zensur fielen die meisten Blätter, die es auf mehr als ein paar Ausgaben gebracht hatten, zum Opfer.[280]

[280] Koch, U.E.: Teufel, S. 66.

Witzblätter informierten nicht, sondern setzten die Information des Publikums voraus. Sie lebten von der Karikatur des Augenblicks und von den running gags. Daher hatte jedes Blatt stehende Figuren, die den Wiedererkennungswert förderten. Auch Stil, Themen und Mischung durften, wenn sie erfolgreich waren, nur allmählich und behutsam geändert und dem veränderten Geschmack des Publikums angepasst werden. Manche Blätter gingen dabei zu langsam vor und verknöcherten, andere wandelten sich überhastet und büßten auf die Länge ebenfalls ihren Witz ein.

Nur wenige Blätter lebten lange, nur eines wurde 100 Jahre: die „Fliegenden Blätter" aus Münchner Künstlerkreisen. Sie erschienen in loser Folge, die einzelnen Jahrgänge sind daher durchpaginiert. Die Künstler um Kaspar Braun (1807-1877), den Initiator des Blattes, trafen sich in den Anfangsjahren in regelmäßigen Abständen abends in einer Kneipe, kalauerten und besprachen die eingesandten Anregungen – nachdem die „Fliegenden Blätter" ihren Durchbruch geschafft hatten, gingen monatlich bis zu 1.500 Einsendungen mit humoristischen Vorschlägen ein. Das Geheimnis des Erfolgs der „Fliegenden Blätter" war neben dem engen Kontakt zur Leserschaft die große Zahl hochkarätiger Mitarbeiter. Wilhelm Busch zeichnete vor 1871 etliche Geschichten, bis er sich über das Honorar für „Max und Moritz" mit dem Verlag zerstritt. Carl Spitzweg gehörte ebenso zu den Zeichnern wie Moritz von Schwind. Der produktivste Zeichner der frühen Jahre mit mehr als 9.000 Illustrationen war Carl Stauber. Um die Jahrhundertwende hatte Hermann Schlittgen seine Position eingenommen. Zum Erfolg der Blätter trug zudem die unpolitische Entwicklung bei. Mussten sie sich in den letzten Jahren des Vormärz trotz des vergleichsweise liberalen Münchner Klimas allzu konkreter innenpolitischer Kritik enthalten, so wurde das nach der Revolution von 1848 bewusst zum Programm erhoben. Schon früh fanden sich antisemitische Bezüge wie eine „Weltgeschichte", die vom Ewigen Juden erzählte, der nach Deutschland verschlagen wird. In einer anderen Zeichnung wurde Frankreich mit einem wetterwendischen Schildhäuschen karikiert, dessen Kanone sowohl nach außen, als auch nach innen – gegen die Franzosen selbst – zu richten ist. In einer dritten pflügte der Bauer des Jahres 1945 mit einer Dampflock seine Felder. Die „Fliegenden Blätter" kritisierten Wirtschaftlich-Soziales, Wucherer, Außenpolitisches, Innenpolitik allerdings fehlte.[281]

Sprichwörtlich ist die zur stehenden Redewendung gewordene Figur des Biedermeier geworden. 1856 waren sie als Biedermaiergedichte (mit a) eingeführt worden und karikierten die „gute, alte Zeit" des Vormärz. Zwar war die Betulichkeit des Gottlieb Biedermaier vordergründig gänzlich unpolitisch, un-

281 Fliegende Blätter 1845, S. 7f., 31, 135.

terschwellig lag aber gerade darin die Kritik. Beides sicherte den Erfolg bei einem Publikum, dessen größerer Teil des Politischen überdrüssig geworden war und dessen kleinerer nur versteckte Kritik goutierte. Zudem bot die Camouflage der Zensur keinen Anlass einzuschreiten. Heulmeier und Wühlhuber, der mit der Eisenbahn in der Weltgeschichte umherreisende Dr. Beisele, die Kornwucherer waren andere stehende Figuren der Blätter. Die besten Jahre der „Fliegenden Blätter" lagen in der zweiten Hälfte des 19. Jahrhunderts, doch hielten sie zu ängstlich am Erfolgsrezept fest und am Ende, in der NS-Zeit, war den Blättern der Witz weitgehend abhanden gekommen. Erich Pfeiffer-Belli hat sie als „galvanisierten Leichnam" bezeichnet."[282]

Tabelle 2.3.22: Satirische und humoristische Zeitschriften[283]

Titel	*Verleger, Chefredakteure, Herausgeber*	*Erscheinungszeit*	*Auflage*
Fliegende Blätter	Kaspar Braun (Initiator)	7.11.1844-28.9.1944	1844: 4.600 1870: 14.000 1894: 95.000 1939: 33.500
Kladderadatsch	David Kalisch (Initiator)/ Gregor Heinrich Albrecht Hofmann (1. ChefR)	7.5.1848-3.9.1944	1848: 2.000 1871: 50.000 1915: 40.000 1939: 11.315
Ulk	Kurt Tucholsky (1918-20)	3.4.1872-03.1934	Beilage zum BT, s. Tabelle 2.3.5
Simplicissimus	Thomas Theodor Heine (Initiator) Albrecht Langen (Verleger)	4.4.1896-13.9.1944	1905: 100.000 1908: 74.000 1911: 90.000 1939: 19.285

Der Berliner „Kladderadatsch", ein norddeutscher Ausdruck für Durcheinander, traf den Ton der Revolution. Er war schon von seiner Entstehung her wesentlich politischer als das Münchner Pendant. Daher ist die eigentliche Leistung nicht, dass auch er beinahe 100 Jahre alt wurde, sondern dass er die

282 Pfeiffer-Belli, E.: Einleitung, in: Zahn, E. (Hg.): Fliegende Blätter, S. 7.

283 Weitere Angaben zu den „Fliegenden Blättern": 1844: 4.600; 1869: 12.500; 1870: 14.000; 1887: 85.000; 1894: 95.000; 1903: 91.500; 1939: 33.500. Weitere Angaben zum „Kladderadatsch": 1848: 2.000; 1849: 3.000; 1851: 6.000; 1852: 12.000; 1862: 26.000; 1866: 39.000; 1869: 45.000; 1871: 50.000; 1880: 40.000; 1890: 20.000; 1915: 40.000; 1939: 11.315. Zahn, E. (Hg.): Fliegende Blätter, S. 8-18. Hartenstein, L. (Hg.): Kladderadatsch, S. 7-16. Schulz, K.: Kladderadatsch, S. 169f, 193. Koch, U.E.: Teufel, S. 209. Ala-Katalog 1939.

nachrevolutionären Jahre überlebte. Angeblich hatte König Friedrich Wilhelm IV. einen derartigen Narren an dem Blatt gefressen, dass er es wiederholt vor der Einstellung geschützt habe. Doch wichtiger dürfte gewesen sein, dass der „Kladderadatsch" seine „Gedanken", nach den Worten des Gründers, „in die Schale der Thorheit" gehüllt hatte.[284]

Initiiert hatte ihn David Kalisch, ein aus Breslau gebürtiger Gelegenheitsverleger. Die Zeitschrift hieß im Untertitel zunächst „Organ für und von Bummler" – ein Berliner Ausdruck für nichtsnutzige Müßiggänger; „berlinisch" war das Blatt in seiner ganzen Schnoddrigkeit. Ab dem 2. Jahrgang lautete der Untertitel „Humoristisch-satyrisches Wochenblatt" und es erschien „täglich mit Ausnahme der Wochentage". In der Mitte des Titels schaute ein mondrunder Kopf, der „Kladderadatsch" *in personam*, auf den Leser hernieder. Auf dem Höhepunkt seines Ansehens stand die Zeitschrift zwischen 1870 und 1890, der Zeit der Reichskanzlerschaft Bismarcks. Mit dem preußischen Ministerpräsidenten und Kanzler verband die Zeitschrift anfangs eine Hassliebe. Dessen Karikaturen waren eine Art stehendes Signet der Zeitschrift. Bismarck, seit den späten 1850er Jahren mit sehr hoher Stirn, wurde vom „Kladderadatsch" konsequent mit drei Haaren gezeichnet. Vermutlich spielten die drei Haare (des Teufels drei goldene Haare) auf den Leibhaftigen an. Mal standen die drei Haare auf Sturm, dann war Bismarck angriffslustig, dann lagen sie lethargisch und zeigten eine initiativlose Politik an. Als Bismarck entlassen wurde, gab er die drei Haare als „Insignien der Macht" an den gerührt dastehenden „Kladderadatsch" zurück. Bedingt durch den Wechsel der Führungspersönlichkeiten war der „Kladderadatsch" in den letzten Jahren der Kanzlerschaft und verstärkt seit der Entlassung längst ein entschiedener Bismarckianer. In Weimarer Zeit driftete die Zeitschrift soweit nach rechts, dass die „Machtergreifung" der Nationalsozialisten kaum eine weitere Anpassung nötig machte.[285]

Das dritte Blatt der drei großen deutschen Satirezeitschriften kam wiederum aus München und wurde gegründet, als die große Zeit des „Kladderadatsch" sich dem Ende neigte. Der „Simplicissimus" wurde von drei großen Karikaturisten getragen, Th.(omas) Th.(eodor) Heine (1867-1948), Olaf Gulbranson (1873-1958) und Karl Arnold (1883-1953). Zu den Mitarbeitern gehörten Käthe Kollwitz und Heinrich Zille. Der „Simpl" war bissig wie Heines Markenzeichen, die Bulldogge. Bevorzugt aufgespießt wurden der preußisch-deutsche Militarismus, klerikal-kirchliche Heuchelei, gesellschaftlicher Snobismus. Zum ersten ernsthaften Konflikt mit den Behörden kam es 1898 über die Satire auf Kaiser Wilhelms II. Palästinareise, der Franz Wedekind im Gedicht „Im heili-

[284] Zit.n. Koch, U.E.: Teufel, S. 142, 155f.
[285] Hartenstein, L. (Hg.): Kladderadatsch, S. 7-16. Schulz, K.: Kladderadatsch, S. 21-69, 110-153.

gen Land" ein böses Denkmal setzte. Bis zum Ersten Weltkrieg, als der „Simpl" – simpel war er keineswegs – handzahm wurde, folgten etliche Prozesse. Ein Geschäft war der „Simpl" obendrein, darum erstritt sich die Redaktion 1906 Gewinnbeteiligung.[286]

Es gab verbreitetere Satirezeitschriften, aber in der Ausstrahlung kamen die anderen an die genannten drei nicht heran. Zu nennen wären die „Berliner Wespen" (1868-1881), die zeitweise über 30.000 Auflage verkauften. Ein besonderer Erfolg war die wöchentliche Beilage des BT, der „Ulk": „Täglich wird viel Ulk gemacht, Donnerstag wird er gebracht", lautete sein Motto. Eine seiner stehenden Figuren hieß Paula Erbswurst. Kurt Tucholsky war zwischen 1918 und 1920 der Chefredakteur. Satireblätter gab es auch aus parteipolitischer Richtung: der sozialdemokratische „Wahre Jacob", die nationalsozialistische „Brennessel", der KPD-nahe „Eulenspiegel".[287]

Rundschauzeitschriften und kulturpolitische Diskussionsforen

Rundschauzeitschriften und kulturpolitische Diskussionsforen unterschieden sich in vielem von den Witz- und Satireblättern. Ihr Format war klein und unscheinbar wie die Zahl ihres Publikums. Es war elitär, nicht die breite Masse. Illustrationen fehlten in den textlastigen Blättern fast ganz. Sie hatten selbst dort ein ernsthaftes Anliegen, wo sie karikierten. Doch es gibt auch Gemeinsamkeiten. Auch die Rundschauzeitschriften sind fast vollständig verschwunden. Ihre Blüte endete ebenfalls 1933 – sieht man von der kurzen Nachblüte der Jahre 1945-1948 ab. Und wenn sich heute Magazine wie der „Spiegel" auf Exemplare wie die „Weltbühne" berufen, so konstruiert das allenfalls oberflächlich Kontinuität.

Die Rundschauzeitschriften verbanden Politik mit Wissenschafts- und Kulturberichterstattung, Themen, die lange als nicht gemeinsam behandelbar galten. Nur selten – bei Maximilian Hardens „Zukunft" oder Karl Kraus' „Fackel" – war die Zeitschrift beinahe oder vollständig das Werk eines Einzelnen. Die Mehrzahl der Blätter versammelte eine große Zahl sachkundiger Mitarbeiter, die in Einzelfällen den Charakter eines Kreises von Gesinnungsgenossen annehmen konnte: Z.B. der „Tatkreis" um die rechtskonservative „Tat" gegen Ende der Weimarer Republik. Immer aber lebten die Blätter von dem Engagement einer zentralen Person. Schon bevor der Name aufkam, gab es „Rundschauzeitschriften". „Die Grenzboten" (1841-1922) könnten als solche gelten.

[286] Reinoß, H. (Hg.): Simplicissimus, 5-9. Rösch, G.M.: Thoma, S. 45-85, 95-149, 282-296.
[287] Koch, U.E.: Teufel, S. 211-227.

Im Vormärz als Blatt gegründet, das dem gemeinsamen Anliegen des belgischen und deutschen Liberalismus diente, in den 1850ern entschieden kleindeutsch, wurde es unter dem Eindruck der Bismarckschen Reichseinigung zu einem unbedingten Parteigänger des Kanzlers. Zwischen 1848 bis 1857 leitete Gustav Freytag die Redaktion – von Freytag stammt u.a. das sprichwörtlich gewordene Lustspiel „Die Journalisten". Doch fehlte den „Grenzboten" die Breite des thematischen Spektrums; erst unter dem Einfluss des namengebenden Prototypen veränderten sie ihre Gestalt und glichen sich dem Rundschautypus an.[288]

Tabelle 2.3.23: Rundschau- und kulturpolitische Zeitschriften[289]

Titel	*Verleger, Chefredakteure, Herausgeber*	*Erscheinungszeit*	*Auflage*
Deutsche Rundschau	Julius Rodenberg (1874-1914) Rudolf Pechel (1919-1961)	10.1874-04.1942 04.1946-03.1964	1874: 8.000 1890: 10.000 1933: 7.000 1937: 3.000
Nord und Süd	Paul Lindau	04.1877-10.1920 und 05.1927-09.1930	1877: 15.000 1912: 100.000 (Prop.nrr.)
Die Zukunft	Maximilian Harden	1.10.1892-30.9.1922	1893: 6.000 1908: 23.000 1920: 1.000
Die Fackel	Karl Kraus	04.1899-02.1936	1911: 30.000
Die Weltbühne	Siegfried Jacobsohn (1905-1926) Carl von Ossietzky (1927-1933)	(7.9.1905) 4.4.1918-7.3.1933 (im Exil bis 1939)	1912: 1.200 1925: 12.600 1931: 16.000
Das Tage-Buch	Stefan Grossmann (1920-1927) Leopold Schwarzschild (1922-1933)	10.1.1920-11.3.1933 (im Exil bis 05.1940)	1922: 5.600 1927: 14.000 1932: 16.000
Die Tat	Hans Zehrer (1929-1933)	04.1909-03.1939	1913: 1.000 1929: 800 1931: 28.000 1932: 30.000

288 Haacke, W.: Zeitschriften, Bd. 1, S. 144f.

289 Koszyk, K.: Deutsche Presse II, S. 297-304. Ders.: Deutsche Presse III, S. 285. Ders.: Nord und Süd, in: Grunewald, M. (Hg.): Europadiskurs, S. 15f. Haacke, W.: Zeitschrift. Behmer, M.: Schwarzschild, S. 124-126. Berbig, R./ Kitzbichler, J. (Hg.): Rundschau-Debatte 1877, S. 39. Wolter, H.-W.: Rundschau, in: Fischer, H.-D.: Zeitschriften, S. 189-196. Weller, U.B.: Zukunft, in: Ebd., S. 253.

Die „Deutsche Rundschau“ erschien in quartalsweise gebundenen Bänden. Die monatlichen Ausgaben wurden zunächst von einer „Politischen Rundschau“ beschlossen, seit dem dritten Jahrgang fiel diese fort. Jede einzelne Nummer endete dann mit „Literarischen Notizen“ und „Literarischen Neuigkeiten“. Die „Rundschau“-Artikel waren von mittlerer Länge, 4-10 Seiten und behandelten verschiedene Themen, die dem Leser durch Sperrung des Hauptstichwortes im ersten oder zweiten Satz angezeigt wurde. Zunächst wurde das Hauptthema, zumeist Innenpolitik, dann die Außenpolitik, nach Ländern geordnet, behandelt. Immer fand Rodenberg eine elegante Überleitung von dem einen auf den anderen Gegenstand. Jeder Beitrag setzte die genaue Kenntnis der Nachrichten- und Ereignislage voraus. Anspielungsreich und literarisch elegant boten die Artikel der Leserschaft zuvorderst Einordnung und dann erst Bewertung der Vielzahl der Ereignisse. Damit war die „Deutsche Rundschau“ ein komplementäres Medium zu den politischen Blättern ihrer Zeit. Die politischen Rundschauen der ersten beiden Jahrgänge enthalten *in nuce* das in späteren Bänden auf verschiedene Artikel verteilte Programm.

Die Einleitung der ersten „Literarischen Rundschau“ lässt klar die Möglichkeiten und Grenzen des Rezensionswesens erkennen. „Bibliographische Vollständigkeit“ strebe man nicht an. „Dutzendware“ wolle man nicht besprechen, Reklame wolle man nicht machen, sondern man richte sich „an die Gesammtheit der Gebildeten Deutschen, denen es Bedürfnis ist, der Culturarbeit dieser gewaltigen Zeit selbstdenkend zu folgen. Somit werden unsere Berichte sich auf eine, wenn auch geringe, so doch mit Bedacht gewählte Zahl solcher Werke beschränken, welche durch Inhalt oder Form sich der Aufmerksamkeit jedes Gebildeten empfehlen, insofern sie, im Guten oder im Schlimmen, ein wesentliches Moment des Zeitbewußtseins zu selbständig wirksamem Ausdruck bringen oder charakteristisch für die Bewegung des Zeitgeschmacks sind.“ Der Rezensent wolle nicht die „Gunst der Lacher“, sondern der „Denker“ erringen. Die Reizworte der selbstgestellten Aufgabe machen Verschiedenes deutlich. Mit dem Selbstdenken stellte sich die „Rundschau“ in die aufklärerische Tradition; die erste Besprechung zweier Werke über den Religionsphilosophen David Friedrich Strauß unterstrich dies.

Die Abkehr von Dutzendware und Reklame, die Ansprache der Gebildeten, schmeichelte dem Urteil des Lesers und unterstrich eine inhaltliche Ernsthaftigkeit, der vorgeblich jedes ökonomische Interesse fremd war. Die „gewaltige Zeit“, in der die „Rundschau“ die Gebildeten Deutschlands (das Publikum) sah, konnte sich nur auf die politischen Zeitumstände beziehen: Außenpolitisch auf preußisch-deutschem, innenpolitisch auf einem [national]-liberalen Kurs. Rodenberg gelang es, etliche der bedeutendsten Gelehrten seiner Zeit zur Mitarbeit zu bewegen, so den Historiker Heinrich von Sybel oder den Naturforscher Ernst Haeckel, Autor der vielgelesenen „Entwicklungsgeschichte des Menschen“.[290]

Angesichts des Erfolges der „Rundschau“ konnte die Nachahmung nicht lange ausbleiben, zumal Rodenbergs Rundschau selbst ein Vorbild hatte, die „Revue des deux mondes“. Allerdings berief sich pikanterweise die Nachahmung der Nachahmung in Titel und Prolog auf das französische Vorbild: „Wenn Nord und Süd hier aufeinanderstoßen,/ Gescheh' es nie in feindlichem Zerwürfnis!/ Das Große soll sich messen an dem Großen,/ Eins aus dem Andern schöpfen nach Bedürfnis./ Der Süd hat seine Gluth, der Nord sein Eis,/ Und Jeder seiner eigenen Schönheit Preis:/ Ergänzen Beide sich in rechter Mischung,/ so schmilzt das Eis und bringt der Gluth Erfrischung.“ Herausgegeben wurde „Nord und Süd“ von Paul Lindau, einem acht Jahre jüngeren Journalisten, seit 1872 Herausgeber der „Gegenwart“ (1872-1931), der bis dato als Protegé Rodenbergs gegolten hatte. Den Prolog anstelle einer Einleitung hatte Friedrich Bodenstedt gedichtet: Die programmatisch verkündete Suche nach dem Wahren hieß in Beispielen gegen die Barbaren, Mamelucken und Kosaken und – der nationalen Stimmung gegen die östlichen Nachbarn: „Was half's einst den Barbaren, zu verschütten/ Die alten Wunderwerke der Hellenen,/ Um darauf zu bauen schmutzige Slavenhütten!/ Kein Glanz ging aus von diesen – doch von jenen“.[291]

Da standen die Deutschen in der Tradition der klassischen Griechen. Dieser Topos des 19. Jahrhunderts wurde von „Nord und Süd“ gleich im ersten Band mit einem umfangreichen Ausgrabungsbericht des Archäologen Ernst Curtius über die zurückliegende Grabungskampagne des Jahres 1876/77 unterfüttert. Dieser Artikel scheint typisch für die Vermittlung von Wissenschaft, Kunst und Kultur, wie sie die Rundschauzeitschriften prägten. Zum einen war Curtius schon eingangs bemüht, die Relevanz der klassischen Archäologie dem Leser zu erläutern. Zugleich setzte er aber ein profundes Detailwissen über Metopen, Triglyphen und architektonische und kunstgeschichtliche Fachausdrücke voraus. Vor allem arbeitete sich der Artikel an Schliemanns Funden und Methoden ab. Dabei konnte der fachlich versierte Gelehrte Curtius dem ökonomisch erfolgreichen und wissenschaftlich visionären und glücklichen Dilettanten seinen Respekt nicht versagen. Er lobte ausdrücklich auch Schliemanns Wissenschaftsvermittlung in dessen Korrespondenzberichten an die Londoner „Times“. Er warf ihm aber vor, mit seiner Begeisterung für Homer die Bedeutung Trojas weit zu überschätzen.[292]

---

290 Berbig, R./ Kitzbichler, J. (Hg.): Rundschau-Debatte 1877, S. 17-84. Deutsche Rundschau, Bd. 1, Nr. 1, S. 132. Vgl. z.B. Deutsche Rundschau, Bd. 1, Nr. 3, S. 499-505.

291 Nord und Süd, 1877, Nr. 1, S. 3f.

292 Curtius, Ernst: Griechische Ausgrabungen 1876-1877, in: Nord und Süd 1877, Nr. 1, S. 91-100.

Das Blatt stellte hohe Ansprüche an das Publikum. Die wissenschaftlichen Autoren waren sich nicht zu schade, die Streitigkeiten der inneren Gelehrsamkeit vor der breiteren Menge der klassisch Gebildeten auszutragen. Die Mischung der Zeitschrift Paul Lindaus entsprach in etwa derjenigen Rodenbergs. Auch er konnte berühmte Mitarbeiter gewinnen. Novellen standen neben politischen, diese neben feuilletonistischen und wissenschaftlichen Berichten. Porträts personalisierten abstraktere Themen. War „Die Gegenwart" als Wochenzeitung ein Mittelding zwischen Tageszeitung und Zeitschrift, so sollte „Nord und Süd" die „Gegenwart" als Monatsschrift ergänzen. Es ergänzte auch Rodenbergs „Deutsche Rundschau" und dessen Befürchtung, dass es nur für ein Blatt dieses Charakters Platz auf dem deutschen Markt gäbe, erwies sich rasch als ebenso unbegründet wie die Furcht, Mitarbeiter an Lindau zu verlieren.[293]

Eines der ersten Blätter, das sich dem investigativen Journalismus verschrieb, war Maximilian Hardens „Zukunft". Sie galt als bismarcknah, ein Vorwurf den die erste Ausgabe ebenso deutlich belegte, wie sie ihn zu widerlegen versuchte: „Von Posen", schrieb der Herausgeber, „bin ich dann nach Varzin [Bismarcks Gut in Pommern] gereist [...] und was ich dort [...] vernommen habe, soll ein nächstes Mal hier berichtet sein. Die Herren Polen und Antipolen mögen getrost nur die freie Tribüne besteigen, die in der 'Zukunft' errichtet ist. Nur durch offene Aussprache ist die Verständigung zu erreichen; [...] Und daß aus den Zeitungen darüber so wenig zu erfahren ist, das mag auch den Herrn Erzbischof dem Gedanken eines neuen Blattes freundlicher stimmen."[294] Und sein Mitstreiter versicherte: „Der 'Zukunft' sollte ich ein Geleitwort schreiben, was man so einen Programmartikel nennt, einen tüchtigen, mit voll und ganz und unentwegt, mit 'Was wir wollen', und 'Für Kaiser und Reich.' Ich hab's nicht vermocht; durch eigenen Werth, nicht durch tönender Prologe gestelztes Pathos sollen diese Blätter sprechen. Für üble Vorrede haben gute Menschen und getreue Nachbarn genugsam gesorgt, da sie geschäftig, die ärmlichen Lumpen, verbreiteten, mit bismärckischen Gelde würde hier ein bismärckisches Organ jetzt geschaffen."[295]

Die berühmteste und zumindest im Nachleben einflussreichste Rundschau entstand, als sein Gründer einen Karriereknick zu verarbeiten hatte. Siegfried Jacobsohn schuf 1905 die „Schaubühne", nachdem er wegen Plagiatsvorwürfen seine bisherige Stellung als Theaterkritiker der „Welt am Montag" verloren hatte. Anfänglich war die „Schaubühne" ein fast gänzlich unpolitisches, nur den Theaterkritiken verpflichtetes Blatt. Unter dem Einfluss von Franz Pfempferts

---

293 Berbig, R./ Kitzbichler, J. (Hg.): Rundschau-Debatte 1877, S. 17-84.

294 Anonym/ Harden, Maximilian: Erzbischof von Stablewski über die Polenfrage, in: Zukunft, 1892, Nr. 1, S. 1-10, hier S. 10.

295 Apostata: Von Bel zu Babel, in: Zukunft, 1892, Nr. 1, S. 33-40, hier 39f.

„Aktion" (1911-1932) und unter dem des Ersten Weltkriegs politisierte sich die Zeitschrift. Welch entscheidende Bedeutung Jacobsohn für alle Artikel besaß, die unter seiner Ägide erschienen, wird an den Briefwechseln mit seinen Mitarbeitern deutlich. Ab dem April 1918 nannte er seine Zeitschrift „Die Weltbühne". Kurt Tucholsky dichtete ihr zum Geleit: „Mein gutes Blatt! Wie hast du dich verändert! Den Musentempel schließt du beinah zu; mit Politik, Kunst, Wirtschaft dicht bebändert, so geht dein Vorhang auf: auch du, mein Kind, auch du?" Seit dem November des Jahres gehörte sie zu den kritischsten Stimmen der jungen Demokratie.[296]

Paradigmatischen Ausdruck und deshalb vielzitiert findet diese Haltung in dem berühmten Artikel „Wir Negativen" von Kurt Tucholsky ihren Niederschlag. Tucholsky hatte 1919 geschrieben: „Es wird uns Mitarbeitern der 'Weltbühne' der Vorwurf gemacht, wir sagten zu allem Nein und seien nicht positiv genug. Wir lehnten ab und kritisierten nur und beschmutzten gar das eigene deutsche Nest. Und wir bekämpften – und das sei das Schlimmste – Haß mit Haß, Gewalt mit Gewalt, Faust mit Faust. [...] Wir sollen positive Vorschläge machen. Aber alle positiven Vorschläge nützen nichts, wenn nicht die rechte Redlichkeit das Land durchzieht." Später, im Exil kurz vor seinem Selbstmord 1935, hat er in dem Negativismus die entscheidende Schwäche der überzeugten Demokraten gesehen. Und wenn Rudolf Augstein den „Spiegel" in die Tradition der „Weltbühne" stellte: „Hier möchte ich den Irrtum gar nicht erst aufkommen lassen, es hätten Zeitungen und Zeitschriften allemal staatstragende Institute zu sein", so hat er gerade diese späte Wendung übersehen.[297]

Tucholsky, der kurzzeitig nach Jacobsohns Tod und vor Carl von Ossietzkys Redaktionsübernahme, die Chefredaktion des Blattes inne hatte, war nur der berühmteste der fast 1.900 Mitarbeiter, die in den 14 Jahren des Bestehens im Schnitt jedes Jahr 1.000 Artikel auf insgesamt 26.000-27.000 Seiten schrieben. Doch fast 1.500 Mitarbeiter schrieben weniger als drei Beiträge, Tucholsky alleine schrieb hingegen ca. 1.500. Die Mitarbeiter standen links, aber nicht auf einer Linie. Vielmehr schrieben überzeugte Anhänger der KPD neben Pazifisten und Linksliberalen.[298]

---

296 Jacobsohn, S.: Briefe an Tucholsky. Tiger, Theobald [i.e. Kurt Tucholsky]: Auf die Weltbühne, in: WB 1918, Nr. 14, S. 331. Zum Fall Jacobsohn: Nickel, G.: Schaubühne – Weltbühne, S. 83-90. Michaelis, R.: Schaubühne, S. 26-31.

297 Tucholsky, K.: Wir Negativen, in: WB 1919, Nr. 12 (13.3.1919), S. 279-283. Augstein, R.: Eine Republik und ihre Zeitschrift, in: Der Spiegel 1978, Nr. 42, S. 239. Vgl. Raddatz, F.J.: Tucholsky, S. 105. Nickel, G.: Schaubühne – Weltbühne, S. 13-15

298 Holly, E.: Weltbühne, S. 14-25. Austermann, A.: Tucholsky, S. 52-58. Madrasch-Groschopp, U.: Weltbühne, S. 63-87, 128-140, 214-245. Haarmann, H.: Tucholsky, in: Medien & Zeit, 6/1991, Nr. 2, S. 3-7.

Viele Autoren schrieben pseudonym. Zum Teil war das Marotte, zum Teil dem Umstand geschuldet, dass anfangs mehr Mitarbeiter das Blatt schmücken sollten, als ihm zur Verfügung standen. Der wichtigste pseudonyme Autor war wiederum Kurt Tucholsky. Seine wichtigsten Aliasnamen waren: Peter Panter, Theobald Tiger, Ignaz Wrobel und Kaspar Hauser. Daneben schrieb er unter weiteren und aller Wahrscheinlichkeit nach noch unter einem „großen" Pseudonym als „Hugo Grotius". Tucholsky schrieb pseudonym, um seinen literarischen Figuren ein eigenes Leben zu geben.[299] Zumeist aber sollte der Gebrauch von Pseudonymen den Folgen nicht ungefährlicher Enthüllungen vorbeugen. Denn noch in der Weimarer Republik gab es Themen, bei denen die Staatsanwaltschaft keinen Spaß verstand. So schrieb ein „Centurio Veteranus", ein Unbekannter, der sich mit dem Pseudonym als altgedienter und mithin sachkundiger Autor charakterisierte, über den Heereshaushalt 1930.[300] Der folgenreichste Rechtsstreit entzündete sich an einem ähnlichen Thema. „Heinz Jäger", i.e. Walter Kreiser, hatte 1929 unter dem Titel „Windiges aus der deutschen Luftfahrt" über die geheimen Aufrüstungsbestrebungen der Weimarer Reichswehr geschrieben.[301] Für diesen Artikel ging Chefredakteur Carl von Ossietzky ins Gefängnis, wurde erst zum Jahreswechsel 1932/33 aus der Haft entlassen und von den Nationalsozialisten nach dem Reichstagsbrand erneut inhaftiert. An der Krankheit, die er sich im KZ zuzog, ist er 1938 gestorben. Mit dem Friedensnobelpreis, der ihm zwei Jahre zuvor verliehen worden war, konnte das Preiskomitee zwar seine Leistung würdigen, ihm aber nicht helfen.

Nachahmung und Gegengründung zur „Weltbühne" war das liberale „Tage-Buch". Wegen der Farbe des Einbands könnte man spotten, es sei das Gleiche in „Grün" gewesen. Die Ähnlichkeiten sind frappierend: Format – beide im Oktav –, textlastige Aufmachung, großer Mitarbeiterkreis, zwei zentrale Chefredakteure – beim „Tage-Buch" zuerst Stefan Grossmann, dann Leopold Schwarzschild (1922-1927 beide gemeinsam) –, die sich zudem in beiden Blättern „Herausgeber" nannten, das Selbstverständnis als Diskussionsforum, die Auflagenhöhe, der Heft- und der Gesamtumfang, ca. 26.000 Seiten. Da darf nicht verwundern, dass Jacobsohn der Gegengründung, wie Schwarzschild noch in seinem kritisch-freundlichen Nachruf auf den Gegner feststellt, den grünen Heften „nicht grün" gewesen sei.[302]

Aber das „Tage-Buch" war deutlich bürgerlicher und, wie Markus Behmer festgestellt hat, „entschieden antitotalitär". Auch hatte es einen größeren wirt-

299 Holly, E.: Weltbühne, S. 34-39.

300 In: WB 1930, Nr. 21 (20.5.1930), S. 745-754.

301 Jäger, H. [i.e. Walter Kreiser]: Windiges aus der deutschen Luftfahrt, in: WB 1929, Nr. 11 (12.3.1929), S. 402-407.

302 S[chwarzschild], L.: Siegfried Jacobsohn †, in: TB, 7/1926, Nr. 50, (11.12.1926), S. 1877.

schaftlichen Schwerpunkt, insbesondere seit Schwarzschild die alleinige Verantwortung trug. Unter anderen schrieb der spätere Bundeskanzler Ludwig Erhard in der Weltwirtschaftskrise wiederholt für das „Tage-Buch". Daneben schrieben aber auch linksintellektuelle Literaten von Bert Brecht bis Alfred Döblin und Erich Kästner. Die Mitarbeiterkreise beider Konkurrenten überschnitten sich also auch und Carl von Ossietzky ist, bevor er als Chefredakteur zur „Weltbühne" wechselte, 1924-1926 zweiter Chefredakteur des „Tage-Buch" gewesen.[303]

Ähnlich und doch auch ganz anders steht es um eine dritte wichtige Rundschauzeitschrift der Weimarer Republik: „Die Tat". Schon vor dem Ersten Weltkrieg von einem philosophischen Schriftsteller gegründet und bei Eugen Diederichs in Jena (ab 1912) erschienen, kam „Die Tat" zwanzig Jahre über einen bescheidenen Leserkreis nicht hinaus. Erst als Hans Zehrer im Oktober 1929 die Chefredaktion übernahm, wandelte sich die „Tat" radikal. Zehrer scharte den Tatkreis um sich, junge rechtskonservative Akademiker und Journalisten: Ferdinand Friedrich Zimmermann alias Ferdinand Fried, Giselher Wirsing, Ernst Wilhelm Eschmann und andere. Durch den vielfältigen Gebrauch von Pseudonymen schien den Kreis erheblich größer als er war. Man verfocht eine Verbindung von sozialer Utopie und nationaler Stärke, die zwar nicht nationalsozialistisch war – sogar die (pseudolegale) NSDAP als strukturell liberalen Vertreter des Parteienwesens ablehnte –, aber als solche aufgefasst werden konnte und sicherlich etliche rechtskonservative Intellektuelle für sie empfänglich gemacht haben dürfte. Als die Nationalsozialisten dann die Macht besaßen, musste Zehrer alsbald den Posten der Chefredaktion räumen. Mit dem Märzheft 1939 wurde die „Tat" eingestellt. Als Fortsetzung erschien bis 1944 „Das Zwanzigste Jahrhundert."[304]

Eine eigene Rundschau brachte der Nationalsozialismus nicht zustande, sieht man von den „Nationalsozialistischen Monatsheften" (1930-1944) ab. Wohl aber wurde 1940 ein Blatt gegründet, dessen Typus in gewisser Hinsicht das Erbe der Rundschauzeitschriften antreten sollte: „Das Reich" (1940-1945). Schon im ersten Jahrgang erreichte es eine halbe Million Auflage, 1944 über 1,4 Millionen. Anfangs war es 32, am Ende acht Seiten stark. „Das Reich" wird oft als einziges originelles NS-Blatt und als einzige Qualitätszeitung des „Dritten Reichs" bezeichnet. Dafür sprechen, wenn die Angabe stimmt, die regelmäßigen 50.000 in die Schweiz expedierten Exemplare. Am „Reich" arbeiteten hochkarätige und z.T. des Nationalsozialismus unverdächtige Leute. Selbst Theodor Heuß hat bisweilen für das „Reich" geschrieben. E.O. Plauen, später

303 Behmer, M.: Schwarzschild, S. 111-152. Sösemann, B.: Ende, S. 51-56.

304 Pöhls, J.: Tägliche Rundschau, S. 155-220. Vgl. Haacke, W.: Zeitschrift, Bd. 1, S. 353-356.

hingerichtet, hat dort karikiert. Es wurde zum Sammelbecken der Distanzierten. Doch daneben schrieben Überzeugungstäter, allen voran Joseph Goebbels seine wöchentlichen Leitartikel. Ob unter diesen Umständen das Blatt mit dem „ausgezeichneten Feuilleton“ als, wie es bisweilen geschehen ist, Zelle der publizistischen Gegenarbeit dargestellt werden kann, ist mehr als zweifelhaft. Die bisweilen beobachtbare Distanz zur NSDAP und deren Presse war „der situationsbedingten Entscheidung eines einzelnen Journalisten“ und nicht der „Grundhaltung der Redaktion“ geschuldet (Erika Martens). Und jede noch so distanzierte Mitarbeit hat dem Regime und seinem Chefpropagandisten zunächst einmal genützt. Doch die Wirkungen, Nach- und Nebenwirkungen der Presse sind ein neues Thema und sind im abschließenden Teil nochmals aufzugreifen.[305]

[305] Martens, E.: Reich, S. 216. Müller, H.D. (Hg.): Das Reich, S. 7-19. Kessemeier, C.: Leitartikler Goebbels, S. 137-219, dort auch eine Auflistung der Goebbelschen Leitartikel, S. 319-337.

Teil 3: Zusammenfassung und Ausblick

1 Die Erfindung als take off: Wenn Gutenberg den Druck nicht erfunden hätte?

Gutenberg erfand um 1440 kein Mediensystem, sondern eine Kulturtechnik. Die Fernwirkungen seiner Erfindung des Buchdrucks mit beweglichen Lettern lassen sich weder exakt benennen, noch ist die Neuzeit ohne sie vorstellbar. Zwar sind einige äußerst folgenreiche Veränderungen an der Wende vom Mittelalter zur Neuzeit ohne den Buchdruck in Gang gekommen: Da wären zu nennen der Untergang Ostroms mit dem Aufstieg des Osmanischen Reichs, die Entdeckungsfahrten und die Wiederentdeckung der Antike, die Renaissance. Doch in kulturgeschichtlicher Hinsicht ist Gutenbergs Erfindung sicherlich ebenso bedeutend gewesen.

Was aber wäre, wenn Gutenberg nicht den Buchdruck erfunden hätte? Kontrafaktische Fragen wie diese sind nur auf den ersten Blick überflüssig. Sie können mit Sinn gefüllt werden, wenn man die Frage als Instrument begreift, das es ermöglicht, genauer über die Konsequenzen eines Ereignisses nachzudenken und seinen Wert für die spätere Geschichte zu beurteilen.[1] Dabei empfiehlt es sich, die Gesamtproblematik in Teilfragen zu differenzieren. Die Grundfrage ließe sich wie folgt präzisieren: Was wäre, wenn

- der Druck nicht um die *Mitte des 15. Jahrhunderts* erfunden worden wäre?
- *Gutenberg* ihn nicht erfunden hätte?
- Wenn die Drucktechnik *nie* erfunden worden wäre?

Wenn die Drucktechnik nicht *um 1450* erfunden worden wäre?

Eine Verzögerung hätte sicherlich nur geringe Konsequenzen ergeben. Dann wäre die Drucktechnik bestimmt innerhalb des nächsten Jahrhunderts erfunden worden. Die Zeit war für Gutenbergs Erfindung reif. Die Einrichtung von Papiermühlen und die primitiven Vorformen der Blockbücher sprechen ebenso für den gewachsenen Bedarf wie die enthusiastische Reaktion der Humanisten, die rasche Diffusion der Technik und die „Explosion des gedruckten Wortes". Allein zwischen 1500 und 1530 lassen sich für Deutschland ca. 12.000 Flugschriften nachweisen, mit einer geschätzten Gesamtauflage von mehr als 10 Millionen. Für das 16. Jahrhundert dürfte man die Zahl der deutschen Titel auf

1 Demandt, A.: Ungeschehene Geschichte, S. 11-64. Salewski, M. (Hg.): Was wäre wenn.

150.000 schätzen; bei einer Auflagenzahl von ca. 1.000 käme man auf die Gesamtauflage von deutlich mehr als 100 Millionen Buch- bzw. Flugschrift-Exemplaren.[2]

Tabelle 3.1.1: Steigerung der Druckschriftenproduktion im alten Reich[3]

	geschätzte Zahl der Druckschriftentitel	*geschätzte Gesamtauflage*
15. Jh.	15.000-30.000	zwischen 1,5-4,5 und 20 Mio.
16. Jh.	120.000 bis 150.000	zwischen ca. 70-90 und 100-150 Mio.
17. Jh.	265.000	200-300 Mio.
18. Jh.	500.000	750 Mio. bis 1 Milliarde

Tabelle 3.1.2: Zeitliche Zuordnung der Verlage in der Frühen Neuzeit[4]

	Zeitungsverlage	*%*	*sonstige Verlage*	*%*	*insges.*	*%*
(15.u.) 16 Jh.	131	43	256	21	387	25
17 (u. 18.) Jh.	172	57	988	79	1.160	73

Doch wie verlässlich sind diese Schätzungen? Die Angaben der Frankfurter und Leipziger Messekataloge bieten seit 1564 eine Vergleichsmöglichkeit. Auch die Buchproduktion wuchs zunächst rasant, im Dreißigjährigen Krieg – besonders nach 1630 – erlitt sie dann allerdings ebenso wie die Messrelationen und – in geringerem Umfang – die Avisen einen Einbruch, von dem sie sich erst ganz allmählich erholte. Der absolute Höhepunkt von 1613, 1.780 Neuerscheinungen, wurde erst im späten 18. Jahrhundert übertroffen.

---

2 Schulze, W.: Deutsche Geschichte im 16. Jahrhundert, S. 122-125. Wittmann, R.: Geschichte des Buchhandels, S. 27, 76, 83. Zur Reaktion der Humanisten: d'Ester, K.: Werk Gutenbergs im Urteil der Philosophen, in: Gutenberg-Jahrbuch 34/1959, S. 46-48. Füssel, S.: Gutenberg, S. 48-75.

3 Die 30.000 bzw. 20 Millionen des 15. Jh. beziehen sich auf Europa. Anfangs lag die Auflage bei 100-300, für Messbücher bei 500, Ende des 15. Jahrhunderts sind schon Auflagen um die 1.000 die Regel. Für das 17. Jh. ist die Titelzahl mit 1.000-1.500 Auflage multipliziert, für das 18. Jh. mit 1.500-2.000. Kapp, F.: Geschichte des Buchhandels I, S. 264; Wehler, H.-U.: Gesellschaftsgeschichte I, S. 304. Das seit 1996 laufende DFG-Projekt „Verzeichnis der Druckschriften des 17. Jahrhunderts" (VD 17) hatte nach einem Fünftel der Laufzeit bis Ende 1999 ca. 80.000 Drucke katalogisiert. Schulze, W.: 16. Jahrhundert, S. 123. North, M.: Kommunikationsrevolution, S. XI.

4 Zeitlich wurden die Verleger demjenigen Jahrhundert zugeordnet, in dem sie am längsten tätig waren. Benzing, J.: Verleger, in: AGB 18/1977, Sp. 1077-1322. Soweit sich aus der Auflistung von Benzing nicht die Tätigkeit als „Zeitungs"-Verleger ergab, wurde sie an Schottenloher, Lindemann und Bender überprüft. NB: So verdienstvoll Benzings Auflistung ist, Vollständigkeit kann sie nicht beanspruchen.

Abbildung 3.1.1: Buchproduktion je Jahrzehnt (1565-1764)[5]

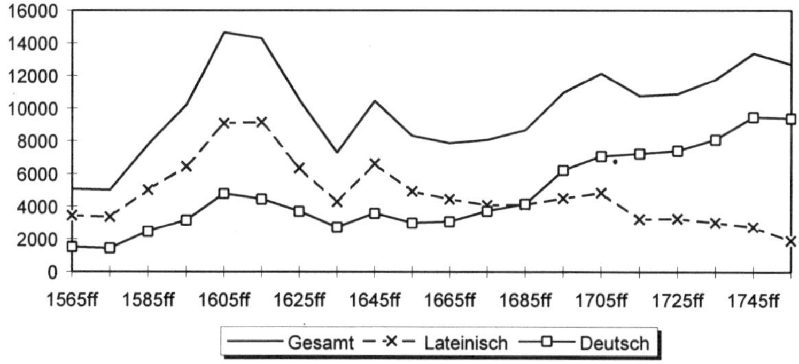

Nun verzeichneten die Messekataloge nicht alle gedruckten Bücher, sondern nur die auf den Messen angebotenen. Und das Angebot lag in unsicheren Kriegszeiten deutlich unter dem tatsächlichen, weil etliche Verleger den gefährlichen Weg in die Messestädte scheuten. Zudem muss in Rechnung gestellt werden, dass Literatur von angeblich minderer Bedeutung in den Katalogen seltener auftaucht. Da diese belletristische Literatur überproportional im 18. Jahrhundert zunahm, dürften auch hier die Zahlen nach oben zu korrigieren sein. Dennoch sind die Buchhandelsangaben deutlich besser abgesichert als die vorher genannten Schätzungen. Sie entsprechen im übrigen auch dem Bevölkerungsstand, mit dem der Druckschriftenabsatz mehr oder minder eng zusammenhängt und der im Reichsgebiet erst Mitte des 18. Jahrhunderts wieder den Stand von vor 1618 erreichte.

Je später Gutenberg seine Erfindung gemacht hätte, desto später hätte die Expansion eingesetzt. Die zeitverzögernde Wirkung wäre auch für den weiteren Verlauf der religiös-politisch-sozialen Geschichte, für die kulturellen, ökonomischen und sozialen Folgen einer zeitverzögerten Erfindung des Buchdrucks anzunehmen. So lag erst seit Ende des 17. Jahrhunderts der Anteil deutschsprachiger Literatur höher als der lateinische – Zeichen einer „Laiizisierung" des öffentlichen Diskurses. Zwanzig oder dreißig Jahre früher oder später hätten aber kaum einen Unterschied gemacht. Darum sollen die Auswirkungen weiter unten aus der Perspektive der Nichterfindung diskutiert werden. Interessantere Erkenntnisse bietet zunächst die zweite Frage:

5 Kapp, F.: Geschichte des Buchhandels I, S. 791-795.

Wenn *nicht Gutenberg* die Drucktechnik erfunden hätte?

Wenn Gutenberg die Buchdruckerkunst nicht erfunden hätte, dann hätte sie wohl jemand anderes erfunden. Die Feststellung ist weniger banal, als sie auf den ersten Blick erscheint. Zwar hilft das Faktum, dass in anderen Ländern, in Frankreich, Holland und Italien für verschiedene Handwerker des 15. Jahrhunderts die Erfindung der Buchdruckerkunst reklamiert worden ist, kaum weiter: Die Franzosen beanspruchten die Ehre für einen Prokop Waldvogel in Avignon, die Holländer für einen Lorenz Coster aus Haarlem, die Belgier für einen Johann Brito aus Brügge und die Italiener für einen Pamfilo Castaldi aus Feltre/ Belluno. Die Nationalitätenfrage ist in unserem Zusammenhang unerheblich.

Die geografische Komponente der Frage ist schon interessanter. Die rasche Diffusion der neuen Technik, die Adaption bis zur Jahrhundertwende im gesamten Europa, wäre von der Peripherie – z.B. Skandinavien – vielleicht langsamer verlaufen, aber wohl nicht grundsätzlich anders als vom mitteleuropäischen Zentrum. Es hätte ein anderer Handwerker aus Augsburg oder Köln oder Straßburg – wo Gutenberg ja zuerst gedruckt hatte – aber auch aus Norditalien, Flandern, Brabant, aus West-, Süd- oder Nordeuropa in Frage kommen können. Das Handwerk war technisch in Europa auf vergleichbarem Stand. Allerdings mochte für einen südwestdeutschen Meister sprechen, dass in Weinanbaugebieten Pressen etwas ganz Alltägliches waren. Damit wäre sicherlich Nordeuropa weniger wahrscheinlich als Oberitalien oder Frankreich. Nun zeichnete Mainz und Straßburg aus, dass beide Städte über gute Handelsverbindungen verfügten mit genügend mobilisierbarem Kapital und einem aufgeweckten geistigen Klima. Aber auch diese Kriterien werden von anderen Orten erfüllt. Viele Städte in den schon genannten Regionen wären in einer vergleichbaren oder sogar besseren Situation als Mainz oder Straßburg gewesen. Als Handelszentren wären in Deutschland oder im Ausland Nürnberg, Augsburg, die großen Hansestädte, die reichen Städte Oberitaliens, Böhmens, Mährens und wiederum Flanderns, Brabants, Nordfrankreichs oder Englands denkbar gewesen.[6]

Wer, abgesehen von der geografischen und der Nationalitätenfrage, wäre des Weiteren für die Erfindung des Buchdrucks in Frage gekommen? In erster Linie müsste dabei an Personen gedacht werden, die Gutenberg ähnelten. Da wir über seine persönlichen Eigenschaften wenig wissen, sollen die Charakteristika nicht weiter erörtert werden, zumal das meiste Wissen über Gutenberg aus Prozessakten stammt und die Frage, ob er ein „Prozesshansel“ war, für seine

6 Vogel, M.: Urheber- und Verlagsrechtsgeschichte, in: AGB, 19/1978, Sp. 11.

handwerkliche Fähigkeit ohne Belang ist. Entscheidend ist vielmehr die Profession. Gutenberg war Goldschmied. Auch Gutenbergs erster Gehilfe, später selbst ein berühmter Inkunabel-Drucker, Peter Schöffer, war als Goldschmied ausgebildet. Fast alle städtischen Zentren jener Zeit verfügten über eine etablierte Goldschmiedezunft. Der Kern der Gutenbergschen Erfindung war das Handgießinstrument, also ein metallurgisches Werkstück. Daher wären neben den Goldschmieden auch Münzer als Erfinder denkbar, da ihre metallurgischen Fähigkeiten denen der Goldschmiede entsprachen – vereinzelt wurden staatlicherseits Münzer zum Erlernen des Druckerhandwerks abkommandiert.[7] Doch die Münze arbeitete im staatlichen oder städtischem Auftrag und ihre Meister hatten daher vermutlich ein geringeres ökonomisches Interesse. Es passt in dies Bild, dass Goldschmied der pressefremde Beruf ist, der in Josef Benzings (nicht vollständiger) Aufstellung der Verleger der frühen Neuzeit am häufigsten genannt wird. Münzer hingegen tauchen in der Liste nicht auf.[8]

Wenn die Drucktechnik *nie* erfunden worden wäre?

Diese Frage erscheint angesichts der Voraussetzungen, die an der Wende vom Mittelalter zur Neuzeit nach der Gutenbergschen Erfindung riefen, müßig, da sie ignoriert, dass die Erfindung in der Luft lag. Aber wenn die Drucktechnik *nie* erfunden worden wäre, hätte das dramatische Auswirkungen auf die neuzeitliche Staatenbildung gehabt. Gegenüber den zweifellos vorhandenen erodierenden Tendenzen der Presse muss daher zunächst einmal eine häufig unterschätzte Folge des Buchdrucks betont werden. Gutenbergs Erfindung ermöglichte nämlich nicht nur Kritik, sondern vor allem erlaubte der Buchdruck eine bessere, geordnetere und einheitlichere Verwaltung. In dieser Hinsicht setzten sowohl die kirchliche, seit Papst Paul II. (1464-1471), als auch die weltliche Gewalt, seit Kaiser Maximilian I. (1493-1519), den Buchdruck schon bald ein. Für die Kirche bot die Drucktechnik die Möglichkeit, die Liturgie zu vereinheitlichen, indem für eine gesamte Diözese verbindliche Gebetbücher gedruckt wurden. Die Länder, Staaten und Städte konnten Gesetze, Anordnungen u.a. Amtsdrucke publizieren und damit die Verwaltung vereinheitlichen. Zugleich hatte diese Uniformierung ihren Anteil daran, dass die größeren Flächenstaaten im Inneren erstarkten. Gutenbergs Erfindung stärkte also zuerst die „Öffentlichkeit der Macht" (Esther Beate Körber).[9]

---

7 Kapp, F.: Geschichte des Buchhandels I, S. 266.

8 Benzing, J.: Verleger, in: AGB 18/1977, Sp. 1077-1322. Janzin, M./ Güntner, J. (Hg.): Buchgeschichte, S. 143.

9 Vgl. Körber, E.B.: Öffentlichkeiten, S. 86-91. Hagemann, W.: Nachrichtendrucke, in: Publizistik,

Die neue innere Stärke der Territorialstaaten wird ihren Anteil an der Expansion nach außen gehabt haben. Genau lässt sich das selbstredend nicht bemessen. Die ersten Opfer dieses Prozesses aber waren die vielen reichsunmittelbaren kleinen Herrschaften, die das römisch-deutsche Reich zersplitterten. Es ist schon ein Paradoxon der Geschichte, dass ein Teil dieser reichsunmittelbaren Herrschaften, die ökonomisch starke Gruppe der Reichsstädte, zu den Vorreitern der Drucktechnik gehörte und so mittelbar an dem Ast sägte, auf dem sie selbst saß. Südlich der Main-Linie waren die Reichsstädte besonders stark vertreten. Nun wird niemand den Prozess der Herausbildung territorialer Herrschaften allein auf Gutenbergs Erfindung zurückführen. Er hatte schon im Mittelalter eingesetzt. Soweit sich das quantifizieren lässt, ist nicht einmal seine Beschleunigung durch die Presse zu konstatieren. Vielmehr passierten die nächsten entscheidenden Schritte, bei denen die Zahl der reichsunmittelbaren Herrschaften reduziert wurden, am Ende des Dreißigjährigen Kriegs 1648 und in der Ära der Napoleonischen Kriege 1803/1806. Doch auch diese Ereignisse wären ohne die Presse anders verlaufen – man denke nur an die ausgedehnte Propaganda das Kriegsparteien.

Tabelle 3.1.3: Verleger in Städten der Frühen Neuzeit[10]

	„Zeitungs"-verleger	*%*	*sonstige Verleger*	*%*	*insgesamt*	*%*
Reichsstadt	219	72	521	42	740	48
Residenzstadt	39	13	203	16	242	16
Territorialstadt	30	10	436	35	466	30
Ausland	13	4	80	6	93	6
Summe	*301*	*100*	*1.240*	*100*	*1.541*	*100*

Wenn die Drucktechnik *nie* erfunden worden wäre, dann hätte sich die Gelehrtenwelt weiterhin mit Abschriften behelfen müssen. Es hätte sich eine weniger

1959, 4. Jg., S. 67. Gramlich, J.: Rechtsordnungen, in: AGB 41/1994, S. 132f. Füssel, S.: Gutenberg, S. 40f., 102f. Wie kompliziert es war, Recht vor der Erfindung des Buchdrucks durchzusetzen, indem einschlägige Gesetze und Verträge der Bevölkerung regelmäßig vorgelesen wurden, zeigt: *Neitmann, K.: Publikation von Staatsverträgen, in: Heimann, H./ Hlaváček, I. (Hg.): Kommunikati*onspraxis im Mittelalter, S. 113-124.

10 Die Sekundäranalyse nach Benzigs Liste nimmt die Einteilung nach dem Territorienplötz und Meyers 6. Auflage vor. Als Reichsstädte wurden alle jene gerechnet, die noch 1803 als solche galten bzw. ihre Reichsunmittelbarkeit erst 1648 oder später (z.B. Straßburg 1681) verloren. Für die Residenz- und Territorialstädte gilt Gleiches. Städte die fast durchgehend Residenzstädte waren – wie Dresden – wurden als solche gezählt. Wittenberg, das im 16. Jahrhundert seine Residenzstadtfunktion verlor, wurde bis dahin als Residenz-, danach als Territorialstadt gewertet. Grundlage der Verlegerliste: Benzing, J.: Verleger, in: AGB 18/1977, Sp. 1077-1322. Soweit sich aus der Auflistung von Benzing nicht die Tätigkeit als Verleger von Neuen Zeitungen oder Avisen ergab, wurde sie an Schottenloher, Lindemann und Bender überprüft.

reichhaltige Literatur entwickelt. Nur allerwichtigste bzw. denkbar einfache Texte wären vermutlich xylografisch (im Holzschnitt) oder mit einer anderen Ganzseitentechnik vervielfältigt worden.

Vor Gutenberg war Wissenschaft in den Hörsälen durch Vorlesen, Abschreiben und Verändern vermittelt worden. Der Student war sein eigener Autor und Verleger. Nach Gutenberg konnten sich verbindliche, globale Gültigkeit beanspruchende Wissenschaften entwickeln. Sie wurden rationaler und genauer. Die Reproduktion der Verbindlichkeit verbesserte die Chancen für Erkenntnisfortschritte: Jede Abschrift war auch Verfälschung gewesen, das Ältere muss den Menschen des Handschriftenzeitalters als das Authentische erschienen sein. Seit diese Fehlerquelle durch Gutenbergs Erfindung reduziert wurde, konnten die Wissenschaften auf den Erkenntnissen ihrer Vorgänger aufbauen, ohne erst zeitraubend und aufwendig sich des bisherigen Wissensstandes versichern zu müssen. Es ist eine interessante Fügung der Weltgeschichte, dass Gutenbergs Erfindung gerade zur rechten Zeit kam, um die Kenntnisse der aus Konstantinopel vertriebenen Wissenschaftler zu sichern.

Der wissenschaftliche, theologische und öffentliche Diskurs wurde verbindlicher als zur Zeit der Abschriften. Die rasche Adaption der Buchdrucktechnik für nichttheologische Gebiete macht den gesellschaftlichen Bedarf an einheitlichen und verbindlichen Texten deutlich. Diese Verbindlichkeit konnte sich jedoch immer nur auf den *einen* Text beziehen. Auf diesen Textinhalt bezogen verschwanden die Varianten. Zugleich aber trat jede publizierte Aussage in Konkurrenz zu anderen Texten, konkurrierte die eine vervielfältigte Meinung mit anderen. So musste der Uniformierung ihr Gegenteil entsprechen. Aus dieser Dichotomie gewannen alle Wissenschaften von der Theologie bis zu den Gesellschafts- und Naturwissenschaften ihre Dynamik. Sie differenzierten sich zugleich horizontal und vertikal aus: Horizontal entwickelten sich Spezialdisziplinen, vertikal grenzte sich strukturiert-verbindliches Wissen von Obskurem und Alltäglichem ab.

Ohne die Wechselbeziehung zwischen neuer Verbindlichkeit, welche die Varianten zurückdrängte, und die Zuspitzung der Varianten zu andersartigen Meinungen, wäre wohl auch die Reformation undenkbar gewesen. Natürlich konnten Luther und andere Prediger Variationen ihrer Gedanken nicht unterdrücken. Für die Wittenberger Drucker war der unautoristierte Abdruck Lutherscher Predigten ein wohlfeiles Geschäft. Unkontrolliert und damit vielleicht unwidersprochen gebliebene Abschriften zirkulierten aber nicht mehr. Denn Luther und seine Mitstreiter – auch seine Konkurrenten – wurden durch den Druck in die Lage versetzt, unautorisierte Texte durch autorisierte zu ersetzen.

Ohne Gutenbergs Erfindung hätte es darum keine weitverbreiteten Streitschriften gegeben, damit hätte die Lutherische Reformation vermutlich die

Schicksale früherer Kirchenspaltungen ereilt. In seinen Tischgesprächen bemerkte Luther zu der Verbreitung der Bibel, religiöser Literatur und zu den Konsequenzen: „Vor dreissig jaren/ sprach D. Martinus/ war die Bibel vnbekant/ die Propheten waren vngenant/ vnd gehalten/ als weren sie unmöglich zuverstehen. Da ich zwantzig Jar alt war/ hatte ich noch keine gesehen/ Ich meinete/ es weren kein Euangelia noch Episteln mehr/ denn die in den Postillen sind. Endlich fand ich in der Liberey [Bücherei] zu Erffurd eine Bibel/ die las ich offtmals mit grosser verwunderung.“[11] An der Wende zum 16. Jahrhundert waren Bibeln offensichtlich noch immer zu teuer, als dass sie große Verbreitung hätten finden können. Luther, der sich bei dieser Äußerung auf den Beginn seines Studiums in Erfurt 1503 bezog, sprach offensichtlich von Bibeln allgemein und nicht von deutschsprachigen oder lateinischen. Für das einfachere Volk, Luther stammt aus einer Bauernfamilie, waren fünfzig Jahre nach Gutenberg billige Kompilationen die Hauptquelle religiöser Lektüre. Wer Literatur nutzen wollte, musste studieren und Bibliotheken aufsuchen. Durch den Buchdruck sah Luther das Wort Gottes aus der Auslegungsgewalt des katholischen Klerus gerissen und ein „Streitbar wort“ geworden, „daß da vmb sich schleget vnd hewet [schlägt und haut]“ und Gott habe mit der „Druckerey [... der Menschheit das] Summum et postremum donum [das höchste und neueste Geschenk]“ gemacht.[12]

Luther schätzte also die Bedeutung des Buchdrucks für Veränderungen der Religiosität sehr hoch ein. In gleicher Weise bewertete er die Auswirkungen auf die öffentliche Diskussionskultur; allerdings, so müsste einschränkend vermerkt werden, erst seit dem Moment, in dem die neue Kulturtechnik auch inhaltlich genutzt wurde. D.h., die Aneignung des Buchdrucks und die Verwendung zu bestimmten Zwecken wie der religiösen Auseinandersetzung mussten sich erst ergänzen, um die revolutionären Veränderungen auszulösen. In dieser Hinsicht lässt sich auch Luther als Beleg für die These von Elisabeth Eisenstein zitieren, nicht der Buchdruck alleine habe etwas bewirkt, sondern seine Verbindung mit geistigen Strömungen der Zeit, denen er Dauerhaftigkeit, Verbreitung und damit größere Wirksamkeit verliehen habe.[13]

Die Reformation war ohne Zweifel in vielerlei Hinsicht ein einschneidendes geistesgeschichtliches Ereignis. Selbst der gemeine Bauer war, wie es in der Sprache der damaligen Zeit hieß, „witzig“ geworden. Ulrich Zwingli schrieb 1524, dass „kue- und genshirten yetz gelerter denn ire theologi“ seien und „eins yeden puren huß ein schuol, darinn man nüws und alts testament [...] läsen

11 Gaubisch, U. (Hg.): Tischreden, Bl. 352.
12 Gaubisch, U. (Hg.): Tischreden, Bl. 19R., 626.
13 Eisenstein, E.L.: Druckerpresse, S. 101-133.

kann". Das ist sicherlich übertrieben, aber auch der Nürnberger Patrizier Christoph Scheurl berichtete dem päpstlichen Nuntius Campeggio zur gleichen Zeit: „der gemeine mann [lese...] jetzt in einem Tage mehr [...] als sonst in einem Jahre". Die Reformation weckte das Interesse der Öffentlichkeit und steigerte indirekt sicherlich auch die Lesefähigkeit.[14] So war die Bedeutung der Presse für die Reformation groß und umgekehrt. Drucker- und Verlegertätigkeit waren im 16. und 17. Jahrhundert ein stark protestantisch geprägtes Betätigungsfeld, nicht zuletzt deshalb, weil die Reformation einen Ausweg aus der Absatzkrise des Buchhandels bot:

Tabelle 3.1.4: Konfessionelle Zuordnung der Verleger in der Frühen Neuzeit[15]

Konfession	*„Zeitungs"-Verleger*	*%*	*sonstige Verleger*	*%*	*insgesamt*	*%*
gemischt	81	27	68	5	149	10
katholisch	67	22	292	24	359	23
protestantisch	153	51	880	71	1.033	67
Summe	*301*	*100*	*1.240*	*100*	*1.541*	*100*

Gutenbergs Erfindung trug wesentlich zur Herausbildung von Nationalkultur und -sprache bei. Das moderne Hochdeutsch wird häufig als protestantischer Dialekt bezeichnet, um damit die Bedeutung von Luthers Bibelübersetzung für die Vereinheitlichung des geschriebenen und gesprochenen Deutsch herauszustreichen. Mindestens ebenso wichtig waren allerdings Flugblätter, -schriften und der bürokratische Schriftverkehr zwischen den Kanzleien der wichtigsten Höfe, insbesondere der sächsischen und der Prager bzw. Wiener Kanzlei der Habsburger. Nach einer Phase des Niedergangs vor 1648 trug die Presse seit dem späten 17. und im 18. Jahrhundert gehörigen Anteil an der Reinigung des Deutschen von fremdsprachlichen Einsprengseln. Normierung, der andere Aspekt, war noch im 19. und 20. Jahrhundert nicht abgeschlossen. Die Durchsetzung der Massenmedien war ihre notwendige Voraussetzung. Es ist vielleicht ein Zufall, dass die erste verbindliche Festlegung deutscher Orthografie im Jahr 1879/1880 erfolgte, auf der Höhe der Partei- und der Wende zur Massenpresse. Es ist sicherlich kein Zufall, dass sich die neue Orthografie gegen große Widerstände rasch durchsetzen konnte, dank Zeitungen, Buchdruck,

14 Zit.n. Schulze, W.: Deutsche Geschichte im 16. Jahrhundert, S. 126.

15 Die konfessionelle Zuordnung der Städte ist im Zeitalter der Konfessionskriege höchst kompliziert, da viele Städte mehrfach die Konfession wechselten. Daher wurde zur Grundlage der Konfessionszuweisung die 1648 fixierte Konfessionszugehörigkeit gewählt. Die konfessionelle Zuordnung nach Meyers 6. Auflage und dem Territorienplötz. Grundlage der Verlegerliste: Benzing, J.: Verleger, in: AGB 18/1977, Sp. 1077-1322. Vgl. Eisenstein, E.L.: Druckerpresse, S. 134-169.

aber auch dank der Schule. Das Gewicht der Printmedien zeigte sich jetzt darin, dass sich mit der Normierung der Rechtschreibung eine Kluft zwischen Schreiben und Sprechen auftat. Ohne Gutenberg wäre diese Kluft vielleicht ebenso groß, sie würde aber niemandem auffallen.

Wenn also häufig in der Literatur betont wird, dass Gutenbergs Erfindung die Individualisierung vorangetrieben habe, so ist auch das Gegenteil festzuhalten. Normierung war technisch das wesentliche Charakteristikum der Gutenbergschen Erfindung. Vollkommen identische Produkte in großer Zahl hatte das Handwerk nie hergestellt. Sprachliche Normierung erscheint da wie eine abstrahierte Konsequenz. Es ist augenfällig, dass die eine Vereinheitlichung auch andere anregte. So stellte sich Europa nach der Erfindung des Buchdrucks sehr rasch von den lateinischen Zahlen, die nichts anderes als Buchstaben waren, auf die arabischen um. Die größere mathematische Effizienz, die die Umstellung bewirkte, hatte Folgen für Verwaltung, Wissenschaft und Ökonomie.

Gerade das zweckrationale wirtschaftliche Handeln profitierte von Gutenbergs Erfindung. Ob der Buchdruck allerdings als Katalysator des Frühkapitalismus interpretiert werden muss, wie dies in der DDR-Historiografie die gängige Einschätzung war, darf bezweifelt werden. Eher folgte er kapitalistischen Tendenzen seiner Zeit. Zwar war der Buchdruck eine freie Kunst und somit ein ideales Betätigungsfeld, um anfangs dem Zunftzwang zu entkommen, doch schon im 16. Jahrhundert begann die ökonomische Reglementierung auch dieses Handwerks. Das ökonomische Handeln hatte große Auswirkungen für die Ausdifferenzierung der Medien. Der Zeitaufwand für die Reproduktionstechniken der Vor-Gutenberg-Ära war viel zu groß, als dass ein tagesaktueller Diskurs qua Massenmedium möglich geworden wäre. Tageszeitungen und ihre Vorläufer hätten sich nicht entwickeln können. Die Straßburger „Relation" von 1605, mutmaßlich die erste Wochenzeitung, hätte sich unter den Bedingungen einer Handschriftenkultur nicht realisieren lassen. Die römischen „acta diurna" Gaius Julius Caesars und seiner Nachfolger sind wohl kaum als Vorläufer anzusehen: Die antiken Quellen sind ungesichert und widersprechen sich. Zudem wechselten sie im Verlauf der Kaiserzeit anscheinend wiederholt ihre Gestalt und erschienen vermutlich sehr unregelmäßig. In gewissen Zeiten enthielten sie nur amtliche Veröffentlichungen und richteten sich an Geschäftsleute. Dann wiederum scheinen sie auf Kreidetafeln (in albo) veröffentlicht und zum Abschreiben bereitgestellt worden zu sein. Überliefert ist kein einziges Exemplar, sondern nur chronikartige Auszüge, die Ehrungen festhielten.[16] Auch die Vor-

---

16 Acta Diurna, in: Neuer Pauly, Bd. 1, Sp. 89-91. Acta Diurna, in: Paulys Realenzyklopädie, Neue Bearbeitung, Bd. 1.1, Sp. 290-295. Mayer, N.: Acta diurna? in: ZW 15/1939, Nr. 10, S. 528-536. Riepl, W.: Nachrichtenwesen, S. 394-405.

läufer der Avisen, die handschriftlichen Zeitungen, unterschieden sich von der modernen Presse. Zwar besaßen die den persönlichen Briefen beigelegten Nachrichten-Zettel halböffentlichen Charakter, weil sie von vornherein zur Weitergabe gedacht waren. Noch mehr Öffentlichkeit kann den handschriftlichen Ordinari-Zeitungen der Postmeister zugeschrieben werden. Doch bei aller inhaltlichen und phänomenologischen Ähnlichkeit mit den Berichten über politische Nachrichten, Kuriositäten und Wunderzeichen unterschieden sich die handschriftlichen Zeitungen von den gedruckten Avisen und Relationen in einem wesentlichen Punkt: Sie richteten sich nicht an ein breites Publikum – wenn von den wenigen Ausnahmen abgesehen wird, bei denen handschriftliche Zeitungen in Druck gegeben wurden. Am ehesten wird man daher z.B. die Öffentlichkeit der Fuggerzeitungen mit den exorbitant teuren Wirtschaftsinformationsdiensten der Gegenwart vergleichen dürfen. Jene sprachen wie diese ein hochqualifiziertes, sehr zahlungskräftiges und damit sehr kleines und elitäres Publikum an.[17]

Es wäre technisch kaum realisierbar gewesen, statt mit einer in 200-400 Auflage produzierten gedruckten Wochenzeitung in entsprechender Auflagenhöhe das Publikum mit einer handschriftlichen Ausgabe zu erreichen. Ein einzelner Schreiber hätte allein das Schreibvolumen nicht bewältigt. Wenn er sich dennoch daran versucht hätte, wäre dies zu Lasten der Aktualität gegangen. Die Verteilung auf viele Skribenten hätte das Unternehmen enorm verteuert. Ob das entsprechend zahlungskräftige Publikum groß genug gewesen wäre, sei dahin gestellt. Die handgeschriebenen Zeitungsbriefe erlebten in Gestalt der Korrespondenzen durch das neue Medium Zeitung einen enormen Nachfrageschub. Doch von selbst konnten sie, anders als die Avisen, ihr Publikum nicht ausweiten. Die Avisen aber haben sich – vermutlich über den Preis – ihr Publikum selber geschaffen und die Sphäre des Herrenmediums alsbald verlassen.

Darum ließe sich angebotsseitig argumentieren, dass die Handschriftenkultur nicht eine Abfolge von zunächst unperiodischen, dann halbjährlichen und schließlich Wochen- und Tagespublizistik erfordert hätte. Nachdem der Buchdruck aber einmal in der Welt war und Drucker mit ihren Maschinen Geld verdienen wollten, stellten sie nämlich alsbald fest, dass sie ihre Druckerei nur dann auslasten konnten, wenn sie mit neuen Produkten in ökonomische Nischen vordrangen. Nur vom Druck hochpreisiger Bibeln ließ sich auf die Dauer

[17] Kostete der Bezug von Korrespondenzen die Kunden, deutsche Regenten, Mitte des 16. Jahrhunderts noch bis zu 400 Th., so sanken die Preise bis 1600 leicht auf 100 bis 300 Th. Für 100 Th. konnten damals in Holstein 17 Pferde beschafft werden. Kleinpaul, J.: Hofnachrichtendienst, in: ZW 2/1927, Nr. 8, S. 115-117. Meyer, H.-F.: Zeitungspreise, S. 22. Steinhausen, G.: Entstehung der Zeitung, in: ABG, 1928, 65. Jg., Nr. 4, S. 59f. Bücher, K.: Zeitungskunde, S. 78f. Körber, E.B: Öffentlichkeiten, S. 138f.

nicht wirtschaftlich leben. Schon die Drucker des 15. Jahrhunderts bemühten sich um Akzidenzaufträge, schon Gutenberg druckte Ablassbriefe und 1455 den „Türkenkalender". Die Erfindung neuer Medien war so besehen eine selbstgenerierte Auslastungsverbesserung der Offizin.[18]

Dies Argument scheint nur auf den ersten Moment modernistisch, denn es bietet die plausibelste Erklärung für das Auftauchen von „Newen Zeitungen" und späteren Medienformen. Johann Carolus argumentierte nicht nur damit, dass der Druck schneller als das Abschreiben vonstatten ging, sondern indirekt auch mit der Auslastung der neuerworbenen Druckerei, als er dem Straßburger Rat sein Druckprivileg schmackhaft machen wollte. Die Auslastung als Antrieb für die Diversifizierung neuer Medienformen wäre unter den Bedingungen der Handschriftenkultur kaum vorstellbar gewesen. Denn jede Ausweitung der Produktion unter den Bedingungen der Handschriftenkultur bedeutete die Einstellung neuer Mitarbeiter und verursachte neue Kosten. Eine Fixkostendegression, also die relative, anteilige Verbilligung der fest anfallenden Kosten durch ihre Umlage auf eine größere Zahl von Endprodukten hätte sich in wesentlich geringerem Umfang eingestellt. Es fehlte also der betriebswirtschaftliche Antrieb zu der erfolgten Diversifizierung der Medienformen:

Tabelle 3.1.5: Funktionelle Charakteristika der neuen Pressemedien

Medium	*Aktualität*	*Periodizität*	*Publizität*	*Universalität*
neue Zeitung/ Flugblatt	Ereignisgeschehen klein, E.-Bekanntgabe groß	keine, aber unregelmäßige Kontinuität	insgesamt groß/ Einzelmedium gering	insgesamt groß/ Einzelmedium meist gering
Flugschrift	Diskussionsaktualität groß	keine, aber Abfolge von Aussage, Antwort, neue Erwiderung	geringer als neue Zeitung	insgesamt groß, geringer als neue Zeitung/ Einzelmedium gering
Messrelation	geringer als neue Zeitung	halbjährlich/ jährlich	geringer als neue Zeitung	größer als neue Zeitung
Aviso/ Relation	zumeist größer als neue Zeitung	größer als Messrelation und Zeitschrift, geringer als Zeitung	größer als Messrelation und Zeitschrift, geringer als Zeitung	größer als Messrelation und Zeitschrift, geringer als Zeitung
Zeitschrift	sehr klein bis sehr groß (wiss. Zeitschrift)	regelmäßig/ mindestens halbjährlich	sehr klein bis sehr groß (Publikumsztschr.)	sehr klein bis sehr groß (Publikumsztschr.)
Tageszeitung	sehr groß	sehr groß	sehr groß	sehr groß

18 Kapp, F.: Geschichte des Buchhandels I, S. 281f.

Abbildung 3.1.2: Entwicklungsbeziehungen zwischen den neuen Pressemedien

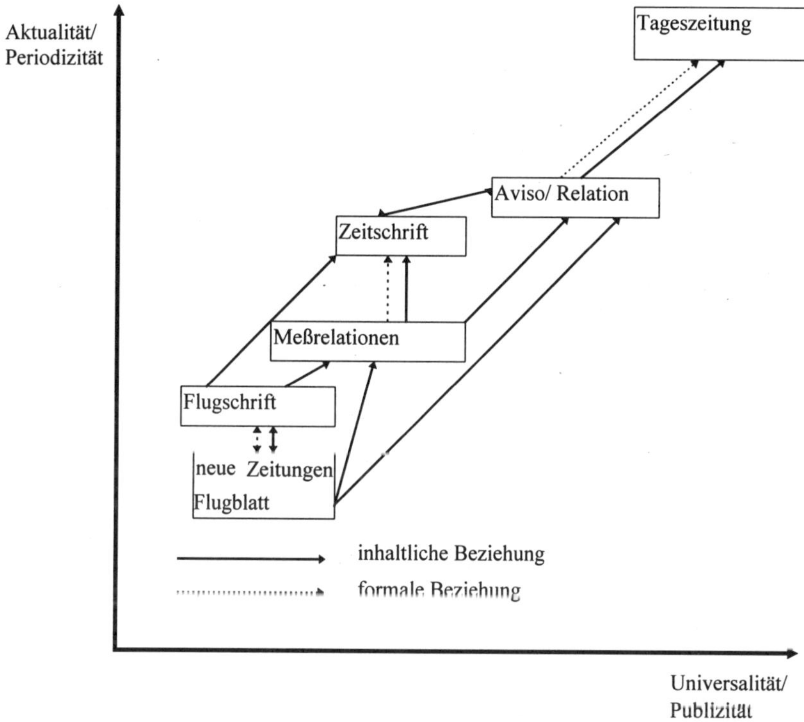

2 Presse und Publikum: Wandel und Ausweitung der Öffentlichkeit

Die Beteiligung des Publikums an der Medienentwicklung

Gutenbergs Erfindung der Druckerpresse differenzierte sich zum Mediensystem Presse aus. Doch weil Massenkommunikation von Anfang an Rückkopplung und Anschlusskommunikation einschloss, kam ein zweiseitiger Prozess, bei welchem auch das Publikum eine wichtige Rolle einnahm, in Gang. Die simpelste Form der Rückkopplung hat es dabei immer schon gegeben: Der Absatz war Maßstab für Akzeptanz und Anreiz, die Blätter interessanter zu gestalten und dem Publikumsgeschmack besser anzupassen. Selten gingen Zeitungen und Zeitschriften an ihrem Erfolg zugrunde – Ausnahmen sind der hamburgische „Patriot“ und vielleicht der „Götter-Both Mercurius“ – das Gegenteil war hingegen häufig. Rücksichten auf die Zensur diktierten bisweilen eine inhaltliche Politik, die sich kurzfristig auszahlen mochte, mittel- und langfristig aber schadete. So reduzierte der „Reichs-Post-Reuter“ aus Altona im Siebenjährigen Krieg (1756-1763) seine aktuelle Berichterstattung über Preußen, um mit der dortigen, im Krieg verschärften Zensur nicht in Konflikt zu geraten. Das aber war ein zweischneidiges Unterfangen, denn das Wohlverhalten gegenüber der preußischen Zensur lohnte zwar im Moment, weil die Zeitung weiterhin in Preußen einen Großteil ihrer Abnehmer fand, der Verlust an interessanten Nachrichten setzte sie aber dem Spott aus und mag seinerseits zu Abbestellungen geführt haben. Matthias Claudius dichtete: „Es war einmal ein Reuter/ der hatt' ein schönes Pferd;/ Gut das, und was denn weiter?/ Er aber war nichts werth.“[19]

Mitte des 18. Jahrhunderts schrieb ein Herausgeber aus Schiffbeck bei Hamburg an die Zensurbehörde: „Hierzu [zu den Kosten] kam nicht nur noch die Forderung meiner meisten Leser, welche aus Schiffbeck nach dem Beispiele der vorigen Zeitungen etwas freyere Zeitungen verlangten“. Und sein Redakteur bekräftigte, niemand in Schiffbeck wolle Zeitungen kaufen, „wenn sie nicht etwas aufgeweckter und freyer geschrieben wäre als die Hamburgischen“.[20] Nun mochte die Argumentation mit dem Leser von dem Bemühen diktiert sein, sich vor der Zensur für den „lockeren“ Ton zu entschuldigen. Aber Beispiele von – modern gesprochen – „Relaunches“ frühneuzeitlicher Zeitungen und Intelligenzblätter bestätigen das Kalkül mit dem Publikum. Was für die Medien der Frühen Neuzeit galt, bestätigte die modernere Partei- und Massenpresse erst recht. Was ihrem Publikum missfiel, wurde abbestellt, was gefiel, gekauft. So erklärt sich die Ausdifferenzierung der Ressorts vom Handel bis zum Sport. Darum ist sogar von „Diktatur“ und Zensur der Leserschaft gesprochen worden.[21]

Dieser Einfluss des Publikums muss als Ergänzung des ökonomisch motivierten Antriebs der Herausgeber verstanden werden. Publizistische Angebote die gefielen, zeitgemäß, vielleicht auch avantgardistisch erschienen, fanden, eben weil sie vom Publikum gekauft wurden, rasch Nachahmer und Imitatoren. Auf diesem Wege wurde aus neuartigen Unikaten rasch Mediengattungen. So folgte Aitzings Messrelation die des Francus und andere Messrelationen, den „Vernünftigen Tadlerinnen“ Gottscheds folgte die Gattung der Frauenzeitschriften usw. Aber auch einzelne Stilelemente fanden Nachahmung, so beein-

---

19 Zit.n. Böning, H./ Moepps, E.: Deutsche Presse, Bd. 2, Sp. 55. Zur Einbeziehung des Publikums in die Konzeption des Patriot: Scheibe, J.: Patriot, S. 167-174.

20 Zit.n. Böning, H./ Moepps, E.: Deutsche Presse, Bd. 2, S. XXIII.

21 Groth, O.: Kulturmacht, Bd. 5, S. 219-221.

flussten moderne Lifestyle-Magazine wie der „Querschnitt" (1921-1936) oder „die neue linie" (1929-1943) nicht nur ihre Gattung, sondern auch andere Pressetypen in Typografie und Erscheinungsbild.[22]

Differenzierte Formen des *feed backs*, die über das einfache Ja-Nein-Prinzip des Kaufens und Verweigerns hinausgehen, setzen direkte Kontakte zwischen Publikum und Presse voraus. Der Brief, eine der Vorformen der Neuen Zeitungen, bedarf der Antwort, brieflicher Austausch konstituierte schon die wissenschaftliche und literarische Produktion vor Gutenberg. Bisweilen ist schon für die Frühgeschichte der Presse der Wunsch überliefert, Rückkopplung vom Publikum zu erhalten: „vnd aber Yemants werde der den mangeln moecht erstatten / woell in solchem fall dem gemeynen nutz behülfflich sein / vnd das si vns mangelt freüntlich mitteylen / verstaendigen /vnd überschicken", forderte Otho Brunfels seine Leser auf, ihm Anregungen und Korrekturen zu seinem Werk mitzuteilen. Auch der Kartograf Ortelius bat 1570 in der ersten Auflage seines „Theatrum orbis terrarum" seine Nutzer um Rückmeldung.[23] Christian Thomasius gab 1688 seinen Lesern „Zur Nachricht [...] Da auch jemand wäre der eine Censur über eine Schrifft/ oder eine curiöse Observation dem gemeinen Wesen gönnen wollte/ der wird ersucht solche in teutscher Sprache an obgemeldten Verleger entweder mit beysetzung seines Nahmens oder ohne denselben zu addressieren."[24] In den lokalen Wochenblättern des 18. und 19. Jahrhunderts waren vergleichbare Aufforderungen an die Leserschaft häufig zu finden und noch im 20. Jahrhundert lebte gerade die kleine Presse von der Mitarbeit ihrer Leser. Aber die Medien erlaubten nicht alle gleichermaßen die Beteiligung des Publikums. Flugblätter schlossen Rückkopplung schon deshalb aus, weil sie zumeist keine oder falsche Angaben zum Drucker machten. Zudem dürften Leserbriefe im 18. Jahrhundert in der Regel fingiert gewesen sein; wo ein Caspar Landfeind das Stadtleben über Gebühr lobte, verriet schon der Name, dass hier nichts Eingesandtes publiziert wurde. Doch ob gefälscht oder nicht, der Abdruck von Leserbriefen in moralischen Wochenschriften setzte nicht nur den Diskurs voraus, sondern zeigte auch die Wertschätzung der individuellen Meinung.[25]

Von dem gelegentlichen Leserbrief zur regelmäßigen Mitarbeit ist es nur ein Schritt. Deshalb wurde mit dem Aufkommen der Zeitschriften der Einfluss des

---

22 Haacke, W./ Baeyer, A.v. (Hg.): Querschnitt. Rössler, P.: die neue linie, in: Behmer, M. (Hg.): Publizistik im Exil, S. 261-281. Ders.: Illustrierte, in: Ders. (Hg.): Moderne, S. 17-22.

23 In den nächsten 25 Jahren bis zu seinem Tode erschienen 28 weitere Auflagen und die Gesamtzahl der Karten erhöhte sich von 53 auf 115, sicherlich auch wegen der angeregten Korrespondenz. Giesecke, M.: Buchdruck, S. 416.

24 Thomasius, C.: Zur Nachricht, in: Monats-Gespräche 1/1688, Nr. 1, Bl. 1.

25 Schönhagen, P.: Mitarbeit, S. 45-74. Werner, H.: Zeitungsleser, S. 41-43.

Publikums größer: In den frühen Zeitschriften schrieben die Autoren für sich selbst und ihresgleichen. Gleiches galt noch vielfach in Zeitungen und Zeitschriften des 19. Jahrhunderts. Schreiben und rezipieren waren zwei Seiten einer Medaille: „Nicht einer schreibt den Anzeiger", stellte Arnold von Mallinckrodt, der Herausgeber des „Westfälischen Anzeigers" 1801 fest, „das Publicum schreibt ihn".[26] Quantitativ konnte die Zahl der Autoren mit der des Publikums aber nie mithalten. Schon das engere Publikum der gelehrten Zeitschriften und der besseren Literatur wurde von Nicolai auf 20.000 und eine Generation später – Ende des 18. Jahrhunderts – von Jean Paul auf 300.000 geschätzt, das weitere der Zeitungsleser zählte in die Millionen. Schriftsteller und Journalisten hingegen gab es viel weniger. Zugleich ermöglichten die Zeitungen und Zeitschriften im 18. Jahrhundert einer wachsenden Zahl von Schriftstellern, ihre Tätigkeit zu einem Brotberuf zu machen. Indem sich die schriftstellernde Gelegenheitstätigkeit zu einer professionellen Dauerbeschäftigung wandelte, lockerte sich jedoch der Kontakt zwischen Autoren und Publikum erneut: Journalisten und professionelle Schriftsteller waren und sind zwar ingroup-orientiert, schrieben und schreiben für Ihresgleichen und orientier(t)en sich in ihrem Anerkennungsbedürfnis an den Kollegen, doch die primäre Aufgabe, für welche die Berufsjournalisten seit dem 19. Jahrhundert bezahlt werden, ist die Information und Unterhaltung der Leserschaft.

Tabelle 3.2.1: Schriftsteller (und Journalisten) in Deutschland[27]

Schriftsteller in Deutschland		*Journalisten in Deutschland*	
1760er	2.000-3.000	1926	6.246
1771	3.000	1936	15.000
1791	7.000		davon ca. 6.000 hauptber.
1810	12.500		
1837	18.000		

Angesichts der vielfältigen Kontakte zwischen Periodika und Publikum konnte daher nicht ausbleiben, dass die Leser auch Einfluss auf Gestaltung und Funktion der Presse nahmen. Schon Caspar Stieler hatte zu dem Verhältnis von

26 Zit.n. Kurzweg, M.: Zeitungslandschaft in Rheinland-Westfalen, S. 228, 75-82. Vgl. Martens, W.: Botschaft der Tugend, S. 153f. Scheibe, J.: Patriot, S. 167-174. Maar, E.: Bildung, S. 123-126. Nur in seltenen Fällen kann genaueres über die Zusammensetzung von Leserschafts- und Autorenkreis gesagt werden, z.B. bei der „Deutschen Zeitung". Hirschhausen, U.: Deutsche Zeitung, S. 285-314.

27 Engelsing, R.: Lesergeschichte, in: AGB 10/1970, Sp. 984. Schenda, R.: Volk ohne Buch, S. 193f. Wittmann, R.: Geschichte des Buchhandels, S. 160. Haferkorn, H. J.: Schriftsteller 1750-1800, in: AGB 5/1964, Sp. 651-684, 691-695. Kutsch, A.: Zeitungs-Enquête, in: Publizistik 33/1988., Nr. 1, S. 5-31. Stöber, R.: Verbandsinteresse, 12f.; Engelsing, R.: Massenpublikum, S. 39f. Hausjell, F.: Journalisten, S. 237f.

älteren Messrelationen und neueren Wochen- und Tageszeitungen bemerkt: „So kommen [...] alle halbe Jahr gewisse Relationes auf die Frankfurter und Leipziger Messe heraus, aus welchen ein Zeitungs-Leser sehr klug werden kan, in geschwinder Eil zu begreifen, wo etwas, das in den Avisen vorkommet, hinaus wolle, und aus welcher Grund-Feste es eigentlich herrüre."[28] „Theatrum Europaeum" und „Diarium Europaeum", die im 17. und 18. Jahrhundert als Jahres- oder Mehrjahreschroniken erschienen, schlachteten die Medien ihrer Zeit aus und wurden als Komplementärmedien zu den Tages- und Wochenzeitungen benutzt. Während jedoch jene erst einige Jahrzehnte nach den ersten Zeitungen gegründet wurden, existierten die Messrelationen schon vor ihnen. Stielers Bemerkung lässt also den Schluss zu, dass die Messrelationen sich gegen die Konkurrenz der jüngeren und aktuelleren Avisen und Relationen auch deshalb behaupten konnten, weil sie einen Funktionswandel hin zu Komplementärmedien vollzogen und die Avisen ergänzten. Das „Diarium" und das „Theatrum" könnten hingegen u.a. aus dem Motiv heraus gegründet worden sein, den Lesern der Avisen Medien anzubieten, die ihnen über den atomisierenden Blick der frühen Zeitungen hinaus einen Überblick verschafften. Dafür spricht auch die Genese der Zeitschriften, die ähnlich erklärt werden kann und deren Nutzung immer mit paralleler Zeitungslektüre einherging.[29]

Die Ausdifferenzierung der Presse hat seither den Funktionswandel vorangetrieben. Durch den Zutritt neuer elektrotechnischer und elektronischer Medien seit dem späten 19. Jahrhundert hat sich dieser Wandel noch verstärkt, auch komplementäre Effekte gewannen an Bedeutung. Die Symbiose zwischen Film und Illustrierten war solch eine komplementäre Wechselwirkung: Fotos der Illustrierten gewöhnten das Publikum an Bilder, die „Films" schufen Stars, über welche die Presse berichten konnte. Die Wechselwirkungen zwischen Rundfunk und Presse waren zunächst nicht so sichtbar. Die Zeitungsverleger der 1920er befürchteten anfangs hauptsächlich die konkurrierende Werbekraft des neuen Mediums, eine Befürchtung, die sich übrigens mit dem Aufkommen des Fernsehens in den 1950ern und 1960ern und dem Internet der 1990er wiederholte. Die dichte Periodizität der Zeitungen nahm hingegen durch das Radio zunächst keinen Schaden, vor allem, weil der Rundfunk anfangs nur ein- bis

---

28 Stieler, C.: Zeitungs Lust, Nachdruck 1969, S. 147. „Insgemein aber sagen wir/ daß alle so da lesen/ und lesen hören können/ fähig und geschickt seyn/ der Zeitungen sich zu bedienen." Stieler, C.: Zeitungs Lust, Nachdruck 1969, S. XXII.

29 Weise, Ch.: Lesen von Zeitungen, in: Kurth, K. (Hg.): ältesten Schriften (1685), S. 52f. und 66. Stieler, C.: Zeitungs Lust, Nachdruck 1969, S. 138f., 146f. Prutz, R.E.: Journalismus, S. 200-204. Welke, M.: Geschichte der Zeitung, in: Daphnis 3/1974, Nr. 1, S. 103. Bender, K.: Meßrelationen, in: Presse und Geschichte II, S. 63. Berns, J.J.: Medienkonkurrenz, in: Presse und Geschichte II, S. 198f. Vgl. die Abbildungen z.B. in den Relationen des Jacobus Franci Relationis Historicae 1616, 1621, 1623, 1624, 1641.

zweimal täglich Nachrichten verbreitete und daher kein ernst zu nehmender Informationskonkurrent der Presse war. Erst allmählich, seit den 1930ern und 1940ern änderte sich dies, so dass in der Gegenwart die mehrmals täglich erscheinenden Zeitungen nicht mehr existieren können. Doch letztlich können sie dies wegen der anderen Ansprüche des Publikums nicht mehr. Warum sollte jemand noch zwei oder drei Zeitungen am Tag kaufen, wenn (kostenfrei) stündlich oder alle 20 Minuten Nachrichten im Radio zu hören sind.

Publikum und Lesefähigkeit

Das Publikum lässt sich für frühere Zeiten selbstredend nicht analog zu den Media-Analysen der Gegenwart erfragen. Doch immerhin enthalten schon die frühesten Medien ab und zu Aussagen über ihr Publikum. Einige Flugblätter, deutlich unter zehn Prozent, sprachen es explizit an. Die meisten dieser direkt angesprochenen Adressaten zeichneten sich durch eine sozial herausgehobene Stellung aus: Die Flugblätter richteten sich an Adlige, Honoratioren und Patrizier aus den Städten, an Geistliche. Der Zweck der Adresse mag gewesen sein, dass die Buchdrucker, Verleger, Autoren des Flugblattes sich einen persönlichen Vorteil dadurch versprachen, den Adressaten zu loben und zu preisen. Darum bedeuten die angesprochenen zehn Prozent auch nicht, dass ein Zehntel der Leserschaft den besseren Schichten angehörte. Vielmehr war der Sinn der Ansprache ja erfüllt, wenn der Adressat das Gefühl haben konnten, dass außer ihm noch viele andere das Lob zur Kenntnis nahmen.[30]

Auch lassen sich aus dem Preisniveau der Medien, ihrer Sprache und den Inhalten etc. Schlüsse auf die Leser ziehen. So deuten die Preise der Einblattdrucke im 15-17. Jahrhundert daraufhin, dass unterständische Schichten nicht zu den Käufergruppen gezählt haben können, denn für Bettler etc. waren die Flugblätter unerschwinglich. Aber von der Unterschicht an aufwärts, also für alle, die wie Gesinde und Gesellen über regelmäßiges Einkommen verfügten, war der Erwerb von „neuen Zeitungen" zumindest ab und zu möglich. Dabei lassen sich über die Sozialstruktur der Flugblattkunden keine Angaben machen. Vom Kaiser bis zu den ständischen Unterschichten dürften alle mit den Flugblättern mehr oder minder häufig in Kontakt gekommen sein. Selbst die aus der Sozialordnung herausfallenden unterständischen Schichten (Bettler, Obdachlose) müssen regelmäßig mit Flugblättern konfrontiert worden sein. Schließlich wurden Flugblätter auf Märkten und Plätzen vorgelesen und gesungen, hingen in Gaststätten, in „gemeinen Schencken vnd Wirtsheusern" und

30 Schilling, M.: Bildpublizistik, S. 44-48.

Handwerkslokalen. Die „neuen Zeitungen" waren omnipräsent, wenngleich wir nicht davon ausgehen dürfen, dass im 16. Jahrhundert jeder Reichsbewohner alle Tage oder auch nur jeden Monat eine gekauft, gelesen, gehört haben dürfte. Auch Luthers schon zitierte Gleichsetzung von neuer Zeitung und Evangelium lässt sich als Indikator für die allgemeine Verbreitung und Akzeptanz der Flugblätter deuten.[31] Die Vertrautheit mit den neuen Medien gilt übrigens für Dorfbewohner und Städter gleichermaßen, denn der durch Wanderverkäufer organisierte Vertrieb erreichte das platte Land und die Blätter wurden „auf dem Landt den Paursleuthen verkaufft". Und unser Wort „kolportieren", das im 18. Jahrhundert aufkam und so viel wie gerüchteweise klatschen bedeutet, hat seine Wurzeln im Kolportage-, d.h. Hausiererhandel; es zeigt, dass die Kolporteure in mehrfacher Hinsicht mit Nachrichten hausieren gingen.[32]

Ob das Publikum die gekauften Blätter dann verstand, war eine Frage der Lesefähigkeit. Allerdings dürften die illustrierten Blätter auch die Illiteraten angesprochen haben, denn Lesefähigkeit war zwar bei den meisten, aber längst nicht bei allen Flugblättern erforderlich. Gerade die Blätter mit religiösen Themen, biblischen Gleichnissen, Heiligen-Legenden und Wunderberichten schöpften aus einem Fundus allgemein bekannter Erzählungen und literarischer Stoffe. Hier dürften die Andeutungen der Abbildungen ausgereicht haben, um die Botschaft des jeweiligen Flugblatts auch den Analphabeten zu erläutern. Schon in der zweiten Hälfte des 17. Jahrhunderts schmückten sich die Flugblätter zudem mit Schilderungen und Genreszenen aus dem bäurischen Milieu.[33]

Lesefähigkeit spielte eine zentrale Rolle, um komplexere Aussagen zu erschließen. Frühneuzeitliche Prozentsätze von Lesefähigen lassen sich jedoch nur schwer schätzen, erst im 19. Jahrhundert bewegt man sich allmählich auf gesichertem Grund. Vielleicht sollte man daher besser nicht spekulieren.[34] Doch stecken hinter den Schätzungen ernstzunehmende Überlegungen; auch zählen nicht allein die nur groben Schätzungen, sondern vor allem die mit ihnen verknüpften Veränderungen der Lesegewohnheiten (vgl. S. 288-293).

---

31 Luthers Vergleich war vermutlich ein bewusster Modernismus. Der Vergleich konnte aber nur dann rhetorisch wirken, wenn allen Tischgenossen das Phänomen der „neuen Zeitung" bekannt war. Schilling, M.: Bildpublizistik, S. 41. Gestrich, A.: Öffentlichkeit, S.141-148.

32 Schilling, M.: Bildpublizistik, S. 48-52. Kluge, F. (Hg.)/ Seebold, E. (Bearb.): Etymologisches Wörterbuch, S. 464.

33 Schilling, M.: Bildpublizistik, S. 43.

34 Das fordert Eisenstein, E.L.: Druckerpresse, S. 29.

Tabelle 3.2.2: Lesefähigkeit in Deutschland[35]

	Alphabethisierungsgrad
um 1500	5-10%; 25-33% in Handelsstädten (sehr spekulative Annahmen)
vor 1750	10% (konservative Schätzungen); bis zu 60% (regionale Einzeluntersuchungen)
um 1800	25% (konservative Schätzungen); 30-98% (regionale Einzeluntersuchungen)
1840	40% (konservative Schätzungen)
1871	88% (statistisch gesichert)

Lesefähigkeit bedeutete im Mittelalter und in der frühen Neuzeit zunächst den formalen Akt des Buchstabierens, wenn es hie und da etwas zu lesen gab. Ein Theoretiker des Leseunterrichts im 16. Jahrhundert, Valentin Ickelsamer, setzte Lesen mit „die buchstaben nennen" gleich: „Dan es sein etwa bey drey und zwaintzig buochstaben / darin alles lesen verfasset ist / vnd wellicher dise buochstaben recht kann / der kann scho lesen".[36] Zumindest die Grundkenntnisse des Lesens dürften seit der Reformation allmählich zugenommen haben. Ein Indikator ist der Schulbesuch. Schon im 16. Jahrhundert gab es in Nürnberg 75, in Lübeck 60 Volksschulen. Die Einführung der elementaren Schulpflicht wurde für Deutschland erstmalig mit der „Weimarer Schulordnung" von 1619 verkündet. Im Laufe des 17. und 18. Jahrhunderts zogen dann die meisten deutschen Staaten nach. Württemberg führte sie 1651 ein, Preußen 1717 und als Nachzügler Kurbayern 1773. Allerdings hieß Schulpflicht damals nicht notwendigerweise Schulbesuch. Vielmehr dürfte selbst in protestantischen Ländern noch 1800 nur jeder Zweite die Schulen, die zudem mehr schlecht als recht ausbildeten, besucht haben. Andererseits wurde Lesefähigkeit, das beweisen Schnelllernkursangebote, um die Jahrhundertwende als basale Kulturtechnik geschätzt.[37]

Bücherbesitz wird häufig ebenfalls als Hinweis auf die Lesefähigkeit gedeutet. Bücher wurden regelmäßig in Testamenten verzeichnet, sie waren wertvolles, vererbtes Eigentum. Sie konnten daher durchaus ein oder zwei Generatio-

---

35 Schulze, W.: Deutsche Geschichte im 16. Jahrhundert, S. 126. Möller, H.: Fürstenstaat, S. 354. Schenda, R.: Volk ohne Buch, S. 444f. Kurzweg, M.: Zeitungslandschaft in Rheinland-Westfalen, S. 210. Anonym: Analphabeten, in: Meyers Großes Konversations-Lexikon, 6., neubearb. Aufl., Bd. 1, S. 473. Koppitz, H.-J.: Medien, in: Hammerstein, N./ Buck, A. (Hg.): Handbuch Bildungsgeschichte, Bd. 1, S. 442.

36 Zit.n. Giesecke, M.: Buchdruck, S. 413.

37 Schenda, R.: Volk ohne Buch, S. 52-56. Wehler, H.-U.: Gesellschaftsgeschichte I, S. 285-287. Endres, R.: Handwerk, in: Hammerstein, N./ Buck, A. (Hg.): Handbuch Bildungsgeschichte, Bd. 1, S. 377-379.

nen nach dem Erwerber als ungelesene einzelne Repräsentationsstücke den Haushalt bereichern. Weit verbreitet und viel gelesen waren hingegen religiöse (Erbauungs-) Literatur jeder Art und Kalender. Auch die hohen Gesamtauflagen der periodischen Publizistik, insbesondere der Zeitungen, sind ein viel verlässlicheres, allerdings von der Leseforschung nur randständig beachtetes Indiz für verbreitete Lesegewohnheiten.[38]

Im allgemeinen gilt als ausgemacht, dass die Lesefähigkeit in der Stadt stärker verbreitet war als auf dem Land. Das mag richtig sein, ist aber vielleicht nur eine vorurteilsbeladene, vom Mangel an Quellenkenntnis und Forschungsinteresse zeugende Position. Es gibt genügend Zeugnisse für ländliche Lesekultur. Seit Mitte des 18. Jahrhunderts traten im Zuge der sogenannten „Volksaufklärung" sogar zunehmend Blätter in den Markt, die sich insbesondere an die Landbevölkerung wandten. Außerdem beschreibt die Summenformel „Land" die Wirklichkeit nur sehr grobschlächtig. Besser sollte zwischen agrarischen Gebieten, in denen wohl weniger gelesen, und gewerblich-ländlichen Regionen, in denen mehr gelesen wurde, unterschieden werden. Wie Hans Medick in einer sehr quellenreichen Längsschnittanalyse der Geschichte eines württembergischen Weberdorfes, Laichingen, nachgewiesen hat, besaßen dort schon im 18. Jahrhundert beinahe 100 Prozent aller Haushalte Bücher. Diese waren fast ausschließlich religiöse Erbauungsliteratur, Bibeln, Gebet- und Gesangsbücher. Da z.B. die Gesangsbücher eine elementare Funktion im Gottesdienst besaßen, dürfte, selbst wenn die meisten Kirchenlieder auswendig gesungen wurden, für dieses Dorf anzunehmen sein, dass beinahe alle Erwachsenen zumindest rudimentäre Lesefähigkeit besaßen. In Laichingen gehörte der Bücherbesitz zur kulturellen Identität und lag höher als der in der benachbarten Universitätsstadt Tübingen! Dabei war der Besitz nicht die Frage von Wohlstand des Einzelnen, sondern der kollektiven Mentalität geschuldet. Einer der ärmsten Bewohner vererbte, als er 1786 verstarb, eine stattliche Bibliothek von 54 Büchern. Dennoch scheint Bücherbesitz mit dem Wohlstand der Gemeinde korreliert zu haben, da beides gegen Ende des 18. Jahrhunderts in dem Dorf wieder sank.[39]

Bücherbesitz lässt sich also schwer verallgemeinern, die statistischen Angaben sind zu disparat. Zudem fällt auf die Prominenten und Geistesgrößen öfter als einfache Leute der Lichtstrahl der Forschung. Zu Beginn der Neuzeit galt

---

38 Vgl. Angaben zum Herzogtum Preußen im 16. Jahrhundert, die zwischen zwei und 300 nachgelassenen Büchern rangieren. Körber, E.B.: Öffentlichkeiten, S. 233-236. Knopf, Jan: Kalender, in: Fischer, E./ Haefs, W../ Mix, Y. (Hg.): Almanach bis Zeitung, S. 121-136. Ukena, P.: Tagesschrifttum, in: Presse und Geschichte I, S. 45. Welke, M.: Zeitung, in: Presse und Geschichte I, S. 77-82.

39 Peters, J.: Selbstzeugnisse, in: Schulze, W. (Hg.): Ego-Dokumente, S. 186f. Medick, H.: Weben, S. 447-560. Böning, H.: Volksaufklärung, in: IASL 15/1990, Nr. 1, S. 9 passim. Schenda, der sich allerdings zumeist auf Buchlektüre bezieht, schätzt die ländliche Lektüre gering. Schenda, R.: Volk ohne Buch, S. 441-443, 461-467.

der Besitz von 10-15 Büchern in bürgerlichen Haushalten als standesgemäß, 100-150 als Spitzenwerte. An der Wende zur Moderne besaßen einzelne Gelehrte dann schon Bibliotheken mit zigtausend Bänden. Nach Meinung Goethes war in ländlichen Haushalten zu seiner Zeit selbst der Besitz von fünf Büchern schon eine Besonderheit, das Laichinger Beispiel mit 13-14 (vor 1800) beweist das Gegenteil.[40]

Nicolai schätzte 1773 das gelehrte (lesende) deutsche Publikum auf 20.000 Köpfe, Jean Paul eine Generation später die Leser auf 300.000. An das Laichinger Beispiel und ähnliche Verhältnisse dürften die Aufklärer und Volksaufklärer, von denen wir am ehesten Angaben über ihr Publikum erhalten, kaum gedacht haben. Frömmigkeitslektüre fiel aus dem Raster von Nicolai und Jean Paul sicherlich ebenso wie Zeitungslesen, obwohl sich viele periodische Schriften besonders an die Landbevölkerung richteten. Doch die allmähliche Zunahme des Lesens hatte Ende des 18. Jahrhunderts, insbesondere dank der Zeitungen, schon ganz andere Dimensionen erreicht: Bei mehr als 300.000 Gesamtauflage und – sehr konservativ geschätzten – 10 Lesern je Exemplar gehörte die Hälfte der erwachsenen männlichen Bevölkerung zu den Zeitungslesern.[41]

Zur Ausweitung des Publikums trug auch der Preisverfall der frühneuzeitlichen Medien bei. Er ging zwar nur langsam vonstatten, bisweilen – wie bei den Zeitungen gesehen – war er auch mehr relativer denn absoluter Natur. Zudem schwankten Einkommenslage und Preisniveau viel stärker und viel kurzfristiger als in der Gegenwart. Doch waren Zeitschriften billiger als Bücher, die meisten richteten ihr Angebot bewusst an ein gelehrtes und sozial höher stehendes Publikum. Zeitungen wiederum waren noch preiswerter als Zeitschriften und wurden nach vielen zeitgenössischen Quellen von hoch und niedrig gelesen. Und so wird *cum grano salis* richtig sein, dass Zeitungen und Intelligenzblätter ein breiteres und weniger elitäres Publikum erreichten als die meisten Zeitschriften. Allerdings waren die frei verfügbaren Einkommen zumeist schmal bemessen.

---

40 Medick, H.: Weben, S. 463. Goethe, Johann Wolfgang von: Wilhelm Meisters Lehrjahre, Buch 8. Engelsing, R.: Lesergeschichte, in: AGB 10/1970, Sp. 962.

41 Welke, Martin: Rußland in der deutschen Publizistik des 17. Jahrhunderts, in: Forschungen zur osteuropäischen Geschichte, 1976, 23. Jg., S. 154f. Welke, M.: Zeitung, in: Presse und Geschichte I, S. 82. Grathoff, E.: Dorfzeitungen, S. 43-64. Vgl. anders: Engelsing, R.: Lesergeschichte, in: AGB 10/1970, Sp. 984. Rückschläge gab es dabei sicherlich, z.B. im 30jährigen Krieg. Lindemann, M.: Deutsche Presse I, S. 46. Fischer, H.-D.: Handbuch, S. 573. Im 19. Jahrhundert, das spricht für die zunehmende Verbreitung des Selbstkaufs, ging die Zahl der Leser je Exemplar (L/Ex) stark zurück: 1841/42: 25 L/Ex; 1855/56: 9,3 L/Ex; 1885: 5 L/Ex; 1908/14: 2,9 L/Ex. Schenda, R.: Volk ohne Buch, S. 451.

Tabelle 3.2.3: Einkommensverhältnisse im späten 18. Jahrhundert (in Rth.) [42]

	Textilarbeiter in Berlin	*Maurer in Leipzig*	*Stadtpfarrer in Leipzig*	*1. Stadtschreiber in Frankfurt a.M.*
Jahreslohn	78	85	175	350
frei verfügbar	2,5	9	70	157

Eine Zeitschrift hätte sich ein Textilarbeiter in Berlin, der nach heutigem Geld über vielleicht 200 DM frei im Jahr verfügen konnte, also niemals leisten können. Auch für den Leipziger Stadtpfarrer waren ca. 5% seines verfügbaren Einkommens ein stolzer Preis. Welcher Anteil von diesem potenziell verfügbaren Betrag tatsächlich für Lesebedürfnisse verwandt worden ist, lässt sich erst im späten 19. und frühen 20. Jahrhundert genauer abschätzen.[43] Doch wir haben vorgegriffen, im 18. und 19. Jahrhundert nutzten die Lesehungrigen die Möglichkeit der Umlage.

Die Lesegesellschaften

Dem wachsenden Lesebedürfnis verliehen die Lesegesellschaften unmittelbaren Ausdruck. Die ersten Anfänge und frühesten Vorbilder lassen sich schon im 17. Jahrhundert nachweisen, um 1800 erreichte die Zahl der Neugründungen ihren Höhepunkt. Lesegesellschaften entstanden aus einem Informationsbedürfnis, das wegen der hohen Preise von Belletristik, wissenschaftlicher und politischer Publizistik nur durch Umlage auf viele Schultern zu befriedigen war.[44]

---

42 Frei verfügbares Einkommen heißt: nach Abzug der Lebensunterhaltskosten (Nahrungsmittel, Miete, Heizung und Beleuchtung) für eine fünfköpfige Familie. Kuczynski, J.: Geschichte des Alltags, Bd. 2, S. 259. Kuczynski rechnet in Silber, die Tabelle ist auf Reichstaler (1 Rth.= 22,27g Silber) umgerechnet. 1 Rth. im späten 18. Jahrhundert dürfte nach heutigem Geldwert durchschnittlich ca. 75 DM wiegen. Martens, W.: Botschaft der Tugend, S. 122; Stöber, R.: Geschichte, S. 208.

43 1889 gab eine gut verdienende Arbeiterfamilie 7,30 M/ Jahr für Zeitungen aus, das entsprach 0,6% der jährlichen Gesamtausgaben. Schenda, R.: Volk ohne Buch, S. 455. 1927/28 gaben Arbeiter 1,1-1,3% ihrer jährlichen Gesamtausgaben für Zeitungen, Zeitschriften und Bücher aus, Angestellte 1,3-1,4% und Beamte 1,2-1,6%. Statistisches Reichsamt (Bearb.): Lebenshaltung, Einzelschriften Bd. 22/I), S. 56.

44 Zum folgenden: Prüsener, M.: Lesegesellschaften, in: AGB 13/1973, Sp. 369-504. Eine ältere, immer noch interessante Studie: Jentsch, I.: Zeitunglesen.

Tabelle 3.2.4: Lesegesellschaften im 18. und 19. Jahrhundert[45]

	Lesegesellschaften
vor 1770	13
1770-1780	50
1780-1790	170
1790-1800	200
1800-1820	600

Lesegesellschaften waren eine typische Erscheinung der Aufklärung bis Spätaufklärung. Der Begriff „Lesegesellschaft" tauchte erst in den 1770er Jahren auf. Zu ihrer Gründung hatten verschiedene Bedürfnisse Anlass gegeben: Zum einen war das Verlangen nach extensiver Lektüre schneller gewachsen als die Kaufkraft sich erhöht bzw. die Presseprodukte sich verbilligt hatten. Daher kamen Leseinteressierte auf den Gedanken, Lesezirkel zu gründen, um sich den Bezug von Periodika und Büchern zu teilen. Zum zweiten initierten Buchhändler Lesegesellschaften, um den Absatz ihrer Produkte zu fördern. Zum dritten schlossen sich Gleichgesinnte zusammen, um durch gemeinsame Diskussion der gemeinschaftlich bezogenen Literatur ihrem Bildungsbedürfnis Rechnung zu tragen. Zum vierten entstanden im 19. Jahrhundert die Lesegesellschaften der Spätzeit, um einen Ort gemeinsamer Geselligkeit zu schaffen, in dem sich die Mitglieder unterhalten, spielen (Schach, Karten) und gemeinsam die neuesten Nachrichten diskutieren konnten. Mit dem Niedergang der Lesegesellschaften traten im 19. Jahrhundert dann Leihbibliotheken an ihre Stelle – um die Unterhaltungsbedürfnisse der finanziell Minderbemittelten zu befriedigen.[46]

Dementsprechend lassen sich verschiedene Formen von Lesegesellschaften unterscheiden: Die älteste Form war der Lesezirkel, in dem gemeinsam Periodika bezogen und reihum gelesen wurden. In Anzeigen suchten solche Zirkel „weitere Liebhaber französischer Gazetten" oder Gleichgesinnte anderer fachlicher und literarischer Gebiete. Die Mitgliedschaft kostete mit zwei bis sechs Reichsthalern in etwa den Preis eines Zeitschriftenabonnements. Es lohnte sich also, statt einer Zeitschrift gemeinschaftlich 15 bis 20 zu beziehen. Zeitungen wurden bei solcher Konstruktion im Stundenrhythmus herumgereicht. Leisten konnten sich die Ausgaben jedoch nur Bürger mit höherem bis gehobenem Einkommen (s. S. 281).[47]

---

45 Prüsener, M.: Lesegesellschaften, in: AGB 13/1973, Sp. 412; vgl. Wehler, H.-U.: Gesellschaftsgeschichte I, S. 320.

46 Schenda, R.: Volk ohne Buch, S. 203-220.

47 Goldfriedrich, J.: Geschichte des Buchhandels III, S. 252. Gestrich, A.: Öffentlichkeit, S. 173.

Idealiter hatten die Lesezirkel nicht mehr als 15 bis 20 Mitglieder, denn bei größeren Mitgliedszahlen war die Gefahr groß, dass die abonnierten Blätter schon durch eine aktuellere Ausgabe überholt waren, bevor der letzte in der Reihe die bisherigen Nummern hatte lesen können. Die Zahl der bezogenen Periodika entsprach bei diesem Typus idealiter der Zahl der Mitglieder. So stand jedem immer ein frisches Exemplar zur Verfügung. Wenn die Zahl der Interessenten zu groß wurde, musste ein weiterer Zirkel gegründet werden oder man änderte die Struktur: Dann entwickelten sich aus den Lesezirkeln die Lesegesellschaften mit einer eigenen Bibliothek in einer angemieteten Wohnung oder einem gemieteten oder gekauften Haus. Schon am Titel ist bei manchen dieser Gesellschaften der Besitz einer gemeinsamen Bibliothek zu erkennen: Sie nannten sich „Lesezimmer" oder „Lesecabinett" o.ä. Diese Gesellschaften konnten im Verlauf der Zeit stattliche Bibliotheken zusammentragen. In den Gemeinschaftsräumen lagen die aktuellen Periodika aus, man beschloss nach dem Mehrheitsprinzip, welche neue Literatur anzuschaffen sei. Die Räumlichkeiten boten sich zu gemeinschaftlicher Diskussion und belehrenden Vorträgen über allerlei „nützliche" Themen an. In den älteren, streng am Bildungs- und Nützlichkeitsideal orientierten „Lesecabinetten" war Unterhaltung durch Spiele und gesellschaftliche Zerstreuung mit Alkohol- und Tabakkonsum verpönt. Die Gesellschaften gaben sich Statuten, um ihre Ziele und Verfahrensweisen festzulegen. Eine Sonderform der Lesegesellschaften waren die von Buchhändlern gegründeten „Museen", mit denen sie ihre Waren besser absetzen konnten. Ihnen fehlten die Statuten und sie waren unpolitischer. Schließlich entwickelten sich aus dem zweiten Typus die geselligen Leseclubs. Zwei Entwicklungen beschleunigten die Umorientierung in Richtung Unterhaltung: Einerseits ließ die Bildungsbeflissenheit gegenüber der Aufklärungszeit merklich nach, andererseits verbilligten sich schon in der ersten Hälfte des 19. Jahrhunderts die Presseprodukte allmählich, so dass der zweckrationale Gemeinschaftserwerb und -bezug gegenüber dem Interesse an gemeinschaftlicher Unterhaltung und Vergnügung in den Hintergrund treten konnte.

Die Lesegesellschaften erfüllten verschiedene Funktionen bei der Herausbildung von Öffentlichkeit: Einerseits fielen in ihnen die Standesschranken, denn alle Mitglieder, ob Adelige oder Bürgerliche, besaßen die gleichen Rechte und Pflichten. Andererseits übten Abstimmungen über die Neuanschaffungen demokratische Grundprinzipien ein. Die Mainzer „Lesegesellschaft" rühmte 1784 die „Förderung des Gemeinschaftssinnes". Zum dritten förderten sie die extensive Lektüre und versorgten die Mitglieder mit Informationen aus Politik, Kultur, Wissenschaft und Gesellschaft über das In- und Ausland.[48]

[48] Prüsener, M.: Lesegesellschaften, in: AGB 13/1973, Sp. 422.

Die Spannbreite der Mitgliederinteressen lässt sich anhand der bezogenen Periodika und Literatur abschätzen. An populärwissenschaftlicher Literatur dominierten Titel „belehrenden", „allgemeininteressanten" oder „nützlichen" Charakters. Beliebt waren Biografien und Reisebeschreibungen. Theologische Literatur spielte kaum eine Rolle. Die weite Streuung der Titel verdeutlicht, dass viele Gesellschaften die Interessen ihrer Mitglieder erst finden und herausbilden mussten. Nach 1789 nahm der Umfang zeitpolitischer Literatur stark zu. Marlies Prüsener hat in 31 Bestandsverzeichnissen ca. 500 verschiedene Periodika ausgemacht. Die Rezensionsorgane „Allgemeine Literatur-Zeitung" (1785-1803) aus Jena wurde in 26, Nicolais „Allgemeine Deutsche Bibliothek" (1785-1806) in 19 Lesegesellschaften abonniert. Hochgerechnet auf alle hieße das, dass 84 bzw. 61 Prozent aller Gesellschaften die Rezensionsjournale bezogen. Die „Minerva" (1792-1857), ein historisch-politisches Journal, wurde von 74 Prozent, das Hamburgische „Politische Journal nebst einem gelehrten Anzeiger" (1781-1837) von 58% geführt. Antirevolutionäre Blätter standen neben offen revolutionsfreundlichen wie Schubarts „Deutscher Chronik" (1774-1793), wenn es die Zensur erlaubte. Den HUC bezogen elf der 31 Lesegesellschaften. Daneben wurden Organe der schönen Künste, der Wissenschaften und Unterhaltungsblätter geführt. 19 Gesellschaften oder 61 Prozent hielten das „Journal des Luxus und der Moden" (1786-1827).

Der Lesestoff zeichnet also das Bild weitgesteckter Interessen, u.U. wäre es noch breiter ausgefallen, wenn die Gesellschaften nicht in der Regel ihre Lektürelisten von der örtlichen Zensur hätten genehmigen lassen müssen. Doch ob diese scharf reglementierend eingriff, darf zumindest vor der Französischen Revolution bezweifelt werden. Schließlich, so argumentierte die Mainzer „Gelehrte Lesegesellschaft" gegenüber dem erzbischöflichen Generalvikariat selbstbewusst: Man könne doch wohl den Mitgliedern „gewiß mehr Verstand zutrauen [...] als dem übrigen Publikum".[49] Zu der gesellschaftlichen Spannbreite der Mitglieder lassen einige Lesegesellschaften ebenfalls Aussagen zu. Die Aschaffenburger „Lesegesellschaft" von 1783 war eine der wenigen, die regelte, wer bei ihr Aufnahme finden durfte: „Das in den diese Lesegesellschaft zuläsige Personal bestehet a) aus der hiesig- und benachbarten Geistlichkeit ohne Unterschied. b) aus hiesig- und benachbarten Beamten-Amts-Stadt- und Vogteischreiberen. c) aus charakterisirten Personen, welche dermalen dahier privatisiren. d) aus Advocaten und stiftischen Officiaten. e) aus sondstigen Honoratioribus litteratis aus dem bürgerlichen Standte, welche allhie sesshaft sind. [...] Junge in Studiis noch begriffene, oder ohne sichere Bestimmung sich dahier

[49] Zit. n. Prüsener, M.: Lesegesellschaften, in: AGB 13/1973, Sp. 498, vgl. Sp. 430-435.

aufhaltende Leute sind so, wie alle uibrigen! zu obigen Stand Klassen nicht gehörige Personen geringeren Standtes gänzlich ausgeschlossen.“[50]

Lesegesellschaften waren zunächst kein gesamtgesellschaftliches Phänomen, sondern beschränkten sich zumeist auf städtische Schichten, auf Bürger, Beamte und Adelige. Doch gab es auch auf dem Lande Gesellschaften, selbst wenn manche der ländlichen „Lesegesellschaften“ – z.B. in Leuna oder Spergau in Sachsen – mangels Alphabetisierung der bäuerlichen Mitglieder eher „Vorlesegesellschaften“ waren. Zum Teil waren die aus dem Bemühen der Volksaufklärung entstandenen Bildungsbemühungen von außen hineingetragen oder von Pfarrern, Lehrern oder anderen Honoratioren angestrengt. Mit ihren sehr praktischen Zielsetzungen – z.B. propagierten die Volksaufklärer die medizinische Hygiene und Vorsorge für Mensch und Vieh – führten diese Weiterbildungsinstitute auch an die Medienlektüre heran.[51]

Tabelle 3.2.5: Abonnements in Lesegesellschaften und Leihbibliotheken[52]

Jahr	*Lesegesellschaft*	*Anzahl der Periodika*
1807	Berliner Leihbibliothek	126
1831	Ressource (Detmold)	30
1841	Börsenhalle (Hamburg)	> 100

Strukturwandel der Öffentlichkeit

Lesegesellschaften waren Ausdruck eines Strukturwandels der Öffentlichkeit, der seit Gutenberg im Gange war. Die unmittelbar mit der Erfindung der Presse einsetzende funktionale Ausdifferenzierung der Medien ließ allmählich die moderne Öffentlichkeit entstehen, die über die vormoderne hinausgeht. Die Soziologen Gerhards und Neidhardt haben drei Stufen unterschieden, die sich in aktiver und passiver Teilnahmegelegenheit unterscheiden: die akzidentielle Encounter-, die Versammlungs- und die mediale Öffentlichkeit.[53] Die erste Stufe ist uralt und ist einerseits einer aktiven Teilnahme leicht zugänglich, andererseits sind passive Teilnehmer über sie kaum zu erreichen. Da man sich schon immer an Plätzen und Wegen zufällig traf, in Hausfluren oder Märkten, konnte buchstäblich jeder mit einer zufällig zusammengesetzten Gruppe kom-

---

50 Prüsener, M.: Lesegesellschaften, in: AGB 13/1973, Sp. 407.

51 Siegert, R.: Die „Volkslehrer“, in: JbKG 1/1999, S. 62-86.

52 Engelsing, R.: Lesergeschichte, in: AGB 10/1970, Sp. 958. Stöber, R.: Öffentliche Meinung, in: Wiersing, E. (Hg.): Lippe im Vormärz, S. 69.

53 Gerhards, J./ Neidhardt, F.: Strukturen, in: Müller-Doohm, S./ Neumann-Braun, K. (Hg.): Öffentlichkeit, S. 31-89.

munizieren. In einer Versammlung, auf einer antiken Agora, einem mittelalterlichen Marktplatz oder in einer Kirche das Wort zu ergreifen, fiel und fällt da schon schwerer. Zugleich aber geht mit Zugangserschwernis und erschwerter aktiver Teilnahme eine größere Reichweite einher. Erstens hör(t)en mehr Menschen zu, zweitens sind (waren) sie nicht zufällig, sondern mit Absicht zusammengetreten. Beides fördert die Wirkung. Die dritte Form bedurfte der Erfindung Gutenbergs. Erst die Presse und ihre Ausdifferenzierung ermöglichte letztlich die komplexere, differenzierte, breitere, neutrale Information, aber ebenso lenkende Meinungsbildung und Aufhetzung eines verstreuten, dispersen Publikums.

Jürgen Habermas hat als Grundfaktum des Strukturwandels seit dem 18. Jahrhundert konstatiert, dass sich die moderne Öffentlichkeit von der privaten und der repräsentativ-staatlichen Sphäre geschieden habe. Dabei hätten sich immer mehr Menschen am Diskurs beteiligten, die vormals keine oder wenig Gelegenheit hierzu hatten.[54] Doch der Wandel setzte schon vor dem 18. Jahrhundert ein. Die Streitschriften der Reformationszeit hatten noch für eine alte Streitkultur gestanden, ihr Wandel mündete in die Aufklärung. Jede Streitschrift wollte Punkt für Punkt die gegnerischen Positionen widerlegen. Der theologische Streit war in dieser Hinsicht ein Laboratorium des freien Diskurses. Die erste Flugschrift eines Streites, ihre Antwort, die Antwort auf die Antwort und dann die periodischen Zeitschriften verschafften der publizistischen Öffentlichkeit ihren Marktplatz des Wissens, der Ideen und Gedanken. In allen europäischen Ländern hätten die politisch-religiösen Auseinandersetzungen einen anderen Verlauf genommen, wenn sie nicht von Gutenbergs Erfindung unterstützt worden wären: Sowohl in den Reformationen des 16. als auch in den englischen Revolutionen des 17. Jahrhunderts mit ihren breit ausgewalzten politischen Erörterungen über Sinn und Aufgabe des Parlaments hätten die Publizisten das Volk nicht erreicht. Aus der (religiösen) Bildungsöffentlichkeit entstand die diskursive Öffentlichkeit, die frühneuzeitliche „Öffentlichkeit der Macht“ hingegen hatte das Konsens- und Einstimmigkeitsprinzip bevorzugt. Der politisch-öffentliche Diskurs, den Habermas zum Ausgang seiner Betrachtungen nimmt, war also selbst schon Folge eines Strukturwandels, der sich zwischen dem 15. und dem 18. Jahrhundert abgespielt hatte. Denn „Öffentlichkeit“ war zunächst das Politische, identisch mit der staatlich-administrativen Macht.[55]

---

54 Habermas, J.: Strukturwandel, passim, insb. S. 54-67, 69-85.

55 Körber, E.B.: Öffentlichkeiten, S. 242-244, 291-293, 374-376. Vgl. zu den Streitschriften: Gierl, M.: Pietismus, S. 122f., 541, 566.

Die Politisierung schien schon in frühen zeitungskundlichen Kommentaren auf, die zu den ältesten Reflexionen über die Kritik als Wesensmerkmal der modernen Öffentlichkeit gelten können. Christian Weise zitierte 1685 einen Franzosen namens Pasquier mit dem Recht des Steuerzahlers auf Kritik, wenngleich er ihm die sonstige Mitwirkung am Gemeinwesen noch nicht zutraute: „Gerade so wie bei den Spielen und Komödien, die im Theater gespielt werden, jeder, der das Eintrittsgeld gezahlt hat, eintritt und sich das Recht nimmt, über gute oder schlechte Leistungen der Schauspieler zu urteilen, so geht es auch in den Staaten. Die Großen, die die Geschäfte des Staates führen, spielen ihre Rollen, wie es ihnen beliebt: die Geringeren wohnen dem Schauspiel bei und zahlen Geld: und weil sie zu großen Handlungen nicht herangezogen werden, so bleibt ihnen nur die Gelegenheit übrig, über die einzelnen Handlungen zu urteilen.“ Nun hatte in der Frühen Neuzeit das Motiv des Steuerzahlers in Frankreich angesichts mehrfacher Staatsbankrotte eine negativere Konnotation als in deutschen Landen. Pasquier mochte darum zu dem Bild gegriffen haben, dennoch ist Weises Zitat interessant, weil sie eine der frühesten deutschen Vergleiche der medialen mit der *Arenenöffentlichkeit* ist. Weises Frage, die sich daran anschloss, ist schon beinahe subversiv zu nennen: „Was soll ich über die Verfassung der Königreiche und Republiken sagen? Diese kann man nie kennen lernen, ohne daß unmittelbar darauf neue Veränderungen angemerkt werden müßten, die sei es die Art der Verwaltung, sei es den Umsturz der Staatsform betreffen.“[56] Was im 17. Jahrhundert noch in Frageform gekleidet und im 18. Jahrhundert aus dem Ausland importiert wurde, beschränkte sich nicht mehr allein auf philosophische Erörterungen, sondern war in der Napoleonischen Zeit schon Allgemeingut: 1806 empfahl eine anonym verbreitete Schrift als Ersatz „zur Sicherheit des Untertans die Pressefreiheit“.[57] Das wird uns weiter unten nochmals beschäftigen.

---

56 Weise, Ch.: Lesen von Zeitungen (1685), in: Kurth, K. (Hg.): Schriften, S. 71 und 75. Schon Ulrich von Hutten nutzte das Mittel publizistischer Kritik als Ersatz für fehlende politische Macht in einer Pressefehde gegen seinen Vetter Ulrich von Württemberg. Vgl. Ukena, P.: Tagesschrifttum, in: Presse und Geschichte I, S. 42.

57 Zit.n. Eisenhardt, U.: kaiserliche Aufsicht, S. 152. Vgl.: „Die Preß-Freyheit aber ist und eine viel zu edle Freyheit, als daß sie nicht sollte unterstützet werden; mit dem Fall derselben würde die gantze Freyheit englischer Unterthanen zu Grunde gehen.“ HUC, 8.1.1774, Nr. 5, S. 1. Kant hatte 1798 apodiktisch formuliert: „So verhindert das Verbot der Publizität den Fortschritt eines Volks zum Besseren“. Kant, I.: Fortschreiten, in: Oelmüller, W./ Dölle, R. (Hg.): Diskurs Geschichte, S. 173.

3 Presse und sozialer Wandel: Die Aktualität der Vergangenheit

Presse und sozialer Wandel I: Gewohnheiten, Normen, Werte

Die Presse ist ein ambivalentes Phänomen, einerseits Kulturtechnik, andererseits Mediensystem. Der Kommunikationsprozess ist ebenfalls stets ambivalent und zweideutig gewesen. Das macht die Beschäftigung mit Pressegeschichte interessant und aktuell, denn ihre meisten Fragen sind heute immer noch relevant. Darum sollen zum Abschluss des darstellenden Teils der Pressegeschichte einige Überlegungen angestellt werden, welche die bisherigen Überlegungen unter dem Aspekt der Wirkungen auf den sozialen Wandel nochmals aufgreifen, ohne Anspruch zu erheben, mehr als vorläufige Antworten zu geben. Mutmaßlich lassen sich endgültige Urteile auch nicht fällen, denn zumeist wird die Antwort von der Perspektive der Frage und des Ansatzes abhängen. Die unterstellte Unbestimmbarkeit liegt auch daran, dass sozialer Wandel eine Summenformel darstellt, die sehr verschiedene Aspekte einschließt:

- von der Veränderung habitueller Gewohnheiten und Bedürfnisse
- über den Wandel gesellschaftlicher Normen und Werte
- bis hin zu gravierenden Veränderungen der sozialen Lebensverhältnisse, die unter dem Stichwort Industrialisierung, Urbanisierung, Modernisierung und Ausdifferenzierung der Gesellschaft zusammengefasst sind.

Veränderungen der Lesepraxis bedeuten einen Wandel habitueller Gewohnheiten. „In England dominierte die Revolution in Außenhandel und Industrie, in Frankreich die politische Revolution, in Deutschland die Leserevolution“, hat der Pressehistoriker Rolf Engelsing pointiert. Die Leseforschung geht mit ihm davon aus, dass sich zwei Perioden ablösten: die der intensiven, lauten Wiederholungslektüre weniger Bücher – insbesondere der Bibel[58] – durch das extensive, einmalige, leise Lesen vieler. Engelsing terminiert den entscheidenden Umschwung auf die zweite Hälfte des 18. Jahrhunderts. Um 1800 vermerkte ein

---

[58] Die ritualisierte Lektüre der Bibel – jeden Tag ein bis zwei Psalmen oder einen Abschnitt des alten oder neuen Testaments – führte dazu, dass die Menschen der frühen Neuzeit bis weit ins 19. Jahrhundert und vereinzelt noch im 20. die Heilige Schrift so präsent hatten, dass zum Beispiel Friedrich Hebbel auf die Vorhaltung eines Geistlichen, er möge die Bibel öfter lesen, noch Anfang der 1860er antwortete, er könne sie seit seiner Jugend beinahe auswendig. Auch die vielen Bibelzitate in Belletristik und Publizistik lassen sich so erklären. Daher sind autobiografische und biografische Berichte nicht selten, in denen als Lebensbilanz die dutzendfache Lektüre der Bibel genannt wird, einsamer Spitzenreiter ist ein gewisser Robert Hall aus Neu-England, der im Verlauf seines Lebens die Bibel vollständig 134 Mal durchgelesen habe. Engelsing, R.: Lesergeschichte, in: AGB 10/1970, Sp. 958-997. Vgl. Engelsing, R.: Massenpublikum, S. 27f.

Beobachter: „Wir können uns selten überwinden, eine zweite Lektüre von einem Buche anzufangen, dessen Hauptinhalt uns schon bekannt ist.“[59]

Die „Lesewut“ und Sucht nach neuem Lesestoff, die sich schon in der Mitte des 17. Jahrhunderts in inflationärer Verwendung des Ausdrucks „modisch“ niederschlugen, wurden als Suchtverhalten analog zur Nikotin-, Kaffee- oder Trunksucht gesehen. Schon frühe „zeitungskundliche“ Schriften kritisierten die Sucht nach Neuem. Das periodische Schrifttum und die Sucht nach Neuem waren Parallelerscheinungen, insbesondere weil sie durch die regelmäßige Erscheinungsweise bedient wurde. Christoph Besold schrieb im Dreißigjährigen Krieg zu den „Neuen Zeitungen“: „Leichtfertige Männer pflegen sich um neue Sachen zu kümmern. Ernste Männer pflegen sich um ihre eigenen Angelegenheiten zu bemühen.“ Und Ahasver Fritsch geißelte ein halbes Jahrhundert später die Zeitungsssucht als „Torheit der Gegenwart“. Die Assoziation von Leichtfertigkeit und Sucht wird damit zusammenhängen, dass Gaststätten und später Kaffeehäuser als Orte der Sucht und des Müßiggangs zugleich Orte der gemeinsamen Zeitungslektüre waren. Vor allem aber zeugt die zeitgenössische Kulturkritik von einer gehörigen Verbreitung des Zeitunglesens schon im 17. und 18. Jahrhundert.[60]

Engelsing erklärt die „Lesewut“ soziologisch als Abgrenzung der bürgerlichen von den adeligen Schichten. Analog dazu habe sich der sozialdemokratische Sympathisant im späten 19. Jahrhundert umfangreicher Lektüre befleißigt und mit wachsender Akzeptanz (endgültig in Weimarer Zeit) habe dieser Antrieb nachgelassen und der Lektüreumfang sei auf ein normales Ausmaß geschrumpft. Diese Deutung scheint nur bedingt stichhaltig. Zum einen waren etliche Vielleser – gerade die von Engelsing angeführten Beispiele – Adelige, deren Abgrenzungsmotiv ausfällt. Die aufstiegsorientierte Bildungsbeflissenheit der Bürger im 18. und 19. und der Arbeiter an der Wende vom 19. zum 20. Jahrhundert hat es selbstverständlich gegeben. Doch die Überlieferungschance bevorzugt Gruppen, weil sie aufstiegsorientiert dachten. Denn sie schrieben und sorgten damit selbst für die spätere Kenntnis von ihren Gewohnheiten. Zum anderen hing die positive oder negative Beurteilung des Lesens vom sozialen Status der Leser ab. Galt Lesen als verdienstvolle Tätigkeit der Gebildeten und sozial Höhergestellten, so wurde Dienstbotenlektüre eher beargwöhnt. Und zum Dritten kommt es darauf an, was und wie gelesen wurde.

---

59 Zit.n. Engelsing, R.: Lesergeschichte, in: AGB 10/1970, Sp. 987.

60 Besold, Ch.: Neue Zeitungen, in: Kurth, K. (Hg.): ältesten Schriften (1629), S. 31. Fritsch, A.: Diskurs, in: Ebd., S. 38. Weitere Bespiele: Schenda, R.: Volk ohne Buch, S. 59-62. Berns, J.J.: Medienkonkurrenz, in: Presse und Geschichte II, S. 190f. Vgl. Engelsing, R.: Lesergeschichte, in: AGB 10/1970, Sp. 983. Volz, G.: Licht, S. 333-346. Böning, H.: Überlegungen zum bäuerlichen Lesen, in: Brunold-Bigler, U./ Bausinger, H. (Hg.): Lesen, S. 42f., 47.

Die Lektüre der periodischen Publizistik unterschied sich von dem intensiven Lesen nur im konkreten Einzelfall. In übertragenem Sinn bedeutete die Rezeption der Avisen und Relationen hingegen ebenfalls eine intensive Wiederholung – zwar nicht desselben, aber des Gleichen. In Form, Themen, Aneinanderreihung und Erscheinen unterschieden sich die Nachrichten der ersten Blätter so wenig von einander, dass ihre Lektüre Wiederholung bedeutete. So hatte das rituelle, abschnittsweise Lesen der Bibel in Morgen-, Mittag- oder Abendandachten, das sich mit der Verbreitung gedruckter Bibeln in Europa einbürgerte, starke Ähnlichkeit mit der späteren Gewohnheit der Leser, sich beim morgendlichen Frühstück, in der Mittagspause oder nach Feierabend dem Zeitungslesen zu widmen. Bevor das 19. und vor allem das 20. Jahrhundert den Tag in Tagwerk und Feierabend und das Jahr in Arbeit und Urlaub teilte, war der Tag, wenn ein Handwerker 12 bis 17 Stunden arbeitete, von etlichen Pausen unterbrochen. In den Arbeitspausen mochte der eine oder andere Handwerker diese oder jene Nachricht aus einer Relation vorgelesen bekommen oder vorlesen. Anders sah es mit der ländlichen Bevölkerung aus, deren „Freizeit" und Arbeitspausen sich an jahreszeitlichen Rhythmen orientierten und die daher vor allem im Winter – zwischen Ernte und Aussaat – Zeit für die Presse hatte: „Ei, ei, Herr Pastor, was doch endlich aus unseren Bauern werden wird. Da sind sie schon wieder bei Mads, dem Schneider, versammelt, um sich von ihm den Altonaer Merkur vorlesen zu lassen."[61] Die „Dosierbarkeit der Lesestoffe" (Rudolf Schenda) und die Abwechselung, welche gerade die Zeitungen boten, kamen den Lektüreerwartungen der unteren Stände entgegen. Und schließlich wurde für eine wachsende Zahl von Berufen – an erster Stelle wurden da schon in der frühesten zeitungswissenschaftlichen Literatur, neben den Politikern, die Kaufleute genannt – das Lesen der Tagesaktualitäten wichtig.[62]

Daher wuchs allmählich das Orientierungs- und Informationsbedürfnis des Publikums und schuf für so unterschiedliche Medien wie Flugblatt, Relation, Gelehrtenzeitschrift und Intelligenzblatt den Absatzmarkt. Nichts spricht deshalb für die vereinfachende Annahme, der Impetus zur Veränderung sei ausschließlich von den Medien ausgegangen. Vielmehr zeigt schon die Durchsetzung der Relationen im Dreißigjährigen Krieg, dass insbesondere in kritischen Zeiten Orientierung ein Grundbedürfnis der Menschen darstellt und die Medien davon profitierten, indem sie diese Ansprüche befriedigten. Die Forde-

---

[61] Zit.n. Jentsch, I.: Zeitungslesen, S. 117.

[62] 1685 nannte Christian Weise sie als wichtigste Konsumenten der Zeitungen. Weise, Ch.: Lesen von Zeitungen (1685), in: Kurth, K. (Hg.): Schriften, S. 48, 82. Stieler, C.: Zeitungs Lust, Nachdruck 1969, S. 68-72. Grathoff, E.: Dorfzeitungen, S. 52. Dauenhauer, E.: kaufmännische Zeitschriften, in: Publizistik, 10/1965, S. 471-476. Gieseler, J.: Nutzen, in: Straßner, E./ Fritz, G. (Hg.): Sprache der Wochenzeitungen, S. 265-268. Schenda, R.: Volk ohne Buch, S. 473-477.

rungen des Publikums mag auch folgende Episode beleuchten: Es war in Bremen und Umgebung bis in die 1820er Jahre üblich, Gemeindenachrichten, Standesamtsmitteilungen, aber auch Land- und Hausverkäufe, Verpachtungen und Auktionen, Steuerangelegenheiten, selbst Fund- und Verlustanzeigen, Seereisen und Schiffsunternehmungen am Ende des Gottesdienstes zu verlesen und damit die Kirche als Informationsbörse zu nutzen. Die religiösen Reinigungsbemühungen, die Kirche wieder auf ihr eigentliches Aufgabengebiet zu konzentrieren und die Ankündigungen aus dem Gotteshaus zu verbannen, schufen ein Informationsvakuum, das die Zeitungen willig füllten.[63] Da die Presse in der Folgezeit sukzessive ihre Angebote ausweitete – sowohl thematisch (Feuilleton, Handels-, Lokal- und Sportberichterstattung), als auch in den Darstellungsmöglichkeiten (zunächst gezeichnete Illustrationen, dann Fotografien) – nahm das Informationsangebot der Presse in der Neuzeit erheblich zu. Die Ausweitung hätte wenig Sinn gemacht, wenn nicht die entsprechende Nachfrage vorhanden gewesen wäre. Als z.B. in den Ausnahmezeiten des Ersten und insbesondere des Zweiten Weltkriegs die Presse nicht das Informationsbedürfnis der Bevölkerung befriedigen konnte, suchte die sich Ersatzinformationen zu beschaffen, sei es durch informationsgerichtete Lesetechnik zwischen den Zeilen, durch den Vergleich verschiedener Medien, den Rückgriff auf mündliche Informationen, die Nachfrage nach ausländischen Zeitungen oder das Abhören fremder Rundfunksender.[64]

Gerade an diesen Informationsbeschaffungsstrategien zeigt sich, in welchem Maße die Presse für alle Kreise der Bevölkerung bis zur Mitte des 20. Jahrhunderts zu einem unentbehrlichen Alltagsgegenstand geworden war. Immer weitere Kreise der Bevölkerung waren von ihr, gefördert durch soziale Kontakte und Aneignungsstrategien, erreicht worden: Die Zeitschriften hatten im 18. und 19. Jahrhundert über Lesegesellschaften ein größeres Publikum gefunden, die Partei- und Massenpresse profitierte von Abonnementsgemeinschaften. Eine ähnliche Förderung der Aneignung galt übrigens auch für andere Medien, das Kino rief Reformvereine, der Rundfunk Radiovereine ins Leben. Selbst in der Gegenwart wird die Aneignung der Medien noch durch Sozialkontakte begünstigt: z.B. des Computers durch Hackerclubs und Internet-Cafes.[65]

---

63 Zur Bedeutung des 30-Jährigen Krieges: Weber, J.: Krieg, in: JbKG 1/1999, S. 23-61. Sprechende Belege aus dem 17. Jahrhundert führt Berns an: Berns, J.J.: Medienkonkurrenz, in: Presse und Geschichte II, S. 196-198. Zum Bremer Beispiel: Engelsing, R.: 1800-1850, in: AGB 5/1964, Sp. 877.

64 Stöber, R.: Erfolgverführte Nation, S. 305-314, 327-344.

65 In diesen ersten Aneignungsphasen klären sich auch die Funktionen der Medien. Denn nahezu jedem neuen Medium wiesen die Erfinder ursprünglich andere Funktionen zu, als sie mit ihrer größeren Verbreitung dann erlangten. Vgl. Rammert, W.: Sozialer Wandel durch technische Medien, in: Wengenroth, U. (Hg.): Technik und Gesellschaft, Bd. 10, S. 266-292.

Aus den veränderten Gewohnheiten und Interessen ist immer wieder auf einen Wertewandel geschlossen worden. Dabei lässt sich insbesondere mit Blick auf den Wertewandel fragen, ob die Presse ihn hervorbrachte (Organtheorie) oder diesen Wandel nur spiegelte (Spiegeltheorie).[66] Die beinahe 40 Prozent Sensationsthemen der Einblattdrucke des 16. Jahrhunderts lassen sich als Indikator für schon damals vorhandene Unterhaltungsinteressen lesen (vgl. Teil 1). Zeitungen und gelehrte Zeitschriften bedienten zuvorderst Informations- und Bildungsbedürfnisse. Die Schriften der Volksaufklärung wiederum verbanden Unterhaltung und Information: Bildung kam immer in Gestalt der Unterhaltung einher, Unterhaltung diente immer der Bildung. Meinungsbildung, Orientierung und vielleicht sogar schon das, was die Systemtheorie die Reduktion der Komplexität nennt, mochten ebenfalls den Leserinteressen entsprochen haben.

Die Jahrzehnte um 1900 waren die hohe Zeit der Kolportageliteratur. Da Ende des 19. Jahrhunderts die Alphabetisierung der Gesellschaft nahezu abgeschlossen war, konnte das Bedürfnis nach Intimität, das in der Industriegesellschaft zugenommen haben mochte, durch eine „Flucht in den Roman" befriedigt werden. Zumindest boomten parallel zur Entstehung der Massenpresse und der Familienzeitschriften im späten 19. Jahrhundert auch die Leihbibliotheken und die Familienromane.[67] Es ist kein Zufall, dass die Massenpresse entscheidende Impulse von August Scherl, einem Verleger von Kolportageliteratur, und Hugo von Kupffer, seinem am amerikanischen Journalismus geschulten Blattmacher empfing. Die neue Presse setzte auf neue Formen der Leser-Blatt-Bindung, die nicht mehr im politischen, sondern in der Betonung des Privaten und der kleinen lokalen Umwelt wurzelten. Entstanden so neue, wenngleich schwache Bindungen, so beklagten Zivilisationskritiker und Sozialreformer andererseits den Verlust wichtiger Beziehungen. Schlagworte lauteten, die „Sensationspresse", „schlechte Presse" oder „Asphaltpresse" leiste der Entsittlichung, Entchristianisierung und Auflösung der Familie Vorschub. An die neuen Medien wurden die gleichen Vorwürfe gerichtet wie an die Stadt. Die Massenpresse und andere neue Massenmedien seien, so lautete der Standardvorwurf, oberflächlich. Die kritischen Stimmen, welche die Sensationsgier geißelten, übertrieben zwar in ihrem moralischen Impetus, als Tatsachenbeschreibung der Publikumsinteressen müssen sie jedoch ernst genommen werden. Die Medien, so hieß es, schüfen Ersatzbindungen, Ersatzidentifikationen und Surrogate. Dazu gehörte, dass die neuen Medien, die Illustrierten, besonders

66 Organ- und Spiegeltheorie sind ursprünglich auf die Wechselwirkung zwischen Presse und öffentlicher Meinung angewandt worden.

67 Schenda, R.: Volk ohne Buch, S. 203-213, 228-270. Wehler, H.-U.: Deutsche Gesellschaftsgeschichte, Bd. 3, S. 1234f.

aber auch der Film, einzelne Individuen als „Stars" popularisierten, die zuvor nur einem eingeschränkten Publikum, z.B. dem Theaterpublikum bekannt geworden wären. Diese „Stars" aus Film, Sport und dann auch Politik wurden zu Kollektivindividuen einer sich selbst fremden Massengesellschaft. Die „Stars" erschienen als private Personen und spielten doch nur soziale Rollen. Die Presse und andere Medien bauten mit ihnen alternative Gegenentwürfe und Ersatzindividualitäten auf. Die Nationalsozialisten brauchten zu ihren Propagandazwecken die vorhandenen Modelle nur zu perfektionieren, vor allem dadurch, dass sie den „Führer" im Verbund aller damaligen Medien als Markenartikel kreierten.[68]

Der Eskapismus, den Buch, Presse und moderne Medien ermöglichen, die kollektiven Ersatzindividualitäten sowie die über die Medien transportierten Werthaltungen, Einstellungen und Verhaltensmuster, mögen von großem Einfluss sein. Doch da sich der mediale Einfluss nicht von dem anderer Faktoren (Erziehungssystem, Arbeitswelt) abkoppeln lässt, können die meisten unter dem Rubrum Wertewandel verkauften Veränderungen nur konstatiert und ursächlich kaum eindeutig der Presse zugewiesen werden.

Anders als der Wertewandel lässt sich der dritte eingangs genannte Bereich der Änderungen, der Wandel sozialer Verhältnisse, leichter fassen. Weil die Struktur, Organisation, Wirtschaft und Technik der Presse, niemals die Struktur, Organisation, Wirtschaft oder Technik der Gesellschaft dominierte, war das Pressesystem stets nur Teil des größeren gesellschaftlichen Ganzen. Die Differenzierung der Gesellschaft und das gewinnorientierte Wirtschaftsleben eröffnete und forschte nach Marktlücken, die findige Unternehmer nutzen konnten. Nachrichten waren in der Frühen Neuzeit entlang der Handelsrouten ausgetauscht worden, die Intensivierung des Postverkehrs schuf – als Abfallprodukt – die zur Herausgabe periodischer Zeitungen nötige Regelmäßigkeit. Technische Erfindungen wie die Telegrafie erlebten ihren Durchbruch als Instrumente der Börse und des Eisenbahnbaus. Mit der Differenzierung der Presse folgte auch die Professionalisierung der journalistischen Berufe den gesellschaftlichen Veränderungen. Die Parteipresse initiierte – von wenigen wichtigen Ausnahmen abgesehen – nicht die Parteien, sondern in der Regel war es umgekehrt. Die Massenpresse baute keine Großstädte, sondern boomte, weil neue städtische Leserschichten unerschlossene Marktlücken bedeuteten. Die Liste der Abhängigkeiten der Presse von den gesellschaftlichen Veränderungen ließe sich noch fortsetzen: Sozialer Wandel veränderte die medialen Strukturen stärker als umgekehrt. Das leitet zum nächsten Abschnitt.

---

68 Behrenbeck, S.: Führer, in: Diesner, G./ Gries, R. (Hg.): Politische Propaganda, S. 51-78.

Sozialer Wandel II: Medienstrukturen in Vergangenheit und Gegenwart

Die Presse lässt sich recht überzeugend als Spiegel des sozialen Wandels interpretieren. Dabei sind jedoch drei Ebenen zu differenzieren:

1. die der Medienstrukturen,
2. die der Medientypen,
3. und die des konkreten Fortlebens einzelner Medien.

Als Teil der publizistischen Kultur sind die Medien ein genauer Spiegel gesellschaftlicher Verhältnisse und sind sich darin über die Jahrhunderte erstaunlich treu geblieben. Schon seit mehreren Jahrhunderten existiert beispielsweise eine Kultur der Zeitschriften, die sich zwar immer wieder gewandelt hat, in einem aber gleich geblieben ist: Zeitschriften diskutier(t)en den Zeitgeist und seine Agenda. Hierin unterscheiden sich „Wiener" oder „Max" wohl kaum von moralischen Wochenschriften des 18. Jahrhunderts. Modernere Abkömmlinge wie die Familienzeitschriften finden heutzutage ebenfalls noch ihre Entsprechung und nochmals modernere Derivate wie die Illustrierten von Beginn des 20. Jahrhunderts haben im wesentlichen nur ihr Erscheinungsbild gewandelt.

Auf der anderen Seite dominierten früher Medienstrukturen, die heute nahezu vollständig verschwunden sind. Aber auch dies lässt sich als Reflex auf die gesellschaftlichen Veränderungen lesen. So hatte die verspätete Lockerung des politischen Diskurses in Deutschland erst in der zweiten Hälfte des 19. Jahrhunderts eine Parteipresse von Bedeutung entstehen lassen. Dabei kam es, wie so oft, wenn Nachholbedarf angezeigt ist, zu einer Überkompensation, so dass in den 1870ern beinahe allein die Parteipresse als zukunftsträchtig erscheinen musste. Doch schon um die Wende vom 19. zum 20. Jahrhundert steckte die Parteipresse in einer tiefen Krise und bis in die Weimarer Zeit nahm der Anteil der Parteizeitungen langsam ab. Erst in der NS-Zeit wuchs er wieder signifikant. 1933 waren keine 4% der Presseauflage in NS-Besitz, 1944 82,5%. Zu Zeiten von SBZ und DDR war das im übrigen ähnlich. Da die Sowjets, wie auch die Briten in ihrer Zone, glaubten, der deutschen Presse sei die Parteilichkeit ureigen, lizenzierten sie ausschließlich Parteiblätter. Da die Sowjets aber im Unterschied zu den Briten an dem einmal eingeschlagenen Kurs festhielten, kam es zu keiner Korrektur. Innerhalb der lizenzierten Presse dominierten von Anfang an die Titel der kommunistischen Presse. In den 1950er waren ca. 60% der Auflage in SED-Besitz, 1988 waren es 70,4%, hinzu kamen weitere 21% der SED-nahen Massenorganisationen; die Blockparteipresse, die in den 1960ern noch ca. 20% Anteil an der Auflage besessen hatte, kam hingegen 1988 nur noch auf 8,6%.[69]

69 Holzweißig, G.: Massenmedien DDR, in: Wilke, J. (Hg.): Mediengeschichte, S. 573-601. Herrmann,

Im Unterschied zur DDR spielt in der heutigen Bundesrepublik die Parteipresse nur noch am Rand eine Rolle. Beide deutsche Diktaturen haben ihren Beitrag geleistet, die Kultur der Parteipresse zu diskreditieren. Überparteiliche Titel sind an die Stelle der Zeitungen getreten, die Partei nahmen, gründeten oder waren. Das liegt an mehreren grundlegenden Veränderungen, die der Epochenwechsel von 1945 mit sich brachte. Als wichtigster Grund ist wohl die Dominanz der amerikanischen Besatzungsmacht in Westdeutschland anzugeben. Die Amerikaner lizenzierten überparteiliche Zeitungen, dies Modell wirkte auch auf die Briten und in geringerem Ausmaß auf die Franzosen. Alle Besatzungsmächte waren sich 1945 einig in dem Bestreben, die Medien in ihrem Sinne einzusetzen: Zum einen sollten sie kurzfristig die Akzeptanz für die eigene Politik steigern, zum anderen langfristig zur Umerziehung der Deutschen zu guten Demokraten beitragen. Unter Demokratie verstanden zwar alle Besatzungsmächte jeweils anderes, aber sie waren sich im Negativen einig: Die nationalsozialistisch-nationalistische und militaristische Vergangenheit sollte abgeschlossen werden. Für die Presse hatte das zur Folge, dass die „Altverleger" nicht wieder tätig werden durften. Lizenziert wurden – in der Regel – nur unbelastete Personen und als die Lizenzzeit im Westen 1949 endete, hatten die Lizenzverleger einen großen Vorsprung gegenüber den Altverlegern, die erst jetzt an die Wiederbegründung ihrer Zeitungen gehen konnten. Als die Lizenzzeit in der DDR 1989/90 endete, war die Zeit selbst hierfür zu spät, die meisten Altverleger waren tot, ihre Betriebe längst nicht mehr in alter Form existent.[70]

Aber auch im Westen erlaubte der Vorsprung der Lizenzverleger – die Lizenzen waren gleichsam Lizenzen zum Gelddrucken gewesen – nur wenige auf die Dauer erfolgreiche Neugründungen. Hierzu gehört z.B. die FAZ, hierzu gehört auch die „Bild", doch hinter ihr stand in Axel Springer ein Verleger, der von der Lizenzvergabe (für „Hör Zu", „Hamburger Abendblatt" und andere) massiv profitiert hatte. Die Altverleger hingegen, die zwischen 1949 und 1954 auf den Markt drängten, wurden zum Teil recht schnell Opfer der Pressekonzentration, welche die Zahl der selbständigen Zeitungseinheiten (publizistische Einheiten) in den zwei Jahrzehnten zwischen 1954 und 1976 von 225 auf 121 reduzierten. Lizenzzeitungen hingegen gehörten nur in ganz seltenen Ausnahmen zu den Opfern der Konzentration. Damit überlebten die mittelgroßen und großen Zeitungen; Zwergzeitungen, wie es sie vor 1933 noch in größerer Zahl gegeben hatte, verschwanden endgültig. Aber schon der Nationalsozialismus

---

E.M.: Presse der SBZ. Kutsch, A. (Hg.): Publizistischer Wandel in der DDR.

70 Als knappe Zusammenfassung der Geschichte der Lizenzpresse: Koszyk, K.: Presse unter alliierter Besatzung, in: Wilke, J. (Hg.): Mediengeschichte, S. 31-58. Vgl. auch Koszyk, K.: Deutsche Pressegeschichte IV.

hatte sie beseitigt und auch in Weimarer Zeit waren etliche von ihnen nur noch dem Namen nach selbständig gewesen.[71]

Noch dominanter ist die Lizenzzeit der SBZ/ DDR präsent, zugleich hat mit ihr auch ein gewisser Teil der Parteipresse überlebt. Als nämlich die Treuhandanstalt 1990/91 daran ging, die Presse der DDR zu privatisieren, ließ sie die Bezirkspresse der SED unangetastet und teilte sie, statt die Titel zu zerschlagen, westdeutschen Konzernen zu. In diesem Prozess verloren die ehemaligen SED-Zeitungen von der „Berliner Zeitung" bis zur Magdeburger „Volksstimme" zwar ihren Parteicharakter, die Dominanz in ihren bisherigen Verbreitungsgebieten blieb aber unangetastet und ist seither sogar gewachsen, weil die Blockzeitungskonkurrenz und die neugegründeten Wettbewerber beinahe vollständig vom Markt verschwunden sind.[72]

Der Blick auf die zweite Ebene, die der Pressetypen, relativiert die Zäsur der beiden Lizenzzeiten. Sieht man einmal von den Internetzeitungen ab, gibt es noch in der Gegenwart all jene Formen, welche die Pressegeschichte in ihrer 500-jährigen Entwicklung bis 1945 herausgebildet hat. Angefangen bei den Flugblättern bis hin zu der Massenpresse sind die Typen gleich geblieben. Allerdings hat der Zutritt neuer Medien die alten wiederholt gezwungen, sich auf andere Funktionen zu konzentrieren. Dieser Funktionswandel wird als Rieplsches Gesetz bezeichnet. Wolfgang Riepl hatte schon 1913 formuliert: Es „ergibt sich gewissermaßen als ein Grundgesetz der Entwicklung des Nachrichtenwesens, daß die einfachsten Mittel, Formen und Methoden, wenn sie nur einmal eingebürgert und brauchbar befunden worden sind, auch von den vollkommensten und höchst entwickelten niemals wieder gänzlich und dauernd verdrängt und außer Gebrauch gesetzt werden können, sondern sich neben diesen erhalten, nur daß sie genötigt werden, andere Aufgaben und Verwertungsgebiete aufzusuchen."[73]

Man könnte Riepls Erkenntnis etwas anders formulieren: Es geht nicht um die Suche nach neuen Funktionen, sondern um die Konzentration auf bekannte. Denn jedesmal, wenn eine neue mediale Form in den Markt eintrat, die bestimmte Funktionen besser als die älteren Vorformen ausfüllen konnte, wurden jene nur noch da angewandt, wo sie sich eine bedeutende Leistungsfähigkeit erhalten konnten.[74] So hatten die Flugblätter des 16. Jahrhunderts die Auf-

---

71 Vgl. zur Pressekonzentration die zahlreichen Stichtagsuntersuchungen von W.J. Schütz. als jüngste Zusammenfassung: Schütz, W.J.: Tagespresse, in: Wilke, J. (Hg.): Mediengeschichte, S. 109-134.

72 Schneider, B.: Massenmedien der Vereinigung, in: Wilke, J. (Hg.): Mediengeschichte, S. 602-632. Dies.: Pressemarkt Ost, in: Mahle, W.A. (Hg.): Medien im vereinten Deutschland, S. 71-80. Dies.: Pressemarkt Ost II, in: Mahle, W.A. (Hg.): Pressemarkt Ost, S. 35-45.

73 Riepl, W.: Nachrichtenwesen, S. 5.

74 Aus dem Blickwinkel des Publikums sind unter den Stichwort „Komplementarität" oben Beispiele für die Fortdauer der Existenz bei gleichzeitigem Funktionswandel gegeben worden (s. S. 275f.).

gabe, Nachrichten („Neue Zeitungen") zu berichten. Da sie unregelmäßig erschienen, erwiesen sie sich aber schon Ende des Jahrhunderts nur bedingt geeignet, das interessierte Publikum fortlaufend zu unterrichten. Daher wurden zu wichtigen Ereignissen von längerer Dauer Serienzeitungen herausgegeben. Seit im 17. Jahrhundert periodische Nachrichtenblätter erschienen, hatten die Flugblätter – zumindest in regulären Zeiten – als Informationsquelle ausgedient.[75] Doch Zeitungen und andere periodische Blätter haben gegenüber den nichtperiodischen nicht nur Vorteile, sondern auch Nachteile. Sie erfordern einen eingespielten Apparat von der Nachrichtenbeschaffung über den Druck bis zum Vertrieb, sie sind polizeilich bekannte Serientäter. Daher sind periodische Druckwerke höchst anfällig gegenüber jeder obrigkeitlichen Kontrolle und Repression. Wollen sie frei erscheinen und Geld verdienen, müssen (und mussten) sie entweder auf politisch heikle Themen ganz verzichten oder diese zumindest nicht kommentieren oder allenfalls camouflierend behandeln. Beispiele für die erste Taktik gaben u.a. die Gelehrtenzeitschriften oder die moralischen Wochenschriften, Beispiele für die zweite die Avisen und Relationen, Beispiele für die dritte satirische und andere Literatur von der Gesprächspresse über Quiddes „Caligula" bis hin zu der NS-Wochenzeitung „Blick in die Zeit" oder dem DDR-„Eulenspiegel".

Flugblätter hatten diese Methoden nicht nötig. Da sie nicht kontinuierlich erscheinen müssen und – z.B. im Unterschied zu den Zeitungen – sich nicht universaler Inhalte annehmen, sondern punktuell Themen aufgreifen, benötigen sie keinen eingespielten, aufwendigen und gegenüber den staatlichen Einrichtungen verletzlichen Nachrichtenapparat. Da sie nicht von ihrer eleganten, drucktechnisch überzeugenden Aufmachung leben, können sie nicht nur auf Hightech-Druckereien verzichten, sondern sie können ihre Botschaften auch in unscheinbarer Manier und schlechter Druckqualität an das Publikum bringen. Daher können sie im Hinterzimmer und an abgelegenen Orten gedruckt werden. Wird eine solche Druckerei, sei es die Winkeldruckerei der Frühen Neuzeit oder die Samisdat-Druckerei des polnischen Untergrunds der 1980er ausgehoben, so bedeutet die Beschlagnahme und Vernichtung der Maschinen keinen unersetzlichen Verlust. Werden die Drucker rechtzeitig gewarnt, so können sie u.U. noch schnell ihre Druckerei von der Bildfläche verschwinden lassen. Aus diesen Gründen sind Flugblätter das Medium der Gegenöffentlichkeit. Und sie werden es vermutlich auch dann bleiben, wenn das Internet noch weitere Verbreitung findet, das heute von Exilchinesen, -iranern, -indianern aus Mexiko und anderen Exilanten als subversives Medium benutzt wird. Denn

75 Als Unterhaltungsmedium aber keineswegs, wie die vitale Existenz von Abkömmlingen wie den Neuruppiner Bilderbögen noch im 19. Jahrhundert beweist.

erstens ist in vielen Gebieten der Erde die Bevölkerung nicht einmal mit dem Telefon ausgestattet und daher wird die Vollversorgung mit fortgeschrittenen derivaten Technologien noch länger auf sich warten lassen, zweitens hinterlässt die Internetnutzung Spuren, mag also wie das Flugblatt für den Kommunikator ungefährlich sein – solange der sich im sicheren Exil befindet – ist es aber für die Rezipienten keineswegs.

Zur dritten Ebene: Medien sind auch Einzeltitel. Nur wenige können engere Beziehungen zur Vergangenheit herstellen. Zwar stellt sich z.B. die FAZ in die Kontinuität der FZ, ist aber deutlich konservativer als jene war und ist zudem nicht mehr im Besitz der jüdischen Familie Sonnemann. Ähnliches, wenngleich mit umgekehrter ideologischer Entwicklung ließe sich über die „Süddeutsche Zeitung" und ihr Vorgängerblatt, die „Münchner Neuesten Nachrichten" sagen. Die Berliner Titel „BZ am Mittag" und „Berliner Morgenpost" erscheinen zwar noch im Ullstein-Verlag, dieser ist aber nicht mehr im Besitz der Familie Ullstein. Doch lassen die genannten Beispiele noch recht enge Beziehungen zur Vergangenheit aus der Zeit vor 1945 erkennen – auch ließen sich weitere Beispiele aus der Provinz anführen. Für andere Blätter, zu denen namensidentische Vorgänger existierten, gilt das nicht. Die erwähnte „Volksstimme" aus Magdeburg wurde nach dem Krieg in den Verlagsgebäuden der Verlegerfamilie Faber wieder gegründet, welche vor 1945 die älteste in Familienbesitz befindliche Zeitung besessen hatte, die „Magdeburger Zeitung". Diese „Volksstimme" war also eher die bürgerliche Konkurrenz als die sozialdemokratische „Volksstimme" der Weimarer Republik, an welche der Titel gemahnen sollte. Ähnliches gilt für den traditionsreichen sozialdemokratischen Titel der „Leipziger Volkszeitung", der nach 1945 im wesentlichen aus den Trümmern des Herrfurth-Konzerns gegründet wurde. Man sieht an diesen Beispielen, dass die Behauptung einer Tradition diese noch nicht begründet. Erst recht gilt dies für Magazine wie den „Spiegel", die sich zwar bisweilen an Weimarer Vorbildern wie der „Weltbühne" orientieren, mit diesen aber nur äußerst wenig gemein haben.

Doch es ist trivial, die Spuren der Vergangenheit auf diese Weise weiter zu verfolgen, zumal es naturgegeben ist, dass Institutionen, soziale Einrichtungen und Verfassungen ihren Namen behalten und dennoch ihr Wesen kontinuierlich verändern. Auf diesen Umstand machte schon der griechische Philosoph Heraklit mit seiner Bemerkung, „alles fließt", aufmerksam und benutzte das sinnfällige Beispiel des Flusses, der seit Generationen den selben Namen und doch jeden Tag anderes Wasser führe. Andererseits, auch Namen besitzen eine Existenz und sogar reale Werte, z.B. Geldwerte, insbesondere wenn sie mit juristischen Titeln verknüpft sind. Das leitet zum letzten Aspekt der Pressegeschichte, in dem Vergangenes noch höchst gegenwärtig ist.

(Sozialer) Wandel III: Medienrecht in Vergangenheit und Gegenwart

Drei pressepolitische Systeme hat die Neuzeit gesehen: 1. autoritäre und konservative Regimente, 2. liberal-parlamentarische und sozialverantwortliche Systeme, 3. totalitäre Regime.

Das System der autoritären Pressekontrolle stellt das älteste System dar und herrschte bis ins 19. Jahrhundert vor. Die frühneuzeitlichen Staaten regierten mit obrigkeitlicher Fürsorge und Bevormundung. Sie schätzten die Presse als ein Mittel zur Unterstützung eigener Positionen, fürchteten sie aber auch als Medium des Aufruhrs und der Unbotmäßigkeit. Sie unterschieden zwischen „guter" und „schlechter" Presse und ergänzten daher positive Maßnahmen, die motivieren, überzeugen und überreden sollten, und negative, die reglementierten, verboten und unterdrückten. Sieht man von manchen Spielarten der Intelligenzpresse ab, duldeten sie – seit dem 18. Jahrhundert auch aus wirtschaftstheoretischen Überlegungen – die private, nach Gewinn strebende Presse.

Die konservativen und autoritären Obrigkeiten der Frühen Neuzeit bis ins 19. Jahrhundert entwickelten verschiedene pressepolitische Instrumente: Sie benutzten Vorzensur, d.h. alle Schriften galten als verboten, bis sie von einer Zensurinstanz gesichtet waren. Die Zensurinstanz entschied, ob die Schrift unter oder ohne Auflagen publiziert werden konnte oder ob sie verboten blieb. Zur Vor- kam die Nachzensur, die eine große Spannbreite von unterschiedlichen Instrumenten umfasste, vom Index verbotener Druckwerke bis zu gerichtlicher Nachkontrolle. Ein weiteres Instrument war die Lizenzierung bzw. Konzessionierung des Pressegewerbes. Hierzu gehörte zumeist die Hinterlegung einer Kaution, die eingezogen werden konnte und damit vorauseilenden Gehorsam erzeugte. Mit dem Postdebit war der Vertrieb zu kontrollieren, die Steuerpolitik diente ökonomischer Gängelung. In Zeiten wirtschaftlicher und kriegerischer Krisen konnte mittels Papierkontrolle das Erscheinen der Presse reguliert werden. Die Aufsicht des Nachrichtenwesens kontrollierte erst seit dem späten 19. Jahrhundert den Input, die Ausbildung der Publizisten als Mittel der Presseaufsicht kannte weder die Frühe Neuzeit noch das 19. Jahrhundert.

Die Entwicklung der autoritären Regimente in der Neuzeit kennzeichneten drei Haupttendenzen: die Gewichtsverschiebung von der religiös zur politisch motivierten Kontrolle; die Ergänzung der reichsrechtlichen durch landesrechtliche Bestimmungen und die Reaktion auf öffentlichkeitsrelevante Ereignisse wie Reformation und Revolution. Erste Regelungen erließen kirchliche Obrigkeiten ca. eine Generation nach Gutenberg. Zum zentralen Instrument der katholischen Pressepolitik wurde seit Mitte des 16. Jahrhunderts der „Index librorum prohibitorum", den letzten von 1948 setzte Rom erst 1966 nach dem

2. Vatikanischen Konzil außer Kraft. Nach dem Vorbild der kirchlichen entwickelte sich die weltliche Aufsicht über das Buch- und Pressewesen. Das erste der Reichsgesetze, das „Wormser Edikt" von 1521, richtete sich gegen Luthers Schriften und verfügte die Vorzensur. Während in der Zeit des alten Kaiserreichs die landesrechtliche Pressepolitik immer bedeutender wurde, setzte im 19. Jh. eine Gegenbewegung ein. Höhepunkte waren die Bundespressegesetze von 1819 (Teil der Karlsbader Beschlüsse) und von 1854. Die Pressegesetzgebung der Reformation und die antirevolutionäre Gesetzgebung im 18. und 19. Jh. zeigt, dass die autoritären Regimente mehr reagierten denn agierten.[76]

Vor allem hatten die Regimente der Frühen Neuzeit noch ein anderes Verhältnis zur Beeinflussung der Öffentlichkeit. Da diese für den Staat vor allem identisch mit sich selbst (Öffentlichkeit der Macht, E.B. Körber) war, richtete sich Propaganda vor allem an Funktionsträger. Propaganda, begrifflich eine Erfindung der Gegenreformation, sollte die eigene Politik vor den Standesgenossen rechtfertigen. Der Appell an das breite Publikum spielte nur in Ausnahmen – zuerst in der Reformation – eine wichtige Rolle. Zugleich war keine Furcht bei den Regierungen stärker präsent als die vor der unbeabsichtigten Verwicklung in außenpolitische Schwierigkeiten durch eine unaufmerksame Publizistik. Das führte in der Tendenz zu einer selbstverstärkenden Kommunikationskontrolle: Da in der Frühen Neuzeit die meisten Regimente ihre Publizistik mehr oder minder scharf kontrollierten, standen die Medien eines Territoriums stets unter dem Generalverdacht, mit Einverständnis der Obrigkeit eine bestimmte Meinung vertreten zu haben. Darum mussten sie kontrolliert werden, soweit sie sich nicht selbst anpassten. Das wiederum stärkte den Generalverdacht.[77]

Andererseits gilt es nochmals zu betonen, dass gerade die serielle Publizistik sich in der Frühen Neuzeit selbst kontrollierte, um nicht das Geschäft zu gefährden. Daher verstärkte sich erst in der Zeit der Französischen Revolution merklich der obrigkeitliche Druck und erreichte in der ersten Hälfte des 19. Jahrhunderts seine höchste Wirksamkeit. Zugleich wurde auch die staatliche Pressepolitik und Propaganda immer effizienter.[78] Die Phase der konservativ-autoritären Presseaufsicht ging im 19. Jahrhundert zu Ende. Es folgte eine liberale Phase, die nach 1918/19 in eine demokratische überging. Dabei wurde ein Teil der älteren Regelungen der autoritären Presseaufsicht verworfen, ein anderer Teil abgeschwächt in das eigene pressepolitische System integriert. Die

[76] Schneider, F.: Pressefreiheit, in: Brunner, O./ Conze, W./ Koselleck, R. (Hg.): Geschichtliche Grundbegriffe, Bd. 2, S. 593-717.

[77] Bauer, W.: Öffentliche Meinung. Schieder, W./ Dipper, C.: Propaganda, in: Brunner, O./ Conze, W./ Koselleck, R. (Hg.): Geschichtliche Grundbegriffe, Bd. 5, S. 69-112.

[78] Hofmeister-Hunger, A.: Pressepolitik.

organische Entwicklung des liberalen Systems aus der autoritären Vorform vollzog sich in Deutschland seit 1866/71/74. Ausdruck fand die Liberalität des Kaiserreichs in dem 1874 verabschiedeten Reichspressegesetz, einem Kompromiss zwischen Konservativen und Liberalen. Der § 1 formulierte: „Die Freiheit der Presse unterliegt nur denjenigen Beschränkungen, welche durch das gegenwärtige Gesetz vorgeschrieben oder zugelassen sind." Verworfen wurde die Vorzensur, übernommen Elemente der Nachzensur. Das Impressum diente der Presseordnung, das Pflichtexemplar als bibliothekarisches Belegexemplar. Konzessionierung und Kaution wurden aufgegeben. Doch da das pressepolitische System des Kaiserreichs den Mitgliedsstaaten die Verfassungsgesetzgebung überließ, war das RPG nicht „reichsgesetzfest". 1878 hob das Sozialistengesetz die Pressefreiheit für die sozialistische Presse auf (bis 1890). Die Liberalisierung entsprach dem wachsenden politischen Gewicht der breiteren Öffentlichkeit. Pressepolitisch und propagandistisch verstärkten sich zugleich die Appelle an die Bevölkerung, die nun auch als Wahlvolk wichtig wurde. Dabei zeichneten sich insbesondere das bismarcksche pressepolitische System und die Flottenpropaganda der Jahre vor dem Ersten Weltkrieg durch große Raffinesse aus.[79]

Totalitäre Regime sind entwicklungsgeschichtlich die jüngsten pressepolitischen Systeme. In Deutschland gab es zwei Phasen totalitärer Systeme: den Nationalsozialismus und die ersten zwei Jahrzehnte der DDR. Beide setzten auf Nachrichten- und rigide Berufszugangskontrolle. Durch diese Vorauswahl und durch die mittels Nachzensur anerzogene Selbstgleichschaltung konnte auf Vorzensur zumeist verzichtet werden. Wie gesehen nahmen Staats- und Parteibesitz an der Presse zu, bis sie die dominierende oder sogar einzige Besitzform wurden (vgl. S. 294). Die Presse war auf die Funktionen als publizistisches Führungsmittel bzw. Transmissionsriemen des politischen Willens beschränkt und diente der politischen Desinformation und Propaganda. Die dominierende Führungspersönlichkeit bzw. die herrschende Partei hatte „immer Recht". Kritik und Kontrolle waren verpönt und galten als Zeichen „liberalistischer" bzw. „bourgeoiser" Schwäche. Die Presse wirkte mit an der Gleichschaltung des ganzen Staatswesens/ Volkskörpers und somit an der Ausgrenzung Fremder.

Das NS-System bildete in einer Übergangsphase von ca. drei Jahren das totalitäre Regime aus. Zentrale Mittel der Kontrolle war die Monopolisierung der Nachrichten- und Informationspolitik, die Lenkung der Presse über Pressean-

---

[79] Naujoks, Eberhard: Regierungspresse, in: HZ 205/1967, S. 46-80. Stöber, R.: Presseorganisation von 1882, in: HZ 262/1996, Nr. 2, S. 423-451. Stöber, G.: Pressepolitik (im Druck). Deist, W.: Flottenpropaganda. Koszyk, K.: Pressepolitik. Creutz, M.: Pressepolitik.

weisungen und die Führung von Berufslisten. Das Schriftleitergesetz von 1933 erklärte die Pressearbeit zu einer vom Staat definierten „öffentliche Aufgabe". Bei Verstoß konnten die Journalisten aus der „Schriftleiterliste" gestrichen werden (Berufsverbot). Da der NS-Staat weitaus stärker als es das Wort vom totalitären System suggeriert von der Unterstützung der Bevölkerung abhängig war, intensivierte das System die propagandistischen Anstrengungen gegenüber der Weimarer Republik beträchtlich. Dabei unterscheiden zwei Merkmale die NS-Propaganda von früheren Zeiten. Zum einen war die Presse nur noch eines neben verschiedenen anderen Massenmedien. Damit verband sich ein zweiter Unterschied: Die Propaganda konnte sich nicht mehr auf ein hermetisch abgeschlossenes System verlassen, sondern war anfällig gegenüber den vom Ausland (via Rundfunk) einsickernden Informationen.[80]

Nach Ende des Zweiten Weltkriegs vollzog die SBZ erneut den Übergang zum totalitären Regime. Zentrale Instrumente der stalinistischen Frühphase waren die Ausbildung (Journalistenausbildung an der Karl-Marx-Universität Leipzig [„Rotes Kloster"]), die Lizenzierung, die Papierzuweisung, die Nachrichtenkontrolle über die ADN und die Presseanleitungen. Zuständig für die Lizenzierung und Aufsicht der Presse der Blockparteien war das Presseamt beim Ministerrat, die Lenkung der dominierenden SED-Presse funktionierte über eine vertikal organisierte Linie vom ZK, Abteilung Agitation, zu den Bezirksleitungen. Obwohl sich am System der Lenkung nichts änderte, milderte sich in den 1970er und 1980er Jahren die Praxis merklich. Unter dem Eindruck von Glasnost und Perestroika in der UDSSR verschärfte sich der pressepolitische Kurs in den Jahren vor 1989 erneut. Für die DDR galt die Anfälligkeit gegenüber einsickernden Informationen noch stärker als für NS-Deutschland. Neben dem elaborierten eigenen propagandistischen System strahlten die Sender des Westfernsehens in die ostdeutschen Wohnstuben und vermittelten das Bild eines goldenen Westens, das einen wichtigen Beitrag zum Untergang der DDR geleistet haben dürfte und dem krude Gegenpropaganda à la Karl Eduard von Schnitzler wenig entgegenzusetzen hatte.[81]

Betrachtet man das gegenwärtige Recht aus dem Blickwinkel seiner historischen Genese, so verbieten sich einfache Antworten. Verfassungsrechtlich kennzeichnet eine negative Ableitung die Lehren der Vergangenheit, presserechtlich dominiert die organische Herleitung, beim sonstigen Recht stehen

80 Abel, K.-D.: Presselenkung im NS-Staat. Kohlmann-Viand, D.-H.: NS-Pressepolitik im Zweiten Weltkrieg.

81 Gerlof, K.: Gegenspieler. Meyen, M.: Grenzgänger, in: JbKG 1/1999, Nr. 1, S. 192-231.

z.T. wörtliche Übernahmen neben krassen Umwertungen. Darüber hinaus gibt es seit Jahrzehnten offene Fragen, z.B. bezogen auf die innere Pressefreiheit.

Das Grundgesetz ist in seinen zentralen Aspekten eine Quersumme der Vergangenheit. Im Unterschied zur Weimarer Verfassung spricht es eingangs von Menschenrechten, statt von „Rechten und Pflichten" der Deutschen, wie der 2. Hauptabschnitt der Weimarer Verfassung überschrieben war. Damit stehen Presse- und Meinungsfreiheit (Art. 5 GG) und andere einschlägige Grundrechte jedem Menschen, der sich im Geltungsbereich des Grundgesetzes aufhält, zu und sind keine Staatsbürgerrechte mehr. Die nationalsozialistische Diktatur, die im Handstreich die schwächeren Weimarer Grundrechte beseitigte, gab auch das negative Vorbild für eine andere zentrale Stärkung der bundesrepublikanischen Grundrechte: Die Garantie des Wesensgehalts, d.h. die prinzipielle Unantastbarkeit zentraler Werte, zu denen auch die Meinungs- und Pressefreiheit zählt (Art. 19 GG).

Da der Vorläufer des Art. 5 GG, der Art. 118 der Weimarer Verfassung, nur von Meinungsfreiheit, nicht jedoch von Pressefreiheit, sprach, gingen die Verfassungsgeber des Grundgesetzes auch hier bewusst weiter und schützten über das individuelle Abwehrrecht der Meinungsfreiheit hinaus ein institutionelles Grundrecht der Pressefreiheit. Unter dessen Schutz stehen alle Mitarbeiter der Presse, daraus leitet sich der besondere Schutz der Räume von Medienunternehmen ab, vor allem aber steht der Presse dieser Schutz ohne Rücksicht auf ihren Inhalt zu: Damit sind Nachrichten und Meinungen gleichermaßen geschützt, Auflagennachrichten wie in der Spätphase der Weimarer Republik sind ausgeschlossen. Hieraus ergibt sich aber auch, dass die Gesamtheit der Presse unabhängig von ihrer Qualität als funktionaler Bestandteil des demokratischen Gemeinwesens angesehen werden muss. Die Presse soll den konstruktiven Konflikt im Diskurs mit dem Leser und mit gesellschaftlichen Gruppen suchen. Die unter dem Begriff der „öffentlichen Aufgabe" normativ zugewiesenen Funktionen betreffen die Konstituierung eines Meinungsmarktes, die individuelle Meinungsbildung, die Information und Unterhaltung der Individuen und die Kritik und Kontrolle des politischen Systems. Der letzte Aspekt wird unter der Bezeichnung „4. Gewalt" häufig überbewertet, da die Presse weder über die institutionelle Macht der drei klassischen Gewalten verfügt, noch demokratisch legitimiert ist. Zudem erschwert die Doppelnatur aus privatwirtschaftlicher Organisation und öffentlicher Aufgabe die Erfüllung der gesellschaftlichen Funktionen.[82]

Im Unterschied zum Verfassungsrecht hat sich das Presserecht im engeren Sinne nur marginal weiterentwickelt. Die Landespressegesetze der Bundeslän-

82 Schneider, F.: Pressefreiheit.

der haben immer noch große Ähnlichkeit mit dem RPG von 1874. Da dieses eine formale Regelungsstruktur aufwies, konnte es verschiedenen politischen Systemen von dem konstitutionellen Kaiserreich über die Diktatur des Ersten Weltkriegs, die Weimarer Republik, die NS-Diktatur, die formal das RPG ebenfalls nicht antastete, bis in die Zeit der Bundesrepublik dienstbar sein. Seine zentralen Instrumente (strafrechtlich verantwortlicher Redakteur, Verjährung, Berichtigung etc.) schreiben die Landespressegesetze der Bundesrepublik fort. Noch enger sind die Beziehungen zwischen dem älteren und neueren Strafrecht. Die für das Presserecht einschlägigen Paragrafen haben sich seit 1871 nur wenig verändert, manche, wie der § 193 StGB, sind unverändert geblieben. Verändert hat sich allerdings die Auslegung durch die Gerichte.[83]

Aus der institutionellen Garantie für die Presse (und den Rundfunk) ergeben sich Weiterungen, die den Bundesgesetzgeber im Fall der Presse auffordert, Gefahren abzuwenden. So hat der Gesetzgeber in den 1970er Jahren gegen die Konzentrationsgefahr eine Verschärfung der Fusionskontrolle und ein Pressestatistikgesetz (1996 außer Kraft) beschlossen. Beide Maßnahmen haben die weitere Konzentration nicht verhindert, sondern nur verlangsamt. Auch die Steuerpolitik hat sich in das Gegenteil der früher geltenden Grundsätze verkehrt: Da nicht mehr zwischen „guter" und „schlechter" Presse unterschieden wird, sondern der Presse insgesamt eine „öffentliche Aufgabe" zuzubilligen ist, unterliegt die Presse verminderten Umsatzsteuersätzen.[84]

Gutenberg wäre das, was aus seiner Erfindung geworden ist, wohl sehr fremd erschienen. Wenn er in die Zukunft hätte blicken können, wäre ihm wohl kaum in den Sinn gekommen, dass er an der Schaffung der Moderne maßgeblichen Anteil hatte. Vermutlich hätte er kaum verstanden, warum er von einem Abkömmling seiner Erfindung, dem „Life Magazine", zum Mann des Jahrtausends gekürt worden ist. Doch an der Bedeutung seiner Erfindung kann kein Zweifel bestehen. Selbst wenn sie erst in Verbindung mit dem presseeigenen periodischen Erscheinen zum Signum der stets und in regelmäßigen Abständen nach Neuem trachtenden Moderne geworden ist.

---

83 Löffler, M./ Ricker, R.: Handbuch des Presserechts, 3. Aufl. 1994.

84 Im Falle des Rundfunks soll der Gesetzgeber sogar positiv gestaltend eingreifen. Schiwy, P./ Schütz, W.J. (Hg.): Medienrecht, 3. Aufl. 1994.

Anhang: Glossar, Literatur, Register

1 Glossar

Das Glossar erläutert nur pressehistorische Fachausdrücke zu Presseformen, Pressetechnik, Presserecht und einigen wenigen allgemein-historischen Begriffen, die von größerer Bedeutung sind und daher des öfteren fallen. Begriffe allgemein-historischen Inhalts, die einmalig Erwähnung finden, sind in den Fußnoten des Haupttextes erklärt.

Das Glossar stützt sich (ohne Einzelnachweis) auf folgende Lexika und Nachschlagewerke: Bohrmann, H./ Ubbens, W. (Hg.): Zeitungswörterbuch; Brunner, O./ Conze, W./ Koselleck, R. (Hg.): Geschichtliche Grundbegriffe; Corsten, S./ Füssel, S./ Pflug, G. et al. (Hg.): LdGB, 2. Aufl.; Fuchs, K./ Raab, H. (Hg.): Wörterbuch zur Geschichte; Grimm, J. und W. (Hg.): Deutsches Wörterbuch; Heide, W. (Hg.): Handbuch ZW; Klein, H.: Sachwörterbuch der Drucktechnik; Kluge. Etymologisches Wörterbuch; Koschatzky, W.: Kunst der Graphik; Meyers Großes Konversationslexikon, 6. Aufl.; Koszyk, K./ Pruys, K.H. (Hg.): Handbuch Massenkommunikation; Noelle-Neumann, E./ Schulz, W./ Wilke, J. (Hg.): Fischerlexikon Publizistik, 3. Aufl.; Palla, R.: Untergegangene Berufe; Wolf, H.J.: Geschichte der Druckverfahren.

Abonnement: Vom franz. abonner = ausbedingen, festsetzen. Das A. ist älteste Form des kontinuierlichen Bezugs periodischer Publizistik über einen längeren Zeitraum: Monat, Quartal, Jahr. A.gebühren mussten in der Regel pränumerando, d.h. im voraus entrichtet werden. Gegenbegriff: Einzelverkauf (s. dort).

Agitation: Von lat. agitare, etwas betreiben, antreiben. Marxistisch-leninistischer Äquivalenzbegriff zur Propaganda (s. dort). Bezeichnet im Unterschied zum marxistisch-leninistischen Propagandabegriff die schlagwortartige Bearbeitung der Bevölkerung.

Akzidenzdruck: Gelegenheitsdruck von beschränktem Umfang; kleine Druckaufträge, die zwischen Großaufträge (z.B. Bücher) oder periodische Druckaufträge (z.B. Zeitungen) eingeschoben werden und der besseren Auslastung der Druckerei dienen. Gutenbergs Türkenkalender von 1455 gilt als erster A.

Altverleger: Verleger, die zwischen 1933 und 1945 tätig gewesen sind. Die Alliierten untersagten ihnen nach 1945 grundsätzlich die Ausübung jeder verlegerischen Tätigkeit. Ausnahmen von dieser Regel hat es dennoch gegeben. Gegenbegriff: Lizenzverleger (s. dort).

Annoncenexpedition: s. Anzeige.
Antiqua: s. Druckschriften.
Anzeige: Von anzeigen; private Nachricht, die in Periodika oder als Kleindrucksache veröffentlicht wird. In Zeitungen werden KleinA. (VerkaufsA. von Privat an Privat, FamilienA.) und GeschäftsA. (VerkaufsA. von Kaufleuten/ Handelshäusern an disperses Publikum) unterschieden. In Zeitungen tauchen A. seit dem 17. Jh. auf, zunächst sehr sporadisch und vor allem EigenA. der Verleger, besonders BücherA. Zur gleichen Zeit erschienen in Frankreich und England die ersten Intelligenzblätter (s. dort), die vor allem A. publizieren. In Deutschland setzen sich die Intelligenzblätter im 18. Jh. durch. Der weitere Aufschwung der A. führt in der zweiten Hälfte des 19. Jh. zur Gründung von Annoncenexpeditionen, die A. zwischen Inserenten und Zeitungen vermitteln. Die Annoncenexpedition verdient an den Rabatten, die sie von den Zeitungen erhält und die sie z.T. an die Inserenten weitergibt. Der Inserent hat den Vorteil, die beste Streuung seiner A. zu finden, die Zeitung braucht sich nicht um die Akquise zu kümmern und hat den Absatz ihres A.raumes garantiert. Die größten Annoncenexpeditionen waren in Deutschland Rudolf Mosse (seit 1867) und die „Auslands-Anzeigen GmbH" (seit 1913).
Arkana: Von lat. arcanus = verschwiegen, geheim. Bezeichnet im 17. und 18. Jh. die Staatsgeheimnisse, geheime Staatsgeschäfte, daher auch Arkanpolitik. Zum Kontrollmittel entwickelt sich im 18. Jh. die Öffentlichkeit (s. dort).
Avisenschreiber: Auch Novellisten, s. Zeitunger.
Aviso: Von: Avis, briefliche Meldung, avisieren = ankündigen, Plural „Avisen". Bezeichnung der frühen Wochenzeitungen, aus denen sich die heutige Tagespresse entwickelte. Titel der mutmaßlich zweiten Wochenzeitung, des Wolfenbütteler „A." von 1609 (vgl. Relation, s.a. Zeitung).
Bericht: Von berichten, benachrichtigen. Längere Form der faktenorientierten Nachricht (s. dort).
Bild: s. Flugblatt, s. Illustrierte.
Blockbücher: Die ältesten in Europa gedruckten Bücher. Formschneider (s. dort) schnitten aus einem Holzblock die gesamte Seite samt Abbildung und Text. B. wurden einseitig bedruckt, Textlänge und Aussagefähigkeit waren begrenzt: Bei den meisten der seit 1350 hergestellten B. handelt es sich um Andachtstexte oder Lehrbücher von geringem Seitenumfang.
Bogen: Rechteckig zugeschnittenes, zu bedruckendes Papier, größer als das heutige DIN A 3-Format (s. Papierformate). In den Karlsbader Beschlüssen zur Umfangberechnung eingesetzt (1 Bogen = 16 Seiten): Schriften mit mehr als 20 Bogen (= 320 S.) waren frei von Vorzensur.
Boulevardzeitung: Straßenverkaufszeitung, in Deutschland seit 1904 („BZ am Mittag"). B. werden nur zu einem geringen Teil im Abonnement bezogen,

große, sensationelle Überschriften, starke Bebilderung, weiche (unpolitische) Themen dienen als Kaufanreiz.

Bücherkommission: Einrichtungen des Kaisers und Sachsens an den Messestandorten Frankfurt a.M. und Leipzig zur Aufsicht über das Buch- und Pressewesen. Die kaiserliche B. in Frankfurt a.M. wird zwischen 1567 und 1608 institutionalisiert und mit mehr oder minder genau umrissenen Aufgaben versehen. Hierzu zählten: Visitation der Bücherstände zu Messezeiten, Kontrolle der Imprimatur (s. dort), Mitwirkung an Messekatalogen, Durchsetzung der kaiserlichen Privilegien, Konfiszierung verbotener Schriften, Nachkontrolle der erschienenen Schriften, nicht jedoch die Vorzensur (s. Zensur). In Sachen politischer Publizistik besaß die B. geringe Kompetenz, das war Aufgabe des Wiener Reichshofrats (s. dort). Konflikte der B. ergaben sich aus der Konkurrenz zum Rat der Stadt Frankfurt a.M., zudem Loyalitätskonflikte, da die kaiserlichen zugleich in der Regel päpstliche B.kommissare waren. Die kaiserliche B. ging mit dem alten Reich 1806 unter. Ihre Kontrolle hatte Anteil am Niedergang Frankfurts a.M. als Messeplatz und am Aufstieg Leipzigs. Dessen B. (seit 1569) operierte liberaler, hatte aber ähnliche Aufgaben.

Bürstenabzug: Zu Korrekturzwecken vom eingefärbten Satz mittels einer Bürste hergestellter einseitiger Abzug (im Unterschied zum Abdruck mittels Presse).

Catholicon: Lat. „Allumfassendes". Hilfsmittel zur Bibel mit Wörterbuch und Grammatik. War für Geistliche gedacht. Im engeren Sinn ein berühmter Wiegendruck, der zumeist Gutenberg zugeschrieben wird.

Drucker: Bisw. lat. „impressor". Zunächst angelernte Neuhandwerker, seit 16. Jh. zünftischer Beruf (s. Zunft). D. vervielfaltigen mittels Handpresse oder Druckmaschine Vorlagen. An der Gutenbergschen Handpresse eine körperlich schwere Arbeit, die zugleich hohe Genauigkeit erforderte. Die D. färbten den Satz ein, druckten zuerst den Schön-, dann den Widerdruck (s. dort). Dabei mussten sie genau darauf achten, Register zu halten, d.h. die Zeilen der Vorder- und Rückseite in Deckung zu bringen. D. wurden von den Setzern (s. dort) wegen der erforderlichen Körperkraft als „Bären" bezeichnet.

Druckmaschinen: Apparate zur Vervielfältigung von Vorlagen. Gutenbergs Handpresse druckte nach dem Prinzip Fläche gegen Fläche, die ersten Schnellpressen (König und Bauer, 1. Patent 1810, Anwendung 1814) druckten Zylinder gegen Fläche, Rotationsmaschinen (1. Patent 1835, 1. Anwendung 1846) Zylinder gegen Zylinder.

Druckschriften: Man unterscheidet drei Schriftfamilien des lateinischen Alphabets: Schreibschriftderivate, Frakturschriften und Derivate antiker und quasiantiker Typen. Gutenbergs Druckschriften wurden aus der damals modernen Schönschreibschrift entwickelt, seither sind immer wieder jeweils moderne Schönschreibschriften als Vorlage genommen worden. Aus Gutenbergs „gotischen" Schriften entwickelte sich im Verlauf des 16. Jh.s die Fraktur (fractura = gebrochen[e gotische Schrift]), die bis ins 20. Jh. die gebräuchlichste Druckschrift blieb (heute noch im Titel der FAZ). Schon in den 1470er Jahren werden in Italien erste Bücher in Antiqua gedruckt. Die A. ist in den Großbuchstaben den lateinischen Inschriften und in den Kleinbuchstaben frühmittelalterlichen Schreibschriften (der karolingischen Minuskel) nachempfunden; die A. wurde programmatisch erstmalig für den Druck antiker Klassiker verwandt. Antiquaschriften werden mit Anstrichen (Serifen, z.B. „A") und ohne (serifenlos, z.B. „A") gedruckt. Im Zeitungsdruck fanden in Deutschland Antiquaschriften zuerst in den international orientierten Handelsteilen großer Wirtschaftsblätter Verwendung. Durch Rundschreiben der NSDAP von 1941 zur verbindlichen Druck- und Schreibschrift im Deutschen Reich erklärt.

Druckschriftengrößen: D. oder Kegel haben in der Frühen Neuzeit nur Näherungswert und sind bisweilen nach ihrer erstmaligen Verwendung benannt. Als „Missale" gelten große D., die in Messbüchern (Missalen) Verwendung finden, kleine M. 52 Pt., große M. 64 Pt. (= 19,5 bzw. 24mm). „Cicero" ist nach einer Cicero-Ausgabe von 1466 bezeichnet und entspricht ca. 12 Pt. (= 4,5mm). Seit dem 18. Jh. wurden die D. nach Punktgrößen systematisiert, zuerst in Frankreich (System Didot). Hermann Berthold entwickelt 1878/79 hieraus das heute geltende Maßsystem (1 Pt.=0,376mm). Man spricht von einem Kegel von 12 auf 18, um eine anderthalbzeilig gedruckte, 12 Pt. große Schrift zu bezeichnen.

Druckverfahren: Vor der Erfindung computergestützter Drucktechniken dominierten drei Techniken: Die älteste ist der Hochdruck, schon im 16. Jahrhundert folgte der Tiefdruck, im späten 18. dann der Flachdruck. Beim Hochdruck wird die Farbe auf erhabene Flächen und Stege aufgebracht, typische Formen sind der Holzschnitt und der Druck mit beweglichen Lettern. Beim Tiefdruck wird die Farbe in die Vertiefungen eingerieben, die erhabenen Flächen und Stege werden vor dem Druck gereinigt, typische Anwendung ist der Kupferstich. Beim Flachdruck werden die farbtragenden und abstoßenden Flächen chemisch unterschieden, typische Anwendungen sind die Lithografie und der Offsetdruck.

Edikt: Erlass des Kaisers oder Landesherren mit Gesetzeskraft (s. Wormser E.).

Einblattdruck: Drucktechnischer Begriff, der sich auf den Umfang (ein Blatt) bezieht (s. Flugblätter).

Einzelverkauf: Für nichtperiodische Publizistik (Flugblatt, Flugschrift, s. dort) die gegebene Vertriebsform. Avisen und Zeitschriften der Frühen Neuzeit wurden nur in kleinen Stückzahlen im E. abgegeben, z.B. in Zeitungsbuden und direkt beim Drucker. Bis in die Gegenwart wird die periodische Presse überwiegend im Abonnement (s. dort) vertrieben. Mit dem Aufkommen der Massenpresse, insbes. der Boulevardzeitungen (s. dort), setzte sich der E. (Straßenverkauf, Bahnhofsvertrieb) als zweitwichtigste Vertriebsform auf breiter Front durch.

Ente: Bezeichnung von (gedruckten) Falschmeldungen. Herkunft ungewiss. Eine Erklärung verweist auf die lat. Randbemerkung N.T.= non testatus, die an den Rand nicht verbürgter Nachrichten geschrieben wurde. Gegen die Erklärung spricht, dass auch im Französischen der Vogel canard metaphorisch für die Falschmeldung E. steht. Andere Erklärungen weisen daher auf das typische E.geschnatter oder auf die Eigenschaft der E., immer wieder aufzutauchen. Eine Sonderform sind „Grubenhunde", von Medienkritikern bewusst eingeschleuste Falschmeldungen, welche die mangelnde Kompetenz der Journalisten demonstrieren sollen

Extrablatt: Sonderausgabe der Zeitungen mit Eilmeldung besonders wichtiger Ereignisse. In der Regel kostenlos, Wettbewerbsinstrument der Zeitungen zur Gewinnung größerer Leserkreise. Stark verbreitet in der 2. Hälfte des 19./ 1. Hälfte des 20. Jahrhunderts. Seither allmählich durch Radio- und Fernsehberichterstattung überflüssig gemacht.

Familienzeitschrift: Wichtigster Typ der Unterhaltungspresse in der 2. Hälfte des 19. Jh. F. wollten unterhalten, nützlich sein, die guten Sitten fördern, Politik war weitgehend ausgeschlossen. F. erschienen größtenteils wöchentlich im Quartformat, druckten Erzählungen, Romane, Berichte zu Geografie, Geschichte, Naturwissenschaft und Technik, Kunst, berühmten Personen. Große Bedeutung des „Briefkastens". Als Vorform konnen die moralischen Wochenschriften gelten (s. dort).

Fixkosten: Kosten, die unabhängig von der Auflagenhöhe anfallen, z.B. Redaktionskosten, Kosten für Unterhalt der Druckerei, Heizung und Miete der Räume etc. Heute zählen auch Satzkosten zu den Fixkosten. Unter den Handsatzbedingungen der Gutenbergschen Presse waren Satzkosten in der Regel sprungfix, d.h. fix bis zur Höhe einer gewissen Auflage (z.B. 4.000 Stück); sollten gleichzeitig mehr (hier 4.001-8.000) gedruckt werden, musste ein weiterer Satz angefertigt werden, ab 8.001 ein dritter etc. (vgl. variable Kosten). Die Frühe Neuzeit hat kein theoretisches F.-Konzept, hat aber aus Erfahrung erkannt, dass höhere Stückzahlen günstigere Produktion ermöglichen. Erste theoretische Formulierung von Karl Bücher: als Gesetzmäßigkeit der „Nutzhöhe der Massenproduktion" (1910).

Flachdruck: Z.B. Lithographie, s. Druckverfahren.

Florin: Auch Gulden (s. Währungen/ Münzfuß).

Flugblatt: F. gehören zur größeren Gruppe der Einblattdrucke. Sie berichteten in knapper, gedrängter Form über „Tagesereignisse", waren zumeist einseitig auf folio- oder großfolioformatigen Blättern gedruckt, häufig mit Holzschnitten illustriert. F. erschienen diskontinuierlich, wurden im ambulanten (fliegenden) Einzelverkauf vertrieben.

Flugschrift: Länger und ausführlicher als ein Flugblatt: mehrere Blatt, nicht gebunden, unaufwendig hergestellt, Quart- oder Oktavformat, nicht periodisches Erscheinen, im ambulanten Einzelverkauf vertrieben. Zweck: Agitation (Beeinflussung des Handelns) und Propaganda (Beeinflussung der Überzeugung). Geeignet zur diskursiven Behandlung abstrakter politischer Themen. Politische und religiöse F. zeichneten sich durch ihren kontroversen Charakter aus.

Folio: s. Papierformate.

Formschneider: F. schnitten aus dem Stock (Hartholz, zumeist Buche) nach gezeichneten Vorlagen Holzschnitte (vgl. Blockbücher).

Fraktur: s. Druckschriften.

Frühdruck: Drucke aus den Jahren 1500 bis 1550, vgl. Wiegendruck.

Fuggerzeitung: Sammlung von brieflichen Nachrichten (Zeitungen, s. dort), die von Mitarbeitern des Hauses Fugger von deren auswärtigen Kontoren nach Augsburg gemeldet wurden. Inhalt: Wirtschaftsnachrichten, politische Informationen, Sensationsmeldungen. Die F. wurden an einflussreiche Korrespondenzpartner der Fugger weitergeleitet, aber nur in Ausnahmefällen gedruckt. Teilsammlungen aus den 1520ern und der 2. Hälfte des 16. Jh. und dem frühen 17. Jh. sind erhalten.

Generalanzeiger: Tageszeitungen, Urform der tagesaktuellen Massenpresse (s. dort), setzten sich in Frankreich und den USA seit den 1830ern, in Großbritannien seit den 1850ern, in Deutschland seit den 1880ern durch, Entstehung durch Urbanisierung gefördert. G. waren stark anzeigenfinanziert, daher billiger Verkaufspreis, nachrichtenorientierte Berichterstattung, auch über lokale Ereignisse, selbstdeklarierte Überparteilichkeit. Die Parteipresse (s. dort) geriet durch die G. unter Druck, warf ihnen „Amerikanisierung", „Sensationsmache" und „Gesinnungslosigkeit" vor. Intelligenzblätter (s. dort) können als Vorläufer angesehen werden, moderne Formen der Massenpresse lösten die G. ab.

Glosse: Zugespitzte, häufig satirische Meinungsform (s. dort), die einzelne Ereignisse und Vorfälle „glossiert", beliebt in Feuilleton und Politikteil.

Gulden: Andere Bezeichnung Florin (s. Währungen/ Münzfuß).

Handgießinstrument: Erlaubte die Reproduktion vollständig identischer Kopien der Druckbuchstaben. Bestand aus zwei aufklappbaren Hälften aus Holz. Die Matrize des Buchstabens bildete den unteren Abschluss des ansonsten offenen Typenstengels. Nach dem Guss konnte der ausgehärtete, erhabene, aber seitenverkehrte Druckbuchstabe aus der Form entfernt werden.

Handpresse: s. Druckmaschinen.

Herausgeber: Unscharfer Begriff, der mal den Verleger, mal den Chefredakteur, mal eine Position zwischen Verlag und Chefredaktion bezeichnet. U.a. bezeichnete sich der Chefredakteur der „Weltbühne", Siegfried Jacobsohn, als H. Zur gleichen Zeit beanspruchten auch der „Verein deutscher Zeitungs-Verleger", die Vereinigung der H. zu sein.

Hochdruck: Z.B. Stereotypie oder Holzschnitt, s. Druckverfahren.

Holzschnitt: Abdruck von in Hartholz geschnittener Druckvorlage, s. Druckverfahren.

Illustrierte: Zeitschrift, Vorform sind die Pfennigmagazine seit den 1830ern. 1. Blatt in Deutschland ist die Leipziger „Illustrirte Zeitung" (seit 1843), dort auch 1. deutsches Pressefoto (1883); Durchbruch zum Massenmedium Ende des 19. Jh., als die fortgeschrittene Druck- und Abbildungstechnik hohe Auflagen von großer Abbildungsqualität erlaubt.

Impressum : Angabe des Druckers, Verlegers, Druckorts und anderer gesetzlich vorgeschriebener formaler Angaben zu einer Druckschrift. Hervorgegangen aus dem Kolophon (s. dort), der entsprechenden Eintragung am Anfang oder Ende mittelalterlicher Handschriften, die für die Wiegen- und Frühdrucke übernommen wurde.

Imprimatur: Lat. „es möge in Druck gegeben werden", Erlaubnis des Zensors (s. dort) zur Veröffentlichung einer Druckschrift.

Index: Lat. Index librorum prohibitorum, Index verbotener Bücher, listet Titel auf, für welche Kirche oder Staat ein Verbreitungsverbot ausgesprochen haben. Der erste kirchliche Index trat 1559 in Kraft, derjenige von 1564 erlangte größere Bedeutung, der letzte – 1948 veröffentlicht – trat 1966 außer Kraft.

Inkunabel: Lat. incunabula = Wiege, Geburtsort; s. Wiegendruck.

Intelligenzblatt: Von lat. intellegere = einsehen. Zeitungen, die eingesehen werden mussten, aber auch Einsicht vermittelten (z.B. als Medien der Volksaufklärung). Erstes I. in Frankreich von Théophraste Renaudot 1633 geschaffen. Erstes deutsches I. waren die 1722 in Frankfurt erschienenen „Wochentlichen Frag- und Anzeigungs-Nachrichten". Zwei Typen lassen sich unterscheiden: Im 1. Typ reglementierte der Staat die Inhalte, garantierte die Abonnenten und war wesentlich am Gewinn beteiligt (z.B. im preußischen I.-wesen). Der 2. Typ war weiter verbreitet, weniger scharf reglementiert; garantierte Abnehmer gab es sowenig wie Gewinnabführungen jenseits der üblichen Besteuerung (z.B. in Hamburg). I. enthielten Anzeigen aller Art, lokale Nachrichten, nützliche ökonomische Artikel u.v.a.m. Anzeigenblätter haben bestimmte Charakteristika der I. bewahrt.

Journalist: Sammelbegriff für unselbständige publizistische Berufe. Man unterscheidet festangestellte J. (Redakteure, s. dort) und Freie Mitarbeiter, die in wechselndem Ausmaß an einen oder mehrere Arbeitgeber gebunden sind. Journalismus entsteht in einem Professionalisierungsprozess, dessen wichtigste Antrieb das Bestreben der Verlage (s. dort) ist, die publizistischen Inhalte in Eigenregie zu produzieren.

Karlsbader Beschlüsse: Im August 1819 im böhmischen Kurort Karlsbad getroffene Vereinbarungen, im wesentlichen zwischen Preußen und Österreich. Anlass war die Ermordung des Schriftstellers August von Kotzebue. Die K.B. umfassten vier Gesetzesvorlagen (Pressegesetz, Universitätsgesetz, Untersuchungsgesetz gegen bundesfeindliche Umtriebe, Ausführungsordnung) und wurden im September 1819 durch Bundesbeschluss im Deutschen Bund für verbindlich erklärt. Mit den K.B. wurden Öffentlichkeit und kritische Publizistik unterdrückt. Mit dehnbaren Klauseln setzten die K.B. nur Mindeststandards, die Mitgliedstaaten des Bundes konnten verschärfte Bestimmungen erlassen. 1824 auf unbestimmte Zeit verlängert, 1848 außer Kraft gesetzt.

Kaution: Von lat. cautio = Vorsicht, Sicherheit. Hinterlegte Sicherheitsgebühr. Für die Erteilung einer Konzession (s. dort) zur Herausgabe einer Zeitung oder Zeitschrift konnte die K. verlangt werden. Das preußische Pressegesetz von 1851 sah eine nach Auflagenhöhe gestaffelte K. vor, amtliche Blätter mussten keine K. hinterlegen. Das RPG von 1874 (s. dort) beseitigte die K.

Kolophon: Schlussschrift mit Lob des Druckers, des Druckverfahrens, Werbung für das Buch, ev. weitere Werbung, häufig auch Angaben nach Art des Impressums (s. dort).

Kolportage/ Kolporteure: Fliegender Handel durch Hausierer und Wanderhändler. Form des Vertriebs diverser Waren, schon im Mittelalter üblich, um Käuferschichten in abgelegenen Gegenden zu erschließen. Seit dem ausgehenden 15. Jh. werden kleinere Druckschriften im fliegenden Handel vertrieben (Bilderbögen, religiöse Traktate, Sachliteratur und Belletristik, Flugblatt, Flugschrift). K. war bis ins späte 19. Jh. der wichtigste Medienmarkt für das platte Land. Da die K. weit herumkamen, waren sie eine wichtige Quelle für Nachrichten, Gerüchte und Klatsch, daher auch „kolportieren".

Kommentar: Bewertender Artikel, s. Meinungsformen.

Kommunikationspolitik: Sammelbegriff für positive und negative Beeinflussung der Kommunikationsformen. Positive K. umfasst die inhaltliche Beeinflussung öffentlicher Kommunikation, z.B. über Pressepolitik und Propaganda (s. dort). Negative K. bezeichnet gesetzgeberische Maßnahmen zur Ordnung der öffentlichen Kommunikation und Massenmedien (z.B. Zensur, Pressegesetzgebung), aber auch fördernde oder einschränkende Steuergesetzgebung (z.B. reduzierter Umsatzsteuersatz oder Stempelsteuer) sowie weitere Maßnahmen. Die Zeit vor 1945 kennt den Ausdruck K. nicht, wohl aber seine Instrumente. Medienpolitik wird häufig als Synonym gebraucht.

Konzession: Von lat. concedere = erlauben. Behördliche Erlaubnis zur Ausübung eines Gewerbes, auch Lizenz. In der Frühen Neuzeit in allen Gewerben die Regel, zumeist aber an die zuständige Zunft (s. dort) delegiert. Auch nach Freigabe des Zunftwesens blieb die Presse in den meisten deutschen Staaten bis zum RPG von 1874 zulassungsbeschränkt. 1945 bis 1949 war die Presse der Westzonen lizenzpflichtig, die der SBZ und DDR blieb es bis 1989.
Korrespondenz: Älteste Form der Versorgung der Presse mit Informationen. K.schreiber verfassten in der Frühen Neuzeit z.T. gegen hohes Entgelt Nachrichtenzusammenstellungen, die auch an Regierungen und Großkaufleute gingen. Im 19. Jh. Umgestaltung zu Nachrichtendiensten, die meisten Parteien gaben ihre eigene K. heraus.
Kosten: s. Fixkosten und variable Kosten.
Kulturkampf: Das Wort wurde von dem Arzt und liberalen Politiker Rudolf Virchow geprägt. Der Kulturkampf (ca. 1871 - ca. 1887) war vordergründig ein Streit um das Verhältnis zwischen Staat und Kirche. Auf der einen Seite standen der klerikale und politische Katholizismus, auf der anderen eine Allianz von liberalen, protestantischen und etatistisch-konservativen Kräften. So vielfältig die Gründe gewesen sein mögen, die Bismarck drängten, den Konflikt zu forcieren – vor allem dürfte es ihm wohl darum gegangen sein, Anhänger seiner Politik zu sammeln, indem er den Katholizismus zum Popanz eines Reichsfeindes aufbaute.
Kupferstich: In Kupfer gestochene Druckvorlage, s. Druckverfahren.
Leitartikel: Aus dem Englischen „leading article“, 1. Hauptartikel, doppelte Bedeutung von ein- oder anleiten. Setzt sich in Deutschland im 19. Jh. durch, überwiegend bewertenden und einordnenden Charakters, aber auch als Wochenüberblick mit starken Informationsanteilen, s. Meinungsformen.
Leserbrief: Form der Publikumsbeteiligung an periodischer Presse, bei Flugblättern und -schriften nicht möglich. Dort wird im Zweifelsfall Gegenflugschrift verfasst. Erste L. tauchen als Einsendungen in den Zeitschriften seit dem 17. Jahrhundert auf. Schon Christian Thomasius forderte die Leser zu Zuschriften auf. L. und Zuschriften spielten bes. in der lokalen Presse eine wichtige Rolle. L. waren in der Frühzeit der Presse aus Vorsicht gegenüber der Zensur (s. dort) oft bewusst anonymisiert. L., Eingesandtes, Zuschriften waren und sind häufig fingiert.
Linotype: Von Ottmar Mergenthaler erfundene Setzmaschine, die Setzen mit Gießen verbindet. Wortschöpfung aus dem englischen „lin(e) o(f) type(s)“.
Lithografie: Chemisch auf Stein aufgebrachte Druckvorlage, s. Druckverfahren.
Lizenz: s. Konzession.
Lizenzverleger: Verleger, die von den Alliierten nach 1945 mit der Lizenz (s.

Konzession) ausgestattet wurden, einen Zeitungs- Zeitschriften- oder Buchverlag zu gründen. Gegenbegriff: Altverleger (s. dort).

Massenpresse: Sammelbegriff für Presse seit dem 19. Jh., die ein Publikum von mehreren 10.000 Käufern erreicht. Vorformen waren die Pfennigmagazine, 1. Tageszeitungstypus die Generalanzeiger, auch Familienzeitschriften und Illustrierte (s. dort) zählen zur M. Entstehungsvoraussetzung sind die Verbilligung der Druckkosten, Erhöhung der Druckkapazitäten und Liberalisierung des Presserechts.

Mater: M. sind aus hitzefesten (Gips-)Kartons hergestellte Gießformen mit Text- und Bildbeiträgen, deren Abgüsse (Stereotypien) in die Druckmaschinen eingespannt wurden. Matern sind eine Form des satzfertigen Bezugs redaktioneller Beiträge im frühen 20. Jahrhundert. Mit M. sparten kleine Provinzzeitungen an Setzern und Journalisten und erweckten gleichzeitig den Eindruck, ein dichtes auswärtiges Korrespondentennetz zu haben.

Meinungsformen: Leitartikel, Kommentar, Glosse (s. dort) u.a. Formen, die die Informations- und Nachrichtenlage bewerten und einordnen. Avisen und Relationen kannten zunächst nur eingestreute Meinungen der Korrespondenten, aber weder eigenständige Meinungsformen noch die parteipolitische, redaktionelle Linie (vereinzelte Ausnahmen im 30-jährigen Krieg bestätigen die Regel). Früheste eigenständige Form der M. als Buchrezension in Rezensionsjournalen (s. dort). M. verselbständigten sich im 19. Jh., waren für Parteipresse von zentraler Bedeutung.

Messrelation: Erste Periodika (seit 1583). Erfinder ist Michael von Aitzing. Halbjährlich, bisweilen auch dreimal jährlich erschienene Chroniken, auf Verkaufsmessen vertrieben. Die Blütezeit lag zwischen dem späten 16. und frühen 17. Jh. (vgl. Relation). Begriff „messentliche Relationen" stammt 1620 von Michael Kaspar Lundorp.

Moralische Wochenschrift: Älteste Form der Unterhaltungszeitschriften, nach englischen und französischen Vorbildern geschaffen. M.W. erschienen zumeist wöchentlich und verbanden die Erörterung des Angenehmen, Nützlichen und Moralischen. Als Vorform der deutschen M.W. können die „Erbaulichen Ruh-Stunden" (1676) gelten. Die Blütezeit der M.W. lag in der 1. Hälfte des 18. Jh.

Nachricht: Von „darnachrichten". Im weiteren Sinn Neuigkeit, im frühneuzeitlichen Sprachgebrauch auch „Zeitung" genannt (s. dort). Im engeren Sinn journalistische Stilform, welche die Leserschaft über eine Neuigkeit informiert. Professionelle Regeln der Gegenwart: Wichtigstes zuerst, Beantwortung der W.-Fragen (wer, wo, wann etc.?), Verzicht auf Kommentar und Bewertung, entwickeln sich seit dem 17. Jahrhundert. Längere Form der N. ist der Bericht (s. dort). Wichtige Eilmeldungen wurden im 19. und 20. Jahrhundert auf Extrablättern verbreitet (s. dort). Die NS-Zeitungswissenschaft unterschied unberechtigt zwischen deutschem N.verständnis, bei der die Aufforderung, der Befehl, das sich „darnachrichten" im Vordergrund stand, und dem westeuropäisch-amerikanischen N.verständnis, das die Neuigkeit betone. Diese Definition war genauso falsch, wie die in der Gegenwart verbreitete Einschätzung, der deutsche Journalismus habe nicht zwischen Meinung und Information unterschieden. Allerdings ist richtig, dass die verspätete Freigabe parteipolitischer Erörterungen in der zweiten Hälfte des 19. Jahrhundert zu einer Überkompensation und damit zu einer sehr hohen Wertschätzung der Meinungsformen führte.

Nachrichtenformen: Nachricht, Bericht (s. dort).

Neue Zeitung: s. Zeitung.

Novellisten: Auch Avisenschreiber, s. Zeitunger.

Öffentliche Aufgabe: Presserechtlicher Begriff und Schlagwort standespolitischer Auseinandersetzungen, mit dem die Verpflichtung von Publizisten gemeint ist, der Öffentlichkeit zu dienen. 1. Streitpunkt: Wer ist der Träger der ö.A.: Verleger, Journalisten, die „gute" Qualitätspresse? Der 2. Streitpunkt, die Definitionshoheit: Legt der Staat, der Gesetzgeber oder eine standespolitische Vertretung der Presse die ö. A. fest? Erstmalig wurde die ö. A. im Schriftleitergesetz von 1933 im staatsbezogen-nationalsozialistischen Sinn definiert. Nach bundesrepublikanischer herrschender Lehre (Spiegelurteil von 1966) wird nicht zwischen guter und schlechter Presse unterschieden, sondern alle Beteiligten im publizistischen Prozess tragen zur Erfüllung der ö. A. bei.

Öffentlichkeit: Öffentlich, seit dem 9. Jh. im Sinne von „vor Augen liegend". Seit dem 18. Jh. deutsches Ersatzwort für Publizität. In Früher Neuzeit wird von „statum politicum" gesprochen, um die staatlich-öffentlichen Angelegenheiten zu bezeichnen. Vgl. heutigen Wortgebrauch: öffentlicher Dienst, öffentliches Recht etc. Wesentliche Bereiche des staatlich-öffentlichen Aufgabenbereichs waren geheim, zählten zu den Arkana (s. dort). Im 18. Jh. Begriffsverschiebung hin zur Kontrolle diese Arkana durch das Publikum (s. dort), die Ö. – im heutigen politischen Wortsinn – entsteht als Gegen-Ö. Die moderne Soziologie unterscheidet 3 Stufen: Encounter-Ö., Arenen-Ö. und massenmediale Ö. Encounter-Ö. bezeichnet zufälliges Zusammentreffen mehrerer Personen, die Reichweite ist gering, Zutrittschance groß. Arenen-Ö. bezeichnet die Ö. der Versammlungen, Reichweite und Zutrittschance sind mittelgroß. Bei massenmedialer Ö. ist Reichweite groß, Zutrittschance gering. Während die ersten beiden Stufen uralt sind, machte erst Gutenbergs Erfindung die 3. möglich.

Offizin: Bezeichnung einer größeren handwerklichen Wirtschaftseinheit, insbesondere für Apotheken und Buchdruckereien.

Oktav: s. Papierformate.

Papierformate: In der Frühen Neuzeit waren P. nicht genormt. Man unterschied verschiedene Einteilungen des Druckbogens, der zumeist zwischen 33*42cm und 47*78cm maß, bisweilen auch erheblich größer. Druckschriften in der Größe eines halben Bogens wurden als Folio (2^0) (21*33cm) bzw. Großfolio (39*47cm) bezeichnet. Quart (4^0) bezeichnet den gevierteilten Bogen, Oktav (8^0) den geachtelten Bogen. Im Zeitungsdruck wurde seit dem 19. Jh. nach dem Berliner Format (31,5*47cm), dem rheinischen F. (37,5*53cm), dem norddeutschen F. (40*57cm) und dem Weltformat (50*70,5cm) unterschieden. DIN-Formate nach dem Seitenverhältnis $\sqrt{2}$:1 wurden 1922 eingeführt, DIN A0 entspricht 84,1*118,9cm, die nächsten Stufen sind jeweils halbiert, DIN A4 = 21*29,7cm.

Parteipresse: Sammelbegriff für Zeitungen und Zeitschriften mit unterschiedlicher Nähe zu politischen Parteien. Zu unterscheiden sind Blätter, die Partei nehmen (d.h. sich temporär mit bestimmten Zielen identifizieren), die Partei sind (in enger institutioneller Verflechtung mit politischen Parteien stehen) und Partei bilden (d.h. der institutionellen Verfestigung der Partei den entscheidenden Impuls geben). Parteinahme war in der Frühen Neuzeit in Avisen und Relationen in der Regel zufällig und unsystematisch. Erst das Aufkommen politischer Parteien im 19. Jh. (zuerst der Liberalen, dann der Konservativen) lässt P. im engeren Sinn entstehen. Höhepunkt des Einflusses vor 1900, seither allmählicher Niedergang. Diskreditierung durch NS-Diktatur und DDR, so dass die P. in der Bundesrepublik kaum mehr eine Rolle spielt.

Post: Von lat. posita (statio equorum) = aufgestellte (Pferdewechselstationen), d.h. ursprünglich Relaisstationen zum Wechsel der Pferde. Aus den P.ketten der oberitalienischen Familie Tassis (später Thurn und Taxis) entwickelt sich nach 1490 die moderne P., die auch Privatleuten zur Beförderung offen steht. Nach 1648 verliert die ReichsP. allmählich an Bedeutung durch die Einrichtung von LandesP. Ende der Thurn- und Taxisschen ReichsP. 1867.

Postdebit: Von debere (lat.), verpflichtet sein; Verpflichtung der Post zur Beförderung, in der Frühen Neuzeit Gewohnheitsrecht, im 19. Jahrhundert gesetzlich geregelt. Wurde das P. entzogen, war der Pressevertrieb empfindlich behindert.

Pressefreiheit: Der Begriff ist seit dem späten 18. Jh. nachweisbar. P. ist die doppelte Freiheit, einerseits ohne Restriktion Presseorgane gründen und vertreiben zu dürfen, andererseits Informationen und Bewertungen ohne wesentliche Einschränkungen drucken zu können. P. wird auf Dauer in England erstmalig 1695, in den USA in der 1. Verfassungsergänzung von 1791 garantiert. Erste, später wieder aufgehobene Garantien: in Deutschland 1776 im zu Dänemark gehörenden Schleswig, in Frankreich 1789. In der Revolutionszeit 1789ff. und insbesondere im 19. Jh. wird P. ein Kampfbegriff (Gegenbegriff der Gegner: „Pressfrechheit") und ein zentrales politisches Ziel der liberalen Öffentlichkeit. 1819-1848 ist P. in Deutschland unterdrückt, in Revolution von 1848 siegt P., nach 1849 wieder Verschärfung der Kontrolle. In Kaiserreich und Weimarer Republik ist die P. zwar durch das RPG von 1874 geschützt, nicht aber durch die Verfassung, daher auch in diesen Zeiten Einschränkungen möglich. Aufhebung der P. durch die Reichstagsbrandverordnung vom 28.2.1933.

Pressepolitik: Begriff („Preßpolitik") wird im 19. Jh. zumeist für die Beeinflussung der Öffentlichkeit (s. dort) mittels Presse verwendet. P. wird von „Preßbüros" oder „Literarischen Büros" (der Staaten, aber auch Kommunen und Großfirmen) betrieben. Im 20. Jh. zunächst durch Propaganda (s. dort), nach 1945 durch Public Relations und Öffentlichkeitsarbeit verdrängt. Als negative P. analog zu Kommunikationspolitik (s. dort) Bezeichnung der Pressegesetzgebung.

Presserecht: Im engeren Sinn alles spezielle Recht, dass wegen der geistigen Wirksamkeit der Presse ergangen ist; im weiteren alle rechtlichen Bestimmungen, die für die Presse relevant sind. Begriff P. bildet sich analog zu „Preßgesetz" im frühen 19. Jh.

Privileg: Lat. privilegium, Ausnahmegesetz, Vorrecht. In der Frühen Neuzeit praktizierte Form der Gewerbepolitik und des Verwertungsschutzes. Zumeist für bestimmte Druckwerke ausgestellt, in der Regel für bestimmten Zeitraum, häufig für 10 Jahre. Schützte vor Nachdruck bzw. Einfuhr eines Nachdrucks. Aussteller waren Kaiser, Landesherren, Städte.

Prodigienliteratur: Berichte über angebliche Wunder, Naturerscheinungen, Gotteszeichen. Häufiger Gegenstand von Flugblättern.

Propaganda: Von lat. propagare, fortpflanzen, erweitern. Instrument der katholischen Gegenreformation (s. Reformation), als „Sancta congregatio de propaganda fide" (Heilige Versammlung zur Fortpflanzung des [wahren] Glaubens) 1622 gegründet, im späten 18. Jh. Bedeutungsverschiebung zur politischen P., im späten 19. Jh. einerseits politische P. (z.B. Flotten- oder Kolonial-P.), andererseits Werbung und Reklame. Josef Goebbels untersagt 1933 jede andere Wortverwendung als für politische P. NS-Theorie versteht unter P. die schlagwortartig hämmernde Beeinflussung der Bevölkerung zur Erzeugung der Volksgemeinschaft. In der marxistisch-leninistischen Theorie wird P. von Agitation (s. dort) unterschieden und bezeichnet die längerfristige strategische Planung zur Überzeugung der Bevölkerung.

Publikum: Aus dem Lat. publicum, Staatsgebiet, Gemeinwesen, Öffentlichkeit. Seit dem 17. Jh. Sammelbezeichnung für Zuschauer in Theaterstücken und Gemeinschaft der Leser.

Quart: s. Papierformate.

Quellen: Q. bezeichnet Dokumente, die der unmittelbaren eigenen historischen Erkenntnis dienen, unterschieden von wissenschaftlicher Literatur, die ihrerseits Q. verarbeitet. Q. geben selten unverfälscht über die Vergangenheit Auskunft, da sie zumeist – zumindest in Teilen – in der Absicht verfasst worden sind, den Späteren Anschauungen zu vermitteln. Wahrheit und (Ver-)Fälschung zu unterscheiden ist Aufgabe der historischen Q.kritik. Zweites Hauptproblem der Q.kritik ist, dass sie mit unterschiedlichen Überlieferungschancen rechnen muss. Je prominenter, künstlerisch profilierter, besser gebildet, sozial höhergestellt eine Person ist, desto größer ist ihre Chance, dass Lebensäußerungen als historische Q. überliefert werden. Doch auch Unglücke und Naturkatastrophen (Feuer, Überschwemmung etc.) dünnen die Überlieferung aus. Selbst für Massenware wie Erzeugnisse der Druckerpresse steht die Anzahl der ursprünglichen Exemplare oft in krassem Gegensatz zur Anzahl der überlieferten: „Die Chancen-Ungleichheit der Überlieferung [...] begünstigt das Unerhörte, das Ungewöhnliche, das Fatale, und benachteiligt den Alltag, das Übliche, das Normale.“ (Arnold Esch)

	gedruckte Ex.	*überlieferte Ex.*
42-zeilige Gutenberg-Bibel (1455)	180	49
Beichtbriefe des Jodocus Pflanzmann (1480)	20.000	0
Schedels Weltchronik	2.100	
Ablaßbriefe des Johann Luschner/ Monserrat (1500)	142.950	wenige
sämtliche Druckschriften der Wiegendruckzeit	zwischen 1,5-4,5 und 20 Mio	30.000
Sämtliche Druckschriften des 17. Jh.s im deutschen Sprachraum	265.000 Titel mit bis zu 300 Mio Ges.auflage	1,7 Millionen
Kalender des 15. bis 18. Jahrhunderts	je Exemplar einige Tausende	von den wenigsten Kalendern sind E. überliefert

Querfinanzierung: Betriebswirtschaftliche Maßnahme, bei der die Einnahmen aus den Verkäufen einer Ware dazu genutzt werden, Verluste aus dem Verkauf einer anderen Ware auszugleichen oder deren Verkaufspreis zu senken. Im Pressegeschäft eine gängige Praxis: Um die Abonnementskosten niedrig zu halten, wird der Preis der Zeitung durch die Einnahmen aus dem Anzeigenverkauf subventioniert.

Redakteur: Festangestellter Mitarbeiter einer Redaktion, Entlehnung des 18./19. Jh. aus dem Französischen. Tätigkeit ist das Redigieren von Fremdtexten, Verfassen eigener Texte und administrative Redaktionstätigkeit. Daniel Hartnack (Ende des 17. Jh.) kann als einer der ersten professionellen R. bezeichnet werden. Nachdem im 18. Jahrhundert erst einzelne Zeitungen, z.B. der HUC, eine größere Zahl von R. einstellte, gehen im 19. Jahrhundert immer mehr Zeitungen hierzu über. Eine Ausdifferenzierung der Redaktionen in Ressorts (s. dort) bildet sich heraus.

Reformation: Glaubensspaltung, durch Martin Luther nach 1517 ausgelöst. 1. Beispiel heftiger publizistischer Auseinandersetzung mittels der Druckerpresse. Die katholische Gegenreformation beginnt mit dem Augsburger Religionsfrieden von 1555.

Regal: Hoheitsrecht des Königs von lat. rex, regis, König. Es gab R.ien für Münze, Zoll, öffentliche Straßen, Brücken, Häfen, Mühlen, Bergbau, Steuern, Post etc. Sie ermöglichten Kontrollbefugnisse und Einnahmequellen. Das Bücherr. gehört nicht zu den klassischen R.ien, sondern bildet sich erst im Verlauf des 16. Jh. heraus. Der Kaiser musste sich das Bücherr. mit den Landesherren teilen, ihm oblag die Oberaufsicht.

Reichshofrat: 1559 eingerichtet, paritätisch mit Katholiken und Protestanten besetztes Regierungsorgan und Gericht, in dieser Doppelfunktion oberstes Organ der politischen Kommunikationskontrolle im alten Reich; die Frankfurter Bücherkommission (s. dort) unterstand den Weisungen und der Aufsicht des R.

Reichspressegesetz (RPG): Bis heute wichtigstes deutsches Pressegesetz, 1874 in Kraft getreten. Verkündete die Pressefreiheit (s. dort) in § 1 RPG, zentrales Instrument des verantwortlichen Redakteurs (§§ 20f. RPG), kurze Verjährungsfrist (§ 22), beschränkte Möglichkeit der nichtrichterlichen Beschlagnahme (§ 23 RPG). Wegen seines Doppelcharakters, freiheitliches Gesetz und „Presspolizeigesetz", waren Liberale und Konservative mit dem Kompromiss nicht glücklich. Wegen seiner formalistischen Struktur konnte das RPG unter vier politischen Systemen als Rechtsgrundlage dienen: in Kaiserreich, Weimarer Republik, NS-Diktatur, Bundesrepublik (teilweise bis 1966). Das RPG ist Vorbild der bundesdeutschen Landespressegesetze.

Reichsstände: Unmittelbare Mitglieder des alten Kaiserreichs mit Sitz und Stimme im Reichstag (s. dort). Die R. waren verpflichtet, dem Reich Kriegsdienste zu leisten. Man unterschied geistliche und weltliche R, zu letzteren gehörten die freien Reichsstädte (bis 1806 u.a. Augsburg, Frankfurt a.M., Hamburg, Nürnberg).

Reichstag: Bezeichnung für verschiedene Gremien vom späten 15. Jh. bis ins 20. Jh. Hervorgegangen aus mittelalterlichen Hoftagen, war der R. die unregelmäßig stattfindende Versammlung der Reichsstände (s. dort), auf den Streitigkeiten verhandelt und Beschlüsse verabschiedet wurden, die das ganze

Reich betrafen. Nach dem 30jährigen Krieg wurde der R. zu einem Gesandtenkongress umgestaltet, der permanent (immerwährend) tagte. Mit dem Untergang des alten Reiches 1806 hörte der R. auf zu existieren, sein Nachfolger wurde nach 1815 der Bundestag, auch der B. war ein Gesandtenkongress und bestand bis 1866. 1867 wurde der erste B. des Norddeutschen Bundes gewählt, aus dem 1871 der R. des zweiten Deutschen Kaiserreichs hervorging. Der R. bestand bis 1945 und hatte bis 1933 legislative Funktionen, die dem bundesrepublikanischen Bundestag vergleichbar sind.

Reichstagsabschied: Ergebnisprotokolle der unregelmäßig stattfindenden Reichstage des alten Kaiserreichs, hatten rechtsähnlichen Charakter. Die Verbindlichkeit hing von der Anwendung durch die Reichsstände (s. dort) ab. Seit dem R. von Nürnberg 1524 enthielten die R. regelmäßig presserelevante Bestimmungen. Der letzte Abschied datiert von 1654, danach tagte der „immerwährende" Reichstag (s. dort).

Reichsunmittelbarkeit : Rechtlicher Status im alten Kaiserreich. Die Herrschaften – Grafen, Fürstäbte etc. – auch Reichsstädte und andere Herrschaften unterstanden dem Kaiser direkt, nicht aber einem zwischengeschalteten Territorialherren. Die Herrschaften mochten zwar klein und militärisch schwach sein, politisch und rechtlich aber waren sie den großen Herrschaften in vielem gleichgestellt.

Relation: Von lat. relatio = Berichterstattung, bzw. refero, rettuli, relatus = referieren, wiedergeben (vgl. Aviso, Messrelation, s.a. Zeitung). Bezeichnung der ersten Wochenzeitungen, aus denen sich die heutige Tagespresse entwickelte. Johann Carolus, der mutmaßliche Erfinder der Gattung, gab seit 1605 in Straßburg eine R. heraus.

Reptilienfonds: Synonym für schwarze Kassen, mit denen Journalisten bestochen werden. Geht auf den Begriff „Pressreptilien" zurück, den Otto von Bismarck 1869 prägte, um die ihm feindlich gesinnte (giftige) Presse zu charakterisieren. Die kritisch eingestellte Öffentlichkeit verkehrte den Begriff ins Gegenteil, „Pressreptilien" waren fortan die regierungstreuen, offiziösen, konservativen, nationalliberalen Blätter. Der R. wurde aus Zinseinkünften der nach dem deutsch-deutschen Krieg von 1866 beschlagnahmten Vermögen des Königs von Hannover und des Kurfürsten von Hessen-Kassel finanziert und diente der Finanzierung offiziöser Zeitungen, der Bestechung von Journalisten und Personen des öffentlichen Lebens und zur Bestreitung anderer Ausgaben. 1891 wurde der R. geschlossen.

Ressort: Untereinheit einer Redaktion. Klassische Ressorts, schon im 19. Jahrhundert ausgebildet, sind Politik, Wirtschaft, Feuilleton. Im späten 19., frühen 20. Jahrhundert erlangen auch Lokales und Post bei einer zunehmenden Zahl von Zeitungen regulären Status.

Rezensionsjournal: Zeitschrift, die sich dem Buchbesprechungswesen widmet. Ältestes deutsches R. sind die „Acta Eruditorum“ (1682-1782). Im 18. Jh. sehr einflussreich (bes. „Allgemeine Deutsche Bibliothek“ 1765-1806), da Bücher teuer und die R. Bücher nicht nur kritisieren, sondern auch Inhalte angeben.
Rotationsmaschine: s. Druckmaschinen.
Rundschauzeitschrift: Zeitschriftentypus, Begriff kommt Ende des 19. Jh. auf, Namensgeber „Deutsche Rundschau“ (1874-1942). Schon zuvor als Typus existent, z.B. „Die Grenzboten“ (1841-1922). R. sind von kleinem Format, Publikum elitär, Illustrationen fehlen fast ganz. R. haben in der Regel große Zahl sachkundiger Mitarbeiter und thematisch große Bandbreite, von Kultur oder Wissenschaft zu Wirtschaft und Politik.
Satzschiff: Metallplatte in Größe einer ganzen Druckseite; an vier Seiten mit einem Metallrahmen umgeben, der etwas niedriger als die Drucktypen ist, um das Auseinanderfallen der Seite zu verhindern. Von dem gefüllten Satzschiff zog man einen Bürstenabzug (s. dort).
Schnellpresse: s. Druckmaschinen.
Schöndruck: Erster Druckvorgang, der die Vorderseite eines Bogens bedruckt (vgl. Widerdruck).
Schriftleiter: Bezeichnung des 19. und frühen 20. Jh. für festangestellten Redakteur (s. dort). Das nationalsozialistische System vermied aus sprachpolitischen Gründen die Begriffe Journalist bzw. Redakteur. Das Schriftleitergesetz unterschied S. und Haupts. (Chefredakteure).
Serienzeitung: Neue Zeitungen (s. dort) im 16. Jh., die in dichter oder lockerer Folge über eine länger andauernde Kampagne berichten: 1., 2., 3. Zeitung aus dem kaiserlichen Feldlager o.ä.
Setzer: Druckerberuf, der vorliegende Manuskripte oder Typoskripte in den Satz gibt. Im traditionellen Handsatz fügt der S. Buchstabe für Buchstabe aus dem Setzkasten zuerst in den Winkelhaken, die fertige Zeile wird mit Schwung auf das Satzschiff befördert. Nach dem Druckvorgang muss der S. die Typen reinigen und ablegen. Durch die Einführung der Linotype (s. dort) und anderer Satzmaschinen wurde die Satztechnik erheblich vereinfacht. S., die zugleich als Drucker ausgebildet waren, wurden als „Schweizerdegen“ bezeichnet. S. wurden von den Druckern (s. dort) „Affen“ genannt, wegen der Behendigkeit, mit welcher sie ihre Arbeit verrichteten.
Sitzredakteur: s. verantwortlicher Redakteur.
Sozialer Wandel: Sammelbegriff für verschiedene Aspekte: 1. die Veränderung habitueller Gewohnheiten und Bedürfnisse, 2. den Wandel gesellschaftlicher Normen und Werte, 3. die Veränderungen der sozialen Lebensverhältnisse, die unter dem Stichwort Industrialisierung, Urbanisierung, Modernisierung und

Ausdifferenzierung der Gesellschaft zusammengefasst sind. Die Wechselwirkungen zwischen Presse und S. W. sind in allen drei Fällen nur zu konstatieren, ohne dass eindeutige Kausalitäten zu bestimmen sind.

Stempelsteuer: Sammelbezeichnung für verschiedene Steuern und Gebühren, die durch Abstempelung oder Beklebung mit Marken nachgewiesen wurden. Die S. für Zeitungen wurde nach der Druckauflage erhoben und verteuerte damit die einzelnen Exemplare erheblich.

Stereotypie: Abguss einer Mater (s. dort).

Tagesschriftsteller: Ältere alternative Bezeichnung für Journalist (s. dort).

Taler, Th., Reichsth., Marienth.: s. Währungen/ Münzfuß.

Tiefdruck: Z.B. Kupfer- oder Stahlstich, s. Druckverfahren.

Variable Kosten: Kosten, die von der Auflage abhängen, z.B. Kosten für Papier und Druckerfarbe.

Verantwortlicher Redakteur: „Innerer Zensor" einer periodischen Druckschrift, dient der gerichtlichen Nachkontrolle. Namentlich benannter Redakteur, der die ihm übertragene Zeitschrift, Zeitung oder Teile einer Zeitschrift/ Zeitung auf die Einhaltung strafrechtlicher Vorschriften prüft. Haftet persönlich, wenn der Verfasser eines strafbaren Artikels nicht benannt wird. Seit dem RPG von 1874 zentrales Regelungsinstrument des deutschen Presserechts. Im Kulturkampf verpflichtete die Zentrumspresse „Sitzredakteure", die nominell als v.R. dienten, ohne diese Funktion tatsächlich auszufüllen. Die S. saßen bei Verstoß gegen das Strafrecht – z.B. in Beleidigungsverfahren – die verhängte Strafe im Gefängnis ab.

Verlag: Eigentum eines Verlegers (s. dort). Hier Wirtschaftseinheit zur Verbreitung publizistischer Inhalte. Idealtypisch sind BuchV. und PresseV. zu unterscheiden: Während BuchV. die publizistischen Inhalte im wesentlichen zukaufen, produzieren PresseV. diese im wesentlichen selbst.

Verleger: Von „Vorleger", Person, die Kapital für Geschäfte diverser Art vorstreckt. Im Presse- und Druckgewerbe bezieht sich das Vorlegen auf die Vorfinanzierung der Druckwerke.

Vorzensur: s. Zensur.

Wahlkapitulation: Erklärung, mit welcher der Kandidat für die Kaiserkrone den Kurfürsten und anderen Reichsständen (s. dort) alte und neue Rechte verbriefte. Seit 1653 enthielten die W. auch presserechtliche Passagen.

Währungen/Münzfuß: Gulden oder Florin waren im 15. und 16. bis ins 17. Jahrhundert die große Goldmünze. 64 Gulden entsprachen einer kölnischen Mark = 234g Gold. Thaler, Johannisthaler, Reichsthaler waren die großen Silbermünzen. Seit der Reichsmünzreform von 1623 setzte sich der Silberne Gulden durch. Thaler wurden alle Silbermünzen genannt, die mehr als 15 g (1 Lot) wogen. Der Reichsthaler wurde 1623 in ein festes Verhältnis zum Gulden gesetzt (3 Rth.= 2 fl.), stückelte sich in 24 Groschen à 12 Pfennige, und entsprach 90 Kreuzern, bzw. 72 schweren Kreuzern oder 48 Hamburger Schillingen. Seit 1821 wurde er in Preußen zu 30 Groschen à 12 Pfennigen geteilt. Die Münzreform im Reich 1875 setzte einen Thaler mit drei Mark gleich. Die Mark wird seither in zehn Groschen à 10 Pfennige geteilt. Die beiden Weltkriege und die wirtschaftlichen Probleme der unmittelbaren Nachkriegszeit mündeten zweimal in eine Inflation, die beide mit einem drastischen Währungsschnitt beendet wurden. Bei dem ersten im November 1923 ersetzte die Reichsmark (RM) die bisher gültige Mark, die in der Inflation soweit entwertet worden war, dass 1 US-$ = 4,2 Billionen Mark wert war. Nun galt 1 US-$ = 4,2 RM. Die (2.) Währungsreform in Juni 1948 ersetzte RM durch DM, für 10 RM erhielt der Sparer 1 DM, zudem gab es 40 und später 20 DM Handgeld.

Widerdruck: Zweiter Druckvorgang, der die Rückseite eines Bogens bedruckt (vgl. Schöndruck).

Wiegendruck: Lat. „incunabula", daher auch Inkunabel. Druck aus der Kleinstkindphase der Druckerkunst (als die Druckerkunst noch in der Wiege lag), Druck vor 1500, s. Frühdrucke.

Winkeldruckerei: Druckerei an abgelegenem Ort, abseits der Aufsichtsmöglichkeiten der Obrigkeit, insb. außerhalb von Reichs-, Residenz- und Universitätsstädten, den hauptsächlichen Druckorten in der Frühen Neuzeit.

Wormser Edikt: Das W. E. von 1521 war das erste gegen Druckschriften erlassene Reichsgesetz. Es forderte Vorzensur, verbot Luthers Schriften und befahl ihre Einziehung und Vernichtung. Die protestantischen Reichsstände verhinderten in ihren Territorien die Durchsetzung des W. E. (vgl. Edikt).

Zeitschrift: Periodische Druckschrift, unscharfer Gegenbegriff zu Zeitung (s. dort). Begriff wird erstmalig um 1750 benutzt (Peter von Hohenthal). Vor- und Frühformen sind Messrelationen, Monatsschriften, politische, unterhaltende und gelehrte Journale. Die Moderne unterscheidet FachZ., PublikumsZ. oder populäre Z., WerkZ. und MitgliedZ. Z. unterscheiden sich von der Zeitung in den vier Kriterien Aktualität, Periodizität, Universalität und Publizität. Z. haben längere Erscheinungsintervalle als Zeitungen, mindestens einwöchig, höchstens halbjährlich. Jahrespublikationen, Jahrbücher werden bisweilen noch als Z. angesprochen. Die geringere Periodizität bedingt zumeist geringere Aktualität (gilt für FachZ. mit großer Aktualität in den jeweiligen Spezialgebieten nicht). Universalität und daher auch Publizität weisen große Schwankungsbreite auf.

Zeitung: Taucht als zidinge, zidunge im 13. Jh. am Niederrhein auf, steht für Nachricht, Neuigkeit; vgl. den synonymen Gebrauch im Englischen: „news" und „tidings". Seit dem frühen 16. Jh. als „Neue Z." Sammelbegriff für gedruckte oder geschriebene Neuigkeiten, seit dem 17. Jh., angestoßen durch die periodischen Relationen, Verschiebung zum heutigen Sprachgebrauch (s.a. Fuggerzeitung).

Zeitunger: In der Frühen Neuzeit Bezeichnung für Personen, die gewerblich Zeitungen, Neue Zeitungen, Relationen oder Avisen (s. dort) verfassten und herausgaben, auch Avisenschreiber oder Novellisten genannt.

Zeitungsente: s. Ente.

Zensor: s. Zensur.

Zensur: Oberbegriff für Kontrollmaßnahmen. Im engeren Sinn allgemeines, von Staats wegen ausgesprochenes Verbot mit Erlaubnisvorbehalt, d.h. Vorz., bei welcher der Zensor überprüft, ob eine Schrift ohne Abänderung, mit Änderungen oder gar nicht erscheinen darf. Der Zensor erteilt das Imprimatur (s. dort). Die erste kirchliche Vorz. wurde 1487 ausgesprochen, die erste weltliche 1529. Nachz. gilt im strengen Sinne nicht als Z., weil die gerichtliche Nachkontrolle nicht imstande ist, Veröffentlichungen zu verhindern, sondern nur die fortgesetzte V. unterbinden oder anderweitig sanktionieren kann. Die erste kirchliche Nachz. wurde 1486 ausgesprochen, die erste weltliche 1524. Der verantwortliche Redakteur wird zwar gelegentlich als innerer Zensor bezeichnet, ist es aber nicht, weil er nicht in staatlichem Auftrag handelt. Auch freiwillige Selbstkontrolleinrichtungen wie die Standesgerichtsbarkeit der Journalisten und Verleger in der Zeit der Weimarer Republik oder der Presserat der Bundesrepublik (seit 1956) gelten aus gleichem Grunde nicht als Z.

Zunft: Aus dem Mittelalter herrührendes Instrument der Gewerberegulierung; Innung mit Zwangsmitgliedschaft, Gerichtshoheit gegenüber den Mitgliedern. Das Druckgewerbe, anfangs ohne zünftische Reglementierung der Gewerbeeröffnung – daher auch „freie“ Kunst –, wurde im Verlauf des 16. Jh. dem Gewerbeordnungsrecht der damaligen Zeit unterworfen. Die Z. stellten Standessatzungen auf, wachten über Qualität, Ausbildung, quantitative Entwicklungen. Verschärfungen der Z.ordnungen für Drucker im 17. und 18. Jh.; Abschaffung des Zunftwesens in Preußen 1807/1810, im übrigen Deutschland bis zur Jahrhundertmitte, völlige Gewerbefreiheit 1869.

2 Literatur

Die Liste verzeichnet nur selbständige Schriften und Aufsätze aus Sammelbänden bzw. Zeitschriften. Lexikonartikel sind nicht aufgenommen, auch keine Zeitungs- und Zeitschriftenartikel aus zeitgenössischen Periodika. Annotationen zur Literatur sind von Fall zu Fall in den Fußnoten des Haupttextes gegeben.

50 Jahre Ullstein 1877-1927, Berlin 1927.

Adrians, Frauke: Journalismus im 30jährigen Krieg. Kommentierung und „Parteylichkeit" in Zeitungen des 17. Jahrhunderts, (Journalismus und Geschichte, Bd. 2), Konstanz 1999.

Albachary, Jacques: Albacharys Markt-Zahlen für Reklame-Verbraucher, Berlin 1929.

Asmuss, Burkhard: Republik ohne Chance? Akzeptanz und Legitimation der Weimarer Republik in der deutschen Tagespresse zwischen 1918 und 1923, (Beiträge zur Kommunikationsgeschichte, Bd. 3), Weimar/ New York 1994.

Austermann, Anton: Kurt Tucholsky. Der Journalist und sein Publikum, (Serie Piper, Bd. 5214), München/ Zürich 1985.

Bachem, J.P.: Das Eindringen der Reklame in die deutschen politischen Tageszeitungen, Köln 1929.

Bahne, Siegfried: Willi Münzenberg (1889-1940), in: Fischer, H.-D. (Hg.): Deutsche Presseverleger des 18. bis 20. Jahrhunderts, S. 336-347.

Bartel, Horst/ Schröder, Wolfgang/ Seeber, Gustav et al. Hg.: Der Sozialdemokrat 1879-1890. Reprint, Berlin (Ost) 1970.

Bartel, Horst/ Schröder, Wolfgang/ Seeber, Gustav: Das Sozialistengesetz 1878-1890. Illustrierte Geschichte des Kampfes der Arbeiterklasse gegen das Ausnahmegesetz, Berlin 1980.

Barth, Dieter: Das Familienblatt. Ein Phänomen der Unterhaltungspresse des 19. Jahrhunderts. Beispiele zur Gründungs- und Verlagsgeschichte, in: AGB 15/1975, Sp. 121-316.

Barth, Gerda: Die Rorschacher Monatsschrift. Das erste periodische Druckwerk in der Geschichte der deutschsprachigen Presse. Diss Phil, Wien 1970.

Basse, Dieter: Wolff's Telegraphisches Büreau 1849 bis 1933, (Kommunikation und Politik, Bd. 21), München/ New York/ London/ Paris 1991.

Bauer, Peter: Die Organisation der amtlichen Pressepolitik in der Weimarer Zeit (Vereinigte Presseabteilung der Reichsregierung und des Auswärtigen Amtes), Diss Phil. Berlin 1962, Wuppertal 1962.

Bauer, Wilhelm: Die Öffentliche Meinung in der Weltgeschichte, Potsdam 1930.

Baumert, Dieter Paul: Die Entstehung des deutschen Journalismus. Eine sozialgeschichtliche Studie, München 1928.

Bausinger, Hermann/ Brunold-Bigler, Ursula (Hg.): Hören – Sagen – Lesen – Lernen. Bausteine zu einer Geschichte der kommunikativen Kultur. Festschrift für Rudolf Schenda zum 65. Geburtstag, Bern/ Berlin/ Frankfurt/M./ New York/ Paris/ Wien 1995.

Becker, Peter Jörg/ Brandis, Tilo/ Stolzenburg, Ingeborg: Friedrich Nicolai. Leben und Werk. Ausstellung zum 250 Geburtstag, (Staatsbibliothek Preußischer Kulturbesitz, Ausstellungskataloge, Bd. 21), Berlin 1983.

Beer, Axel: Musikzeitschriften, in: Fischer, E./ Haefs, W./ Mix, Y. (Hg.): Von Almanach bis Zeitung. Ein Handbuch der Medien in Deutschland 1700-1800, S. 233-247.

Behmer, Markus (Hg.): Deutsche Publizistik im Exil 1933-1945. Personen, Positionen, Perspektiven. Festschrift für Ursula E. Koch, Münster 2000.

Behmer, Markus/ Koch, Ursula E. (Hg.): Grobe Wahrheiten - Wahre Grobheiten – Feine Striche – Scharfe Striche. Jugend, Simplizissimus und andere Journale der Münchener „Belle Epoque" als Spiegel und Zerrspiegel der kleinen wie der großen Welt, München 1996.

Behmer, Markus: Von der Schwierigkeit, gegen Illusionen zu kämpfen. Der Publizist Leopold Schwarzschild -Leben und Werk vom Kaiserreich bis zur Flucht aus Europa, (Kommunikationsgeschichte, Bd. 2), Münster 1997.

Behrenbeck, Sabine: „Der Führer". Die Einführung eines politischen Markenartikels, in: Diesner, G./ Gries, R. (Hg.): Politische Propaganda in Deutschland, S. 51-78.

Behringer, Wolfgang: Post, Zeitung, Reichsverfassung. Machtkämpfe zu Beginn des Zeitungswesens, in: Beyrer, K./ Dallmeier, M. (Hg.): Als die Post noch Zeitung machte, S. 40-63.

Behringer, Wolfgang: Thurn und Taxis. Die Geschichte der Post und ihrer Unternehmen, München 1990.

Bender, Klaus (Hg.): Relationes Historicae.Ein Bestandsverzeichnis der deutschen Meßrelationen von 1583 bis 1648, (Beiträge zur Kommunikationsgeschichte, Bd. 2), Berlin/ New York 1994.

Bender, Klaus: Die deutschen Meßrelationen von ihren Anfängen bis zum Ende des Dreißigjährigen Krieges. Ein Forschungsvorhaben, in: Presse und Geschichte II, S. 61-70.

Bender, Klaus: Vossische Zeitung, in: Fischer, H.-D. (Hg.): Deutsche Zeitungen des 17. bis 20. Jahrhunderts, S. 25-39.

Berbig, Roland/ Kitzbichler, Josefine (Hg.): Die Rundschau-Debatte 1877. Paul Lindaus Zeitschrift „Nord und Süd“ und Julius Rodenbergs „Deutsche Rundschau“. Dokumentation, Bern/ Berlin/ Frankfurt a.M./ New York/ Paris/ Wien 1998.

Berg, Christa/ Buck, August/ Führ, Christoph (Hg.): Handbuch der deutschen Bildungsgeschichte, 6 Bde., München 1987-1998.

Berg, Günther Heinrich von: Übersicht der verschiedenen Gesetzgebungen über Preßfreiheit, besonders in Deutschland, in: Protokolle der Deutschen Bundesversammlung (amtliche Folioausgabe), 1818, S. 601-646.

Berns, Jörg Jochen: Medienkonkurrenz im siebzehnten Jahrhundert. Literaturhistorische Beobachtungen zur Irritationskraft der periodischen Zeitung in deren Frühphase, in: Presse und Geschichte II, S. 185-206.

Besold, Christoph: Thesaurus Practicus 19. Neue Zeitungen, in: Kurth, K. (Hg.): Die ältesten Schriften für und wider die Zeitung, S. 29-32.

Bestler, Max: Das Absinken der parteipolitischen Führungsfähigkeit deutscher Tageszeitungen in den Jahren 1919 bis 1932. Ein Vergleich der Auflagenziffern mit den Wahlziffern der Parteien. Phil. Diss. Berlin 1941.

Beyrer, Klaus/ Dallmeier, Martin (Hg.): Als die Post noch Zeitung machte. Eine Pressegeschichte. Eine Publikation des Deutschen Postmuseums Frankfurt/M., anläßlich der gleichnamigen Ausstellung, Frankfurt a.M./ Gießen 1994.

Blühm, Elger (Hg.): Presse und Geschichte. Beiträge zur historischen Kommunikationsforschung. Referate einer internationalen Fachkonferenz der Deutschen Forschungsgemeinschaft und der Deutschen Presseforschung/ Universität Bremen, (Studien zur Publizistik. Bremer Reihe. Deutsche Presseforschung, Bd. 23), München 1976.

Blühm, Elger/ Garber, Klaus/ Garber, Jürgen (Hg.): Hof, Staat und Gesellschaft in der Literatur des 17. Jahrhunderts, (Daphnis, Bd. 11, 1/2), Amsterdam 1982.

Blühm, Elger: Adelige Bezieher des Wolfenbütteler „Aviso“. Bericht über einen Archivfund von Wilhelm Hartmann, in: Publizistik, 16/1971, Nr. 1, S. 64-67.

Blühm, Elger: Deutscher Fürstenstaat und Presse im 17. Jahrhundert, in: Blühm, E./ Garber, J./ Garber, K. (Hg.): Hof, Staat und Gesellschaft in der Literatur des 17. Jahrhunderts, S. 287-313.

Blume, Friedrich (Hg.): Die Musik in Geschichte und Gegenwart. Allgemeine Enzyklopädie der Musik, 17 Bde., Kassel/ Basel/ London 1949-1986.

Bode, H: Zur Entstehungsgeschichte der modernen Zeitung, in Studien über das Zeitungswesen, München 1998.

Boelcke, Willi A (Hg.): Krupp und die Hohenzollern in Dokumenten. Krupp-Korrespondenz mit Kaisern, Kabinettschefs und Ministern 1850-1918, erw. Neu-. Aufl., Frankfurt a.M. 1970.

Bogel, Else/ Blühm, Elger (Hg.): Die deutschen Zeitungen des 17. Jahrhunderts, 3 Bde., Bremen 1971-1985.

Bogel-Hauff, Else: Eine Leipziger Zeitung vor 1650, in: Gazette 13/1967, Nr. 3, S. 275-279.

Bohrmann, Hans (Hg.): Mikrofilmarchiv der deutschsprachigen Presse e.V. Bestandsverzeichnis, 10. Aufl., Berlin 1998.

Bohrmann, Hans (Hg.): Pressefrühdrucke aus der Zeit der Glaubenskämpfe (1517-1648). Bestandsverzeichnis des Instituts für Zeitungsforschung, (Dortmunder Beiträge zur Zeitungsforschung, Bd. 33), München/ New York/ London/ Paris 1980.

Bohrmann, Hans/ Jarren, Otfried/ Melischek, Gabriele/ Seethaler, Josef (Hg.): Wahlen und Politikvermittlung durch Massenmedien, Opladen 2000.

Bohrmann, Hans/ Ubbens, Wilbert/ im Auftrag der Zeitungskommission des Deutschen Bibliotheksinstituts (Hg.): Zeitungswörterbuch. Sachwörterbuch für den bibliothekarischen Umgang mit Zeitungen, Weimar 1994.

Bohrmann, Hans: Pressestatistik in historischer Sicht, in: Klaue, S./ Knoche, M../ Zerdick, A. (Hg.): Probleme der Pressekonzentrationsforschung. Ein Expertenkolloquium an der FU Berlin, S. 31-36.

Bollmann, Hans: Vom Werdegang der deutschen Sportpresse, (Zeitung und Zeit. Schriftenreihe des Instituts für Zeitungswissenschaft an der Universität Berlin. Neue Folge, Bd. 4), Berlin 1938.

Böning, Holger: „Ein wahrhaft Philosophischer Royalist". Gottlob Benedict von Schirach und seine publizistische Tätigkeit, in: Weiß, C./ in Zusammenarbeit mit Albrecht, W. (Hg.): Von „Obscuranten" und „Eudämonisten". Gegenaufklärerische, konservative und antiaufklärerische Publizisten im späten 18. Jahrhundert, S. 403-444.

Böning, Holger: „Ist das Zeitunglesen auch dem Landmanne zu verstatten?" Überlegungen zum bäuerlichen Lesen in der deutschen Aufklärung, in: Brunold-Bigler, U./ Bausinger, H. (Hg.): Hören, Sagen, Lesen, Lernen. Bausteine zu einer Geschichte der kommunikativen Kultur. Festschrift für Rudolf Schenda zum 65. Geburtstag, S. 39-53.

Böning, Holger: Aufklärung und Presse im 18. Jahrhundert, in: Jäger, H. (Hg.): „Öffentlichkeit" im 18.Jahrhundert, S. 151-163.

Böning, Holger: Bibliographie der deutschsprachigen Presse von den Anfängen bis 1815, in: IASL 17/1992, S. 110-137.

Böning, Holger: Das Intelligenzblatt als Medium praktischer Aufklärung. Ein Beitrag zur Geschichte der gemeinnützig-ökonomischen Presse in Deutschland von 1768 bis 1780, in: IASL 12/1987, S. 107-133.

Böning, Holger: Das Intelligenzblatt, in: Fischer, E./ Haefs, W./ Mix, Y. (Hg.): Von Almanach bis Zeitung. Ein Handbuch der Medien in Deutschland 1700-1800, S. 89-104.

Böning, Holger: Medizinische Volksaufklärung und Öffentlichkeit, in: IASL 15/1990, Nr. 1, S. 1-92.

Böning, Holger: Zeitung, Zeitschrift, Intelligenzblatt. Die Entwicklung der periodischen Presse im Zeitalter der Aufklärung, in: Beyrer, K./ Dallmeier, M. (Hg.): Als die Post noch Zeitung machte, S. 93-103.

Böning, Holger/ Moepps, Emmy: Deutsche Presse. Biobibliographische Handbücher zur Geschichte der deutschsprachigen periodischen Presse von den Anfängen bis 1815. Kommmentierte Bibliographie der Zeitungen, Zeitschriften, Intelligenzblätter, Kalender und Almanache sowie biographische Hinweise zu Herausgebern, Verlegern und Druckern periodischer Schriften. – Band 1.1, 1.2, 1.3 Altona, Bergedorf, Harburg, Schiffbek, Wandsbek. Hamburg/ Stuttgart-Bad Cannstatt 1996.

Boockmann, Hartmut: Stauferzeit und spätes Mittelalter. Deutschland 1125-1517, (Siedler Deutsche Geschichte, Bd. 4), Berlin 1994.

Börne, Ludwig: Gesammelte Schriften. Vollständige Ausgabe in drei Bänden, Leipzig o.O.

Braudel, Fernand: Sozialgeschichte des 15.-18. Jahrhunderts, 3 Bde., München 1990.

Brauneck, Manfred (Hg.): Die Rote Fahne. Kritik, Theorie, Feuilleton. 1918-1933, (Uni-Taschenbücher, Bd. 127), München 1973.

Brednich, Rolf Wilhelm: Amerika in den frühneuzeitlichen Medien Flugblatt und Newe Zeitung, in: Mesenhöller, P./ im Auftrag des Instituts für Zeitungsforschung. (Hg.): Mundus Novus, S. 19-34.

Breil, Michaela: Die Allgemeine Zeitung, in: Gier, H./ Jonata, J. (Hg.): Augsburger Buchdruck und Verlagswesen, S. 1119-1134.

Breuer, Dieter: Stand und Aufgaben der Zensurforschung, in: Göpfert, H.G./ Weyrauch, E. (Hg.): „unmoralisch an sich..." Zensur im 18. und 19. Jahrhundert, S. 37-60.

Brons, Martin: Zeit und Zeitung. Versuch einer sozial-genetischen Geschichte der deutschen Tageszeitung – dargestellt an der Entwicklung der Zeitungsinhalte. Diss. rer. oec. Nürnberg 1959.

Brückner, Wolfgang: Der kaiserliche Bücherkommissar Valentin Leucht: Leben und literarisches Werk, in: AGB 3/1961, Sp. 97-180.

Brückner, Wolfgang: Eine Meßbuchhändlerliste von 1579 und Beiträge zur Geschichte der Bücherkommission, in: AGB 3/1961, Sp. 1629-1648.

Brunhuber, Robert: Das Deutsche Zeitungswesen, (Sammlung Göschen), Leipzig 1908.

Brunner, Otto/ Conze, Werner/ Koselleck, Reinhart (Hg.): Geschichtliche Grundbegriffe. Historisches Lexikon zur politisch-sozialen Sprache in Deutschland, 8 Bde., Stuttgart 1972.

Bücher, Karl: Bücher, Karl (Hg.): Gesammelte Aufsätze zur Zeitungskunde, Tübingen 1926.

Bücher, Karl: Das Gesetz der Massenproduktion, in: Zeitschrift für die gesamte Staatswissenschaft, 66/1910, Nr. 3, S. 87-118.

Bundesverband Deutscher Zeitungsverleger (Hg.): Zeitungen '99, Bonn 1999.

Burkhardt, Hans: Die politische Tagespresse des Königreichs Sachsen, Freiberg i.Sachsen 1914.

Buschmann, Hugo: Die deutsche Lokalpresse, Bielefeld 1922.

Cancik, Hubert/ Schneider, Helmuth (Hg.): Der Neue Pauly. Enzyklopädie der Antike, Stuttgart/ Weimar 1996.

Carlsson, Anni: Die deutsche Buchkritik von der Reformation bis zur Gegenwart, Bern/ München 1969.

Collmann, Julius August: Quellen, Materialien und Commentar des gemeinen deutschen Preßrechts, Berlin 1844.

Couvée, DH: Eine deutsche Zeitung aus dem Jahre 1645, in: Gazette 1/1955, Nr. 1, S. 17.

Cranach, Lucas d.Ä./ Melanchthon, Philipp/ Schwertfeger, Johannes/ Scherer, Wilhelm (Hg.): Passional Christi und Antichristi, (Deutsche Drucke älterer Zeit in Nachbildungen), Berlin 1885.

Creutz, Martin: Die Pressepolitik der kaiserlichen Regierung während des Ersten Weltkriegs. Die Exekutive, die Journalisten und der Teufelskreis während der Berichterstattung, (Europäische Hochschulschriften: Reihe 3, Geschichte und ihre Hilfswissenschaften, Bd. 704), Frankfurt a.M./ Berlin/ Bern/ New York/ Paris 1996.

Crole, B.E.: Geschichte der deutschen Post von ihren Anfängen bis zu Gegenwart, Leipzig 1889.

Czygan, Paul: Zur Geschichte der Tagesliteratur während der Freiheitskriege, 2 Bde., Leipzig 1911.

d'Ester, Karl: Das Werk Gutenbergs und seine Auswirkungen im Urteil der Philosophen, in: Gutenberg-Jahrbuch, 34/1959, S. 45-53.

d'Ester, Karl: Zeitung und Leser. Vortrag bei der Festsitzung der Gutenberg-Gesellschaft in Mainz am 29. Juni 1941, Mainz 1941.

Dahlhaus, Friedrich: Möglichkeiten und Grenzen auswärtiger Kultur- und Pressepolitik, dargestellt am Beispiel der deutsch-türkischen Beziehungen 1914-1928, (Europäische Hochschulschriften Reihe III, Bd. 444), Frankfurt a.M./ Bern/ New York/ Paris 1990.

Dallmeier, Martin: Die kaiserliche Reichspost zwischen Zeitungsvertrieb und Zensur im 18. Jahrhundert, in: Presse und Geschichte II, S. 233-258.

Dauenhauer, Erich: Die kaufmännischen Zeitschriften Deutschlands im 18. Jahrhundert, in: Publizistik 10/1965, S. 471-476.

David, Jacob Julius: Die Zeitung, (Die Gesellschaft, Bd. 5), Frankfurt a.M. 1906.

Deininger, Bettina/ Felger, Ulrike: „Der Stoff liegt auf der Straße". Der Querschnitt, in: Rössler, P. (Hg.): Moderne Illustrierte. Illustrierte Moderne. Zeitschriftenkonzepte im 20. Jahrhundert, S. 27-37.

Demandt, Alexander: Ungeschehene Geschichte. Ein Traktat über die Frage: Was wäre geschehen, wenn...? (Kleine Vandenhoeck-Reihe, Bd. 1501), Göttingen 1992.

Deutsche Zeitschriften des 18. und 19. Jahrhunderts. Microfiche-Volltext Verfilmung von über 400 Zeitschriften und Zugriff auf diese Textedition über elektronische Indizes auf CD-Rom, Hildesheim 1993.

Diederichs, Helmut H: Die Anfänge der deutschen Filmpublizistik 1895 bis 1909, in: Publizistik 30/1985, Nr. 1, S. 55 71.

Diesner, Gerald/ Gries, Rainer (Hg.): Politische Propaganda in Deutschland. Zur Geschichte der politischen Massenbeeinflussung im 20. Jahrhundert, Darmstadt 1996.

Dietz, Alexander: Frankfurter Nachrichten und Intelligenz-Blatt. Festschrift zur Feier ihres zweihundertjährigen Bestehens 1722/1922, Frankfurt 1922.

Dilbaum, Samuel (Hg.): Historische Erzöhlung der fürnembsten Geschichten und Handlungen so in diesem Jahr, vast in gantzem Europa denckwürdig abgelauffen; Reprint 1977. Aufl., Walluf-Nendeln 1597.

Douglas, George H: The golden age of the newspaper, Westport, Conneticut/ London 1999.

Dovifat, Emil (Hg.): Handbuch der Publizistik, 3 Bde., Berlin 1969-1971.

Dovifat, Emil/ Ruß-Mohl, Stephan (Hg.): Der amerikanische Journalismus, (Abhandlungen und Materialien zur Publizistik, Bd. 13), Berlin 1990.

Dresler, Adolf: Aus den Anfängen des Zeitungsverkaufs, in: ZW 4/1929, Nr. 6, S. 352-353.

Dresler, Adolf: Die älteste periodische Zeitung und Zeitschrift. Die Rorschacher Monatsschrift von 1597, (Studien zur Frühgeschichte der Presse, Bd. 2), München 1953.

DuMont Schauberg, M: Kölnische Zeitung 1802-1902, o.O. [Köln] 1902.

Eberlein, Ursula (Bearb.)/ Eberlein, Alfred (Hg.): Internationale Bibliographie zur deutschsprachigen Presse der Arbeiter- und sozialen Bewegungen, 2., Aufl., 8 Bde., München/ New Providence/ London/ Paris 1996.

Echternkamp, Jörg: Der Aufstieg des deutschen Nationalismus (1770-1840), Frankfurt a.M./ New York 1998.

Eckstein, Ernst: Beiträge zur Geschichte des Feuilletons, Leipzig 1876.

Eisenberg, Christiane: English sports und deutsche Bürger. Eine Gesellschaftsgeschichte 1800-1939, Paderborn/ München/ Wien 1999.

Eisenhardt, Ulrich: Die kaiserliche Aufsicht über Buchdruck, Buchhandel und Presse im Heiligen Römischen Reich deutscher Nation (1496-1806). Ein Beitrag zur Geschichte der Bücher- und Pressezensur, (Studien und Quellen zur Geschichte des deutschen Verfassungsrechts, Reihe A, Bd. 3), Karlsruhe 1970.

Elkan, Georg: Die preußische Zeitungssteuer. Ein Beitrag zur Geschichte der Pressepolitik unter Benutzung der Akten Bismarcks und der preußischen Ministerien, (Abhandlungen aus dem Seminar für Zeitungskunde und Zeitungspraxis in Berlin, Bd. 1), Jena 1922.

Endres, Rudolf: Handwerk – Berufsbildung, in: Hammerstein, N./ Buck, A. (Hg.): Handbuch der deutschen Bildungsgeschichte, Bd. 1, S. 375-424.

Engelsing, Rolf: Analphabetentum und Lektüre. Zur Sozialgeschichte des Lesens in Deutschland zwischen feudaler und industrieller Gesellschaft, Stuttgart 1973.

Engelsing, Rolf: Der Bürger als Leser. Die Bildung der protestantischen Bevölkerung Deutschlands im 17. und 18. Jahrhundert am Beispiel Bremens, in: AGB 3/1961, Sp. 205-368.

Engelsing, Rolf: Die Perioden der Lesergeschichte in der Neuzeit. Das statistische Ausmaß und die soziokulturelle Bedeutung der Lektüre, in: AGB 10/1970, S. 945-1002.

Engelsing, Rolf: Die periodische Presse und ihr Publikum. Zeitungslektüre in Bremen von den Anfängen bis zur Franzosenzeit, in: AGB 4/1963, S. 1481-1534.

Engelsing, Rolf: Die Zeitschrift in Nordwestdeutschland 1850-1914, in: AGB 6/1966, Sp. 937-1036.

Engelsing, Rolf: Massenpublikum und Journalistentum im 19. Jahrhundert in Nordwestdeutschland, Berlin 1966.

Engelsing, Rolf: Zeitung und Zeitschrift in Nordwestdeutschland 1800-1850. Leser und Journalisten, in: AGB 5/1964, S. 849-956.

Enke, Thomas: Die Anfänge der Berliner Massenzeitungen, in: Diskurs 1/1990, S. 300-305.

Enke, Thomas: Die Presse Berlins in der Statistik des Königlichen Polizeipräsidiums. Eine Bestandsaufnahme zur Entwicklung der Tageszeitungen in der Reichshauptstadt zwischen 1878 und 1913/14. I. Teil, in: Theorie und Praxis des sozialistischen Journalismus 15/1987, Nr. 6, S. 387-396.

Enke, Thomas: Die Presse Berlins in der Statistik des Königlichen Polizeipräsidiums. Eine Bestandsaufnahme zur Entwicklung der Tageszeitungen in der Reichshauptstadt zwischen 1878 und 1913/14. II. Teil, in: Theorie und Praxis des sozialistischen Journalismus 16/1988, Nr. 1, S. 34-42.

Erbring, Lutz: Journalistische Berufsnormen in amerikanischen und deutschen Nachrichten, in: Erbring, L./ Ruß-Mohl, S./ Seewald, B. et al. Hg.: Medien ohne Moral: Variationen über Journalismus und Ethik, S. 73-104.

Ermann, Hans: August Scherl. Dämonie und Erfolg in wilhelminischer Zeit, Berlin 1954.

Estermann, Monika: „O werthe Druckerkunst/ Du Mutter aller Kunst" – Gutenberg feiern im Laufe der Jahrhunderte, Mainz 1999.

Ewinkel, Irene: De monstris. Deutung und Funktion von Wundergeburten auf Flugblättern im Deutschland des 16. Jahrhunderts, (Studien und Texte zur Sozialgeschichte der Literatur, Bd. 23), Tübingen 1995.

Fabian, Walter: Hellmut von Gerlach, in: Schultz, H.J. (Hg.): Journalisten, S. 115-126.

Ferguson, Niall (Hg.): Virtuelle Geschichte. Historische Alternativen im 20. Jahrhundert, Darmstadt 1999.

Fiebing, Hermann: Konstanzer Druck- und Verlagswesen früherer Jahrhunderte. Beiträge zur seiner Geschichte von den Anfängen bis zum Beginn des 19. Jahrhunderts, Konstanz 1974.

Filk, Christian: Die Medienkritik Erich Kästners zur Zeit der Weimarer Republik. Eine fast vergessene Facette des literarischen Publizisten, in: RuG 25/1999, Nr. 4, S. 205-217.

Fischer, Ernst/ Haefs, Wilhelm/ Mix, York-Gothart (Hg.): Von Almanach bis Zeitung. Ein Handbuch der Medien in Deutschland 1700-1800, München 1999.

Fischer, Heinz-Dietrich (Hg.): Deutsche Kommunikationskontrolle des 15. bis 20. Jahrhunderts, (Publizistik-Historische Beiträge, Bd. 5), München/ New York/ London/ Paris 1982.

Fischer, Heinz-Dietrich (Hg.): Deutsche Presseverleger des 18. bis 20. Jahrhunderts, (Publizistik-historische Beiträge, Bd. 4), Pullach bei München 1975.

Fischer, Heinz-Dietrich (Hg.): Deutsche Zeitschriften des 17. bis 20. Jahrhunderts, (Publizistik-Historische Beiträge, Bd. 3), Pullach bei München 1973.

Fischer, Heinz-Dietrich (Hg.): Deutsche Zeitungen des 17. bis 20. Jahrhunderts, (Publizistik-Historische Beiträge, Bd. 2), Pullach bei München 1972.

Fischer, Heinz-Dietrich/ Schöttle, Rainer (Hg.): Kampf um publizistische Libertät. Schriften und Aktivitäten zu Konzeption, Realisierung und erneuter Einbuße von Pressefreiheit 1830-1833 von Carl Theodor Welcker, (Bochumer Studien zur Publizistik- und Kommunikationswissenschaft, Bd. 30), Bochum 1981.

Fischer, Heinz-Dietrich: Handbuch der politischen Presse in Deutschland 1480-1980. Synopse rechtlicher, struktureller und wirtschaftlicher Grundlagen der Tendenzpublizistik im Kommunikationsfeld, Düsseldorf 1981.

Foerster, Cornelia: Der Preß- und Vaterlandsverein von 1832/33. Sozialstruktur und Organisationsformen der bürgerlichen Bewegung in der Zeit des Hambacher Festes, (Trierer Historische Forschungen, Bd. 3), Trier 1982.

Franke, Peter: Vom sozialistischen Schriftsetzer zum liberalen Zeitungsverleger: Die ungewöhnliche Karriere des Berthold Feistel in der uckermärkischen Provinz, in: JbKG 1/1999, S. 113-134.

Frei, Norbert: Die nationalsozialistischen Berufsgerichte der Presse, in: VJhZG 34/1984, S. 122-178.

Frei, Norbert: Nationalsozialistische Eroberung der Provinzpresse. Gleichschaltung, Selbstanpassung und Resistenz in Bayern, (Studien zur Zeitgeschichte, Bd. 17), Stuttgart 1980.

Frey, H: Die Anzeige. Entwicklung des Zeitungsinserates in München bis 1807, Würzburg 1939.

Friebel, Alexander: Die Erfindung des Holzschliffpapiers durch Friedrich gottlob Keller als Meilenstein in der Entwicklung der Massenpresse. Eine zeitungs- und papierhistorische Untersuchung. (Diplomarbeit), Leipzig 1999.

Fritsch, Ahasver: Diskurs über den heutigen Gebrauch und Missbrauch der „Neuen Nachrichten", die man „Neue Zeitungen" nennt, in: Kurth, K. (Hg.): Die ältesten Schriften für und wider die Zeitung, S. 33-44.

Fritz, Gerd/ Schröder, Thomas/ Straßner, Erich: Einleitung, in: Straßner, E./ Fritz, G. (Hg.): Die Sprache der ersten deutschen Wochenzeitungen im 17. Jahrhundert, S. 259-285.

Fuchs, Konrad/ Raab, Heribert (Hg.): dtv Wörterbuch zur Geschichte, 5. Aufl., 2 Bde., München 1983.

Fuhrmann, Horst (Hg.): Das constitutum constatinum (Konstantinische Schenkung). Text, (Monumenta Germaniae Historica: Fontes Iuris Germanici Antiqui, Bd. 10), Hannover 1968.

Fünfundsiebzig Jahre Deutsche Allgemeine Zeitung. Sonderdruck aus der DAZ vom 1. Oktober 1936, o.O. [Berlin] 1936.

Fürstenau, Theodor: Das Feuilleton der Berliner Boulevardpresse von 1918-1933. Diss.phil, Berlin 1942.

Füssel, Stephan: Gutenberg und seine Wirkung, 1999.

Gebhardt, Hartwig: Illustrierte Zeitschriften in Deutschland am Ende des 19. Jahrhunderts. Zur Geschichte einer wenig erforschten Pressegattung, in: Buchhandelsgeschichte, 2/1983, Nr. 48, S. B41-B65.

Geldner, Ferdinand: Die Glaubwürdigkeit des Johannes Trithemius in seinem Bericht über die Erfindung des Buchdrucks. Peter Schöffer Setzer I oder Setzer II der Zweiundvierzigzeiligen Bibel? in: AGB 1/1958, S. 371-373.

Gemeinhardt, Heinz Alfred: Deutsche und österreichische Pressepolitik während der bosnischen Krise 1908/09, (Historische Studien, Bd. Husum 1980.

Gentner, Carin: Zur Geschichte des Leitartikels, in: Lerg, W.B./ Schmolke, M../ Stoll, G.E. (Hg.): Publizistik im Dialog. Festgabe für Prof. Dr. Henk Prakke zur Vollendung seines 65 Lebensjahres dargebracht von seinen Mitarbeitern und Schülern am Institut für Publizistik der Westfälischen Wilhelms-Universität Münster, S. 60-68.

Gerber, Michael Rüdiger: Die Schlesischen Provinzialblätter 1785-1849, (Quellen und Darstellungen zur schlesischen Geschichte. I. A. der Historischen Kommission für Schlesien, Bd. 27), Sigmaringen 1995.

Gerlof, Kathrin: Gegenspieler. Gerhard Löwenthal – Karl-Eduard von Schnitzler, Frankfurt a.M. 1999.

Gestrich, Andreas: Absolutismus und Öffentlichkeit. Politische Kommunikation in Deutschland zu Beginn des 18. Jahrhunderts, (Kritische Studien zur Geschichtswissenschaft, Bd. Göttingen 1994.

Gier, Helmut/ Jonata, Johannes (Hg.): Augsburger Buchdruck und Verlagswesen. Von den Anfängen bis zur Gegenwart, Wiesbaden 1997.

Gierl, Martin: Pietismus und Aufklärung. Theologische Polemik und die Kommunikationsreform der Wissenschaft am Ende des 17. Jahrhunderts, (Veröffentlichungen des Max-Planck-Instituts für Geschichte) Göttingen 1997.

Giesecke, Michael: Der Buchdruck in der frühen Neuzeit. Eine historische Fallstudie über die Durchsetzung neuer Informations- und Kommunikationstechnologien, (suhrkamp taschenbuch wissenschaft) Frankfurt a.M. 1998.

Gieseler, Jens/ Schröder, Thomas: Bestandsaufnahme zum Untersuchungsbereich „Textstruktur, Darstellungsformen und Nachrichtenauswahl", in: Straßner, E./ Fritz, G. (Hg.): Die Sprache der ersten deutschen Wochenzeitungen im 17. Jahrhundert, S. 29-69.

Gieseler, Jens: Vom Nutzen und richtigen Gebrauch der frühen Zeitungen. Zur sogenannten Pressedebatte des 17. Jahrhunderts, in: Straßner, E./ Fritz, G.

(Hg.): Die Sprache der ersten deutschen Wochenzeitungen im 17. Jahrhundert, S. 259-285.

Gillessen, Günther: Auf verlorenem Posten. Die Frankfurter Zeitung im Dritten Reich, Berlin 1986.

Girardet, Herbert: Der wirtschaftliche Aufbau der kommunistischen Tagespresse in Deutschland von 1918 bis 1933 unter besonderer Berücksichtigung der Verhältnisse im Regierungsbezirk Düsseldorf. Diss. Phil, Essen 1938.

Glaser, Hermann/ Werner, Thomas: Die Post in ihrer Zeit. Eine Kulturgeschichte menschlicher Kommunikation, Heidelberg 1990.

Göpfert, Herbert G./ Weyrauch, Erdmann (Hg.): „unmoralisch an sich..." Zensur im 18. und 19. Jahrhundert, (Wolfenbütteler Schriften zur Geschichte des Buchwesens, Bd. 13), Wiesbaden 1988.

Gramlich, Jürgen: Rechtsordnungen des Buchgewerbes im Alten Reich. Genossenschaftliche Strukturen, Arbeits- und Wettbewerbsrecht im deutschen Druckerhandwerk, in: AGB 1994, Nr. 41, S. 1-145.

Grathoff, Erich: Deutsche Bauern- und Dorfzeitungen des 18. Jahrhunderts. Ein Beitrag zur Geschichte des Bauerntums, der öffentlichen Meinung und des Zeitungswesens. Diss. Phil. Würzburg 1937.

Grimm, Jacob/ Grimm, Wilhelm (Hg.): Deutsches Wörterbuch, 33 Bde., Leipzig 1885-1971.

Groth, Otto: Die politische Presse Württembergs, Stuttgart 1915.

Groth, Otto: Die Zeitung. Ein System der Zeitungskunde (Journalistik), 4 Bde., Mannheim/ Berlin/ Leipzig 1928-1930.

Grunewald, Michel (Hg.): Der Europadiskurs in den deutschen Zeitschriften (1918-1933), Bern 1997.

Günsche, Karl-Ludwig: Phasen der Gleichschaltung. Stichtags-Analysen deutscher Zeitungen 1933-1938, Osnabrück 1970.

Haacke, Wilmont/ Baeyer, Alexander von (Hg.): Der Querschnitt. Facsimile Querschnitt durch den Querschnitt 1921-1936, (Ullstein Buch, Bd. 4716), Frankfurt a.M./ Berlin/ Wien 1977.

Haarmann, Hermann: Kurt Tucholsky. „Eine Treppe: Sprechen – Schreiben – Schweigen", in: Medien & Zeit, 6/1991, Nr. 2, S. 3-7.

Haas, Hannes: Die hohe Kunst der Reportage, in: Publizistik 32/1987, Nr. 3, S. 277-294.

Haas, Willy: Die Literarische Welt. Erinnerungen, München 1957.

Häberlein, Mark: Monster und Missionare: Die außereuropäische Welt in Augsburger Drucken der frühen Neuzeit, in: Gier, H./ Jonata, J. (Hg.): Augsburger Buchdruck und Verlagswesen, S. 353-380.

Habermas, Jürgen: Strukturwandel der Öffentlichkeit. Untersuchungen zu einer Kategorie der bürgerlichen Gesellschaft, (Suhrkamp-Taschenbuch Wissenschaft, Bd. 891), Frankfurt a.M. 1990.
Hachtmann, Rüdiger: Berlin 1848. Eine Politik- und Gesellschaftsgeschichte der Revolution, Bonn 1997.
Haferkorn, Hans Jürgen: Der freie Schriftsteller. Eine literatur-soziologische Studie über seine Entstehung und Lage in Deutschland zwischen 1750-1800, in: AGB 5/1964, Sp. 523-712.
Hagelweide, Gert: „Inländische Zustände". Zu den Anfängen des Leitartikels in der Presse des deutschen Vormärz, in: Presse und Geschichte II, S. 329-348.
Hagelweide, Gert: Flugblatt und Flugschrift, in: Dovifat, E. (Hg.): Handbuch der Publizistik, S. 39-48.
Hagemann, Walter: Die Zeitung als Organismus, Heidelberg 1950.
Hagemann, Walter: Nachrichtendrucke der Inkunabelzeit, in: Publizistik 4/1959, S. 67-78.
Hagemann, Walter: Publizistik im Dritten Reich, Hamburg 1948.
Hamburger, Richard: Zeitungsverlag und Annoncen-Expedition Rudolf Mosse Berlin, (Musterbetriebe deutscher Wirtschaft, Bd. 3), Berlin o.J.
Hammer, Walter: Die Generalanzeiger-Presse kritisch beurteilt als ein Herd der Korruption, Leipzig 1911.
Hank, Manfred: Kanzler ohne Amt. Bismarck nach seiner Entlassung 1890-1898, (tuduv-Studien. Reihe Kulturwissenschaften, Bd. 8), München 1977.
Hartenstein, Liesel (Hg.): Facsimile Querschnitt durch den Kladderadatsch, (Facsimile Querschnitte durch alte Zeitungen und Zeitschriften), Bern/ München 1965.
Hartmann, Wilhelm: Wolfenbüttel as the place where „Aviso" of 1609 – the oldest printed newspaper – was printed, in: Gazette 7/1961, Nr. 2, S. 177-187.
Hartwig, Otto (Hg.): Festschrift zum fünfhundertjährigen Geburtstage von Johann Gutenberg, (Beihefte zum Centralblatt für Bibliothekswesen, Bd. 23), Leipzig 1900.
Hauff, Else: Die „Einkommenden Zeitungen" von 1650. Ein Beitrag zur Geschichte der Tageszeitung, in: Gazette 9/1963, Nr. 3, S. 227-235.
Hausjell, Fritz: Journalisten für das Reich. Der „Reichsverband der deutschen Presse" in Österreich 1938-1945, (Österreichische Texte zur Gesellschaftskritik), Wien 1993.
Heenemann, Horst: Die Auflagenhöhen der deutschen Zeitungen. Ihre Entwicklung und ihre Probleme, Diss. Phil Leipzig, Berlin 1929.

Heiber, Helmut/ Kotze, Hildegard von (Hg.): Facsimile Querschnitt durch das Schwarze Korps, München 1968.

Heide, Walter (Hg.)/ Lehmann, Ernst (Bearb.): Handbuch der Zeitungswissenschaft, Leipzig 1940-1943.

Heimann, Heinz-Dieter/ Hlavácek, Ivan (Hg.): Kommunikationspraxis und Korrespondenzwesen im Mittelalter und in der Renaissance, München/ Paderborn 1998.

Heine, Heinrich: Kaufmann, Hans (Hg.): Werke und Briefe in zehn Bänden, 2. Aufl., Berlin/ Weimar 1972.

Heinzl, Peter: Literaturverhältnisse im Herzogtum Sachsen-Meiningen an der Wende vom 18. zum 19. Jahrhundert. Programm, Distribution und Konsumtion von Literatur im Spannungsfeld von Regionalem und Nationalem. Diss. Phil. Leipzig 1995.

Hellinga, Lotte: Das Mainzer „Catholicon“. Gutenbergs Nachlaß. Neudatierung und Auswirkungen, in: AGB 40/1998, S. 395-416.

Hemels, Joan: Pressezensur im Reformationszeitalter (1475-1648), in: Fischer, H.-D. (Hg.): Kommunikationskontrolle, S. 13-35.

Hennig, Jörg: Geschichte der Boulevardzeitung, in: Leonhard, J./ Ludwig, H./ Schwarze, D. et al. Hg.: Medienwissenschaft. Ein Handbuch zur Entwicklung der Medien und Kommunikationsformen, S. 955-965.

Hensing, Ulrich: Acta eruditorum (1682-1782), in: Fischer, H.-D. (Hg.): Deutsche Zeitschriften des 17. bis 20. Jahrhunderts, S. 29-47.

Herbst, Richard: Die städtischen Nachrichtenämter. Aufbau, Einrichtung, Arbeitsgang. Moderne kommunale Pressetätigkeit, (Die Selbstverwaltung in Wissenschaft und Praxis, Bd. 9), Berlin 1923.

Hermann, Armin/ Dettmering, Wilhelm/ i.A.der Agricola-Gesellschaft (Hg.): Technik und Kultur. 10 Bände mit einem Registerband, 10 Bde., Düsseldorf 1990-1995.

Herrmann, Elisabeth M: Theorie und Praxis der Presse in der Sowjetischen Besatzungszone Deutschlands. Berichte und Dokumente, Berlin 1963.

Hirner, René (Hg.): Vom Holzschnitt zum Internet: Die Kunst und die Geschichte der Bildmedien von 1450 bis heute, Heidenheim 1997.

Historische Kommission bei der Bayerischen Akademie der Wissenschaften (Hg.): Deutsche Reichstagsakten. Jüngere Reihe: Deutsche Reichstagsakten unter Kaiser Karl V. Göttingen 1893-1992.

Hoefer, Frank Thomas: Pressepolitik und Polizeistaat Metternichs. Die Überwachung von Presse und politischer Öffentlichkeit in Deutschland und den Nachbarstaaten durch das Mainzer Informationsbüro (1833-1848), (Dortmunder Beiträge zur Zeitungsforschung, Bd. 37), München/ New York/ London/ Paris 1983.

Hofer, Josef/ Rahner, Karl (Hg.): LThK. Lexikon für Theologie und Kirche, 2., völlig neu bearb. Aufl., 14 Bde., Freiburg i.Br. 1986.

Hofmeister-Hunger, Andrea: Pressepolitik und Staatsreform. Die Institutionalisierung staatlicher Öffentlichkeitsarbeit bei Karl August von Hardenberg (1792-1822), Göttingen 1994.

Hohenemser, Paul (Hg.): Flugschriftensammlung Gustav Freytag, Frankfurt a.M. 1925.

Hollmann, Werner: Die Zeitschriften der exakten Naturwissenschaften in Deutschland, (Zeitung und Leben, Bd. 39), München 1937.

Holly, Elmar: Die Weltbühne 1918-1933. Ein Register sämtlicher Autoren und Beiträge, (Abhandlungen und Materialien zur Publizistik, Bd. 11), Berlin 1989.

Hölscher, Lucian: Die Öffentlichkeit begegnet sich selbst. Zur Struktur des öffentlichen Redens im 18. Jahrhundert zwischen Diskurs- und Sozialgeschichte, in: Jäger, H. (Hg.): „Öffentlichkeit“ im 18.Jahrhundert, S. 11-31.

Holzweißig, Gunter: Gesamtdeutschen Institut (Hg.): DDR-Presse unter Parteikontrolle, Bonn 1991.

Hömberg, Walter: Zeitgeist und Ideenschmuggel. Die Kommunikationsstrategie des Jungen Deutschland, Stuttgart 1975.

Hubay, Ilona: Zum historischen Hintergrund des Türkenkalenders für 1455, in: Gutenberg-Jahrbuch, 44/1969, S. 64-67.

Huneke, Friedrich: Die Lippischen Intelligenzblätter (Lemgo 1767-1799). Lektüre und gesellschaftliche Erfahrung, (Forum Lemgo, Bd. 4), Bielefeld 1989.

Huntzicker, William E: The popular press 1833-1865, (The history of american journalism, Bd. 3), Westport, Conneticut/ London 1999.

Illich, Ivan: Im Weinberg des Textes. Als das Schriftbild der Moderne entstand, München 1996.

Jacobeit, Sigrid/ Jacobeit, Wolfgang: Illustrierte Alltagsgeschichte des deutschen Volkes, 3 Bde., Köln 1988.

Jacobi, Richard: Der Journalist. Ein Führer und Berater bei der Berufswahl, (Das Buch der Berufe, Bd. 8), Hannover 1902.

Jacobsohn, Siegfried: Soldenhoff, Richard von (Hg.): Briefe an Kurt Tucholsky. Der beste Brotherr dem schlechtesten Mitarbeiter, München/ Hamburg 1989.

Jäger, Hans-Wolf (Hg.): „Öffentlichkeit“ im 18.Jahrhundert, (Das 18. Jahrhundert. Supplementa, Bd. 4), Göttingen 1997.

Jäger, Karl/ Kutsch, Arnulf (Hg.)/ Averbeck, Stefanie (Hg.): Mitteilung statt Medium. Probleme, Methoden und Gegenstände der publizistischen Wissenschaft, (ex libris kommunikation. Klassische Texte über Medien und Kommunikation, Bd. 9), München 2000.

Jäger, Karl: Zur Bebilderung der Tagespresse, in: Kutsch, A./ Averbeck, S. (Hg.): Mitteilung statt Medium. Probleme, Methoden und Gegenstände der publizistischen Wissenschaft, S. 195-203.

Jakoby, Ruth: Das Feuilleton des Journal des Débats von 1814 bis 1830, (études littéraires francaises, Bd. 88), Tübingen 1988.

Jakubowski-Tiessen, Manfred/ Lehmann, Hartmut/ Schilling, Johannes et al. Hg.: Jahrhundertwenden. Endzeit- und Zukunftsvorstellungen vom 15. bis zum 20. Jahrhundert, (Veröffentlichungen des Max-Planck-Instituts für Geschichte, Bd. 155), Göttingen 1999.

Janota, Johannes: Von der Handschrift zum Druck, in: Gier, H./ Jonata, J. (Hg.): Augsburger Buchdruck und Verlagswesen, S. 125-139.

Janzin, Marion/ Güntner, Joachim (Hg.): Das Buch vom Buche. 5000 Jahre Buchgeschichte, Hannover 1995.

Kant, Immanuel: Werke in sechs Bänden, 6 Bde., Köln 1995.

Kapp, Friedrich/ Goldfriedrich, Johann/ Historische Kommission des Börsenvereins der Deutschen Buchhändler (Hg.): Geschichte des deutschen Buchhandels, 4 Bde., Leipzig 1886-1913.

Kauder, Gustaf: „Bezett! – Bezett am Mittag!“, in: 50 Jahre Ullstein 1877-1927, S. 191-222.

Kauffmann, Kai/ Schütz, Erhard (Hg.): Die lange Geschichte der kleinen Form. Beiträge zur Feuilletonforschung, Berlin 2000.

Kaupert, Walter: Die deutsche Tagespresse als Politicum. Phil. Diss. Heidelberg/ Freudenstadt 1932.

Kawerau, G: Einleitung, in: Cranach, L.d.Ä./ Melanchthon, P./ Schwertfeger, J.: Passional Christi und Antichristi, S. V-XXXII.

Keunecke, Hans-Otto: Die Drucklegung der Brandenburg-Nürnbergischen Kirchenordnung. Kosten, Preise und Mengenrabatt im Jahre 1533, in: AGB 21/1980, Sp. 769-790.

Kieslich, Günter: „Poetische Zeitungen“ im 18. Jahrhundert, in: Publizistik 8/1963, S. 510-516.

Kieslich, Günter: Berufsbilder im frühen Zeitungswesen, in: Publizistik 11/1966, Nr. 3-4, S. 253-263.

Kieslich, Günter: Berufsbilder im frühen Zeitungswesen. Vorstudien zu einer Soziologie des Journalismus zwischen 1609 und 1650, in: Publizistik 11/1966, Nr. 3, S. 253-263.

Kieslich, Günter: Wo kommt der Aviso her? in: Publizistik 1/1956, Nr. 1, S. 208-221.

Kieslich, Günter: Zur Definition der Zeitschrift, in: Publizistik 10/1965, Nr. 3, S. 314-319.

Killius, Christina: Die Antiqua-Fraktur-Debatte um 1800 und ihre historische Herleitung, (Mainzer Studien zur Buchwissenschaft, Bd. 7), Wiesbaden 1999.

Kinsky-Weinfurter, Gottfried: Filmmusik als Instrument staatlicher Propaganda. Der Kultur- und Industriefilm im Dritten Reich und nach 1945, (kommunikation audiovisuell, Bd. 9), Konstanz 1993.

Kirchner, Hans-Martin: Der Markt der Illlustrierten – gestern und heute, in: Publizistik 3/1958, Nr. 3, S. 323-336.

Kirchner, Hans-Martin: Zeitschriftenwesen und technische Bildung, in: Boehm, L./ Schönbeck, C. (Hg.): Technik und Bildung, (Propyläen Technikgeschichte, Bd. 5), S. 319-339.

Kirchner, Joachim: Das deutsche Zeitschriftenwesen – seine Geschichte und seine Probleme, Teil 1, 2. Aufl., Wiesbaden 1958.

Kirchner, Joachim: Der Hamburger „Patriot". Eine Untersuchung zur Frühgeschichte der Zeitschrift, in: Publizistik 1/1956, Nr. 1, S. 143-156.

Kirchner, Joachim: Die Zeitschrift. Die Geschichte der Zeitschrift. Von den Anfängen bis 1900 u. Von 1900 bis zur Gegenwart, in: Dovifat, E. (Hg.): Handbuch der Publizistik, S. 384-420.

Kirchner, Joachim: Einige Gedanken zur Definition der Zeitschrift, in: Publizistik 5/1960, S. 14-20.

Kirchner, Joachim: Zur Entstehungs- und Redaktionsgeschichte der Acta Eruditorum, in: Archiv für Buchgewerbe und Gebrauchsgrafik, 65/1928, Nr. 4, S. 75-88.

Klaue, Siegfried/ Knoche, Manfred/ Zerdick, Axel (Hg.): Probleme der Pressekonzentrationsforschung. Ein Expertenkolloquium an der FU Berlin, (Materialien zur interdisziplinären Medienforschung, Bd. 12), Baden-Baden 1980.

Klein, Heijo: DuMont's kleines Sachwörterbuch der Drucktechnik und grafischen Kunst, (dumont taschenbücher, Bd. 15), 4. Aufl., Köln 1979.

Kleinpaul, Johannes: Der bayerische Hofnachrichtendienst im 16. und 17. Jahrhundert, in: ZW 2/1927, Nr. 8, S. 115-117.

Kleinpaul, Johannes: Die Fuggerzeitungen 1568-1605, (Preisschriften der Fürstlich Jablonowskischen Gesellschaft, Bd. 49), Leipzig 1921.

Kleist, Heinrich von (Hg.): Vollständige Ausgabe der Berliner Abendblätter. Vom 1sten October 1810 bis 30sten März 1811, (Faksimiledrucke literarischer Seltenheiten, Bd. 2), leipzig 1925.

Kluge, Friedrich (Hg.)/ Seebold, Elmar (Bearb.): Etymologisches Wörterbuch der deutschen Sprache, 23., erw. Aufl., Berlin/ New York 1999.

Knopf, Jan: Kalender, in: Fischer, E./ Haefs, W./ Mix, Y. (Hg.): Von Almanach bis Zeitung. Ein Handbuch der Medien in Deutschland 1700-1800, S. 121-136.

Koch, Ursula E: Der Teufel in Berlin. Von der Märzrevolution bis zu Bismarcks Entlassung. Illustrierte politische Witzblätter einer Metropole 1848-1890, Köln 1991.

Kocka, Jürgen/ Ritter, Gerhard A (Hg.): Sozialgeschichtliche Arbeitsbücher, 5 Bde, München 1978.

Kogler, Karl: Zur Technikgeschichte von Schrift, Druck und Post, in: Medien & Zeit, 12/1997, Nr. 4, S. 4-21.

Kohnen, Richard: Pressepolitik des Deutschen Bundes. Methoden staatlicher Pressepolitik nach der Revolution von 1848, (Studien und Texte zur Sozialgeschichte der Literatur, Bd. 50), Tübingen 1995.

König, Wolfgang (Hg.): Propyläen Technikgeschichte, 5 Bde., Berlin 1992.

Koppitz, Hans-Joachim: Kaiserliche Privilegien für das Augsburger Druckgewerbe, in: Gier, H./ Jonata, J. (Hg.): Augsburger Buchdruck und Verlagswesen, S. 41-53.

Koppitz, Hans-Joachim: Medien, in: Hammerstein, N./ Buck, A. (Hg.): Handbuch der deutschen Bildungsgeschichte, Bd. 1, S. 433-448.

Körber, Esther-Beate: Görres und die Revolution. Wandlungen ihre Begriffs und ihrer Wertung in seinem politischen Weltbild 1793 bis 1819, (Historische Studien, Bd. 441), Husum 1985.

Körber, Esther-Beate: Öffentlichkeiten der Frühen Neuzeit. Teilnehmer, Institutionen und Entscheidungen öffentlicher Kommunikation im Herzogtum Preußen 1525 bis 1618, Berlin 1998.

Korff, Kurt: Die „Berliner Illustrierte“, in: 50 Jahre Ullstein 1877-1927, S. 279-302.

Koschatzky, Walter: Die Kunst der Graphik. Technik, Geschichte, Meisterwerke, (dtv-Taschenbuch, Bd. 2868), 11. Aufl., München 1993.

Koschwitz, Hansjürgen: Der früheste Beleg für das Wort „Zeitschrift“, in: Publizistik 13/1968, S. 41-43.

Koschwitz, Hansjürgen: Die Anfänge der periodischen Wirtschaftspublizstik im Zeitalter des Kameralismus, in: AGB 11/1971, Sp.857-872.

Koser, Reinhold: Der Kanzleienstreit. Ein Beitrag zur Quellenkunde des dreißigjährigen Krieges, Halle 1874.

Koßmann, Egon: Aus den Anfängen des Anzeigenwesens, in: ZW 13/1938, Nr. 3, S. 200-207.

Koszyk, Kurt/ Eisfeld, Gerhard: Die Presse der deutschen Sozialdemokratie, 2. Aufl., Bonn 1980.

Koszyk, Kurt/ Hömberg, Walter (Hg.)/ Kutsch, Arnulf (Hg.)/ Pöttker, Horst (Hg.): Publizistik und politisches Engagement. Lebensbilder publizistischer Persönlichkeiten, (Kommunikationsgeschichte), Münster 1999.

Koszyk, Kurt/ Pruys, Karl Hugo: Handbuch der Massenkommunikation, München 1981.

Koszyk, Kurt: Deutsche Pressepolitik im Ersten Weltkrieg, Düsseldorf 1968.

Koszyk, Kurt: Erhard Deutelmoser – Offizier und Pressechef (1873-1956), in: Publizistik 30/1985, S. 509-534.

Koszyk, Kurt: Geschichte der Printmedien und ihrer Erforschung, in: Leonhard, J./ Ludwig, H./ Schwarze, D. et al. (Hg.): Medienwissenschaft, S. 896-913.

Koszyk, Kurt: Nord und Süd. Ein elitäres Friedens-Forum, in: Grunewald, M. (Hg.): Der Europadiskurs in den deutschen Zeitschriften (1918-1933), S. 15-34.

Koszyk, Kurt: Paul Reusch und die „Münchener Neuesten Nachrichten" – Zum Problem Industrie und Presse in der Endphase der Weimarer Republik, in: VJhZG 20/1972, S. 75-103.

Koszyk, Kurt: Theodor Wolff. Die Brille des Feuilletonisten, in: Hömberg, W./ Kutsch, A./ Pöttker, H. (Hg.): Publizistik und politisches Engagement. Lebensbilder publizistischer Persönlichkeiten, S. 448-452.

Koszyk, Kurt: Vorläufer der Massenpresse. Ökonomie und Publizistik zwischen Reformation und Französischer Revolution. Öffentliche Kommunikation im Zeitalter des Feudalismus, (Das Wissenschaftliche Taschenbuch), München 1972.

Kotze, Hildegard von/ Noller, Sonja (Hg.): Facsimile Querschnitt durch den Völkischen Beobachter, München/ Bern/ Wien 1967.

Kramer, Rolf: Kölnische Volkszeitung, in: Fischer, H.-D. (Hg.): Deutsche Zeitungen des 17. bis 20. Jahrhunderts, Bd. 2, S. 257-267.

Kraus, Elisabeth: Die Familie Mosse. Deutsch-jüdisches Bürgertum im 19. und 20. Jahrhundert, München 1999.

Kröll, Ulrich: Zwischen Spontaneität und Lenkung: Die Burenbegeisterung der Jahrhundertwende. Eine agitationsgeschichtlich Studie, in: Publizistik 17/1972, Nr. 4, S. 336-350.

Krull, Edith: Leserwerbung in den Zeitschriften des beginnenden 19. Jahrhunderts, in: ZW 13/1938, Nr. 11, S. 715-720.

Krumbhaar, Herbert: Die Häufigkeit des Erscheinens der Zeitungen, Liegnitz 1920.

Kuczynski, Jürgen: Geschichte des Alltags des deutschen Volkes, Köln 1995.

Künast, Hans-Georg: Entwicklungslinien des Augsburger Buchdrucks von den Anfängen bis zum Ende des Dreißigjährigen Krieges, in: Gier, H./ Jonata, J. (Hg.): Augsburger Buchdruck und Verlagswesen, S. 3-21.

Künast, Hans-Jörg: Dokumentation: Augsburger Buchdrucker und Verleger, in: Gier, H./ Jonata, J. (Hg.): Augsburger Buchdruck und Verlagswesen, S. 1205-1340.

Kurth, Karl Otto (Hg.): Die ältesten Schriften für und wider die Zeitung, (Quellenhefte zur Zeitungswissenschaft, Bd. 1), Brünn/ München / Wien 1944.

Kurth, Karl Otto/ Hollmann, Wolfgang: Die Wirkungsgesetze der Presse. Gedanken über den Zusammenhang von Volkstum und Nachrichtengestaltung, in: ZW 15/1940, Nr. 3, Sonderheft,

Kurzweg, Martina: Presse zwischen Staat und Gesellschaft. Die Zeitungslandschaft in Rheinland-Westfalen (1770-1819), Paderborn 1999.

Kutsch, Arnulf (Hg.): Publizistischer und journalistischer Wandel in der DDR. Vom Ende der Ära Honecker bis zu den Volkskammerwahlen im März 1990, Bochum 1990.

La Roche, Walther von: Einführung in den praktischen Journalismus. Mit genauer Beschreibung aller Ausbildungswege, (Journalistische Praxis), 10., neubearb. Aufl., München 1987.

Laband, Paul/ Wach, Adolf/ Wagner, Adolf et al. Hg.: Handbuch der Politik, 3 Bde., Berlin 1912-1914.

Laeven, Augustinus Hubertus: De „Acta Eruditorum" onder redactie van Otto Mencke. De geschiedenies van een internationaal geleerdenperiodiek tussen 1682 en 1707, Amsterdam 1986.

Leky, Hans Georg: Zur Geschichte des Zeitungslesens von 1800 bis zu den Freiheitskriegen, (Leipziger Beiträge zur Erforschung der Publizistik, Bd. 8), Leipzig 1941.

Leonhard, Joachim-Felix/ Ludwig, Hans-Werner/ Schwarze, Dietrich et al. Hg.: Medienwissenschaft. Ein Handbuch zur Entwicklung der Medien und Kommunikationsformen, 2 Bde., Berlin/ New York 1999.

Lerg, Winfried B: Die Anfänge der Zeitung für alle. Methodenkritisches zur Geschichte der Massenpresse, in: Lerg, W.B./ Schmolke, M. (Hg.): Massenpresse und Volkszeitung, Bd. 10, S. 1-46.

Lerg, Winfried B: Lerg, Winfried B/ Schmolke, Michael (Hg.): Massenpresse und Volkszeitung. Zwei Beiträge zur Pressegeschichte des 19. Jahrhunderts, (Münsteraner Marginalien zur Publizistik), Münster 1968.

Löffler, Martin/ Ricker, Reinhardt: Handbuch des Presserechts, 3. Aufl., München 1994.

Lott, Sylvia: Die Frauenzeitschriften von Hans Huffzky und John Jahr. Zur Geschichte der deutschen Frauenzeitschrift zwischen 1933 und 1970, Berlin 1985.

Ludwig, Cordula: Korruption und Nationalsozialismus in Berlin 1924-1934, (Geschichtliche Grundlagen der Politik, Bd. 1), Frankfurt a.M./ Berlin/ Bern /New York/ Paris/ Wien 1998.

Ludwig, Johannes: Vom Buchdruck zum Internet. Gesellschaftliche Emanzipationsprozesse als Folge ökonomischer Entwicklungen, in: Rundfunk und Fernsehen, 47/1999, Nr. 3, S. 341-367.

Luft, Friedrich (Hg.): Facsimile Querschnitt Berliner Illustrirte Zeitung [BIZ], Bern/ München o.J.

Luther, Martin: Wartenberg, Günther (Hg.): Briefe, Wiesbaden 1983.

Maar, Elke: Bildung durch Unterhaltung. Die Entdeckung des Infotainment in der Aufklärung. Hallenser und Wiener Moralische Wochenschriften in der Blütezeit des Moraljournalismus 1748-1782, (Bochumer Frühneuzeitschriften, Bd. 3), Pfaffenweiler 1995.

Macias, José: Die Entwicklung des Bildjournalismus, (Kommunikation und Politik, Bd. 22), München/ New York/ London/ Paris 1990.

Madrasch-Groschopp, Ursula: Die Weltbühne. Porträt einer Zeitschrift, (Ullstein Sachbuch, Bd. 34307), Frankfurt a.M./ Berlin/ Wien 1985.

Mahle, Walter A (Hg.): Medien im vereinten Deutschland. Nationale und internationale Perspektiven, (AKM-Studien, Bd. 37), München 1991.

Mahle, Walter A. (Hg.): Pressemarkt Ost. Nationale und internationale Perspektiven, (AKM-Studien, Bd. 38), München 1992.

Mancal, Josef: Die Augsburger Zeitungen vom Ende des 17. bis zur Mitte des 19. Jahrhunderts: Abendzeitung, Postzeitung und Intelligenzzettel, in: Gier, H./ Jonata, J. (Hg.): Augsburger Buchdruck und Verlagswesen, S. 683-733.

Mangelsen, Jochen: „Hannoversche Allgemeine Zeitung“ – „Hannoverscher Anzeiger“. Untersuchung zur Entwicklung einer Tageszeitung seit ihrer Gründung im Jahre 1893. Ein Beitrag zur Zeitungsgeschichte der letzten 75 Jahre. Diss. Phil. Berlin 1968.

Manheim, Ernst: Aufklärung und öffentliche Meinung. Studien zur Soziologie der Öffentlichkeit im 18. Jahrhundert. Herausgegeben und eingleitet von Norbert Schindler, (Kultur und Gesellschaft, Bd. 4), Stuttgart/ Bad Cannstatt 1979.

Marckwardt, Wilhelm: Die Illustrierten der Weimarer Zeit. Publizistische Funktion, ökonom. Entwicklung u. inhaltl. Tendenzen (unter Einschluß einer Bibliographie dieses Pressetypus 1918-1932), (Minerva-Fachserie Geisteswissenschaften), München 1982.

Martens, Wolfgang: Der Patriot. Bd. IV. Kommentarband, Berlin/ New York 1984.

Martens, Wolfgang: Die Botschaft der Tugend. Die Aufklärung im Spiegel der deutschen Moralischen Wochenschriften, Stuttgart 1968.

Mattauch, Hans: Der vermutlich früheste Beleg für das Wort „Feuilleton", in: Publizistik 9/1964, S. 273-274.

Mattauch, Hans: Situation und Typologie der französischen Zeitschriftenpresse der Frühzeit (1665-1730), in: Publizistik 10/1965, S. 538-551.

Medick, Hans: Weben und Überleben in Laichingen 1650-1900. Lokalgeschichte als Allgemeine Geschichte, 2., Aufl., Göttingen 1997.

Mendelssohn, Peter de: Zeitungsstadt Berlin. Menschen und Mächte in der Geschichte der deutschen Presse, überarb. u. erw. Aufl., Frankfurt a.M./Berlin/Wien 1982.

Merker, Paul/ Kohlschmidt, Werner/ Kanzog, Klaus et al. (Hg.): Reallexikon der deutschen Literaturgeschichte, 2. Aufl., 5 Bde., Berlin 1958-1988.

Mesenhöller, Peter/ im Auftrag des Instituts für Zeitungsforschung (Hg.): Mundus Novus. Amerika oder die Entdeckung des Bekannten. Das Bild von der Neuen Welt im Spiegel der Druckmedien vom 16. bis zum frühen 20. Jahrhundert. Eine Ausstellung des Instituts für Zeitungsforschung, Dortmund 1992.

Meunier, Ernst/ Jessen, Hans: Das deutsche Feuilleton. Ein Beitrag zur Zeitungskunde, (Zeitung und Zeit, Bd. 2), Berlin 1931.

Meyen, Michael: „Geistige Grenzgänger": Medien und die deutsche Teilung. Ein Beitrag zur Rezeptionsgeschichte in den ersten beiden Nachkriegsjahrzehnten, in: JbKG 1/1999, Nr. 1, S. 192-231.

Meyen, Michael: Leipzigs bürgerliche Presse in der Weimarer Republik. Wechselbeziehungen zwischen gesellschaftlichem Wandel und Presseentwicklung, Diss. (Hochschulschriften des Rosa-Luxemburg-Vereins), Leipzig 1995.

Meyer, Friedrich: Druckkosten im 17. und 18. Jahrhundert, in: Archiv für Geschichte des Deutschen Buchwesens, 6/1881, S. 276-279.

Meyer, Hans-Friedrich: Zeitungspreise in Deutschland im 19. Jahrhundert und ihre gesellschaftliche Bedeutung, Diss. Phil, Münster 1967.

Meyers Bibliographisches Institut (Hg.): Meyers Großes Konversations-Lexikon, 6., neubearb. Aufl., 20 Bde., Leipzig/ Wien 1906-1909.

Michaelis, Rolf: Von der Bühnenwelt zur Weltbühne. Siegfried Jacobsohn und Die Schaubühne, Königstein/ Taunus 1980.

Mirbt, Karl-Wolfgang: Theorie und Technik der Camouflage. Die „Deutsche Rundschau" im Dritten Reich als Beispiel publizistischer Opposition unter totalitärer Gewalt, in: Publizistik 9/1964, S. 3-16.

Möckl, Karl: Die Prinzregentenzeit. Gesellschaft und Politik während der Ära des Prinzregenten Luitpold in Bayern, München 1972.

Moebus, Joachim: Der Allgemeine Zuschauer. Über Habitus und Figur des Zuschauers: Der „Spectator“ von Joseph Addison und Richard Steele und die Herausbildung Moralischer Öffentlichkeit, in: Archiv für Kulturgeschichte, 71/1989, S. 129-176.

Moores, Kaaren M: Presse und Meinungsklima in der Weimarer Republik. Eine publizistikwissenschaftliche Untersuchung. Diss. Phil. Mainz 1997.

Müchler, Günter: Wie ein treuer Spiegel. Die Geschichte der Cotta'schen Allgemeinen Zeitung, Darmstadt 1998.

Müller, Hans Dieter (Hg.): Facsimile Querschnitt durch Das Reich, (Facsimile Querschnitte durch alte Zeitungen und Zeitschriften), Bern/ München 1965.

Müller, Hermann: Die Organisationen der Lithographen, Steindrucker und verwandten Berufe, Bonn 1978.

Münster, Hans Amandus: Geschichte der Deutschen Presse. In ihren Grundzügen dargestellt, (Meyers kleine Handbücher, Bd. 26), Leipzig 1941.

Munzinger, Ludwig: Die Entwicklung des Inseratenwesens in den deutschen Zeitungen. Eine historisch-wirtschaftliche Studie als Beitrag zur Geschichte des Verkehrswesens, Diss. Phil, Heidelberg 1901.

Naujoks, Eberhard: Bismarck und die Organisation der Regierungspresse, in: HZ 205/1967, S. 46-80.

Naujoks, Eberhard: Die parlamentarische Entstehung des Reichspressegesetzes in der Bismarckzeit (1848/74), Düsseldorf 1975.

Naujoks, Eberhard: Eine Abrechnung über den Welfenfonds (1. April-31. Dezember 1869), in: Publizistik 14/1969, Nr. 1, S. 16-29.

Neitmann, Klaus: Die Publikation von Staatsverträgen und Landesordnungen im Deutschordensland Preußen, in: Heimann, H./ Hlavácek, I. (Hg.): Kommunikationspraxis und Korrespondenzwesen im Mittelalter und in der Renaissance, S. 113-124.

Neugebauer-Wölk, Monika: Revolution und Constitution. Die Brüder Cotta, (Einzelveröffentlichungen der Historischen Kommission zu Berlin, Bd. 69), Berlin 1989.

Neuhofer, Theodor (Hg.): Fuggerzeitungen aus dem Dreißigjährigen Krieg 1618-1623, Augsburg 1936.

Neumann, Heinz-Georg: Der Zeitungsjahrgang 1694. Nachrichten und Nachrichtenbeschaffung im Vergleich, in: Presse und Geschichte II, S. 127-157.

Nickel, Gunther: Die Schaubühne – Die Weltbühne. Siegfried Jacobsohns Wochenschrift und ihr ästhetisches Programm, (Kulturwissenschaftliche Studien zur deutschen Literatur), Opladen 1996.

Noelle-Neumann, Elisabeth/ Schulz, Winfried/ Wilke, Jürgen (Hg.): Das Fischer Lexikon Publizistik Massenkommunikation, 3. Aufl., Frankfurt a.M. 1994.

Noller, Sonja: Der Völkische Beobachter, in: Noller, S./ Kotze, H.v. (Hg.): Facsimile Querschnitt durch den Völkischen Beobachter, S. 4-13.

Oberholtzer, Ellis Paxson: Die Beziehungen zwischen dem Staat und der Zeitungspresse im Deutschen Reich. Nebst einigen Umrissen für die Wissenschaft des Journalismus, Berlin 1895.

Obst, Georg: Der Handelsteil einer Zeitung, (Zellebücherei, Bd. 66), Leipzig 1923.

Oelmüller, Willi/ Dölle, Ruth (Hg.): Diskurs Geschichte, (Philosophische Arbeitsbücher, Bd. 4), Paderborn/ München/ Wien/ Zürich 1980.

Oelze, Klaus Dieter: Das Feuilleton der Kölnischen Zeitung im Dritten Reich, (Regensburger Beiträge zu deutschen Sprach- und Literaturwissenschaft. Reihe B, Untersuchungen, Bd. 45), Frankfurt a.M./ Bern/ New York/ Paris 1990.

Opel, Julius Otto: Die Anfänge der deutschen Zeitungspresse 1609 bis 1650, (Archiv für Geschichte des Deutschen Buchhandels, Bd. 3), Leipzig 1879.

Oschilewski, Walther: Zeitungen in Berlin im Spiegel der Jahrhunderte, Berlin 1975.

Ost, Günther: Rentabilität im Journalismus des 18. Jahrhunderts, in: ZW 3/1928, S. 132.

Overesch, Manfred: Presse zwischen Lenkung und Freiheit. Preußen und seine offiziöse Zeitung von der Revolution bis zur Reichsgründung (1848 bis 1871/72), (Dortmunder Beiträge zur Presseforschung, Bd. 19), Pullach 1974.

Paas, John Roger (Hg.): The german political broadsheet 1600-1700, 6 (11) Bde., Wiesbaden 1985-1998.

Padrutt, Christian: Allgemeine Zeitung (1798-1929), in: Fischer, H.-D. (Hg.): Deutsche Zeitungen des 17. bis 20. Jahrhunderts, S. 131-144.

Palla, Rudi: Lexikon der untergegangenen Berufe, Berlin 1998.

Pantenburg, Josef: Die Entwicklung des Anzeigenwesens der Berliner Presse von der Aufhebung des Intelligenzzwanges bis zu den Generalanzeigern. Diss. Phil. Berlin 1938.

Paupié, Kurt: Frankfurter Zeitung, in: Fischer, H.-D. (Hg.): Deutsche Zeitungen des 17. bis 20. Jahrhunderts, S. 241-256.

Peek, Sabine: Cottas „Morgenblatt für gebildete Stande". Seine Entwicklung und Bedeutung unter der Redaktion der Brüder Hauff (1827-1865), in: AGB 6/1966, Sp.1427-1660.

Peters, Jan: Zur Auskunftsfähigkeit von Selbstzeugnissen schreibender Bauern, in: Schulze, W. (Hg.): Ego-Dokumente, S. 175-190.
Petrat, Gerhardt: Das Intelligenzblatt. Eine Forschungslücke, in: Presse und Geschichte II, S. 207-231.
Petrat, Gerhardt: Geschichte des Intelligenzblattes, in: Leonhard, J./ Ludwig, H./ Schwarze, D. et al. Hg.: Medienwissenschaft. Ein Handbuch zur Entwicklung der Medien und Kommunikationsformen, S. 923-931.
Peucer, Tobias: Über Zeitungsberichte, in: Kurth, K. (Hg.): Die ältesten Schriften für und wider die Zeitung, S. 87-112.
Pfeiffer-Belli, Erich: Einleitung, in: Zahn, E. (Hg.): Facsimile Querschnitt durch die Fliegenden Blätter, S. 5-7.
Pohl, Hans/ Pix, Manfred (Hg.): Invention – Innovation – Diffusion, (VSWG-Beiheft, Bd. 103), Stuttgart 1992.
Pöhls, Joachim: Die „Tägliche Rundschau" und die Zerstörung der Weimarer Republik 1930 bis 1933, (Arbeiten aus dem Institut für Publizistik der Universität Münster, Bd. 13), Münster 1975.
Polivka, Miloslav: Nürnberg als Nachrichtenzentrum in der ersten Hälfte des 15. Jahrhunderts, in: Heimann, H./ Hlavácek, I. (Hg.): Kommunikationspraxis und Korrespondenzwesen im Mittelalter und in der Renaissance, S. 165-177.
Postler, Frank: Die historische Entwicklung des Post- und Fernmeldewesens in Deutschland vor dem Hintergrund spezifischer Interessenkonstellationen. Eine sozialwissenschaftliche Analyse der gesellschaftlichen Funktionen der Post, (Europäische Hochschulschriften, Reihe 22, Bd. 223), Frankfurt a.M. 1991.
Potschka, Gregor: Kölnische Zeitung, in: Fischer, H.-D. (Hg.): Deutsche Zeitungen des 17. bis 20. Jahrhunderts, S. 145-158.
Presse und Geschichte II. Neue Beiträge zur historischen Kommunikationsforschung, (Deutsche Presseforschung, Bd. 26), München/ New York/ London/ Paris/ Oxford 1987.
Prüsener, Marlies: Lesegesellschaften im 18. Jahrhundert, in: AGB 13/1973, Sp. 369-594.
Prutz, Robert E: Geschichte des deutschen Journalismus, Hannover 1845.
Raddatz, Fritz J: Tucholsky. Ein Pseudonym, Reinbek 1989.
Rafetseder, Hermann: Buchhinrichtungen. Öffentliche Schriftenverbrennungen durch Henkershand als Extremfälle der Zensur, in: Göpfert, H.G./ Weyrauch, E. (Hg.): „unmoralisch an sich..." Zensur im 18. und 19. Jahrhundert, S. 89-103.

Rammert, Werner: Technik und Alltagsleben – Sozialer Wandel durch Mechanisierung und technische Medien, in: Wengenroth, U. (Hg.): Technik und Gesellschaft, Bd. 10, S. 266-292.

Reichsverband der deutschen Zeitungsverleger (Hg.): Pressehandbuch. Gesetze, Anordnungen, Erlasse, Bekanntmachungen nach den Bedürfnissen der Praxis, Berlin 1938.

Requate, Jörg: Journalismus als Beruf. Entstehung und Entwicklung des Journalistenberufs im 19. Jahrhundert im internationalen Vergleich, (Kritische Studien zur Geschichtswissenschaft, Bd. 109), Göttingen 1995.

Reumann, Kurt: Entwicklung der Vertriebs- und Anzeigenerlöse im Zeitungsgewerbe seit dem 19. Jahrhundert, in: Publizistik 13/1968, Nr. 4, S. 226-271.

Reus, Gunter: Ressort: Feuilleton. Kulturjournalismus für Massenmedien, (Reihe Praktischer Journalismus, Bd. 22), 2., überarb. Aufl., Konstanz 1998.

Riepl, Wolfgang: Das Nachrichtenwesen des Altertums. Mit besonderer Rücksicht auf die Römer, Leipzig 1913.

Rintelen, Michael von: Zwischen Revolution und Restauration. Die „Allgemeine Zeitung" 1798-1823, (Europäische Hochschulschriften. Reihe 3, Geschichte und ihre Hilfswissenschaften, Bd. 597), Frankfurt a.M. 1994.

Rogge, Helmuth: Aus Maximilian Hardens politischer Publizistik 1912-1922, in: Publizistik 6/1961, S. 301-337.

Rohleder, Meinolf/ Treude, Burkhard: Neue Preußische (Kreuz-)Zeitung, in: Fischer, H.-D. (Hg.): Deutsche Zeitungen des 17. bis 20. Jahrhunderts, S. 209-224.

Rollka, Bodo: Die Belletristik in der Berliner Presse des 19. Jahrhunderts. Untersuchungen zur Sozialisationsfunktion in der Nachrichtenpresse, (Einzelveröffentlichungen der Historischen Kommission zu Berlin, Bd. 51), Berlin 1985.

Rösch, Gertrud Maria: Ludwig Thoma als Journalist. Ein Beitrag zur Publizistik des Kaiserreichs und der frühen Weimarer Republik, (Regensburger Beiträge zur deutschen Sprach- und Literaturwissenschaft. Reihe B, Untersuchungen, Bd. 42), Frankfurt a.M./Bern/ New York/ paris 1989.

Roscher, Karl: Unsere Zeitungen. Ein politischer Versuch, Zittau/ Löbau 1873.

Rosenfeld, Hellmut: Flugblatt, Flugschrift, Flugschriftenserie, Zeitschrift. Die „Hussiten-Glock" von 1618 im Rahmen der Entwicklung der Publizistik, in: Publizistik 10/1965, S. 556-580.

Rössler, Patrick (Hg.): Moderne Illustrierte. Illustrierte Moderne. Zeitschriftenkonzepte im 20. Jahrhundert, Stuttgart 1998.

Rössler, Patrick: Exil daheim. die neue linie und der braune Geist. Beobachtungen zur Avantgarde im Nazi-Deutschland, in: Behmer, M. (Hg.): Deutsche

Publizistik im Exil 1933-1945. Personen, Positionen, Perspektiven. Festschrift für Ursula E. Koch, S. 261-281.
Rössler, Patrick: Moderne Illustrierte, illustrierte Moderne, in: Rössler, P. (Hg.): Moderne Illustrierte. Illustrierte Moderne. Zeitschriftenkonzepte im 20. Jahrhundert, S. 9-25.
Rothfels, Hans: Einleitung, in: Hartenstein, L. (Hg.): Facsimile Querschnitt durch den Kladderadatsch, S. 4-6.
Ruge, Arnold: Aktenstücke zur Censur, Philosophie und Publicistik aus dem Jahre 1842 (Nachdr. d. Ausg. Mannheim 1847), 2 Bde., Mannheim 1842.
Rupprecht, Wilhelmine: Die Entwicklung der Sportzeitung in den Münchner Neuesten Nachrichten von 1848 bis 1914, (Zeitung und Leben, Bd. 32), München 1935.
Sack, Vera: Sebastian Brant als politischer Publizist. Zwei Flugblatt-Satiren aus den Folgejahren des sogenannten Reformationsreichstags von 1495, (Veröffentlichungen aus dem Archiv der Stadt Freiburg i.Br., Bd. 30), Freiburg i.Br. 1997.
Saerbeck, Werner: Die Presse der deutschen Sozialdemokratie unter dem Sozialistengesetz, (Reihe Geschichtswissenschaft, Bd. 5), Pfaffenweiler 1986.
Salewski, Michael (Hg.): Was wäre wenn. Alternativ und Parallelgeschichte: Brücken zwischen Phantasie und Wirklichkeit, (Historische Mitteilungen, Beihefte, Bd. 36), Stuttgart 1999.
Salomon, Erich: Faszinierender Bildjournalismus. Der Kampf um die Aufnahmemöglichkeit, in: Wallenberg, H./ Freyburg, W.J. (Hg.): Hundert Jahre Ullstein, Bd. 1, S. 384-405.
Salomon, Ludwig: Geschichte des deutschen Zeitungswesens von den ersten Anfängen bis zur Wiederaufrichtung des Deutschen Reiches, Oldenburg/ Leipzig 1906.
Sänger, Fritz: Zur Geschichte der Frankfurter Zeitung, in: Publizistik 22/1977, S. 275-294.
Scheibe, Jörg: Der „Patriot" (1724-1726) und sein Publikum. Untersuchungen über die Verfassergesellschaft und die Leserschaft einer Zeitschrift der frühen Aufklärung, (Göppinger Arbeiten zur Germanistik, Bd. 109), Göppingen 1973.
Schenda, Rudolf: Volk ohne Buch. Studien zur Sozialgeschichte der populären Lesestoffe 1770-1910, (Studien zur Philosophie und Literatur des 19. Jahrhunderts), Frankfurt a.M. 1970.
Schieder, Wolfgang (Hg.): Literatur und Sozialgeschichte, (Geschichte und Gesellschaft, Bd. 9, 1), Göttingen 1983.
Schilling, Michael: Bildpublizistik der frühen Neuzeit. Aufgaben und Leistungen des illustrierten Flugblatts in Deutschland bis um 1700, Tübingen 1990.

Schilling, Michael: Der Augsburger Einblattdruck, in: Gier, H./ Jonata, J. (Hg.): Augsburger Buchdruck und Verlagswesen, S. 381-404.

Schiwy, Peter/ Schütz, Walter J (Hg.): Medienrecht. Stichwörter für die Praxis, Neuwied/ Darmstadt 1994.

Schlimper, Jürgen (Hg.): „Natürlich – die Tauchaer Straße!“ Beiträge zur Geschichte der „Leipziger Volkszeitung, Leipzig 1997.

Schlimper, Jürgen (Hg.): Die deutsche Arbeiterbewegung und ihre Presse. Dokumente (1919-1932), Leipzig 1986.

Schlimper, Jürgen: Eine sozialistische Antwort auf die Generalanzeiger. Zum Wandel konzeptioneller Vorstellungen bei der „Leipziger Volkszeitung“ und deren praktischer Umsetzung, in: Schlimper, J. (Hg.): „Natürlich – die Tauchaer Straße!“ Beiträge zur Geschichte der „Leipziger Volkszeitung, S. 17-99.

Schlumbohm, Jürgen: Gesetze, die nicht durchgesetzt wurden – ein Strukturmerkmal des frühneuzeitlichen Staates? in: Geschichte und Gesellschaft, 23/1997, Nr. 4, S. 647-663.

Schmidt, Gustav: Kauf, Gründung und Finanzierung von Zeitungen und Zeitschriften, Leipzig [1903].

Schmidt, Klaus/ Akademie der Wissenschaften Göttingen (Hg.): Index deutschsprachiger Zeitschriften MDCCL - MDCCCXV (1750 -1815), Hildesheim 1989.

Schmidt, Ulrich: Gespräche aus dem Reiche derer Todten (1718-1739), in: Fischer, H.-D. (Hg.): Deutsche Zeitschriften des 17. bis 20. Jahrhunderts, S. 49-59.

Schmidtchen, Volker: Technik im Übergang vom Mittelalter zur Neuzeit zwischen 1350 und 1600, in: König, W. (Hg.): Metalle und Macht, (Propyläen Technikgeschichte, Bd. 2), S. 209-598.

Schmolke, Michael: Die schlechte Presse. Katholiken und Publizistik zwischen Katholik und Publik 1821-1968, Münster 1971.

Schmolke, Michael: Volks- Topographie eines häufigen Zeitungstitelbestandteils, in: Lerg, W.B./ Schmolke, M. (Hg.): Massenpresse und Volkszeitung, Bd. 10, S. 49-80.

Schneider, Beate: Pressemarkt Ost II: Nur die Konzentration macht Fortschritte, in: Mahle, W.A. (Hg.): Pressemarkt Ost. Nationale und internationale Perspektiven, Bd. 38, S. 35-45.

Schneider, Beate: Pressemarkt Ost: Ein Refugium des „demokratischen Zentralismus“, in: Mahle, W.A. (Hg.): Medien im vereinten Deutschland. Nationale und internationale Perspektiven, Bd. 37, S. 71-80.

Schneider, Bernhard: Katholiken auf die Barrikaden? Europäische Revolutionen und deutsche katholische Presse 1815-1848, (Veröffentlichungen der

Kommission für Zeitgeschichte, Reihe B: Forschungen, Bd. 84), Paderborn/ München/ Wien/ Zürich 1999.

Schneider, Franz: Die Schrift Gabriel Putherbeiens von Thuron aus dem Jahre 1549/ 1581 in ihrer publizistikwissenschaftlichen Bedeutung, in: Publizistik 8/1963, Nr. 4, S. 354-362.

Schneider, Franz: Pressefreiheit und politische Öffentlichkeit, Neuwied/ Berlin 1966.

Schneider, Oskar: Die deutsche Mittel- und Kleinpresse, ihr Wesen, ihre Technik und Bedeutung. Staatswiss. Diss. München 1922.

Schöne, Walter (Hg.): Der Aviso des Jahres 1609. In Faksimiliedruck, (Die deutsche Zeitung im ersten Jahrhundert ihres Bestehens (1609-1700), Bd. 1), Leipzig 1939.

Schöne, Walter (Hg.): Die Relation des Jahres 1609. In Faksimiliedruck, (Die deutsche Zeitung im ersten Jahrhundert ihres Bestehens (1609-1700), Bd. 2), Leipzig 1940.

Schöne, Walter: Was ist Zeitung? in: Publizistik 1/1956, S. 323-330

Schöne, Walter: Zeitungswesen und Statistik. Eine Untersuchung über den Einfluss der periodischen Presse auf die Entstehung und Entwicklung der staatswissenschaftlichen Literatur, speziell der Statistik, Jena 1924.

Schönhagen, Philomen: Die Mitarbeit der Leser. Einerfolgreiches Zeitungskonzept des 19. Jahrhunderts, (Kommunikation & Gesellschaft, Bd. 2), München 1995.

Schorbach, Karl: Die urkundlichen Nachrichten über Johann Gutenberg, in: Hartwig, O. (Hg.): Festschrift zum fünfhundertjährigen Geburtstage von Johann Gutenberg, S. 163-319.

Schottenloher, Karl: Flugblatt und Zeitung. Ein Wegweiser durch das gedruckte Tagesschrifttum, (Bibliothek für Kunst- und Antiqitätensammler, Bd. 21), Berlin 1922.

Schröder, Arno: Geschichte des Zeitungswesen in Lippe, Detmold 1932.

Schroeder-Angermund, Christiane: Von der Zensur zur Pressefreiheit Das absolutistische Zensursystem in der 2. Hälfte des 18. Jahrhunderts, (Bochumer Frühneuzeitstudien), Pfaffenweiler 1993.

Schulte, Franz Gerrit: Der Publizist Hellmut von Gerlach (1866-1935), (Kommunikation und Politik, Bd. 19), München/ New York/ London/ Paris 1988.

Schultz, Hans Jürgen (Hg.): Journalisten über Journalisten, München 1980.

Schultz, Helga: Mythos und Aufklärung. Frühformen des Nationalismus in Deutschland, in: HZ 263/1996, S. 31-67.

Schulz, Klaus: „Kladderadatsch". Ein bürgerliches Witzblatt von der Märzrevolution bis zum Nationalsozialismus 1848-1944, (Bochumer Studien zur Publizistik- und Kommunikationswissenschaft, Bd. 2), Bochum 1975.

Schulze, Stephan: „Melos". Die Geschichte einer außergewöhnlichen Musikzeitschrift, in: JbKG 1/1999, S. 173-191.

Schulze, Winfried (Hg.): Ego-Dokumente. Annäherung an den Menschen in der Geschichte, (Selbstzeugnisse der Frühen Neuzeit, Bd. 2), Berlin 1996.

Schulze, Winfried: Deutsche Geschichte im 16. Jahrhundert, (edition suhrkamp, Bd. 1268), Frankfurt a.M. 1987.

Schumann, Harald: Revolution des Kapitals, in: Der Spiegel, 1999, Nr. 25, S. 122-137.

Schütz, Walter J: Entwicklung der Tagespresse, in: Wilke, J. (Hg.): Mediengeschichte der Bundesrepublik Deutschland, S. 109-134.

Schütz, Walter J: Zeitungsstandorte in Deutschland – ein Überblick, in: Bundesverband Deutscher Zeitungsverleger. (Hg.): Zeitungen '99, S. 278-293.

Schwedler, Wilhelm: Leitartikel, Nachricht und Gesinnung, in: ZW 2/1927, Nr. 10, S. 146-147.

Seewald, Berthold: Karl Wilhelm von Heideck. Ein bayerischer General im befreiten Griechenland (1826-1835), (Beiträge zur Militärgeschichte, Bd. 45), München 1994.

Seywald, Aiga: Die Presse der sozialen Bewegungen 1918-1933, (Schriften des Fitz-Hüser-Instituts für Arbeiterliteratur. Reihe 2: Forschungen zur Arbeiterliteratur, Bd. 9), Essen 1994.

Shannon, Claude E/ Weaver, Warren: The mathematical theory of communication, Urbana/ Chicago/ London 1972.

Siegert, Reinhart: Die „Volkslehrer". Zur Trägerschicht aufklärerischer Privatinitiative und ihrer Medien, in: JbKG 1/1999, S. 62-86.

Siemann, Wolfram: Ideenschmuggel. Probleme der Meinungskontrolle und das Los deutscher Zensoren im 19. Jahrhundert, in: HZ 1987, Nr. 245, S. 71-106.

Siemann, Wolfram: Von der offenen zur mittelbaren Kontrolle. Der Wandel in der deutschen Preßgesetzgebung und Zensurpraxis des 19. Jahrhunderts, in: Göpfert, H.G./ Weyrauch, E. (Hg.): „unmoralisch an sich..." Zensur im 18. und 19. Jahrhundert, S. 293-308.

Sombart, Werner: Der moderne Kapitalismus, 6 Bde., München/ Leipzig 1927.

Sösemann, Bernd (Hg.): Theodor Wolff. Der Journalist. Berichte und Leitartikel, Düsseldorf/ Wien/ New York/ Moskau 1993.

Sösemann, Bernd: Das Ende der Weimarer Republik in der Kritik demokratischer Publizisten. Theodor Wolff, Ernst Feder, Julius Elbau, Leopold

Schwarzschild, (Abhandlungen und Materialien zur Publizistik, Bd. 9), Berlin 1976.
Starnes, Thomas C: Der Teutsche Merkur. Ein Repertorium, Sigmaringen 1994.
Statistisches Bundesamt (Hg.): Datenreport 1997. Zahlen und Fakten über die Bundesrepublik Deutschland, (Schriftenreihe der Bundeszentrale für politische Bildung, Bd. 340), Bonn 1997.
Statistisches Reichsamt (Bearb.): Die Lebenshaltung von 2000 Arbeiter-, Angestellten- und Beamtenhaushaltungen. Erhebungen von Wirtschaftsrechnungen im Deutschen Reich vom Jahre 1927/28, (Einzelschriften zur Statistik des Deutschen Reichs, Bd. 22/I), Berlin 1932.
Stegers, Wolfgang: Der Leipziger Literatenverein von 1840. Die erste deutsche berufsständische Schriftstellerorganisation, in: AGB 19/1978, Sp.225-257.
Steinhausen, Georg: Die Entstehung der Zeitung aus dem brieflichen Verkehr, in: Archiv für Buchgewerbe und Gebrauchsgrafik, 65/1928, Nr. 4, S. 51-64.
Stiegler, Klaus Martin: Germania, in: Fischer, H.-D. (Hg.): Deutsche Zeitungen des 17. bis 20. Jahrhunderts, S. 299-313.
Stieler, Kaspar: Hagelweide, Gert (Hg.): Zeitungs Lust und Nutz. Vollständiger Neudruck der Originalausgabe von 1695, Bremen 1969-1695.
Stieve, Felix: Über die ältesten halbjährigen Zeitungen oder Meßrelationen und insbesondere über deren Begründer Freiherrn Michael von Aitzing, München 1881.
Stöber, Gunda: Pressepolitik als Notwendigkeit. Zum Verhältnis von Staat und Öffentlichkeit im wilhelminischen Deutschland 1890-1914, Stuttgart 2000.
Stöber, Rudolf: Bismarcks geheime Presseorganisation von 1882, in: HZ 262/1996, Nr. 2, S. 423-451.
Stöber, Rudolf: Der „Berliner Lokal-Anzeiger“ und sein Blattmacher Hugo von Kupffer, in: Publizistik 39/1994, Nr. 3, S. 314-330.
Stöber, Rudolf: Die „Provinzial-Correspondenz“ 1863-1884. Das größte politische „Wochenblatt“ seiner Zeit, in: Publizistik 44/1999, Nr. 2, S. 165-184.
Stöber, Rudolf: Die erfolgverführte Nation. Deutschlands öffentliche Stimmungen 1866 bis 1945, Stuttgart 1998.
Stöber, Rudolf: Geschichte. Eine Einführung, (Fachwissen für Journalisten), Opladen 1996.
Stöber, Rudolf: Martin Luthers „Passional Christi und Antichristi“. Ein Plädoyer für die historisch-systematische Kommunikationswissenschaft, in: Publizistik 45/2000, Nr. 1, S. 1-19.
Stöber, Rudolf: Presse und öffentliche Meinung in Lippe im Vormärz, in: Wiersing, E. (Hg.): Lippe im Vormärz. Von bothmäßigen Unterthanen zu unbothmäßigen Demokraten, S. 56-82.

Stöber, Rudolf: Pressefreiheit und Verbandsinteresse. Die Rechtspolitik des „Reichsverbands der Deutschen Presse“ und des „Vereins Deutscher Zeitungs-Verleger“ während der Weimarer Republik, (Abhandlungen und Materialien zur Publizistik, Bd. 14), Berlin 1992.

Stöber, Rudolf: Wahlen, Politikvermittlung und politisches Klima im Kaiserreich. Verschärfung der Gegensätze oder professionellere Selbstdarstellung der Politik? Interpretationen zu einem methodischen Problem, in: Bohrmann, H./ Jarren, O./ Melischek, G. et al. Hg.: Wahlen und Politikvermittlung durch Massenmedien, S. 281-306.

Straßner, Erich/ Fritz, Gerd (Hg.): Die Sprache der ersten deutschen Wochenzeitungen im 17. Jahrhundert, (Medien in Forschung und Unterricht, Serie A, Bd. 41), Tübingen 1996.

Struckmann, Johann Caspar: Staatsdiener als Zeitungsmacher. Die Geschichte der Allgemeinen Preußischen Staatszeitung, (Kleine Beiträge zur Geschichte Preußens, Bd. 1), Berlin 1981.

Studt, Bernhard: Bismarck als Mitarbeiter der „Kreuzzeitung“ in den Jahren 1848 und 1849. Diss. Phil. Bonn 1903.

Stümpel, Rolf: Buchdruck und technisches Schrifttum, in: Boehm, L./ Schönbeck, C. (Hg.): Technik und Bildung, (Propyläen Technikgeschichte, Bd. 5), S. 295-318.

Surmann, Rolf: Die Münzenberg-Legende. Zur Publizistik der revolutionären deutschen Arbeiterbewegung 1921-1933, Köln 1982.

Tadday, Ulrich: Die Anfänge des Musikfeuilletons. Der kommunikative Gebrauchswert musikalischer Bildung in Deutschland um 1800, Stuttgart/ Weimar 1993.

Todorow, Almut: Das Feuilleton der „Frankfurter Zeitung“ in der Weimarer Republik. Zur Grundlegung einer rhetorischen Medienforschung, (Rhetorik-Forschungen, Bd. 8), Tübingen 1996.

Todorow, Almut: Ironie in der Tagespresse, in: Publizistik 43/1999, Nr. 1, S. 55-75.

Tolkemitt, Brigitte: Der Hamburgische Correspondent. Zur öffentlichen Verbreitung der Aufklärung in Deutschland, (Studien und Texte zur Sozialgeschichte der Literatur, Bd. 53), Tübingen 1995.

Traub, Hans: Grundbegriffe des Zeitungswesens. Kritische Einführung in die Methode der Zeitungswissenschaft, Stuttgart 1933.

Traub, Hans: Grundsätzliches zur Entstehung des Inseratenteiles, in: ZW 3/1928, S. 84-86.

Tucholsky, Kurt: Briefe. Auswahl 1913 bis 1935, Berlin 1983.

Ukena, Peter: Tagesschrifttum und Öffentlichkeit im 16. und 17. Jahrhundert in Deutschland, in: Blühm, E. (Hg.): Presse und Geschichte, S. 35-53.

Ullmann, Hans-Peter: Das deutsche Kaiserreich 1871-1918. (= Moderne Deutsche Geschichte, Bd. 7), (edition suhrkamp. Neue Historische Bibliothek, Bd. 1546), Frankfurt a.M. 1995.

Ullmann, Hans-Peter: Der Bund der Industriellen. Organisation, Einfluß und Politik klein- und mittelbetrieblicher Industrieller im Deutschen Kaiserreich 1895-1914, (Kritische Studien zur Geschichtswissenschaft, Bd. 21), Göttingen 1976.

Ullmann, Hans-Peter: Interessenverbände in Deutschland, (edition suhrkamp. Neue Historische Bibliothek. Neue Folge, Bd. 283), Frankfurt a.M. 1988.

Verlag der Frankfurter Zeitung (Hg.): Geschichte der Frankfurter Zeitung. Volksausgabe, Frankfurt a.M. 1911.

Vogel, Martin: Deutsche Urheber- und Verlagsrechtsgeschichte zwischen 1450 und 1850. Sozial- und methodengeschichtliche Entwicklungsstufen der Rechte von Schriftsteller und Verleger, in: AGB 19/1978, Sp. 1-190.

Volz, Gunter: Das Licht und die Lichtschere. Produzierte und rezipierte Literatur in der süddeutschen Publizistik 1750-1790, (Kultur-Kreise, Bd. 3), Tübingen 1999.

Vorpahl, Frank: Soziale Determination der Berliner Zeitungspresse zwischen 1850 und 1862. Überlegungen zum Staderschen Forschungsansatz, in: Diskurs 1/1990, Nr. 2, S. 121-126.

Walesrode, Ludwig: Pressefreiheit und Justiz in Preußen, Leipzig 1866.

Wallenberg, Hans/ Freyburg, W. Joachim (Hg.): Hundert Jahre Ullstein, 4 Bde., Berlin/ Frankfurt a.M./ Wien 1977.

Wappler, Kurt: Regierung und Presse in Preußen. Geschichte der amtlichen preußischen Pressestellen 1848-1862, Leipzig 1935.

Weber, Johannes: „Die Novellen sind eine Eröffnung des Buchs der gantzen Welt“. Die Entstehung der Zeitung im 17. Jahrhundert, in: Beyrer, K./ Dallmeier, M. (Hg.): Als die Post noch Zeitung machte, S. 15-25.

Weber, Johannes: Avisen, Relationen, Gazetten, (Bibliotheksgesellschaft Oldenburg. Vorträge – Reden – Berichte, Bd. 20), Oldenburg 1997.

Weber, Johannes: Daniel Hartnack – ein gelehrter Streithahn und Avisenschreiber am Ende des 17. Jahrhunderts. Zum Beginn politisch kommentierender Zeitungspresse, in: Gutenberg-Jahrbuch, 68/1993, S. 140-158.

Weber, Johannes: Der große Krieg und die frühe Zeitung. Gestalt und Entwicklung der deutschen Nachrichtenpresse in der ersten Hälfte des 17. Jahrhunderts, in: JbKG 1/1999, S. 23-61.

Weber, Johannes: Deutsche Presse im Zeitalter des Barock. Zur Vorgeschichte des öffentlichen politischen Räsonnements, in: Jäger, H. (Hg.): „Öffentlichkeit“ im 18.Jahrhundert, S. 137-149.

Weber, Johannes: Götter-Both Mercurius. Die Urgeschichte der politischen Zeitschrift in Deutschland, Bremen 1994.

Weber, Johannes: Neue Funde aus der Frühgeschichte des deutschen Zeitungswesens, in: AGB 38/1992, S. 321-358.

Weber, Paul: Entwicklungslinien der Sportberichterstattung in der deutschen Tagespresse, in: ZW 11/1936, Nr. 7/8, S. 305-311.

Wehler, Hans-Ulrich: Deutsche Gesellschaftsgeschichte 1700-1815, 2. Aufl., München 1989.

Wehler, Hans-Ulrich: Deutsche Gesellschaftsgeschichte 1849-1914. Von der „Deutschen Doppelrevolution" bis zum Beginn des Ersten Weltkriegs, (Deutsche Gesellschaftsgeschichte, Bd. 3), München 1995.

Weise, Christian: Interessanter Abriß über das Lesen von Zeitungen, in: Kurth, K. (Hg.): Die ältesten Schriften für und wider die Zeitung, S. 45-85.

Weiß, Christoph/ in Zusammenarbeit mit/ Albrecht, Wolfgang (Hg.): Von „Obscuranten" und „Eudämonisten". Gegenaufklärerische, konservative und antiaufklärerische Publizisten im späten 18. Jahrhundert, St. Ingbert 1997.

Welke, Martin: Die Geschichte der Zeitung in den ersten Jahrhunderten ihres Bestehens. kritische Bemerkungen zu Margot Lindemanns „Deutsche Presse bis 1815", in: Daphnis, 3/1974, Nr. 1, S. 92-106.

Welke, Martin: Die Presse und ihre Leser. Zur Geschichte des Zeitungslesens in Deutschland von den Anfängen bis zum frühen 19. Jahrhundert, in: Beyrer, K./ Dallmeier, M. (Hg.): Als die Post noch Zeitung machte, S. 140-147.

Welke, Martin: Rußland in der deutschen Publizistik des 17. Jahrhunderts (1613-1689), in: Forschungen zur osteuropäischen Geschichte, 23/1976, S. 105-276.

Welke, Martin: Zeitung und Öffentlichkeit im 18. Jahrhundert. Betrachtungen zur Reichweite und Funktion der periodischen deutschen Tagespublizistik, in: Blühm, E. (Hg.): Presse und Geschichte, S. 71-99.

Weller, Emil (Hg.): Die ersten deutschen Zeitungen. Mit einer Bibliographie (1505-1599), Hildesheim 1962.

Weller, Uwe B.: Die Zukunft (1892-1922), in: Fischer, H.-D. (Hg.): Deutsche Zeitschriften des 17. bis 20. Jahrhunderts, S. 241-254.

Werfel, Sylvia: Einrichtung und Betrieb einer Druckerei in der Handpressenzeit (1460-1820), in: Gier, H./ Jonata, J. (Hg.): Augsburger Buchdruck und Verlagswesen, S. 97-124.

Wermuth, Helga: Max Amann (1891-1957), in: Fischer, H.-D. (Hg.): Deutsche Presseverleger des 18. bis 20. Jahrhunderts, S. 356-365.

Wernecke, Klaus: Die Provinzpresse am Ende der Weimarer Republik. Zur politischen Rolle der bürgerlichen Tageszeitungen am Beispiel der Region Osthannover, in: Presse und Geschichte II, S. 365-404.

Werner, Hermann: Der Zeitungsleser und die Zeitung. Ein Volkshochschullehrgang, Berlin 1920.

Wetzel, Hans-Wolfgang: Presseinnenpolitik im Bismarckreich (1874-1890). Das Problem der Repression oppositioneller Zeitungen, (Europäische Hochschulschriften, Reihe III, Bd. 57), Bern/ Frankfurt a.M. 1975.

Widdecke, Erich: Geschichte der Haude- und Spenerschen Zeitung 1734-1874, Berlin 1925.

Widmann, Hans (Hg.): Der gegenwärtige Stand der Gutenbergforschung, Stuttgart 1972.

Wiersing, Erhard (Hg.): Lippe 1848. Von der demokratischen Manier, eine Bittschrift zu überreichen, Detmold 1998.

Wiesner, Adolph: Denkwürdigkeiten der Österreichischen Zensur vom Zeitalter der Reformazion bis auf die Gegenwart, Stuttgart 1847.

Wilke, Jürgen (Hg.): Mediengeschichte der Bundesrepublik Deutschland, Weimar 1999.

Wilke, Jürgen (Hg.): Pressefreiheit, (Wege der Forschung, Bd. 625), Darmstadt 1984.

Wilke, Jürgen: Die periodische Presse im Kaiserreich, in: AGB 31/1988, S. 221-230.

Wilke, Jürgen: Die Zeitung, in: Fischer, E./ Haefs, W./ Mix, Y. (Hg.): Von Almanach bis Zeitung. Ein Handbuch der Medien in Deutschland 1700-1800, S. 388-402.

Wilke, Jürgen: Nachrichtenauswahl und Medienrealität in vier Jahrhunderten. Eine Modellstudie zur Verbindung von historischer und empirischer Publizistikwissenschaft, Berlin/ New York 1984.

Wilke, Jürgen: Presse und Zensur. Anfänge, Entwicklung und Abbau obrigkeitlicher Kontrollmaßnahmen, in: Beyrer, K./ Dallmeier, M. (Hg.): Als die Post noch Zeitung machte, S. 148-156.

Willmann, Heinz: Geschichte der Arbeiter-Illustrierten Zeitung. 1921-1938, Berlin 1975.

Willner, Gustav: Das Tagewerk der Abteilungen, in: 50 Jahre Ullstein 1877-1927, S. 329-362.

Wischermann, Ulla: Die Presse der deutschen Frauenbewegung 1848-1918. Anregungen zur Erforschung einer fast vergessenen Öffentlichkeit, in: Presse und Geschichte II, S. 349-363.

Wittmann, Reinhard: Geschichte des deutschen Buchhandels, (Beck'sche Reihe, Bd. 1304), 2. Aufl., München 1999.

Wittwer, Max: Das deutsche Zeitungswesen in seiner neueren Entwicklung. Beiträge zur Geschichte des deutschen Zeitungswesens, Diss. Phil. Halle a.d.Saale 1914.

Wolf, Hans Jürgen: Geschichte der Druckverfahren. Historische Grundlagen, Portraits, Technologie, Elchingen 1992.

Wölfle, Lotte: Beiträge zu einer Geschichte der deutschen Zeitungstypographie von 1609-1938. Versuch einer Entwicklungsgeschichte des Umbruchs, Phil.Diss, München 1943.

Wolter, Hans-Wolfgang: Deutsche Rundschau (1874-1964), in: Fischer, H.-D. (Hg.): Deutsche Zeitschriften des 17. bis 20. Jahrhunderts, S. 183-200.

Wolter, Hans-Wolfgang: Generalanzeiger. Das pragmatische Prinzip. Zur Entwicklungsgeschichte und Typologie des Pressewesens im späten 19. Jahrhundert mit einer Studie über die Zeitungsunternehmungen Wilhelm Girardets (1838-1918), (Bochumer Studien zur Publizistik- und Kommunikationswissenschaft, Bd. 31), Bochum 1981.

Wulf, Joseph (Hg.): Kultur im Dritten Reich, 5 Bde., Frankfurt a.M. 1982.

Wüst, Wolfgang: Censur und Censurkollegien im frühmodernen Konfessionsstaat, in: Gier, H./ Jonata, J. (Hg.): Augsburger Buchdruck und Verlagswesen, S. 569-586.

Wuttke, Heinrich: Die deutschen Zeitschriften und die Entstehung der öffentlichen Meinung, 3. Aufl., Leipzig 1875.

Wyfs, Arthur: Der Türckenkalender für 1455. Ein Werk Gutenbergs, in: Hartwig, O. (Hg.): Festschrift zum fünfhundertjährigen Geburtstage von Johann Gutenberg, Bd. 23/ 8, S. 380-401.

Zahn, Eva (Hg.): Facsimile Querschnitt durch die Fliegenden Blätter, (Facsimile Querschnitte durch alte Zeitungen und Zeitschriften), Bern/ München 1965.

Zahn, Peter: Die Endabrechnung über den Druck der Schedelschen Weltchronik (1493) vom 22. Juni 1509. Text und Analyse, in: Gutenberg-Jahrbuch, 66/1991, S. 177-213.

Zedler, Johann Heinrich (Hg.): Großes vollständiges Universal-Lexikon, 64+4 Bde., Leipzig/ Halle 1732-1750.

Zentner, Christian/ Bedürftig, Friedemann (Hg.): Das große Lexikon des dritten Reiches, München 1985.

Ziegler, Edda: Literarische Zensur in Deutschland 1819-1848. Materialien, Kommentare, (Literatur-Kommentare, Bd. 18), München/ Wien 1983.

Zimmermann, Magdalena (Hg.): Die Gartenlaube als Dokument ihrer Zeit, München 1967.

3 Register der Druckwerke

4 Personenregister

Portraits des Widerstands

UVK *Geschichte*

Rudolf Lill (Hg.)
Hochverrat?
Neue Forschungen zur »Weißen Rose«
2., veränderte Auflage, 224 S., br., ISBN 3-87940-634-0

Auch mehr als fünfzig Jahre nach Tat und Opfer der »Weißen Rose« ist das Interesse an dieser studentischen Widerstandsgruppe ungebrochen. Die hier vorliegende, stark veränderte Neuauflage des 1993 erschienenen und längst vergriffenen Bandes macht wichtige Beiträge wieder verfügbar. Ebenso werden neuere Forschungsansätze aufgegriffen, die in den letzten Jahren aufgrund neuer Quellenfunde sowie erweiterter Fragestellungen entstanden sind.

Peter Hoffmann
Widerstand gegen Hitler und das Attentat vom 20. Juli 1944
160 S., br., ISBN 3-87940-403-8

Peter Hoffmann stellt in diesem Band die Tat des Oberst Claus Schenk Graf von Stauffenberg vor dem Hintergrund der Gesamtgeschichte deutschen Widerstands im Dritten Reich dar. Er zeigt Formen und Motive des Widerstands auf, seine innen- wie außenpolitischen Probleme und beleuchtet den Umgang mit dem Widerstand nach 1945.

Michael Kißener (Hg.)
Widerstand gegen die Judenverfolgung
344 S., br., ISBN 3-87940-511-5

Im Zentrum der Darstellung stehen nicht nur die Hilfe von nichtjüdischen Einzelpersonen und Gruppen, sondern auch Einzelschicksale aus dem Überlebens- und Widerstandskampf jüdischer Mitbürger.

Unsere Bücher erhalten Sie in Ihrer Buchhandlung.

Auf Wunsch senden wir Ihnen gern unser Gesamtverzeichnis
und / oder unsere Fachprospekte:

UVK Universitätsverlag Konstanz GmbH
Postfach 10 20 51 · D-78420 Konstanz
Tel.: 07531-9053-0 · Fax 07531-9053-98
Internet: http://www.uvk.de

Journalismus und Geschichte

Herausgegeben von Hans Bohrmann und Horst Pöttker

UVK Medien

Geschichte sollte kein Bildungsballast sein. Deshalb erscheinen in dieser Reihe Arbeiten, die die Vergangenheit mit der Gegenwart verknüpfen: Untersuchungen, wie historische Vorgänge durch die Medien vermittelt werden (können), Studien zur Entstehung und Entwicklung des Journalismus sowie Porträts früherer Periodika oder Publizisten, von denen zu lernen ist – im Sinne des Nachstrebens oder im Sinne der Kritik.

Band 1
Daniel Müller
Manfred Georg und die »Jüdische Revue«
Eine Exilzeitschrift in der Tschechoslowakei 1936-1938
2000, 182 Seiten, br.
ISBN 3-89669-257-7

Band 2
Frauke Adrians
Journalismus im 30jährigen Krieg
Kommentierung und »Parteylichkeit«
in Zeitungen des 17. Jahrhunderts
1999, 198 Seiten, br.
ISBN 3-89669-260-7

Band 3
Martin Kött
Goldhagen in der Qualitätspresse
Eine Debatte über »Kollektivschuld« und
»Nationalcharakter« der Deutschen
1999, 142 Seiten, br.
ISBN 3-89669-255-0

www.uvk.de